学CFA&FRM，

》 专享六重好礼 《

1 **一重礼** | CFA/FRM一级知识图谱

知识由点到面，轻松掌握无负担

2 **二重礼** | CFA/FRM一级每日知识点

碎片化时间高效利用，常见知识点随时翻阅

3 **三重礼** | 金融英语词汇口袋书

常见金融词汇信手拈来，克服语言障碍

4 **四重礼** | 名师体验课&专题直播

名师导学课程，让学习备考少走弯路

5 **五重礼** | 伴学服务&带学社群

定期知识分享与答疑，为备考保驾护航

6 **六重礼** | 1V1个性化备考指导&职业规划

1V1量身定制备考计划，重要节点提醒

以上图书增值服务
扫码免费领取　　》》

高顿教育
GOLDEN EDUCATION

CFA&FRM
核心概念手册

刘荣生　编著

上

文匯出版社

图书在版编目（CIP）数据

CFA&FRM 核心概念手册 / 刘荣生编著 . — 上海：文汇出版社，2025.2. -- ISBN 978-7-5496-4416-2

I. F83

中国国家版本馆 CIP 数据核字第 2025U24R45 号

CFA&FRM核心概念手册

编　　著 / 刘荣生

责任编辑 / 戴　铮

封面设计 / 汤惟惟

版式设计 / 汤惟惟

出版发行 / **文匯**出版社

　　　　　上海市威海路755号

　　　　　（邮政编码：200041）

印刷装订 / 上海颛辉印刷厂有限公司

版　　次 / 2025年2月第1版

印　　次 / 2025年2月第1次印刷

开　　本 / 787毫米 × 1092毫米　1/16

字　　数 / 827千字

印　　张 / 60.25

书　　号 / ISBN 978-7-5496-4416-2

定　　价 / 198.00元（全二册）

序

对于中国这样一个拥有五千年文明历史的泱泱大国而言，金融，在漫长的历史长河中曾略显陌生，然而在近百年间却占据着极为重要的地位。金融无疑已成为国家经济体系的命脉与中枢神经，在现代化进程里有着不可替代的关键意义：它宛如强大的引擎，有力地推动资源的优化配置，精准地引领资金奔赴最具潜力、最有创新活力与生产效率的领域；无论是新兴产业的蓬勃兴起、基础设施的大力建设，还是传统企业的转型升级，金融资本的注入都似甘霖泽被大地，激发出经济增长的无穷潜力；金融市场所呈现的多元化融资途径，为各类企业铸就了跨越发展的通途，助力创业梦想的萌发，推动企业规模的拓展，进而创造出众多就业岗位，提高民众收入水平，有力维护社会的稳定与繁荣。

因此，学习金融，掌握金融，驾驭金融，是我们这一代人要做的事情。

不可否认，在近三十年的时间里，中国自身的金融教育实现了质的飞跃：大学本科专业教材内容不仅能够与国际接轨，还十分贴近中国实际情况。这一变革源于改革开放带来的崭新气象，我们以兼容并蓄之姿吸收国际化的最新金融成果，取人之长补己之短，在借鉴他人经验的基础上构建起自己的金融体系。那么，如今当我们探讨学习金融这一话题时，不禁要问：是否还有必要去阅读外文版本的金融著作呢？在此，我想先分享一下自身经历。我在复旦念本科的时候，众多专业课采用的就是海外原版影印教材。如今回首往昔，这些教材已然成为金融从业者心目中奉为圭臬的经典之作——约翰·C.赫尔（John C. Hull）所著的《期权、期货及其他衍生产品》（*Options, Futures and Other Derivatives*），滋维·博迪（Zvi Bodie）的经典名著《投资学》（*Investments*）等等，它们直至今日依然是我时常翻阅的案头必备书籍，仿佛相识已久且相伴始终的老朋友。

当下，我全身心地投入 CFA 和 FRM 这两大国际公认的金融证书培训工作之中。无论是开展个人的教学与教研工作，还是引领团队为打造全球顶尖的金融教育产品而拼搏，我都始终如一地着重强调原版经典著作的重要价值，这是因为这些外文原版著作之中蕴藏着极为丰富的金融知识、前沿的理念以及成熟且行之有效的实践经验。它们恰似一把钥匙，能够为我们开启一扇通往更为广阔无垠的金融世界的大门，有力地推动我们在金融领域深入地耕耘、积极地开拓创新，让我们站在巨人的肩膀之上，更为精准地理解与把握金融行业的发展走向与内在规律，从而为中国金融教育事业的持续蓬勃发展以及金融行业的繁荣稳定添砖加瓦。

　　我深知，众多初次涉足金融领域的读者，往往会心生忧虑，担心语言障碍会成为他们首要攻克的难关。早在三年前，我便与学术团队着手策划出版一本专业的小册子。那么，该如何对这本工具书进行定位呢？在如今这个信息触手可及的时代，显然没必要再推出一本英汉翻译词典；同时，也不能将其打造成为一本单纯用于应试备考的教辅材料，这并非我的初衷。历经一年多的精心打磨与反复打样，在融入了我们对金融教育事业的热爱与执着追求之后，这本册子的定位逐渐明晰：它以详尽解析金融核心概念为基石，佐以大量贴近生活的实例以及对实务知识的拓展延伸，将原本晦涩难懂的理论转化为生动形象、易于理解的内容。所以，如今呈现在大家面前的，是一本兼具理论性与实践性的金融入门手册，其宗旨在于助力所有对金融满怀热忱的同仁们能够更为轻松便捷、高效地开启金融学习之旅。当然，如果您恰好是一名 CFA 或者 FRM 的考生，那么这本册子无疑将成为您备考过程中极为得力的一本工具书，为您的备考之路提供有力的支持与保障。

　　本书作者刘荣生，现任我们学术团队的总监，我与他相识已近七年。回想起来，我常感惭愧，在忙于应对手头工作而应接不暇时，对刘荣生在工作上的关心与指导颇为不足。然而，令人倍感欣慰的是，刘荣生对这份工作满怀热忱，全身心地投入其中，在学员群体里收获了极佳的口碑，还引领学术团队打造出了响当当的招牌。这一年来，与其说是我给他布置了撰写《CFA & FRM 核心概念手册》的任务，倒不如说是他经过长期积累后得以畅快抒发，将自己对金融教学的深刻理解融入了这部心血结晶之中。正因如此，我坚信此书定能成为每一位志在成为优秀金融人才的朋友必不可少的学习良伴。它绝不仅仅是一本普通的工具书，更是一份对中国金融未来满怀信心与期待的庄重宣言。期望所有读者皆能从中获取力量，无畏地直面未来的重重挑战，在追逐个人梦想之际，亦能为促进中国金融行业的发展奉献自身的智慧与力量。

　　谨以此序赠予所有在金融追梦之途奋力前行的学子，愿你们皆能拥有锦绣前程！

陈一磊

高顿教育 金融学部

使用说明

在使用本手册的过程中，我们建议您：

（1）按照字母顺序查询使用：手册中的词汇按照英文字母顺序排列，方便您进行查阅与系统性的复习。

（2）结合公式辅助理解：对于部分具有定量逻辑的概念，本书均配以公式，以便您结合公式，更全面地对概念建立数理层面的理解。

（3）关注【老皮点拨】板块：部分相对抽象的概念后附有其实际应用场景或具有故事性的示例，这些都是为了使您能够在真实语境中体会该概念的核心思想及经济实质，并将其内化为自身的知识。

（4）关注【实务拓展】板块：针对部分在实务中有广泛应用的概念，本书搜集整理了部分常用的实务知识，以便 CFA 考生、FRM 考生和金融专业人士进一步学习实务知识，将理论与实践结合，做到学以致用。

最后，愿《CFA & FRM 核心概念手册》成为您攀登金融知识高峰的可靠伙伴，陪伴您在 CFA 考试、FRM 考试的征途中稳步前行，也愿它能在您职业生涯的广阔天地中帮您洞悉市场脉搏，从容应对各类金融挑战。让我们共同开启这场融合专业智慧与生活哲理的知识探索之旅吧！

目 录

A

B

C

D

E

G

H

Accounting Policy　会计政策

基础释义

会计政策是指企业在编制和呈报财务报告时所采用的**具体原则、基础和程序**，这些规则指导着企业如何记录交易、衡量和报告财务信息。会计政策的选择需基于适用的会计准则〔如《国际财务报告准则》（IFRS）、《美国通用会计准则》（US GAAP）等〕，并且应当一致应用，以确保财务报表的可比性和可靠性。

概念详解

1. 会计政策变更触发条件

（1）新会计准则发布。会计准则制定机构发布的新标准可能强制企业修改其会计政策。

（2）管理层自主选择。出于更好地反映公司业绩、适应业务变化等考虑，管理层可能会主动更改会计政策，例如从一种可接受的存货成本计算方法转为另一种。

2. 会计政策变更处理办法

面对会计政策变更，一般采用**追溯应用法（retrospective application）**进行调整。追溯应用法是指当企业改变会计政策时，需要调整以往年度的财务报表，使其看起来如同新的会计政策一直被采用一样。这一过程确保了财务报告中出现的财务报表具有可比性。如果追溯应用法不可行，企业可能需要采取其他方式，如**修正的追溯法（modified retrospective approach）**，该方法仅调整留存收益等账户的期初余额，而不重述历史财务报表。

> ### 老皮点拨
>
> 与会计政策变更相似的概念还有 2 个，分别是**会计估计（accounting estimates）**变更和会计差错。
>
> **（1）会计估计变更：**与会计政策变更不同，会计估计（如固定资产的使用寿命）的变更通常采用未来适用法调整，即只影响变更当期及以后

期间的财务报表，不对前期报表进行调整，变化体现在财务报表附注中。

（2）会计差错： 涉及对以前期间财务报表中的错误进行纠正，这需要通过重述前期财务报表（包括资产负债表、所有者权益变动表和现金流量表）来实现，而非仅在本期利润表中调整。这类更正需在附注中充分披露，揭示错误的性质、原因及影响，有助于外部利益相关者评估公司的会计系统和内部控制的稳健性。

Accredited Investor　合格投资者

基础释义

合格投资者是指符合特定**财务标准**或具备一定**投资经验**和**知识水平**的个人或机构投资者。这些投资者被监管机构认为有能力并且愿意承担**非公开募集投资**所带来的较高风险。合格投资者的设定旨在保护不具备足够财力或专业知识来评估复杂投资风险的普通大众，同时也为私募发行提供了一条监管豁免的途径，使发行方能够向这部分特定投资者募集资金，而不必遵守面向公众募集时的严格信息披露和注册要求。

概念详解

合格投资者的认定标准

合格投资者的认定标准主要包括：

（1）财务实力要求： **个人投资者**，通常被要求个人具有较高的净资产，如在美国，个人净资产（不包括主要居所的价值）需超过 100 万美元，或者在过去两年中年收入超过 20 万美元（或联合申报的夫妻年收入超过 30 万美元），并且有合理的预期本年度收入将达到相同水平。**机构投资者**，如银行、保险公司、养老基金、信托公司、慈善机构等，通常被认为有足够的财务实力和投资经验来处理复杂的私募投资。

（2）专业知识要求： 某些情况下，即使个人或机构的财务状况未直接满足上述标准，但若能证明具有相关的投资知识、经验或专业认证，也可能被认定为合格投资者。

（3）其他特定条件： 不同国家和地区的监管机构可能会根据本地市场情况设定额外的合格投资者标准。

Acquisition Method　购并法

基础释义

> 购并法是指在**企业合并（business combination）** 会计处理中，采用的一种记录和报告合并交易的方法。购并法主要用于非同一控制下的企业合并（即收购方与被收购方不存在共同控制方），在这种情况下，收购方将被收购方视为独立的经济实体，并以**公允价值**为基础对被收购方的资产、负债和所有者权益进行计量。

概念详解

1. 购并法的会计处理原则

（1）公允价值计量： 购并法要求收购方按**被收购方各单项资产和负债在收购日的公允价值（而非账面价值）** 进行记录。公允价值反映了市场参与者在公平交易中愿意支付或接受的金额，旨在反映合并时的实际交易价值。

（2）整体合并： 母公司与子公司的全部资产及负债**百分百**进行合并，同时，按照少数股东的持股比例，在合并财务报表的权益端确认**少数股东权益（minority interest）** 。

2. 购并法的具体会计处理

2.1 报表的初始合并

三大报表的合并会计处理要求如下。

（1）资产负债表： 收购方在合并资产负债表中，按**公允价值**记录被收购方的资产和负债，同时记录**商誉（goodwill）** 。

（2）利润表： 被收购方自收购日起的收入、费用、利润等纳入收购方的合并利润表。

（3）现金流量表： 与收购相关的现金流出在现金流量表的**投资活动现金流量部**

分反映。

2.2 商誉的确认

购并法下,收购成本(即支付的对价,包括现金、股票、其他资产、承担的负债等)超过被收购方**可辨认净资产(identifiable net asset)公允价值**的部分,确认为**商誉**,它反映了被收购方**不可辨认的无形资产(如品牌、客户关系、技术优势等)**以及预期**协同效应(synergy)**的价值。

若收购成本低于被收购方净资产公允价值,则可能出现**负商誉(negative goodwill)**。这种情况通常意味着收购方以低于被收购方可辨认净资产公允价值的价格完成了收购。负商誉通常作为收益计入合并当期损益。

2.3 合并报表的后续会计处理

(1)商誉减值 (goodwill impairment): 按照会计准则,商誉不得摊销,但需**至少每年进行减值测试**,以评估其是否发生减值。如果商誉的账面价值超过其**可收回金额 (recoverable amount)**,应当计提减值准备,确认减值损失。

(2)其他资产和负债的后续计量: 被收购方的其他资产和负债在合并后按照各自性质进行后续计量,如固定资产按直线法或加速折旧法计提折旧,存货按成本与可变现净值孰低计量,金融资产和金融负债按相关会计准则进行后续计量等。

Add-On Pricing　额外定价

基础释义

额外定价又称"附加产品定价"或"追加销售定价",是指企业在顾客已经决定购买**基础产品或服务**之后,提供**额外的、可选的服务或产品功能**,并对这些附加项单独收取费用的定价策略。该策略利用顾客在购买过程中的心理倾向,即一旦作出了初始购买决策,顾客往往更愿意为**提升体验**或**获取更多功能**的附加产品支付额外费用。这种策略常见于顾客已经投入了时间、金钱或情感成本的情况,使他们在某种程度上成为"锁定"的或"被俘获"的消费者。

概念详解

1. 额外定价的关键因素

（1）时间点选择： 增值定价通常发生在顾客作出购买决策之后，开始使用产品并可能意识到额外需求或潜在的增强功能时。

（2）顾客心理： 利用顾客的满意感、好奇心或对完善体验的渴望，促使他们愿意为附加服务或特性支付额外费用。

（3）价格敏感度： 由于顾客已经接受了基础产品的价格，他们对附加项的价格敏感度可能相对较低，特别是当这些附加项被视为提升体验的关键时。

（4）策略平衡： 企业需谨慎使用此策略，避免过度商业化导致顾客反感，损害品牌形象和顾客忠诚度。

2. 额外定价的商业案例

（1）软件与应用程序内购买： 许多手机游戏和应用程序提供免费下载，但游戏内的额外的生命、道具、高级功能或无广告体验为付费附加内容。例如，《糖果传奇》（*Candy Crush*）中的额外生命或《部落冲突》（*Clash of Clans*）中的加速建造等。

（2）汽车销售中的配件和服务： 汽车经销商在销售新车时，除了车辆，还会推荐一系列可选配件（如导航系统、高级音响）、延长保修服务或装饰套件等，这些均作为增值项目单独计价。

（3）电子产品与增值服务： 苹果公司的 iCloud 存储空间、微软 Office 365 的高级功能订阅，以及智能电视的额外频道订阅，都是在基础产品之上提供额外服务并单独定价的例子。

（4）航空旅行的额外服务： 航空公司提供基础票价，但额外的行李托运额度、优先登机、座位选择、机上餐饮等服务则为增值选项，乘客可以根据需要选择并支付相应的费用。

（5）健身中心会员的私人教练和课程： 健身中心的基础会员费通常只涵盖基本设施使用，而一对一私人教练课程、特色团体课程（如瑜伽、舞蹈）等则为增值项目，吸引会员额外付费。

Agency Cost　代理成本

基础释义

代理成本是指在委托代理关系中，由于代理人（如公司管理层）和委托人（如股东）的利益不完全一致，从而导致代理人在追求自身利益最大化时会损害委托人的利益，如此所造成的成本即代理成本。这些成本可能是直接的，如雇佣监督者（如董事会聘请审计师）的费用；也可能是间接的，如因错失机会而丧失的利润和经济效益。

概念详解

1. 代理成本的组成部分

（1）监督成本（monitoring cost）： 监督成本是指股东为了确保代理人正确履行职责，对其进行监督和考核而产生的成本，如编制年度报告、董事会费用、年度股东大会费用、聘请审计师的费用、设立内部控制系统的成本、建立激励机制的开支等。

（2）约束成本（bonding cost）： 约束成本是指管理层为了向股东证明他们在努力为股东利益工作所付出的成本，这可能包括竞业协议的隐性成本和保证绩效表现保险的显性成本。

（3）剩余损失（residual loss）： 剩余损失是指在监督和约束机制之下，代理人仍有可能作出不利于委托人的决策而产生的实际经济损失。

（4）机会成本（opportunity cost）： 代理人可能为了避免承担风险或追求个人利益，而错过了一些有利于公司长远发展的投资项目。

（5）信息不对称成本（information asymmetrical cost）： 信息不对称指的是管理层比外部投资者（如股东和债权人）拥有更多关于公司业绩和前景的信息。由于信息不对称，股东难以全面了解和准确评估管理层的实际行为和效果，从而可能导致资源错配，这也是一种代理成本。

2. 降低代理成本的办法

（1）提升公司治理水平： 良好的公司治理能够降低代理成本，因为这通常意味着管理层的利益更加接近于股东的利益。良好的治理实践可以提高股东价值，因为

A

这表明管理层的行为更符合股东的期望。

（2）提升资本结构中的债务比例： 根据代理理论，增加债务融资相对于股权融资的比例可以减少净股权代理成本。这意味着债务融资有助于约束管理层的行为，迫使他们更高效地管理公司，以确保公司能够按时支付利息并偿还本金。同时，较高的债务水平减少了公司的**自由现金流**，从而减少了管理层滥用现金的机会。

Agency Relationship　代理关系

基础释义

代理关系又称"**委托人—代理人关系**"（principal-agent relationship），是指在现代市场经济中，**一方（委托人，principal）** 委托另一方（**代理人，agent**）代表自己完成某些任务或决策的经济关系。在公司环境中，**股东**被视为委托人，他们选举**董事**作为代理人，董事则被期待通过雇用**管理者**（另一个代理人）来最大化股东价值。

概念详解

1. 代理关系涉及的主体

1.1 委托人（Principal）

委托人是**资源的所有者或决策的最终受益者**，他们因为时间、知识、技能或其他资源限制，无法直接执行所有必要的行动，因此需要委托他人代为执行。

1.2 代理人（Agent）

代理人是**被委托执行任务或作出决策的一方**，他们拥有执行任务所需的专业知识或能力，但在执行过程中可能追求自己的利益，这可能与委托人的利益不完全一致。

2. 代理关系的主要事项

（1）信息不对称（information asymmetry）： 代理人通常比委托人拥有更多关于执行任务的具体信息，这种信息不对称可能导致代理人利用信息优势追求自身利益，而非最大化委托人的利益。当面临更大的信息不对称时，股东和贷款人会要求更高的回报和风险溢价，这增加了利益冲突的可能性。

（2）激励不兼容（incentive incompatibility）：实践中，薪酬是调整管理层和股东利益的主要工具。尽管薪酬旨在激励管理者最大化股东价值，但在许多情况下，管理者和股东的利益依然可能会出现分歧。例如，以股票授予和期权为主的激励可能鼓励管理者过度冒险，因为期权持有者只参与股价上涨收益的分配。但是另一方面，薪酬计划中如果很少使用股票授予和期权可能导致公司决策过于保守，影响吸引人才和价值创造目标。

（3）监控难题（monitoring challenges）：委托人监控代理人的行为需要成本，且很难完全有效，尤其是在复杂任务中。这使得代理人在缺乏有效监督的情况下更容易偏离委托人的目标。

（4）投资不足（under investment）：管理者可能不愿意或无法作出投资决策，有效控制成本，或作出关闭无利可图业务线等艰难决定。他们可能对员工监管不足，或分配给工作的时间过少，因为他们可能投身于政治活动、慈善事业、个人投资或在其他公司担任董事或经理。

（5）帝国扩张（empire building）：管理层的薪酬和地位通常与企业规模挂钩，这可能激励管理者追求"为增长而增长"，如进行不会增加股东价值的收购。

（6）巩固地位（entrenchment）：董事和管理者希望保住职位，为此可能采取模仿竞争对手、避免风险和进行只有他们才能管理的复杂交易和重组等策略。董事可能为了避免与管理层对抗而不发声，即使这样做不符合股东或其他利益相关者的利益。

（7）自我交易（self-dealing）：管理者可能利用公司资源最大化个人利益，如享受过多的特权（私人飞机、俱乐部会员资格、个人安保）或挪用资产欺骗投资者。管理者在公司中的持股比例越小，他们自身承担的成本就越低，他们最大化公司价值的动力就越小。

3. 代理关系问题的解决方案

（1）激励合同：设计合同条款，如奖金、股权激励、绩效薪酬等，以使代理人的利益与委托人的目标更加一致。

（2）监督与审计：建立监督机制并定期审计，以减少信息不对称和道德风险。

（3）信息披露：要求代理人披露更多信息，提高透明度，帮助委托人作出更好的决策。

（4）惩罚与奖励制度：明确的奖惩措施，确保代理人遵循协议，减少不良行为。

Allowance for Loan Losses　贷款损失准备

基础释义

> 贷款损失准备是指银行在评估其贷款组合可能存在坏账风险的基础上，根据监管要求和内部风险管理政策，预先计提并储备以用于弥补**未来可能发生且可合理预见的贷款损失**的一笔资金。贷款损失准备是银行对**贷款质量**的**保守估计**，旨在确保银行在面临贷款违约时有足够的财务资源来吸收潜在损失，保持稳健经营，保护存款人和其他债权人的利益。

概念详解

1. 贷款损失准备的计提原则

（1）客观证据原则：只有当有客观证据表明贷款已经发生减值时，才需要计提贷款损失准备。这通常涉及对贷款的信用风险评估，包括对借款人的财务状况、还款能力、还款记录、抵押品价值变化、宏观经济环境等因素的考量。

（2）预期损失法：银行通常采用**预期信用损失（expected credit loss）法**来计量贷款损失准备。这种方法要求银行前瞻性地估计**整个贷款生命周期内**预期可能发生的损失，而非仅关注**已出现明显问题的贷款**。银行需要综合历史经验、当前经济状况以及合理的前瞻性信息来确定预期损失。

（3）分类管理：银行通常根据贷款的风险等级（如正常、关注、次级、可疑、损失五级分类）或贷款类别（如个人贷款、企业贷款、住房贷款等）来分别计提贷款损失准备，不同类别贷款的计提比例或金额可能有所不同。

2. 贷款损失准备的计提方法

（1）个别评估法：对大额或风险显著的**单一贷款**，银行可能进行个别评估，直接估计该笔贷款可能的损失金额，并据此计提准备。

（2）集体评估法：对大量性质相近、风险特征相似的贷款，银行可以采用统计模型或矩阵方法，基于历史违约率、损失率、回收率等数据，估算**整个贷款组合**的预期损失，然后分摊到每笔贷款上。

3. 贷款损失准备的会计处理

贷款损失准备作为资产减值损失计入利润表，同时在资产负债表上作为一项资产的备抵账户，对应**"贷款和垫款"**科目，减少其账面价值。贷款损失准备的增减会影响银行的净利润，并影响**资本充足率**等监管指标。

4. 计提贷款损失准备的意义

（1）风险缓冲：贷款损失准备为银行提供了一道防线，使其能够在贷款违约时迅速应对，无须立即消耗资本或寻求外部融资，有助于保持财务稳定。

（2）真实反映资产质量：计提贷款损失准备使银行的财务报表更准确地反映其资产的实际价值，增强财务信息的透明度和可靠性。

（3）审慎经营：通过强制银行提前考虑和应对潜在损失，贷款损失准备制度推动银行更加审慎地进行贷款发放和风险管理，有利于维护金融系统的稳健性。

> **实务拓展**
>
> 贷款损失准备并**非固定不变**，银行会根据贷款组合的实际表现、经济环境变化以及监管要求，定期对其进行调整。当实际损失发生时，银行可以从贷款损失准备中提取资金用于冲销损失。如果贷款质量改善或实际损失小于预期，准备金可以释放回利润表，增加当期利润。

Alternative Investment　另类投资

基础释义

另类投资是指公开交易的股票、债券以及持有股票或债券的集合投资工具以外的金融资产或实物资产。另类投资标的通常具有独特的风险／回报特性，与传统投资之间有较低的相关性，以及通常具有较高的投资门槛。

概念详解

1. 另类投资的主要类别

（1）私募资本（private capital）： 私募资本包括私募股权（private equity, PE）和私募债务（private debt, PD），其中，私募股权包括风险投资（venture capital, VC）、成长资本（growth capital）和杠杆收购（leveraged buyout），私募债务包括直接借贷（direct lending）、夹层债务（mezzanine debt）、风险债务（venture debt）、危机债务（distressed debt）和集合分层债务（unitranche debt）。

（2）不动产（real estate）： 不动产包括直接投资于商业地产、住宅物业、土地开发和间接投资于**房地产投资信托（REITs）**、**房地产经营公司（REOCs）** 等。

（3）基础设施（infrastructure）： 基础设施投资是指对公共设施或服务的投资，这些设施和服务是社会和经济活动的基础。典型的基础设施项目包括交通设施如公路、桥梁、隧道等，公用事业如电力供应、天然气管道、污水处理系统等，通信设施和社会基础设施如医院、学校等。

（4）对冲基金（hedge funds）： 对冲基金采用多种策略来追求绝对收益，可能使用杠杆、卖空和其他复杂的衍生产品。

（5）自然资源（natural resources）： 自然资源投资包括获取矿产、林地、耕地、水资源等资源类资产的所有权或使用权以及对大宗商品（包括能源、金属、农产品等实物商品及其衍生品）的投资。

（6）数字资产（digital assets）： 数字资产以电子形式存在的价值存储或交换媒介，它们通常存在于区块链或分布式账本技术之上。

（7）其他另类投资： 其他另类投资包括艺术品与收藏品如绘画、雕塑、古董、珠宝、邮票、硬币、稀有书籍等，通常需要专业知识评估价值和市场趋势。此外，知识产权（如专利、版权）、碳排放权等新兴或专业领域资产也属于另类投资。

2. 另类投资的特征

（1）专业性： 另类投资往往需要投资者具备高度的专业知识，以理解和评估其复杂的结构和潜在的风险回报特征。

（2）潜在高回报： 部分另类投资如风险投资、对冲基金等，可能带来高于平均水平的回报，尤其在特定市场环境下表现优异。

（3）风险分散化： 由于另类投资与传统股票、债券市场的关联度较低，它们能在市场波动时提供一定的避险功能，增强投资组合的抗风险能力。

（4）流动性不足： 许多另类投资缺乏流动性，意味着投资者在短期内很难将投资变现，这要求投资者要有较长的投资期限。

（5）**资本密集：** 某些另类投资（如房地产开发或基础设施项目）需要大量的初始资本投入，并且这些投资可能需要多年才能产生回报。

（6）**通胀保护作用：** 某些另类资产（如房地产、大宗商品）具有天然的**通胀对冲（inflation hedge）** 属性，其价值可能随物价上涨而上升。

3. 另类投资的投资结构

（1）**基金投资（fund investing）：** 基金投资是另类投资最常见的方式之一，即投资者将资金交给专业的基金经理来运作。基金可能专注于某一特定领域，如房地产基金或对冲基金。

（2）**共同投资（co-investing）：** 在共同投资模式下，投资者可以选择与基金管理者共同投资于某个特定机会，这种方式可以增加透明度和控制权。

（3）**直接投资（direct investing）：** 直接投资是指投资者不雇用投资经理，而是自己直接参与到某个项目或公司投资中，通常这种方式适用于经验丰富的投资者或机构投资者。

Alternative Trading Systems (ATSs)　另类交易系统

基础释义

> 另类交易系统又称"电子交易网络"（Electronic Communications Networks，ECNs）或"多边交易设施"（Multilateral Trading Facilities，MTFs），是指通过网络技术将买卖双方的订单汇集、匹配并执行交易，涵盖股票、债券、衍生品等多种金融产品的一种非传统交易所性质的电子化交易场所。ATSs 作为传统交易所之外的交易渠道，旨在提供更加灵活、高效且可能成本更低的交易环境，尤其适应于某些特定类型的交易者或交易策略。

概念详解

1. 另类交易系统的特征

（1）**电子化与自动化：** ATSs 依赖于先进的计算机系统和网络技术，实现交易指令的电子化提交、匹配与执行，显著提高交易效率。

A

（2）交易灵活性： ATSs 可能支持多种交易模式，如匿名交易、暗池（dark pool）交易、连续双边拍卖、做市商机制等，适应不同交易者对价格发现、匿名性、执行速度等的不同需求。

（3）用户群体： 主要服务于机构投资者、高频交易者、私募股权市场参与者等，也可能对零售投资者开放。

2. 另类交易系统的功能与服务

（1）订单匹配： ATSs 接收买卖双方的订单，运用匹配算法将买卖指令配对成交，实现证券的买卖。

（2）匿名交易： 许多 ATSs 提供暗池或匿名交易服务，允许大额订单在不公开报价的情况下执行，减少市场冲击。

（3）流动性提供： 通过引入做市商或采用其他机制，ATSs 可以为流动性较差的证券提供交易机会。

（4）定制化服务： 针对特定客户群体或交易策略，ATSs 可能提供个性化的交易规则、数据服务、交易分析工具等。

（5）监管报告： 尽管非交易所性质，ATSs 仍需遵守相关监管要求，如报告交易数据、参与市场监管等。

> 💡 **老皮点拨**
>
> 另类交易系统与传统的交易所形成典型的对比关系，二者在以下几个维度均存在差异。
>
> **（1）监管程度：** 传统交易所通常受到更严格、详尽的监管，包括上市标准、交易规则、市场监控等方面；而 ATSs 受到的监管相对宽松，但依然需遵循所在司法管辖区的证券法规。
>
> **（2）交易机制：** 交易所通常采用集中竞价或连续交易机制，公开透明地形成市场价格；ATSs 可能采用多种交易模式，包括暗池交易、做市商制度等，提供更具灵活性的交易环境。
>
> **（3）市场准入：** 交易所对上市证券有严格的标准和程序；ATSs 对交易品种的接纳更为灵活，可能包括未在交易所上市的证券或非公开交易的金融产品。
>
> **（4）参与者结构：** 交易所面向广泛的市场参与者，包括零售投资者；ATSs 初期主要服务于机构投资者，但部分 ATSs 也向零售投资者开放。

Amortised Cost 摊余成本

基础释义

> 摊余成本是指主要用于**持有至到期的投资**和其他一些特定类型的金融资产的一种会计计量属性。摊余成本反映了金融资产或负债在其初始确认时的价值，加上（减去）任何**折价（溢价）的摊销额**，并减去任何**减值损失**后的余额。

概念详解

1. 摊余成本的应用场景

摊余成本通常用于那些**持有到期（held-to-maturity）的投资**，以及其他一些特定类型的金融资产，例如贷款和应收票据。

适用摊余成本法计量的资产普遍具有以下特点。

（1）现金流**在特定日期发生**，并且仅限于本金和利息。

（2）投资者的业务模式是持有这些资产直至到期。

2. 摊余成本的计算步骤

（1）初始确认金额：金融资产或负债首次记录在账簿上的金额。

（2）折价或溢价摊销：如果金融资产或负债是以折价或溢价购买的，则需要在持有期间内摊销这些差额，以折价发行的以摊余成本法计量的金融资产为例，其每期期末余额等于每期期初余额加上**利息收入（interest income）**再减去**利息支付（interest payment）**所得的结果，利息收入与利息支付的差额即为该期的摊销金额。

3. 摊余成本的初始确认要求

3.1 《国际财务报告准则》（IFRS）对摊余成本的规定

根据 IFRS，如果金融资产的现金流在特定日期发生并且仅限于本金和利息，并且投资者的业务模式是持有这些资产直到到期，那么这些资产应以摊余成本计量。

3.2 《美国公认会计准则》（US GAAP）对摊余成本的规定

在 US GAAP 下，持有到期的资产也以摊余成本计量。此外，某些**未报价的权益工具（unquoted equity instruments）**，在公允价值不可得的情况下，也可以采用摊余成本作为近似值。

4. 摊余成本的期间收益确认

对于按摊余成本计量的证券，收入报表中只显示利息收入（最终反映在资产负债表的留存收益中）。因为这些证券是按照成本而非公允价值计量的，所以不会确认未实现的利得或损失。

5. 摊余成本的变动特征

在债券投资中，期初市场利率与票息率不一致，导致债券溢价（购买价格高于面值）或折价（购买价格低于面值）发行，在债券存续期间，每期摊销时，会计师会按照**实际利率法（effective interest rate method）**调整其账面价值，从而使债券的摊余成本随着持有时间的推移**逐渐接近其最终赎回或到期时的金额（pull to par）**。

💡 **老皮点拨**

假设一家公司拟购买一张面值为 $100,000，年度票息率为 5%，期限为 5 年，每年付息一次的债券。由于市场利率较高，为 8%，该公司最终以 $88,022 的价格折价购入了这张债券，总的折价为 $11,978。

第一年的会计计量如下。

期初摊余成本 = 购买成本 =$88,022

第一年利息收入 = 期初摊余成本 × 有效利率 =$88,022×8%=$7,042

第一年利息支付 = 面值 × 票息率 =$100,000×5%=$5,000

第一年年末摊余成本 = 期初摊余成本 + 第一期利息收入 − 第一期利息支付 = $88,022+$7,042−$5,000=$90,064

$11,978 的折价会在整个债券存续期内逐渐摊销掉，摊余成本将会逐年提高，直到债券到期时摊余成本等于债券的面值，即 $100,000。

Analytical Duration 分析久期

基础释义

分析久期是指利用**数学公式**估算而不是利用**真实历史数据**研究得出的衡量债券价格对收益率变化敏感程度的利率风险度量指标。分析久期提供了一个合理近似的债券价格与收益率关系的估计。

概念详解

1. 分析久期的类型

1.1 修正久期（Modified Duration）

修正久期是一个近似值，用来估计债券价格曲线的切线斜率以及衡量债券价格对**基准收益率**变化的敏感程度。修正久期可以帮助投资者理解收益率变动 1% 时债券价格的大致变动百分比。

1.2 有效久期（Effective Duration）

有效久期衡量债券价格对**基准收益率曲线**变化的敏感度，适用于那些**具有不确定现金流的复杂债券**，例如可赎回债券、可回售债券、浮动利率债券等非标准债券。

1.3 关键利率久期（Key Rate Duration）

关键利率久期衡量债券对**特定到期年限段内基准收益率**变化的敏感度，属于一种**局部久期（partial duration）**，用于评估债券对**非平行的基准收益率曲线变化**的敏感度。

2. 分析久期的特点

（1）线性近似： 债券价格与收益率之间的关系是**非线性的**，捕捉起来比较复杂，分析久期提供了一个**简单的线性近似**，即收益率变化与债券价格变化之间的关系被视为线性的，这也导致分析久期仅在小幅度的利率变化时较为准确，在大幅度变化时需要考虑**凸性（convexity）**等其他因素来进行修正。

（2）独立性假设： 分析久期隐含的假设基准收益率和**信用利差（credit spread）**是独立的，即二者之间没有相关性。这意味着在计算久期时，假设**基准收益率**变化不会直接影响信用利差。然而，在现实中，这种假设并不总是成立的。例如，在经济危机期间，政府债券收益率下降的同时，信用利差往往会扩大，这会影响实际的债券价格变化。

3. 分析久期的应用

（1）久期匹配： 在养老金基金、保险公司等机构中，管理者会使用**久期匹配**（duration matching）策略来确保资产和负债的久期相匹配，从而减少利率风险。

（2）利率套利： 通过构建久期差异化的投资组合，投资者可以在利率变化中寻找套利机会。例如，持有久期较长的债券并在利率下降时获利，或持有久期较短的债券并在利率上升时避免损失。

（3）动态调整： 基金经理可以根据市场状况动态调整投资组合的久期，以适应不断变化的利率环境。例如，通过买卖不同久期的债券来调整组合久期。

（4）多资产组合管理： 久期不仅适用于单一债券，还可以应用于包含多种固定收益工具的投资组合。例如，一个包含企业债、政府债和抵押贷款支持证券（MBS）的组合可以通过计算其**加权平均久期**（Weighted Average Duration, WAD）来衡量总体利率风险。

（5）综合风险管理： 除利率风险外，久期还帮助投资者评估其他风险因素，如**信用风险**、**流动性风险**等。通过综合考虑这些因素，投资者可以制定更全面的风险管理策略。

💡 老皮点拨

与分析久期对应的是**经验久期**（empirical duration）。经验久期是指**使用历史数据和统计模型**来估算债券价格与收益率关系的方法，考虑到了影响债券价格的各种因素，如不同的利率环境、**基准收益率与信用利差的相关关系**等。

对于**几乎没有信用风险的政府债券**，分析久期和经验久期预计会相似，因为基准收益率的变化是驱动债券价格的主要因素。

反之，对于**具有信用风险的公司债券**而言，信用利差（以及流动性利差）会在预期违约风险增加时扩大。在这种情况下，**信用利差的扩大将部分或全部抵消政府基准收益率下降**的影响，从而导致经验久期估计值低于分析久期估计值。在经济危机期间，投资者倾向于抛售风险资产并购买政府债券，导致"避险"现象，政府债券的基准收益率下降而信用利差扩大，此时，经验久期和分析久期的估计值就会有所不同。

Annuity　年金

基础释义

年金是指通过与保险公司签订合约，允许个人或团体预先支付一定的保费（一次性支付或分期支付），以换取在未来的一段时间内获得定期支付的收入的一种金融产品。年金旨在帮助个人管理其财务资源，特别是在退休期间，以应对长寿风险（即个人寿命超出其储蓄所能维持的时间长度的风险）。

概念详解

1. 年金的主要类型

年金可以分为即时年金、递延年金、联合人寿年金和高级人寿递延年金四种类型。

1.1 即时年金（Immediate Annuity）

即时年金是指在购买后**立即或在很短的时间内开始支付**的年金，其可以选择终身支付或固定年限支付。即时年金的优点是可以提供即时的收入流，适合退休后需要立即获取收入的情况；缺点是一旦购买，资金通常不可撤回，灵活性较低。

即时年金可以进一步细分为**即时固定年金（immediate fixed annuities）**和**即时可变年金（immediate variable annuities）**，即时固定年金的支付额**固定不变**，即时可变年金的支付额则**根据投资表现波动**。

1.2 递延年金（Deferred Annuity）

递延年金是指在购买后**不立即支付，而是在未来的某个时间点开始支付**的年金。递延年金的优点是可以提供税收递延的优势，资金可以在账户中增值而不立即被征税；缺点是在开始支付前有一定的锁定期，提前取款可能会有罚金。

递延年金可以进一步细分为**递延固定年金（deferred fixed annuities）**和**递延可变年金（deferred variable annuities）**，固定递延年金的支付额固定不变，可变递延年金则允许持有人选择不同的投资选项，并且支付额取决于这些投资的表现。

1.3 联合人寿年金（Joint Life Annuity）

联合人寿年金是指基于两个或多个个体的寿命，只要其中一个个体仍然存活，支付就会继续的一种年金，可以选择两个或多个受益人的寿命。

联合人寿年金的优点是可以为一对夫妇或其他共同生活的个人提供持续的收入保障；缺点是支付额通常比单一人寿年金低，因为其支付期更长。

1.4 高级人寿递延年金（Advanced Life Deferred Annuity, ALDA）

高级人寿递延年金是一种特殊的递延年金形式，通常被称为纯粹的长寿保险，支付在较晚的年龄开始，例如 80 岁或 85 岁。

高级人寿递延年金的优点是成本相对较低，因为支付期较短且保险公司有更多时间来投资保费；缺点是如果投保人在支付期开始前去世，则可能无法获得任何收益。

2. 年金收益率的影响因素

（1）投保人的年龄： 预期剩余寿命越短，支付期越短，保险公司能够提供更高的收益率。例如，85 岁的男性比 65 岁的男性的收益率更高。

（2）性别： 女性平均寿命长于男性，因此，相同年龄下女性的预期支付期更长，保险公司提供的收益率较低。

（3）附加保障： 包括保证支付期在内的额外条款会降低收益率，但影响程度因投保人的年龄而异。例如，添加 10 年保证支付期对 60 岁男性的收益率影响较小，但对于 90 岁男性的影响较大。

（4）保险公司的预期回报率： 保险公司能够从保费中获得的预期回报也会影响年金定价。保险公司通常采取保守的投资策略，因此债券收益是衡量年金收益率变化的一个指标。当前债券收益率较低时，年金收益率也会相对较低。

Arbitrage　套利

基础释义

套利是指在**不同的市场**中，利用**同一资产或相似资产的价格差异**进行买卖以获取**无风险或低风险利润**的行为。套利者通过在低价市场买入并在高价市场卖出相同或类似资产，从中赚取差价。套利机会通常短暂，需要套利者快速识别并采取行动。

概念详解

1. 套利的基本特征

（1）不动用本金： 套利者往往以从空头头寸中获得的资金来建立相反的另一个头寸，从而实现不动用自有资金的效果。

（2）无风险或低风险获利： 套利者在同一时间或极短的时间间隔内，在不同市场进行买卖操作，并从价格差异的消失过程中盈利。通过同时持有**相反方向的头寸**，套利者可以降低或消除市场波动带来的风险。

2. 套利的类型

2.1 纯套利（Pure Arbitrage）

纯套利是指在**同一资产的不同市场之间**进行买卖以获取无风险利润。套利者在低价市场买入资产，并在高价市场卖出相同的资产。纯套利有助于市场价格趋于一致，消除不同市场间的价格差异。

2.2 相关资产套利（Relative Value Arbitrage）

相关资产套利是指**在相关资产（如期权和标的股票）**之间进行买卖以获取利润。套利者通常会在期权市场卖出看涨期权的同时，在股票市场买入相应的标的股票。标的股票的多头仓位可以对冲看涨期权空头仓位的风险，使套利者的净头寸风险较低。

3. 套利的理论基础

（1）一价定律（law of one price）： 一价定律指出，当同一资产在不同市场上的价格不一致时，套利者可以通过在低价市场买入并在高价市场卖出，赚取无风险利润。这一过程会促使不同市场上的价格趋于一致，直到一价定律得以实现。

（2）有效市场假说（efficient market hypothesis）： 有效市场假说认为，在有效市场中，资产价格总是反映了所有可获得的信息。在有效市场中，套利行为将迅速消除任何价格偏差，从而使资产价格回归其内在价值。套利者的活动有助于市场保持效率。

（3）套利定价理论（Arbitrage Pricing Theory, APT）： APT 是由斯蒂芬·罗斯（Stephen Ross）在 1976 年提出的资产定价模型，它认为资产的预期收益是由多个**系统性风险因子（systematic risk factor）**所决定的。

APT 强调多种因素对于资产定价的影响，而非像资本资产定价模型（CAPM）那样仅依赖于市场组合的风险。套利者通过识别和利用这些因素之间的价格差异来进行套利。

（4）**无套利定价（no-arbitrage pricing）：**无套利定价是一种定价方法，它基于假设不存在**无风险套利机会**的原则。在这个框架下，任何资产的价格都应该等于其未来现金流的现值。无套利定价确保任何金融资产的价格都不会出现高于其未来现金流现值的情况，否则将存在套利机会。

4. 套利的应用实例

当期权合约供不应求时，期权价格会上升，变得相对于标的股票过贵。套利者通过买入标的股票并卖出看涨期权来复制期权的价值，创造所需的期权合约。

当期权合约供过于求时，期权价格会下跌，变得相对于标的股票便宜。套利者通过卖出股票并买入期权来吸收多余的期权合约，恢复市场价格平衡。

实务拓展

在现实世界中，由于市场不完善、信息不对称、交易成本等因素的存在，套利行为受到限制，无法完全消除价格偏差。但即使存在明显的套利机会，市场价格也可能不会立即调整至理论上的均衡水平，这被称为"有限套利理论"（limited arbitrage theory）。

Arbitrageur　套利者

基础释义

套利者是指在金融市场中专门从事套利交易的专业投资者或机构。套利交易往往需要**高度的专业知识**、**复杂的数学模型**、**高速的交易系统**以及**充足的资本支持**。套利者通常精通金融工程、统计分析、计算机编程等技能，能够快速计算套利空间、设计套利策略、执行交易指令，并能承受短暂的资本占用和潜在的交易风险。

概念详解

1. 套利者的角色

（1）价格偏差发现者： 套利者密切关注金融市场，寻找并识别不同市场、不同资产类别、不同衍生品之间存在的价格偏差，这些偏差可能源于信息不对称、市场摩擦、交易成本、市场情绪等多种因素。

（2）无风险 / 低风险利润追求者： 套利交易的本质是利用市场的暂时失衡状态，当两个高度相关的金融工具（如同一股票在不同交易所的上市份额、同一种大宗商品的现货与期货价格等）出现价格差异时，通过构建套利组合，确保无论市场如何变动，都能锁定一定的利润，或至少保证在一定范围内无损失。

（3）市场效率推动者： 套利者的交易活动有助于消除市场中的**价格偏差（mispricing）**，促使市场价格回归其内在价值，从而提高市场的定价效率。当套利机会出现时，套利者会迅速介入，买卖相关资产，直至价格差距缩小至合理范围。

2. 套利者的特征

（1）洞察力敏锐： 套利者通常拥有丰富的市场知识和信息来源，能够快速捕捉到市场上的价格异常现象。

（2）反应迅速： 套利机会往往稍纵即逝，因此套利者需要具备快速决策的能力，以便及时抓住机会。一旦决定行动，套利者必须迅速执行交易，以确保锁定利润。

（3）风险管理意识强： 套利者会使用各种风险管理工具和技术来最小化潜在损失，并确保交易策略的有效性。

（4）资金充足： 套利通常需要大量的资金作为支持，因为交易量可能很大，且需要在短时间内完成。套利者往往具备良好的融资渠道，能够快速筹集所需的资金进行交易。

（5）专业能力强： 许多套利者拥有金融工程、经济学、数学等相关领域的深厚背景，具备高级的技术分析能力和复杂的数学建模技巧，以支持其交易决策。套利者会使用多种交易策略，包括但不限于**统计套利**、**事件驱动套利**、**跨市场套利**等。

Ask　报卖

基础释义

报卖是指市场参与者（通常是卖家或做空者）出售某种金融工具（如股票、债券、期货合约、外汇货币对等）的动作。报卖通常与**限价卖单（sell limit order）**、**市价卖单（sell market order）**等卖出指令相关联，卖家通过提交这些订单来表达其报卖意向。

概念详解

报卖在市场中的角色

（1）形成卖盘： 报卖价格及其对应数量共同构成了市场的**卖盘（ask/sell side）**，显示了在当前市场环境下，卖家愿意以不同价格水平出售金融工具的总体情况。

（2）与买盘相对： 卖盘与**买盘（bid side）**共同构建了市场的买卖价差（bid-ask spread），即同一时刻最高买价与最低卖价之间的差距，体现了市场流动性及买卖双方力量对比。

（3）交易撮合依据： 在订单驱动市场（如交易所）中，报卖是交易撮合系统寻找匹配交易对手、执行交易的基本依据。当一个买入指令（如市价买单或达到触发价格的止损买单）进入市场，系统会优先寻找最有利于买家的报卖（即最低卖价）进行匹配。

老皮点拨

假设在股票市场中，某只股票的最新市场报价显示为以下情形。

卖三：$50.15×200

卖二：$50.10×150

卖一：$50.05×100

……

买一：$50.00×100

买二：$49.99×200

买三：$49.98×300

"卖一"代表当前最低的报卖价格为 $50.05，有 100 股待成交；"卖二"表示次低的报卖价格为 $50.10，有 150 股待成交，以此类推，形成了该股票的卖盘结构。当有市价买单或限价买单以等于或高于"卖一"价格进入市场时，将首先与"卖一"报卖进行撮合成交。

Asset　资产

基础释义

　　资产是指由个人、企业或其他组织**过去的交易或事件所形成的**，由相关主体**拥有或控制**的，预期能够带来**经济利益流入（如现金、服务或其他资产）**的经济资源。资产是评估一个实体财务状况的重要组成部分，可以用来生成收入、减少开支或提供价值。资产可以根据其形态、使用寿命以及转换为现金的能力等多种方式进行分类。

概念详解

1. 资产的定义条件

　　以企业资产为例，根据 IFRS 以及大多数国家的会计准则，资产的定义条件包括：

　　（1）预期会给企业带来经济利益的流入：这意味着资产的存在应该能够以某种形式增加企业的财富或减少其支出。

　　（2）由过去的交易或事件所形成：资产不是假设的或未来的可能性，而是已经发生的交易的结果。

　　（3）由企业拥有或控制：企业必须对资产有**法律上的所有权**或者**实际上的控制权**。

2. 资产的确认条件

除了满足基本的定义条件，资产要被确认在企业的财务报表上，还需要满足以下 2 个条件。

（1）经济利益流入的可能性高： 企业很可能会在未来从该资源的使用或最终处置中获得经济利益。这意味着存在足够的证据表明资产能够为企业带来经济利益的可能性非常高。

（2）可计量性： 资产的价值应当能够可靠地计量。这意味着资产的成本或价值可以合理准确地确定，以便于记录和报告。如果不能可靠地计量，则不应确认为资产。

老皮点拨

如果一家公司购买了一台机器，这台机器就是一种资产，因为它是由过去的交易（购买行为）形成的，预期会给公司带来经济利益（用于生产商品或提供服务，从而获得收入），并且公司对其拥有所有权或控制权。此外，如果公司能够证明这台机器确实会为其带来未来的经济利益，并且它的成本能够被可靠地计量，那么它就可以被确认为资产。

3. 资产的类型

3.1 按照资产变现的预计时间分类

3.1.1 流动资产（current asset）

流动资产是指预计在**一年或一个经营周期内**可以转换转化为现金或被消耗或用于支付债务的资产，例如现金及现金等价物、应收账款、预付账款、存货等。

3.1.2 非流动资产（non-current asset）

非流动资产是指预计**将在一年或一个经营周期以上的时间里**为企业带来经济利益流入的经济资源，包括固定资产（如土地、建筑物和设备）、长期投资（如股权投资、债券投资）、无形资产（如专利权、商标权、商誉）以及其他长期资产。

3.2 按照是否具有实物形态分类

3.2.1 有形资产（tangible asset）

有形资产是指**具有实际物理形态**的经济资源，比如机器、设备和房地产。

3.2.2 无形资产（intangible asset）

无形资产是指**没有实际物理形态**但对企业具有价值的经济资源，例如品牌名称、版权和知识产权。

4. 资产的会计计量

4.1 资产的初始计量

资产初次记录时采用的计量属性一般包括：

（1）历史成本（historical cost）：资产购置时的实际支付价格。

（2）公允价值（fair value）：资产在市场上公平交易的价值。

4.2 资产的后续计量

资产的后续计量需要考虑的因素包括：

（1）折旧与摊销（depreciation & amortization）：固定资产和无形资产按一定方法分配其成本的过程。

（2）重估（revaluation）：某些资产（如投资性房地产）可能会被重新评估其市场价值。

（3）减值（impairment）：当资产的**可收回金额**（recoverable amount）低于其账面价值时，需要进行减值测试及处理。

5. 资产的生命周期

资产的生命周期阶段包括：

（1）采购与取得：资产的初始获取过程。

（2）使用与维护：资产在其使用寿命期内的使用和保养。

（3）终止确认：资产达到其使用寿命或不再需要时的处理，包括出售、报废等。

实务拓展

除了上述常见的会计上对于资产的分类，资产在特定情况下还有其他分类角度，具体如下。

（1）金融资产（financial assets）：包括股票、债券、银行存款、贷款等。

（2）生物资产（biological assets）：农业企业持有的活体动植物。

（3）递延资产（deferred assets）：未来才能确认为费用但已支付款项所形成的资产，如预付费用、递延所得税资产等。

A

Asset Allocation　资产配置

基础释义

资产配置是指在投资组合中如何分配资金于不同类型的**资产类别（asset class）（如股票、债券、现金、房地产、大宗商品等）**以达到**风险控制**和**收益最大化**的目标的决策过程。资产配置是一种重要的投资策略，基于投资者的风险承受能力、投资目标、投资期限及市场预期等因素，决定各类**资产类别**在投资组合中的比重。

概念详解

1. 资产配置的原则

（1）分散投资：不要将所有的资金投入到单一资产类别中，通过跨资产类别投资来降低**特定市场或资产的波动**对整个投资组合的影响，实现风险分散。

（2）风险与收益平衡：不同的资产类别有不同的风险和收益特性。一般而言，股票被认为是高风险高收益的资产，而债券和现金等价物则风险较低，收益也相对稳定。资产配置的目标是找到**适合投资者风险承受能力的最佳平衡点**。

（3）定期再平衡：市场波动会导致初始的资产配置比例发生变化，定期或当资产比重偏离目标配置一定幅度时进行**再平衡（rebalancing）**，可以维持原定的风险水平和投资策略。

（4）长期视角：资产配置策略应基于长期的投资目标和市场展望，避免因短期市场波动而频繁调整策略，导致交易成本上升和投资偏离初衷。

（5）适应性调整：随着时间推移，投资者的财务状况、风险承受能力和投资目标可能会变化，资产配置策略也应相应调整。

2. 资产配置的类别

2.1 战略资产配置（Strategic Asset Allocation, SAA）

基于**长期投资目标**和风险偏好设定的资产配置比例，是投资策略的基石。

2.2 战术资产配置（Tactical Asset Allocation, TAA）

在战略配置的基础上，根据**短期市场条件**或**预期**进行的动态调整，以捕捉市场机会或规避风险。

2.3 再平衡（Rebalancing）

通过买卖资产，使投资组合回到最初设定的或调整后的资产配置比例，维持风险与收益的平衡。

3. 资产配置的具体方法

3.1 纯资产法（Asset-Only Approach）

纯资产法仅关注**投资者资产负债表的资产端，不直接考虑负债**。最典型的例子是**均值-方差最优化（Mean-Variance Optimization, MVO）**，该方法通过**最大化预期回报**的同时最小化投资组合的风险（以方差衡量），来决定各类资产的最佳权重。MVO 主要基于资产的预期回报率、风险及资产类别间的相关性进行决策。

3.2 负债相对法（Liability-Relative Approach）

与纯资产法相反，负债相对法在资产配置时**明确考虑负债端的情况**，其目的是确保有足够的资产来覆盖未来的负债。例如，盈余最优化（surplus optimization）就是将 MVO 应用于盈余（即资产价值减去负债现值）上。**负债驱动投资（Liability-Driven Investing, LDI）**是专注于满足投资者负债的资产配置策略，常采用固定收益投资技术来对冲**负债风险**。

3.3 目标基础法（Goals-Based Approach）

这种方法主要针对个人和家庭投资者，强调根据**具体的财务目标（如维持生活水准、教育基金、退休规划等）**来设定**子投资组合（sub-portfolio）**，并为每个子投资组合分配资产。每个目标都关联着现金流需求、特定的时间范围和实现目标所需的最低成功概率（即风险容忍度）。**目标基础投资（Goals-Based Investing, GBI）**通过为每个目标定制资产配置策略，汇总形成整体投资组合的战略资产配置方法。

> 💡 **老皮点拨**
>
> 负债相对法与目标基础法的主要区别具体如下。
>
> **（1）法律义务与个人愿望：** 机构投资者的负债通常是法律义务或债务，未履行会导致严重后果；个人目标（如生活方式或抱负目标）不具备法律强制性。
>
> **（2）负债的统一性与目标的多样性：** 机构投资者的负债**性质较为单一**，而个人目标**多样且个性化**。
>
> **（3）预测的确定性：** 机构投资者的大量负债可通过**大数定律（law of large numbers）**进行较准确的预测，而个人目标因缺乏大规模样本的平均效应，预测准确性较低。

Asset-Backed Securities (ABS)　资产支持证券

基础释义

> 资产支持证券是指将一组具有未来现金流的资产（如贷款、租赁、应收账款等）汇集起来，通过结构性重组和信用增级手段从而使其可在金融市场中进行交易的证券。投资者购买 ABS，实质上是购买了这些基础资产未来现金流的收益权。通过结构化设计、信用增级等手段，ABS 为投资者提供了风险分散、收益与风险匹配的投资选择，同时促进了资本市场的深度和广度，对金融体系的流动性、资源配置以及风险管理具有重要意义。

概念详解

1. 资产支持证券的主要类型

1.1 资产担保债券（Covered Bonds）

资产担保债券是最简单的结构化证券，主要由欧洲银行发行。发行银行在自己的资产负债表上创建**一个特定的抵押贷款池**，并将其与其他资产隔离。这个贷款池作为发行债券的担保品，如果发行银行违约，投资者可以通过该贷款池中的抵押品获得偿付。

> 💡 **老皮点拨**
>
> 严格意义上来说，资产担保债券不是完全的证券化产品，因为底层资产并未转移到独立的**特殊目的实体**（Special Purpose Entity, SPE），而是留在发行银行的资产负债表上，投资者直接从银行而不是贷款池的现金流中获得偿付。

1.2 转手证券（Pass-Through Securities）

转手证券是真正意义上的"证券化产品"，通过设立单独的法律实体（即SPE），特定的资产池从原始资产持有人的资产负债表上被移除，所谓"转手"是指经由 SPE 这一媒介转交资产池中的资产产生的利息支付以及本金偿还。转手证券包括抵押贷款支持证券（MBS）和非抵押贷款支持证券（Non-MBS）两大类。

1.2.1 抵押贷款支持证券（Mortgage-Backed Securities, MBS）

抵押贷款支持证券是一种由一组**抵押贷款**打包而成的金融工具。根据抵押贷款的不同性质，MBS 可以进一步细分为以下 3 种类型。

（1）住宅抵押贷款支持证券（Residential MBS, RMBS）：RMBS 以**个人住房抵押贷款**为基础资产。当借款人按时偿还贷款时，RMBS 的持有人会收到相应的本金和利息支付。这些贷款通常是固定利率或浮动利率，并根据信用评级和期限细分。

（2）商业抵押贷款支持证券（Commercial MBS, CMBS）：CMBS 以**商业地产抵押贷款**为基础，涉及办公楼、购物中心、酒店等。CMBS 通常涉及较大金额的贷款，并由专业的资产管理公司管理。商业地产的价值波动较大，使得 CMBS 的风险较高，但收益潜力也较大。

（3）抵押担保债券（Collateralized Mortgage Obligation, CMO）：CMO 是指通过对抵押贷款现金流进行**重新包装和分割**而形成的证券。它通过结构化技术将抵押贷款的现金流分成多个层级，每一层有不同的风险和收益特性。这些层级按照承受的**提前还款风险（prepayment risk）**的大小排序，投资者可以根据自己的风险承受能力和投资目标选择适合的层级。

1.2.2 非抵押贷款支持证券（Non-Mortgage-Backed Securities, Non-MBS）

非抵押贷款支持证券**不以抵押贷款为基础资产**，而是以**其他类型的债务工具**为支持。这类证券可以进一步细分为以下 3 种类型。

（1）抵押债务凭证（Collateralized Debt Obligation, CDO）：CDO 以各种类型的债务工具为基础资产，包括公司债、汽车贷款、信用卡应收账款等。CDO 结构类似于 CMO，将这些债务工具分割成不同层级，然后打包成证券出售给投资者。CDO 在 2008 年金融危机中扮演了重要角色，因为许多 CDO 都包含大量的次级抵押贷款债务，这些债务后来出现了大规模违约。

（2）抵押贷款义务（Collateralized Loan Obligation, CLO）：CLO 以**公司贷款**为基础资产，通常来自企业借款，包括杠杆收购（LBO）和公司重组过程中的债务。CLO 分割成不同层级，出售给不同的投资者。CLO 的收益来源于公司支付的贷款利息，风险取决于借款公司的信用状况。

（3）抵押债券义务（Collateralized Bond Obligation, CBO）：CBO 以公司债券为基础资产，通常来自企业发行的高级债、次级债等。CBO 结构与 CDO 类似，通过将债券分割成不同层级来满足不同投资者的风险偏好。CBO 投资者可以获得固定的利息支付，并在债券到期时收回本金。

1.3 结构增强债券（Bonds with Structural Enhancements）

结构增强债券通过预设的日程安排**重新分配资产池中的现金流**，增强了支付模式的可预测性。通过设定的支付时间表，减少了意外变化（如违约、提前还款或延长还款期）对支付模式的影响。这些债券通常会被分级，低级别的债券承担更高的违约风险和还款模式变化的风险，高级别的债券则享有优先偿付权。此外，结构增强债券可能通过增加各种形式的信用增强措施来进一步降低投资者面临的风险。

2. 资产支持证券的特点

（1）基础资产广泛： ABS 的基础资产非常广泛，包括汽车贷款、信用卡应收款项、学生贷款、租赁协议，甚至某些情况下还可以是**知识产权收益**等，但是这些基础资产必须是能够产生稳定现金流的债权类资产。

（2）结构性融资： ABS 的发行通常涉及设立一个**特殊目的实体（Special Purpose Vehicle, SPV）**或**特殊目的信托（Special Purpose Trust, SPT）**，这个实体专门用于持有基础资产，并以此为基础发行证券。SPV/SPT 的作用是隔离基础资产与原始权益人（即原始资产所有者）的破产风险，从而保护投资者。

（3）现金流的再分配： ABS 发行时，证券通常会被分为多个级别（如优先级、劣后级等），不同级别的证券持有者根据其风险承受能力和预期回报的不同，获得不同程度的保护和收益。基础资产池产生的现金流通常按照优先级顺序被重新分配给不同等级的证券持有者。

（4）风险转移及投资机会： 通过证券化，原始权益人将资产池的风险转移给了投资者，从而释放了资本，可以用于新的放贷活动或其他用途。对投资者而言，ABS 提供了一种新的投资渠道，并允许他们**根据自己的风险偏好**选择合适的投资产品。

（5）信用增强： 为了提高 ABS 的吸引力，发行方可能会采取一些信用增强措施，如**超额抵押（overcollateralization）**、**储备基金账户（reserve fund account）**、第三方担保等，以提高证券的信用评级。这些措施有助于提升证券的安全性，吸引更多的投资者。

（6）市场流动性： ABS 通过将原本不易变现的资产转化为证券，增加了这些资产的流动性，使得它们可以在二级市场上交易。这种流动性对于金融市场的重要性在于它可以提高整个市场的效率，促进资本的有效配置。

3. 资产支持证券的优势

（1）风险分散： 将不同种类的基础资产打包，可以分散单一资产的风险。

（2）融资便利： 为原始权益人提供了新的融资途径，尤其是对于那些缺乏其他融资渠道的实体。

（3）投资机会： 为投资者提供了多样化的产品，满足不同风险偏好的需求。

4. 资产支持证券的挑战

（1）定价难度高： 由于基础资产的多样性，准确评估每种资产的市场价值可能具有挑战性。

（2）市场波动性大： 资产支持证券的价格可能会随着**基础资产的信用质量**和**市场利率**的变化而波动。

（3）监管环境差异： 各国对 ABS 的监管政策有所不同，这可能会影响其发行和交易。

Asset-Based Valuation Model 资产基础估值模型

基础释义

资产基础估值模型是指通过分别对企业的各类资产进行评估并加总得到整个企业的价值然后减去负债从而得到权益价值的一种估值模型。资产基础估值模型适用于那些拥有较高比例的流动资产和流动负债，并且这些资产和负债的市场价值相对容易确定的公司。

概念详解

1. 资产基础估值模型的适用场景

（1）难以准确估计其公允市场价值的资产占比较小的公司： 固定资产（尤其是土地、厂房及设备）的公允市场价值难以估计，该类资产占比较高的公司不适合使用资产基础估值模型。

（2）流动资产和流动负债占比较高的公司： 这类公司的资产和负债结构简单，易于评估。

（3）即将清算的公司： 对于不再继续经营的公司，资产基础估值可以作为评估其清算价值的一种方式。

（4）无形资产占比较小的公司： 部分无形资产（如协同效应、声誉）虽然符合资产的定义，但是可能不满足会计准则的确认条件，无法在资产负债表中呈现，具有大量该类资产的公司不适合使用资产基础估值模型。

2. 资产基础估值模型的关键要素

2.1 资产负债表分析

在使用资产基础估值模型时，需要重点关注的资产负债表项目包括：

（1）有形资产： 现金、存货、应收账款等有形资产的市场价值通常可以通过市场调研、历史数据等方法较为准确地估算。

（2）无形资产： 专利、商标等无形资产已经在公司账目上有所记录的，其市场价值可能仍需要额外评估。未入账的无形资产，如品牌声誉、客户关系、知识产权等，虽然对公司价值有重大影响，但在账面上可能没有体现。

> 💡 **老皮点拨**
>
> 无形资产的价值评估通常更为复杂，资产基础估值可能无法完全涵盖这些无形资产的价值，因此依托于资产估值模型得到的公司股权价值更多地被视为一种最低估值（floor value）。

（3）负债： 应付账款、借款等负债的市场价值通常较为明确，可以根据现行利率和市场条件进行调整。

2.2 市场价值与账面价值的差异

市场价值是指**资产在公开市场上买卖的价格**，通常是评估资产基础估值的基础。账面价值是指**资产在公司资产负债表上的记录价值**，它可能与市场价值存在较大差距。分析师需要将账面价值调整为市场价值，这通常涉及对资产进行重新评估，以反映其当前的市场状况。

2.3 环境因素的影响

在**恶性通胀（hyper-inflationary）环境**中，资产的市场价值可能更加难以估计，因为物价波动大，资产的真实价值难以确定。此外，某些行业的资产（如自然资源公司的矿产资源）可能具有特殊的市场特性，需要专门的方法来评估。

3. 资产基础估值的应用

（1）私营公司估值： 小型私营企业的所有者，通常熟悉通过评估公司资产并减去相关负债来得出公司价值的方法。私营公司通常资产结构较为简单，资产基础估值更为实用。

（2）上市公司估值： 上市公司的资产范围广泛，逐项分析几乎不可能，因此从账面价值到市场价值的转换是一项艰巨的任务。在上市公司中，资产基础估值通常作为**现值模型**和**乘数模型**的补充，特别是在公司财务透明度增加的情况下。

（3）综合使用多种模型： 为了提高估值结果的准确性，分析师通常会结合使用多种估值模型，比如资产基础估值模型、现金流折现模型等。模型的选择取决于可用的信息数量和信息质量，以及对模型适用性和输入参数不确定性的认识。

4. 资产基础估值模型的步骤

（1）有形资产估值： 对固定资产（如房产、设备、机器）、流动资产（如库存、应收账款）等的评估。这些资产的价值通常通过市场比较法、成本法或重置成本法来确定。

（2）无形资产估值： 对品牌、专利、客户关系、专有技术等的评估。无形资产的评估较为复杂，可能需要采用收益法、成本法或市场比较法，有时还需要考虑未来收益的折现值。

（3）减去负债： 在计算总资产价值后，需要从总价值中减去公司的所有负债，包括短期负债和长期负债，以得到净资产或股东权益的价值。

（4）调整与综合： 在单项资产估值基础上，可能需要对总价值进行调整，以反映**协同效应（synergy）**、资产的使用效率、市场条件等因素。

（5）特殊情况考虑： 在某些情况下，如清算估值，可能只关注资产的**清算价值（liquidation value）** 而非**持续经营价值（going concern value）**。

> 💡 **老皮点拨**
>
> 资产基础估值模型适用于那些资产密集型公司，或者在企业破产、重组、并购等特殊情境下，需要精确评估**单项资产价值**的情况。然而，这种方法可能忽视了企业的**未来增长潜力**、品牌价值、客户基础等难以量化的价值，因此在评估具有较高**无形资产**价值的成长型企业时可能不够全面。

Asset Class　资产类别

基础释义

> 资产类别，又称资产大类，是指一个包含具有相似特征、属性及风险-回报关系从而使它们区别于不属于该类别的其他资产的资产集合。资产类别划分有助于投资者构建多样化的投资组合，以达到分散风险和优化收益的目的。

概念详解

1. 资产类别的设定标准

（1）同质性（homogeneous）： 同一资产类别的资产应**具有相似的属性**。例如，将房地产和普通股都归入"股票"类别会使其变得异质。

（2）互斥性（mutually exclusive）： 资产类别之间应无重叠，以免降低**战略资产配置**控制风险的有效性，避免在制定资产类别回报预期时出现问题。

（3）分散化（diversifying）： 为了风险控制，纳入的资产类别与其他资产类别的**预期相关性不应过高**，否则该资产类别在投资组合中将是冗余的，因为它重复了已存在的风险敞口。

（4）涵盖大部分可投资财富： 所有资产类别作为一个整体，应当包含全世界大部分切实可投资的资产。

（5）吸收能力： 作为潜在的投资对象，资产类别应当具有足够的流动性和较低的交易成本。

2. 常见的资产类别

（1）全球公开股票（global public equity）： 全球公开股票包括发达、新兴乃至前沿市场的大、中、小型股票。

（2）全球私人股权（global private equity）： 全球私人股权涵盖风险投资、成长资本和杠杆收购等。

（3）全球固定收益（global fixed income）： 全球固定收益涵盖发达和新兴市场的债务，可进一步细分为主权、投资级和高收益等子类别。

（4）实物资产（real assets）： 实物资产包括私人房地产、基础设施和大宗商品等，对通胀敏感，主要包括**固定资产（fixed assets）**，如机器设备、车辆、建筑物等，固定资产通常为企业所持有，用于生产或经营。此外，**无形资产（intangible assets）** 如专利权、商标、版权、品牌价值等，虽无实体形态，但具有经济价值，也是典型的实物资产。

> 📍 **实务拓展**
>
> 资产类别的分类并没有全球统一的标准，许多学者提出过自己的分类，例如，学者 Greer 定义了三个**"超级资产类别"（super asset class）**。
>
> **（1）资本资产（capital assets）：** 作为持续价值来源（如利息或股息）的资产，可以通过净现值进行估值。

（2）消耗 / 转换资产（consumable/transformable assets）：如大宗商品类资产，可以在生产过程中被消耗或转化为其他具有经济价值的东西，但本身不产生持续的价值流。

（3）储值资产（store of value assets）：既不产生收入也不作为消费或经济活动的生产要素产生价值，如货币和艺术品，其经济价值通过销售或交换实现。

老皮点拨

投资工具如对冲基金，若其策略旨在利用投资技巧获取回报或提供吸引人的风险特性，可视为"策略"或"分散化策略"类别，同样会分配资产百分比，类似真正的资产类别。与策略相比，资产类别通常提供了基于**市场**而非**技巧**的预期超额回报。

Asset-Intensive Business　资产密集型企业

基础释义

资产密集型企业是指那些在运营过程中需要**大量资金投入**以购置**固定资产（如厂房、设备、交通工具等）**或维持**较高水平营运资金**的企业。这类企业相较于劳动密集型或知识密集型企业，其特点是资本投入占总成本的比例较大，对实物资产的依赖性强。资本密集型行业的典型代表包括公用事业（如电力、供水）、交通运输（航空公司、铁路）、房地产开发、某些制造业领域（尤其是半导体制造、汽车制造等高科技或重工业），以及自然资源开采（石油、矿业）等。

概念详解

资产密集型企业的特征

（1）低资产周转率：相对于销售收入，企业所拥有的总资产规模较大，即每单位资产产生的销售收入较低。

（2）高资本支出与销售额比： 企业为了维持或扩大生产规模，需要在固定资产上持续投入大量资金，这部分支出占销售收入的比例相对较高。

（3）高净营运资金与销售额比： 企业为了日常运营，需要较多的流动资金支持，如存货、应收账款等占用的资金相对销售收入比例较高。

> ### 实务拓展
>
> 随着全球化和专业化分工的加深，许多曾经垂直整合、资本密集度高的企业逐渐拆分为多个专业化的公司。这种变化使得原本资本密集的部分可以独立运营，与其他面向客户的品牌或服务型企业通过**合同**而非**所有权关系**连接。这种模式有助于降低单一企业的资本负担，提高效率和灵活性。例如，希尔顿酒店集团对全球的多数酒店通过长期特许经营或管理协议运营，而非直接拥有酒店物业。又如，NVIDIA 专注于芯片设计与测试，而将资本密集的半导体晶圆制造环节外包给台积电和三星电子等合作伙伴。

Asset-Light Business　轻资产型企业

基础释义

轻资产型企业又称**"轻资本型企业"**，是指那些在运营过程中相对较少依赖大量实物资产或资本支出的企业。这类企业通常拥有**高固定资产周转率**和 / 或**较低的资本支出与销售收入比**，这意味着它们能够高效利用较少的实物资产来创造收入。轻资本企业的资产结构主要由充足的现金储备和无形资产（如品牌、专利、软件等）组成。这一商业模式在科技行业尤为突出，并且也常见于那些已剥离资本密集型业务的服务型企业。

概念详解

轻资产型企业的特征

（1）网络运营模式： 轻资产型企业往往通过构建平台或网络连接服务提供者与消费者，自身并不直接拥有用于服务的基本资产。例如，优步（Uber）和爱彼迎（Airbnb）分别在共享出行和住宿领域搭建平台，连接拥有车辆或房产的司机与房东或乘客与住客，公司主要通过佣金和服务费盈利，无须为实体资产融资。

（2）现金流管理高效： 轻资产型企业可能采用**预收费模式**或拥有非常短甚至为负的**现金转化周期**，这意味着它们在运营过程中能够自给自足，减少了对外部融资的依赖。

（3）股权激励代替现金薪酬： 轻资产型企业倾向于使用**股票**而非现金作为员工和管理层的主要报酬形式，特别是在公司股价持续上涨的情况下，这种做法不仅激励了团队，还减少了公司现金流出，相当于一种非传统意义上的股权融资，资金来源于内部员工而非金融市场。

（4）早期盈利与缓慢扩张： 如果轻资产型企业从早期就能实现盈利，且不需要大规模的实物资产投资，除非管理层计划快速扩张，否则它们可能不需要筹集大量的外部资金。这种模式降低了企业的财务风险，提高了资本效率。

Auction Models　拍卖模型

基础释义

> 拍卖模型是指卖方通过竞价出售一件或多件商品或服务给最高出价的买方的一种定价策略。在这个过程中，买家根据自己的估值出价，出价最高者赢得拍卖并按照其出价支付。

概念详解

1. 拍卖的类型

（1）英式拍卖（English auction）： 在这一过程中，竞标者从一个较低的价格开始，逐渐提高他们的出价直到没有竞标者愿意出更高的价格为止，最后的出价者将赢得拍卖品。

A

（2）荷兰式拍卖（Dutch auction）： 这种类型的拍卖从一个较高的价格开始，然后价格逐步降低，直到第一位竞标者愿意接受当前价格并出价，这位竞标者将赢得拍卖品。

（3）维克里拍卖（Vickrey auction）： 在这种拍卖中，所有竞标者同时提交密封的出价，最高出价者赢得拍卖品，但是只支付**第二高出价的价格**。这种方式鼓励竞标者按照自己的真实估值来出价。

2. 拍卖的应用场景及典型案例

（1）数字广告拍卖（digital advertising auction）： 在线广告平台如谷歌广告和百度的广告系统使用拍卖机制来决定广告展示的位置和价格。广告主竞标关键词或特定的用户群体定位，每次点击成本（CPC）由竞价结果确定。

（2）在线商品销售（online consumer merchandise sales）： 像易贝（eBay）这样的电子商务平台允许卖家通过拍卖方式出售商品。买家可以通过出价竞争购买权，最高出价者在拍卖结束时获得商品。此外，易贝也支持固定价格销售，体现了拍卖与传统定价方式的结合。

（3）政府债券拍卖（government securities auction）： 政府机构会定期举行债券拍卖，以筹集资金。投资者可以竞标购买国债或其他政府证券，出价通常基于收益率或价格。

（4）艺术品及收藏品拍卖（art and collectibles auctions）： 传统的艺术品和收藏品拍卖行，如苏富比（Sotheby's）和佳士得（Christie's），利用拍卖机制来出售珍贵的艺术品和其他稀有物品。随着数字化的发展，这些拍卖也可以在线上进行。

Auditor's Report　审计报告

基础释义

审计报告是指由独立会计师事务所根据特定审计标准对公司在**年度报告**中呈现的**财务报表**进行审计后，出具的一份书面意见。审计报告旨在表达审计师对财务报表的总体评价，是财务报告不可或缺的一部分。尽管不同司法管辖区的审计报告可能有所差异，但它们通常包含一个核心的审计意见声明，以及其他标准化的组成部分。

概念详解

1. 审计报告的标准

1.1 国际层面标准

国际审计与鉴证准则理事会（International Auditing and Assurance Standards Board, IAASB）制定了国际审计标准（International Standards on Auditing, ISAs）。许多国家采纳了 ISAs，并在审计报告中引用这些标准。

1.2 特殊国家标准

美国等国家有自己制定的审计准则，如美国公众公司会计监督委员会（PCAOB）根据《萨班斯－奥克斯利法案》（Sarbanes-Oxley Act of 2002）制定的审计准则。

2. 审计报告的主要目标

（1）获取合理保证： 审计过程涉及抽样技术，且财务报表中的项目可能基于估算和假设，因此，审计师无法提供关于财务报表**绝对准确性的保证**，只能提供**合理保证**，表明财务报表是否在很大程度上公允地反映了企业的财务状况、经营成果和现金流量，整体不存在重大错报（无论源自欺诈还是错误）。

（2）进行后续沟通： 根据审计发现，按照 ISAs 的要求报告财务报表，并进行必要的沟通。

3. 审计报告意见类型

（1）无保留意见（unqualified opinion）： 财务报表**在所有重大方面**公允地反映了企业的财务状况和经营成果，符合相关会计准则，是最理想的结果。

（2）保留意见（qualified opinion）： 财务报表存在**范围限制**或**未完全遵守会计准则**的情况，审计报告会包含额外的说明段落来描述这些问题。

（3）反对意见（adverse opinion）： 当审计师认为财务报表**严重偏离会计准则**，不能公允反映企业财务状况和经营成果时发出。

（4）无法表示意见（disclaimer of opinion）： 由于审计范围受限等原因，审计师无法形成意见时使用。

> 📍 **实务拓展**
>
> 上市公司的审计报告，还会提及**关键审计事项（Key Audit Matters, KAM，国际上使用）**或**重要审计事项（Critical Audit Matters, CAM，美国使用）**。这些事项是指审计过程中审计师认为最重要或最具挑战性的领域，

可能涉及高风险的错报可能性、管理层的重大判断或是期间内重大交易的影响。虽然这些事项突出了审计中的关键点，但并不必然代表分析师和投资者最关注的所有因素。

老皮点拨

审计报告不仅是对财务报表准确性和公允性的专业评价，也是投资者、分析师、监管机构等利益相关者评估企业财务健康状况和治理水平的重要依据。

Automatic Stabilizer　自动稳定器

基础释义

自动稳定器是指经济体系中**内在的、无须政府直接采取行动即可自动发挥作用**，以缓解经济波动的财政机制。自动稳定器主要体现在税收和政府支出系统中，能在经济衰退时提供支撑，在经济过热时起到冷却作用，从而帮助经济维持稳定，而无须政府进行相机抉择的政策干预。

概念详解

1. 自动稳定器的作用原理

1.1 经济衰退时期的影响路径

当经济放缓，失业率上升时，政府的自动支出（如失业救济金、社会福利、食品券等）自然增加，而税收收入则因个人和企业的收入下降而减少。这种支出的增加和税收的减少实际上增加了经济中的总需求，起到了刺激经济的作用，进而缓解了经济衰退。

1.2 经济繁荣时期的影响路径

在经济扩张阶段，就业率上升，收入增加，导致个人所得税和企业所得税自动增加，而政府的福利支出减少。这种现象相当于自动抽取了一部分经济过热带来的额外收入，缓解了经济过热和通货膨胀的压力。

2. 自动稳定器的优势

（1）即时性和自动性：自动稳定器不需要等待政府的立法过程，它们在经济条件变化时自动发挥作用，减少了政策制定和执行的时滞。

（2）无须频繁政策干预：自动稳定器减轻了政策制定者识别经济冲击并作出反应的需求，降低了政策的不确定性。

（3）减少经济波动：通过减少经济对负面冲击的敏感度，自动稳定器有助于平滑经济周期，减少产出的波动。

3. 自动稳定器的具体工具

（1）所得税制度：在经济衰退时，个人和企业收入下降，根据累进税制，税收自动减少，留给民众更多**可支配收入**，刺激消费；经济复苏时则相反，收入增加，税收自动上升，有助于控制经济过度膨胀。

（2）失业救济和福利支出：经济不景气时，失业人数上升，失业保险和社会福利支出自动增加，为失业者提供生活保障，同时也增加了总需求；经济好转，失业减少，这部分支出自然下降。

（3）农产品价格支持计划：某些国家对农产品实行价格保护政策，当农产品价格下跌时，政府自动增加补贴，稳定农民收入；价格上涨则减少补贴，避免过度激励生产。

（4）公司税制度：与个人所得税类似，公司利润减少时，缴纳的公司税自动减少，减轻企业负担；利润增加则税收增加，有助于增加政府收入。

> 💡 **老皮点拨**
>
> 自动稳定器是财政政策的一部分，与**相机抉择的财政政策（discretionary fiscal policy）** 相辅相成，共同构成政府宏观经济管理的两大工具。自动稳定器不需要政府主动调整，它们是经济体系内在的一部分，如累进所得税、失业保险等，而主动财政政策是政策制定者有意为之的，目的是**直接稳定总需求**，如增加基础设施投资或减税刺激经济。在面对经济波动时，自动稳定器提供了初步的缓冲，而相机抉择政策则根据需要进一步微调，两者共同维护经济的稳定与增长。

Balance of Payment Account　国际收支账户

B

基础释义

国际收支账户是指按照一定的会计原则和国际标准编制的，用于反映一个国家或地区在一定时期内（通常为一年）与世界其他经济体之间全部经济交易的系统记录。国际收支平衡表被划分为不同的账户，以详细说明各类跨境交易对一国货币收支、资产所有权变更以及国际储备的影响。

概念详解

1. 国际收支账户的重要性

分析国际收支账户是评估一个国家宏观经济环境、**货币政策**、财政政策以及长期增长潜力的重要组成部分。投资者使用贸易和资本流动的数据来评估一个国家的整体资本投资水平、盈利能力以及风险。

2. 国际收支账户的特点

国际收支账户是一个复式记账系统，具体条目类型包括：

（1）借方条目：反映进口商品和服务的购买、外国金融资产的购买、出口收入的收到，以及从债务人那里收到的款项（利息和本金）。

（2）贷方条目：反映进口商品和服务的支付、购买外国金融资产的支付，以及对债权人的支付。

> **实务拓展**
>
> 原则上，所有借方条目的总和应该等于所有贷方条目的总和，国际收支账户的所有条目净余额都应该是零。但是，在实践中，由于国际收支交易的数据的来源经常不同，这个理想状况往往难以完全实现。

3. 国际收支账户的构成

国际收支账户由经常账户、资本账户和金融账户构成。

3.1 经常账户（Current Account）

经常账户的具体项目包括：

（1）商品贸易（merchandise trade）： 所有购买、销售或赠送的大宗商品和产品成品。

（2）服务（services）： 旅游、运输、工程和商业服务（如法律服务、管理咨询和会计服务）。专利和版权费用也记录在此类别中。

（3）投资收入（investment income receipts）： 资产所有权产生的收入，如股息和利息支付；对外投资收入被计入经常账户，因为这部分收入是对外国投资所提供的服务的补偿。

（4）单边转移（unilateral transfers）： 代表单向资产转移，如国外工人的汇款、外国直接援助或礼物。

3.2 资本账户（Capital Account）

资本账户的具体项目包括：

（1）资本转移（capital transfers）： 债务减免、移民转移、固定资产管理权的转移，以及与固定资产出售或收购相关的资金转移等。

（2）非生产性、非金融资产的买卖（sales and purchases of non-produced, non-financial assets）： 包括自然资源权利和无形资产（如专利、版权、商标、特许权和租赁）的买卖。

3.3 金融账户（Financial Account）

金融账户的具体项目包括：

（1）对外资产： 细分为官方储备资产、政府资产和私人资产。这些资产包括黄金、外币、外国证券、政府在国际货币基金组织的储备、**对外直接投资（Direct Foreign Investment, DFI）**，以及居民银行报告的债权。

（2）外国持有的资产： 细分为官方资产和其他外国资产。这些资产包括由报告国政府和私营部门发行的证券（如债券、股票、抵押贷款支持证券）、直接投资，以及由报告国银行业报告的外国负债。

> **实务拓展**
>
> 国际货币基金组织（IMF）制定了《国际收支手册》来统一各国国际收支统计的标准和方法论，以确保各国的可比性和一致性。手册会随着全球经济活动的变化而更新，以适应新的经济现实和金融创新。

> **老皮点拨**
>
> 　　国际收支账户对于理解一个国家的宏观经济状况、汇率波动、资金流动趋势，以及制定相应的经济政策具有重要意义。当某个账户出现持续顺差或逆差时，可能会对国家经济产生重大影响，如汇率调整压力、外汇储备变化、国内利率变动等。

Balance Sheet Restructuring　资产负债表重组

基础释义

> 　　资产负债表重组是指通过**改变资产构成**、**调整资本结构**或二者结合的方式，对企业的资产负债表进行重新配置的过程。这种重组旨在优化财务结构，提高财务灵活性和企业的市场竞争力。资产负债表重组主要包括资产方面的调整和资本结构的变动。

概念详解

1. 资产负债表重组的类型

（1）资产方面的调整。

　　资产方面调整的典型例子是**售后回租（sale leaseback）**，即企业将其拥有的资产（如房地产、设备）出售给第三方（出租人），随后与该第三方签订租赁协议，继续使用已售出的资产。

　　通过售后回租，企业能即时获得现金，减轻**资产持有风险（如维修成本、技术陈旧）**，但需承担租赁成本，这些成本可能高于原先的折旧和摊销费用。出租方则通过交易获得**利息收入**。该策略特别适用于企业需要快速筹集资金的情况，如疫情期间航空公司通过这种方式快速获得流动资金。

（2）资本结构的变动。

　　资本结构变动的典型例子是**股息资本调整（dividend recapitalization）**，即企业通过增加债务融资（如发行债券或借款）来支付股东特别分红或回购股份，从而降低股权比例，提高债务比例。

股息资本调整旨在降低**加权平均资本成本（WACC）**，因为债务融资通常比股权融资成本更低。分红再融资可以减少流通股数量，假设企业总价值不变，每股价值因而上升，增加了股东价值。然而，这种策略的运用需谨慎，因为它显著提高了企业的**财务杠杆（financial leverage）**，通常仅适用于那些收入和经营现金流稳定的企业，且在利率较低的环境下更为可行。

Bank 银行

基础释义

> 银行是指依法设立，接受公众或机构存款，向政府、企业以及个人发放贷款，办理国内外结算、信用证服务及担保、买卖外汇代理收付款项、保管箱等服务，以及其他经中央银行或银行业监管机构批准的业务的一种金融机构。

概念详解

1. 银行的主要业务

（1）吸收存款：银行接受来自个人、企业、政府机构等客户的存款，这些存款可以是**活期存款（如支票账户）**、**定期存款（如储蓄账户和定期存单）**或其他形式的存款产品。存款构成了银行的主要负债，并为其提供了资金来源。

（2）发放贷款：银行向个人、家庭、企业提供各种类型的贷款，包括但不限于住房按揭贷款、汽车贷款、学生贷款、商业贷款等。这些贷款为银行创造了收入来源，并促进了经济活动。

（3）保管资产：银行为客户保管现金和其他贵重物品，提供安全存储解决方案，如保险箱服务。此外，银行还通过先进的技术和严格的内部控制措施确保客户账户的安全。

（4）执行证券交易：部分国家和地区允许银行作为经纪商或交易商参与证券市场的交易活动，包括股票、债券、外汇等金融产品的买卖。此外，银行还可能为客户管理投资组合，提供交易执行服务。

（5）衍生品交易对手：银行作为衍生品市场的参与者，与其他金融机构和个人进行衍生品交易。

(6) 投资证券: 银行自身或代表客户进行证券市场的投资,包括购买政府债券、企业债券、股票等。

(7) 外汇兑换与交易: 银行提供货币兑换服务,并参与外汇市场的交易,为客户提供汇率风险管理工具。

2. 银行的资产及负债结构

2.1 资产端

银行的资产端项目主要包括:

(1) 贷款: 占银行总资产的一大部分,通常超过50%,包括消费贷款、商业贷款、房地产贷款等。

(2) 债务证券: 如国债、企业债等,通常占总资产的25%以上。

(3) 现金与现金等价物: 银行在中央银行的准备金和其他短期可变现资产。

(4) 应收账款: 银行对客户的应收款项。

(5) 贵金属及其他实物资产: 如金银等实物资产。

2.2 负债端

银行的资产端项目主要包括:

(1) 存款: 包括活期存款、定期存款等,通常是银行最大的负债来源。

(2) 短期融资: 如商业票据、回购协议等。

(3) 长期债务: 如发行的债券或其他形式的长期借款。

(4) 其他负债: 包括应付账款、应计费用等。

3. 银行的经济功能

(1) 信用中介: 银行通过吸收存款和发放贷款,将资金从储蓄者手中转移到需要资金的个人和企业手中,从而促进资本的有效配置。

(2) 支付中介: 银行提供支付结算服务,使经济主体能够便捷地进行交易,减少了对实物货币的需求。

(3) 流动性供给: 银行通过提供短期贷款和信用额度等方式,为企业和个人提供流动性支持,帮助应对短期资金需求。

(4) 风险分散: 银行通过多样化的贷款组合和投资策略来分散风险,同时为客户提供风险管理工具,如保险产品和衍生品。

(5) 金融创新: 银行不断创新金融产品和服务,推动金融市场的发展,提高金融服务的质量和效率。

(6) 金融稳定性: 作为金融体系的重要组成部分,银行通过稳健经营维护金融市场的稳定，保障经济的健康发展。

📍 **实务拓展**

自从 2007—2009 年的全球金融危机以来，银行的流动性需求发生了变化。危机前，银行依赖**批发融资 (wholesale funding)** 弥补存款流动性不足的问题，并将其投资组合作为收益来源，投资于较低质量、流动性较差的证券。然而，在危机后，银行投资组合越来越倾向于高质量、高流动性的证券，这主要是由于全球范围内监管审查的加强，特别是**流动性覆盖比率（LCR）**和**净稳定融资比率（NSFR）**的规定。

Behavioral Bias　行为偏差

基础释义

行为偏差是指在人类决策过程中，认知限制和情感因素导致的一系列系统性偏离理性选择的行为模式。这些偏差广泛存在于金融投资、消费决策、健康管理、社会互动等多个生活领域，是行为经济学和行为金融学研究的核心内容。

概念详解

行为偏差的分类

（1）认知错误（cognitive errors）：认知错误包括信念坚持偏差和信息处理错误两个方面。

①信念坚持偏差（belief perseverance bias）。

信念坚持偏差是指个体在面对新的证据或信息时，**仍然坚持原有的信念或观点**的一种认知倾向。

信念坚持偏差可以细分为五种具体的行为偏差：保守主义偏差（conservatism bias）、确认偏差（confirmation bias）、代表性偏差（representativeness bias），掌控幻觉偏差（illusion of control bias），以及后见之明偏差（hindsight bias）。

②信息处理错误（processing errors）。

信息处理错误是指个体在接收、分析和应用信息时出现的认知偏差。

信息处理错误可以细分为锚定与调整偏差（anchoring and adjustment bias）、心理账户偏差（mental accounting bias）、框架效应偏差（framing bias），以及可得性偏差（availability bias）

（2）情感偏差（emotional biases）： 情感偏差是指个体在决策过程中受到**情绪**影响所表现出的认知偏差。

情感偏差可以细分为损失厌恶偏差（loss aversion bias）、过度自信偏差（overconfidence bias）、自我控制偏差（self-control bias）、现状偏差（status quo bias）、禀赋偏差（endowment bias），以及后悔厌恶偏差（regret aversion bias）

💡 **老皮点拨**

认知偏差通常可以通过获取更多信息、教育和建议来纠正或消除，而情感偏差则难以纠正，因为它们源于本能和直觉，而非源于认知的局限。

Behavioral Finance　行为金融学

基础释义

行为金融学是指研究投资者在金融市场中的实际决策行为及其对资产价格、市场效率和投资策略的影响的一门结合了**心理学**与**金融学**的交叉学科。行为金融学关注的是市场参与者（如投资者、基金经理和其他市场行为者）的心理偏差如何影响他们的决策，并进而影响市场价格、回报和市场效率。与传统金融理论不同，行为金融学认为市场参与者**并非总是理性的**，而是会受到各种心理偏见的影响。

1. 行为金融学的核心观点

传统经济学和金融理论基于个体理性行动的假设，即个体在决策过程中会**考虑所有可用信息**，并且**市场是有效的**。行为金融学挑战这些假设，研究实际的个体和市场行为，并解释为什么现实中的决策常常偏离理性标准。当面临复杂决策时，人们往往难以完全理性地分析所有信息，个体可能会简化选择，仅使用部分信息，并接受"足够好"的解决方案而不是最优解。

2. 行为金融的领域

2.1 微观行为金融学（Behavioral Finance Micro）

微观行为金融学专注于**个体投资者**的行为偏差，探讨个体如何做出金融决策。

2.2 宏观行为金融学（Behavioral Finance Macro）

宏观行为金融学关注**市场层面**的异常现象，解释市场整体行为与传统金融理论假设的有效市场有何不同。

3. 行为金融学认定的行为偏差类型

3.1 认知错误（Cognitive Errors）

认知错误是指**认知过程中的错误**导致的偏差，例如启发式思维、记忆错误等。

3.2 情感偏差（Emotional Biases）

情感偏差是指由**情绪或感觉**影响的决策偏差，如寻求快乐、避免痛苦等。

4. 行为金融学的应用

投资专业人士可以通过识别和调整自己及客户的行为偏差来改善经济结果。对行为偏差的理解可以帮助构建更好的投资组合，并提高投资决策的质量。

5. 行为金融与市场异常

市场异常是指那些与**有效市场假说**相悖的**持续性超额收益模式**。市场异常可能源于资产定价模型的选择、统计问题或者临时的非均衡状态。一些所谓的异常会由于**对正常收益的定义方式**改变而消失，或者是对超额风险的合理补偿而非真正的异常。行为金融学解释了市场中的一些异常现象，通过理解这些异常现象，可以更好地预测市场行为，并改进投资策略，常见的市场异常如下。

（1）动量效应（momentum）

动量效应是指资产价格在一段时间内表现出的**趋势延续性**。可得性偏差、后视偏差和损失厌恶可以部分解释动量效应。个体投资者倾向于从最近的经历中学习，这种倾向会导致他们过度重视近期事件并据此作出投资决策。

B

（2）泡沫与崩盘（bubbles and crashes）

市场上资产价格快速上升至远高于其内在价值的状态被称为**泡沫**，随后的急剧下降则被称为**崩盘**。泡沫期间常见的认知偏差包括过度自信、确认偏差和后悔规避偏差。过度自信导致交易量增加，从而降低了预期利润，确认偏差使投资者忽视不利信息，后悔规避偏差使投资者害怕错过利润机会。

（3）价值投资（value investing）

价值股通常具有低市盈率、高账面市值比和低市盈率的特点。光环效应（halo effect）可能导致投资者过高估计成长股的价值。过度自信可能导致对增长率的错误预测。情绪偏差在评估股票时起着重要作用，即使是专业投资者也会受到影响。

实务拓展

行为金融学的研究成果被应用于解释多种市场异象，如价值效应、**动量效应**等，并启发了新的投资策略，如行为投资策略，该策略旨在利用他人的行为偏差获取超额收益。此外，它也促进了金融产品和服务设计的改进，如目标日期基金、智能投顾等，以更好地适应投资者的真实行为模式。

Benchmark 基准

基础释义

基准是指用于**评估**和**比较**投资组合的表现，反映投资过程和约束条件，代表投资组合经理可以投资的资产池的一组证券或市场指数。

概念详解

1. 基准的选择标准

（1）**明确性（unambiguous）**：基准中的证券及其权重应清晰可辨，如雀巢在全球股权基准中的权重。

（2）**可投资性（investable）**：基准应**可复制和持有**，以便获得其回报（至少在扣除费用前）。如果基准不可投资，则不是一个可行的投资基准。

（3）可测量性（measurable）：基准的回报应能定期和及时地测量。

（4）适当性（appropriate）：基准应与基金经理的投资风格或专业领域一致。

（5）反映当前投资意见（reflective of current investment opinions）：基金经理应对构成基准的证券及其风险因子敞口熟悉，并能够对其投资吸引力形成意见。

（6）事先指定（specified in advance）：基准应在评估期之前构建，以避免事后创建基准的情况。

（7）可问责性（accountable）：基金经理应接受基准并对其负责，确保基准与其投资过程一致。

2. 基准的类型

基准大致可以分为资产基础基准和负债基础基准两个类别。

2.1 资产基础基准（Asset-Based Benchmarks）

常见的资产基础基准包括：

（1）绝对回报基准（absolute return benchmarks）：绝对回报基准设定了一个最低目标回报率，基金经理需要超过这个目标。这个回报率可以是一个**固定的数值（如9%）**，一个**相对于市场指数的差额（如欧元银行间拆借利率+4%）**，或者基于**精算假设**确定。例如，私募股权投资的目标回报率可能设定为每年20%。

（2）宽基市场指数（broad market indexes）：宽基市场指数用于衡量广泛资产类别的表现，如J.P.摩根新兴市场债券指数（EMBI）用于新兴市场债券，MSCI世界指数用于全球发达市场股票。这些指数广为人知，易于获取和理解，其表现经常在媒体上被报道，为投资者提供了清晰的市场参考点。

（3）风格指数（style indexes）：风格指数在资产类别内定义，用于表示不同的投资风格。投资风格是具有预测未来收益分散能力的自然投资纪律分组。例如，**Russell 2 000价值指数**和 **Russell 1 000成长指数**分别代表小盘价值股和大盘成长股，帮助投资者评估特定风格的表现。

（4）基于因子模型的基准（factor-model-based benchmarks）：基于因子模型的基准通过构建**因子模型**来捕捉投资决策过程，识别每个因子在组合回报中的相对解释力。这些因子可能包括市场回报、行业暴露、财务杠杆等。

（5）基于回报的基准（returns-based benchmarks）：基于回报的基准通过将组合回报与一系列风格指数的回报相关联，来构建基准。风格分析产生一个加权平均的资产类别指数，以最好地解释或追踪组合回报。与投资风格指数不同，基于回报的基准将风格视为连续的。例如，一个组合可能被描述为60%的小盘价值股和40%的小盘成长股，这种基准帮助投资者更全面地理解组合的表现。

B

（6）经理群体（manager universes）： 经理群体是指具有相似投资纪律的一组经理。虽然不是严格意义上的基准，但经理群体允许投资者将其表现与其他具有类似投资纪律的经理进行比较。

（7）定制证券基准（custom security-based benchmarks）： 定制证券基准根据投资经理的投资纪律和客户限制，通过讨论和分析过去的**组合风险敞口**来构建。基准通过选择与经理投资过程一致的证券和权重来构建，并定期再平衡以保持一致性。这种基准特别适用于**无法与宽基市场指数或风格指数密切而匹配的投资经理**，虽然其计算和维护成本较高，但能够更精确地反映投资经理的实际操作和策略。

> 🔆 **老皮点拨**
>
> 市场指数代表特定市场的整体表现，如 FTSE 100 指数代表英国大市值股票的表现，S&P US Aggregate Bond Index 代表美国投资级债券的表现。
>
> 基准可以是市场指数，也可以是根据特定投资策略和约束条件定制的组合。例如，被动管理的 ETF 通常使用市场指数作为基准，而主动管理的基金可能使用绝对回报基准或其他特定指标作为基准。

2.2 负债基础基准（Liability-Based Benchmarks）

负债基础基准重点关注资产必须产生的现金流，确保这些现金流能够满足**未来的负债需求**。例如，在定义收益确定型养老金计划中，资产需要支付特定的未来负债。

一只投资组合相对于负债的表现非常重要，因为即使投资组合在市场指数上表现出色，也可能无法满足其负债需求。市场价值加权指数通常不适合作为负债基础基准，因为负债往往有**特定的资产配置和风险敞口**，与市场指数不同。

> 🔆 **老皮点拨**
>
> 以收益确定型养老金计划为例，**市值加权指数**通常不是合适的基准，因为指数的久期通常短于大多数养老金计划的负债久期。此外，许多固定收益指数在短期债券中对企业债券的权重较大，这可能导致比计划预估的更高的信用风险。替代方案可以是一个多样化的个别债券组合，以最小化**异质风险（idiosyncratic risk）**。

3. 基准的重要性

基准的重要性包括：

（1）评估和归因： 正确的基准对于**业绩评估和归因（performance evaluation and attribution）** 分析至关重要。如果基准选择不当，后续的**业绩度量（performance measurement）** 将不准确，归因和评估分析将失去意义。

（2）风险管理： 基准有助于识别和评估投资组合的**风险敞口（risk exposure）**，确保投资策略符合预期目标。

（3）沟通与透明度： 基准提供了一个清晰的参考点，帮助投资者和资产管理者进行有效的沟通和透明度管理。

Best Effort Offering　代销

基础释义

代销是指发行主体（如公司、政府、金融机构等）委托第三方（如投资银行、券商、基金销售机构等）作为销售代理人，负责向投资者销售其发行的证券（如股票、债券、基金等）的一种承销模式。在代销模式下，销售代理人不承担证券的发行风险，仅作为中介角色，按照与发行主体签订的协议收取一定的手续费或佣金。

概念详解

代销的特点

（1）风险分担： 与全额包销（underwriting）相比，代销将发行失败的风险更多地留给了发行主体，承销商承担的风险相对较小。

（2）费用结构： 由于承销商承担的风险较低，代销的承销费用通常低于全额包销。费用可能包括固定费用和基于实际销售额的浮动佣金。

（3）发行不确定性： 由于没有承销商的全额购买承诺，代销的最终发行规模和时间可能具有较大不确定性，取决于市场需求和承销商的销售能力。

（4）投资者关系： 发行主体和承销商需要紧密合作，积极营销证券，与潜在投资者建立良好关系，以提高发行成功率。

Beta 贝塔

基础释义

> 贝塔是指描述**单一资产或多资产投资组合收益率变动**与市场整体（通常用一个广泛的市场指数代表，如标普 500 指数）收益率变动之间敏感度的一个指标。贝塔系数是金融学中衡量特定资产或投资组合**系统性风险**的关键指标，在多因子模型构建以及业绩评估中有重要应用。

概念详解

1. 贝塔的计算公式

$$\beta_i = \frac{\mathrm{Cov}(R_i, R_m)}{\sigma_m^2} = \frac{\rho_{i,m}\sigma_i\sigma_m}{\sigma_m^2} = \frac{\rho_{i,m}\sigma_i}{\sigma_m}$$

其中，

- β 代表贝塔系数

- $\mathrm{Cov}(R_i, R_m)$ 代表资产 i 的回报与市场组合回报的协方差

- σ_m 代表市场组合回报的标准差

- σ_i 代表资产 i 回报的标准差

- $\rho_{i,m}$ 代表资产 i 与市场组合回报之间的相关系数

2. 贝塔的估计方法

除了利用协方差及方差来计算贝塔系数，还可以使用回归分析来估计贝塔值，即利用历史数据来拟合资产收益与市场收益之间的关系，公式如下。

$$R_i = \alpha_i + \beta_i R_m + e_i$$

其中，

- R_i 代表资产 i 的回报

- α_i 的统计意义为截距项，经济意义为超额收益

- β_i 的统计意义为斜率项，经济意义为敏感性系数

- e_i 代表误差项

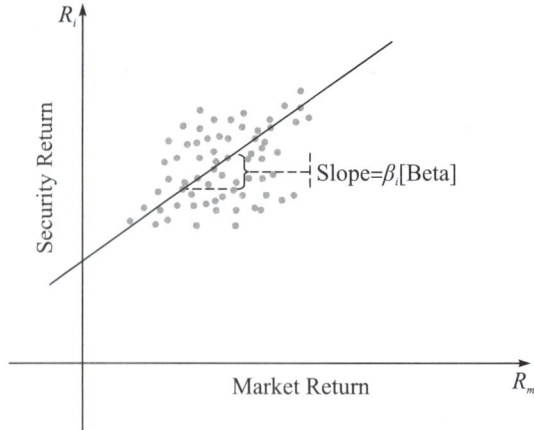

市场回报与证券回报的回归分析图

3. 贝塔的参数解读

贝塔的取值范围从负无穷到正无穷，每个区间都对应着不同的资产或投资组合类型及其特征，具体参数解读如下：

（1）贝塔值大于 1：这类资产或组合的波动性超过市场平均水平，换言之，当市场上涨时，这些资产的涨幅会超过市场平均水平；相对地，当市场下跌时，这些资产的跌幅也会超过市场平均。

典型例子包括科技股、新兴市场基金、小盘股等，适合**风险偏好较高的投资者**，特别是那些愿意承担较高风险以换取潜在高收益的人群。此外，在经济扩张期，这类资产可能会表现得更好。

（2）贝塔值等于 1：这类资产或组合的表现与市场整体保持一致，既不会放大也不会缩小市场波动带来的影响。

典型例子包括指数基金或跟踪某一市场基准的 ETFs，适合寻求市场平均水平回报而不愿承担额外风险的投资者。

（3）贝塔值为正但是小于 1：这类资产或组合的趋势与市场一致，但它们的波动幅度较小，因此在市场动荡时期表现相对稳健。

典型例子包括蓝筹股、大型稳定公司、债券基金等，适合风险偏好较低的投资者，或是作为投资组合的一部分，用于平衡**高贝塔资产带来的波动性**。

（4）贝塔值等于 0：这类资产的价格变动与市场完全无关，换言之，其提供固定的回报，不受市场波动影响。

典型例子是**无风险资产（risk free asset）**，如发达国家的国债或定期存款，作为投资组合中的避险工具，特别是在市场不确定性高的时候，其可以提供稳定的现金流。

(5) 贝塔值小于 0： 这类资产或组合的价格变动方向通常与市场相反，可以在市场下跌时提供保护，但在市场上涨时可能会拖累整体表现。

例如，黄金作为一种避险资产，在股市下跌时往往会上涨；又如卖空高贝塔股票的策略，适用于寻求对冲市场风险的投资者，或者是希望在市场下跌期间获得收益的投资者。

4. 贝塔的应用

(1) 风险评估： 贝塔用于量化资产相对于市场整体的**系统性风险**。系统性风险是指那些无法通过多样化投资来分散的风险。投资者可以利用贝塔来比较不同资产的风险水平。高贝塔资产意味着更高的市场波动性风险，而低贝塔资产则相对稳定。

(2) 资产定价： 根据**资本资产定价模型（CAPM）**，贝塔帮助确定资产的**均衡预期回报（eguilibrium expected return）**。基于其预期回报是否符合投资者的风险偏好，贝塔可以帮助投资者决定是否购买或卖出某项资产。

(3) 投资组合管理： 通过计算投资组合中各资产的贝塔值，投资者可以调整投资组合的构成，以达到分散风险的目的。如果操作得当，贝塔甚至可以帮助构建风险均衡的投资组合，确保在市场波动时整个组合不会遭受过度损失。在**资产配置**方面，投资者可以根据市场前景和个人风险承受能力来选择不同贝塔值的资产进行配置。

(4) 绩效评估： 贝塔可以帮助分析基金经理的业绩，通过比较实际收益与基于贝塔预期的收益的差异（即**阿尔法收益**）来评估经理的**选股能力**和择时能力。

(5) 市场研究： 不同行业的贝塔值有所不同，这反映了各行业对市场波动的敏感程度。研究这些差异可以帮助投资者了解哪些行业更适合当前的市场环境。此外，贝塔值的变化可以反映市场对未来经济增长或衰退的预期，从而为宏观经济研究提供数据支持。

Bid　报买

基础释义

报买是指市场参与者（通常是买家或做多者）购买某种金融工具（如股票、债券、基金、外汇货币对等）的行为。报买是构成市场供需关系、形成市场价格的重要组成部分，也是交易撮合和订单执行的基础。报买通常与限价买单（buy limit order）、市价买单（buy market order）等买入指令相关联，买家通过提交这些订单来表达其报买意向。

概念详解

报买在市场中的经济意义

（1）形成买盘： 众多报买价格及其对应数量共同构成市场的买盘（bid side），显示了在当前市场环境下，买家愿意以不同价格水平购买金融工具的总体情况。

（2）与卖盘相对： 买盘与卖盘（ask/sell side）共同构建市场的**买卖价差（bid-ask spread）**，即同一时刻最高买价（报买价格）与最低卖价之间的差距，体现了市场流动性及买卖双方力量对比。

（3）交易撮合依据： 在订单驱动市场（如交易所）中，报买是交易撮合系统寻找匹配交易对手、执行交易的基本依据。当一个卖出指令（如市价卖单或达到触发价格的止损卖单）进入市场，系统会优先寻找最有利于卖家的报买（即最高买价）进行匹配。

Bid-Ask Spread　买卖价差

基础释义

买卖价差简称"价差"，又称"双向报价差"，是金融市场中衡量同一金融工具（如股票、期货、外汇、债券等）在同一时刻买方愿意支付的最高价格与卖方愿意接受的最低价格之间差距的指标。买卖价差是市场流动性、交易成本以及买卖双方力量对比的直接体现，对交易者决策、市场分析和交易策略具有重要意义。

概念详解

1. 买卖价差的计算公式

买卖价差（绝对值）= 报卖价格（ask price）− 报买价格（bid price）

买卖价差（相对值）=[（报卖价格 − 报买价格）/ 报卖价格]×100%

> **老皮点拨**
>
> 假设某股票的报买价格为 $100，报卖价格为 $101，则其买卖价差如下。
>
> 绝对值：$101-$100=$1
>
> 相对值：[(101−100) /101]×100%≈1%

2. 买卖价差的市场含义与影响

（1）市场流动性： 买卖价差反映了市场的流动性状况。在流动性良好的市场中，由于买卖双方参与者众多，竞争激烈，买卖价差通常较小；而在流动性较差的市场中，由于参与者较少、交易稀疏，买卖价差可能较大。

（2）交易成本： 买卖价差直接构成了投资者进行交易的成本之一。对于买入者，实际支付的价格为报卖价格，而对于卖出者，实际收到的价格为报买价格。因此，无论买方还是卖方，都需要承担买卖价差作为交易成本。

（3）市场情绪与供需关系： 买卖价差的变化反映了市场情绪的波动和买卖双方力量的对比。价差扩大可能意味着**卖方力量增强（供应增加或买方需求减弱）**，市场看跌情绪升温；价差缩窄可能意味着**买方力量增强（需求增加或卖方供应减少）**，市场看涨情绪提升。

（4）交易策略与算法： 买卖价差是高频交易、统计套利、市场微结构研究等交易策略和算法的重要输入参数，用于衡量交易机会、计算交易成本、优化交易执行等。

3. 买卖价差的应用场景

（1）交易决策： 交易者在制定交易策略时，会选择在价差较小时进行交易，以降低交易成本，提高投资回报。

（2）市场分析： 分析师通过监测和分析买卖价差的变化，可以洞察**市场流动性**状况、供需关系以及潜在的市场趋势，为投资决策提供依据。

（3）交易系统设计： 在自动化交易系统和算法交易中，买卖价差是决定交易时机、订单类型（如市价单、限价单）以及订单执行算法（如 TWAP、VWAP）的重要因素。

Board of Directors　董事会

基础释义

> 　　董事会是指负责指导和监督公司的经营管理，代表股东利益，并确保公司按照既定战略目标和法律规定运营的公司核心决策机构。董事会的规模根据公司规模、行业特性和法律规定而定，通常由几人至几十人不等。董事会的主要职责包括聘请**首席执行官（CEO）** 并监督公司的运营和管理层的表现，定期召开会议，讨论并决策公司重大事项，必要时可召开临时会议。

概念详解

1. 董事会的构成

（1）内部董事（公司高管）： 通常包括公司的创始人、现任或前任高管，他们对公司内部情况非常熟悉。

（2）外部董事（独立董事）： 与公司没有实质性关系的外部人员。实质性关系包括雇佣关系、亲属关系等。独立董事不参与公司日常运营，以提供独立的判断和监督，能更好地代表少数股东的利益。

2. 董事会的职责

（1）制定公司战略： 负责制定公司**长期发展战略和目标**，确保公司发展方向符合股东和其他利益相关者的期望。

（2）监督管理层： 对**高级管理人员**的工作表现进行监督，确保他们高效、诚信地执行董事会制定的政策和战略。

（3）财务审批与监督： 批准公司**预算**，监控财务状况，确保**财务报告**的真实性和完整性，以及合理的财务风险管理。

（4）风险管理： 识别并评估公司面临的各种风险，包括财务、市场、法律、运营等风险，并制定相应的**风险管理**策略。

（5）合规与道德规范： 确保公司运营遵守所有相关的法律法规，维护公司道德和社会责任。

（6）提名与薪酬： 负责提名**新的董事会成员和高级管理人员**，以及确定合理的薪酬政策，包括高管薪酬方案，以激励与约束并重。

（7）危机应对： 在公司面临危机时，董事会需迅速决策，引导公司渡过难关。

3. 董事会的组成与运作

为了高效运作，董事会下设各类委员会，分别专注于特定领域的深入工作，具体包括：

（1）审计委员会（audit committee）： 负责监督公司的财务报告过程，确保财务报表的完整性和准确性。该委员会通常由**独立董事（independent directors）**会成员组成，并至少有一名具备会计或财务管理专业知识的成员。

（2）提名 / 治理委员会（nominating/governance committee）： 负责评估董事和管理人员候选人，监督董事会选举程序，并确保董事会结构符合治理原则。

（3）薪酬 / 报酬委员会（compensation/remuneration committee）： 制定和提出董事及关键管理人员的薪酬政策，通常包括设定绩效标准和评估管理者表现。该委员会成员也必须是独立的。

（4）风险委员会（risk committee）： 在金融服务行业中较为常见，负责确定公司的风险概况和风险承受能力，并确保企业风险管理系统的有效性。

（5）投资委员会（investment committee）： 保险业中常见的委员会，确保公司采取合理和谨慎的投资和资本管理政策。

4. 董事会的结构

4.1 单层董事会结构（One-Tier Board）

在美国和英国较为常见，董事会负责所有战略决策和管理监督工作。

4.2 双层董事会结构（Two-Tier Board）

在欧洲较为普遍，并在某些国家（如德国）由法律规定。在此结构下，有一个单独的**监事会（board of supervisors）**来监督董事会的工作，监事会由独立的董事组成，来自公司利益相关者群体，如股东、员工、工会、公众，有时还包括政府代表（对于有国家所有权的企业）。

5. 董事会的选举制度

（1）同时选举： 大多数董事会在同一时间举行选举，所有成员任期相同。

（2）交错选举（staggered board）： 董事分为几组，在不同年份分别进行选举。在这种制度下，完全替换董事需要几年时间，限制了股东对公司控制权的重大变更能力。

Bond　债券

基础释义

> 债券是指资金需求方（如政府、企业、金融机构等）为了筹集资金而发行的承诺在一定期限内**偿还本金**并**支付利息**的一种债务凭证。投资者通过购买债券获取收益，但需承担信用、利率、流动性等风险。债券种类繁多，债券市场在经济中发挥着融资、**促进资本配置**和货币政策传导等功能。

概念详解

1. 债券的基本要素

债券的基本要素包括发行人、到期日、本金、票息率与支付频率、偿债顺序、或有条款、收益度量以及收益率曲线。

1.1 发行人（Issuer）

债券发行人可以是任何合法实体，包括政府（国家或地方政府）、超国家组织（如世界银行）、准政府实体（如邮政服务或国家铁路）以及私营部门发行者（如公司）和特殊目的实体（SPV）。对其利息支付和本金偿还负有法律责任。

1.2 到期日（Maturity）

到期日是指发行人向投资者进行最终支付的日期，一年或更短期限的固定收益证券称为**货币市场工具（money market instrument）**，如政府短期国库券和商业票据；一年以上的称为**资本市场工具（capital market instrument）**。**永续债券（perpetual bond）** 没有明确的到期日，但仍然不同于股权，因为它们有固定的现金流量，没有投票权，并且在资本结构中有更高的优先级。

1.3 本金（Principal）

本金（也称"票面价值"或"名义价值"）是发行人在到期时同意偿还给投资者的金额，通常在到期时一次性偿还，但也有一些债券会在持有期间逐步偿还本金，如按揭贷款。

1.4 票息率与支付频率（Coupon Rate and Frequency）

按照票息率和支付频率，债券可以分为：

（1）固定票息债券： 按照预定日期支付固定金额的利息。

（2）浮动票息债券： 票息率由市场参考利率（MRR）加上信用利差构成，随市场参考利率变化而调整。

（3）零息票债券： 不支付定期利息，而是在到期时一次性支付本金及利息。

1.5 偿付顺序（Seniority）

偿付顺序是指在破产或清算情况下债务偿还的顺序。高级债务（senior debt）拥有优先偿还权，次级债务（subordinated debt）只有在高级债务偿付完毕后才能得到偿付。

1.6 或有条款（Contingency Provisions）

或有条款是包含在债券发行的法律协议中的条款，规定在特定事件发生时可采取的行动。常见的或有条款包括嵌入式期权，如赎回期权（call）、回售期权（put）和转换为股权的期权（conversion option）。

1.7 收益度量（Yield Measures）

（1）当前收益率（current yield）： 债券的年度票息除以其价格，通常以百分比表示。

（2）到期收益率（yield to maturity, YTM）： 使用债券价格和预期现金流计算出的内部收益率，通常以年度利率报价。投资者的收益率等于购买时的 YTM，前提是债券按时支付利息和本金，并且所有现金流以 YTM 再投资。

1.8 收益曲线（Yield Curves）

通过绘制发行人的所有相同特征的债务工具的到期收益率与到期时间的关系图，形成收益率曲线。

2. 债券的分类

（1）按发行主体： 分为**政府债券（如国债、地方债）**、**公司债券**、**金融债券（如银行债、非银行金融机构债）**等。

（2）按偿还方式： 分为**到期一次性还本付息的债券（bullet bond）**、分期偿还本金的债券（如摊销型附息债券）和可赎回债券等。

（3）**按利率类型：**分为**固定利率债券**（fixed rate bond）、**浮动利率债券**（floating rate bond）和**零息债券**（zero coupon bond）等。

（4）**按信用等级：**分为**投资级债券**（investment grade bond）和**投机级债券**（speculative grade bond），分别评级机构赋予不同的信用等级（如 AAA、BBB、CCC 等），反映了债券的信用风险。

（5）**按是否含权：**分为**不含权债券**（option-free bond）和**含权债券**（bonds with embedded options），常见的含权债券包括**可赎回债券**（callable bond）、**可回售债券**（puttable bond）和**可转换债券**（convertible bond）3 种。

3. 债券的投资市场

3.1 债券一级市场（Bond Primary Market）

债券的发行市场，发行方通过**公开发行**或**定向发行**等方式将债券出售给投资者。

3.2 债券二级市场（Bond Secondary Market）

已发行债券的交易市场，投资者可以在交易所、场外市场或电子交易平台买卖债券，债券价格随市场供求关系、利率变动、信用风险变化等因素波动。

4. 债券的投资收益

（1）**票息收入（coupon income）：**票息收入是债券最直接最基础的收益。当投资者购买了一只债券，他们就成了该债券发行人的债权人。作为回报，发行人会按照事先约定的票息率定期支付利息给债券持有人，直到债券到期。票息收入通常是固定的，这使得债券成为一种相对稳定的投资选择。

（2）**资本利得／损失（capital gain/loss）：**如果市场条件有利，债券的价格可能会高于购买时的价格，从而为投资者带来额外的资本增值。这种资本利得通常发生在利率下降债券价格被推高时。反之，如果利率上升，则可能导致债券价格下跌。

（3）**票息再投资收益（coupon reinvestment income）：**投资者收到票息之后，可以选择将其再投资于新的债券或其他生息资产中，以获取更多的收益。随着时间的推移，这种复利效应可以显著增加投资者的整体回报。不过，再投资收益也会受到市场利率的影响，如果未来利率低于当前水平，票息再投资收益可能会减少。

5. 债券的投资风险

（1）**信用风险（credit risk）：**信用风险是指债券发行者不能按时足额支付利息或偿还本金的风险。这种风险在经济环境恶化或者发行者财务状况出现问题时更为突出。对于信用等级较低的企业债券而言，这一风险尤为显著。

（2）**利率风险（interest rate risk）：**利率风险是指由于**市场利率**波动导致债

B

券价格变动的风险。一般来说，债券价格与市场利率呈反向变动关系：当市场利率上升时，债券价格往往会下降，反之亦然。因此，持有固定利率债券的投资者可能会面临**再投资收益减少**或**资本损失**的风险。

（3）流动性风险（liquidity risk）： 流动性风险是指投资者可能无法快速地在市场上找到买家或卖家来完成交易的风险。流动性较差的债券可能需要折价出售才能变现，这对投资者来说意味着潜在的资金成本。

（4）通胀风险（inflation risk）： 长期债券面临着通胀侵蚀实际收益的风险。如果通货膨胀率高于债券的票息率，那么即使投资者获得了票息收入，其购买力也可能不如投资初期。

6. 债券的经济功能

（1）融资工具： 债券为政府、企业和金融机构提供了重要的长期资金来源。

（2）资产配置： 债券为投资者提供了风险较低、收益相对稳定的资产类别，有助于构建多元化投资组合。

（3）货币政策传导： 国债等政府债券市场是货币政策操作的重要场所，对利率政策的实施和金融市场稳定具有重要作用。

Breakeven　盈亏平衡

基础释义

> 盈亏平衡是指企业在生产经营活动中，总收入等于总成本（即经济利润为零）的状态。盈亏平衡分析是经济学和财务管理中常用的概念，它帮助企业判断在什么样的产量或销售额下，才能保本经营。

概念详解

1. 盈亏平衡的成立条件

盈亏平衡的成立条件可以有下列多种表达方式。

（1）TR−TC=0

（2）TR−EC=0

（3）TR-OC=0

（4）AR-ATC=0

其中，

- 总收入（Total revenue, TR）代表企业从销售产品或服务中获得的全部收入

- 总成本（Total costs, TC）代表企业生产和销售产品或服务所需花费的所有成本

- 机会成本（Opportunity costs, OC）代表在选择一项行动时，放弃的其他可行选择中最佳替代方案所带来的收益，包括显性机会成本和隐性机会成本

- 平均收入（Average revenue, AR）代表每单位产品或服务销售所带来的平均收入

- 平均总成本（Average total cost, ATC）代表生产每单位产品或服务所需的平均成本

> **老皮点拨**
>
> 　　按照是否随生产规模变化而变化，成本可以分为**固定成本（fixed costs, FC）**和**可变成本（variable costs, VC）**。固定成本是指不受产量变化影响的成本，如租金、设备折旧等；可变成本是指随着产量增减而变化的成本，如原材料、直接人工等。
>
> 　　按照是否调用了企业自身的资源，成本可以分为**显性机会成本（explicit opportunity costs）**和**隐性机会成本（explicit opportunity costs）**。显性机会成本是指企业在生产经营活动中**实际支付出去的成本**，这些成本可以直接在会计账目中反映出来，如工资、材料费等；隐性机会成本是指企业**并未直接支付费用**，而是企业在选择某项行动时放弃的潜在收益，如企业主放弃其他投资机会的成本。

2. 盈亏平衡的相关利润概念

（1）会计利润（accounting profit）： 企业的会计收入减去会计成本之后的利润水平。

（2）经济利润（economic profit）： 企业的会计利润进一步扣减**隐性机会成本**之后的利润水平。

（3）正常利润（normal profit）： 当企业实现**盈亏平衡**时的会计利润，数值上等于隐性的机会成本。

（4）超额利润（abnormal profit）： 如果企业的总收入超过其**经济成本**，则企业赚取了超额利润。

> 💡 **老皮点拨**
>
> 当企业实现盈亏平衡时，下列关系也同时成立：
> （1）会计利润 = 隐性机会成本
> （2）经济利润 =0

3. 盈亏平衡的演化过程

在高度竞争且无进入壁垒的市场中，企业长期来看很难维持**超额利润**。过高的利润率会吸引新的竞争者加入，增加市场供给，最终导致市场价格下降致使各企业仅能获得正常利润。在这种状态下，企业的资本回报率等于同等风险水平下的其他投资所能获得的回报率。

4. 盈亏平衡的应用

（1）定价策略： 企业可以根据盈亏平衡点来制定合理的定价策略，确保在达到盈亏平衡前不会出现亏损。

（2）成本控制： 通过识别固定成本和可变成本，企业可以采取措施来降低总成本，进而提高盈利能力。

（3）长期规划： 管理者应考虑如何通过创新和效率提升来超越盈亏平衡点，追求更大的市场份额和利润空间。

Broad Money　广义货币

基础释义

广义货币是指一个经济体中流通的货币总量，它不仅包括**流通中的现金（即狭义货币 M1）**，还包括可以迅速转化为现金或在较短通知期内便能用于支付的各类存款和其他流动性较高的金融资产。广义货币的计量可以帮助分析整个经济的流动性状况和货币政策的效果。

概念详解

1. 广义货币的层次

(1) M0（基础货币）： 流通中的现金以及中央银行的存款准备金。

(2) M1（狭义货币）： M0加上活期存款（包括企业活期存款、个人活期存款等可以立即使用的存款）。

(3) M2（广义货币）： M1加上定期存款（包括居民储蓄存款、定期存款等）、可转让存单（CDs）和其他一些短期流动资产。

(4) M3（在某些国家使用）： M2加上更大范围的流动性较低的金融工具，如货币市场基金、回购协议等。

2. 广义货币的经济影响

2.1 广义货币增长过快的影响

(1) 通货膨胀风险增加： 货币供应量的快速增长可能导致**过多的货币追逐相对较少的商品和服务**，从而推高物价，引发**货币型通货膨胀（monetary inflation）**。

(2) 投资泡沫： 过多的流动性可能涌入金融市场，推高股票、债券、房地产等资产的价格，形成**资产价格泡沫**，增加金融市场的不稳定性。

(3) 资源配置扭曲： 低利率环境下，资金成本降低，可能促使企业过度借贷进行**非生产性投资**，而非基于真实的市场需求进行扩张，进而导致资源错配。

(4) 汇率压力： 货币供应量快速增长可能对本国货币汇率造成贬值压力，影响**国际收支平衡**和对外贸易。

2.2 广义货币增长过慢的影响

(1) 经济增长放缓： 货币供应不足可能导致**信贷紧缩**，企业难以获得融资进行扩张，个人消费也可能因信贷成本上升而受限，进而抑制整体经济增长。

(2) 通货紧缩风险： 货币增长不足可能减少市场上的总需求，导致物价水平下降，若持续下去，可能引发**通货紧缩（deflation）**，进一步压抑经济活动。

(3) 信贷市场收缩： 银行和其他金融机构可能因为资金来源紧张而减少贷款发放，影响企业和个人的投资与消费能力。

(4) 信心下降： 长期的货币供应不足可能导致企业和消费者对未来的经济前景失去信心，**进一步抑制投资和消费**，形成负面循环。

B

老皮点拨

理想情况下，广义货币的增长应该**与实际经济活动的增长保持适度的匹配**，既不过度也不紧张，以维持经济的平稳健康发展。中央银行通常会通过调整货币政策工具，如调整基准利率、公开市场操作等，来控制广义货币的增长速度，以达到宏观经济管理的目的。

实务拓展

不同国家对广义货币的具体定义可能有所差异，但基本原理相似，其目的都是全面衡量**经济体中的货币供应量**及其对经济活动的影响。广义货币的增加通常与经济增长、通货膨胀压力增大相关联，而中央银行会通过调整货币政策来控制广义货币的增长速度，以实现经济稳定和控制通胀的目标。

Broker　经纪商

基础释义

经纪商是指在金融市场或其他商业领域中，作为**第三方中介**角色，为买方和卖方牵线搭桥，协助他们进行交易并从中收取**佣金或手续费**。随着科技的发展，经纪商的服务模式也在不断创新，如线上交易平台的普及、人工智能辅助决策等，进一步提升了服务质量和客户体验。

概念详解

1. 经纪商的角色与服务内容

（1）**交易撮合：**经纪商通过其广泛的客户网络和市场信息渠道，匹配潜在买家和卖家，促成交易的达成。他们**帮助客户寻找合适的交易对手**，或者**将客户的买卖订单引入市场**，确保交易流动性。

(2) 信息与咨询服务：经纪商提供市场数据、研究报告、行业动态等信息，帮助客户作出交易决策。他们还可能提供定制化的投资建议、风险管理策略以及市场分析，以支持客户的投资活动。

(3) 交易执行：在客户下达交易指令后，经纪商负责**执行交易操作**，包括但不限于在交易所或场外市场下单、确认交易细节、处理结算事宜等。他们确保交易符合相关法规和市场规则，并及时反馈交易结果给客户。

2. 经纪商的类型

(1) 证券经纪商：专注于**股票、债券、期货、期权等证券交易**，代表投资者在证券交易所进行买卖操作，收取交易佣金。

(2) 外汇经纪商：专门从事**外汇交易服务**，帮助客户兑换、买卖不同国家的货币，通常通过电子交易平台进行，收取点差或佣金。

(3) 大宗商品经纪商：为客户提供**农产品、金属、能源等大宗商品期货及期权的交易服务**，包括市场分析、交易执行、风险管理等。

(4) 保险经纪商：代表投保人与保险公司进行接洽，**为客户提供适合的保险产品，协助索赔，收取佣金**。

(5) 房地产经纪商：协助买家和卖家完成**房产交易**，包括房源展示、价格谈判、合同签订、过户手续办理等，收取交易佣金。

> **实务拓展**
>
> 经纪商广泛存在于各种金融市场和**非金融市场**中，如证券、期货、外汇、保险、房地产、物流、二手物品交易、艺术品收藏、知识产权许可等。无论在哪个领域，经纪商的核心作用都是利用其专业知识、市场网络和**中介服务**，降低交易成本，提高交易效率，保障交易安全，为买卖双方创造价值。

Broker-Dealer 经纪-交易商

基础释义

经纪-交易商是指在金融市场中同时扮演**经纪商（broker）**和**交易商**

B

（dealer）角色的金融机构或个人。经纪商和交易商这两种角色在业务性质、功能定位和法律责任上有所区分，但在实际运营中往往相互融合，共同为客户提供全方位的金融服务。

概念详解

经纪-交易商的特征

（1）双重角色：既接受客户委托，代客买卖，赚取佣金，又作为市场参与者，自主交易，赚取买卖价差。

（2）一站式服务：提供包括交易执行、市场信息、投资咨询、资产管理、融资融券、衍生品交易等在内的全方位金融服务，满足客户多元化需求。

（3）内部对冲：可能利用自营交易业务，对冲经纪业务中的风险，如利用自营交易头寸抵消客户委托的不平衡，或者通过金融衍生品对冲市场风险。

（4）风险管理：由于同时开展经纪和自营交易业务，经纪商-交易商需建立完善的风险管理体系，确保各类风险得到有效识别、计量、监督和控制。

实务拓展

在许多国家和地区，经纪商-交易商需要获得金融监管机构的许可，并遵守严格的规定，如资本充足率要求、客户资金隔离、公平交易义务、反洗钱义务、定期报告等。例如，在美国，经纪商-交易商需注册为**金融业监管局**（Financial Industry Regulatory Authority, FINRA）成员，并接受**证券交易委员会**（Securities and Exchange Commission, SEC）的监管。

一些知名的全球投资银行和综合性金融机构，如高盛、摩根士丹利、花旗集团等，就是典型的经纪商-交易商。它们同时提供经纪业务和自营交易业务，为机构客户、企业客户和个人投资者提供广泛的投资银行、资本市场、财富管理等服务。

Brokered Market　经纪商市场

基础释义

> 　　经纪商市场是指证券交易或其他金融资产的买卖主要通过经纪商（brokers）这一中介角色来进行的一种金融市场结构。在经纪商市场中，投资者（包括买方和卖方）并不直接相互交易，而是通过与经纪商建立委托关系，由经纪商代表投资者寻找交易对手方、执行交易指令并协助完成交易结算，特别适用于那些**难以通过传统交易所或订单驱动市场进行交易**且**交易频率较低**的资产。

概念详解

1. 经纪商市场的特点

　　（1）资产独特：在经纪商市场中交易的资产往往是独一无二的，因此只能吸引有限数量的潜在买家或卖家。

　　（2）低频交易：在经纪商市场中交易的资产通常交易频率较低，因此不适合在传统的交易所或订单驱动市场中进行交易。

　　（3）高昂的持有成本：在经纪商市场中交易的资产往往价值昂贵，持有成本较高，因此传统的做市商（dealers）通常不愿意或无法对其进行做市。

2. 经纪商市场的适用范围

　　经纪商市场适用于那些不易在公开市场上找到买卖双方的资产，包括但不限于：

　　（1）大宗股票：当一个机构投资者希望出售或购买大量的股票时，通过经纪商可以更快地找到合适的对手方，避免对市场造成冲击。

　　（2）房地产物业：对于大型商业地产项目或高端住宅地产，经纪商可以帮助寻找有意向的买家，并协助完成复杂的交易流程。

　　（3）艺术品：对于名画、雕塑等高价值的艺术收藏品，艺术品经纪商通过与全球的收藏家和博物馆建立联系，帮助艺术家或收藏家出售或购买艺术品。

　　（4）知识产权：专利、商标等无形资产。

　　（5）运营公司：整个企业的并购交易。

　　（6）酒牌和出租车牌照：特定行业的许可证，如酒吧或出租车运营许可。

Brownfield Investment　棕地投资

基础释义

棕地投资是指对**现有设施**进行扩建、改造或升级的投资活动。这类投资通常涉及已经建成的资产，这些资产可能已经有一定的运营历史，并且可能产生了稳定的现金流。棕地投资项目往往比绿地项目（greenfield projects）风险更低，因为投资者可以根据资产的历史表现来评估未来的潜在回报。

概念详解

1. 棕地投资的特点

（1）现有设施的扩展：棕地投资涉及对现有的工厂、基础设施或其他资产进行扩建或改进，而不是从零开始建设新的设施。

（2）可能的私有化：棕地投资有时涉及**公共资产的私有化**，即将政府所有的设施转让给私营部门。

（3）销售回租：在某些情况下，棕地投资也可能包括将已经建成的绿地项目通过销售回租的方式转让给第三方。

（4）较短的投资周期：棕地投资通常具有较短的投资回收期，因为这些资产**已经开始运营并产生现金流**。

（5）一定的运营历史：棕地投资的资产通常已经有了一定的运营历史，因此投资者可以基于这些历史数据来评估资产的表现和未来潜力。

2. 棕地投资的优势

相较于绿地投资，棕地投资的优势包括：

（1）风险较低：由于资产已经存在并有运营记录，投资者可以更好地评估项目的潜在风险和回报。

（2）回报更快：与绿地项目相比，棕地项目通常能够更快地产生现金流，因为它们不需要经历建设阶段。

（3）收益稳定：对于专注于长期稳定回报的财务投资者来说，棕地投资特别有吸引力。

3. 棕地投资的例子

常见的棕地投资的例子包括：

（1）收购并改造一座旧工厂以提高其产能。

（2）私有化一个政府拥有的港口设施，改善其效率和服务质量。

（3）销售回租一条高速公路，将其转给专业的资产管理公司运营。

Bundling　捆绑（定价）

基础释义

捆绑（定价）是指将两个或多个相关或互补的产品或服务捆绑在一起并**以低于单独购买各产品总价格的优惠价格**出售，以此提供顾客感知的额外价值，促进销售，并可能通过规模经济效应来优化成本结构的一种定价策略。这种策略通过激励或要求顾客同时购买一组产品，从而增加销售量、提高顾客价值感知、促进新产品接纳或降低营销成本。

概念详解

1. 捆绑定价有效的原因

（1）提高顾客价值感知： 通过提供**一揽子解决方案**，满足顾客多项需求，顾客感觉获得了更高的性价比。

（2）促进销售： 对于**互补产品**，捆绑销售可以激发潜在需求，推动顾客购买原本可能不会单独购买的产品。

（3）降低营销成本： 相较于单独推广多件产品，整体推广一个**捆绑包**可以减少广告和促销的开支。

2. 捆绑定价的商业案例

（1）通信服务套餐： 手机运营商经常提供包含通话、短信和数据流量的套餐服务，用户以一固定月费获得多项服务，相比于单独订购，捆绑套餐通常更经济，同时增加了用户黏性。

（2）软件套装： Microsoft Office 套件是一个经典案例，它将 Word、Excel、

PowerPoint 等多个办公软件整合在一起销售，相比单独购买每个应用，套装价格更有吸引力，并且同时满足了用户多样化的办公需求。

（3）快餐套餐： 快餐连锁店如麦当劳推出的"开心乐园餐"或各种套餐组合，将汉堡、薯条、饮料整合在一起销售，不仅简化了顾客的选择过程，也通过打包优惠促进了销量。

（4）流媒体服务： 如迪士尼＋、Hulu 和 ESPN＋ 联合推出的捆绑订阅服务，为用户提供了不同类型的娱乐内容，包括电影、电视剧、体育赛事直播等，通过捆绑降低了单个用户获取多元内容的成本。

（5）旅行套餐： 旅行社提供的"机票＋酒店＋景点门票"综合旅游套餐，既方便了顾客一站式规划旅程，又通过规模采购降低了成本，为顾客和供应商带来了双赢。

Business　企业

基础释义

> 　　企业是指依法设立的以盈利为目的，从事生产、流通、服务等经济活动，自主经营、自负盈亏，并承担有限民事责任的社会经济组织。企业是市场经济的基本单位，是商品生产和交换的主要参与者，通过提供产品或服务来满足市场需求，同时追求经济利益最大化，并在这一过程中创造就业、促进技术创新、推动经济增长。

概念详解

1. 企业的基本特征

（1）盈利性： 企业以追求经济利润为主要目标，通过有效利用资源，降低成本，提高效率，实现收入超过支出，从而获得盈利。

（2）独立性： 企业拥有经营自主权，能够独立作出经营决策，承担相应的市场风险和法律责任。

（3）组织结构明确： 企业内部通常设有明确的组织架构，包括管理层、员工等不同职能角色，以实现高效管理和运营。

（4）持续经营： 企业旨在长期存在并持续开展经营活动，而非一次性交易仅运作短期项目。

（5）合法注册： 企业依据所在国家或地区的法律法规成立，需完成注册登记，遵守相关法律、规章，依法纳税。

2. 企业的类型

2.1 个人独资企业（Sole Proprietorship）

个人独资企业又称**"个体工商户"**，是最简单的组织形式，由个人提供启动和运营所需的资本，并保留对企业的全面管理和财务收益及风险。

个人独资企业的特征包括：

（1）企业与个人没有分离，法律上不视为独立实体。

（2）业主亲自管理企业。

（3）业主对企业的债务和个人行为**负无限责任**。

（4）企业利润或亏损计入**个人所得税**。

（5）融资受限，主要依赖个人储蓄或贷款。

2.2 合伙企业（Partnerships）

合伙企业是由两个或多个合伙人共同出资成立的企业，合伙人之间通常签订合伙协议来明确各自的权利和义务。合伙企业分为普通合伙企业和有限合伙企业。

2.2.1 普通合伙企业（General Partnerships, GPs）

普通合伙企业是由两个或多个合伙人组成的合伙企业，每个合伙人都对企业的债务负有无限连带责任，并且共同参与企业的日常管理和决策。

普通合伙企业的特征包括：

（1）企业与合伙人没有分离，但合伙人之间可以有协议。

（2）**所有合伙人共同管理企业**。

（3）合伙人对企业的债务负无限连带责任。

（4）企业利润或亏损按合伙人比例计入个人所得税。

（5）融资能力取决于合伙人的能力和风险承受度。

2.2.2 有限合伙企业（Limited Partnerships, LPs）

有限合伙企业是由一个或多个普通合伙人（GP）和一个或多个有限合伙人（LP）组成的企业。

有限合伙企业的特征包括：

（1）至少有一名 GP 和一名或多名 LP。

（2）**GP 负责企业的日常管理，LP 不参与企业管理**。

（3）LP **仅以其出资额为限对企业债务承担责任**，GP 对企业的债务负**无限连带责任**。

（4）利润或亏损按合伙人协议分配，并计入个人所得税。

（5）融资能力相较于个人独资企业或普通合伙企业有所增强，但 LP 的管理权限受限。

> **老皮点拨**
>
> 　　在部分国家和地区，存在一种特殊的有限合伙企业，被称为"**有限责任合伙**"（**limited liability partnerships, LLP**），其特征包括：
>
> 　　（1）所有合伙人均为有限合伙人。
>
> 　　（2）全体合伙人共同承担管理责任，但是一般指定某一位或某几位合伙人作为管理合伙人（managing partners）负责具体管理。
>
> 　　（3）合伙人对企业债务负有限责任。

2.3 有限公司（Limited Companies）

有限公司是一种**将所有权与管理分离**，并具有有限责任的组织形式。按照其股份是否在公开的交易所上市交易，有限公司可以进一步分为**私人有限公司**和**公众有限公司**。

2.3.1 私人有限公司（private limited company）

私人有限公司由一个或多个股东组成，股东对企业债务承担有限责任。股东通过选举董事会来管理企业，通常有一定的人数限制，并且股权转让需要得到其他股东的同意。

私人有限公司的特征包括：

（1）企业是独立法人实体。

（2）股东选举董事会管理企业。

（3）股东对企业债务负有限责任。

（4）企业利润或亏损计入股东个人所得税。

（5）融资能力较强，可通过发行股份筹集资金。

2.3.2 公众有限公司（public limited company, corporation）

公众有限公司可以向公众发行股票募集资金，并且没有股东人数的限制。

公众有限公司的特征包括：

（1）企业是独立法人实体。

（2）股东选举**董事会**管理企业。

（3）股东对企业债务负有限责任。

（4）企业层面和股东层面**双重征税**（**double taxation**）。

（5）融资能力在各企业类型中最强，可以公开上市募集资金。

Business Combination　企业合并

基础释义

企业合并又称"并购"（Mergers & Acquisitions, M & A），是指两个或两个以上的企业根据合同约定或其他方式，将其业务控制权、资产、负债等合并到一个企业实体的过程。企业合并旨在通过协同效应增加价值，包括提高收入、消除重复成本、享受税收优惠、协调生产过程，以及提高资产管理效率等。

概念详解

1. 企业合并的类型

企业合并可以分为兼并、收购、联合、特殊目的实体，以及可变利益实体5种类型。

1.1 兼并（Merger）

兼并的特点是**只有一方实体继续存在**，目标公司的 100% 资产被吸收进收购公司，类似于公司 A+ 公司 B= 公司 A。收购公司可以通过发行普通股、优先股、债券或支付现金来获得目标公司的净资产。

1.2 收购（Acquisition）

收购的特点是**两个实体继续各自运营**，但通过母、子公司关系连接起来。每个实体保持独立的财务记录，母公司提供合并财务报表，类似于公司 A+ 公司 B=（公司 A+ 公司 B）。收购公司不一定需要获得目标公司的 100% 股份，在某些情况下，即使仅收购了低于 50% 的股份也能行使控制权。**少数股东权益（minority interest）** 会在合并财务报表中报告。

1.3 联合（Consolidation）

联合的特点是**一个新的法律实体被创建，原有的实体都不再存在**。新实体接管公司 A 和公司 B 的净资产，类似于公司 A+ 公司 B= 公司 C。

1.4 特殊目的实体（Special Purpose Entities, SPEs）

特殊目的实体的特点是控制通常不是基于投票，因为股权投资者的风险不足以让实体独立运作。赞助公司通常为特定目的创建 SPEs。如果实质关系显示投资者有能力影响特殊目的实体的财务和运营政策，并且有可能面临或享有可变回报，则控制权属于赞助方，需要合并 SPEs。

1.5 可变利益实体（Variable Interest Entities, VIEs）

可变利益实体的特点是控制也不一定基于投票控制，而是基于可变利益，《美国通用会计准则》（US GAAP）要求主要受益人（能够吸收 VIE 大部分预期损失、接收大部分预期剩余回报或两者兼有的实体）合并 VIE，无论其是否拥有投票权。

2. 企业合并的会计处理

2.1 购并法（Acquisition Method）

在购并法下，企业合并被视为**一个企业购买另一个企业**的交易。合并方需按照**合并日被合并方各项资产和负债的公允价值**重新计量，与合并对价（即支付给被合并方的全部价值）进行对比，如果合并对价超过被合并方可辨认净资产的公允价值，差额确认为商誉；反之，则确认为负商誉，但通常会计准则限制负商誉的直接确认，可能要求调整资产的公允价值或确认为收益。

2.2 权益结合法（Pooling of Interests Method）

权益结合法将企业合并视为参与企业的股东权益直接结合，不视为购买交易。在这一方法下，被合并方的资产和负债**继续沿用原来的账面价值**，不按公允价值重估，不产生商誉，合并对价与取得净资产份额的差额调整权益项目。

> **实务拓展**
>
> 企业合并曾经可以按照**购买法（purchase method）**或**权益结合法（pooling of interests method）**进行会计处理。
>
> 国际会计准则理事会（IASB）和美国财务会计准则委员会（FASB）开发了购并法（acquisition method），全面取代了过去的购买法和权益联结法，并减少了 IFRS 和 US GAAP 之间的差异。

> **老皮点拨**
>
> 企业合并分为**同一控制下**和**非同一控制下**两种情况。同一控制下的企业合并通常发生在同一集团或共同控制的实体之间，合并对价通常不是基于市价，而是基于账面价值，因此采用类似于权益结合法的处理原则。非同一控制下的企业合并则涉及独立企业间的合并，通常采用购买法进行会计处理。

Business Cycle　商业周期

基础释义

商业周期又称"经济周期"，是指经济活动在一段时间内有规律地经历扩张（经济增长）、高峰、收缩（经济衰退）和低谷的循环过程。这些周期性的波动体现在一系列关键宏观经济指标上，如国内生产总值（GDP）、工业生产、就业水平、企业利润、消费者支出、国际贸易等。

概念详解

1. 商业周期的类型

根据包含的阶段的个数，商业周期可以分为四阶段商业周期和五阶段商业周期。

1.1 四阶段商业周期（Four Stage Business Cycle）

四阶段商业周期的阶段包括：

（1）扩张期（expansion）： 在此阶段，经济活动加速，GDP 增长率持续上升，失业率下降，企业盈利改善，投资增加，消费者信心增强，物价温和上涨。实务中，企业在这个阶段往往增加资本支出、扩大产能、提高雇员数量，而投资者可能会看到股票市场表现强劲，信贷条件宽松，房地产市场活跃。

（2）高峰期（peak）： 高峰标志着扩张期的结束，此时经济活动达到顶峰，资源接近充分利用，通货膨胀压力增大，中央银行可能开始收紧货币政策以防止经济过热。例如，2000 年互联网泡沫破灭前的美国经济和 2007 年金融危机前夕的全球经济，都显示出高度活跃但风险累积的特征。

（3）衰退期（contraction）： 经济活动开始放缓，GDP 增长转为负值，失业率上升，企业利润下滑，消费者信心减弱，投资减少，可能出现资产价格下跌。企业可能面临库存积压、订单减少、现金流紧张等问题，需要调整战略以降低成本、优化运营。投资者则可能转向避险资产，信贷市场可能收紧，贷款违约率上升。

（4）低谷期（trough）： 经济活动触底，虽然仍然低迷，但最坏的情况已过去，衰退的速度减缓甚至停止，市场预期开始好转。比如 2009 年初，全球金融危机后，各国政府采取大规模刺激措施，市场开始预期经济即将走出低谷。

1.2 五阶段商业周期（Five Stage Business Cycle）

五阶段商业周期的阶段包括：

（1）初始恢复（initial recovery）： 在经济衰退触底之后，经济开始复苏。这一阶段通常很短，经济活动加速，信心回升，政策仍然支持增长，产出缺口较大，通胀可能减缓。

（2）早期扩张（early expansion）： 经济势头增强，失业率下降，消费者借贷消费增加，企业加大生产和投资。随着需求增强，房地产和耐用消费品销售强劲。

（3）晚期扩张（late expansion）： 经济可能过热，失业率低，利润丰厚，工资和通胀上升，投资支出因产能压力而增加。债务比率可能恶化，中央银行可能寻求"软着陆"。

（4）放缓（slowdown）： 经济接近峰值，利率上升抑制投资，债务累积，企业信心减弱。通胀可能继续上升，因为企业试图通过提价来应对成本上涨。

（5）收缩（contraction）： 经济进入衰退期，投资支出减少，企业大幅削减生产，中央银行放松货币政策。利润大幅下降，信贷紧缩加剧经济下行压力，重大破产事件频发。

2. 商业周期不同阶段的投资策略

（1）初始恢复： 短期利率和政府债券收益率低，股市可能迅速反弹，风险资产表现良好。

（2）早期扩张： 中央银行开始撤回刺激措施，短期利率上升，长期债券收益率稳定或略有上升，股票市场呈上升趋势。

（3）晚期扩张： 利率普遍上升，债券收益率上升速度慢于短期利率，信贷市场承压，股市可能波动，大宗商品等通胀对冲资产可能表现更好。

（4）放缓： 短期利率高企，政府债券收益率可能因经济放缓信号而达到顶峰并快速下降，信贷利差扩大，股市可能下跌。

（5）收缩： 短期利率和债券收益率下降，收益率曲线显著陡峭，股市在衰退初期下跌，但在后期开始回升，信用利差扩大直至经济出现复苏迹象。

Business Model　商业模式

基础释义

商业模式是指企业通过整合资源（包括人力、技术、资本和知识等）、开发产品或服务、吸引并服务顾客、建立盈利机制以及维持竞争优势，来持续创造经济价值和社会价值的一套核心逻辑和框架。

概念详解

1. 商业模式的核心内容

1.1 价值主张（Value Proposition）

价值主张是指企业产品或服务的特点，这些特点使顾客在相对价格下，愿意购买并偏好该企业的产品或服务而非竞争对手的产品或服务。

价值主张主要包括：

（1）产品和服务本身： 产品的功能、性能、特性和风格。

（2）产品和服务背后的服务和支持： 根据客户需求和产品或服务的类型提供的"高接触"或"低接触"客户服务，维修、备件等获取途径。

（3）销售过程： 例如购买的便利性、退货的便捷性等。

（4）相对于竞争对手的价格： 产品或服务的定价策略。

实务拓展

成功的企业几乎都有非常完善的价值主张，例如特斯拉，其价值主张不仅限于交通解决方案，还强调其电动汽车推进系统的优点、零排放、高性能、静音加速、技术先进性（如自动驾驶功能和其他通过持续软件升级提供的增强功能），以及专有的高速充电站网络。

1.2 价值链（Value Chain）

价值链是指企业在**内部**执行以创造顾客价值的系统和流程，囊括了企业为顾客创造价值的所有活动，但价值链不等于**供应链（supply chain）**。供应链是指产品从原材料到最终消费者的全过程。

价值链的具体活动包括：

（1）基础活动： 内部物流、运营、外部物流、营销和销售、服务等。

（2）支持活动： 采购、人力资源管理、技术开发、基础设施建设等。

1.3 盈利模式（Profitability Model）

盈利模式描述了企业如何产生利润，即如何以及为什么价格和销量不仅覆盖而且超过当前或未来更大规模下的可变成本和固定成本。

分析盈利模式时，分析师会关注的方面包括：

（1）利润率（margin）： 衡量企业盈利能力的关键指标。

（2）盈亏平衡点（breakeven point）： 企业开始盈利前的最小销售量。

（3）单位经济（unit economics）： 每单位产品的收入和成本。

2. 商业模式的关键问题

一个完善的商业模式至少需要解决的 5 个关键问题包括：

（1）目标顾客群（Who?）： 定义企业的目标市场和顾客群体，明确企业为谁创造价值。

（2）产品或服务（What? & Why?）： 描述企业提供的核心产品或服务，以及这些产品或服务解决了顾客哪些痛点或满足了何种需求。

（3）市场定位与渠道（Where?）： 涉及企业如何定位自己在市场中的位置，以及通过哪些渠道将产品或服务送达顾客手中，包括线上或线下销售网络。

（4）定价策略（How much?）： 确定企业如何为其产品或服务定价，以反映成本、市场需求、竞争态势及价值主张。

（5）关键资源与合作（How?）： 阐述企业运营所必需的关键资源（如技术、人才、品牌等），以及与合作伙伴、供应商的关系，说明如何整合这些要素以支撑商业模式运行。

💡 老皮点拨

成功的商业模式不一定是全新的或独一无二的。许多企业通过卓越的执行力、专业技能、独有的技术、强大的品牌、规模经济、范围经济或其他优势，在传统的商业模式基础上也能取得成功。例如，宜家通过创新组合已有的商业模式元素，实现了独特且成功的市场定位；谷歌则在提升搜索准确性的同时，开创了基于用户数据的广告收入模式。

Call　看涨期权

基础释义

> 　　看涨期权是指赋予其持有者在未来某一特定时间或截止日期之前任意时间，以预定价格（称为执行价格或行权价格）购买特定标的资产（如股票、期货合约、外汇、大宗商品等）的权利的一种衍生品。看涨期权的持有者希望标的资产价格在未来上涨，以便行使权利时能以低于市场价格买入标的资产并出售获利。

概念详解

1. 看涨期权的基本要素

　　（1）标的资产（underlying asset）：看涨期权所对应的资产，如股票、指数、外汇、债券、大宗商品等。

　　（2）执行价格（exercise price）：期权合约中规定的买入标的资产的价格。无论标的资产市场价格如何变动，看涨期权持有者始终有权以该价格买入标的资产。

　　（3）到期日（expiration date）：期权合约的有效期限，即期权持有者有权行使买入标的资产权利的最后日期。到期后未行使的期权自动失效。

　　（4）期权费（premium）：购买看涨期权的费用，是期权卖方收取的对其授予期权买方权利从而承担风险的补偿。

2. 看涨期权的运作机制

　　（1）买入看涨期权：投资者支付期权费，获得在到期日或之前以执行价格购买标的资产的权利。

　　（2）行使看涨期权：当标的资产市场价格高于执行价格时，看涨期权持有者可以选择行使期权，以执行价格买入标的资产。若市场价格低于执行价格，理性投资者通常不会行使期权，因为可以直接在市场上以更低价格购买。

3. 到期时看涨期权的盈亏分析

价值状态（moneyness）	S_T vs X	清算价值（payoff） （$=S_T-X$）	利润（profit） （$=payoff-premium$）
实值（in the money）	$S_T>X$	正	payoff − premium （可正可负可零）
平值（at the money）	$S_T=X$	零	−premium
虚值（out of the money）	$S_T<X$	零	−premium

其中，

-S_T 代表标的在到期时的现货价格（Spot price of underlying at expiration）

-X 代表期权的执行价格（Exercise price of option）

关于到期时的盈亏分析的详细分析如下。

(1) $S_T>X$： 如果标的现货价格在到期时高于执行价格，则看涨期权持有者通过行使期权并立即卖出标的资产，可以获得收入（即清算价值为正）。行权收入（payoff）减去购置看涨期权支付的权利金（premium）即为利润（profit）。根据清算价值与权利金的大小对比关系，利润会有为正、为负、为零三种可能性。

(2) $S_T=X$： 如果标的现货价格在到期时等于执行价格，则看涨期权持有者通过行使期权并立即卖出标的资产，可以获得零收入（即清算价值为零）。此时期权持有者不会行权，损失为权利金。

(3) $S_T < X$： 如果标的现货价格在到期时低于执行价格，则看涨期权持有者不会行权，与 $S_T=X$ 的结果一致，损失为权利金。

4. 看涨期权的特点

(1) 杠杆效应： 看涨期权使投资者可以用相对较小的期权费支出，获得标的资产潜在价值上涨的收益，具有一定的杠杆效应。

(2) 风险有限，收益无限： 对于看涨期权买方而言，最大损失仅限于支付的期权费，而潜在收益理论上没有上限，取决于标的资产价格的上涨幅度。

5. 看涨期权的应用

(1) 投机交易： 对于预期标的资产价格会上涨的投机者，可以直接买入看涨期权，以较低成本博取较大的潜在收益。

(2) 参与期权策略的构建： 通过将看涨期权与标的资产、看跌期权结合，可以构建出花样繁多，功能各异的期权策略。例如，投资者可以通过买入看涨期权来对冲其持有的标的资产的下跌风险，其他常见的会用到看涨期权的策略包括**牛市看涨价差策略（bull call spread）、熊市看涨价差策略（bear call spread）、鞍式策略（straddle）、衣领期权策略（collar）**等。

Call Market 集合竞价市场

基础释义

集合竞价市场又称"定时交易市场"，是指金融资产的买卖价格并非通过**连续的实时竞价**形成，而是**按照预定的时间间隔（如每天一次、每小时一次或每分钟一次）集中收集和撮合**买卖订单来确定**唯一的交易价格**并完成交易的一种金融市场结构。

概念详解

集合竞价市场的特点

与**连续竞价市场（continuous trading market）**相比，集合竞价市场的特点包括：

（1）定时撮合：在集合竞价市场中，交易并非连续进行，而是**集中在特定的时间段，即集合竞价时段进行**。在集合竞价时段内，市场停止接收新的订单，系统对已经提交的买卖订单进行集中撮合，确定成交价格和成交量。

（2）订单积累：在每次集合竞价开始之前，投资者可以提交买卖订单。这些订单在集合竞价时段开始前积累在订单簿中，但不会立即匹配成交。集合竞价时段开始后，系统**根据一定的规则（如价格优先、时间优先等）对所有订单进行一次性撮合**。

（3）最大成交量原则：集合竞价市场的成交价格通常通过**最大成交量原则**或**最优价格原则**确定。最大成交量原则试图找到**能使成交量最大的价格**作为成交价，而最优价格原则则直接取**订单簿中买卖双方最优价格的中间值**作为成交价。

（4）交易透明度较低：集合竞价市场的订单簿在集合竞价时段开始前对所有市场参与者公开可见，投资者可以了解到当前市场的买卖订单分布情况。然而，由于订单在集合竞价时段开始后才进行撮合，**成交价格和成交量在撮合完成后才会公布**，因此在撮合过程中市场透明度较低。

（5）流动性较差： 相较于连续竞价市场，集合竞价市场的流动性可能较低。由于交易集中在特定时间点进行，投资者可能需要等待较长的时间才能完成交易，且成交价格可能与预期存在一定偏差。

> 🗺 **实务拓展**
>
> 集合竞价市场常见于一些**较小规模或较早期**的金融市场，以及**某些特定类型的交易，如新股发行（IPO）、公司债发行、场外交易市场（OTC）的部分交易**等。集合竞价市场的优点在于能够降低交易成本、减少市场波动，缺点是交易效率较低、市场透明度有限。随着电子交易技术的发展，集合竞价市场的应用逐渐减少，连续交易市场已成为主流。然而，在特定场景下，集合竞价市场仍然具有其独特的价值和适用性。

Call Option　看涨期权

同"Call"。

CAMELS Approach　骆驼分析法

基础释义

> 骆驼分析法是指主要用于评估**银行和其他存款类金融机构**的综合经营状况、风险水平以及稳健性的一种国际通用的金融机构评级体系。CAMELS 由 6 个英文单词的首字母组成，代表 6 个关键评估维度，通过综合评估这 6 个方面，为监管机构、投资者、评级机构等提供一个全面了解金融机构稳健性和风险状况的框架。

概念详解

1. 骆驼的分析维度

（1）资本充足性（capital adequacy）： 评估金融机构**是否有足够的自有资本（包括普通股、留存收益等）来吸收潜在损失**。资本充足率是衡量资本充足性的核心指标，它反映了银行在面临风险时的缓冲能力。监管机构通常设定最低资本充足率要求，以确保银行在遭遇不利经济条件或重大损失时仍能保持偿付能力。

（2）资产质量（asset quality）： 考察金融机构的**贷款和其他资产的信用风险**。评估内容包括不良贷款比率、逾期贷款、呆账准备金覆盖率、贷款集中度、抵押品价值等。良好的资产质量意味着银行的贷款组合中低风险贷款占比高，不良贷款得到充分识别和拨备。

（3）管理（management）： 评价金融机构的**管理层素质、决策过程、内部控制体系、战略规划、风险管理能力等**。优秀的管理团队应具备清晰的战略视野、有效的决策机制、健全的风险管理制度以及良好的合规文化。

（4）盈利（earnings）： 分析金融机构的**盈利能力和稳定性**，包括净利润、净息差、非利息收入、成本收入比、拨备前利润等指标。稳健的收益能力有助于银行持续积累资本、抵御风险，并为股东创造价值。

（5）流动性（liquidity）： 评估金融机构在**满足短期债务偿付和客户取款需求时的现金及易于变现资产的充足程度**。关键指标包括流动性覆盖率（LCR）、净稳定资金比例（NSFR）、流动性缺口分析等。良好的流动性管理可以确保银行在市场波动时有能力应对资金需求，避免流动性危机。

（6）市场风险敏感性（sensitivity to market risk）： 考察金融机构**对市场因素（如利率、汇率、股票价格等）变动的敏感度及风险管理能力**。这包括对利率风险、汇率风险、商品价格风险、股票市场风险等的识别、计量、监控和控制措施。有效的市场风险管理有助于银行抵御金融市场波动对其财务状况和盈利能力的影响。

2. 骆驼的评分规则

骆驼的评分通常采用**评级体系（如从 1 到 5 的等级评分，1 表示最强，5 表示最弱）**，得分越低，表明金融机构的经营状况、风险控制和财务实力越强。监管机构会根据评估结果对金融机构进行分类监管，采取相应的干预措施，如要求增加资本、改进风险管理、限制业务扩张等。投资者则可以根据骆驼评级结果来评估投资风险和潜在回报。

实务拓展

尽管骆驼分析法最初主要应用于银行监管，但其基本理念和评估框架也被广泛应用于对其他类型金融机构（如信用合作社、保险公司等）的评估。此外，随着时间的推移和监管要求的发展，具体的评估标准和权重可能会有所调整，以适应新的监管环境和市场条件。

Capital Allocation　资本配置

基础释义

资本配置是指企业管理层和董事会为了高效利用可用资金，最大化股东价值而识别、评估、排序和监控企业的投资机会的战略管理活动。资本配置不仅发生在企业层面，也涉及项目级别的细致决策，基本流程与投资者构建投资组合的过程相似，但更为深入具体，着重于平衡风险与收益，确保每一笔投资或资本支出都能超过投资者在类似风险水平下可获得的替代投资回报，同时灵活调整投资组合，及时剥离低效资产追加到高效益领域。

概念详解

1. 资本配置的步骤

1.1 想法形成（Idea Generation）

此阶段涉及从企业内外部广泛搜集投资项目的想法。管理层需深入了解潜在投资项目所处的竞争环境、公司当前运营能力及市场地位。创意可能源自业务部门的扩展需求，或通过外部咨询获取。

1.2 投资分析（Investment Analysis）

在初步筛选创意后，管理层需深入分析潜在投资的现金流，包括金额、发生时间、持续时间和波动性，以评估投资项目的明智程度及其对资本的合理利用程度。

1.3 规划及优先级排序（Planning and Prioritization）

依据风险调整后的回报率，管理层按价值对投资机会进行排序，并作出选择。只有预期回报高于投资者机会成本的项目才应推进。同时，还要考虑项目间的相互作用和融资限制，避免孤立评估导致的误判。

1.4 监控及事后评估（Monitoring and Post-Investment Review）

投资实施后，需要持续监控其表现，与之前的预测对比并适时调整策略，比如运用实物期权进行增减投资。此步骤有助于验证资本配置过程中的假设，纠正过于乐观的预测，强化运营管理，确保执行与计划相符，并从中汲取经验，为未来投资提供洞见。

2. 资本配置的原则

（1）税后现金流（after tax cash flow）： 管理者在评估资本配置决策时，应基于**税后现金流**而非其他**基于利润或会计准则的度量标准**，必须考虑到税收对项目预期现金流的影响，特别是源于非现金费用（如折旧和摊销）的税收优惠。

（2）增量现金流（incremental cash flow）： 资本配置分析应忽略**沉没成本（sunk cost）**，仅考虑与新投资项目直接相关的增量现金流（即有无该项目的现金流差异）。然而，资本投资往往会对公司其他部分产生**外部性影响（externalities）**。正面影响如因投资直接带来的业务活动成本节省［即所谓"**协同效应**"（**synergy**）］。负面影响如因新产品导致的相似产品出现销售损失［即所谓"**同类侵蚀**"（**cannibalization**）］。无论正负，这些都是增量现金流，都应纳入分析范围。

（3）关注现金流的时间安排： 资金的时间价值在资本预算中极为重要，即使项目的总现金流金额相同，现金流发生的时间节点不同也会导致完全不同的基于**净现值（NPV）**和**内部收益率（IRR）**的投资价值评估结果。因此，精细化管理现金流预测，考虑其时间特性，对于评估项目的真实价值至关重要。

老皮点拨

使用税后现金流能更准确地反映项目的真实经济效果，因为税收是企业必须考虑的实际成本之一。忽略沉没成本是基于经济学中的"沉没成本谬误"避免原则，即**过去的投入不应影响现在的决策**，关注未来增量收益才是关键。而全面考虑投资对整个公司的影响，无论是正面还是负面，有助于管理层作出更全面的评估，避免忽视某些重要的间接效应。

3. 资本配置的决策依据

3.1 净现值（Net Present Value, NPV）

（1）定义： NPV 是一个投资项目的未来现金流入的现值减去其现金流出的现值之后的差额。

（2）决策规则： 如果 NPV>0，则投资；如果 NPV<0，则不投资。

（3）意义： 正 NPV 的投资增加股东财富，负 NPV 则减少财富。零 NPV 意味着项目刚好达到要求的回报率。

（4）局限性： NPV 分析依赖于对未来现金流的估计，零 NPV 的项目容错空间极小。

3.2 内部收益率（Internal Rate of Return, IRR）

（1）定义： IRR 是使投资项目净现值等于零的折现率。

（2）决策规则： 如果 IRR>r（项目要求回报率），则投资；如果 IRR<r，则不投资；IRR 等于 r 时，项目理论上可接受，因为它恰好达到所需的回报率，此时 NPV 为零。

（3）重要属性： IRR 假设期间现金流以 IRR 利率再投资，实际再投资率低于 IRR，则投资的实际回报率将低于 IRR，反之亦然。

（4）局限性： IRR 的计算在现金流非均匀分布时可能会遇到问题。

3.3 投资资本回报率（Return on Invested Capital, ROIC）

（1）定义： ROIC 衡量管理层投入总资本的盈利能力，通常使用年度税后利润作为计算依据。

（2）计算公式：

$$ROIC = \frac{\text{after tax operating profit}_t}{\text{average invested capital}} = \frac{(1 - \text{tax rate}) \times \text{operating profit}_t}{\text{average total LT liabilities and equity}_{t-1, t}}$$

（3）优点：

①可以使用独立分析师可用的数据进行计算。

②考虑了生成回报所需资本。

③是一个聚合指标，评估公司在所有投资上创造价值的能力。

④可以与投资者要求的回报率比较，判断公司是否为投资者创造价值。

（4）局限性：

① ROIC 是基于**会计**而非**现金流**的指标，经营利润和现金流可能因某些项目和折旧以及与资本支出的区别而存在差异。

②属于事后指标且可能随投资活动和商业条件波动，需关注趋势和变化率。

③高度聚合的指标，可能掩盖发行人盈利或亏损的领域。

4. 资本配置中的常见错误

4.1 认知错误

4.1.1 内部预测错误

管理层在预测中可能出错，这可能难以被外部分析师识别。预测错误包括成本估算错误或对回报率的不当设定。例如，管理时间、信息技术支持等间接成本很难被准确估计，且公司常忽视**竞争对手反应对计划投资的影响**。

4.1.2 忽略内部融资成本

大型企业的主要投资资金来源通常是运营现金流，而非借款或发行股份。管理层往往错误地认为这些内部资金是"免费"的，并按预算分配，但内部产生的资本本质上属于股权融资，应考虑机会成本。

4.1.3 对通胀处理不一致或忽视

通胀影响资本配置，分析应保持一致，即名义现金流应用名义折现率，真实现金流应用真实折现率。若实际通胀与预期不符，将影响税后现金流的表现。

4.2 行为偏差

资本配置中的行为偏差包括：

（1）惯性（inertia）： 研究发现企业连续年度间资本投资水平高度相关，显示管理层倾向于**将资本预算锚定在前一年基础上**。分析师通过对比年度资本投资与回报情况，可以识别这种偏差。

（2）基于会计指标的投资决策： 经理人可能过度关注每股收益（EPS）等会计指标，导致选择短期内看似有利但长期未必最优的投资。

（3）宠物项目偏差（pet project bias）： 某些项目因管理层偏好而获得优先对待，可能未经严格资本配置分析或使用了过于乐观的预测。

（4）未能考虑投资替代方案或备选情景： 一些公司可能未充分考虑投资的多种可能性，缺乏对不同结果的考量，如未进行盈亏平衡、情景或模拟分析。

Capital Allocation Line (CAL)　资本配置线

基础释义

资本配置线是指在考虑**无风险资产**和**一个风险资产组合**的情况下，所有可能投资组合的有效边界。简单来说，资本配置线展示了投资者如何在无风险资产和市场上某一特定风险资产组合之间分配资金，以达到不同的风险-收益平衡。

概念详解

1. CAL 的构成

1.1 CAL 的截距

CAL 的起点是**无风险利率点**，这一点代表了投资者将所有资金投资于无风险资产时投资组合的预期收益率。

1.2 CAL 的斜率

CAL 的斜率，也称资产组合的**夏普比率（Sharpe Ratio）**，表示每增加一单位总体风险，预期收益增加的量。斜率的正负和大小体现了风险资产组合的风险收益特性，正斜率越大，表明**承担一单位总体风险时获得的预期超额收益**越高，投资组合越有效。

1.3 CAL 的具体点

CAL 的具体点是风险资产组合与无风险资产的组合点。这个点代表了在给定的无风险利率下，所有风险资产的最优配置点。

2. CAL 的表达式

$$E(R_p) = R_f + \frac{E(R_i) - R_f}{\sigma_i} \sigma_p$$

其中，

- $E(R_p)$ 代表投资组合的预期回报率

- R_f 代表无风险收益率

- $E(R_i)$ 代表资产 i 的预期回报率

- σ_i 代表资产 i 回报率的标准差

- σ_p 代表投资组合回报率的标准差

3. CAL 的图像

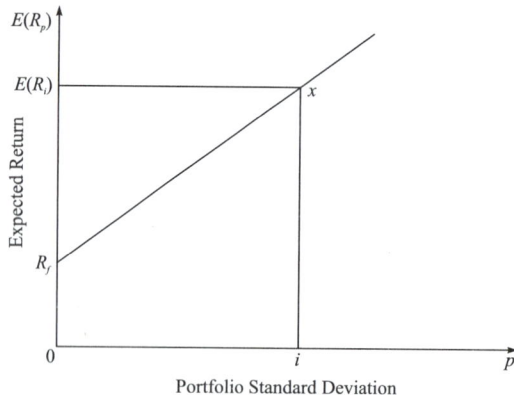

包含2个资产的资本配置线

4. CAL 的应用

投资者利用资本配置线来决定在无风险资产和风险资产之间如何分配资金，以达到**既定风险偏好下的最大预期收益**，或在**预期收益目标下最小化风险**。通过比较不同资产组合的 CAL，投资者可以作出更理性的投资决策，优化其投资组合。

Capital Asset Pricing Model (CAPM)　资本资产定价模型

基础释义

资本资产定价模型是指用于解释和预测**资产预期收益率**与其所承担**系统性风险**之间关系的模型。

概念详解

1. CAPM 的假设条件

（1）投资者是风险厌恶且追求效用最大化的理性个体：这意味着投资者在作出投资决策时，倾向于避免风险，并期望获得更高的回报率来补偿其所承担的风险，同时，他们永远追求更多财富，永远不会满足于当前的财富水平，并且能够理性地利用所有可用信息来作出最佳的投资选择。

（2）市场是无摩擦的：假设市场环境理想化，不存在任何交易成本或税收负担，

C

投资者可以自由地进行买卖操作，同时假定不存在卖空的限制或额外费用，并且所有人都可以在无风险利率下自由借贷。

（3）投资者计划相同的单一持有期： 所有的投资者都在相同的持有期内进行投资决策，这意味着模型简化了时间维度，忽略了跨期决策的复杂性，以便于理解和应用。

（4）投资者具有同质化的预期或信念： 所有投资者在评估证券时采用同样的概率分布和未来现金流预测，基于他们的理性判断，他们会得出相同的资产估值，并因此形成一个最优风险投资组合，即市场组合（market portfolio）。

（5）所有投资都可以无限分割： 这一假设表明投资者可以自由决定投资任何数量的资金，无论是极小或是极大的数额，这确保了模型可以基于连续函数来分析，而不是依赖于离散函数。

（6）投资者是价格接受者： 市场中有许多投资者，任何一个单独的投资者都无法通过自己的买卖行为显著影响市场价格，这意味着投资者只能被动接受市场价格，而不能主动影响它们。

2. CAPM 的表达式

$$E(R_i) = R_f + \beta_i \left[E(R_m) - R_f \right]$$

其中，

- $E(R_i)$ 代表资产 i 的预期收益率
- R_f 代表无风险利率
- β_i 代表资产 i 的 β 系数
- $E(R_m)$ 代表市场组合的预期回报

3. CAPM 的图像

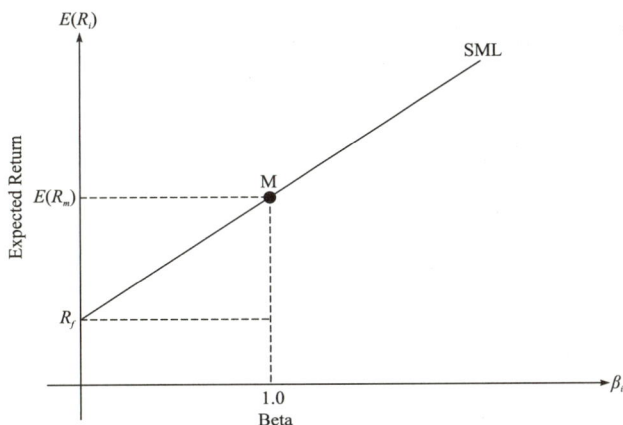

证券市场线（Security Market Line）

4. CAPM 的核心思想

（1）收益风险匹配： CAPM 表明，任何资产的预期收益率都应该是无风险收益率加上该资产的风险溢价。风险溢价与该资产的**系统性风险（用 β 值衡量）**成正比。

（2）利用 β 系数度量敏感度： 贝塔是衡量单一资产或投资组合的收益率变动相对于市场组合收益率变动的敏感度的指标。一个资产的 β 值如果等于 1，意味着其与市场整体的波动性一致；如果 $\beta>1$，则资产的波动性大于市场；$\beta<1$，则波动性小于市场。

（3）市场组合： CAPM 假设存在一个包含所有资产的投资组合，即**市场组合**，该组合是风险最小化（给定预期收益）条件下，所有投资者都会选择持有的投资组合。市场组合的预期收益率代表市场对单位风险的补偿。

（4）无风险利率的基础地位： 无风险利率是理论上没有任何违约风险的投资（如国债）所能得到的收益率，是投资者在不承担任何风险情况下的预期收益。

（5）均衡状态： 在 CAPM 框架下，当市场处于**均衡状态**时，所有资产的预期收益率应当与它们的风险相匹配，此时资产的价格等于其公允价值，市场既不高估也不低估资产的内在价值（即没有**无风险套利机会**存在）。

老皮点拨

资本资产定价模型由威廉·夏普（William Sharpe）、约翰·林特纳（John Lintner）、杰克·特雷诺（Jack Treynor）和简·莫辛（Jan Mossin）等学者于 1960 年代发展起来，是基于哈里·马科维茨（Harry Markowitz）的资产组合理论建立的。

尽管 CAPM 在理论上有其简化和假设上的限制，如忽略了非系统性风险、市场摩擦，引入不切实际的投资者一致预期假设等，它仍然是实践中评估资产定价、构建投资组合和理解风险与收益关系的基石。

Capital Control　资本管制

基础释义

> 资本管制是指**政府或中央银行**为了应对特定经济环境下的挑战（国家面临宏观经济不稳定、经济及金融危机、大规模资产泡沫破裂风险、剧烈汇率波动、资本外逃等）从而对**跨境资本流动**实行的一系列**永久性或临时性的限制措施**。

概念详解

1. 资本管制的方式

（1）直接管制：例如，设定外商直接投资额度限制、对外汇交易实行许可制度、居民个人和企业的海外投资额度限制，禁止特定类型的跨境金融交易。

（2）税收调控：对资本流入或流出征收特别税款，如**托宾税（Tobin tax）**，即对短期资本流动征税，增加投机成本。

（3）行政管理：要求金融机构报告大额跨境交易，并可能要求审批程序，或者规定一定的锁定期限，限制短期内资金进出。

（4）市场机制干预：通过调整利率政策影响国内外利差，间接影响资本流向，或者通过公开市场操作干预外汇市场，调节汇率水平。

（5）定量配给：为资本流动设置总量或速度上的上限，如限定每个机构或个人每年可以兑换或转移至境外的外汇金额。

（6）流动性比例要求：针对金融机构持有的外币资产和负债设定不同的流动性比率要求，以此影响其参与国际金融市场的能力。

2. 资本管制的目标

（1）防止资本外逃：在经济不稳定期间，防止大规模资金流出，导致货币贬值和金融市场动荡。

（2）维护汇率稳定：通过限制短期资本流动来减少对汇率的压力。

（3）保护金融系统安全：防止因大量撤资而导致银行系统或金融机构崩溃。

（4）促进长期投资：通过减少短期投机性流动，鼓励更多长期投资以支持实体经济发展。

3. 资本管制的争议

（1）长期实施资本管制可能会降低一个国家作为全球投资目的地的吸引力。

（2）资本管制可能会影响正常商业活动，并增加交易成本。

（3）在某些情况下即使政府实施资本管制，可能依然无法有效阻止大规模的资金流动。

Capital Deepening Investment　资本深化投资

基础释义

> 资本深化投资是指一个国家或经济体在**单位劳动力投入**的基础上增加**资本投入**，以提高**劳动生产率**和产出水平的过程。这种现象通常伴随着经济发展和技术进步，企业和社会整体倾向于更多地投资于机械设备、基础设施和其他形式的资本存量，使得每个工人拥有更多的资本工具和技术支持，从而提升产品和服务的质量、降低生产成本，并最终实现更高水平的经济增长。

概念详解

1. 资本深化投资的经济意义

（1）提高劳动生产率：通过为工人提供更多或更先进的工具和设备，显著提高单个工人的产出，即劳动生产率。

（2）促进经济增长：资本投资可以促进产业结构升级，促进技术和管理水平的进步，从而推动潜在 GDP 的增长，并促使人均收入水平上升和生活质量改善。

（3）提高企业竞争力：企业通过资本深化投资引入新技术和改进生产流程，在市场上保持或提升其竞争地位。

（4）创造就业机会：虽然某些情况下自动化可能替代一部分劳动力，但长期来看，资本深化也可能通过创造新岗位或需要新技能的岗位来促进就业。

2. 资本深化投资的实施方式

（1）技术升级：购买最新技术设备和软件以替代旧有系统。

（2）培训与教育：对员工进行培训以使他们能够有效利用新引入的技术和设备。

（3）基础设施建设：投资于交通、通信网络等基础设施以支持更有效率的商业活动。

3. 资本深化投资的挑战

（1）成本问题：大规模进行资本深化投资需要巨额前期成本，在短期内可能会影响公司财务状况。

（2）技术适应性：确保所有员工都能适应新技术可能是一个挑战，因为有些员工不太愿意接受变革或学习新技能。

（3）过度自动化风险：如果没有恰当管理，过度依赖自动化可能导致失业问题加剧，并影响社会稳定。

（4）环境及社会问题：如资源配置效率、环境可持续性和社会公平等问题，应避免出现投资过剩或资源浪费的情况。

Capital Expenditure (CapEx)　资本支出

基础释义

> 资本支出又称**"资本开支"**（capital spending），是指企业或组织在一定会计期间内用于购买、建造、改良、安装或升级**长期资产（如固定资产、无形资产及其他长期投资）**所发生的现金支出。这些支出通常是为了提高生产能力、改进技术水平、拓展业务范围、增强竞争力或实现长期战略目标。

概念详解

1. 资本支出的类型

（1）固定资产购置：如购置土地、建筑物、生产设备、运输工具、办公设备等有形长期资产。

（2）建设投资：包括新建、扩建或改造生产设施、研发中心、仓储物流中心、销售网络等工程项目。

（3）技术改造与升级：如购置或更新软件系统、研发设备、生产线自动化设备、环保设施等。

(4) 无形资产投资： 如购买专利权、商标权、版权、特许经营权等知识产权，以及开发或购买软件、数据库等自创无形资产。

(5) 长期投资： 如对其他企业的长期股权投资、购买长期债券等金融资产，以及对外部项目的长期资金支持。

2. 资本支出的特征

(1) 非经常性： 资本支出不同于日常运营中的经常性支出（如原材料采购、员工薪酬、租金等），它们是企业为实现**长期发展**而进行的**一次性或周期性大额投资**。

(2) 长期效益： 资本支出旨在获取未来**长期的经济效益**，如提高生产效率、降低运营成本、扩大市场份额、增强竞争优势等。相应地，这些支出通常不会立即转化为营业收入，而是逐渐通过折旧、摊销等方式计入成本费用。

(3) 资本化处理： 根据会计准则，符合资本化条件的资本支出在财务报表中作为资产列报，并通过折旧、摊销或减值等方法分摊到多个会计期间。不符合资本化条件的支出则作为当期费用处理，直接计入利润表。

3. 资本支出的影响因素

(1) 业务发展战略： 企业资本支出计划应与其长期业务发展战略相一致，如扩大产能、进入新市场、开发新产品、提升技术水平等。

(2) 市场需求预测： 对市场需求、行业趋势、竞争格局的准确预测有助于确定合理的资本支出规模与方向，避免过度投资或投资不足。

(3) 财务状况与融资能力： 企业应考虑自身的财务健康状况、现金流状况以及融资渠道与成本，确保资本支出在财务上可行且不会过度增加财务风险。

(4) 投资回报率（ROI）与资本成本： 通过财务分析（如净现值 NPV、内部收益率 IRR、投资回收期等）评估投资项目预期收益与风险，确保资本支出能够带来高于资本成本的回报。

4. 资本支出对企业与经济的影响

(1) 财务表现： 资本支出直接影响企业的资产负债结构、现金流、盈利能力以及财务比率（如固定资产周转率、资本支出比率、ROIC 等）。

(2) 增长潜力与竞争力： 合理且高效的资本支出有助于企业提升产能、优化产品结构、提高生产效率、增强技术创新能力，从而提升长期增长潜力与市场竞争力。

(3) 宏观经济： 全社会的资本支出水平是反映投资活跃度、经济景气度、产业结构调整的重要指标，对经济增长、就业、物价等宏观经济变量有直接影响。

C

Capital Gain　资本利得

基础释义

资本利得是指投资者在出售资本资产时所获得的利润，即资产的卖出价格高于其购买成本或原始价值的差额。资本资产包括股票、债券、房地产、艺术品、收藏品、贵金属以及其他形式的有形或无形资产。

概念详解

1. 资本利得的类型

1.1 按照利得是否实现划分

1.1.1 已实现资本利得（realized capital gains）

当资产被出售或交换，并且卖出价格高于买入价格时，产生的差额就是已实现的资本利得。例如，如果投资者以每股 $10 的价格购买股票，后来以每股 $15 的价格卖出，那么每股票的 $5 差额就是资本利得。

1.1.2 未实现资本利得（unrealized capital gains）

当资产的价值在其持有期间上升，但尚未出售时，这种增值就被称为未实现的资本利得。

1.2 按照期限长短划分

1.2.1 短期资本利得（short term capital gain）

短期资本利得通常是指**持有期少于一年的资本资产**所产生的利得，其税率可能与普通收入税率相同，因此相对较高。

1.2.2 长期资本利得（long term capital gain）

长期资本利得是指**持有期超过一年的资本资产**所产生的利得，通常享有较低的税率，目的是鼓励长期投资。

2. 资本利得的税务处理

资本利得与资本损失相对，后者发生在资产的卖出价格低于其购买成本时。在很多国家，**资本利得是需要缴纳资本利得税的**，而**资本损失可以在某些情况下用以抵减资本利得，以减少应纳税额**。

资本利得税的税率可能根据资本资产的持有时间而有所不同。长期资本利得（资产持有超过一年）通常适用较低的税率，而短期资本利得（资产持有不超过一年）可能按照普通收入的较高税率征税。

Capital-Intensive Business　资本密集型企业

同"Asset-Intensive Business"。

Capital Investment　资本投资

基础释义

资本投资又称**"资本项目"**（capital project），是指企业为获取长期收益而进行的、使用寿命超过一年的投资活动。资本投资通常在资产负债表上体现为长期资产。资本投资不仅仅是对物理资产（如房产、设备）的购置，也包括对无形资产（如数字资产、知识产权）的投入。

概念详解

1. 资本投资的特点

（1）初始记录时按成本入账。

（2）成本不是立即作为费用记录，而是通过**折旧或摊销**的方式在资产的使用寿命期间内逐步确认。

（3）在现金流量表中，资本支出按实际发生时的金额报告。

（4）随着折旧或摊销的累积，资产的净价值逐渐减少至零或残值。

（5）资本投资不仅限于有形资产，还包括无形资产。

2. 资本投资的类型

（1）维持运营项目（going concern projects）：维持运营项目，也称"维持性资本支出"，这类投资主要用于继续公司的现有运营，保持现有业务规模，具体用途包括更换接近使用寿命末期的资产、维护 IT 硬件和软件、改进现有设施等。这些项目通常涉及现有业务操作的复制，因此相对容易评估，风险较低。

（2）监管合规项目（regulatory compliance projects）：监管合规项目是指为满足法律法规的要求而实施的项目，例如为了遵守减少污染的新法律或金融监管规定而进行的投资。这些项目会增加公司的成本，但是一般不直接带来收入，其必要性在于避免罚款或维持合法运营。对于行业内既有企业，这些规定可能成为进入壁垒，保护其盈利能力。

（3）现有业务扩展项目（expansion of existing business）：现有业务扩展项目旨在通过提高生产能力、开发新产品线或进入新市场等方式来扩大现有业务规模。这类投资涉及更高的不确定性和资本需求，特别是在初创阶段的企业中。

（4）新业务线及其他项目（new lines of business and other projects）：公司管理层决定投资于与现有业务完全无关或仅部分相关的活动，例如探索新技术或商业模式、收购新行业的公司。这些项目通常被视为高风险投资，因为它们面临不熟悉的商业环境和潜在的过高收购成本风险。

> 🔆 **老皮点拨**
>
> 　　无论投资何种类型的资产，资本投资的核心考量始终围绕现金流的产生与管理，以及如何通过这些投资促进企业的长期发展与价值提升。正确识别和评估各类资本投资项目，对于企业制定战略规划、优化资源配置具有重要意义。

Capital-Light Business　轻资本型企业

同"Asset-Light Business"。

Capital Market　资本市场

基础释义

资本市场又称"长期资金市场",是指专门负责**中长期(通常期限超过一年)**资金借贷和证券交易的市场。资本市场在经济体系中扮演着连接资金供给者(如投资者、储蓄者)与资金需求者(如企业、政府、金融机构等)的关键角色,为**长期投资**、**资本积累**和**经济增长**提供融资支持。

概念详解

1. 资本市场的特征

(1)交易期限长: 资本市场交易的金融工具,如股票、债券、基金、衍生品等,其期限通常超过一年,有的甚至长达数十年。

(2)风险与收益相对较高: 相较于货币市场,资本市场的金融工具通常伴随着较高的风险,如信用风险、市场风险、流动性风险等。相应地,其潜在收益也往往高于短期金融工具,以补偿投资者承担的额外风险。

(3)金融工具多样: 资本市场涵盖多种类型的金融工具,包括股权类(如普通股、优先股)、债权类(如政府债券、企业债券、金融债券)、混合类(如可转换债券、永续债券)以及衍生产品(如期权、期货、互换合约等)。

(4)交易场所多元: 资本市场交易可以在有组织的交易所(如证券交易所)进行,也可以在场外市场(如柜台市场、电子交易平台)进行。此外,资本市场还包括一级市场(新发行证券的市场)和二级市场(已发行证券的交易市场)。

2. 资本市场的构成

(1)股票市场(stock market): 股票市场包括股票的一级发行市场(如IPO、增发等)和二级交易市场,投资者通过买卖股票来参与公司的所有权分配,分享公司利润或承担亏损。

（2）债券市场（bond market）：债券市场涉及各类债券的发行与交易，如政府债券、企业债券、金融债券等，投资者购买债券相当于向发行方提供贷款，收取固定利息并期待本金偿还。

（3）基金市场（fund market）：基金市场包括共同基金、ETF、对冲基金、私募股权基金等各类投资基金的发行与交易，投资者通过购买基金份额，委托专业基金管理人进行多元化投资。

（4）衍生品市场（derivatives market）：衍生品市场涉及各种金融衍生产品的交易，如期权、期货、互换等，主要用于风险管理、投机或套利目的。

3. 资本市场的功能与作用

（1）资本融通 (capital financing)：为长期投资项目提供资金来源，支持企业扩大生产、研发创新、并购重组等，也帮助政府进行基础设施建设、社会福利项目融资。

（2）资源配置 (resource allocation)：通过市场机制，引导资本流向最具发展潜力的行业、企业和项目，促进社会资源的有效配置。

（3）风险分散 (risk diversification)：投资者通过购买不同种类和期限的金融工具，实现风险在时间和空间上的分散。

（4）价格发现 (price discovery)：资本市场通过买卖双方的竞价交易，形成对各类金融资产的市场价格，反映市场对资产价值的预期和判断。

（5）公司治理 (corporate governance)：股票市场通过赋予股东投票权、信息获取权等，促进上市公司改善治理结构，提升经营效率和透明度。

（6）宏观经济调控 (macroeconomic regulation)：中央银行和政府通过干预资本市场（如购买或出售债券、调整利率、出台监管政策等），实现对宏观经济的间接调控，如调节货币供应、影响通胀预期、稳定金融市场等。

Capital Market Expectations　资本市场预期

基础释义

资本市场预期是指投资者和市场参与者对未来一段时间内不同资产类别（如股票、债券、外汇、大宗商品等）的风险和收益的集体评估。这些预期基于对宏观经济状况、企业盈利前景、政策变动、地缘政治事件以及其他影响市场情绪和资产价格变动的因素的分析。

概念剖析

1. 资本市场预期的分类

1.1 宏观预期（Macro Expectations）

宏观预期关注**宏观经济**的表现，如对 GDP 增长率、通货膨胀率、利率变动趋势的预测。这些预期影响着投资者对股票市场、债券市场等大类资产的整体配置策略。

1.2 微观预期（Micro Expectations）

微观预期聚焦于**股票、债券、不动产以及汇率**的表现，涉及更细致的证券分析和估值工作，如对公司盈利增长、信用评级变动的预期。这种预期对个股选择、信用利差的变动以及资产的相对价值评估尤为重要。

2. 资本市场预期的分析框架

（1）明确需求与时间范围： 列出所需预期的具体资产类别及适用的投资期限。

（2）研究历史记录： 探索历史数据，理解资产的投资特性及可能的未来结果范围，识别并理解影响资产类别回报的关键因素。

（3）选择方法与模型： 明确将使用的方法或模型，并阐述选择的理由。

（4）确定信息来源： 确认提供最准确、及时且符合需求的数据和信息来源，以支持其分析。

（5）解读当前投资环境： 使用选定数据和方法解析当前市场状况，应用一致的假设、兼容的方法论和连贯的判断，确保跨资产类别的一致性［即**横截面一致（cross-sectional consistency）**］和跨越多期的一致性［即**跨期一致性（intertemporal consistency）**］。

（6）提供预期并记录结论： 提交所需预期，附带支撑这些预期的推理和假设，预测应伴随详细的背景逻辑和前提条件说明。

（7）监控实际结果与预期对比： 定期比较实际结果与预期，为优化预期设定过程提供反馈。

3. 资本市场预期的作用

（1）指导投资决策： 资本市场预期融入了决策者对影响投资价值的因素和事件的看法，帮助决策者形成对个别资产和资产组合风险与回报的预期。

C

（2）战略资产配置的基础： 资本市场预期是制定**战略资产配置（Strategic Asset Allocation, SAA）** 策略的关键输入变量。如果投资政策声明（IPS）规定了 8 个允许的资产类别，那么投资者就需要对每个资产类别的长期预期进行制定，这些预期为如何分配资本提供了方向，帮助投资者确定哪些资产类别可能提供最佳的风险调整后回报。

（3）短期操作的依据： 短期预期有助于捕捉市场波动带来的机会或规避风险。

（4）证券选择与估值的辅助： 在设定资本市场预期的过程中获得的对资本市场的洞察力，也应当帮助投资者在**证券选择（security selection）**和**估值（valuation）**时形成对个别资产的预期。这意味着资本市场预期不仅影响资产配置层面的决策，还深入到具体证券的筛选和定价过程。

4. 资本市场预期面临的挑战

4.1 经济数据的局限性

（1）经济数据的时效性与准确性： 经济数据的收集、处理和发布存在时间滞后，可能使数据失去对当前市场状况的参考价值。例如，国际货币基金组织对于发展中经济体的数据报告可能延迟两年及以上。

（2）数据修订的影响： 官方经常对初始数据值进行修订，有时修订幅度较大，可能导致截然不同的推断。

（3）定义与计算方法的变化： 如美国劳工统计局对消费者价格指数（CPI-U）的重大调整，或经济和金融指数基期的重新设定，都会增加数据混合使用的风险。

4.2 数据测量误差与偏差

常见的数据测量误差与偏差包括转录错误、**幸存者偏差（survivorship bias）**（如对冲基金数据）、评估数据的平滑效应（如房地产估值）等。

4.3 历史数据估计的局限性

（1）非代表性的历史数据： 历史数据可能无法反映分析师需要预测的未来时期的情况。

（2）体制变化： 技术、政治、法律、监管环境的变化，以及战争和其他灾难，可以改变风险−回报关系，导致数据的非平稳性。

（3）数据序列的选择： 分析师需要考虑是否整个样本期是否仍然和要研究的问题相关，是否存在根本性的体制变化。

（4）正态分布的假设： 资产历史回报通常表现出偏斜和"肥尾"，不符合正态分布的假设，但考虑非正态性的成本可能过高。

4.4 分析师方法的偏差

分析师自身在进行资本市场预期的过程中存在的一些方法和技法上的偏差包括：

（1）数据挖掘偏差： 反复搜索数据集直至发现**统计学上的显著性（statistical significance）**，但是可能相关研究结论并不具备**经济意义上的显著性（economic significance）**。

（2）时间区间偏差： 研究结果可能对特定开始和结束日期敏感，分析师需小心选择时间窗口。

（3）忽略条件信息： 分析师应充分利用经济和市场环境信息，无条件平均化预测可能扭曲对未来风险和回报的认知。

Capital Market Line（CML）资本市场线

基础释义

> 资本市场线是指用于描述有效投资组合的预期收益率与其风险（通常用标准差衡量）之间关系的一个图像。资本市场线是现代投资组合理论中的一个重要概念，由威廉·夏普在 1964 年提出，是对有效前沿理论的扩展，特别强调了在**一致预期假设**下，在考虑无风险资产存在的情况下，最优投资组合的选择。

概念详解

1. CML 的图像

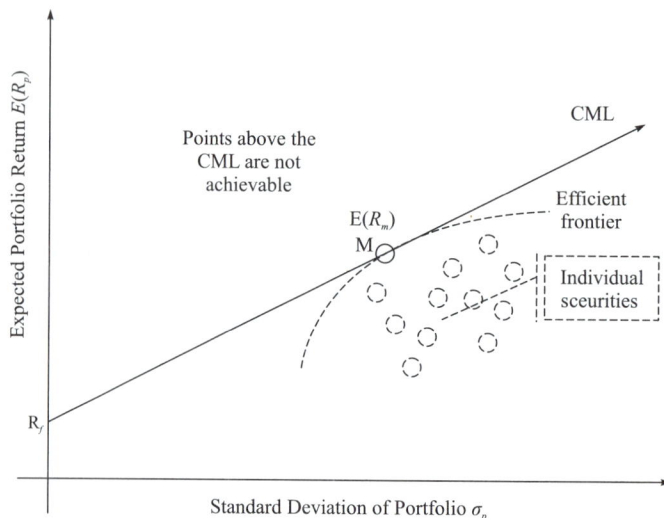

资本市场线（Capital Market Line, CML）

2. CML 的分析要素

2.1 形状与位置

CML 是一条从无风险利率出发，经过市场组合（通常是所有风险资产按市场价值加权的组合，如标普 500 指数）的射线。这个射线上的每一点代表了一个由无风险资产和市场组合按照不同的权重配比构成的投资组合。

2.2 斜率

CML 的斜率，也就是市场组合的超额收益率（市场组合的预期收益率减去无风险利率）与市场组合风险（标准差）的比值，被称为**夏普比率（Sharpe Ratio）**。这个比率衡量了单位风险所带来的超额收益，是评价投资组合业绩的一个重要指标。

3.CML 的经济含义

（1）有效组合（efficient portfolio）： CML 上的所有点代表的是有效组合，意味着在给定的风险水平下，这些组合提供了最高的预期收益率，或者在给定的预期收益率下，风险最低。换句话说，CML 上的组合是所有投资者在风险和收益之间做出最优权衡的选择。

（2）最优配置（optimal allocation）： 对于风险厌恶的投资者来说，根据他们的风险偏好，最优的投资策略是选择 CML 上的一点，这通常意味着将资金投资于无风险资产和市场组合的某个比例混合。这种配置能够提供相对于任何其他风险资产组合更高的预期收益率。

（3）市场均衡（market equilibrium）： **在资本资产定价模型（CAPM）** 的框架下，当市场达到均衡时，所有投资者都会选择持有市场组合和无风险资产的组合，因此，所有有效组合都将位于 CML 上。

Capital Project　资本项目

同 "Capital Investment"。

Capital Structure　资本结构

基础释义

> 　　资本结构是指企业为资助其运营、投资和资本支出而采用的不同融资方式的组合，包括债务（如银行贷款、债券）和股权（如普通股、留存收益）的比例关系。

概念详解

1. 资本结构的主要目标

　　（1）最小化加权平均资本成本： 管理层在选择资本结构时通常希望找到能够将 WACC 降至最低的债务与权益比例。

　　（2）匹配流动性和时间范围： 在可能的情况下，使融资期限与公司的资本投资项目相匹配，以减少再融资风险。

2. 影响资本结构的因素

2.1 内部因素

　　（1）商业模式： 不同的商业模式决定了所需资本的类型和数量。**资本密集型企业**需要大量的资产投入，如公用事业、交通运输、房地产、半导体制造业和自然资源开采等行业的企业，其共同的特点是资产周转率低、资本支出占销售额比重高。轻资产企业，尤其是科技和服务行业的轻资产企业，具有较低的资本需求，其资产可能主要由超额现金和无形资产组成。这类企业可能通过收取预付款项、以股票形式支付员工报酬等方式减少对外部融资的需求。

　　（2）公司生命周期阶段： 随着公司的发展，其业务风险通常会下降，现金流变得更为正向和稳定，这使得公司能够以更低的成本和更好的条件使用更多的债务融资。

　　（3）现金流与盈利能力： 公司的现金流状况和盈利能力影响其融资选择，盈利能力较强且现金流稳定的公司倾向于使用**内部权益融资**或成本较低的**债务融资**。

　　（4）资产类型与所有权： 资产的性质（如固定资产或无形资产）及其所有权结构也是考虑因素。

2.2 外部因素

　　（1）资本市场与经济条件： 金融市场状况和宏观经济环境会影响资本成本。对于身处具有发达且全面的资本市场的公司来说，选择债务融资或权益融资的灵活性更高，而对于缺失全面资本市场的国家或地区的公司来说，往往只能依赖银行体系提供融资。

（2）监管约束： 政府和监管机构的规定可能限制某些类型的融资。例如，银行必须遵守资本充足率要求，而公共事业公司可能受到地方政府的监管影响。

（3）行业因素： 不同行业的特性会影响资本结构的选择。

3. 资本结构的相关理论

（1）莫迪利亚尼-米勒定理（Modigliani-Miller propositions）： 莫迪利亚尼-米勒定理简称"MM 理论"。其认为**在无税假设下，资本结构对公司价值没有影响，**即无论公司采用何种融资组合，其价值都等于未来预期现金流的现值，而一旦考虑到税收带来的**税盾收益（tax sheild benefit）**，资本结构就会对公司价值产生影响。

（2）静态权衡理论（static trade-off theory）： 静态权衡理论对 MM 理论进行了补充和优化，考虑到债务水平提升导致的**财务困境成本（financial distress costs）**，其认为随着债务增加，税盾带来的价值增加效应会被财务困境成本上升所抵销。当债务达到某一水平时，公司价值最大，一旦超过这一水平，进一步增加债务会降低公司价值。

（3）啄食理论（pecking order theory）： 啄食理论的核心观点是**管理者倾向于首先使用内部资金，其次是私人债务，最后才考虑发行公开股权**，这是因为发行新股通常被认为是负面信号，如果公司前景良好，现有股东往往是不愿意稀释股份的，而发行债务则可能被视作管理层对公司未来偿债能力有信心的信号。

（4）代理成本理论（agency cost theory）： 代理成本理论基于**代理成本（agency cost）** 这一概念，代理成本源于管理层、股东与债权人间的利益冲突。与代理成本紧密相关的一个学说是**"自由现金流假说"（free cash flow hypothesis）**，其认为提高债务水平可以对管理层形成约束，使其更加谨慎地使用公司的自由现金流，以确保能够按时足额偿还债务的本金及利息，进而可以减少股权代理成本。

> 💡 **老皮点拨**
>
> 资本结构决策通常涉及权衡债务融资的杠杆利益（提高财务杠杆可能增加每股收益）与随之增加的财务风险。企业会根据自身行业特点、经营状况、市场环境以及资本市场的条件来决定最合适的资本结构。

Capital Sufficiency Analysis　资本充足性分析

基础释义

资本充足性分析，又称"资本需求分析"，是指财富管理者评估客户是否拥有或可能积累足够财务资源以达成其目标的过程。这一分析确保客户在追求其财务目标时，具备必要的资本基础。

概念详解

1. 评价资本充足性的方法

1.1 确定性预测（Deterministic Forecasting）

评价客户资本充足性的方法包括确定性预测以及蒙特卡洛模拟。

确定性预测模型假设投资组合增长是线性的，即在一个固定的时间框架内，如15年，投资组合每年都会实现一个预定的复合年增长率，比如6%。这种预测虽然简单直观，但忽略了实际投资中可能遇到的不确定性。

1.2 蒙特卡洛模拟（Monte Carlo Simulation）

蒙特卡洛模拟是一种统计学方法，通过随机抽样来模拟不确定变量的不同可能结果，预测未来事件的可能范围。在资本充足性分析中，蒙特卡洛模拟考虑了关键变量的不确定性，如投资组合的平均回报率和回报率的标准差。通过模拟大量独立的"试验"，每个试验代表一个潜在的未来情景，财富管理者可以估计客户达到其目标的可能性。这种方法提供了对潜在结果概率分布的更全面理解。

2. 资本充足性分析的输入变量

无论采用确定性预测还是蒙特卡洛模拟，关键输入变量均包括：

（1）投资组合预期回报率假设。

（2）当前投资组合价值。

（3）预期的未来投资贡献。

（4）来自投资组合满足客户需求的现金流。

3. 资本充足性分析结果的解读

当财富管理者为接近退休的客户运行蒙特卡洛模拟时，他们将解释输出结果，以确定客户在退休期间不会耗尽资金的概率。例如，在 1,000 次模拟试验中，可以观察到在特定时间点上投资组合价值的分布情况，以及在给定时间内达到目标的成功概率。

4. 资本不充足的解决方案

（1）增加资本投入。

（2）减少目标金额。

（3）推迟目标的实现时间（如延迟退休）。

（4）采取预期回报率更高的投资策略，但要确保在客户的风险容忍范围内。

老皮点拨

财富管理者在允许资本充足性分析完全主导投资组合构建时应保持谨慎。例如，如果客户的风险容忍度偏低，即使资本充足，但是采取更高风险的策略可能导致客户在市场极端情况下放弃策略，这将削弱投资组合实现投资者目标的能力。因此，资本充足性分析应与客户的风险偏好和目标相协调。

Capitalization　资本化

基础释义

资本化是指企业在会计处理中，将符合条件的支出视为**资产入账价值的一部分**并在资产负债表上列示，而不是直接作为**当期费用**的一种会计处理方法。这类支出通常反映在现金流量表的投资活动部分。

概念详解

1. 资本化的核心原则

（1）逐期确认费用： 初始确认后，企业并非一次性将这笔资本化的金额作为费用，而是通过折旧（针对有形资产）或摊销（针对无形资产）的方式，在资产的预计使用寿命内**逐步转化为费用**，计入各期的利润表中。这样做减少了当期的净利润，并相应减少了资产负债表上该资产的账面价值。

（2）匹配原则： 匹配原则旨在确保成本与由此产生的经济效益在财务报表中得以合理配比。这意味着资产创造的收益和与其相关的成本应同步反映在财务报表的不同时间段内。例如，如果一个资产预计将在未来多年为企业带来经济利益，其购置成本就不应该一次性作为支出冲减当期利润，而应按照其预计使用寿命分摊，以便更准确地反映每一会计期间的财务状况和经营成果。

2. 资本化的影响

选择资本化的公司在初期可能表现出更高的盈利能力，因为资本化延缓了费用确认的时间，而选择费用化的公司则在支出发生的当期即承受利润减少的影响。

随着时间推移，资本化的公司会因**持续的折旧或摊销费用**而显示出较低的利润，而前期费用化的公司则可能因无此负担而呈现利润增长的趋势。

Carry Trade　套息交易

基础释义

> 套息交易又称"货币套利"或"利差交易"，是指投资者借入**低利率货币**并将所借资金投资于**高利率货币**以赚取两者之间的利差的一种交易策略。这种策略的目的是从不同国家货币的利率差异中获益，同时尽可能降低或消灭汇率风险。

概念详解

1. 套息交易的基本步骤

（1）投资者首先会在一个提供较低利率的国家或地区借入资金（通常是所谓的避险货币，如欧元、瑞士法郎或日元）。

（2）随后将借入的货币兑换成另一种利率较高的货币（通常是被认为风险较高的新兴市场货币）。

（3）投资者将这些高利率货币存入当地银行赚取利息收入，或者投资于该国的债券、股票等市场以期待更高的资本收益。

（4）将高利率货币换回为融资货币，核算回报或损失。

老皮点拨

假设有如下情况。

加拿大元 CAD 的年利率为 1%。

巴西里拉 BRL 的年利率为 9%。

投资者希望通过套息交易赚取 8% 的利息差。为了执行这一交易，投资者需要完成以下步骤：

（1）借款：在时间点 $t=0$，投资者借入一定金额的加拿大元（比如 CAD 10，000）。

（2）货币兑换：同样在 $t=0$，投资者卖出加拿大元并买入等值的巴西里拉。假设当时的即期汇率是 1 CAD=2.5 BRL，那么投资者可以用 CAD10，000 兑换到 BRL 25，000L。

（3）投资：投资者将兑换得到的 25，000 BRL 投资于巴西的高评级政府债券或其他类似的低风险投资工具上。

（4）持有到期：在一年后的 $t=1$，投资者持有该债券一年，并在此期间赚取 9% 的利息，即 BRL 25，00×9%=BRL 2，250 BRL。

（5）清算投资：到期后，投资者将持有的 BRL 27，250（本金加上利息）出售。

（6）偿还贷款：投资者用出售所得的巴西里拉购买加拿大元，并偿还最初借入的 CAD 10，000 加元贷款。

如果在这一年中，巴西里拉相对于加拿大元升值，比如汇率变为 1 CAD=2.4 BRL，那么投资者可以用 BRL 27，250 兑换更多的加拿大元（BRL 27，250÷2.4=CAD 11，354.17）。这样，投资者不仅赚到了 8% 的利息差，还获得了由于汇率变化带来的额外收益。

反之，如果巴西里拉贬值，比如汇率变为 1 CAD=2.6 BRL，那么投资者兑换回来的加拿大元将会减少（BRL 27，250÷2.6=CAD 10，480.77），从而减少整体收益。

如果里拉贬值超过 8%，投资者将面临亏损。

2. 套息交易的回报与风险分析

2.1 套息交易的回报分析

利率差额是套息交易的主要利润来源，即投资者从高利率货币中获得的利息收入减去借入低利率货币的成本。汇率的变动会影响套息交易的盈亏。

概括来说，套息交易的盈亏情形包括：

（1）如果两种货币之间的汇率保持稳定，投资者可以赚取到两种货币之间的利率差异。

（2）高利率货币相对低利率货币升值，投资者就可以同时获得利差收益和潜在的汇率收益。

（3）如果高利率货币相对于低利率货币贬值过多，可能抵销甚至超过所获得的利差收益，这时套息交易就可能产生亏损。

2.2 套息交易的风险

（1）汇率风险（currency risk）： 如果投资期间被投资货币相对于借入货币贬值，则可能抵销至超过由于利差而产生的收益。为了减少汇率波动对套息交易造成影响，投资者通常会采用某种形式的对冲策略。最常见的方法包括使用**外汇远期合约或期权**来锁定当前汇率。

（2）流动性风险（liquidity risk）： 在某些情况下，市场条件可能会迅速变化，使得退出投资变得困难，选择投资于高评级的政府债务能够一定程度上缓解流动性风险，因为高评级的政府债务往往具有很好的流动性。

（3）政策风险（policy risk）： 央行政策变化（如突然加息或减息）可能影响套息交易策略的有效性。

🔆 **老皮点拨**

套息交易本质上是一个杠杆头寸，因为它是通过借入低利率货币来投资于高利率货币实现的。

在全球金融市场面临压力的情况下，会出现避险情绪，导致快速的汇率变动，并通常伴随着套息交易的恐慌性解除，这会导致交易者陷入亏损的境地，而杠杆的使用会放大这些损失。

Cartel　卡特尔

基础释义

卡特尔是指多个相互竞争的企业之间通过正式或非正式协议组成的旨在**消除或限制市场竞争**，实现对特定市场的共同控制，从而确保更高的利润水平的一种联盟。这些企业通过协议共同决定产品的产量、价格、市场划分以及其他策略，防止内部竞争并维护高价。卡特尔成员尽管在卡特尔协议下协同行动，但在法律和商业上仍保持各自独立。

概念详解

1. 卡特尔的特征及运作方式

（1）价格控制：成员企业通过协议设定统一的价格，避免价格战，保持较高的市场价格。

（2）产量限制：为了支撑价格，卡特尔可能会约定限制总产量，防止供过于求导致价格下跌。

（3）市场份额分配：卡特尔成员之间可能通过协议划分市场，避免直接竞争，保证各自的市场份额和利润。

（4）技术共享和专利许可：成员之间可能会共享技术专利，减少研发成本，提高生产效率。

2. 卡特尔面临的挑战

（1）内部成员的背叛：卡特尔的稳定性往往受到挑战，因为成员企业可能有动机违反协议，通过降价或增加产量来获取更大的市场份额，从而导致卡特尔的解体。

（2）外部监管的限制：尽管卡特尔在某些情况下可以稳定市场和价格，但它们往往被视为反竞争和非法的商业行为。许多国家，包括美国，都设有反垄断法来禁止卡特尔和其他限制竞争的做法。这些法律旨在保护消费者免受高价并维护市场的公平竞争。

3. 卡特尔的经典例子

（1）石油输出国组织（OPEC）：OPEC 成立于 1960 年，由多个石油丰富的国家组成，包括伊朗、伊拉克、科威特、沙特阿拉伯和委内瑞拉。OPEC 通过协商石油产量和出口策略，控制全球石油价格和市场供应。OPEC 的介入引发了 20 世纪 70 年代的石油危机，当时石油价格急剧上涨，对全球经济产生了深远影响。

（2）钻石卡特尔（De Beers）： De Beers 是一家总部位于英国的跨国矿业公司，曾经控制了全球钻石市场的大部分份额。通过控制钻石的开采和销售，De Beers 能够操纵钻石价格，维持其高额利润。然而，随着时间的推移，De Beers 的市场控制力逐渐减弱，部分原因是新的钻石来源的发现和市场透明度的提高。

（3）标准石油公司（Standard Oil）： 标准石油公司在 19 世纪末至 20 世纪初通过并购和控制石油产业链的各个环节，几乎垄断了美国的石油行业。标准石油公司的垄断地位最终导致 1911 年美国最高法院依据《谢尔曼反托拉斯法》将其拆分成多家独立公司。

📍 实务拓展

卡特尔的历史可以追溯到 19 世纪末，最初在德国等工业化国家形成，随后扩展到全球其他地区。卡特尔在历史上曾在石油、钢铁、汽车零部件等行业出现过，但因其明显限制竞争、损害消费者利益和阻碍市场公平性，许多国家的反垄断法律均明确禁止或严格限制卡特尔行为。在美国，依据反垄断法，卡特尔被视为非法。尽管如此，一些国家和地区在某些特殊情况下可能允许有限制的合作，但此类合作通常受到严格的监管和审查。

Cash Flow Contingency Provision　现金流或有条款

基础释义

现金流或有条款是指债券或其他固定收益证券的条款中包含的特殊条件，这些条件能够改变**原本预定的现金流模式**，具体取决于某些特定事件或"触发条件"的发生。这些条款增加了债券现金流的不确定性，使得债券的支付不仅仅依赖于基本的利率和到期结构，还与特定的经济、财务或业务表现指标相关联。

概念详解

常见的现金流或有条款

（1）**可转换条款（convertible feature）**：允许债券持有人在特定条件下将债券转换为发行公司的普通股。这种转换通常基于股价达到一定水平或在特定时间内持有人的选择。

（2）**提前赎回条款（callable feature）**：赋予发行人提前偿还全部或部分债券本金的权利，通常在市场利率下降时，发行人可以选择以事先约定的价格赎回债券，再以较低的利率重新融资。

（3）**延期支付或跳票选项（deferral or skip payment option）**：允许发行人在特定条件下（如遭遇财务困难）推迟利息支付，这些利息可能累积并在以后支付或永久豁免。

（4）**浮动利率债券的利率上限和下限（cap and floor）**：对于浮动利率债券，其支付的利息与某个基准利率挂钩，但可能设定上下限，限制票息率的最大变动范围。

（5）**信用触发条款（credit trigger）**：信用触发条款与发行人的信用评级变动相关联，如果评级下降到某一水平，可能引起利率调整、额外担保要求或加速还款等后果。

（6）**通胀保护条款（inflation-linked features）**：在一些通胀挂钩债券中，现金流根据通胀率的变化进行调整，以保护投资者免受单位货币购买力下降的影响。

> 💡 **老皮点拨**
>
> 现金流或有条款的存在使得固定收益工具更加多样化，满足不同投资者的风险偏好和收益需求，同时也为发行人提供了灵活性。然而，现金流或有条款也增加了投资分析的复杂性，投资者在投资前需仔细评估这些条款可能带来的影响。

Cash Flow from Financing Activities (CFF) 融资活动现金流

基础释义

融资活动现金流是指企业在一定时期内，由于融资活动（即筹集和偿还资金）所引起的现金及现金等价物的流入和流出。这部分现金流涉及企业与资本提供者（包括股东和债权人）之间的交易。

概念详解

CFF 的分类

（1）CFF 的现金流入（CFF Inflow）。

CFF 的现金流入包含的项目包括：

①**发行股票或股权融资：**企业通过首次公开募股（IPO）、增发股票等方式筹集的资金。

②**发行债券或借贷：**包括发行企业债券、银行借款等获得的资金。

③**其他融资活动：**如收到的贷款、融资租赁的现金流入等。

（2）CFF 的现金流出（CFF Outflow）。

CFF 的现金流出包含的项目包括：

①**偿还债务本金：**包括归还银行贷款本金、到期偿还债券等。

②**支付利息和股息：**向债权人支付的利息和向股东分配的股利。

③**回购股票：**企业从市场上购买自己发行的股票，减少流通股数。

> 💡 **老皮点拨**
>
> 融资活动现金流为正表示企业通过融资活动增加了现金，该资金可能用于偿还债务、投资或运营，为负则表示企业在该期间偿还债务或分配股利多于融资所得，可能意味着企业在减少债务负担或回报股东。
>
> 不同的融资策略会影响企业的资本结构和财务灵活性，因此对融资活动现金流的分析对于理解企业的财务策略和长期可持续性至关重要。

Cash Flow from Investing Activities (CFI) 投资活动现金流

C

基础释义

投资活动现金流是指企业在一定会计期间内，由于进行投资活动（包括购置和处置长期资产、对外投资等）而产生的现金流入和流出。这部分现金流展示了企业如何分配其资金到非经营性的长期投资中，以及这些投资带来的回报情况。

概念详解

CFI 的分类

（1）CFI 的现金流出（CFI outflow）。

CFI 的流出项目包括：

①购买土地、建筑物、机器设备等固定资产、购买专利权或进行大型软件开发和购置其他长期资产支付的现金。

②购买股票、债券或其他企业的股权等金融资产引发的现金支出。

③收购或合并其他企业支付的现金。

（2）CFI 的现金流入（CFI inflow）。

CFI 的流入项目包括：

①出售固定资产、无形资产和其他长期资产收回的现金；

②从股票投资、债券投资等收到的股利、利息和出售这些投资所获得的资金；

③处置子公司及其他营业单位收到的现金净额。

老皮点拨

通过分析投资活动现金流，可以了解企业的投资策略是积极还是保守，同时可以评估其投资的有效性和对未来现金流的潜在影响。负的投资活动现金流可能表明企业正在扩张或多元化投资组合，而正的现金流可能代表企业正在回收投资或减少对外投资。这对于评估企业资产配置效率、资本利用情况及未来盈利能力都是重要的信息。

Cash Flow from Operations (CFO)　经营性现金流

基础释义

> 经营性现金流（CFO）是指公司在一定时期内由**经营活动**所形成的**现金及其等价物**的**净流入量**。CFO 是衡量企业日常经营活动表现的重要指标，考虑了销售商品和提供服务所收到的现金，以及支付给供应商、员工和其他运营相关费用的现金支出。

概念详解

1. CFO 的计算方法

1.1 直接法（Direct Method）

直接法计算 CFO 按照因企业日常经营活动产生的实际现金流入减去现金支出进行计算，具体步骤如下。

（1）从客户处收到的现金流（cash received from customers）：首先查看利润表中的营业收入，调整年内应收账款的净变动。应收账款增加表示按权责发生制记录的收入高于实际收到的现金，反之亦然。

（2）支付给供应商的现金流（cash paid to suppliers）：计算采购总额，通过调整销货成本并考虑存货变动。存货增加意味着采购额超过销货成本，反之亦然。根据应付账款的变动进一步调整采购额。应付账款增加表示按权责发生制记录的采购额高于实际支付的现金，反之亦然。

（3）支付给员工的现金流（cash paid to employees）：薪资福利费用需根据年内应付薪资的净变动进行调整。应付薪资增加表示按权责发生制记录的费用高于实际支付的现金，反之亦然。

（4）支付的其他经营费用（cash paid for other operating expenses）：调整利润表上的其他经营费用，考虑预付费用和应计费用负债的年内净变动。预付费用增加意味着现金基础上的费用高于权责发生制，应计费用负债增加则相反。

（5）支付的利息（cash paid for interest）：根据《美国公认会计准则》（US GAAP），利息支付属于经营活动现金流量。需调整利息费用，考虑年内应付利息的变动。应付利息增加表示权责发生制下的费用高于实际支付的现金，反之亦然。

（6）支付的所得税（cash paid for income taxes）：调整所得税费用，考虑年内递延所得税资产与负债、应交税金及已收税金的变动。递延所得税负债或应交税金增加意味着现金支付的所得税低于按权责发生制计算的费用，反之亦然。

1.2 间接法（Indirect Method）

间接法是指从净利润开始调整非现金项目（如折旧、摊销）和运营资本变化来计算 CFO。

1.2.1 从利润表中获取净利润数据

1.2.2 调整非经营项目（adjust non-operating items）

调整非经营项目具体包括非经营性损失和非经营性收益两项。

（1）加回非经营性损失（non-operating losses）：

①资产出售或减记损失（loss on sale or write-down of assets）；

②债务清偿损失（loss on retirement of debt）；

③按权益法核算的投资损失（loss on investments accounted for under the equity method）。

（2）减去非经营性项目（non-operating income）：

①资产出售收益（gain on sale of assets）；

②债务清偿收益（gain on retirement of debt）；

③按权益法核算的投资收入（income on investments accounted for under the equity method）。

1.2.3 调整非现金项目（adjust non-cash items）

CFO 衡量的是现金流，而净利润衡量的是满足会计确认条件的一切收入和费用，因此需要调整非现金项目，非现金的费用项需要加回，而非现金的收入项需要扣减以下 5 种。

（1）有形资产折旧费用（depreciation expense of tangible assets）：在计算 CFO 时，需要将折旧费用加回到净利润中，因为它减少了净利润，但实际上并没有发生现金流出。

（2）无形资产摊销费用（amortization expense of intangible assets）：摊销费用同样需要加回到净利润中，因为虽然它减少了净利润，但实际上没有发生现金支出。

（3）自然资源耗竭费用（depletion expense of natural resources）：和折旧及摊销一样，耗竭费用也需要加回到净利润中，因为它并不涉及实际的现金支付。

（4）债券折价摊销（amortization of bond discount）：当公司以低于票面价值的价格发行债券时，债券的折价部分需要在债券存续期内逐步摊销。债券折价摊销增加了公司的财务费用，因此在计算 CFO 时需要加回到净利润中。

（5）债券溢价摊销（amortization of bond premium）： 如果公司以高于票面价值的价格发行债券，债券溢价部分需要在债券存续期内摊销。债券溢价摊销减少了公司的财务费用，因此在计算 CFO 时需要从净利润中扣除。

1.2.4 调整营运资本变动（adjust working capital changes）

营运资本的变化反映了公司日常经营活动中现金的真实流入和流出情况。当流动资产减少或流动负债增加时，这些变化通常表示公司**收到了现金或延迟了现金支付**，因此需要将这些金额加回到净利润中。当流动资产增加或流动负债减少时，这些变化通常表示公司**支付了现金或提前支付了款项**，因此需要将这些金额从净利润中扣除，具体的调整步骤包括：

（1）WC 变动导致的增加项：

①流动经营资产的减少：流动经营资产包括应收账款、存货、**预付费用（prepaid expenses）** 等。这些资产在会计期间内减少，意味着公司的现金流入增加，因此需要将减少的金额加回到净利润中。

②流动经营负债的增加：流动经营负债包括应付账款、**应计费用（accrued expense）** 等。这些负债在会计期间内增加，意味着公司推迟了现金支付的时间，因此需要将增加的金额加回到净利润中。

（2）WC 变动导致的扣减项：

①流动经营资产的增加：这些资产在会计期间内增加，意味着公司的现金流出增加，因此需要将增加的金额从净利润中扣除。

②流动经营负债的减少：这些负债在会计期间内减少，意味着公司提前支付了部分款项，减少了应付款项，因此需要将减少的金额从净利润中扣除。

1.2.5 考虑所得税影响（considering income tax）

递延所得税负债的增加需要加回，递延所得税资产的增加则需要减去，以反映由于税前利润和现金流之间的时间差异对现金流量的影响。

2. CFO 的重要性

（1）偿债能力的体现： 高额的正向经营性现金流表明公司有足够的自由现金来支付债务、进行投资以及分红给股东。

（2）财务健康的衡量指标： CFO 揭示了企业通过主营业务赚取现金的能力，持续正向且稳定增长的 CFO 是公司财务健康和盈利能力强的体现。

（3）风险评估的指标： 对于投资者而言，分析公司的 CFO 有助于评估其投资风险。

> **老皮点拨**
>
> 尽管一个公司的财务报告可能显示高利润，但如果其大部分收入未能转化为实际进入银行账户的现金额，则可能面临财务困难。因此，在评估公司价值时，仅依赖利润表是不够全面的，考察其经营性现金流也至关重要。

Cash Flow Statement 现金流量表

基础释义

现金流量表是三大核心财务报表之一，是指反映企业在一定会计期间（如月度、季度或年度）内现金和现金等价物的流入与流出情况的财务报表。

概念详解

1. 现金流量表的构成

1.1 经营活动现金流（Operating Cash Flow）

经营活动现金流记录企业日常运营活动中产生的现金收入和支出，包括销售收入、采购成本、工资支付、税收、折旧与摊销的现金影响等。

1.2 投资活动现金流（Investing Cash Flow）

投资活动现金流体现企业在投资方面的现金变动，如购买或处置长期资产（如固定资产、无形资产和证券投资）、收回对外投资本金及收益、收购或出售子公司及其他经营单元等。

1.3 融资活动现金流（Financing Cash Flow）

融资活动现金流涉及企业股权和债务融资相关的现金流动，包括发行股票、发行债券、支付股息、偿还债务本金和利息等。

💡 老皮点拨

现金流量表能够揭示净利润的质量，即净利润有多少**真正转化为现金流入**，这对于评价企业的真实盈利能力具有重要意义。

与现金流量表关系密切的一个概念是**"现金等价物"**。这是指那些原始到期日很短（通常为 3 个月或更短）、转换为已知金额现金非常容易且只有微不足道的风险可能影响其价值变化的高度流动性投资。

在每一个会计期间结束时，会计师通过将"期初现金及现金等价物余额"加上经营、投资和融资三类活动的净现金流入，即可得到"期末现金及现金等价物余额"，体现了资产负债表与现金流量表之间的勾稽关系。

2. 现金流量表的应用

（1）偿债能力评估： 通过观察经营活动产生的正向净额，可以判断公司支付日常运营费用和债务利息甚至本息是否有足够能力。

（2）投资决策辅助： 帮助投资者评估公司未来发展潜力、理解公司如何使用其资源进行再投资以促进增长。

（3）财务灵活性识别： 通过筹融资活动可见公司如何平衡自身财务结构，保持适当比例地使用外部融资与内部融资。

Central Bank　中央银行

基础释义

中央银行是指负责发行本国货币，并作为政府和其他银行贷款人的银行。中央银行通常是国家货币体系中的最高管理机构，是货币供应的垄断者，维护货币价值和金融稳定，同时也是银行系统的监管者和最后贷款人。

概念详解

1. 中央银行的角色

（1）货币发行者： 中央银行是**法定货币（fiat money）**的唯一发行者，法定货币不直接兑换任何实物商品，其价值基于政府的法令和民众的信任。

（2）政府和银行的银行： 中央银行充当政府的财务代理，处理政府的财政事务，并为商业银行提供服务，如资金清算和存款准备金管理。

（3）最后贷款人： 在银行系统面临流动性危机时，中央银行可以提供紧急资金，以避免银行挤兑和金融危机的发生。

（4）支付系统监管者： 中央银行监督和规范国内支付系统的运行，确保支付流程的安全、高效和标准化。

（5）外汇储备管理者： 大多数中央银行负责管理国家的**外汇和黄金储备**，尽管各国早已放弃金本位制，但黄金储备仍作为重要资产被持有。

（6）银行系统监管者： 虽然并非所有国家都由中央银行直接监管银行系统，但中央银行通常会参与或负责银行的监督和规制。

（7）货币政策制定者： 中央银行负责实施货币政策，通过调整利率、控制货币供应量等方式，影响经济中的信贷和货币数量，以实现经济增长、物价稳定和充分就业目标。

2. 中央银行的目标与责任

中央银行的主要目标之一是通过货币政策的实施，维持物价稳定和促进经济增长。为了达到这些目标，中央银行通常会设定**基准利率（benchmark interest rate）**，通过**公开市场操作（open market operation）、准备金要求（reserve requirement）**和再贴现政策等手段，调节货币市场和信贷市场的流动性。

Central Limit Theorem　中心极限定理

基础释义

中心极限定理是概率论中的一个基石性定理，是描述在一定条件下，独立同分布的随机变量的和的标准化平均值的概率分布趋近于正态分布的一项定理。中心极限定理对于统计学和概率论的应用至关重要，因为它为许多统计推断（尤其是**样本均值分布的相关推断**）提供了理论基础。

概念详解

1. 中心极限定理的基本表述

给定一个具有均值 μ 和有限方差 σ^2 的任意概率分布的总体，从中抽取大小为 n 的随机样本所计算出的样本均值 $\bar{x}$ 的抽样分布，在样本量 n 足够大的时候，将近似服从正态分布，其均值为 μ（总体均值），方差为 σ^2/n（总体方差除以 n）。

2. 中心极限定理涉及的关键概念

（1）总体（population）： 总体是指所有个体或观测值的集合。这里提到的总体具有一个均值 μ 和一个有限的方差 σ^2。这意味着总体中的数据分布可以是任何形式的，只要它有一个明确的均值和方差即可。

（2）样本（sample）： 样本是从总体中随机抽取的一部分观测值。样本容量用 n 表示。样本中的观测值应当是独立且随机选取的，这意味着每一个观测值都具有相同的被选中的概率。

（3）样本均值（sample mean）： 样本均值是样本中所有观测值的算术平均值。

（4）抽样分布（sampling distribution）： 抽样分布是指从同一总体中重复抽取多个样本统计量（如样本均值）的概率分布。

（5）正态分布（normal distribution）： 正态分布是一种钟形曲线，其中心位于均值 μ 处，样本均值的抽样分布的均值等于总体的均值 μ，样本均值的抽样分布的方差为 σ^2/n。

（6）样本容量（sample size）： 中心极限定理适用于大样本的情况。虽然"大"的具体定义取决于具体情况，但一般认为当样本容量 ≥30 时，可以认为样本均值的抽样分布是近似正态的。然而，对于一些极端非正态分布的总体，可能需要更大的样本量才能达到较好的近似效果。

> 🔆 **老皮点拨**
>
> 中心极限定理的强大之处在于，它提供了一个强有力的工具，使得我们**在不知道总体数据确切分布**的情况下，仍然能够使用正态分布的性质来做出有效的统计推断，通过大样本估计总体参数，进行假设检验和置信区间估计。

3. 中心极限定理的重要性

（1）统计推断： 中心极限定理为许多常用的统计推断方法提供了理论基础，如 Z 检验、t 检验、ANOVA 等，因为这些方法都基于正态分布的前提假设。

C

（2）大样本理论： 在实际应用中，当样本量足够大时，即使原始数据的分布不是正态的，样本均值的分布也往往可以近似认为服从正态分布，简化了数据分析。

（3）随机变量的独立性： 中心极限定理强调独立性的重要性，意味着独立事件的累加行为可以被很好地理解和预测。

（4）渐进性质： 中心极限定理表明随着样本规模的增长，统计量的分布逐渐逼近正态，这是一种渐进的收敛性质，对理解复杂系统的统计行为至关重要。

4. 中心极限定理的应用实例

（1）民意调查： 在大选民调中，即使选民偏好分布复杂，通过随机抽取足够大的样本，样本平均偏好趋向于正态分布，仍可以推断总体偏好。

（2）质量控制： 工业生产制造过程中，对产品尺寸或性能的测量，通过多次测量，即使测量结果的原始分布未知或非正态，样本均值的分布仍可被视为近似服从正态分布并进行分析。

Central Tendency　中心趋势

基础释义

中心趋势是指在描述性统计学（descriptive statistics）中通过单一数值来代表或概括一组数据的整体趋势或集中位置的指标。中心趋势可以帮助我们理解数据集的典型值或"中心点"。

概念详解

1. 度量中心趋势的常见指标

1.1 算术平均数（Arithmetic Mean）

算术平均数是一组数据中所有数值的总和除以数据的数量，是最常用的中心趋势度量之一，特别是在金融和投资分析中，用于描述回报系列的中心位置。

例如，假设一家公司五名员工的月薪分别是 \$2,000、\$3,000、\$3,500、\$4,000 和 \$5,000。那么，他们的平均月薪就是 (\$2,000+\$3,000+\$3,500+\$4,000+\$5,000)/5=\$3,600。

算术平均数的优点是简单易懂，缺点是对极端值（outliers）非常敏感，任何一个极端值都可以显著地改变平均数的值。

1.2 中位数（Median）

中位数是将数据集按升序或降序排列后处于中间位置的值。对于奇数个观测值，中位数是位于$(n+1)/2$位置的值；对于偶数个观测值，中位数是中间两个值的平均数。

中位数的优点是稳定性较高，不易受异常值干扰，因为它只关注数据的相对位置，而不使用所有数据的具体值，缺点是数学处理不如算术平均数方便。

1.3 众数（Mode）

众数是数据集中出现频率最高的值。一个数据集可以有一个或多个众数，也可以没有众数。如果只有一个众数，称为**单峰分布（unimodal）**，如果有两个众数，则称为**双峰分布（bimodal）**。众数常用于分类数据或名义尺度的数据。

众数的优点是可以识别最常见的值，缺点是并不是所有数据集都有明确的众数。

2. 度量中心趋势时对极端值的处理办法

在实际数据分析中，极端值可能会影响中心趋势的度量。极端值可能由数据记录错误、不同群体中的观测值、极端但真实的事件等引起，处理极端值的方法一般包括：

（1）不做任何处理： 如果极端值是合理、正确的观察结果，则保留这些值反而可以反映整个样本分布的真实情况。

（2）删除所有极端值： 排除极端值，使用**截尾均值（trimmed mean）**，即排除最低和最高百分比的数据后再计算平均数。

（3）替换极端值： 使用**缩尾均值（winsorized mean）**，即将最低和最高百分比的数据替换成特定的值后再计算平均数。

> **实务拓展**
>
> 在金融数据分析中，比较包含和排除极端值的数据集的统计度量可以揭示数据集的重要特征。例如，在分析资产回报率、价格变化、利差变化和成交量变化时，比较这些度量可以帮助投资者更好地理解数据的分布特性。

C

> ### 🔆 老皮点拨
>
> 中心趋势的各种度量指标之间没有绝对的优劣之分，而是各有优缺点和应用场景。
>
> **(1) 均值：**适用于数据**较为均衡且无极端值**的情况，它考虑了所有数据的信息。
>
> **(2) 中位数：**对异常值不敏感，尤其适合分布偏斜的数据。
>
> **(3) 众数：**揭示了数据中**最常见的或者重复出现的值**，特别适用于分类或计数数据。

Classical Growth Theory　古典增长理论

基础释义

> 古典增长理论，也被称为**"马尔萨斯理论"**（Malthusian Theory），是指由英国经济学家托马斯·马尔萨斯（Thomas Malthus）在其出版于 1798 年的著作《人口原理》（*An Essay on the Principle of Population*）中提出的主要探讨人口增长与资源限制之间的关系，强调资源枯竭和人口过剩问题的一套理论体系。

概念详解

1. 古典增长理论的核心思想

古典增长理论认为，从长期来看，新技术的应用会导致人口数量的增加，人口增长速度会超过食物供应的增长速度，除非受到某种形式的抑制（如战争、饥荒、疾病等），否则人口增长将导致**资源的过度消耗**和**社会经济的停滞**，生活水平将保持不变甚至倒退，人均产出也不会增长。这一理论的核心观点是在一个资源有限的世界里，**人口的增长**会对经济和社会产生负面影响。这种悲观的预测使得经济学一度被称为"忧郁的科学"（dismal science）。

2. 古典增长理论的关键假设

(1) 人口增长加速： 当人均收入上升超过维持基本生活的最低水平（即生存收入）时，人口增长率会加快。

(2) 技术进步与土地扩张： 技术进步和土地扩张可以提高劳动生产率，从而导致更高的人口增长。

(3) 边际报酬递减： 尽管劳动生产率会随着技术和土地的增加而提升，但由于劳动投入的边际报酬递减效应，新增劳动力所带来的额外产出最终会降至零。

3. 古典增长理论的失败

古典模型预测失败的主要证据来自实际的历史发展和经济数据，特别是与人口增长和人均收入增长相关的数据，具体包括：

(1) 人口与收入增长的关系断裂： 随着人均收入的增加，人口增长率并未像古典模型预测的那样加速增长，而是呈现减缓的趋势。这表明人口增长与人均收入之间的关系并不像马尔萨斯模型所设想的那样直接。例如，在许多发达国家，随着人均收入水平的提高，生育率反而下降，导致人口增长率放缓。

(2) 技术进步的作用： 技术进步的步伐远远超过了古典模型的预期，极大地提高了生产力。技术革新不仅提高了土地和劳动力的生产效率，而且还创造了新的资源和生产方式，使得经济能够持续增长，而不仅仅是维持在生存水平。这意味着技术进步带来的增益足以抵消由于边际报酬递减带来的负面影响。

(3) 生活水平的提高： 尽管古典模型预测技术进步只会带来人口的增长而不会提高生活水平，但实际数据显示，技术进步确实促进了人均收入的增长。在过去两个多世纪中，许多国家的生活水平显著提高，人们的平均寿命延长，健康状况改善，教育水平提升，这些都是技术进步带来的正面效应。

(4) 农业革命与工业革命： 农业革命和随后的工业革命带来了巨大的生产力飞跃，使得人类能够生产更多的粮食和其他必需品，满足不断增长的人口需求。农业技术的进步，比如化肥的使用、机械化耕作以及作物品种的改良，极大地提高了农业生产效率。

老皮点拨

由于古典模型的悲观预测没有实现，经济学家开始将研究重点从劳动转向资本，并发展出了新古典增长模型（neoclassical growth model）。新古典模型更加注重资本积累和技术进步在经济增长中的作用，认为从长期来看，通过资本积累和技术革新可以持续推动经济增长，从而提高生活水平。

Clearing Instruction 清算指示

基础释义

C

清算指示是指在证券交易过程中，交易者向经纪人或交易所提供的用于安排最终结算的指示。这些指示告知交易双方在完成交易后的结算流程，包括**确定哪个实体负责交易的清算和结算**。当客户使用一个经纪商进行交易安排，而另一个经纪商进行交易结算时，前者会将交易交割给后者，后者通常被称为"主经纪商"（prime broker）。

概念详解

1. 清算指示的责任主体

在不同类型的交易中，清算指示的责任主体也存在差异：

（1）零售交易： 在零售交易中，通常是客户的经纪商负责清算和结算。

（2）机构交易： 在机构交易中，清算和结算的责任实体可能是托管人或其他经纪商。

> **实务拓展**
>
> 一般零售投资者在进行常规证券交易时，清算过程通常由经纪商自动处理，所以清算指示在个人投资者的日常交易指令单中并不常见，而是通常出现在较为复杂的金融市场交易中，尤其是涉及机构间大宗交易、场外衍生品交易等场景。

清算指示的指令内容

在证券出售订单上的清算指示内容包括：

（1）普通卖出（long sale）： 如果是普通卖出，则经纪商必须确认客户持有的证券可用于交付。

（2）卖空（short sale）： 如果是卖空，则经纪商需要代表客户借入该证券，或者确认客户可以自行借入该证券。

> **实务拓展**
>
> 交易者通常不会在每次下单时都附上清算指令，而是将其设置为**"常设指令"**（standing instructions），即预先设定好并在需要时自动执行的指令。

Clearinghouse 清算所

基础释义

> 清算所是指金融市场中专门负责**金融交易清算与结算**的中介服务机构。清算所的核心职能是作为交易双方的中央对手方（Central Counterparty Party, CCP），通过介入交易流程，提供担保交收、风险管理和违约处理等服务，以降低金融市场中的信用风险和系统性风险。

概念详解

1. 清算所的基本职能与作用

（1）清算（clearing）： 对金融市场中达成的交易进行确认、核对、合并（对于同一交易对手的多笔交易）等处理，形成最终的清算结果。

（2）结算（settle）： 根据清算结果，按照约定的结算规则，组织交易双方进行资金、证券或其他金融资产的转移，完成交易的最终交收。

（3）风险缓释（risk mitigation）： 清算所的风险缓释功能主要包括以下4方面：

①**担保交收：** 清算所作为中央对手方介入交易，交易双方实际上与清算所形成双边合约，而非与对手方直接接触，即使对手方违约，清算所依然保证向守约方履行交收义务，避免了交易对手信用风险的直接传递。

②**保证金制度：** 清算所要求交易参与者存入一定金额的保证金，以覆盖其潜在的交易风险。保证金可以是现金、有价证券或其他经认可的抵押品。

③**风险监测与管理：** 清算所通过实时监控市场风险、信用风险、流动性风险等，设定并动态调整保证金要求、风险限额、压力测试等风险管理措施，确保清算所具

备充足的资源应对极端市场情况下的违约风险。

④**违约处理：**在交易参与者出现违约时，清算所拥有预先设定的违约处置程序和资源（如违约基金、会员分摊机制等），能够迅速、有效地处置违约事件，防止风险扩散。

2. 清算所的类型

（1）交易所清算所（exchange clearinghouse）：交易所清算所与交易所紧密关联，专门负责交易所内达成的交易的清算与结算，如股票交易所、期货交易所等。

（2）场外交易清算所（OTC clearinghouse）：场外交易清算所服务于**场外市场（over-the-counter, OTC）的金融交易**，如利率互换、信用违约互换（CDS）等场外衍生品交易。场外交易清算所的出现，极大地提升了原本分散、缺乏透明度的场外市场的风险管理水平。

（3）跨境清算所（cross-border clearinghouse）：跨境清算所服务于**跨境金融交易**，如国际证券、外汇、衍生品交易等，通常需要处理多国法律、监管、货币兑换等问题，与各国家和地区的本地清算系统对接。

3. 清算所的经济意义

（1）系统性风险防范：清算所通过集中清算、担保交收、保证金制度等手段，显著降低了金融市场中的信用风险和系统性风险。尤其是在金融危机期间，清算所的成功运作对于维护市场稳定、防止风险蔓延起到了关键作用。

（2）金融市场效率提升：清算所通过标准化、集中化的清算与结算流程，简化了交易后处理，提高了市场效率，降低了交易成本。同时，清算所提供的风险评估、管理服务，有助于增强市场参与者的信心，促进金融市场健康发展。

Cluster Sampling　聚类抽样

基础释义

聚类抽样又称"集群抽样"或"整群抽样"，是指总体被划分为若干个不重叠的子集或"聚类"（clusters），然后从这些聚类中随机抽取一部分作为样本，最后对选中的聚类中的所有单元或部分单元进行调查的一种统计抽样技术。这种抽样方法适用于总体太大或太分散（尤其是在地理上分散），难以直接进行简单随机抽样的情况。

概念详解

1. 聚类抽样的类型

1.1 单阶聚类抽样（One-Stage Cluster Sampling）

在单阶聚类抽样中，首先需要将总体划分为多个聚类，每个聚类应该尽可能地代表总体的特征，然后通过**简单随机抽样**的方式从这些聚类中选择一部分作为**样本聚类，被抽中的样本聚类内的所有个体**都将接受调查或测量并被纳入最终的样本中。这种方法的优势在于它的简便性和高效性，因为它避免了从每个集群中单独选择个体的复杂过程。然而，这也意味着如果聚类内部的异质性较大，那么抽样结果可能会缺乏代表性。

1.2 双阶聚类抽样（Two-Stage Cluster Sampling）

双阶聚类抽样更为复杂，但也更加灵活。在双阶聚类抽样中，同样是先将总体划分为多个聚类，然后通过简单随机抽样的方式从这些聚类中选择一部分作为样本集群。但是，与单阶聚类抽样不同的是，在选择了样本集群之后，还需要从每个被选中的集群中进一步随机抽取一部分成员作为最终的样本。这意味着，并不是每个集群内的所有成员都会被纳入样本，而是仅有一部分会被选中。

> 💡 **老皮点拨**
>
> 单阶聚类抽样通常适用于那些**集群内部差异较小的情况**，或者是研究者希望简化抽样过程的情况。例如，在进行一项关于城市居民用水习惯的调查时，可以将每个社区作为一个集群，然后随机选择几个社区进行全面调查。这种方法适用于社区之间差异不大，且每个社区内部的居民在用水习惯上较为一致的情形。
>
> 双阶聚类抽样更适合于那些**集群内部存在较大差异，或者总体规模非常庞大、无法进行全面调查的情况**。例如，在一项针对全国范围内的中小企业经营状况的调查中，可以先将企业按照地理位置划分为不同的集群（如省份或城市），然后随机选择几个集群。接着，在每个被选中的集群中，再随机抽取一定数量的企业进行深入访谈。这种方法不仅能够确保样本的代表性，还能够有效地控制调查成本，尤其是在研究对象分布广泛、数量众多的情况下。

2. 聚类抽样的步骤

（1）**聚类划分**：将总体按照一定的标准划分为多个聚类，具体标准可以是地理位置(如街区、村庄、学校)、社会经济特征或其他逻辑分组(如年龄组、职业类别),关键是要确保集群内部个体相对同质,而集群间有差异。

(2) 聚类选择: 通过抽样从这些集群中选出部分集群,可以是等概率抽样,每个聚类被选中的机会相同,也可以根据聚类的大小或其他标准进行加权抽样。

(3) 样本选择: 在选中的聚类内部,可以采取简单随机抽样、整体抽样(调查所有单元)或其他抽样方法。整群抽样是最简单的,即选取的每个聚类中所有单元都被包含进样本,但可能牺牲一定的效率。

老皮点拨

聚类抽样与分层抽样很容易混淆。在聚类抽样中,以集群为抽样单位,只有被选中的集群才会被包括在样本中。而在分层抽样中,所有的层级都会被包括进来,只是在每个层级内选择特定的元素作为抽样单位。

3. 聚类抽样的优点

(1) 操作简便: 在地理上分散或资源有限的情况下,聚类抽样比个别抽样更容易实施。

(2) 成本效益: 特别是在偏远地区,访问单个单位成本高,聚类抽样通过集中访问减少交通和管理成本。

(3) 管理方便: 对于大型调查,聚类抽样简化了组织和监督工作。

4. 聚类抽样的缺点

(1) 抽样误差: 相比简单随机抽样或分层抽样,聚类抽样通常会有更大的**抽样误差(sampling error)**,因为聚类内的同质性可能没有充分利用。

(2) 偏差风险: 如果聚类划分不当或聚类内部差异大,可能导致样本不具代表性。

(3) 复杂性: 分析时需要考虑聚类间和聚类内变异,可能需要采用复杂的设计校正调整。

⊙ **实务拓展**

　　聚类抽样在公共卫生调查、人口普查预调查、发展项目评估、大规模教育研究等领域被广泛应用，尤其是在难以实施更精细抽样方法的大规模或地理分布广泛的总体中。正确实施聚类抽样需要仔细设计，合理定义聚类，并在分析阶段考虑聚类效应，以准确推断总体参数。

Coefficient of Determination (R^2)　可决系数

基础释义

　　可决系数是指用来衡量回归模型中因变量（被解释变量）的变异有多少比例能被模型中的自变量（解释变量）解释的一个统计量。简而言之，R^2 描述了模型拟合数据的紧密程度，即模型的解释能力。

概念详解

1. 可决系数的计算公式

$$\text{Coefficient of determination} = \frac{\sum_{i=1}^{n}(\hat{Y_i} - \overline{Y})}{\sum_{i=1}^{n}(Y_i - \overline{Y})} = \frac{\text{Sum of squares regression}}{\text{Sum of squares total}}$$

其中，

- $\hat{Y_i}$ 代表是模型预测的因变量值
- $\overline{Y}$ 代表因变量的平均值
- Y 代表因变量的观测值
- n 代表观测样本数

2. 可决系数的数值解读

　　R^2 的值介于 0 到 1 之间，接近 1 表示模型对数据的拟合度非常好，即因变量的变异绝大部分能被模型中的自变量解释，接近 0 则表示模型对数据的解释能力很弱，大部分变异无法通过模型中的自变量解释。例如，如果 $R^2=0.8001$，意味着模型能解释因变量变异的 80.01%。

3. 可决系数的关联概念

（1）可决系数与相关系数的关系： 在简单线性回归中，R^2 等于自变量与因变量之间的相关系数 r 的平方。因此，如果知道相关系数 r，可以直接计算出 R^2。

（2）可决系数与 F 统计量的关联： 虽然 R^2 反映了模型的解释能力，但它本身不是检验统计量（test statistics），不能直接用来判断模型参数的显著性。为了评估模型的统计意义，通常会构造基于 F 分布的检验统计量，即通过比较回归平方和（MSR）与误差平方和（MSE）的比率来检验模型斜率是否显著不为零。

Cognitive Error 认知错误

基础释义

认知错误是指人们在思考、推理、判断或解决问题过程中由于推理失误而产生的行为偏差，这些偏误源自心理倾向、信息处理限制或心理机制的不完善。认知错误与情感偏差（emotional biases）相对，后者源于情绪或感觉，这两种偏差都会导致决策偏离传统金融理论所假设的情况。在投资、医学诊断、日常生活决策等多个领域，认知错误都可能产生重大影响。

概念详解

认知错误的分类

（1）信念坚持偏差（belief perseverance biases）。

信念坚持偏差源于当新信息与先前持有的信念或认知冲突时所产生的心理不适感，这种不适感被称为**认知失调（cognitive dissonance）**。为了缓解这种不适，人们可能会忽略或修改冲突的信息，并只考虑支持自己现有信念或想法的信息。

常见的信念坚持偏差有以下 5 种：

①保守偏差（conservatism bias）： 保守偏差指的是人们由于未能充分吸收新的、矛盾的信息而坚持他们的先前观点或预测。

②**确认偏差（confirmation bias）**：确认偏差指的是寻找和注意与先前信念相符的信息的倾向，同时忽略或低估与之矛盾的信息。这是一种对认知失调的反应，反映了一个人倾向于为自己想要相信的事物找到理由。

③**代表性偏差（representativeness bias）**：代表性偏差指的是根据过去的经验和分类来归类新信息的倾向。虽然新信息可能看起来从属于某一熟悉的分类，但实际上它可以是非常不同的。**基础概率忽视（base-rate neglect）**和**样本量忽视（sample-size neglect）**是两种类型的代表性偏差。

④**掌控幻觉偏差（illusion of control bias）**：控制幻觉偏差指的是人们倾向于相信他们可以控制或影响结果，而实际上他们并不能做到这一点。例如，人们更愿意选择自己的彩票号码而不是随机分配的号码。

⑤**后见之明偏差（hindsight bias）**：后见之明偏差指的是认为过去的事件是可以预测且合乎情理的。这是因为已发生的事件比未发生的事件更容易被察觉到。

（2）处理错误（processing errors）。

处理错误指的是信息被不合逻辑或非理性地处理和使用的方式。与信念坚持偏差相比，信息处理错误更多地涉及信息本身的处理缺陷。

常见的处理错误包括：

①**锚定与调整偏差（anchoring and adjustment bias）**：锚定与调整偏差指的是依赖初始信息来作后续估计、判断和决策的倾向。当需要估计未知大小的值时，人们通常会从一个默认数字（即所谓"锚"）开始，然后向上或向下调整。无论初始锚是如何选择的，人们倾向于调整不足，导致最终的估计值带有偏差。

②**心理账户偏差（mental accounting bias）**：心理账户偏差指的是在心理上将金钱分为不同的"账户"，即使金钱本质上是可以互换的。例如，投资者可能会构建一个分层的金字塔式投资组合，每层都对应一个特定的财务目标。

③**框架偏差（framing bias）**：框架偏差指的是由于问题的表述方式不同，人们回答问题的方式也不同。例如，同一情形可以被描述为收益情境（1/4 的创业公司成功）或损失情境（3/4 的创业公司失败），这会影响决策。

④**易得性偏差（availability bias）**：易得性偏差指的是人们根据信息回忆的容易程度来估计结果的可能性或现象的重要性。

Collateralized Mortgage Obligation (CMO)
担保抵押债券

基础释义

> 担保抵押债券是指将基础资产池（即一组住房抵押贷款）产生的现金流分为多个不同的"层级"（tranches）的一种住房抵押贷款支持证券每个层级有其独特的期限、风险特征和支付顺序。与抵押转手证券（Mortgage Passthrough Security）相比，CMO 采用了更为复杂和精细的结构化设计来重新分配现金流，以满足不同投资者的需求。

概念详解

CMO 的关键特征

（1）现金流分层： CMO 通过创建不同优先级和期限的债券层级，对基础资产的现金流进行再分配。这些层级通常包括但不限于 A 档（优先级最高，风险最低）、B 档、C 档等，一直到 Z 档或更低的优先级档位，每档有不同的本金和利息支付安排。

（2）顺序偿付与过手支付： 部分 CMO 层级采用顺序偿付机制，即高优先级的层级必须先完全偿付本金，下一个优先级的层级才能开始接收本金偿付。其他层级可能采用过手支付或混合支付结构，模仿抵押转手证券的现金流特性。

（3）提前还款风险管理： CMO 结构特别设计来管理提前还款风险，通过设置专门的层级来吸收或对冲因提前还款导致的现金流变动，使得其他层级的现金流更加稳定可预测。

（4）信用增强： 尽管每个层级的信用风险不同，但通过结构化设计，即使是较低评级的层级也可能通过高级层级提供的信用支持获得一定程度的增强。

（5）复杂性与定制化： 与抵押转手证券相比，CMO 的结构更为复杂，能够根据市场需求和投资者偏好进行定制，提供多样化的产品选择。

> **💡 老皮点拨**
>
> CMO 的发行旨在为发起人提供一种灵活的融资工具，同时为投资者提供更多元化和定制化的投资机会。不过，CMO 的复杂性要求投资者具备较高的金融知识和风险评估能力，以充分理解各层级的风险与收益特性。

Collusion　串谋

基础释义

> 串谋是指两个或多个独立的个体或企业之间达成的，目的是共同控制市场价格、产量或其他竞争行为，从而获取不正当的经济利益的一种秘密协议。串谋通常发生在寡头垄断行业中，其中少数几家公司占据市场主导地位，它们互相依赖。

概念详解

1. 串谋的动机

（1）**增加利润：** 通过控制市场价格和供应量，串谋可以确保参与方获得更高的利润。

（2）**减少现金流的不确定性：** 通过串谋，企业可以稳定市场价格，减少竞争导致的价格波动，从而降低现金流的不确定性。

（3）**构建进入壁垒：** 串谋还可以帮助企业构建进入壁垒，阻止新竞争者的加入，维持现有企业的市场份额。

2. 串谋的形式

（1）**显性串谋（explicit collusion）：** 当串谋协议**公开且正式化**时，参与的企业被称为**卡特尔（cartel）**。卡特尔通常会在法律允许的范围内通过协商达成一致，如石油输出国组织（OPEC）。

（2）**隐性串谋（tacit collusion）：** 企业间**没有正式的协议**，但存在默契的行为，称为隐性串谋。这种情况通常发生在企业间存在相似的成本结构和产品，因此它们可以预测彼此的行为。

3. 成功串谋的因素

（1）卖方数量和规模分布： 如果市场上只有少数几家企业或者有一家主导企业，就串谋更容易成功。随着企业数量的增加或者企业市场占有率相似度提高，串谋变得越来越困难。

（2）产品的相似性： 产品越是同质化，串谋就越容易成功。反之，产品差异化越大，串谋成功的可能性就越小。

（3）成本结构： 企业间的成本结构越相似，串谋成功的可能性就越大。

（4）订单的大小和频率： 当订单频繁且相对较小，串谋成功的概率更高，因为频繁的小订单降低了违背串谋协议的回报。

（5）报复的力量和严厉程度： 如果市场上的其他企业威胁要对违背串谋协议的行为进行严厉报复，那么企业就越不愿意打破协议。

（6）外部竞争的程度： 串谋的主要目的是提高市场的整体盈利能力，但利润的增加会吸引新的竞争者进入市场。例如，如果 OPEC 将原油价格维持在每桶 30 美元以下，那么美国的页岩油田和加拿大的油砂开采就不会具有经济可行性，然而，一旦 OPEC 成功抬高油价，非 OPEC 产油国的开采行动就变得经济可行，OPEC 所面临的竞争就变大了。

Commercial Mortgage-Backed Security (CMBS)
商业抵押贷款支持证券

基础释义

商业抵押贷款支持证券是指现金流源自一组商业房地产抵押贷款，而非住宅房地产贷款的一种资产支持证券。这些商业贷款通常涉及办公大楼、零售中心、酒店、工业物业或多户住宅楼等商业地产项目。与住宅抵押贷款支持证券（RMBS）相似，CMBS 也是通过资产证券化的过程，将多个商业抵押贷款汇集到一个资产池中，然后以此为基础向投资者发行证券。

概念详解

商业抵押贷款支持证券的特点

（1）资产池构成： CMBS 的资产池由商业性质的房地产贷款组成，这些贷款通常具有更高的面额、更长的期限，以及相对于住宅贷款更多的变异性。

（2）信用风险与复杂性： 由于商业地产项目的多样性和复杂性，CMBS 可能涉及更高的信用风险和更复杂的现金流分析，需要对各个商业地产项目的运营表现、租约结构和市场条件有深入的了解。

（3）结构化设计： CMBS 采用分层结构，将资产池产生的现金流分配给不同信用等级的证券层级，以吸引不同风险偏好的投资者。

（4）信用增级： 为了提高投资者信心，CMBS 发行时会采取信用增级措施，如超额抵押、现金储备、第三方担保或**次级结构化（subordination）** 等。

（5）服务与监控： CMBS 通常需要专业的服务机构来管理和监控贷款池的表现，包括收取贷款还款、处理违约问题和进行必要的资产管理活动。

> 💡 **老皮点拨**
>
> CMBS 市场是资本市场的重要组成部分，为商业地产融资提供流动性，并为投资者提供了多元化投资的途径。然而，由于商业地产市场周期性较强，CMBS 的价值和表现可能随经济环境和房地产市场状况的变化而波动。

Commercial Real Estate 商业型不动产

基础释义

商业不动产是指用于商业盈利目的而非居住用途的房产。商业不动产包括但不限于办公楼、工业厂房、仓库、零售商店、酒店、医疗设施，以及其他特殊用途的房产。商业不动产的主要功能是为企业提供经营场所，以获取租金收入或资本增值。

C

概念详解

商业型不动产的类型

（1）办公楼（office properties）： 办公楼涵盖从中央商务区的多租户办公大楼到单租户办公楼。这些物业通常是根据主要租户的需求建造的，比如医院附近的医疗办公设施或大型公司的总部。

💠 **实务拓展**

随着 COVID-19 疫情后远程工作的普及，不需要面对面工作的行业对办公空间的需求有所下降。

（2）工业和仓储物业（industrial and warehouse properties）： 包括批发和零售分销中心、结合仓库/展示厅和办公设施的建筑以及带有仓库空间的制造工厂。

（3）零售物业（retail properties）： 零售物业包括区域购物中心和带有主力店（如百货商店）及许多小型店铺的商场、带有小型主力租户和内线租户的地方购物中心，以及独立物业如杂货店或餐馆。

（4）酒店业物业（hospitality properties）： 酒店业设施及其业务驱动因素因规模、客户群和可用设施的不同而变化广泛。主要用于商务旅行的酒店受到经济周期的影响比较明显，因为商务旅行通常是周期性的，在经济衰退期间，公司会削减开支，从而对入住率和租金价格施加压力。

（5）混合用途开发商业不动产（mixed-use development）： 混合用途开发商业不动产是指结合了多种租户类型和经济用途的商业不动产，常见的组合形式是将住宅或办公空间与零售商店相结合。这种开发模式能够满足不同人群的需求，提升物业的整体吸引力，并且有助于创造更具活力的城市环境。

（6）其他特殊用途的商业不动产： 其他特殊用途的商业不动产包括学生宿舍或老年人住宅，以及特殊用途的商业物业，如医院、自助存储设施、通信塔、数据中心和停车场。每个细分市场都有其独有的特征，影响着投资的风险和回报。

💡 **老皮点拨**

商业型不动产的投资通常涉及较高的资本投入、较长的租约期，以及相对复杂的管理和运营要求。投资者可能包括房地产开发商、投资基金、企业

实体和个人投资者等，他们通过租金收入、资本增值或两者结合的方式获得回报。商业不动产市场同样受到宏观经济环境、行业趋势、地理位置、物业质量和市场需求等多重因素的影响。

Commodity　大宗商品

基础释义

大宗商品是指在经济活动中具有同质化、可交易、广泛用于工业生产和日常消费的初级产品。大宗商品作为**生产过程中的原材料或能源来源**，是全球经济活动的基石，其价格变动不仅影响生产成本、消费者物价、企业利润，还与国际贸易、货币政策、金融市场稳定等宏观因素密切相关。

概念详解

1. 大宗商品的分类

（1）能源（energy）：能源类大宗商品包括原油、天然气、煤炭、精炼产品（如汽油和取暖油）等，是全球能源供应的主要来源，对能源价格、工业生产成本乃至国家能源安全具有决定性影响，其库存影响因素包括新油田的发现与枯竭、获取这些资源的经济和政治成本、炼油技术与维护、发电厂类型与建设、经济规模等，而增量变动主要受到管道和油轮的可靠性、季节性变化（夏季/冬季）、不利天气（寒冷、飓风）、汽车/卡车销售、地缘政治不稳定、环境要求、经济增长的影响。

🏷 实务拓展

除了传统的化石燃料，一些新能源如生物燃料（乙醇、生物柴油）、电力（包括风能、太阳能、水力发电等）也逐渐开辟了期货市场，虽然市场规模还相对较小，但随着全球对清洁能源转型的关注度提高，其重要性日益提升。

（2）谷物（grain）： 谷物主要包括玉米、大豆、小麦、大米等，是全球食品供应的基础。其价格波动直接影响食品价格、农业生产者收入以及食品进口国的粮食安全。其库存影响因素主要包括可耕地面积、仓储/港口设施（基础设施）、生物数量（人类和动物），而增量变动主要受到天气（湿度、温度）、疾病、消费者偏好、基因改造、生物燃料替代、人口增长的影响。

（3）工业/基础金属（industrial/base metals）： 工业金属主要包括铁、铜、铝、锌、铅、镍、锡等，广泛应用于建筑、汽车制造、电器设备、航空航天等领域。其价格变动反映了全球工业生产活动的景气状况。其库存影响因素主要包括采矿面积、冶炼能力、工业/消费发展阶段的经济规模，而增量变动主要受到政府的产业和环境政策、经济增长、汽车/卡车销售、基础设施投资的影响。

> 🗺️ **实务拓展**
>
> 　　除了铁、铜等常见的金属，世界上还存在一些稀有金属，如锂、钴、稀土元素等，主要用于高科技产品（如电池、电子产品、新能源汽车、军事装备等）的生产。其市场需求与新兴产业（如电动汽车、可再生能源、信息技术）的发展密切相关。

（4）牲畜（livestock）： 牲畜类大宗商品主要包括猪、牛、羊、家禽等。其库存影响因素包括畜群规模、加工厂容量、消费者偏好、饲料可用性和成本，而增量变动主要受到达到屠宰重量的速度、经济增长/消费者收入、疾病、不利天气等因素的影响。

（5）贵金属（precious metals）： 贵金属包括黄金、白银、铂金、钯金等，除工业用途外，还因其稀缺性、保值功能和避险属性，被视为投资组合中的对冲工具和价值存储手段。其库存影响因素包括采矿面积、冶炼能力、法定货币供应/银行业的发展等，而增量变动主要受到中央银行的货币政策、地缘政治、经济增长等因素的影响。

（6）经济作物（cash crops）： 经济作物主要包括糖、咖啡、可可、棉花、橙汁等，主要用于食品加工、饮料制造和服装生产。其库存影响因素包括可耕地面积、仓储/港口设施（基础设施）、经济规模，而增量变动主要受到天气（湿度、温度）、疾病、消费者偏好、生物燃料替代、经济增长/消费者收入等的影响。

> **实务拓展**
>
> 除了单一品类的大宗商品，实务中还存在指数与复合型大宗商品。
>
> （1）商品指数：如标普 GSCI 指数、道琼斯瑞银商品指数等，通过计算一揽子大宗商品价格的加权平均值，为投资者提供多元化投资和对冲通胀风险的工具。
>
> （2）复合型商品：如能源指数、金属指数、农产品指数期货，以及天气指数、运费指数等，反映特定商品类别或相关经济活动的整体表现。

2. 大宗商品市场

（1）大宗商品现货市场（commodity spot markets）： 大宗商品的现货市场是指即期交易市场，在这里买家和卖家直接交换商品，其交易价格反映当前或近期内的供需状况。

（2）大宗商品期货市场（commodity futures markets）： 与现货市场不同，大宗商品的期货市场允许买卖双方在当前确定一个未来的交割价格。期货合同是标准化的，这使得交易可以在交易所内进行，提供了一种转移风险的方式，并促进了价格发现机制的发展。

（3）大宗商品远期市场（commodity forward markets）： 虽然不如期货市场普遍，但远期市场允许买卖双方根据自己的需要定制合同条款。然而，由于缺乏标准化，这些交易一般不在公开市场上进行。

（4）大宗商品互换市场（commodity swap markets）： 大宗商品互换市场允许参与者通过协议在未来某个时间交换一系列现金流，以此来管理价格波动风险或投机价格变动。互换交易通常是非标准的场外交易，提供了灵活性，使生产者和投资者能够更精确地对冲或寻求利润。

Commodity Swap　大宗商品互换

基础释义

大宗商品互换是指合约交易双方同意在未来一段特定时间内，按照约定的条件，交换与**特定大宗商品（如原油、黄金、农产品、金属等）价格相关的一系列现金流**的一种场外衍生产品。

概念详解

1. 大宗商品互换的基本结构与要素

（1）交易双方： 通常包括受大宗商品价格影响方（通常希望对冲商品价格风险）和现金流量提供方（愿意承担商品价格风险以换取固定或浮动收益）。

（2）参考商品： 互换合约所涉及的具体大宗商品，如原油、黄金、铜、小麦等。参考商品的价格通常基于公认的现货价格、期货价格或价格指数。

（3）交换现金流：

①商品价格现金流：受大宗商品价格影响方根据参考商品价格变动支付现金流。现金流的计算方式可以是商品价格的绝对变动、价格指数的点数变动乘以名义金额，或者与商品价格挂钩的某种收益（如期货合约的结算价）。

②固定或浮动利率现金流：现金流量提供方按照预先约定的固定利率或与某个基准利率 [如伦敦银行同业银行拆借利率（LIBOR）、上海银行间同业拆放利率（SHIBOR）等] 挂钩的浮动利率支付现金流。

（4）名义金额与期限： 互换合约的名义金额是用于计算现金流的虚拟本金，实际并不发生资金的交换。期限是互换开始至结束的时间段，可以是几个月、几年甚至更长。

（5）支付频率： 双方约定的交换现金流的时间间隔，可以是按月、按季、按年等。

2. 大宗商品互换的交易动机与应用场景

（1）风险对冲： 实体企业，如矿产公司、能源公司、农产品加工企业等，通过成为商品价格接收方，将商品价格风险转移给现金流量提供方，实现价格风险的管理。

（2）资产配置与投资策略： 投资者可以通过成为现金流量提供方，获取与特定商品价格变动相关的收益，以实现资产配置多元化、表达对商品市场走势的预期或进行投机交易。

（3）套利与投机： 交易者利用不同市场、不同期限或不同商品之间的价格差异进行套利，或者基于对未来大宗商品价格走势的判断进行投机交易。

3. 大宗商品互换的风险

(1) 市场风险（market risk）： 大宗商品价格变动直接影响互换合约的价值，尤其是对于大宗商品价格接收方而言，若大宗商品价格不利变动，可能面临损失。

(2) 信用风险（credit risk）： 由于大宗商品互换属于场外交易，交易双方需直接承担对方违约的风险。尽管可以采取信用支持、保证金安排等手段降低信用风险，但信用风险始终存在。

(3) 流动性风险（liquidity risk）： 大宗商品互换通常在场外市场交易，流动性可能低于交易所上市的标准化产品，在市场波动剧烈时，可能难以快速调整或平仓。

(4) 操作风险（operational risk）： 复杂的互换结构、估值方法以及结算流程可能导致操作失误，需要完善的内部控制系统和专业人员进行管理。

Commodity Trading Advisers (CTA)　大宗商品交易顾问

基础释义

大宗商品交易顾问又称**"管理期货基金"**（managed futures funds），是指那些向他人提供有关交易大宗商品期货合约的建议，或通过客户的账户直接管理这些交易的专业人士或公司。CTA 积极地在多种期货市场中进行交易，包括大宗商品、股票指数、固定收益产品和外汇，他们利用各种分析方法（技术分析、基本面分析以及统计和算法模型等）来识别和利用期货市场的价格趋势和波动性，以期为客户或其管理的基金获取利润。

概念详解

1. CTA 的基本特征

(1) 投资策略多样化： CTA 使用各种交易策略，包括趋势跟踪、动量测量以及其他量化模型来确定买卖时机，其投资决策通常基于技术指标，但也可能包含对宏观经济状况和特定市场的基本面分析。

(2) 投资组合多元化： CTA 的投资组合通常是多元化的，这意味着它们不仅仅限于单一的商品类别，而可以跨多个资产类别进行交易。多元化有助于降低风险，并且在某些市场条件下可以提高回报。

（3）个性化定制的账户管理：CTA 会根据投资者的风险承受能力和投资偏好来管理账户。对于个人投资者，他们可以选择设立**单独管理账户**（Separately Managed Accounts, SMAs），这样他们的资金可以根据个人需求进行定制化管理。

（4）系统化交易：多数 CTA 采用高度系统化的交易方式，即通过计算机程序自动执行交易决策，减少人为情感因素的干扰，确保交易的一致性和纪律性。

（5）灵活的市场定位：CTA 能够迅速调整其市场定位，既可以在看涨的市场中建立多头头寸，也可以在看跌的市场中建立空头头寸，甚至可以在不同市场之间进行对冲操作，以期在任何市场环境中都能找到盈利机会。

（6）大宗商品市场的独特性：大宗商品市场具有不同于股票和债券的独特动态，因为供应和需求之间的持续价格拉锯战会导致**价格自我调节**。高价抑制需求，而低价抑制供给，这种机制使得商品市场呈现出一种内在的价格稳定机制。

2. CTA 的常见策略

（1）趋势跟踪：CTA 最常见的一种策略是识别并跟随市场中的既有趋势，无论是上涨还是下跌。这种方法通常依赖于量化模型，通过历史数据来预测未来的价格走势。

（2）反趋势或均值回归：与趋势跟踪相反，一些 CTA 采用反趋势策略，尝试在市场价格偏离长期均值时进行反向操作，期望市场最终会回归到均值附近。

💡 老皮点拨

　　CTA 作为对冲基金策略的一个分支，为投资者提供了与传统股票和债券市场**低相关性**的投资选项，有助于多元化投资组合，减少整体风险。特别是在市场动荡时期，CTA 往往能展现出独特的盈利潜力，因为它们可以从**市场波动**中获益，而不像许多传统的投资策略那样依赖于**市场的上涨**。

📍 实务拓展

　　在美国，除非获得特别豁免，CTA 必须在美国商品期货交易委员会（Commodity Futures Trading Commission, CFTC）注册，并成为美国国家期货协会（National Futures Association, NFA）的成员，遵守相关的合规和报告要求，以确保透明度和保护投资者利益。

Common-Size Analysis　同比规模分析

基础释义

同比规模分析是指将财务报表上的每一项数据与一个选定的基础项目（总资产、总收入、总现金流等）进行比较从而得出重要结论的一种财务分析技术。同比规模分析使得不同规模的企业或同一企业在不同时间点的数据更具可比性。无论是利润表、资产负债表还是现金流量表，通过将各项数据标准化为百分比，分析师可以更容易地识别出企业的财务状况、经营策略及其相对表现。

概念详解

1. 利润表的同比规模分析

利润表的同比规模分析的具体做法是将利润表中的每一项转换为相对于总收入的百分比，从而便于进行跨时间（时间序列分析）和跨公司（横截面分析）的比较。

💡 老皮点拨

假设三个公司的同比规模利润表的其中一部分信息如下。

项目	公司A	公司B	公司C
销售收入	$10,000,000	$10,000,000	$2,000,000
经营利润	$2,000,000	$1,500,000	$400,000
经营利润率	20%	15%	20%

从这张表格，我们可以得出 2 个重要的结论：

（1）公司 A 和公司 B 的销售收入虽然相同，但公司 A 的经营利润率更高；

（2）公司 C 虽然销售收入较低，但其经营利润率与公司 A 相同且高于公司 B。

2. 资产负债表的同比规模分析

资产负债表的同比规模分析的具体做法是将资产负债表中的每一项转换为相对于总资产的百分比，从而便于比较企业在不同时间点的财务结构（时间序列分析）和同一行业内不同公司的财务结构（横截面分析）。

老皮点拨

假设三个公司的同比规模资产负债表的资产侧信息以及流动负债信息如下。

项目	公司A	公司B	公司C
总资产	100%	100%	100%
现金和短期可变现证券	18.5%	1.8%	31.8%
流动负债	0.0%	77.0%	6.2%
固定资产	40.0%	30.0%	50.0%
商誉	0.0%	5.0%	0.0%
其他资产	41.5%	63.29%	18.2%

可以看到，流动性方面，公司 C 的现金和短期可变现证券占总资产的比例超过 30%，而其流动负债仅占 6.2%，显示出非常高的流动性。相比之下，公司 B 的流动负债占比极高，远远超过了其现金和短期可变现证券的比例，表明其流动性较差。资产结构方面，公司 C 的固定资产占比高，表明其更倾向于内部制造产品；公司 B 有商誉，表明其可能有过**外部收购行为**；公司 A 和 C 没有商誉，表明它们更多依赖**内部增长**。

3. 现金流量表的同比规模分析

现金流量表的同比规模分析比较特殊，有两种不同的处理方法：

（1）将每一项现金流入（流出）转换为总流入（流出）的百分比；

（2）将每一项现金流项目转换为相对于**净收入**的百分比。

老皮点拨

假设某企业的同比规模现金流量表的分析表格如下：

项目	金额（美元）	相对净收入的百分比
经营活动产生的现金流量：		
净收入	1，000，000	100%
折旧与摊销	200，000	20%
其他经营活动	-60，000	-6%
经营活动产生的现金净额	1，130，000	113%

可以看到，经营活动产生的现金净额相较于净收入的百分比为 113%，意味着经营活动不仅覆盖了净收入，还提供了额外的现金流入。折旧与摊销占到 20%，说明非现金支出较高。其他经营活动（包括应收账款减少、存货减少、应付账款增加等）整体占用了 6% 的净收入。

Company　公司

同"Business"。

Company Research Report　公司研究报告

基础释义

公司研究报告是指旨在为投资者、分析师、研究人员及其他利益相关者提供深入的洞察和评估，帮助他们理解公司的市场地位、财务健康状况、业务潜力、风险因素及投资价值的针对某一特定企业的综合分析报告。公司研究报告可分为两大类型：初始报告和后续报告，它们各有侧重，共同构建了

C

対公司全面理解的基础。

概念详解

公司研究报告的分类

公司研究报告可以分为初始公司研究报告和后续公司研究报告两种类型。

（1）初始公司研究报告（initial company research report）。

初始报告是对公司的首次深入分析，内容广泛而全面，主要内容包括：

①**前言：**包含发行者基本信息、分析师推荐评级、目标价格及法律声明。

②**公司描述：**介绍公司的业务模式、战略方向、市场定位等。

③**行业概述与竞争定位：**分析所在行业状况、竞争格局及公司在行业内的位置。

④**财务分析和模型：**基于历史财务数据建立预测模型，评估盈利能力和现金流。

⑤**估值：**采用多种方法（如相对估值、贴现现金流等）评估公司价值。

⑥**环境、社会和治理（ESG）考虑因素：**评估公司的可持续性和社会责任表现。

⑦**风险：**识别并分析可能影响公司业绩的上行与下行风险。

（2）后续公司研究报告（follow-up company research report）。

后续报告是在初始报告基础上的更新，侧重于反映公司的最新动态、业绩变化及市场反应，其主要内容包括：

①**新信息分析：**对比分析公司最新财报与市场预期，评估业绩变化。

②**推荐更新：**基于新数据调整对公司的投资评级和目标价格，附带理由说明。

③**估值调整：**依据新信息重新评估公司价值，对比前次估值变化。

④**风险更新：**根据市场及公司内部变化，重新评估并更新风险因素。

老皮点拨

公司研究报告的编制基于公开资料、行业报告、访谈、实地考察等多种渠道收集的信息，结合定量与定性分析方法，是连接公司与资本市场的桥梁，通过系统化、专业化的分析，为各类决策者提供深入的洞见，无论是投资决策、信贷评估还是商业合作，都能从中获得关键信息。

Concentrated Ownership Structure　集中所有权结构

基础释义

集中所有权结构是指公司的大部分股份被**一个或少数几个**拥有对公司决策的控制权或重大影响力的大股东所持有一种企业股权配置模式。

概念详解

1. 集中所有权结构的特点

（1）控制权集中：少数大股东能够直接或通过协议形式控制公司的重要决策过程，包括战略方向、高层管理人员任命等。

（2）决策效率高：由于决策权相对集中，集中所有权结构下的企业往往能够在面对市场变化时更快地做出决策，减少决策过程中的摩擦。

（3）长期视角：大股东特别是家族股东可能更倾向于追求公司的长期稳定发展和价值增长，而非短期利益最大化，因为他们与企业的命运紧密相连。

（4）信息不对称减少：大股东与管理层之间的信息交流更为直接和频繁，有助于减少信息不对称问题，提高决策质量。

（5）代理问题减轻：大股东对管理层的监督更为直接，减少了管理层可能偏离股东利益行事（即代理问题）的风险。

2. 集中所有权结构的影响

（1）公司治理质量下降：集中所有权可能导致公司治理结构较为封闭，**外部小股东**的权益可能较难得到充分保障，需要依赖法律和监管框架来保护小股东利益。

（2）融资能力：高度集中的所有权可能会影响企业的**外部融资能力**，因为外部投资者可能会担忧自己在公司治理中缺乏发言权。

（3）创新与冒险：一方面，大股东的长期视角可能鼓励企业进行长期投资和创新；另一方面，过度集中的控制也可能抑制新想法和创新，特别是当大股东偏保守时。

（4）市场竞争力增强：在某些情况下，集中所有权结构能促进资源的有效整合和快速响应市场变化，增强企业的市场竞争力。

> **实务拓展**
>
> 　　集中所有权结构在不同国家和地区有着不同的文化和法律背景，例如，在欧洲的一些国家和东亚地区，集中所有权结构在家族企业和集团企业中较为常见，而在美国等市场，分散所有权的结构则更为常见。

Conglomerate Discounts　多元化经营折价

基础释义

> 　　多元化经营折价是指在资本市场中，多元化经营的集团公司（即拥有多个不相关业务领域的子公司或部门的公司）的市值低于其各个业务部门如果作为独立实体运营的市场价值之和的现象。换句话说，市场给予这类多元化集团的估值低于其各部分资产简单加总的理论价值。

概念详解

1. 多元化经营折价的背景

　　多元化经营折价这一概念来源于另一个传统的对多元化经营的公司的估值方法，即将整个公司作为一个单一实体来进行评估。然而，当公司内部包含多个在不同行业运营的业务单元时，这种单一实体的估值方法可能无法准确反映各个业务单元的真实价值。

　　为此，一种被称为**部分求和估值（sum-of-the-parts valuation）**的方法，被引入。该方法将公司的价值视为其各个业务单元独立运营时的估值之和。这种方法有时也被称为**"拆分价值"（breakup value）**或**"私有市场价值"（private market value）**。

2. 多元化经营折价的原因

　　（1）内部资本分配的效率低下：多元化公司内部的资金分配可能未能最大化股东的整体价值。资源分配不当，可能导致某些业务单元得不到足够的资金支持，从而影响整体业绩。

（2）内生性因素： 表现不佳的公司可能会通过并购不相关业务来改善自身状况，但这往往会导致资源分散和管理复杂度增加，从而影响整体业绩。

（3）研究测量误差： 有些学者认为所谓的多元化经营折价可能是由于研究中的测量错误造成的，即实际上不存在多元化经营折价，只是因为研究方法存在缺陷才显示出这种现象。

> 💡 **老皮点拨**
>
> 　　假设某家公司拥有多个业务部门，其中包括制造业、金融服务和零售业。如果市场认为这家公司的整体价值低于其各个业务部门的独立估值之和，那么该公司就存在多元化经营折价。
>
> 　　如果管理层决定剥离某个业务部门，比如金融服务部门，那么市场可能会重新评估这家公司的价值。如果剥离后的公司价值高于其原先的整体估值，那么这表明多元化经营折价得到了释放。

3. 多元化经营折价的对策

（1）资本运作： 如资产剥离（divestiture）、业务拆分（spin-off）或重组（restructuring），将非核心或低效业务分离出去，使市场能够更清晰地看到各业务的价值，从而提升整体估值。

（2）提升透明度： 增强各个业务单元的财务透明度，使投资者能够更准确地评估各个业务部门的价值。

（3）优化资本配置： 改善内部资本分配的运作机制，确保资本有效分配给最有潜力的业务部门。

Constant Returns to Scale　规模报酬不变

基础释义

　　规模报酬不变是指当企业按照某种比例增加所有生产要素（如劳动、资本、原材料等）时，产出也将按相同的比例增加，即产出增长率与生产要素投入

C

增长率相等。这意味着企业的生产规模扩大并没有带来额外的效率提升或损失，**单位产品的成本和产量的关系保持稳定。**

概念详解

规模报酬不变意味着企业的生产函数满足这样的性质：如果所有投入要素都乘以同一个常数 k，那么产出也会相应地乘以这个常数 k。换句话说，不论企业规模大小，生产规模的扩大都不会改变生产的单位成本。

老皮点拨

假设一个企业有两个生产要素——劳动力和资本，如果劳动力和资本的数量都翻倍，那么在规模报酬不变的情况下，产出也会翻倍，即企业的生产效率并未因规模扩大而有所改变。

实务拓展

在实际经济活动中，规模报酬不变的情况比较少见，大多数情况下企业会经历从规模报酬递增到规模报酬递减的转变。但这一理论在理解和分析企业生产行为及其成本结构时有着重要意义。

Contingent Asset 或有资产

基础释义

或有资产是指企业**当前尚未确认，但在未来有可能实现并增加企业净资产**的潜在经济资源。这类资产的存在、具体金额以及何时能够实现收益等具有不确定性，其价值实现依赖于**未来某一特定事项的发生或不发生**。与或有负债相对，或有资产同样涉及一系列不确定的经济利益，但它们代表的是可能为企业带来收益的机会。

概念详解

1. 或有资产的特点

（1）存在不确定性： 或有资产的核心特征是其**存在及金额具有不确定性**，它可能由于未来的某项事件而得以实现，也可能因该事件未发生而无法实现。例如，企业可能正在进行一项索赔诉讼，如果胜诉将获得赔偿，这就是一项或有资产，但最终是否能获得赔偿以及赔偿金额，取决于法院的判决结果。

（2）非现时权利： 在资产负债表日，或有资产尚未成为企业的现时权利（即无法立即行使的经济权利）。只有当触发或有资产的特定条件成立时，才会转化为企业的实际资产。

（3）可能影响财务状况和经营成果： 尽管或有资产在会计报表上一般不直接确认，但若未来得以实现，将对企业财务状况和经营成果产生积极影响，如增加资产、提高利润等。

2. 或有资产的常见类型

（1）法律诉讼或未决仲裁： 如企业正在进行索赔诉讼，可能获得赔偿款。

（2）政府补贴或税收优惠： 如企业符合特定条件，未来可能收到政府补贴或享受税收优惠政策带来的收益。

（3）投资项目不确定性收益： 如企业投资的项目存在不确定性，可能在未来实现超额收益。

（4）保险索赔： 如企业遭受损失并已向保险公司提出索赔，可能获得保险赔偿金。

（5）合同权益： 企业签订的合同中包含未来可能实现的经济利益，如合同违约赔偿金、合同终止后的退款等。

3. 或有资产的会计计量

3.1 IFRS 下的或有资产会计计量

（1）确认标准： IFRS 通常不鼓励对或有资产进行确认，除非其基本条件得到满足，即未来经济利益流入企业的可能性非常大且金额能够可靠计量。

（2）计量原则：若满足确认条件，或有资产的初始计量为**预期可收回金额的现值**。

（3）后续计量：对已确认的或有资产应定期进行复核，并根据新的信息或事件进行调整。如果不再满足确认条件，应当将其冲销。

3.2 US GAAP 下的或有资产会计计量

（1）确认标准：US GAAP 对于或有资产的确认更为保守。通常情况下，只有在经济利益流入企业几乎肯定且金额能够可靠计量时才确认或有资产。

（2）计量原则：确认的或有资产按**公允价值（如预期可收回金额的现值）和对未来结算金额的最佳估计值孰低值**进行计量。

（3）后续计量：对已确认的或有资产也需要定期复核，并根据新的信息或事件调整其账面价值。当不再满足确认条件时，应予以冲销。

> **实务拓展**
>
> 对于重大的或有资产，会计准则通常要求企业在财务报告中予以披露，包括或有资产的性质、可能产生的经济利益、形成的原因、预计实现的时间和方式等，以帮助财务报告使用者了解其对企业未来**财务状况**和**经营成果**可能产生的影响。

Contingent Claim　或有索取权

基础释义

> 或有索取权是指其结果或收益**取决于标的资产的结果或收益**的一种权利性衍生金融工具。与远期承诺（forward commitment）相比，或有索取权通常指的是一种权利而非义务，最终付款取决于标的资产的表现。由于持有者可以选择是否行使权利，或有索取权这一术语常常与**期权（option）**混同，但是二者其实是包含与被包含的关系。

概念详解

1. 或有索取权的特点

（1）非线性收益： 与远期、期货或互换等线性收益工具不同，或有索取权可以限制一方的损失，并且可以在标的资产价格下跌时提供收益。这意味着或有索取权可以将标的资产的收益转化为截然不同的形式。

（2）权利而非义务： 或有索取权赋予持有者一种选择权，其可以选择是否行使这一权利，这种选择权使得或有索取权的收益模式更加复杂和多样化。

2. 或有索取权的分类

或有索取权主要可以分为期权和信用衍生品两大类。

2.1 期权（Options）

期权是一种衍生合约，其中一方向另一方支付一笔费用，（权利金）并获得在未来某一特定日期或在此之前以固定价格买入或卖出标的资产的权利。

期权的类型包括：

（1）看涨期权（call option）： 赋予持有者在未来以约定价格购买标的资产的权利。

（2）看跌期权（put option）： 赋予持有者在未来以约定价格出售标的资产的权利。

2.2 信用衍生品（Credit Derivatives）

信用衍生品是一类衍生合约，允许金融机构灵活地管理和转移信用风险。通过信用衍生品，投资者可以有效地对冲信用风险，保护自己免受违约带来的损失。

信用衍生品包括但不限于：

（1）总回报互换（total return swap）： 信用保护买方支付标的资产的全部回报给信用保护卖方，而后者则支付固定或浮动利率给买方。如果标的资产违约，卖家必须继续支付承诺的款项。

（2）信用利差期权（credit spread option）： 基于债券信用利差（即债券收益率与无风险债券收益率之间的差额）的期权。如果到期时债券收益率利差高于或低于约定水平，信用保护卖方需支付给买方一定的金额。

（3）信贷关联票据（credit-linked note, CLN）： 一种结构化产品，其中，信用保护买方发行一种票据，并约定如果持有的标的资产违约，票据的本金支付将相应减少。

（4）信用违约互换（credit default swap, CDS）： 最成功的信用衍生品之一，其中信用保护买方定期向卖方支付费用，以换取在第三方违约时的赔偿。CDS 类似于保险合同，但不受传统保险产品的高度监管约束。

3. 或有索取权的应用场景

（1）市场交易： 期权可以在场外市场（OTC）中定制化交易，也可以在交易所上市交易。场外市场中的期权合约可以根据双方的具体需求定制，而交易所交易的期权则是标准化的，受到清算所保护，可避免违约风险，并且所受监管较为严格。

（2）风险管理： 期权被广泛用于风险管理，例如对冲价格波动的风险。通过购买或出售期权，投资者可以在不确定市场环境中保护自己免受潜在损失的影响。

Contingent Liability　或有负债

基础释义

> 或有负债是指企业**当前尚未确认，但未来可能会发生并需要承担**的潜在经济义务。或有负债的存在、具体金额以及何时需要偿还等均具有不确定性，取决于未来某一特定事项的发生或不发生。或有负债是企业面临的潜在财务风险，虽然在会计报表中可能不直接体现，但对企业未来的财务稳健性有重要影响。企业管理层和投资者应密切关注或有负债的情况及其可能的变化，以便作出恰当的风险评估和决策。

概念详解

1. 或有负债的特点

（1）存在不确定性： 或有负债的核心特征是其**存在及金额具有不确定性**，它可能由于未来的某项事件而产生，也可能因该事件未发生而不产生。例如，一家公司可能面临一场未决诉讼，如果败诉将需要支付赔偿金，这就是一项或有负债，但最终是否需要支付以及支付多少，取决于法院的判决结果。

（2）非现时义务： 在资产负债表日，或有负债尚未成为企业的现时义务（即不需要立即履行的经济义务）。只有当触发或有负债的特定条件成立时，才会转化为企业的实际负债。

（3）可能影响财务状况和经营成果： 尽管或有负债在会计报表上可能不直接反映，但它对企业未来财务状况和经营成果有潜在的重大影响。一旦转化为实际负债，可能会导致企业现金流紧张、利润下降甚至资不抵债。

2. 或有负债的常见类型

(1) 法律诉讼或未决仲裁： 如企业涉及诉讼案件，可能需承担赔偿责任。

(2) 产品质量保证： 如企业提供**产品保修服务**，未来可能发生**保修费用**。

(3) 环保责任： 如企业存在环境污染问题，可能面临环保罚款或清理成本。

(4) 金融担保： 如企业为他人贷款提供担保，若被担保方无力偿还，企业可能需要代为偿还。

(5) 税收争议： 如企业与税务机关存在税款争议，可能需补缴税款及滞纳金。

(6) 重组义务： 如企业计划进行业务重组，可能产生遣散员工、处置资产等费用。

3. 或有负债的会计计量

3.1 IFRS 下的或有负债会计计量

(1) 确认标准： 或有负债应在满足**很可能（发生的可能性大于 50%）导致经济利益流出企业且流出金额能够可靠计量**的情况下允许确认。

(2) 计量原则： 一旦确认，或有负债的初始计量应为**本期期初确认的金额和期末对或有负债的最佳估计值孰高值**，即未来流出经济利益的最可能金额。

(3) 后续计量： 随着时间推移，企业应定期复核或有负债，并进行必要的调整。如果相关情况发生变化，使得或有负债不再满足确认条件，应当将其冲销。

3.2 US GAAP 下的或有负债会计计量

(1) 确认标准： US GAAP 要求或有负债在满足"很可能"（发生的可能性大于 50%）导致经济利益流出且金额能够可靠计量时予以确认。

(2) 计量原则： 确认后的或有负债按最可能的损失金额计量。如果无法确定最可能金额，应使用概率加权平均法（即期望值法）计算。

(3) 后续计量： 同样，企业应定期对或有负债进行复评，如有必要进行调整。当或有负债不再满足确认条件时，应从账面上冲销。

> **实务拓展**
>
> 　　根据会计准则，企业应对重大的或有负债进行充分披露，包括或有负债的性质、可能产生的财务影响、形成的原因、预计解决的时间和方式等，以帮助财务报告使用者评估其对财务状况和经营成果的影响。

Continuous Trading Market　连续交易市场

基础释义

连续交易市场又称**"连续竞价市场"**（continuous auction market），是指在市场开放期间，买卖双方**可以在任意时间安排并执行交易**的金融市场结构。与集合竞价市场（call market）不同，连续交易市场不受固定时间的限制，只要市场处于开放状态，参与者就可以随时进行交易，形成连续的交易流。

概念详解

1. 连续交易市场的运作机制

连续交易市场与集合竞价市场搭配，整体运作步骤如下：

（1）开盘前：在市场正式开盘之前，有一个预开盘阶段，在此期间，交易者可以提交他们的订单。这些订单会被集中起来，形成买卖双方的订单簿。

（2）开盘时：市场开盘时，根据订单簿中的买卖指令，系统会尝试撮合交易，达成尽可能多的交易量。

（3）连续交易时段：在开盘撮合完成后，市场正式进入连续交易时段，此时交易者可以自由地在市场上发布新的买卖指令，并根据市场实时报价进行交易。

（4）收盘时：在一些市场中，收盘前会有一个类似于开盘集合竞价的过程，交易者可以在此时提交特定的订单，以便在收盘时进行交易。

2. 连续交易市场的特点

（1）竞价机制：在连续交易市场中，价格通过买卖双方的竞价过程动态形成。投资者提交**限价订单（limit order）**或**市价订单（market order）**，这些订单进入**订单簿（order book）**，系统根据**价格优先、显示优先、时间优先等**原则自动撮合买卖双方的订单。

（2）实时交易：连续交易市场在交易时段内几乎不间断地进行交易。投资者的买卖指令一旦提交，即可立即进入市场参与竞价，匹配成功后立即成交。

（3）高市场透明度：连续交易市场的订单簿对所有市场参与者公开可见，投资者可以清晰了解到当前市场的买卖深度（即在各个价格水平上的挂单数量），以及最近的成交价格和成交量。

（4）强流动性： 连续交易市场的持续竞价和实时交易特性有利于吸引大量投资者参与，形成深厚的买卖盘，从而提高市场的流动性。投资者可以在几乎任何时刻以接近市场价的价格买卖资产，交易成本相对较低。

（5）固定交易时段： 连续交易市场通常设有固定的交易时段，如股市的常规交易时段。在交易时段内，市场持续开放，投资者可以随时进行交易。交易时段之外，市场可能暂停交易或转入**盘后交易（after-hours trading）**模式。

3. 连续交易市场的优点

（1）提高了市场的流动性和效率，因为买卖双方可以在市场开放期间的任何时候达成交易。

（2）增强了市场的透明度，因为价格变动和成交量信息可以实时更新。

（3）更好地反映了市场的即时供需关系，有助于价格发现过程。

4. 连续交易市场的挑战

（1）在某些情况下，由于买卖双方在时间上的错配，可能难以立即成交，从而影响交易效率。

（2）对于高频交易者而言，连续交易市场提供了更多的交易机会，但同时也增加了市场波动性和不确定性。

实务拓展

连续交易市场广泛存在于股票交易所、期货交易所、期权交易所等主流金融市场中。例如，纽约证券交易所（NYSE）、纳斯达克交易所（NASDAQ）等股票市场，以及芝加哥商品交易所（CME）、洲际交易所（ICE）等期货、期权市场，均采用连续交易模式。在这些市场中，投资者通过**电子交易平台**或**经纪人**提交订单，参与到**实时竞价**的过程中，形成市场价格，完成交易。连续交易市场的高效、透明和流动性强等特点，使其成为现代金融市场的重要组成部分。

Contract Manufacturer　合同制造商

基础释义

合同制造商又称"委托制造商"或"代工厂"，是指根据与客户签订的合同，为其生产商品但**不以自身品牌销售这些商品**的企业。合同制造商根据与客户（通常是品牌持有者）签订的合同条款和规格专注于制造活动（原料采购、生产加工、质量控制等），而产品的设计、品牌、市场推广及销售通常由客户负责。合同制造广泛存在于多个行业，特别是电子产品、服装、食品和个人护理产品等领域，常见于寻求海外生产以降低成本或利用特定地区专业技能的企业。

概念详解

1. 合同制造商模式的特征

（1）角色分工：合同制造商专注于生产效率与成本控制，而品牌商则专注于产品研发、设计创新、品牌建设和市场推广，这样的分工使双方能够发挥各自的优势，提高整体竞争力。

（2）全球化生产：由于成本、技术和供应链优势，合同制造常涉及跨国合作，特别是亚洲的一些国家和地区，如中国、中国台湾、马来西亚等地的制造商因劳动力成本优势和技术积累成为全球电子和其他商品的主要生产基地。

（3）灵活性与规模经济：合同制造商通常具备高度的生产灵活性，能够快速响应市场需求变化，同时通过服务于多个客户实现大规模生产，享有规模经济带来的成本效益。

（4）风险分担与资本效率：合同制造模式让品牌商无须巨额投资于生产线和制造设施，降低了固定资产投入的风险，同时合同制造商通过服务多个品牌分散了单一客户风险。

2. 合同制造商模式的案例

苹果（Apple）和英伟达（NVIDIA）是合同制造商模式的典型例子，它们专注于产品设计、研发、品牌营销及销售渠道的构建，而将实际生产任务外包给诸如富士康（Foxconn）这样的亚洲合同制造商，后者负责按照严格的质量标准和设计规范生产 iPhone、iPad、Mac 电脑以及图形处理器等产品。

> **老皮点拨**
>
> 合同制造作为一种重要的商业模式，促进了全球产业链的专业化分工，帮助企业优化资源配置，加速产品上市，同时降低了生产和运营成本。

Convenience Sampling　便利抽样

基础释义

便利抽样又称"方便抽样"或"偶遇抽样"，是指研究者根据方便性或容易接触到的样本来源来选择样本的一种非概率抽样技术。这种抽样方法不要求样本具有代表性，也不需要按照严格的程序或概率原则选取样本，因此实施起来最为简单快捷，但是抽样精度也可能有限。

概念详解

1. 便利抽样的特点

（1）易接触性： 样本单位的选择依据是它们是否容易被研究人员访问或获取。例如，研究人员可能会选择在其工作地点附近的人群为样本，因为他们更容易接触到这些人。

（2）非代表性： 由于样本选择的随意性，便利抽样得到的数据可能无法准确反映整个总体的情况。样本可能偏向于特定群体或特定地理位置，导致结果偏差。

（3）低成本与高效率： 便利抽样通常不需要复杂的抽样设计或昂贵的数据收集手段，因此是一种成本效益较高的方法。在初步研究阶段或资源有限的情况下，便利抽样可以迅速获得数据。

2. 便利抽样的应用场景

（1）初步研究： 在研究项目的初期，便利抽样可以用来快速获得一些初步的数据，帮助研究人员形成研究假设或确定研究方向。

（2）试点研究：在进行大规模研究之前，便利抽样可以用于小规模的试点研究，测试研究工具的有效性和可行性。

（3）资源受限：当时间和资金有限时，便利抽样提供了一种快捷的方式来进行数据收集。

（4）特殊情境下的研究：在某些特定情境下，如紧急情况或地点特定的研究，便利抽样可能是唯一可行的方法。

3. 便利抽样的优点

（1）成本效益：便利抽样通常不需要复杂的抽样框架或专业的数据收集团队，因此可以节省大量的时间和金钱。

（2）快速响应：由于样本选择的便捷性，便利抽样可以迅速收集到数据，这对于需要快速反馈的研究尤为重要。

（3）灵活性：研究人员可以根据实际情况灵活选择样本，无须严格的抽样计划。

4. 便利抽样的缺点

（1）样本偏差：由于样本不是随机选取的，因此可能存在系统性的偏差，使得样本不能代表总体。

（2）结果的泛化性差：便利抽样得到的结果可能无法推广到更广泛的群体中，因为样本可能包含了特定人群或环境下的特性。

（3）缺乏科学性：便利抽样缺乏严格的统计基础，不能保证样本的代表性，因此研究结果的可靠性和有效性可能受到质疑。

> **老皮点拨**
>
> 我们可以通过两个具体的场景来感受一下便利抽样的核心特征。
>
> **（1）大学校园内的研究：**研究人员想要了解大学生的消费习惯，于是选择在食堂、图书馆等地点随机询问学生来获取数据。这种方法虽然快速简便，但由于样本主要来自这些地点的学生，可能无法全面反映所有大学生的情况。
>
> **（2）在线调查：**一项在线调查通过社交媒体平台邀请用户参与问卷填写。虽然这种方式能够迅速收集大量数据，但参与者往往是那些经常使用社交媒体的人群，因此样本可能偏向于年轻、技术熟练的个体，而忽略了其他人群。

Convenience Yield　便利收益

基础释义

便利收益是指持有实物商品所带来的非现金利益。这个概念主要出现在实物商品市场中，当市场参与者更倾向于拥有实物商品而非期货合约时会出现这种情况。例如，当原油库存非常低时，炼油厂可能会为了确保供应而提高现货油价，这使得远期价格无法完全反映存储成本和利率。

概念详解

1. 便利收益的理论背景

便利收益的概念与**仓储理论（storage theory）**紧密相关，它强调了商品库存水平如何影响商品期货价格曲线。

仓储理论试图解决的问题在于，商品的价格是由供给还是需求主导。由于商品是物理资产，需要存储且会产生费用（如租金、保险、检查、损耗等），因此如果一种商品经常被储存，那么其未来的期货价格应该更高，以涵盖这些存储成本。反之，如果一种商品是在价值链中即用即送（即最小化库存和存储），则可以避免这些成本，此时需求将主导供给，现货价格高于期货价格。

2. 便利收益的具体形式及内容

（1）供应保障：持有实物商品可以**在供应短缺或中断时提供即时使用的能力**。例如，炼油厂持有原油库存可以在突发情况（如战争、自然灾害或运输中断）发生时维持生产。

（2）价格稳定性：持有实物商品可以在市场价格波动时提供一定的保护作用。比如，在商品价格上涨时，持有者不需要立即进入市场购买，从而避免了高价购入的成本。

（3）经营灵活性：对于某些行业，持有实物商品意味着**可以根据市场需求的变化迅速调整生产和销售策略**。例如，面包制造商拥有足够的面粉库存可以快速响应突然增加的需求。

（4）规避替代品限制：某些实物商品可能具有独特的属性，使得它们难以被替代。例如，某些类型的原油更适合特定的精炼过程，因此拥有这类原油库存可以在市场上替代品有限时提供额外的价值。

（5）心理安慰： 对于一些商品持有者来说，拥有实物库存意味着一种心理上的安全感，知道在关键时刻有物资储备可以依靠。

（6）物流优势： 拥有实物商品有时也意味着**更优的地理位置或物流网络**，这可以降低运输成本和时间延迟。例如，靠近消费市场的仓库能够更快地响应本地需求。

（7）战略储备： 对于某些关键物资，如石油或粮食，国家或大公司可能会建立战略储备，以应对长期的供应中断风险。这种储备本身就是一种便利收益的形式。

3. 影响便利收益大小的因素

当实物商品的库存可用时，它对于消费者来说是一种方便，因为它作为潜在供应链中断的缓冲器，防止了运营中断的风险。便利收益的高低与商品库存量成反比关系：当库存充足时，便利收益较低；当库存减少且对未来供应的担忧增加时，便利收益上升。

> 💡 **老皮点拨**
>
> 以 2011 年利比亚内战为例，该国高质量原油的生产受到了威胁，导致供给收缩，高质量原油的现货价格上涨。同时，由于需要寻找替代供应源，临近到期的期货合约中的便利收益增加。然而，在较远期限的期货合约中，由于预期替代供应源将会到位，便利收益保持较低水平。

Convergence Hypothesis　趋同假设

基础释义

趋同假设是指不同国家或地区在长期经济发展过程中，人均收入或人均产出增长率会趋于一致的现象。简单地说，就是相对较贫穷的国家或地区经济增长率会高于富裕国家，随着时间推移，两者间的收入差距会逐步缩小，最终达到某种程度的相同。

概念详解

1. 趋同假设的类型

趋同假设主要包括绝对趋同、条件趋同和俱乐部趋同三种类型。

1.1 绝对趋同（Absolute Convergence）

如果所有经济体都朝着相同的稳定状态增长，不考虑初始条件和外部因素，那么它们最终会达到相同的人均收入水平。

> **老皮点拨**
>
> 即使是在理论层面，绝对趋同也很难实现，例如，在**新古典模型**（neoclassical model）的研究中，由于假定所有国家最终都能享受到相同的科技条件，不管国家的基础特征有何差异，在**人均收入**（per capita income）**增速**这个层面确实最终能够达到相同的水平，但是，**人均收入水平**无法在忽视国家基础特征的情况下完全趋于一致。

1.2 条件趋同（Conditional Convergence）

只有当各国拥有相似的生产函数、投资率、人口增长率、技术水平和制度等基本特征时，它们之间才会出现收入水平的趋同。

1.3 俱乐部趋同（Club Convergence）

在一定时期内，那些具有相似经济结构、政策环境、制度背景或其他共同特征的**中高收入国家或地区**，其人均收入或人均产出呈现出向**最高收入的国家或地区**收敛的趋势，但是**低收入国家（即不在中高收入俱乐部的国家）**无法实现趋同。

2. 趋同假设的关键条件

（1）资本边际产出递减： 在新古典增长模型中，由于资本边际产出递减（即随着资本存量增加，新增加一单位资本所产生的额外产出会减少），较贫穷国家可以通过积累更多资本获得更高的增长率。

（2）技术追赶（技术溢出）： 较贫穷国家可以通过引进先进国家的技术和知识来提高生产效率，从而实现快速成长。

（3）结构调整和政策改革： 通过进行结构调整和实施有效政策改革，落后国家可以改善其经济环境，并促进快速发展。

C

尽管趋同假设在理论上具有吸引力，但实证研究结果并不总是支持绝对趋同。许多研究发现，在全球范围内，并非所有国家都显示出向高收入国家趋同的明显倾向。因此，在讨论趋同现象时通常强调**条件趋同**，并且应认识到实现真正意义上的收入水平趋同需要满足一系列复杂而艰巨的前提条件。**内生增长理论**（endogenous growth theory）对趋同假说进行了进一步修正和扩展，强调了**教育、技术进步和制度等因素**在经济增长中的**内生性**和重要性。

然而，即使在考虑了这些因素，趋同现象仍然存在争议，因为现实中许多发展中国家并未实现与发达国家的收入趋同，反而出现了**分化**现象。这就需要进一步探讨影响趋同的各种复杂因素，包括教育水平、科技创新、基础设施、政府治理、市场开放度等。

Convexity　凸度

基础释义

凸度是指描述债券价格对于收益率变动的二阶非线性效应的一个利率风险度量指标。凸度可以被直观地理解为债券的价格收益率曲线的弯曲程度。凸度补充了久期（duration）对债券价格变动的一阶（线性）效应的度量。凸度描述了债券价格与收益率之间真实关系的曲线形状，而久期则是在这一点上的切线斜率。

概念详解

1. 凸度的计算方法

$$ApproxCon = \frac{(PV_- - PV_+) - [2 \times (PV_0)]}{(\Delta \text{Yield})^2 \times (PV_0)}$$

其中，

- *ApproxCon* 代表近似凸度
- PV_- 代表收益率下滑之后的债券价格
- PV_+ 代表收益率上升之后的债券价格
- PV_0 代表收益率发生变化之前的债券价格
- $\Delta Yield$ 代表收益率的变动数值

老皮点拨

近似凸度的公式允许分析师和投资者在不完全知道未来现金流的确切情况下，依然能够估算出凸度，这对于具有复杂现金流结构的债券尤其有用，因为直接计算这些债券的凸度可能需要复杂的数学模型和强大的计算能力。

一般来说，下列两种情况使用近似公式可以节约大量时间和精力。

（1）现金流本身具有或有特征： 一些债券具有或有特征，如赎回条款（callable provisions）、回售条款（put provisions）、转换权（conversion options）等。这些特征意味着现金流可能在不同的条件下发生变化。例如，利率下降，发行人可能会选择赎回债券，这将改变债券的现金流。

（2）债券蕴含违约风险： 对于具有违约风险的债券，未来的现金流是不确定的，因为债务人可能无法按时偿还本金或支付利息。这种不确定性使得精确计算凸度变得更加困难。

实务拓展

除了采用近似公式对凸度进行近似计算，也可以通过 Microsoft Excel 电子表格来计算凸度，具体方法是构建一个包含所有现金流的模型，并根据这些现金流计算凸度。

2. 凸度与债券价格的关系

凸度反映了债券价格与收益率之间的**非线性关系**。当收益率变化时，债券价格的变化不仅仅是线性的，还包含一个凸度调整项。凸度调整项是凸度与收益率变化平方的乘积的一半，它始终为正，这表明无论收益率如何变化，债券价格都会在凸度的影响下上调，从而出现**"涨多跌少"**的现象。

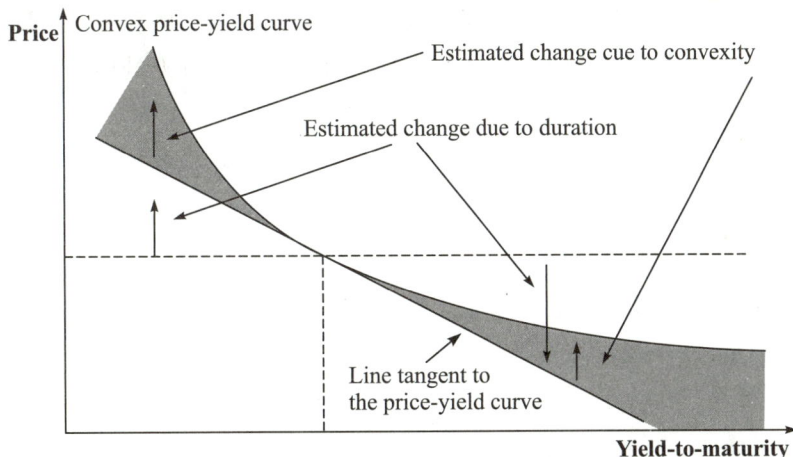

不含权固定票息债券的价格收益率曲线

3. 凸度的作用

（1）改进价格预测： 通过同时考虑久期和凸度，可以更准确地估计债券价格对于较大收益率变化的反应，这对于交易策略、对冲操作和投资组合管理都极为重要。

（2）利率风险管理： 凸度有助于更准确地评估和管理固定收益证券组合的利率风险。当利率变动较大时，凸度大的债券价格波动相对较小，因为凸度的存在使得收益率下降时债券价格上涨的幅度大于根据久期预测的上涨幅度，而收益率上升时债券价格下降的幅度小于根据久期预测的幅度，从而降低了利率风险中的**市场价格风险（market price risk）**。

（3）促进投资决策： 凸度可以作为选择债券时的一个考量因素，因为它影响着债券在不同利率环境下的表现。高凸度的债券在利率下降时会有更大的价格上涨空间，而在利率上升时则会有较小的价格下跌幅度。

4. 凸度的局限性

尽管凸度是衡量债券价格对利率变化敏感性的重要工具，并且在许多情况下提供了更准确的债券价格估计，但它也有一些明显的局限性。

凸度比较重要的局限性包括：

（1）计算复杂性： 凸度的精确计算涉及复杂的数学运算，特别是对于具有复杂现金流结构的债券，需要使用高级数学工具和公式，这增加了计算的难度。对于非专业人士来说，理解凸度的概念和计算过程也可能较为困难。在处理大规模的投资组合时，这种计算成本可能会成为一个问题。

（2）适用范围有限： 对于具有或有特征（如可赎回、可回售、可转换等）或违约风险的债券，凸度的计算变得更为复杂。虽然可以使用近似公式，但这些公式可能无法完全捕捉到所有相关的非线性效应。一些特殊类型的现金流不确定的金融工具（如浮动利率债券、信用衍生品等）的凸度计算需要额外的假设和模型，这可能会引入额外的误差。

（3）非线性效应的局限：凸度考虑了收益率变化对债券价格的二阶效应，但实际的债券价格可能还受到**三阶或更高阶效应**的影响。这些高阶效应可能在极端情况下变得重要，而凸度模型无法完全捕捉这些效应。

（4）曲线假设过于严格：凸度计算通常假设收益率曲线**平行移动**，但实际上收益率曲线可能不会平行移动，这会导致凸度估计出现偏差。

Convexity Bias　凸度偏差

基础释义

凸度偏差是指在利率期货合约与远期利率协议之间由于价格变动的**非线性关系**而产生的价格差异。凸度偏差源于利率期货和远期合约在价格变动方面的不对称性，特别是在利率变动时，两者的价格变动程度有所不同。

概念详解

1. 凸度偏差的来源

凸度偏差源于**利率期货（interest futures）**和**远期利率协议（Forward Rate Agreement, FRA）**的价格变动特征差异。

（1）利率期货合约的价格变动通常假设是**线性的**，即利率变化对期货价格的影响是**恒定的**；

（2）远期利率协议的价格变动则体现出**凸度**特征，即利率变化对远期价格的影响是**非线性**的。

2. 凸度偏差的解释

理解凸度偏差，可以入手的分析角度包括：

（1）非线性价格变化：当市场利率下降时，远期合约的价格变化幅度大于期货合约；相反，当市场利率上升时，远期合约的价格变化幅度小于期货合约。这种非线性变化正是凸度的表现。

(2) 折现特性：远期合约具有折现特性，而期货合约通常不具有这样的特性。折现特性意味着远期合约的价格是通过折现未来现金流得到的，这导致远期合约价格的非线性变化。

(3) 期限影响：凸度偏差在较长期限的合约中更为显著，因为随着期限的延长，折现效应更加明显。

C

> **老皮点拨**
>
> 假设有一个期限较短的 FRA，当市场参考利率（Market Reference Rate, MRR）下降时，FRA 的价格变化百分比大于 MRR 上升时的变化百分比（在绝对值上）。
>
> 虽然这种差异在短期 FRA 中很小，但它体现了凸度的特性。这种非线性关系正是固定收益工具的特征之一。远期利率协议中包含折现因素，而期货合约中通常不包含这种折现特性。折现因素导致在利率变化时远期合约价格变化的非线性，尤其是在较长的折现期限下，这种非线性更加明显。

Corporate Governance　公司治理

基础释义

> 公司治理是指旨在确保公司的管理行为符合法律、规章以及利益相关者的期望，涉及在法律框架内平衡不同利益相关者之间的权利、责任和权力，以实现公司的长期目标，并促进公平和透明的管理实践的一套制度和原则。公司治理的核心目标是确保公司决策的科学性和合理性，以维护和促进公司及其所有利益相关者的长期利益，而不仅仅是股东利益的最大化。

概念详解

1. 公司治理中的利益相关方

公司治理关注的是一个复杂的利益相关方生态系统，概括来说，公司治理需要处理好股东与管理层、控股股东与少数股东以及股东和债权人这三对关系。

1.1 股东、董事会与管理层的关系

在公司中,股东作为委托人选举董事(代理人),董事被期望通过聘用管理层(另一个代理人)以期最大化股东价值。在实践中,薪酬是将管理层和股东利益对齐的主要工具。尽管管理层的薪酬旨在激励经理最大化股东价值,但管理层和股东的利益冲突体现在以下几方面:

(1)努力不足(insufficient effort): 经理可能不愿意或无法作出投资决策、管理成本或关闭无利可图的业务线。

(2)风险偏好失调(inappropriate risk appetite): 以股票期权为主的薪酬可能鼓励过度的风险承担,而很少或不使用股票期权则可能导致过于保守的决策。

(3)帝国构建(empire building): 管理层的薪酬和地位通常与公司规模相关联,这可能会激励经理们追求公司规模而非股东价值的增长。

(4)巩固(entrenchment): 董事和经理希望保留他们的职位,这可能导致他们采取一些不利于公司长远发展的策略。

(5)自我交易(self-dealing): 经理可能会利用公司资源来最大化个人利益,例如通过挪用资产来欺骗投资者。

1.2 控股股东与少数股东的关系

虽然我们通常认为股东是一个具有共同利益的同质群体,实则不然。例如,持有大量公司股票的家族可能会希望管理层多样化业务以实现稳定,这与**持有分散投资组合的少数股东**希望管理层专注于最大化股东价值的愿望相矛盾。此外,控股股东可能是长期股东,有着多年或几十年的视角,而一些少数股东可能寻求通过削减成本、出售资产或回购股份获得快速收益。

1.3 股东与债权人间的关系

尽管股东和债权人都对公司现金流有财务主张,但债务与股权的要求不同,可能会引发潜在的利益冲突。例如,固定债权持有人倾向于风险厌恶,并希望公司采取措施确保足够的现金流来满足其债务义务。因此,债权持有人倾向于公司发行更多股权并限制股东分配。然而,股东通常更喜欢更高的杠杆比率和股东分配,而不是会带来稀释效应的股权发行。

2. 公司治理机制

公司治理机制包括公司报告及透明性、股东机制、债权人机制、董事会和管理层机制、员工机制、客户及供应商机制以及政府机制。

2.1 公司报告及透明性

公司报告和透明性是公司治理的基础。没有公司报告及透明性,外部利益相关

者就无法了解公司的表现和地位，从而严重削弱了他们为自己的利益辩护的能力。鉴于其重要性，报告通过法律、监管和准监管手段（例如交易所上市要求）进行强制和规范。

2.2 股东机制（Shareholder Mechanisms）

作为公司的**剩余资产所有者**，股东通过多种控制机制寻求保护其所有权权益。常见的保护股东利益的机制包括：

（1）股东大会（shareholder meetings）：股东大会通常每年举行一次，使股东能够参与讨论并对不属于董事会职权范围内的事项进行投票。常见的股东投票事项包括董事会成员选举、独立审计师任命、年度财务报表批准、红利分配及董事和审计师薪酬等。

（2）股东积极主义（shareholder activism）：股东积极主义涉及投资者策略，目的是迫使公司按照某种期望的方式行事。积极股东的主要动机是相对迅速地增加股东价值，尽管有些维权活动涉及社会、政治或环境方面的考虑。维权股东常常通过发起代理权争夺战、提出股东提案，以及公开争议议题等方式向管理层施压。

> **实务拓展**
>
> 对冲基金是主要的积极股东之一。与大多数机构投资者不同，对冲基金的主要收益来自激励费，这使得他们在维权活动中具有重要的财务利益。此外，对冲基金面临的投资限制较少，因此可以使用借入资金持有大量股份。相比之下，受监管的投资实体如共同基金，由于投资限制（如最大持仓量、杠杆和持有困境或流动性差的证券的限制）而限制了这些活动，尽管一些大型基金利用其影响力鼓励积极的公司行动。

（3）股东诉讼（shareholder litigation）：维权股东可能会采取额外的策略，如提起诉讼。一种突出的类型是**股东派生诉讼（shareholder derivative lawsuits）**，这是由股东代表公司在董事会、管理层和/或控股股东未能充分地为公司的利益行事时，针对他们发起的法律程序。

（4）公司收购（corporate takeovers）：股东或收购者的控制权变更可通过几种方式实现，如**代理权争夺战（proxy contest）**。在这种情况下，试图在公司董事会中获得控制地位的一组人员试图说服股东投票支持他们。管理层也可以通过**要约收购（tender offer）**或**敌意收购（hostile takeover）**的方式被取代，后者旨在通过控制董事会进而控制管理层来接管公司。

2.3 债权人机制（Creditor Mechanisms）

债权人，包括私人贷款人（如银行）以及公共债券持有人。债权人的权利由法律和与公司签订的合同确定，保护债权人利益的主要机制包括：

（1）债券契约（bond indenture）： 债券持有人的权利通过与公司签订的合同确立。债券契约是一种法律合同，描述了债券的结构、公司的义务以及债券持有人的权利。

（2）债权人委员会（creditor committees）： 在某些国家，一旦公司申请破产，就会为无担保债券持有人设立债权人委员会。这些委员会将在破产程序中代表债券持有人，并在重组或清算过程中保护债券持有人的利益。

2.4 董事会和管理层机制（Board and Management Mechanisms）

董事会是公司治理的核心机构，负责制定公司的战略方向并监督管理层的表现。为了更好地履行其职责，董事会通常会设立由部分成员组成的委员会来处理特定的功能领域，包括审计委员会、提名/治理委员会、薪酬/报酬委员会、风险委员会以及投资委员会。

2.5 员工机制（Employee Mechanisms）

公司旨在通过有效的员工关系管理（又称"人力资源管理"），尊重员工的权利，避免与就业相关的法律或声誉风险。这有助于企业吸引和保留人才，并确保员工履行职责且受到激励去为公司的最佳利益行动。

2.6 客户及供应商机制（Customer and Supplier Mechanisms）

客户及供应商与公司之间的关系通常通过合同来规范。合同详细规定了产品和服务、价格或费用、支付条款、各方的权利和责任、售后服务以及任何保证。

2.7 政府机制（Government Mechanisms）

政府和监管机构制定了一系列法律法规来规范企业的行为，并监督其遵守情况。这些法律法规保护产权和合约权，并保护特定群体（如消费者或环境）的权利。

Corporate Issuer　公司发行人

基础释义

公司发行人是指在金融市场中筹集资金的企业实体。这些企业通过发行各种金融工具，如股票、债券、票据或其他有价证券，来获得所需的资金，以支持其业务扩展、项目投资、债务偿还、日常运营或其他财务目标。

概念详解

公司发行人发行证券的要素

（1）发行目的： 公司发行金融工具的主要目的是筹集资金。这可能是为了启动新项目、扩大生产规模、进行研发、收购其他公司、偿还债务、补充流动资金或任何其他符合公司战略目标的用途。

（2）发行工具： 公司发行人可以发行的金融工具多样，包括但不限于：

①股票：代表公司所有权的一部分，购买股票的投资者成为公司的股东。

②债券：公司承诺在未来某一特定日期偿还本金并支付利息给债券持有者，作为借贷资本的代价。

③可转债、优先股等混合证券：结合了股票和债券的特点，提供给投资者更多样化的投资选项。

（3）发行市场： 公司可以在一级市场发行证券，也可以在二级市场进行已发行证券的买卖交易。发行过程通常涉及投资银行、法律顾问、会计师等专业人士的支持。

（4）信息披露： 作为公开市场的参与者，公司发行人需遵守严格的财务报告和信息公开要求，以保护投资者利益，增加市场透明度。这包括定期发布财务报表、业务报告以及及时披露重大事件。

（5）信用评级与投资者信心： 公司发行人的信用状况通常会影响其融资成本。信用评级机构会评估发行人的偿债能力，并给予相应评级，这直接影响到发行证券的利率和市场需求。

老皮点拨

公司发行人可以是任何形式的法人组织，包括但不限于股份有限公司、有限责任公司、公众有限公司等。公司发行人选择进入资本市场来接触广泛的投资者，包括个人投资者。

实务拓展

公司发行人在发行证券时必须遵守所在国家或地区的证券法律、法规，如美国的《证券法》和《证券交易法》，并可能需要在证券监管机构 [如美国证券交易委员会（SEC）] 登记。

Corporate Restructuring　公司重组

基础释义

公司重组是指企业为了适应市场变化、提升竞争力、改善财务状况或实现战略目标，而采取的一系列结构性变革措施。这些措施通常分为 3 大类：投资行动、剥离行动和重组行动，同时还包括杠杆收购（LBO）这种糅合了投资、剥离和普通重组的特殊重组形式，涉及企业内外部资源的整合、资产的买卖、资本结构的调整等多个方面。

概念详解

1. 公司重组的类型

公司重组主要包括投资、剥离、重组和杠杆收购 4 种类型。

1.1 投资（Investment）

投资包括**长期股权投资（equity investment）**、**合营企业（joint venture, JV）**与**并购（acquisition）**等。企业通过这些手段寻求协同效应、促进增长、提升能力或获取资源。协同效应体现在成本降低和收入增加，可通过规模经济和范围经济实现，如合并重复部门、共享客户资源、交叉销售产品等。

1.2 剥离（Divestment）

剥离包括**出售（sale）**与**分拆（spin off）**。企业出于聚焦核心业务、提升估值、提高流动性或遵循监管要求等动机，可能选择出售非核心业务或分拆子公司为独立实体，以此优化资源配置，提升整体和剥离后业务的业绩。

1.3 重组（Restructuring）

重组主要包括**成本重组（cost restructuring）**与**资产负债表重组（balance sheet restructuring）**。企业可能出于机会性优化或迫于财务压力采取重组措施，包括削减成本、调整资产负债结构，旨在改善资本回报率。

1.4 杠杆收购（LBO）

杠杆收购是最为特殊的重组形式，涉及投资、剥离和重组的组合策略。收购方利用大量债务融资收购目标公司，随后通过重组降低成本、优化资本结构，最终通过出售或公开上市退出，实现高额回报。LBO 通常由私募股权基金主导，要求有投资和运营管理双重能力，完成后目标公司的资本结构通常会变得更加杠杆化。

2. 公司重组的动机

公司重组的动机可以按照投资、资产剥离、重组这三种公司重组类型分别理解。

2.1 投资的动机

（1）实现协同效应：协同效应（synergy）指公司合并后产生的额外价值或利益。通过合并，公司可以共享销售渠道、生产设施或研发资源，降低成本并提高效率。

（2）寻求增长：公司通过并购新的业务或市场来寻求增长。通过并购，公司可以迅速进入新市场或获取新技术，加快成长速度。

（3）改善能力或确保资源：公司通过并购获得新技术或确保关键资源供应。例如，制造公司收购先进技术供应商以提升技术水平；能源公司购买矿产资源确保原材料供应。

（4）抓住低估目标的机会：并购被市场低估的公司可为收购方带来良好回报，可在较低成本下获取有价值的资产或业务。

2.2 资产剥离的动机

（1）聚焦运营和业务线：剥离非核心或表现不佳的业务部门，集中资源于核心业务，提高运营效率和盈利能力。

（2）估值：某部分业务可能被市场低估，剥离后可释放内在价值，使市场更清晰认识各部分价值。

（3）流动性需求：通过剥离资产获得现金流，满足短期或长期流动性需求，如偿债、新投资或应对财务挑战。

（4）监管要求：因反垄断法等法规要求剥离部分业务。例如，企业在并购后市场份额过于庞大，监管机构可能要求剥离其资产以维护市场竞争。

2.3 重组的动机

（1）改善资本回报：通过重组改善资本配置，提高资本使用效率，提升资本回报率（ROIC）。例如，关闭亏损业务或减少冗余成本以提高盈利能力。

（2）解决财务挑战： 面对严重财务困难如高额负债、流动性危机时，企业可以通过重组以减轻债务负担、改善资产负债表或避免破产，具体措施包括债务重组、资产出售或业务重组。

> 💡 **老皮点拨**
>
> 公司重组是一个复杂且多维度的过程，旨在通过各类结构性调整和财务操作，帮助企业实现财务健康、战略转型和价值最大化。无论是追求增长的投资、精简业务的剥离，还是改善财务状况的重组，都是企业适应外部环境变化、提升内部效率和竞争力的重要手段。

Corporation　股份有限公司

基础释义

> 股份有限公司又称"公众有限公司"（public limited company），是指其股票可以在公开市场发行和交易，股东承担有限责任的一种公司结构。

概念详解

股份有限公司的主要特点

（1）股份公开交易： 与私营有限公司相比，公众有限公司的股票可以在公开市场（如证券交易所）上市交易，面向广大公众发行和销售，使得公司能够从更广泛的投资者群体中筹集资金。

（2）股东人数无限制： 公众有限公司通常**没有对股东人数的限制**，意味着它可以拥有任意数量的股东，这与私营有限公司通常对股东人数有限制的情况不同。

（3）有限责任： 公众有限公司的股东承担有限责任，即他们的财务责任**仅限于其在公司中的投资金额**，不会延伸到个人财产。这意味着，即便公司破产，股东个人的资产也不会被用来偿还公司债务。

（4）治理结构： 公众有限公司通常有更正式和复杂的治理结构，包括一个董事会，负责制定公司政策和监督公司管理层的执行情况。董事会成员可能包括执行董事（参与公司日常管理）和非执行董事（提供独立监督和建议）。

（5）信息披露要求： 由于涉及公众投资者的利益，公众有限公司必须遵守更严格的信息披露规则，定期公布财务报告和重大公司事件，以保证透明度和保护投资者权益。

（6）注册与合规： 成立公众有限公司通常需要满足特定的注册条件和资本要求，这些条件依所在国家或地区的法律而定。例如，在一些地方，公众有限公司设立时可能需要达到一定的最低注册资本。

老皮点拨

公众有限公司是拟上市公司的首选形式，因为其结构便于吸引广泛的投资者，通过股票市场筹集大量资本，并且在全球范围内，按收入和资产价值衡量。它是最主要的企业组织形式。

与私营有限公司等其他组织形式相比，公众有限公司在税收上存在一定的不利条件：除公司层面需缴纳企业所得税外，如果利润被分配给股东作为股息，股东还需在个人层面缴纳所得税，即所谓的"双重征税"（double taxation）。但若公司选择保留利润用于再投资而非分配，则可避免股东层面的税收，这一点使得公众有限公司对于那些计划保留利润用于内部投资和扩张的企业尤为适宜。

实务拓展

在不同的国家或地区，公众有限公司有着不同的称呼，如美国称其为 corporation，中国称其为股份有限公司，法国称为 Société Anonyme（SA），德国称其为 Aktiengesellschaft（AG），日本则称其为株式会社（Kabushiki Kaisha, K.K.）。许多知名的跨国公司，几乎无一例外地采用了公众有限公司这一组织形式，以此支撑其大规模的运营和全球扩张。

Correlation　相关性

基础释义

相关性是指统计学中衡量两个变量之间**线性关系**强度和方向的一个指标。具体来说，它是根据两个变量的观测值计算出来的统计量，用来评估一个变量的值如何随另一个变量的值变化而变化的趋势。相关性的主要度量手段是相关系数，最常见的是皮尔逊相关系数（Pearson correlation coefficient），其值范围从 -1 到 1。

概念详解

1. 相关性的分类

（1）正相关（positively correlated）：当一个变量增加时，另一个变量也倾向于增加，这时相关系数接近 1。例如，学习时间和考试成绩之间通常呈现正相关，意味着学习时间越长，考试成绩往往越高。

（2）负相关（negatively correlated）：若一个变量增加时，另一个变量倾向于减少，则称它们之间存在负相关，相关系数接近 -1。例如，户外活动时间与电视观看时间之间可能呈现负相关，因为花更多时间在户外活动，相对看电视的时间就会减少。

（3）不相关（uncorrelated）：如果两个变量之间的变化没有明显的关联，即一个变量的变化不会影响另一个变量的变化趋势，它们之间的相关系数接近 0。注意，这并不意味着两个变量完全独立，只是它们之间的线性关系不显著。

> **老皮点拨**
>
> 相关性并不意味着**因果关系**。即使两个变量高度相关，也不能直接断定一个变量是另一个变量变化的原因。其他未被观察到的因素（称为隐藏变量或混杂变量）可能同时影响这两个变量。

2. 相关性的应用场景

（1）金融投资： 在资产配置中，通过分析不同金融资产之间的相关性，可以帮助投资者分散风险，构建多样化的投资组合。

（2）社会科学研究： 研究教育、健康、社会行为等领域中变量之间的关系，如教育水平与收入水平的相关性分析。

（3）气象学： 分析气温与降水量之间的相关性，帮助预测天气模式。

（4）医学研究： 在临床试验中，研究药物剂量与疗效之间的相关性，评估治疗效果。

Cost　成本

基础释义

> 成本是指一项活动、生产过程或服务提供中所消耗的资源的价值。简单来说，成本是获取或生产某物品或服务所需付出的金钱、时间、努力或其他资源的总和。成本分析对于企业决策至关重要，因为它直接影响利润、定价策略、资源分配和投资回报率。

概念详解

1. 经营决策角度的成本

1.1 直接成本与间接成本

1.1.1 直接成本（direct cost）

直接成本是指直接与生产某一产品或提供某一服务相关的成本，可以直接归集到该产品或服务上。例如，原材料成本、直接人工成本（生产线工人的工资）。

1.1.2 间接成本（indirect cost）

间接成本是指不能直接归属到某个具体产品或服务上的成本，包括厂房租金、管理费用、水电费等。这些成本需要按照一定原则分摊到各个产品或服务上。

1.2 固定成本与可变成本

1.2.1 固定成本（fixed cost）

固定成本是指**在一定范围内不随生产量变动而变动**的成本，如租金、管理人员薪资、固定资产折旧等。

1.2.2 可变成本（variable cost）

可变成本是指**随着生产量增加而直接增加的成本**，如原材料、直接人工（按件计酬的情况）、包装材料等。

> ### 💡 老皮点拨
>
> 在企业的经营决策中，除了上述分类的成本外，还有以下两个与成本相关的概念：
>
> **（1）机会成本（opportunity cost）**：选择某项行动而放弃的次优选择的最大价值。虽然不是实际发生的财务支出，但在决策过程中非常重要。
>
> **（2）沉没成本（sunk cost）**：已经发生且无法回收的成本，对当前或未来的决策从理性角度来说不应该产生影响，但在心理上可能会影响决策者的选择。

2. 会计核算角度的成本

2.1 生产成本（Manufacturing Costs）

生产成本一般包含以下 3 项。

（1）直接材料（direct materials）：即生产产品所需的原材料成本。

（2）直接人工（direct labor）：直接参与产品制造过程的工人劳动成本。

（3）制造费用（overhead expenses）：生产过程中消耗的水电气费、生产设备折旧、维修费、工人的间接工资及福利、车间管理人员薪酬、厂房租金等。

2.2 非生产成本（Non-Manufacturing Costs）

非生产成本是指**与生产过程本身并不直接相关**但是提供了间接的各方面支持的活动的费用，一般包括：

（1）销售费用（selling expenses）：与销售产品相关的成本，如销售人员薪酬、市场推广费用、广告费用、运输成本等。

（2）管理费用（administrative expenses）：维持企业日常运作的行政开支，如办公费、行政人员薪酬、租金、研发费用、法律费用、咨询费用等。

（3）财务费用（financial expenses）：融资成本，如借款利息支出、汇兑损益、财务顾问费用等。

2.3 其他成本

其他成本主要包括：

（1）**库存持有成本（carrying cost of inventory）**：库存物资占用资金的机会成本、仓储保管费用、损耗和报废成本。

（2）**废品损失（scrap losses）**：在生产过程中产生的不可利用废料的成本。

（3）**灵活用工成本（flexible workforce costs）**：采用临时工、外包服务等灵活雇佣方式所带来的成本。

Cost of Capital　资本成本

基础释义

> 资本成本是指企业为筹集和使用资本（包括债务资本和股权资本）所需支付的代价，即投资者要求的必要回报率。资本成本是企业评估投资项目、制定资本结构决策、进行价值评估等财务活动的重要基准。资本成本可以分解为债务成本和股权成本的加权平均，即加权平均资本成本（WACC）。

概念详解

1. 资本成本的组成部分

公司通常有多种筹资途径，包括发行股票、债务和兼具债务与股权特征的混合工具，如优先股和可转换债券。选择的每一项融资来源都成为公司资金的一部分，并且都有一个成本（即所需回报率），这被称为**资本成分成本（capital component cost）**。投资分析师关心的资本成本是一个边际成本，即发行者为筹集相同类型的**额外一单位资本**需要付出的代价。

加权平均资本成本是公司各类资本的加权平均融资成本，也是投资者对承担该公司平均风险的投资的最低要求的回报率。

2. 资本成本的影响因素

影响资本成本的因素多种多样，但是概括起来可以归为自上而下和自下而上两个方面的因素。

2.1 自上而下因素（Top-Down Factors）

自上而下因素也可以理解为宏观经济因素，具体包括：

（1）资本可得性： 成熟经济体通常拥有更发达、流动性更强的资本市场，资本更容易获得，这意味着更低的资本成本。相反，在新兴或非发达国家，资本市场的欠发达可能导致融资成本上升。

（2）市场条件： 利率、通胀率和宏观经济环境等市场条件直接影响**信用利差（credit spread）** 和**权益风险溢价（Equity Risk Premium，ERP）**，进而影响资本成本。例如，低利率和收窄的信用利差会降低债务和股权资本的成本。

（3）法律与监管考量 / 国家风险： 具有强大法律体系和投资者保护的国家，尤其是遵循普通法系统的国家，通常拥有更成熟的资本市场，能提供更低的资本成本。政府和监管政策也会影响企业的资本结构决策和成本。

（4）税收管辖区： 企业边际所得税率影响其税后债务成本，高税率环境下，因利息支付的税收减免，企业债务成本相对较低。

2.2 自下而上因素（Bottom-Up Factors）

自下而上因素也可以理解为企业特定因素，具体包括：

（1）收入、盈利和现金流波动： 具有稳定收入来源的公司（如电信公司）通常具有较低的资本成本，因为它们的现金流更可预测。周期性行业或客户集中的企业则面临更高的资本成本。

（2）资产性质与流动性： 拥有大量有形资产的企业相比高度依赖无形资产的企业，通常能以更低的成本获取债务融资，因为有形资产可作为抵押。

（3）财务状况、盈利能力及杠杆： 财务状况不佳、盈利能力下降、现金流生成能力弱及流动性紧张的公司通常面临更高的资本成本。资本成本还高度依赖于公司现有的债务水平和资本结构；在业务风险不变的情况下，债务占比较高的公司，可能因偿债能力减弱而面临更高的资本成本。

（4）证券特征： 不同类型的证券在资本成本方面的特征也各不相同。

①可赎回性（callability）：带有可赎回条款的债务为发行公司提供了在利率下降时赎回高成本债务并重新发行低成本债务的机会。然而，投资者因这一不利条款会要求更高的收益率，从而增加了初始资本成本。

②可回售性（putability）：可回售条款赋予投资者在利率上升时将债券卖回给发行人的权利，降低了投资者的风险。作为交换，发行时的收益率会较低，但如果未来利率上升，发行人需以更高成本回购债券。

③可转换性（convertibility）：可转换债券允许投资者选择将债券转换成发行公司的普通股，投资者接受较低的回报率。这降低了发行人的初始资本成本，但可能在未来因股权稀释或被迫发行高成本债务而增加成本。

④累积优先股与非累积优先股：**可累积优先股（cumulative preferred shares）** 要求公司必须先支付所有未付股息才能向普通股股东分红，而非累积优先

股则不必。累积优先股因其较低的风险而享受较低的资本成本。

⑤股份类别（share class）：发行不同类别的普通股可能提供不同的现金流和投票权。若某类股的现金流或投票权较差，则该类股的资本成本可能更高。

Cost of Carry　持有成本

基础释义

持有成本是指持有某一资产在特定期间内所涉及的净成本和收益。持有成本包括持有资产的机会成本、其他持有成本以及持有收益。持有成本影响现货价格与远期合约价格之间的关系，确保无风险套利机会不会在现货和衍生品之间出现。

概念详解

1. 持有成本的组成部分

（1）机会成本（r）： 持有资产的机会成本是指投资者放弃将资金投资于无风险资产（如国债）所能获得的收益。正的风险无风险利率导致远期价格高于现货价格，且利率越高，两者之间的正向差异越大。

（2）实物持有成本（C, c）： 实物持有成本是指实际持有某些资产（如实物商品）时产生的额外成本，包括存储、运输、保险和损耗等。持有成本增加会导致远期价格高于现货价格，以补偿这些成本。一般用 C 代表金额层面的实物持有成本，用 c 代表比率层面的实物持有成本。

（3）持有收益（I, i）： 持有收益是指持有某些资产（如股票、债券）时获得的现金流或其他收益，如股息、债券利息等。再比如持有黄金等大宗商品可能会有**便利收益（convenience yield）**，持有收益减少远期价格，因为持有衍生品的对手方放弃了这些收益。一般用 I 代表金额层面的持有收益，用 i 代表比率层面的持有收益。

> 💡 **老皮点拨**
>
> 在决定远期价格或期货价格时，与其说持有收益属于持有成本的一部

分，不如说持有收益减少了投资者持有实物资产的净成本。例如，如果购买股票并持有到某个未来的日期，那么在此期间可能会收到股息。这些股息、是对投资者持有股票的一种补偿，因此在计算远期价格时，我们需要从总的持有成本中扣除这些收益。

2. 不同资产类别的持有成本

每个资产类别的净持有成本都影响着现货与远期合约的价格关系，通过综合考虑各项成本和收益，可以更好地理解和预测金融市场中的价格动态。

不同资产类别的持有成本如下：

（1）无现金流资产（asset without cash flows）： 无现金流资产是指那些没有附带现金流的资产，例如黄金或某些收藏品。这类资产的主要持有成本是机会成本，即投资于无风险资产所能获得的收益。此外，还有可能涉及存储、保险等实际成本。无现金流资产的远期价格等于现货价格加上机会成本和其他成本，减去任何收益。

（2）股票（equities）： 股票的持有成本包括持有股票的机会成本、交易成本以及可能的股息收益。股票的远期价格会考虑机会成本（无风险利率）减去预期股息收益，因为持有股票的投资者放弃了股息收入。

（3）外汇（foreign exchange）： 外汇的持有成本是指外汇远期合约中涉及的货币兑换成本，包括外币无风险利率（r_f）和本币无风险利率（r_d）的差异。外汇远期价格取决于两种货币的无风险利率差异。如果一种货币的利率高于另一种，则前者在远期市场上贬值，反之亦然。

（4）大宗商品（commodities）： 大宗商品的持有成本是指持有原油、金属等实物商品时产生的成本，包括存储、保险、运输和潜在损耗等。商品的远期价格会反映这些实际持有成本，并需要扣除便利收益，即市场参与者由于持有实物商品带来的非现金利益。

（5）利率（interest rates）： 利率产品的持有成本主要体现在持有期间的资金成本，以及可能的再投资收益或再融资成本。利率产品的远期价格会根据预期利率的变化来调整，持有成本将影响未来现金流的现值。

（6）信贷（credit）： 持有信贷产品时，要考虑利息收入、信用利差以及信用风险。信贷产品的远期价格会考虑到预期的利息收入以及信用风险所带来的成本，包括可能的违约损失。

Cost of Debt 债务成本

基础释义

债务成本又称"债务融资成本"或"债务资本成本"，是指企业通过发行债券或取得银行贷款等方式进行债务融资所需承担的总成本。债务融资成本反映了企业为获取债务资金而支付给债权人的利息及其他相关费用。

概念详解

1. 债务成本的计算公式

$$r_d = r_f + \text{Credit spread}$$

其中，

- r_d 代表债务融资成本
- r_f 代表无风险基准利率
- Credit spread 代表信用利差，用以补偿投资者承担的公司特定债务的信用风险

2. 债务成本的参数解读

2.1 无风险利率（Risk-Free Interest Rate）

无风险利率是指投资者在无风险条件下可以获得的理论收益率，通常以国债利率为代表，因为国债被视为最安全的投资，违约风险极小。无风险利率构成债务融资成本的基础部分。

2.2 信用利差（Credit Spread）

信用利差是衡量公司债务相对于无风险基准利率的风险溢价，反映了投资者对于公司特有风险的补偿需求。信用利差受到多种因素影响，包括但不限于：

（1）公司业务模式的风险性：高风险行业的公司通常需要提供更高的利差以吸引投资者。

（2）未来盈利能力和增长前景：市场对公司未来盈利能力的信心影响其信用评级和融资成本。

（3）适用税率：虽然利息支出在很多情况下可以抵税，但实际税率水平也会影响企业的融资成本。

（4）债务条款的保护性契约：强有力的契约保护（如财务约束条款）可以降低

债权人风险，缩小信用利差。

（5）债务杠杆政策： 公司的债务水平及其变化趋势会影响融资成本，高水平的债务会增加违约风险，进而推高信用利差。

（6）债务的期限与可赎回性： 长期债务和具有提前赎回权的债务通常会有更高的融资成本。

（7）资产和运营的性质与流动性： 资产的质量、多样化程度以及公司现金流的稳定性都是决定信用利差的重要因素。

> **实务拓展**
>
> 由于利息支付在多数国家和地区可享受税收减免，实际的税后债务成本会低于税前成本，这被称为**债务税盾（debt tax shield）**，是企业倾向于债务融资的一个重要原因。

Cost of Equity　股权成本

基础释义

> 股权成本又称"股权融资成本"或"权益资本成本"，是指股东因承担股权投资风险而期望获得的回报水平。与可以直接观察到的税前债务融资成本（如通过最近发行债务的收益率来衡量）不同，股权融资成本是不可直接观测的，需要通过估算得到。

概念详解

1. 股资成本的计算公式

$$R_e = R_f + (\text{Beta} \times \text{ERP})$$

其中，

- R_e 代表股权融资成本

- R_f 代表无风险收益率

- Beta 代表贝塔系数

- ERP（equity risk premium）代表权益风险溢价

2. 股权融资成本的核心组成部分

（1）无风险利率（R_f）： 无风险收益率通常以短期国债的收益率为代表，反映了投资者可以无风险获得的最低回报率。

（2）贝塔系数（Beta）： 贝塔系数衡量个别股票或资产组合相对于整个市场的波动性。一个股票的贝塔值为 1，意味着它的波动性与市场整体一致；如果大于 1，则表明其波动性高于市场平均水平，风险较大；小于 1 则意味着波动性较低，风险较小。

（3）权益风险溢价（equity risk premium, ERP）： 权益风险溢价是投资者因承担股市整体风险而要求的超过无风险投资回报率的部分，权益风险溢价可以通过将历史平均股票指数回报率与无风险利率做差得到。

> **老皮点拨**
>
> 通过 CAPM，企业可以估算出其股权融资成本，这对于决定资本结构、评估投资项目可行性、计算企业价值等方面至关重要。由于股权融资成本没有直接的市场价格，准确估计贝塔值和 ERP 成为应用 CAPM 的关键，这也意味着股权融资成本的估算存在一定的主观性和不确定性。

Cost of Goods Sold（COGS）　销货成本

基础释义

销货成本是指企业在销售商品过程中直接相关的成本。销货成本代表了企业为了生产或采购商品并最终销售出去而发生的直接成本。销货成本直接从销售收入中扣除，以计算毛利润（gross profit）。

概念详解

1. 销货成本的计算公式

销货成本 = 本期销售商品的单位成本 × 本期销售数量

2. 销货成本的组成部分

单位存货成本即在存货采购或加工过程中符合资本化条件（使存货达到预定可售卖状态之前）的一切必要开支，具体包括：

（1）原材料成本： 对于制造商而言，包括制造产品所直接消耗的原材料费用、运输费用、运输过程中的保险费用、装卸费用、进口关税等。

（2）直接人工成本： 直接参与产品制造的工人的工资和福利。

（3）直接制造费用： 直接与生产过程相关的费用，如水电费、机器折旧费等。

（4）进货成本： 对于零售商和批发商而言，指购买商品的直接价款、运输费用、运输过程中的保险费用、装卸费用、进口关税等。

（5）包装成本： 产品包装材料和直接参与包装的工人的工资。

> **老皮点拨**
>
> 销货成本是存货 BASE（Beginning，Add，Subtract，Ending）法则中承担"S"角色的会计科目，存货的 BASE 法则完整展示如下：
>
> 本期期初存货余额 + 本期采购存货成本 − 本期销货成本 = 本期期末存货余额
>
> 计算销货成本的目的是准确反映企业销售商品的实际成本，从而评估企业的盈利能力。销货成本的计算方法通常与**存货估值方法**紧密相关，采用**先进先出法**、后进先出法、加权平均法还是个别计价法来确定已售商品的成本，在物价变化的时期会产生较大的差异。

Cost of Sales　销货成本

同 "Cost of Goods Sold"。

Cost Restructuring　成本重组

基础释义

成本重组是指企业采取的一系列旨在通过提升运营效率和盈利能力来削减成本的措施。成本重组通常在公司业绩不佳之后进行，目的是提高利润率至历史水平或与同行业竞争对手相当。成本重组也是企业进行更大结构变革的一部分，旨在聚焦核心业务运营、实现并购后的协同效应，或是应对激进投资者的压力及恶意收购的威胁。

概念详解

成本重组的方式

（1）外包（outsourcing）：

外包涉及将企业内部**特定的、可标准化的业务流程**（如信息技术、呼叫中心、人力资源、法务、财务等）转交给**专门的第三方服务**提供商，这些服务商因服务于众多客户而能通过规模经济以更低的成本提供服务。

制造业同样可以外包，苹果公司将 iPhone 生产外包给鸿海精密就是一个广为人知的例子。外包可以减少企业员工数量、降低成本，并减少管理监督的时间。此外，根据外包的具体业务流程，还可以释放昂贵的资产，如办公空间、制造工厂和仓库，这些资产可以出售或重新用于其他用途。不过，外包决策还需考虑与外包公司签订的多份合同义务所带来的新风险。

（2）离岸外包（offshoring）：

离岸外包指的是将业务运营从一个国家转移到另一个国家，主要目的是通过利用更低的劳动力成本或通过集中化实现规模经济来降低成本，企业内部只保留核心的运营业务。

离岸外包可能包括在外国设立新的子公司或建立多地点业务模式。许多全球公司就采用了多地点模式，将某些非核心业务服务离岸并集中到特定国家，由公司统一管理。

> **实务拓展**
>
> 外包和离岸外包经常结合使用，即企业不仅将业务流程外包给其他公司，而且选择国外合作伙伴进行合作，以此进一步降低成本并利用全球资源。这两种策略都是成本重组的重要手段，旨在帮助企业优化成本结构，提升竞争力。

Counterparty Credit Risk　对手方信用风险

基础释义

对手方信用风险又称**"对手方风险"**（counterparty risk），是指交易对手方未能履行其在金融合约中的义务（如支付款项、交付资产等），导致交易另一方（即本方）遭受经济损失的可能性。对手方信用风险是金融市场上普遍存在的风险类型，尤其在涉及双边信用的场外衍生品交易、贷款、债券投资、回购协议、信用担保等业务中尤为显著。

概念详解

1. 对手方信用风险的分类

（1）违约风险（default risk）： 违约风险是最直观的对手方信用风险形式，即交易对手方由于财务困境、破产、恶意违约等原因，无法按照合约约定支付款项、交付资产或履行其他义务。违约会导致本方直接发生经济损失，如未收到应得的现金流入、未能收回投资本金、被迫以低于市场价值的价格处置资产等。

（2）信用评级下降风险（credit rating downgrade risk）： 即使交易对手方尚未发生违约，其信用状况的恶化也可能对本方造成负面影响。信用评级下降可能引发市场对对手方偿债能力的担忧，导致其融资成本上升、流动性压力增大，进而增加其违约概率。

（3）回收率风险（recovery rate risk）： 回收率风险是指实际回收金额低于预期的风险。即使交易对手方违约，本方仍有可能通过追偿程序收回部分损失。然而，实际回收金额可能受到对手方资产质量、破产清算顺序、法律环境、经济周期等多种因素影响，具有不确定性。

（4）结算风险（settlement risk）：结算风险是指在交易达成至最终结算期间，交易对手方信用状况恶化或市场条件变化，导致交易无法按照预期条件完成的风险。结算风险在场外衍生品交易中尤为突出，由于结算周期较长，其间可能发生诸多不确定因素影响对手方履行义务的能力。

（5）集中度风险（concentration risk）：集中度风险是指对单一或少数交易对手方的信用敞口过大，导致本方面临较大对手方信用风险的风险。集中度风险可能导致本方在个别交易对手方违约时遭受重大损失，影响整体风险承受能力和稳健运营。

2. 对手方信用风险的应对措施

（1）信用评估与授信管理：对交易对手方进行严格的信用评估，包括财务分析、行业分析、管理层评估、历史违约记录审查等，设定合理的信用限额，控制对单个或同类交易对手方的信用敞口。

（2）风险缓释工具：使用信用衍生品［如信用违约互换（CDS）］转移对手方信用风险，或要求对手方提供高质量抵押品，降低违约损失。

（3）保证金制度：在场外衍生品交易中，要求对手方根据市场变化和信用状况定期追加保证金，确保在对手方违约时有足够的资金覆盖潜在损失。

（4）中央对手方清算：通过**中央对手方（central counterparty, CCP）**进行交易清算，将原本的双边信用风险转化为对中央对手方的信用风险。中央对手方通常具有较高的信用等级和严格的风控机制，大大降低了对手方信用风险。

（5）监测与预警：持续跟踪交易对手方的信用状况、市场动态、行业变化等信息，建立风险预警系统，及时识别信用风险上升的迹象并采取应对措施。

Counterparty Risk　对手方风险

同"Counterparty Credit Risk"。

Coupon　票息

基础释义

票息是指债券等固定收益证券在发行时约定的、按照固定利率定期支付给投资者的利息。这一概念源自历史上债券实际发行时附带的纸质息票，投资者在指定日期撕下息票并提交给债券发行方或其代理人，以换取相应的现金利息。如今，虽然纸质息票已不再普遍使用，但"票息"一词仍保留下来，用于描述固定收益证券的利息支付。

概念详解

1. 票息的计算方式

$$单次票息金额 = 债券面值 \times 票面利率 \div 单年付息频次$$

其中，

- 债券面值代表债券的名义本金
- 票息率代表债券发行时设定的年化名义利率
- 单年付息频次代表一年之中债券的票息支付次数

💡 老皮点拨

一张面值为 \$1,000、票面利率为 5%、每年支付两次票息的债券，每年应支付的票息 =\$1,000×5%÷2=\$25。

2. 票息的支付方式

2.1 现金支付

通常情况下，票息以现金形式支付给债券持有者。在债券发行时，投资者需提供收款账户信息，发行方或其代理人会在票息支付日将利息款项转账至投资者账户。

2.2 再投资

投资者可以选择将收到的票息再投资于同一只债券或其他投资工具，以实现复利增长。某些债券产品允许设置自动再投资操作，将票息直接用于购买额外的债券份额。

3. 与债券价格的关系

3.1 债券价格与票息的相对关系

债券的市场价格可能高于或低于其面值（即债券的平价、折价或溢价状态）。无论债券以何种价格交易，投资者实际收到的票息金额仍按照债券面值和票面利率计算，**不受市场价格波动影响**。

3.2 市场利率变动的影响

市场利率变动会影响债券价格。当市场利率上升时，新发行债券的票面利率通常会提高，导致已发行债券的市场价格下跌（以反映更高的市场收益率），但已发行债券的票息支付不受影响。相反，市场利率下降时，已发行债券的市场价格可能上涨，但票息支付仍然按照原有约定进行。

Covariance　协方差

基础释义

协方差是指衡量两个随机变量 x 和 y **一起变化的程度**的统计量。简单来说，协方差评估两个变量倾向于同时上升（正协方差）还是一个上升时另一个下降（负协方差）。具体而言，正协方差意味着当**一个变量高于其均值**时，另一个变量也**倾向于高于其均值**，负协方差则意味着当一个变量高于其均值时，另一个变量倾向于低于其均值。

概念详解

1. 协方差的计算公式

$$\text{Cov}(R_i, R_j) = \text{E}[(R_i - ER_i)(R_j - ER_j)]$$

其中，

- $\text{Cov}(R_i, R_j)$ 代表资产 i 与资产 j 的协方差
- R_i 代表资产 i 的回报率

- R_j 代表资产 j 的回报率

- ER_i 代表资产 i 的期望回报率

- ER_j 代表资产 j 的期望回报率

2. 协方差的数值解读

当资产 i 的回报率比它的平均期望回报 ER_i 高（或低）时，如果资产 j 的回报率也相应地比它的平均期望回报高（或低），协方差就是正的，反之亦然。这个过程就像是计算**"一起偏离常态"**的次数和幅度的平均值。

具体来说，协方差数值的正负具有以下 2 层含义：

（1）协方差为正：两个资产的价格在大多数情况下同涨同跌（具体来说，当资产 A 的价格或回报率超过其均值时，资产 B 的价格或回报率也**趋向于超过其均值**），这意味着投资组合中的风险可以通过分散投资来降低的效果有限。

（2）协方差为负：一个资产涨时另一个资产在大多数情况下跌（具体来说，当资产 A 的价格或回报率超过其均值时，资产 B 的价格或回报率**趋向于低于其均值**），这表明由这两个资产构建投资组合可以有效对冲风险。

📍 **实务拓展**

在金融实务中，协方差是评估资产间关联性和构建投资组合时的重要工具。以下是正协方差和负协方差的具体例子。

正协方差的例子：

（1）同行业股票：假设我们考察两家石油公司的股票，如埃克森美孚和雪佛龙。这两家公司都属于能源行业，它们的业绩和股价通常会受到类似因素的影响，比如原油价格的波动、全球能源需求的变化等。因此，当石油价格上涨时，这两家公司的股票价格很可能同时上涨；反之亦然。在这种情况下，两家公司股票收益率之间的协方差为正，显示出它们的收益率变动方向一致。

（2）经济增长与股票市场：整体经济的增长与股票市场的表现往往呈正相关。例如，美国 GDP 增长率和标普 500 指数的收益率之间存在正协方差。当经济扩张时，企业盈利通常增加，推动股市上扬；经济衰退时，股市往往下跌。这种正向关系使得 GDP 增长率上升时，标普 500 指数的收益率也倾向于上升。

负协方差的例子：

（1）黄金与股票市场：黄金通常被视为避险资产，在经济不确定或股市动荡时期，投资者往往会转向购入黄金以保值，导致黄金价格上涨，而股票市场下跌。因此，黄金价格与股票市场（如标普 500 指数）之间的协方差通常是负的，表明它们的收益率变动方向相反。

(2) 债券与利率: 长期国债的价格与其对应的市场利率之间存在负协方差。当市场利率上升时，现有债券的价格会下跌（因为新发行的债券会有更高的利息支付，使旧债券吸引力下降）；反之亦然。因此，如果观察美国 10 年期国债价格与 10 年期国债收益率，会发现它们的收益率变化方向相反，协方差为负。

C

老皮点拨

协方差反映了变量间的共同变异性，但由于其单位是随机变量单位的乘积，直接解读较为困难。为了解决协方差直接解释上的难题，经济学家引入了相关系数，表示为 ρ。它通过对协方差进行标准化处理，表达了变量间线性关系的强度和方向，且这一表达独立于变量本身的量纲，使得结果更加直观易解。

标准化过程涉及将协方差除以两个变量各自的标准差。

$$\rho(R_i, R_j) = \text{Cov}(R_i, R_j)/[\sigma(R_i)\sigma(R_j)]$$

通过将协方差除以两个标准差的乘积，我们得到一个无量纲的测量值，其范围从 −1 到 +1。

接近 +1 的相关系数表明两个变量之间存在很强的正线性关系，即一个变量增加时，另一个变量也以可预测的方式增加。

接近 −1 的值则表示强烈的负线性关系，意味着变量变化方向相反。

若相关系数接近 0，则说明两个变量之间不存在线性关系或线性关系非常弱。

Covenant　条款

基础释义

条款是指借款方（债务人）和贷款方（债权人）在新债券发行时达成的一系列法律上可强制执行的规定。条款通常包含在债券契约中，旨在确保借款人能够履行其对债权人的义务，并保护债权人的利益。合理设置条款不仅能够增强债权人的信心，还能帮助债券发行人维持健康的财务状况和业务运营。

概念详解

1. 条款的类型与内容

根据条款对发行人的行为所产生的影响类型，条款可以分为肯定条款和否定条款。

1.1 肯定条款（Affirmative Covenants）

肯定条款规定了发行人**必须执行的行为**，通常涉及日常管理和合规要求。这些条款通常不会对发行人造成额外的成本，也不会对其经营决策造成实质性的约束。

常见的肯定条款包括：

（1）资金使用： 发行人承诺如何使用债券发行所得的资金。

（2）合同支付： 发行人承诺按时支付利息和本金。

（3）法律遵从： 发行人承诺遵守所有适用的法律和法规。

（4）业务维持： 发行人承诺保持现有的业务线。

（5）保险和维护资产： 发行人承诺为其资产投保并进行适当的维护。

（6）纳税： 发行人承诺及时缴纳应缴税款。

（7）平等待遇条款（pari passu clause）： 确保该债务义务与其他高级债务同等对待。

（8）交叉违约条款（cross-default clause）： 如果发行人在另一项债务中违约，则视为在此项债务中也违约。

1.2 否定条款（Negative Covenants）

消极条款规定了发行人**不得从事的行为**，通常会对发行人的经营活动产生实质性的影响，并且可能会增加发行人的成本。这些条款旨在保护债权人的利益，防止其债权被稀释或受到损害。

常见的否定条款包括：

（1）债务限制： 限制发行额外债务，通常设定最大可接受的债务使用比率和最小可接受的利息覆盖率。

（2）优先债务限制（negative pledge clause）： 禁止债务人发行比现有债券优先级更高的债务。

（3）优先权限制： 保护无担保债券持有人，禁止发行人将原本未抵押的资产进行抵押。

（4）股东分配限制： 限制向股东支付股息和其他分配（如股票回购）通常依据发行人的盈利能力设定限制。

（5）资产处置限制： 限制发行人在债券存续期间处置资产的额度，以防止公司资产被过度分割。

（6）投资限制： 限制投机性投资，确保发行人专注于其主营业务。

（7）合并与收购限制： 除非发行人是明显可以持续经营的公司或收购方明确承担原有债务和契约条款，否则禁止合并或被收购。

2. 条款的作用

（1）保护债权人的利益： 条款通过设定各种限制和要求，确保发行人在一定程度上维持其偿债能力和业务稳定性，从而保护债权人的利益。

（2）规范发行人的行为： 条款对发行人的行为进行规范，防止其采取可能损害债权人利益的行动。

（3）提供违约救济： 当发行人违反条款时，债权人有权采取一系列补救措施，如提高利率、加速债务偿还或终止债务协议。

老皮点拨

虽然条款旨在保护债权人的利益，但过于严格的条款可能对发行人造成不利影响，反而提高违约风险。例如，严格的债务限制可能阻止发行人为履行合同义务而筹集新的资金；严格的资产处置限制可能禁止发行人出售资产或业务单位以获得必要的流动性；严格的合并与收购限制可能阻止发行人被更强的公司接管，从而无法履行其合同义务。因此，条款的设计需要在保护债权人利益和给予发行人适当经营自由之间找到平衡点。

Covered Bond 资产担保债券

基础释义

资产担保债券简称"担保债券",是指一种由金融机构发行的由一组隔离的资产池作为担保的高级债务工具。这些资产通常包括商业或住宅按揭贷款、公共部门资产等。此外,还有一些资产担保债券是以船只和商用飞机等特殊资产为抵押的。

概念详解

1. 资产担保债券的主要特征

(1) 资产隔离(ring-fencing): 资产隔离是指资产担保债券背后的贷款仍然保留在发行人的资产负债表上,并被隔离到一个单独的资产池(cover pool)中。在发行人破产的情况下,这些资产不会被普通债权人清算,而是优先用于偿付资产担保债券。

(2) 双重追索权(dual recourse): 投资者在发行人破产时具有双重追索权。首先是对**资产池中的隔离贷款**进行追索,其次是向**发行机构的未抵押资产**追索。双重追索权提高了债权人的安全性,降低了信用风险。

(3) 动态资产池(dynamic cover pool): 资产池中的资产由第三方监控,以确保其表现符合承保标准。如果资产提前偿还或表现不佳(无法产生预期现金流),发行人必须替换这些资产,以确保资产池能够提供足够的现金流直至债券到期。

(4) 超额抵押(overcollateralization): 资产担保债券交易通常涉及超过发行债券面值的抵押品,称为**超额抵押**。

(5) 比率要求: 资产担保债券有一系列指标要求,如在交易中的按揭贷款的**贷款价值比(loan-to-value ratio, LTV)**必须符合特定的标准。如果某个按揭不符合 LTV 标准,则需要用符合标准的按揭来替换,以保持资产池的质量。

(6) 赎回制度(redemption regimes): 资产担保债权存在赎回制度,以尽可能地使其现金流与原定到期日一致。具体来说,又分为以下 3 种赎回制度的安排:

① "硬子弹"(hard-bullet)资产担保债券:如果未按原计划支付,则触发债券违约并加速债券支付。

② "软子弹"（soft-bullet）资产担保债券：如果未按原计划支付，则延迟债券违约和现金流加速支付至一个新的最终到期日，通常为原到期日后一年左右。

③ "条件转手"（conditional pass-through）资产担保债券：若担保债券在原到期日后仍未完成所有债券支付，则转换为转手证券（pass-through securities）。

> **实务拓展**
>
> 近年来，越来越多的资产担保债券用于资助环境修复项目和可再生能源生产及基础设施投资，被称为**绿色资产担保债券（green covered bonds）**。这些债券的资产池主要由绿色建筑的按揭组成，这些建筑可以通过各种绿色建筑认证标准来识别。

2. 资产担保债券的优势

（1）稳定性与可靠性： 资产担保债券因其双重追索权特性、严格的合格标准、动态的资产池管理以及在发行人违约情况下的赎回制度，一直保持着相对稳定和可靠的融资来源地位。

（2）信用风险较低： 由于上述多种风险管理措施，资产担保债券通常比类似的资产支持证券（ABS）具有更低的信用风险，并提供较低的收益率。

3. 资产担保债券的运作机制特点

（1）债券类别单一： 资产担保债券通常由一个债券类别组成，对应一个资产池。

（2）第三方监控： 资产池中的资产由第三方机构负责监控，以确保资产的质量和流动性。

（3）资产替换机制： 如果资产池中的资产出现问题，发行人必须用符合条件的新资产替换旧资产，以维持资产池的价值和现金流的稳定性。

> **实务拓展**
>
> 资产担保债券的概念起源于 250 多年前的普鲁士，最初的形式被称为 "Pfandbrief"（德语，意为 "抵押凭证"）。这种金融工具后来被欧洲、亚洲和澳大利亚等地的发行人广泛采用。各国或司法管辖区都规定了合格抵押品的种类和允许的结构，欧盟也在努力在其成员国之间统一这些要素。

Covered Interest Rate Parity (CIRP)　抛补利率平价

基础释义

　　抛补利率平价是指描述国际金融市场中不同货币间**名义无风险利率**与**汇率**关系的一种理论。CIRP 的核心思想是通过使用远期汇率锁定汇率风险，使得在不同国家投资的预期回报率相等，从而消除套利机会。换句话说，CIRP 指出，在一个有效的市场中，投资者在考虑投资于不同货币的资产时，无论选择哪种货币进行投资，**经过汇率调整后的预期回报率**应该是一致的。

概念详解

1. CIRP 的数学表达

$$\frac{F_{f/d}}{S_{f/d}} = \frac{1+r_f}{1+r_d}$$

其中，

- $F_{f/d}$ 代表远期汇率，即在未来某一时刻一单位本币可以兑换外币的数量

- $S_{f/d}$ 代表即期汇率，即当下一单位本币可以兑换的外币数量

- r_f 代表外币的无风险利率

- r_d 代表本币的无风险利率

　　CIRP 的等式表明，如果投资者在国内投资，那么投资的回报率为 $1+r_d$；如果投资者选择将资金兑换成外币并投资于国外市场，那么其最终的回报将为 $S_{f/d} \times (1+r_f)/F_{f/d-1}$。CIRP 要求这两个回报率相等，以消除套利空间。

2. CIRP 的基本原理

　　CIRP 的基本原理建立在无风险套利机会不存在的前提之上。这意味着投资者在选择**将资金投资于国内**或通**过外汇市场投资于国外**时，两种投资方式的回报应该是相等的，否则市场参与者将会利用这个差异进行套利，直到套利机会消失为止。

　　例如，如果国内利率高于国外利率，并且远期汇率不足以补偿这种利率差异，那么投资者就可以通过借入低利率的外币，将其兑换成本币，投资于国内高利率的资产，然后通过远期合约锁定汇率风险，从而获取无风险利润。

C

2. CIRP 的实际应用

（1）套利交易： 投资者可以利用 CIRP 公式来判断是否存在套利机会，并据此进行交易。

（2）风险管理： 金融机构和企业可以使用 CIRP 来评估其跨国投资的风险，并通过使用远期合约或其他衍生工具来对冲汇率风险。

（3）政策制定： 中央银行和政府机构可以参考 CIRP 理论来制定货币政策，以影响汇率和资本流动。

3. CIRP 的限制与挑战

（1）市场摩擦： 现实世界中的交易成本、税收政策、资本管制等因素可能阻碍完全的套利活动。

（2）预期偏差： 投资者对未来汇率的预期可能与 CIRP 模型预测的结果不一致，导致市场偏离理论上的平衡状态。

（3）非理性行为： 金融市场中的参与者可能表现出非理性的行为，从而影响汇率和利率的实际走向。

> **实务拓展**
>
> 抛补利率平价在实际金融市场中往往能较好地得到体现，尤其是在高度发达和自由化的国际金融市场环境下。然而，在某些特殊情况下，例如市场分割、交易成本、流动性限制或突发性事件等，CIRP 关系可能会出现暂时性的失效。

Credit Analysis　信用分析

基础释义

信用分析是指评估债务人（包括个人、企业、政府机构或任何借款实体）偿还债务的能力和意愿的过程。在金融领域中，这通常涉及对借款人（无论是个人、公司还是主权国家）的财务状况进行审查，以决定是否向其提供贷款或购买其发行的债券。信用分析对于投资者来说至关重要，因为它有助于确定投资的风险水平，并为设定适当的利率提供依据。

概念详解

1. 主权政府的信用分析

1.1 主权政府信用分析中的定量因素

（1）经济指标： 如 GDP 增长率、人均收入水平、通货膨胀率等，这些都是衡量一国经济健康状况的重要指标。

（2）财政比率： 例如债务占 GDP 的比例（债务 /GDP）、财政赤字占 GDP 的比例（财政赤字 /GDP）等，可以反映出政府的负债水平及其管理公共财务的能力。

（3）外部账户： 包括经常账户余额、外汇储备水平等，可以显示一个国家对外部冲击的抵御能力。

1.2 主权政府信用分析中的定性因素

（1）政府机构与政策： 评估政府机构的有效性和透明度，以及政策的一致性和连贯性。

（2）支付意愿： 政府并不一定有意愿偿还债务。由于主权豁免的存在，投资者在迫使政府偿还债务方面的法律手段有限。

（3）财政灵活性： 考察政府是否能有效管理其财务资源，包括征税能力和预算支出的合理分配。

（4）货币政策有效性： 中央银行的独立性及其制定货币政策的能力，这影响了国内货币供应量和信贷的增长。

（5）经济灵活性： 经济的多样化程度、增长潜力以及对单一行业或商品的依赖程度。

（6）外部地位： 一国国际收支状况、外汇政策以及其货币作为储备货币的地位。

2. 非主权政府债务发行人的信用分析

非主权政府债务是指由政府机构或地方政府等非主权实体发行的债务，用于为其活动融资。非主权政府债务发行人包括机构、政府部门银行与发展金融机构、超主权发行人以及地方政府发行人。

2.1 机构（Agencies）

机构属于准政府实体，旨在完成特定的政府赞助任务，提供公共服务。投资者通常认为这些实体**具有与主权政府类似的信用风险**，因为它们要么有隐性的政府支持，要么有显式的政府担保。因此，评级机构通常给予这些实体与主权政府相同的信用评级。

2.2 政府部门银行与发展金融机构（Government Sector Banks and Development Financing Institutions）

政府部门银行与发展金融机构是指由主权政府赞助成立的专门金融机构，服务于特定市场或促进特定的政治、经济、社会或其他增长和政策目标。与政府机构类似，这些金融机构**享有和主权政府类似的信用评级**。

2.3 超主权发行人（Supranational Issuers）

超主权发行人是指由加入成为成员的主权政府建立和拥有的组织，追求共同目标。例如，世界银行及其附属机构（如国际复兴开发银行）发行债务以帮助发展中国家对抗贫困并推动可持续经济增长。

2.4 地方政府发行人（Regional Government Issuers）

地方政府发行人包括省、州等地方政府，这些政府在特定主权管辖范围内发行市政债券或地方当局债券。各国的地方政府财务结构差异较大。有些国家（如荷兰），联邦政府设立公共金融机构为地方政府提供融资，并赋予它们与联邦政府相同的信用评级；而其他国家，则可能采用主权政府与地方政府之间的**税收分成系统**来确保地方政府能够履行其义务。

3. 公司发行人的信用分析

3.1 公司发行人信用分析中的定性因素

（1）公司治理（corporate governance）：管理层如何使用所筹措的资金是一个重要的考量点，这涉及是否将债务资本用于能产生稳定现金流的项目上。对待债权人的态度反映了公司的道德操守和诚信度，而良好的声誉有助于维持较低的借贷成本。此外，公司是否遵守相关法律法规，尤其是税务规定和会计准则，是衡量其治理水平的一个关键指标。

（2）商业模式（business model）：一个公司的商业模式应具备稳定的收入流和可预测的盈利模式，这是其持续偿债能力的基础。稳定的现金流能够增强公司抵御经济周期波动的能力。

（3）行业与竞争（industry and competition）：公司的行业地位、市场份额、竞争环境以及行业未来发展前景都是决定其信用状况的重要因素。高度竞争的行业可能导致利润率下降，而行业内的寡头垄断则可能带来更稳定的利润。

（4）业务风险（business risk）：公司实际表现与预期的差距会直接影响其信用评价。如果公司的盈利能力低于预期，可能表明其面临较高的业务风险，从而增加违约的可能性。

业务风险可以从发行人特定因素、行业特定因素、外部因素 3 个角度切入进行分析。

①发行人特定因素（issuer-specific）：对于每个具体的发行人来说，除行业背景外，其自身的业务模式和经营状况也是重要的考量因素。稳定的收入来源和健康的利润

率是评估其信用品质的关键。

②行业特定因素（industry-specific）：不同行业的特性会影响其信用状况。例如，周期性较强的行业在经济衰退时可能会遭受更大的打击，而处于成长期的行业则可能享有更多的增长机会。

③外部因素（external）：宏观经济环境的变化、技术创新、人口结构的变迁、政府政策调整以及地缘政治局势都可能对公司产生影响。此外，ESG 因素正逐渐成为评估公司信用风险时不可忽视的一部分，良好的 ESG 表现通常与较低的信用风险相关联。

3.2 公司发行人信用分析中的定量因素

公司发行人信用分析中的定量因素可以分为宏观分析、微观分析以及混合分析。

3.2.1 宏观（自上而下）分析 [macro (top down) approach]

3.2.1.1 宏观经济（macroeconomy）

公司发行人信用定量分析中的宏观经济分析包含以下 2 个方面：

（1）GDP 增长： 在经济增长期，公司可能更容易扩大规模，提高收入，而在经济收缩期则可能面临挑战。

（2）周期性： 经济周期的不同阶段会对公司产生不同的影响。分析师需要评估经济周期对公司业务的具体影响，特别是在经济衰退期间，公司是否能够抵御周期性带来的负面影响。

3.2.1.2 行业（industry）

公司发行人信用定量分析中的行业分析包含以下 2 个方面：

（1）可触及市场： 了解公司的潜在市场容量对于评估其未来的增长潜力至关重要。分析师需要确定公司的目标市场有多大，以及公司在这一市场中的潜在客户数量。

（2）市场份额： 市场份额反映了公司在市场中的地位和竞争力。拥有较高市场份额的公司通常具有更强的议价能力和品牌忠诚度，这有助于保持稳定的收入来源。

3.2.1.3 事件风险（event risk）

公司发行人信用定量分析中的事件风险分析包含以下 2 个方面：

（1）情景分析： 为了更好地应对未来可能出现的不利事件，分析师会进行情景分析，即模拟各种可能发生的不利情况，并评估这些情况对公司财务状况的影响。

（2）外部冲击： 外部环境的变化，如政策变动、技术进步或全球市场动荡等，都可能对公司产生重大影响。分析师需要考虑这些外部因素如何影响公司的运营环境，并据此调整对未来业绩的预期。

3.2.2 微观（自下而上）分析 [micro (bottom up) approach]

3.2.2.1 资产负债表分析

资产负债表分析主要关注以下 3 个方面：

（1）流动性： 流动性是指公司短期内偿还到期债务的能力。通过分析流动比率、速动比率等指标，可以评估公司在遇到突发性财务需求时是否有足够的流动资产来满足短期债务的要求。

（2）杠杆率： 杠杆率是衡量公司依赖债务融资程度的一个重要指标。较低的杠杆率意味着公司在面对财务困境时有更大的缓冲空间。

（3）盈利能力： 盈利能力是评估公司是否能够持续创造足够利润以偿还债务的关键因素之一。分析师通常关注的是经常性的营业收入而非一次性收益，因为前者更能反映公司的持续经营能力。

3.2.2.2 利润表分析

利润表分析主要关注以下 2 个方面：

（1）收入增长： 收入增长显示了公司的市场扩张能力和产品或服务的需求情况。稳定的收入增长是公司健康发展的标志，同时也是反映未来盈利能力的一个良好指标。

（2）营业利润： 营业利润是衡量公司核心业务盈利能力的重要指标。较高的营业利润率意味着公司能够有效地控制成本，从而在销售活动中获得更多的利润空间。

3.2.2.3 现金流量表分析

现金流量表分析主要关注以下 2 个指标：

（1）债务服务覆盖率（debt service coverage ratio, DSCR）： 债务服务覆盖率通过比较公司的经营活动产生的现金流与所需的债务服务（包括本金和利息支付）来衡量其偿还债务的能力。更高的 DSCR 表明公司有足够的现金流来覆盖其固定的债务义务。

（2）利息覆盖率（interest coverage ratio, ICR）： 利息覆盖率是通过比较公司税前利润与利息费用来评估其支付利息的能力。利息覆盖率越高，表明公司越有能力按时支付利息，从而违约风险越低。

> **老皮点拨**
>
> 不同信用等级的债券投资者关注的信用分析指标也不太一样，对于**高级无担保投资级债务**的投资者，他们主要关注**违约概率（probability of default, POD）**，而对于**高收益债务**的投资者，他们还会考虑历史的**违约损失率（loss given default, LGD）**和其他因素来评估信用风险。

3.2.3 混合分析

混合分析结合了宏观和微观分析的优点，通过综合考虑宏观经济周期性和公司特定的财务指标，来预测公司的现金流和信用风险。

> **💡 老皮点拨**
>
> 概括起来，公司发行人的定量信用分析有以下 4 个关键因素：
>
> **（1）盈利能力（profitability）**：强大的、稳定的收益是产生债务偿还所需现金流的主要来源。
>
> **（2）杠杆率（leverage）**：财务杠杆衡量公司对债务融资的依赖程度。
>
> **（3）覆盖率（coverage）**：通过比较收入或现金流与债务服务（利息和本金）来评估信用状况。
>
> **（4）流动性（liquidity）**：评估公司短期内偿还债务的能力，包括现金和可迅速变现的资产。

Credit Card Receivable ABS (CCRABS)
信用卡应收账款资产支持证券

基础释义

信用卡应收账款资产支持证券是指通过将**信用卡应收账款**打包成证券，并在市场上出售给投资者从而将银行或其他信用卡发行机构持有的应收账款转化为流动资金的一种资产支持证券。

概念详解

1. 信用卡应收账款资产支持证券结构的关键概念

（1）信用卡应收账款（credit card receivables）：信用卡应收账款是 CCRABS 的底层资产，当持卡人使用信用卡消费时，银行或信用卡发行机构向持卡人提供信用额度，持卡人同意在未来偿还借款本金加上任何适用的财务费用。这些未偿还的借款就形成了信用卡应收账款。

（2）资产证券化（asset securitization）： 信用卡发行机构可以通过将信用卡应收账款汇集起来形成一个池子，并将其作为抵押品来发行证券，从而实现应收账款的证券化。

2. CCRABS 发行机构的好处

发行 CCRABS 对信用卡发行机构的好处包括：

（1）资本效率： 将应收账款从资产负债表中移除，提高资本使用效率。

（2）降低融资成本： 通过证券化，发行机构可以以更低的成本筹集资金。

（3）减少违约风险： 将应收账款转移给投资者，分散了违约风险。

（4）增加额外收入： 通过发行 ABS，发行机构可以获得额外的手续费收入。

3. CCRABS 的结构特征

（1）循环期（revolving period）： 在循环期内（通常是头几年），池子使用余额还款来购买新的信用卡应收账款，证券持有人仅收到贷方收取的财务费用和一般费用。

（2）摊销期（amortization period）： 循环期结束后进入**摊销**期，在此期间，开始逐步偿还证券的本金部分，证券持有人开始收到本金偿还。若发生特定事件（如未足额补充池子或违约显著改变池子组成），可能触发**快速摊销条款（early amortization/rapid amortization）**。快速摊销条款旨在保护证券的质量，特别是循环期内的。当触发条件满足时，会加速并改变本金现金流，使持有人提前收回投资。

4. CCRABS 的现金流构成

对于信用卡应收账款池，现金流主要包括：

（1）财务费用（finance charges）： 贷方按照信用卡未偿余额向借方收取的周期性利息。

（2）一般费用（administrative fees）： 包括迟付款费和年会员费等。

（3）本金偿还（principal repayments）： 借方偿还的借款本金部分。

5. CCRABS 的信用增级措施

CCRABS 的信用增级措施主要包括：

（1）分层结构（tranching）： 分层结构是资产支持证券中最常见的信用增级手段之一。通过将证券分为不同的层级（tranches），每一层都有不同的优先顺序，从而形成信用增强效果。高级别（senior）的层级享有优先偿还的权利，而低级别

（junior/subordinate）的层级则为高级别的证券提供信用支持。

（2）超额抵押（overcollateralization）： 超额抵押是指资产池的价值超过所发行证券的面值。这样做的目的是在资产池出现损失时，优先级别的证券仍能得到全额偿付。超额抵押可以看作是资产池中的一道缓冲带，保护投资者免受部分甚至全部的损失。

Credit Curve　信用曲线

基础释义

> 信用曲线又称"信用利差曲线"（credit spread curve），是指描绘不同期限下特定信用主体（如公司、主权国家或金融机构）信用工具（如债券）的收益率与基准利率（通常以国债收益率为代表，也可以指某些市场参考利率）之间利差的图像。简单来说，信用曲线展示了市场对于不同到期期限的信用风险的补偿要求。

概念详解

1. 信用曲线的图像

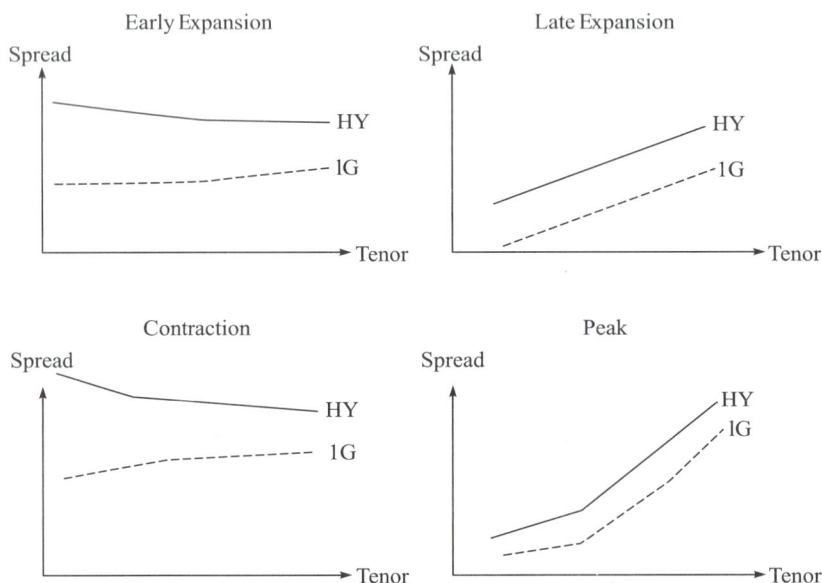

不同经济周期阶段的信用曲线

信用曲线的形状受到诸多因素的影响，大致可以分为以下 3 种情形：

（1）上升的信用曲线：表明随着到期时间的延长，违约的可能性增加。这可能是因为随着时间推移，经济环境变化的风险增加。

（2）下降的信用曲线：表明短期内违约的可能性较高。这种情况较少见，通常出现在金融市场面临短期压力的情况下。

（3）平坦的信用曲线：表明不论是在近期还是远期，违约的概率都相对一致。

2. 信用利差曲线的分类

（1）按评级分类：不同信用评级的发行人的信用曲线会有所不同，通常情况下，评级较低的发行人的信用利差更高。

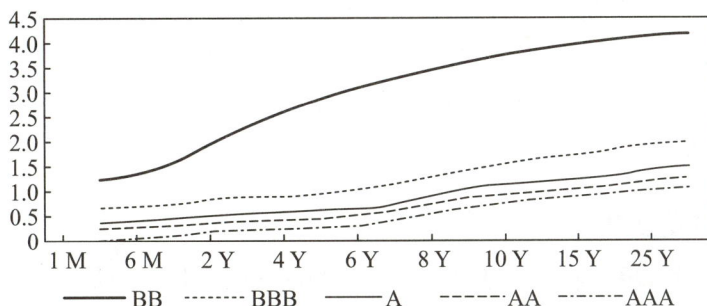

不同信用评级的信用曲线

（2）按发行人类型分类：不同行业的发行人可能有不同的信用曲线。

（3）按企业部门分类：同一行业中不同公司的信用曲线也可能有所差异，这取决于各自的财务健康状况和市场地位。

3. 影响信用曲线水平及形状的因素

（1）违约强度 (hazard rate)：违约强度又称"违约风险率"，是指在任何给定的时间段内发生的**条件违约概率**。

（2）经济状况：经济增长、衰退等因素会影响企业的偿债能力。在经济衰退期间，较低评级的发行人可能会经历更大的信用利差波动，因为他们的违约风险较高。在经济增长期间，不同评级类别的信用利差差距可能缩小，因为整体信用环境得到改善。

（3）市场情绪：投资者对特定发行人的信心变化也会反映在信用曲线上。

（4）流动性：流动性较差的债券可能有更高的信用利差，因为它们更难买卖。

4. 信用曲线与其他信用相关概念的关系

信用曲线与许多其他信用度量指标或产品存在关系，主要包括期望损失、无风险利率曲线以及信用违约互换（CDS）。

4.1 信用曲线与期望损失的关系

信用曲线反映的是信用利差的期限结构，而信用利差在数值上等同于**期望损失率（expected loss rate）**，即**违约概率（probability of default，POD）与违约损失率（loss given default，LGD）** 的乘积。POD 是指某一特定时期内债务人违约的可能性，而 LGD 是指一旦违约发生，债权人预期的损失比率。

4.2 信用曲线与无风险利率曲线的关系

无风险利率曲线显示了无违约风险的债务工具（如政府发行人发行的债券）在不同期限下的利率。信用曲线则是包含了信用风险的，适用于非政府借款人。

4.3 信用曲线与 CDS 的关系

CDS 是指允许购买方支付保费以换取卖方在债务违约时提供赔偿的一种信用衍生工具。CDS 价格反映了市场对未来信用风险的预期，CDS 市场的高效性使得信用曲线的形状很大程度上由 CDS 的价格所决定，因此，狭义的信用曲线也被称为"**CDS 曲线**"，即单个参考实体或指数在不同到期期限上的 CDS 利差图。

5. 信用曲线的应用

（1）投资策略： 基金经理可以利用信用曲线的变化来调整投资组合，如预期信用利差收窄时买入债券，预期信用利差扩大时卖出债券。

（2）风险管理： 投资者可以通过观察信用曲线的动态来评估信用风险，并据此调整其投资策略。

Credit Cycle　信用周期

基础释义

信用周期是指金融市场和实体经济中信贷条件（包括信用的供给与需求、信用成本、信用质量等）经历的周期性变化过程。与经济活动的衡量标准 GDP 不同，信用周期更多关注金融变量的周期性变化，特别是信贷和房地产价格。信用周期是描述私营部门信贷增长（贷款的可用性和使用情况）的一种方式，对商业投资和家庭购买房地产至关重要。因此，信用周期与描述实际 GDP 波动的商业周期紧密相连。

概念详解

1. 信用周期的阶段

(1) 扩展阶段(expansion stage): 当经济强劲或正在改善时,贷款机构愿意以优惠条件发放贷款。这种宽松的信贷环境促进了企业和个人的借贷行为,推动了经济活动的增长。

(2) 收缩阶段(contraction stage): 当经济疲软或恶化时,贷款机构会收紧信贷政策,减少贷款额度并提高贷款成本。这可能导致资产价值(如房地产)的下跌,进一步加剧经济的疲弱,并导致更高的违约率。

> **实务拓展**
>
> 在一个存在金融摩擦的世界里,商业周期的波动会被放大,导致更严重的衰退和更广泛的扩张。研究表明,经济衰退和复苏的持续时间和幅度往往受到商业周期与信用周期之间联系的影响。特别是,伴随着金融动荡(如房价崩盘)的衰退往往持续时间更长且影响更深,而伴随信贷快速增长、冒险行为和房价上涨的复苏则更加强劲。
>
> 然而,长期以来,金融因素并未受到宏观经济学者充分重视,他们普遍认为是过度宽松的私营部门信贷促成了多次金融危机的发生,如 20 世纪 80 年代的拉美危机,90 年代的墨西哥、巴西和俄罗斯危机,1997—1998 年的亚洲金融危机以及 2008—2009 年的全球次贷危机。

2. 信用周期的应用

信用周期的应用主要体现在投资者和政策制定者 2 个端口。

2.1 投资者端口的信用周期应用

投资者端口的信用周期应用主要包括:

(1) 住房市场与建筑市场的动态: 投资者通过跟踪信用周期的不同阶段,可以更好地理解住房市场和建筑市场的现状和发展趋势。信用周期的扩张阶段通常伴随着房地产市场的繁荣,而收缩阶段则可能导致房地产市场的冷却甚至下滑。

(2) 评估商业周期的影响: 通过对信用周期的监测,投资者能够评估商业周期的扩张和收缩程度。尤其是在信用周期进入收缩阶段并与经济衰退重叠时,投资者能够识别潜在的经济风险,从而作出更为谨慎的投资决策。

(3) 预测政策制定者的行动: 信用周期的变化为投资者提供了政策制定者可能

采取行动的线索。例如，在信用周期收缩期间，政府可能会推出刺激措施来提振经济，而投资者可以据此调整其投资策略。

2.2 政策制定者端口的信用周期应用

鉴于强烈的信用周期峰值往往预示着随后可能出现的系统性银行业危机，政策制定者越来越重视**宏观审慎政策**的作用。这些政策旨在防止金融市场的过热，避免泡沫形成，从而降低金融危机爆发的风险。

虽然调节经济周期的波动主要运用的是传统的货币政策和财政政策，但宏观审慎政策为政策制定者提供了一种新的工具箱，以应对因信用周期波动带来的金融稳定性挑战。通过实施宏观审慎措施，政策制定者可以更好地控制金融系统的风险积累，确保金融市场的长期健康发展。

> **老皮点拨**
>
> 金融变量之间往往密切共变，并且通常有助于解释经济扩张或收缩的程度，但它们并不总与传统的商业周期同步。信用周期通常比商业周期更持久、更深刻、更剧烈。

Credit Default Swap (CDS)　信用违约互换

基础释义

> 信用违约互换是指允许一方（买方）向另一方（卖方）支付一系列款项，以换取后者承诺在第三方（参考实体）发生信用事件时进行补偿的一种信用衍生工具。CDS 是最具流动性的四种信用衍生产品之一，其他 3 种分别是总收益互换、信用利差期权和信用联结票据。

概念详解

1. 信用违约互换的结构

信用违约互换的基本运作架构需要考虑的因素包括：

（1）参与方： CDS 合同涉及两个参与者，即信用保护买方和信用保护卖方。

（2）现金流： 买方向卖方定期支付费用（称为保费），作为交换，如果参考实体出现违约等信用事件，卖方将对买方进行赔偿。

（3）支付终止： 一旦信用事件发生，买方对卖方的定期支付将停止。

2. 信用违约互换的类型

信用违约互换主要包括单一名称 CDS、指数 CDS 和分层 CDS 3 种类型。

2.1 单一名称 CDS（Single-Name CDS）

单一名称 CDS 是指针对某一特定借款人的 CDS。该借款人被称为**参考实体**（reference entity）。合约指定一个**参考义务**（reference obligation），通常是该借款人发行的一项高级无担保债务工具，但参考义务并不是唯一受 CDS 覆盖的工具，任何由借款人发行的、**在索赔优先级上等于或高于参考义务**的债务都将被涵盖。只有少数发行者，通常是那些拥有大量流通债务的实体，才会有单一名称 CDS。CDS 的赔付是由**最便宜可交付义务**（cheapest-to-deliver obligation）决定的，这是一种可以以最低成本购买和交付但具有与参考义务相同优先级的债务工具。

2.2 指数 CDS（Index CDS）

指数 CDS 是指包括多个单一名称 CDS 的组合，允许投资者对一揽子公司的信用风险进行投资。这种类型的工具让参与者能够像交易包含多家公司股票的指数基金或交易所交易基金那样，对多个公司的信用风险组合进行操作。**违约相关性**（default correlation）是决定一个投资组合行为的关键因素。违约相关性越高，为一组公司购买保护的成本就越高；相反地，对于违约相关性较低的多样化公司组合来说，购买保护的成本就会低得多。

> **实务拓展**
>
> 最常见的两种 CDS 指数产品包括北美的 CDX 指数和欧洲、亚洲及澳大利亚的 iTraxx 指数：
>
> **（1）北美 CDX 指数（North American CDX Index）：** 北美 CDX 指数主要反映北美洲（尤其是美国）企业信用风险的情况。这些指数根据不同的行业板块和信用质量进行分类，包括但不限于高收益（high yield, HY）、投资级别（investment grade, IG）等。
>
> **（2）欧洲、亚洲及澳大利亚的 iTraxx 指数（iTraxx Index）：** iTraxx 指

数涵盖了欧洲、亚洲及澳大利亚的公司信用风险。iTraxx指数同样根据地区和信用等级进行分类，以便投资者可以根据自己的偏好和策略进行选择。

2.3 分层 CDS（Tranche CDS）

分层 CDS 覆盖一组借款人的组合，但仅针对预先设定的损失水平。这种形式类似于资产支持证券中的分层结构，其中每个层级覆盖特定水平的损失。

3. 信用违约互换的应用

（1）对冲信用风险： 投资者使用 CDS 来对冲其投资组合中的信用风险，从而在不直接持有相关债券的情况下管理潜在的损失。

（2）杠杆化投资组合： CDS 允许投资者通过较小的资金投入获得更大的信用风险敞口，从而实现投资组合的杠杆化。

（3）获得信用风险敞口： 在某些情况下，投资者可能希望获取特定期限的信用风险暴露，但现金市场上可能没有相应的产品，CDS 提供了这样的机会。

（4）限制利率风险的同时接触信用风险： CDS 使投资者能够在不对冲利率风险的情况下单独对冲信用风险。

（5）提高投资组合流动性： 相对于公司债券市场的流动性不足，CDS 市场具有较高的流动性，可以帮助投资者提高其整体投资组合的流动性。

Credit Derivatives　信用衍生品

基础释义

信用衍生品是指由两个当事人（信用保护买方和信用保护卖方）签订，其中卖方向买方提供**针对特定信用损失的保护**的一种衍生工具。信用衍生品的发展始于 20 世纪 90 年代初的互换市场，并逐渐成为一种有效的信用风险管理工具。

C

概念详解

1. 信用衍生品的类型

（1）总收益互换（total return swap）： 在总收益互换中，信用保护买方同意支付给信用保护卖方**基础资产（通常是债券或贷款）的全部收益（包括借款人支付的所有利息和本金以及债券市值的变化）**。作为交换，信用保护卖方通常向买方支付固定或浮动利率。若债券违约，卖方需继续履行支付义务，而买方可能只能提供很少甚至零回报。因此，若债券遭受损失，则卖方实际上是在补偿买方的损失。

（2）信用利差期权（credit spread option）： 信用利差期权的基础是债券的信用利差（即债券收益率与无风险基准债券收益率之间的差异）。买方选择希望的**执行利差**并支付期权费给卖方。到期时，双方比较债券的收益率利差与选定的执行利差，如果期权处于实值状态，则卖方向买方支付预定的金额。这种工具本质上是一个标的物为信用利差的看涨期权。

（3）信用联结票据（credit-linked note, CLN）： 信用联结票据是由信用保护买方发行的一种证券，其条件是如果持有的债券或贷款违约，则信用联结票据的本金支付将相应减少。购买信用联结票据的人实际上是在为潜在的信用事件提供保险，若基础参考证券违约，则信用联结票据的持有者将承担相应的损失。

（4）信用违约互换（credit default swap, CDS）： 在信用违约互换中，买方定期支付给卖方一笔费用，一旦发生违约等信用事件，卖方需要向买方支付赔偿，赔偿形式可能是回购违约资产或支付固定金额。最常见的做法是通过拍卖来确定违约债务的市场价格。因此，卖方有效地为买方提供了针对信用损失的保险，而买方则向卖方支付保费。

2. 信用衍生品的优势

（1）灵活性强： 信用衍生品提供了灵活的方式来转移和管理信用风险，避免了传统保险产品的高度监管限制。

（2）透明度和流动性好： CDS市场的发展提高了信用风险的透明度，并促进了相关资产的流动性。

（3）风险管理更有效： 信用衍生品允许金融机构和企业更有效地管理其信贷组合中的信用风险。

💡 **老皮点拨**

假设一家银行发放了一笔贷款，面临借款人违约的风险。银行可以购买

CDS来转移这种风险。银行（现在作为CDS买方）承诺向CDS卖方定期支付费用，而卖方则准备在信用事件发生时补偿买方的信用损失。

Credit Enhancement 信用增强

基础释义

> 信用增强又称"信用增级"或"信用强化"，是指在金融交易或债务发行中采取的旨在降低信用风险，提高债务工具的信用评级，从而吸引更多投资者并降低融资成本的一系列措施。信用增强可以应用于各种债务工具，包括但不限于债券、贷款、资产支持证券（ABS）、担保债券等。

概念详解

1. 信用增强的分类

按照依托于公司内部资源还是公司外部资源，信用增强可以分为内部信用增强和外部信用增强两种类型。

1.1 内部信用增强（Internal Credit Enhancement）

内部信用增强依赖于**债券发行本身的结构性特征**，主要包括：

（1）次级化（subordination）：次级化也称为"信用分级"，是最常用的内部信用增强技术，它通过创建多个不同优先级的债券级别或层级来实现，资产产生的现金流按照不同级别的优先顺序分配给不同级别的债券持有人。优先级别最高的层级首先得到偿付，其次是次级或更低级别的层级。这种方式保护了较高级别的债权人在违约情况下的权益。

老皮点拨

虽然次级化没有从根本上改变整个债券发行的总信用风险，但它通过重新分配风险，使得某些层级的债券持有人（尤其是高级债持有人）面临的风险大大降低。因此，次级化被认为是一种有效的内部信用增强手段。

（2）超额抵押（overcollateralization）：超额抵押是指提供超出所需金额的抵押品来获得或担保融资。额外的抵押品可用于吸收违约造成的损失。例如，一个 1 亿美元的债券发行如果以 1.1 亿美元的资产作抵押，则有 1,000 万美元的超额抵押。

（3）储备账户（reserve accounts）：储备账户可以进一步细分为**现金储备基金（cash reserve fund）**和**超额利差账户（excess spread account）**。现金储备基金用于吸收损失，而超额利差账户则是将支付完利息后的剩余资产现金流存入储备账户，作为第一道防线抵御损失。

1.2 外部信用增强（External Credit Enhancement）

外部信用增强指的是由第三方提供的金融担保，主要包括：

（1）银行担保和履约保证（bank guarantees and surety bonds）：银行担保和履约保证在性质上相似，都是在发行者违约时补偿债券持有人的损失。两者的主要区别在于前者由银行提供，后者则由评级和受监管的保险公司提供。专门提供这类担保的保险公司通常被称为**单线保险公司（monoline insurer）**。

（2）信用证（letters of credit）：信用证由金融机构为发行者提供信用额度，用于弥补发行资产现金流短缺的情况。由于金融机构在金融危机期间的信用评级下降，信用证作为一种信用增强手段也变得不那么普遍。

（3）现金抵押账户（cash collateral accounts）：现金抵押账户是指发行人立即借入一笔用于增强信用的款项，并通常将其投资于高评级的短期商业票据。现金抵押账户是一种实际存款，而非现金的抵押，因此即使提供现金抵押账户的机构被降级，也不一定会导致其所支持的债券发行评级下降。

老皮点拨

储备账户和现金抵押账户是非常容易混淆的两个概念，二者名称相似，但是性质完全不同。储备账户属于内部信用增强，因为它依靠的是**发行者或资产自身的现金流**来建立一个缓冲机制，用以吸收可能发生的信用损失，而现金抵押账户则依赖于**外部第三方提供的资金**，因此被归类为外部信用增强。

2. 信用增强的作用

（1）提高信用评级：通过信用增强，债券的信用质量得以提升，从而可能获得更高的信用评级。

（2）降低融资成本：较高的信用评级通常意味着较低的借贷成本，因此信用增强可以帮助发行者以更低的成本筹集资金。

（3）吸引更广泛的投资者：信用增强使得发行者能够吸引那些只投资于较高信用等级证券的投资者。

> 💡 **老皮点拨**
>
> 信用增强虽然作用巨大，但是在使用时也存在一些注意事项。
>
> **（1）第三方风险：**银行担保、履约保证和备用信用证都会暴露投资者于第三方风险之下，即担保人可能无法履行其义务。
>
> **（2）市场波动影响：**如 2007—2009 年的金融危机所示，市场动荡可能导致抵押品价值下降，从而削弱信用增强的效果。

Credit Event　信用事件

基础释义

> 信用事件是指在信用衍生产品的合约中定义的一系列触发信用保护的买方从卖方那里获得赔偿的特定情形。信用事件通常标志着参考实体（如公司、政府或金融机构）信用状况严重恶化，甚至直接违约，使得其无法履行其债务义务。

概念详解

1. 信用事件的主要类型

不同的信用工具对于信用事件的分类有细微区别，但是本质一致，即债务人出现了信用质量的严重恶化。以信用违约互换为例，其常见的信用事件包括：

（1）破产（bankruptcy）：当一家公司无力偿还债务时，它可以通过法律程序申请破产。破产通常意味着设立一个法律框架，使债权人无法立即追讨其债权。在此过程中，违约公司与其债权人以及法院合作，试图制定一个偿还债务的计划。如果这个计划失败，公司将面临全面清算，届时法院将确定对各债权人的赔付金额。在清算之前，公司通常仍将继续运营。许多公司在经历破产后并不会被清算，而是成功重组并继续经营。

（2）支付失败（failure to pay）：当借款人未能在宽限期结束后按期支付债务本金或利息时，即使没有正式宣布破产，这也被视为一个信用事件。

> ### 实务拓展
>
> 未能支付的信用事件在 CDS 合同中有明确界定，国际互换与衍生品协会（ISDA）的合同对此类事件的定义是统一的，但对于定制的 CDS 来说，一般会在合同中有个性化但是明确的界定标准。

（3）重组（restructuring）：重组是指各类债务的条款或结构性调整，包括本金或利息的减少或延期支付、债务优先级的变化或支付货币的变更等。为了构成信用事件，重组必须是**非自愿的**或**强迫性的**。

> ### 实务拓展
>
> 非自愿信用事件是指由债权人迫使借款人接受的事件；强迫性信用事件是指由借款人迫使债权人接受的事件。在美国，债务重组通常是在破产过程中进行的，因此破产本身被视为信用事件。而在其他破产重组较少使用的国家，重组本身就是一种信用事件。希腊债务危机就是一个触发信用事件的重组案例。

2. 信用事件的认定

信用事件是否发生由国际互换与 ISDA 下的一个 15 人小组——**确定委员会（determinations committee, DC）**来判定。每个地区的确定委员会由 10 家 CDS 经销商（卖方）银行和 5 家非银行（买方）终端用户组成。要宣布一个信用事件，必须有**至少 12 名成员的超级多数投票**通过。

3. 信用事件的特殊情形

信用事件的判定存在一种非常特殊的情形，即所谓的**继承事件（succession event）**。这一事件发生在参考实体的公司结构发生变化时，如合并、剥离或分拆等情形下，导致对债务责任主体的不确定性。

例如，当一家公司收购另一家目标公司的所有股份时，通常也会承担目标公司的债务。然而，很多合并案更为复杂，可能只涉及部分股份的收购。分拆和剥离也可能引起关于谁应该负责特定债务的不确定性。在这种情况下，CDS 持有人会特别关心这些问题，通常会提交给确定委员会进行裁决。

Credit Rating　信用评级

基础释义

> 信用评级是由独立的信用评级机构提供的用来衡量某一特定债券或债务发行人（政府、公司、金融机构等）的违约风险的符号化等级评估结果。在公共和准公共债券市场中，几乎所有的债券都会被至少两家主要的信用评级机构评定，比如穆迪（Moody's）、标准普尔（S&P）和惠誉（Fitch）。信用评级反映了债务主体或其发行的金融工具按时足额偿还债务本息的能力和意愿，是金融市场中衡量信用风险的重要工具。

概念详解

1. 信用评级的类别

信用评级可以分为发行人信用评级和发行信用评级两种类型。

1.1 发行人评级（Issuer Ratings）

发行人评级是对**债务人整体信用状况**的一个综合评估，它反映的是债务人按时支付债务利息和本金的能力和意愿。这个评级通常适用于其**高级无担保债务（senior unsecured debt）**。

发行人评级是一个更广泛的评估，涵盖债务人的财务健康状况、行业地位、管理能力等多个方面。评级机构通常会为一个公司的所有债务提供一个统一的评级，即**企业家族评级**（corporate family rating, CFR）或**公司信用评级**（corporate credit rating, CCR）。

1.2 发行评级（Issue Ratings）

发行评级是指对**特定债务工具**的具体评估，考虑的因素包括资本结构中的排序（如是否有担保或是否处于从属地位）。这种差异化的评级有助于投资者更好地理解不同债务工具的风险。

尽管**交叉违约条款**（cross-default provisions）可能导致所有债务同时违约，但由于评级机构一般使用**评级调整**（notching）技术来调整发行评级，以反映相对于发行人评级的不同损失严重程度的可能性，不同发行的信用评级可能不同。

> **💡 老皮点拨**
>
> 在进行评级调整时，一般来说，高级无担保债务的评级越高，评级调整的幅度就越小，因为高评级意味着较低的违约风险，因此需要调整来反映潜在损失差异的需求也就减少了。对于评级较低的债务，由于违约风险较大，因此评级调整幅度可能会更大。

2. 信用评级的等级

三大全球信用评级机构（穆迪、标普和惠誉）使用类似的基于符号的评级体系，来评估债券违约的可能性。这些评级从最高到最低排列如下。

（1）AAA/Aaa： 顶级信用质量，最低的信用风险，极低的违约概率。

（2）AA/Aa： 高质量等级，非常低的违约风险。

（3）A： 上等中间等级。

（4）BBB/Baa： 低等中间等级，属于**"投资级"**（investment grades）中的最低等级。

（5）BB/Ba 及以下： 具有投机性质的信用特征，更高的违约风险，也被称为"低等级"（low grade）、"投机级"（speculative grade）、"非投资级"（non-investment grade）、"低于投资级"（below investment grade）、"高收益"（high yield）或"垃圾债券"（junk bond）。

3. 信用评级的作用

信用评级在金融市场中起着至关重要的作用，尤其是在公开市场和准公开市场中。没有获得穆迪、标普或惠誉评级的债券，发行者通常不会提供服务，投资者也不会购买。

具体来说，信用评级的重要性及应用体现在：

(1) 独立的风险评估：评级机构提供独立于发行者和投资者之外的第三方风险评估。

(2) 比较的便利性：符号化的评级系统使得不同发行人、不同债券以及不同市场细分之间的比较变得容易。

(3) 监管依赖：许多监管规定要求使用信用评级作为评估信用风险的标准之一。

(4) 发行者付费模式：评级费用由债券发行者支付，债券投资者没有相关成本。

(5) 债务市场的快速增长：随着债务市场的扩张，信用评级的需求也随之增加。

(6) 债券组合管理和指数的发展：债券投资组合管理和相关指数的开发需要可靠的信用评级信息。

4. 信用评级的局限性

信用评级的局限性包括：

(1) 评级滞后于市场定价：债券价格和信用利差的变化速度往往比评级机构调整其评级要快得多。这意味着市场可能已经根据新信息调整了价格，而评级机构尚未更新其评级。

(2) 评级难以考虑到所有风险：有些风险很难通过信用评级完全反映出来，如法律风险、环境风险和自然灾害等。

(3) 评级机构之间存在意见分歧：不同评级机构对复杂风险的看法可能不同，导致出现**评级结果分歧（split ratings）**。例如，WeWork 在 2018 年首次发行无担保债务时，获得了不同的评级结果。

(4) 误判和不可预见的变化：评级机构的前瞻性分析可能会遗漏或未能完全捕捉到某些不可预见的变化。例如，2008—2009 年全球金融危机期间高评级的次级抵押贷款债券的违约，以及因复杂会计欺诈导致出现了高发行信用评级但最终违约的公司（如美国的安然公司和世界通信公司，德国的 Wirecard AG）。

Credit Rating Agency　信用评级机构

基础释义

信用评级机构（credit rating agency）是指那些专门从事评估债务工具（如债券）或债务发行者（如公司或政府实体）信用风险的专业机构。这些机构提供的评级是一个基于符号表示的风险度量标准，用以评估特定债券或债务发行者违约的可能性。大型的信用评级机构在全球范围内对各种类型的债券进行评级，包括政府债券、政府机构债券、跨国组织（如世界银行）债券、公司债券、非主权政府债务以及按揭和资产支持证券等。

概念详解

1. 主要的信用评级机构

国际上最主要的信用评级机构包括：

（1）标准普尔全球评级（S&P Global Ratings）： 总部位于**美国纽约**，是全球领先的风险评估公司，提供包括国家主权信用评级、公司信用评级、结构化融资产品评级等在内的广泛服务。

（2）穆迪投资者服务（Moody's Investors Service）： 同样起源于**美国**，是全球最大的信用评级机构之一，为全球市场提供信用评级、研究、数据和分析服务。

（3）惠誉评级（Fitch Ratings）： 是唯一一家总部设在**欧洲**的全球性信用评级机构，但在**纽约**和**伦敦**设有双总部，提供跨主权、企业、金融机构、结构化融资和地方政府评级。

> 📍 **实务拓展**
>
> 新的信用评级机构叠出，试图挑战穆迪、标准普尔和惠誉的主导地位。例如，加拿大的多米尼恩债券评级服务公司（Dominion Bond Rating Service, DBRS）以及日本的日本信用评级机构（Japan Credit Rating Agency, JCR）都在试图提高自己的知名度。尽管如此，最大的几家信用评级机构的市场主导地位仍然保持不变。

2. 信用评级机构的历史与发展

主要信用评级机构的历史可追溯至一个多世纪以前。例如，约翰·穆迪（John Moody）从 1909 年开始发布关于美国铁路的信用分析意见，标准普尔在 1916 年发布了首个评级。自此以后，这些机构的规模和影响力不断扩大。

Credit Risk　信用风险

基础释义

信用风险是指借款人未能按照合同约定的条款履行其支付利息和 / 或本金的义务，即违约的风险。信用风险的评估和定价对于资本的有效配置至关重要，是一个动态过程，随着市场条件的变化，信用风险的各个组成部分会不断重新评估，固定收益工具也会根据市场条件重新定价。

概念详解

1. 信用风险的来源

信用风险取决于与借款人自身相关的特定因素以及总体经济条件，并且在整个合同期间内可能会发生变化。公司发行人和政府发行人的信用风险来源并不一致。

1.1 企业发行主体的信用风险来源

（1）经济衰退： 宏观经济环境的衰退可能会导致企业收入下降，从而影响其偿还债务的能力。

（2）业务和市场环境的战略转变： 市场的快速变化可能导致企业失去竞争优势，影响其长期盈利能力。

（3）竞争加剧： 来自竞争对手的压力可能导致市场份额减少，进而影响公司的现金流。

（4）定价能力减弱： 如果企业无法有效地调整产品价格以应对成本上升，其利润空间可能会被压缩。

（5）经营利润率缩水，增加亏损： 利润率下滑和持续亏损会削弱企业的财务健康状况。

（6）过高的债务偿还需求： 高杠杆率意味着更高的固定成本，这增加了企业违约的风险。

1.2 主权或公共实体发行主体的信用风险来源

（1）经济衰退：国家或地区层面的经济衰退会影响到政府的收入来源，增加违约风险。

（2）政治不确定性：政局不稳定或政策频繁变动可能影响政府的信誉和偿债能力。

（3）过高的债务偿还需求：高额的债务负担会占用大量财政资源，降低政府应对经济冲击的能力。

（4）扩张性经济政策：过度的刺激措施可能导致通货膨胀，损害货币价值，增加偿还外币债务的成本。

（5）预算赤字（budget deficits）：长期的财政赤字表明政府支出超出收入，可能需要通过更多的借款来填补缺口，增加了未来的偿债压力。

（6）减税：虽然减税可能刺激经济增长，但也可能减少政府的税收收入，影响其偿还债务的能力。

（7）征税能力有限：如果政府无法有效征收税款，其财政状况可能会恶化，影响到其偿还债务的能力。

2. 信用风险的评估方法

传统的信用评估方法基于所谓"信用分析的 C"（Cs of credit analysis），包括 5 个与**特定借款人**相关的自下而上的标准以及 3 个与**所有借款人**相关的自上而下的总体因素。

2.1 自上而下的评估（Top-Down Analysis）

自上而下的评估侧重于**构成了借款人经营的基础环境的影响所有借款人的宏观因素**，主要包括：

（1）条件（conditions）：指所有借款人面临的总体经济、竞争和商业环境，这些因素可能会影响他们偿还或再融资债务的能力。

（2）国家（country）：涉及地缘政治环境以及借款人所在司法管辖区内的法律和政治制度，这些因素可能影响债务的支付。

（3）货币（currency）：对于那些现金流量受汇率变动影响或以外币借款的发行人来说，货币因素是一个重要因素，尤其是对于拥有外币债务的主权发行者而言。

2.2 自下而上的评估（Bottom-Up Analysis）

自下而上的评估关注的是**具体借款人本身的特性**，主要包括：

（1）偿债能力（capacity）：这是指借款人按时偿还债务的能力。通常通过分析财务报表中的流动比率、速动比率、经营现金流等定量指标来评估。

（2）资本（capital）：资本是指除了债务之外的其他公司资源。这些资源可以使公司减少对债务的依赖。资本充足性可以通过权益比率、负债权益比率等财务指标来衡量。

（3）抵押品（collateral）： 评估支撑债务的资产的质量和价值。抵押品的价值和流动性直接影响到违约发生时债权人的回收率。

（4）契约（covenants）： 债务协议中的法律条款，是发行人在债务存续必须遵守的规定。契约的严格程度和执行情况有助于保护债权人的利益。

（5）品格（character）： 管理层的质量以及偿还债务的意愿。这通常是通过评估管理层的历史表现、信用关系以及当前声誉来判断的。

3. 信用风险的具体度量

固定收益投资者面临的信用风险包括发行人在给定期间内未能支付承诺的利息和本金的风险，对违约损失进行概率加权之后的结果称为**预期损失（Expected Loss, EL）**，是信用风险的具体数值层面的度量指标。

预期损失（EL）的计算公式为：

$$EL=POD \times LGD$$
$$LGD=EE \times (1-RR)$$

其中，

-POD（Probability of Default, POD）代表违约概率，即发行人在给定期间内未能按时全额支付本金和利息的无条件违约概率

-LGD（Loss Given Default, LGD）代表违约损失率，即在违约事件发生时投资者的损失

-EE（Expected Exposure）代表预期信用风险敞口，即投资者在某一具体时点面临的最大的可能损失

-RR（Recovery Rate）代表回收率，即在发生违约的情形下投资者可以回收的风险敞口金额的比例

Credit Score　信用评分

基础释义

信用评分是指基于借款人过去的信用行为和其他相关财务信息，通过一

C

定的算法计算得出的用于衡量个人或小型企业在借贷市场上信用状况的一种量化指标。信用评分主要用于**零售借贷市场（retail lending market）**，帮助放贷机构决定是否向借款人提供信贷以及确定贷款条件。

概念详解

1. 信用评分的方法论

不同国家和地区使用的信用评分模型可能存在差异。在某些地方，信用评分系统可能只记录负面信息，如逾期付款或违约情况，而在其他国家和地区，则可能使用更广泛的信息来计算信用评分。这些信息可能包括正面的还款记录、信用账户的历史等。

2. 信用评分的应用

信用评分主要用于零售借贷市场，涉及个人消费贷款、信用卡申请、房贷等。放贷机构会根据借款人的信用评分来决定是否批准贷款，以及贷款的额度、利率等条款。相比之下，**信用评级（credit rating）** 则更多地应用于批发市场，如公司债券、政府债券以及资产支持证券（ABS）等领域。

3. 信用评分的例子

在美国，大约 90% 的放贷机构在面向零售客户时使用 FICO 评分。FICO 评分是 Fair Isaac Corporation 的联邦注册商标，它基于**三大全国性信用局（Experian、Equifax 和 TransUnion）**收集的消费者信用文件数据计算得出。

3.1 FICO 信用评分的主要因素

（1）付款历史（35%）： 包括是否有逾期付款、破产记录、法庭判决、财产收回和房屋止赎等情况。

（2）负债水平（30%）： 考虑信用卡债务占限额的比例、有正余额的账户数量以及总欠款额。

（3）信用历史长度（15%）： 包括信用账户的平均年龄以及最老账户的年龄。

（4）使用的信用类型（10%）： 包括分期付款、消费金融和抵押贷款的使用情况。

（5）近期信用查询（10%）： 包括当消费者申请新贷款时的**"硬查询"（hard inquiry）**，但不包括雇主验证或自我检查信用评分时的**"软查询"（soft inquiry）**。

3.2 FICO 信用评分不包含的因素

Fair Isaac Corporation 在其官方网站上明确指出，FICO 信用评分不包括种族、肤色、国籍、性别、婚姻状况、年龄、收入、职业、就业历史、家庭住址以及抚养义务等因素。

> **实务拓展**
>
> FICO 信用评分的范围从最低的 300 分到最高的 850 分。根据历史数据显示，在 2005 年 10 月（全球金融危机之前）、2009 年 4 月（金融危机最严重时期）和 2017 年 4 月（危机后），FICO 评分的分布有所变化。随着经济状况的恶化，较低的信用评分比例增加，但之后有所下降。在这几个阶段，平均 FICO 评分从 688 到 687 再到 700 分。

Credit Spread　信用利差

基础释义

> 信用利差是指一种金融工具（通常是固定收益证券，如债券）的收益率与其无风险基准收益率之间的差异。这个差异反映了投资者为了承担额外的信用风险而要求的额外补偿。通常情况下，无风险基准收益率指的是国债收益率，因为国债被认为是几乎没有违约风险的。

概念详解

1. 信用利差的分类

1.1 固定利率债券信用利差度量（Fixed-Rate Bond Credit Spread Measures）

固定利率债券的信用利差度量指标主要包括：

（1）收益率利差（yield spread）： 收益率利差是指**债券的到期收益率（YTM）与相似期限的无风险基准（如国债）的到期收益率**之差。收益率利差的优点在于计算简便，易于理解和应用，尤其适用于没有期权的固定收益证券，但是其没法处理曲线之间的利差问题，存在期限错配偏差，且随着债券接近到期日，基准国债可能会发生变化。

（2）G-Spread（政府利差）： 使用恒定期限的国债收益率作为基准，通过**插值法（interpolation method）**来确定与债券期限相匹配的收益率，更加精确地反映了债券与基准之间的利差。

C

（3）I-Spread（互换利差）： 使用利率互换（interest rate swaps），通过插值法确定与债券期限相匹配的互换利率。利率互换基于短期借贷或市场参考利率（MRR），可以用于比较不同发行人和期限的定价。互换利差的优点在于解决了固定收益证券与基准之间的期限错配问题，但仅适用于没有期权的债券。

（4）资产互换利差（asset swap spread, ASW）： 将固定利率债券的票息转换为市场参考利率加上（或减去）一个利差。如果债券价格接近面值，这个利差大约等于债券的信用风险溢价。

（5）零波动利差（zero-volatility spread, Z-spread）： 通过将债券的价格分解为其现金流，使用一个恒定的利差（Z-spread）和对应的基准即期利率曲线来折现现金流。Z-spread 比 G-spread 和 I-spread 更为精确，但计算复杂，通常需要借助电子表格或专业模型来完成。

（6）信用违约互换基础利差（CDS basis）： CDS basis 衡量的是特定债券的 Z-spread 与其信用违约互换（CDS）利差之间的差异，负基差表示债券收益率高于 CDS 利差，正基差则相反，反映了债券市场与 CDS 市场之间的定价差异。

（7）期权调整利差（option-adjusted spread, OAS）： OAS 是考虑了债券内嵌期权的影响，基于假设的利率波动率计算出的恒定利差，适用于各种固定收益证券，包括不含权、可赎回、可回售以及结构性固定收益工具，是固定收益组合管理中最合适的信用利差度量指标，但高度依赖于波动率和其他模型假设。

老皮点拨

OAS 被认为是固定收益组合管理中最合适的信用利差度量指标，主要原因有以下两点。

（1）一致性（consistency）： OAS 提供了一种一致的基础，使得不同类型的固定收益证券之间的信用风险利差可以进行比较。无论是无期权的债券、可赎回债券、可回售债券，还是结构化固定收益工具，OAS 都能提供一个统一的衡量标准。这种一致性对于主动型固定收益组合管理至关重要，因为它允许基金经理在同一框架下评估和比较多种类型的固定收益工具。

（2）模型复杂性（model complicity）： OAS 的计算通常依赖于固定收益分析模型，这些模型综合了当前的利率期限结构、利率波动性，以及特定债券的期权特征。通过将这些复杂的因素整合在一起，OAS 能够更全面地反映债券的真实信用风险。

1.2 浮动利率票据信用利差度量（Floating-Rate Note Credit Spread Measures）

浮动利率债券的信用利差度量指标主要包含：

（1）报价利差（quoted margin, QM）： 发行时设定的固定利差，用以补偿投资者承担的信用风险。除非债券契约中有特别规定，否则 QM 通常是固定的，不会随时间变化而变化。

（2）折现利差（discount margin, DM）： 投资者要求的收益率相对于市场参考利率（MRR）的额外部分。在估值时，每个利息支付期的折现率等于 MRR 加上折现利差除以每年的支付次数。

（3）零折现利差（zero-discount margin, Z-DM）： 零折扣利差（Z-DM）将**未来 MRR 的预期变化**纳入收益率利差的计算之中。

2. 信用利差的期限结构

信用利差曲线（credit spread curves） 反映了信用利差随着期限的变化的变动情形。经常发行多个债券并在不同期限内有债券存续的发行人通常会有自己的**发行人特定信用曲线（issuer specific credit curve）**，这些曲线展示了不同期限债券的信用利差分布情况。

Credit Spread Curve　信用利差曲线

同"Credit Curve"。

Cross-Default Clause　交叉违约条款

基础释义

交叉违约条款是指在债权债务关系中允许在借款人未能履行其在另一项贷款或债券中的义务时，触发该借款人在所有其他相关债务上的违约状态的一种债务合同规定。换言之，如果借款人在任何一项债务工具上出现了违约，如未能按时支付利息或本金，那么这一违约事件可以被其他债务合同视为违约，借款人将被要求立即偿还所有未偿还债务。

概念详解

1. 交叉违约条款的法律框架

交叉违约条款通常包含在贷款协议或债券契约中，是保护债权人的机制之一。这些条款在法律上赋予了债权人一定的权利，使其能够在发现借款人有违约迹象时采取行动，以最大限度地减少自己的损失。

交叉违约条款通常规定了一个**门槛金额（threshold amount）**，只有当违约的债务金额超过这个门槛时，才会触发交叉违约。

2. 交叉违约条款的适用范围

交叉违约条款可以用于同一类型的债务工具之间，也可以跨越不同类型使用，如银行贷款和债券之间。在一些情况下，交叉违约还可以延伸至关联方，如母公司与子公司之间的债务。

3. 交叉违约条款的触发条件

最常见的触发条件是借款人在其他债务工具上的违约行为，包括但不限于本金或利息的逾期支付。其他可能的触发条件还包括破产、重组、重大不利变化等。

> **老皮点拨**
>
> 尽管交叉违约条款意味着所有债务具有相同的违约概率，但不同债务工具的信用评级可能会有所不同。这是因为评级机构会对不同的债务工具进行"级别调整"（notching），以反映其在资本结构中的相对地位。
>
> 例如，担保债务（secured debt）通常比无担保债务（unsecured debt）获得更高的评级，因为担保债务在借款人违约时有优先求偿权。同样，次级债务（subordinated debt）由于在偿还顺序上位于普通债务之后，通常会获得较低的评级。

Cross Sectional Regression　横截面回归

基础释义

横截面回归是指专注于在某一特定时间点上收集的不同个体、公司、地区、资产类别等实体的数据，来探究这些实体之间某两个或多个变量之间的关系的一种回归方法。与时间序列分析关注**单个实体随时间变化的趋势**不同，横截面回归分析的是**同一时期内不同实体**的横截面数据，以识别变量间的共性模式或差异。

概念详解

1. 横截面回归的数据结构

横截面数据集包含的是在相同或相近时间点上从不同来源获取的观测值。例如，在研究不同公司的财务表现时，横截面数据集可能包括同一财年结束时所有上市公司的市值、盈利、负债等指标。这里的"观测"指的是每个单独实体（如每家公司）的数据记录。

2. 横截面回归的目的

横截面回归的主要目的是探索和量化变量间的静态关系，如确定哪些因素影响了公司股票的市盈率、分析不同国家的经济指标如何影响其债券收益率，或者研究教育水平如何影响个人收入等。通过建立回归模型，研究者可以估计**自变量（解释变量）**变动对**因变量（被解释变量）**的影响程度。

3. 横截面回归的模型形式

典型的横截面回归模型形式类似于一般线性模型，通过最小化残差平方和等准则来估计参数，以最佳地拟合数据。

> 💡 **老皮点拨**
>
> 在进行横截面分析时，需要注意潜在的异方差性（不同观测值的误差项方差不等）、多重共线性（自变量之间高度相关）和样本选择偏差等问题，

C

这些问题可能会影响回归结果的解释和可靠性。有时，研究者会采用加权最小二乘法、稳健标准误估计或其他高级统计技术来处理这些问题。

实务拓展

横截面回归广泛应用于经济学、金融学、社会学、市场营销等领域，用于研究市场效率、资本结构、消费者行为、政策效果等多种现象。

Crowdsourcing 众包

基础释义

众包是指企业或组织将原本由内部特定员工或专业团队执行的任务，通过互联网或其他开放渠道，以开放式邀请的方式，外包给**广泛分布的不确定的网络参与者**，集合群体的力量来完成特定目标的过程。众包强调利用集体智慧、技能和资源，通常以自愿参与的形式，来共同创造、解决问题或提供服务。

概念详解

众包模式的应用领域及商业案例

（1）社交媒体：如 TikTok（抖音海外版）和红迪网，这些平台鼓励用户生成内容（user-generated content, UGC），上传视频、分享观点、参与讨论，实质上是通过众包丰富平台的内容生态，提升用户参与度和黏性。

（2）知识聚合：维基百科是最著名的知识众包案例，全球网民共同编辑和维护一个大规模的在线百科全书，每一条目都是集体智慧的结晶，无须中央编辑团队就能持续更新和扩展知识库。

（3）用户社区：企业创建或维护的用户社区，如品牌论坛、粉丝社群等，鼓励用户之间的互助与创意分享，有时甚至参与到产品的设计、测试和市场营销活动中，形成一种深度参与和共创的模式。

> **老皮点拨**
>
> 众包的核心在于打破传统生产或创意过程的界限，允许来自不同背景和地域的个人（业余爱好者、专业人士、志愿者等）出于获得激励、认可或仅仅是出于兴趣或公益目的，通过在线平台协作的方式贡献自己的专长，共享成果，从而实现高效、多样化和低成本的解决方案。

Currency　货币

基础释义

> 货币是指一种普遍接受的交换媒介、价值尺度、支付手段的标准。作为经济活动的核心要素，货币在现代社会扮演着至关重要的角色。

概念详解

1. 货币的主要功能

货币的主要功能包括交换媒介、价值尺度、支付手段和价值储藏。

1.1 交换媒介（Medium of Exchange）

在没有货币的物物交换体系中，交易建立在双方恰好同时需要对方的商品的基础上，交易过程复杂且受限。货币作为通用的交换媒介，消除了这种**"双重巧合"**的要求，使得任何拥有货币的人都可以购买任何愿意接受货币作为支付的人所提供的商品或服务，使商品和服务的交换变得更加简便和高效。

1.2 价值尺度（Unit of Account）

货币充当了衡量和比较商品和服务价值的标准单位。价格以货币单位表示，使得经济主体可以方便地计算成本、收益、利润等，并进行经济决策。价值尺度功能使得经济活动的量化成为可能，促进了**经济统计**和**会计核算**。

1.3 支付手段 （Means of Payment）

货币用于清偿债务或履行经济义务。无论是即时支付还是延期支付，货币都提供了便捷的结算方式。在现代经济中，通过银行转账、电子支付等方式，货币的支付功能进一步得到扩展，极大地便利了商业交易和个人消费。

1.4 价值储藏 （Store of Value）

货币允许个人和企业储存财富，将其当前的购买力转移到未来使用。虽然货币的价值可能会受到通货膨胀等因素的影响，但相对其他许多实物商品，货币通常更稳定，更易于储存和转移，因此仍然是最重要的价值储藏形式之一。

2. 货币的类型

2.1 实物货币 （Commodity Money）

历史上，某些具有内在价值的商品，如金、银、盐、烟草等，曾被直接用作货币。这些商品本身具有稀缺、易分割、便携、耐用等特性，使其适合充当货币。

2.2 信用货币 （Fiat Money）

现代经济体中广泛使用的货币，如纸币和硬币，其价值并非源于内在物质价值，而是基于政府的权威和公众的信任。政府通过法律赋予这些货币法定支付能力，并承诺以国家信用作为担保。

2.3 数字货币 （Digital Currency）

随着科技发展，出现了不依赖于物理形态、仅以电子形式存在的货币，如**中央银行数字货币（CBDC）**和**加密货币**（如比特币）。它们利用**区块链（blockchain）**等技术进行记账和验证交易，提供了一种新型的货币形式。

> **老皮点拨**
>
> 中央银行通过控制**货币供应量**以及设定利率等手段实施货币政策，以影响经济活动、通货膨胀率、就业水平等宏观经济指标。货币政策的目标通常包括维持物价稳定、促进经济增长、维护金融稳定等。

Currency Swap　货币互换

基础释义

> 　　货币互换是指涉及两个或多个参与者之间就**不同币种**、特定金额、相同期限的债务进行现金流交换的一种双边金融衍生工具。在货币互换交易中，各方同意在初始时按照约定的汇率交换各自持有的不同货币本金，然后在互换期间按照事先确定的方式定期交换利息支付，并在到期日按照预先设定的汇率再将本金交换回各自原始的货币。

概念详解

1. 货币互换的基本要素

　　(1) 参与主体: 货币互换的参与者可以是金融机构、公司、政府或其他经济实体。

　　(2) 不同货币: 互换涉及两种或多种不同的货币，如美元与欧元、人民币与日元等。

　　(3) 本金交换: 交易开始时，双方按照约定的即期汇率交换等值但币种不同的本金。例如，一方提供一定数额的美元，另一方则提供等值的欧元。

　　(4) 利息支付: 在互换期内，双方定期（如每季度或每半年）按照各自货币的市场利率(固定利率或浮动利率)向对方支付利息。一方支付以一种货币计价的利息，另一方则支付以另一种货币计价的利息。

　　(5) 到期本金重置: 在互换协议到期时，双方再次按照约定的远期汇率（可能与初始汇率相同或不同）将本金交换回各自原来的货币。

2. 货币互换的类型

2.1 固定对固定（Fixed-to-Fixed）

　　在固定对固定的货币互换中，双方交换的都是固定利率的利息支付。例如，一方可能以固定利率支付美元利息，而另一方则以固定利率支付欧元利息。

2.2 固定对浮动（Fixed-to-Floating）

　　在固定对浮动的货币互换中，一方支付固定利率的利息，而另一方支付浮动利率的利息。例如，一方可能支付固定利率的美元利息，而另一方支付基于伦敦银行同业拆借利率（LIBOR）或其他基准利率的浮动利率欧元利息。

2.3 浮动对浮动（Floating-to-Floating）

在浮动对浮动的货币互换中，双方都以浮动利率支付利息。例如，一方可能支付基于 LIBOR 的浮动利率美元利息，而另一方支付基于欧洲银行间欧元拆借利率（EURIBOR）的浮动利率欧元利息。

> **实务拓展**
>
> 除基于利率支付结构分类的货币互换以外，货币互换还可以按照本金交换形式（单向本金交换、双向本金交换）、互换期限（短期、长期、可展期）、提前终止条款（有无提前赎回权）等因素进行多样化的设计，以适应不同的市场需求和风险偏好。

3. 货币互换的操作流程

一笔完整的货币互换业务的流程如下：

（1）签订协议： 双方签署货币互换协议，规定货币互换的详细条款，包括本金金额、利率、支付频率等。

（2）本金交换： 在协议生效之日，双方按约定的汇率交换本金。

（3）利息支付： 在协议期间内，双方根据约定的利率定期支付利息。

（4）到期本金交换： 在协议到期时，双方再次按相同的汇率交换本金。

4. 货币互换的优点

货币互换的优点包括：

（1）降低融资成本： 双方可以利用彼此的信用优势获取更低的借款利率。

（2）管理汇率风险： 货币互换可以锁定未来的汇率，从而规避汇率波动带来的风险。

（3）灵活性： 可以根据双方的需求定制货币互换协议的条款。

5. 货币互换的风险

货币互换的风险包括：

（1）汇率风险： 尽管货币互换可以锁定汇率，但如果市场汇率发生重大变化，仍然可能带来风险。

（2）信用风险： 如果一方违约，另一方可能会遭受损失。

（3）利率风险： 如果利率发生变化，可能会对其中一方不利。

6. 货币互换的应用

(1) 风险管理： 通过互换，参与者可以将外币债务与本币债务相互转换，从而规避汇率波动带来的潜在损失。

(2) 成本效益： 一方可能在其本国市场上能够以较低的成本获得资金，但在外国市场有投资机会。通过货币互换，该方可以利用本国市场的低成本融资优势，同时获得所需外币，从而降低整体融资成本。

(3) 市场准入： 对于那些因监管限制、信用评级问题或其他原因难以直接进入某个资本市场的实体，货币互换提供了获取所需货币资金的途径。

(4) 资产负债管理： 企业或金融机构可以通过货币互换来调整资产负债表上的货币结构，使其与收入或支出的货币结构相匹配，以减少货币错配的风险。

(5) 加密货币领域： 在区块链网络上，**加密货币互换（cryptocurrency swap）** 允许用户直接交换不同的加密货币，无须通过传统的中介机构或交易平台，为数字资产投资者提供了便捷的资产配置工具。

Current Rate Method　现行汇率法

基础释义

> 现行汇率法又称"期末汇率法"或"单一汇率法"，是指在编制合并财务报表时，在将**外币财务报表（尤其是子公司报表）** 转换为**以本国货币（母公司的报告货币）表示的报表**时将全部资产及负债按照现行汇率进行折算的一种外币报表折算方法。现行汇率法的理论依据在于现行汇率最能反映资产负债表日各项资产和负债的现行价值。

概念详解

1. 现行汇率法下的汇率选择

1.1 资产和负债的折算汇率

所有的资产及负债项目均按照**报告期末的现行汇率**进行折算。

1.2 所有者权益的折算汇率

(1) 实收资本（股本）： 通常按照**历史汇率（即投资者投入资金时的汇率）** 折算，

以反映原始投资的真实价值。

（2）期初留存收益： 按照历史汇率折算。

（3）利润表项目： 按照收入及费用项目发生时的汇率进行折算。为了简化，日常交流中一般默认按照**报告期平均汇率**折算。

（4）股息： 按照历史汇率进行折算。

2. 现行汇率法下折算差额的处理

在现行汇率法下，当出现折算差额时，一般按照以下两种方法进行会计处理：

（1）记入其他综合收益（OCI）或类似的权益科目，反映汇率变动对净资产价值的影响，但**不直接影响当期净利润**。

（2）在某些情况下，部分折算差额可能被暂时记录在资产负债表的特定科目中，随后在满足特定条件时再重新分类至利润表。

3. 现行汇率法的适用范围

3.1 全球大部分地区的使用情况

现行汇率法在全球范围内广泛应用于财务报表的外币折算，尤其是在遵循国际会计准则（IAS）和国际财务报告准则（IFRS）的国家和地区，它是编制合并报表时的标准折算方法。

3.2 美国的使用情况

在美国，根据**财务会计准则委员会（FASB）**的规定，现行汇率法是首选的折算方法，尤其适用于**外币（当地货币）**作为**境外子公司的功能货币**的情况。

4. 现行汇率法的优缺点

现行汇率法的优点和缺点都比较明显，具体如下：

（1）优点：方法相对直观，易于操作，且一次性使用期末汇率折算所有项目，简化了折算过程，有利于比较不同期间的报表数据。

（2）缺点：一次性使用单一汇率可能忽略**期间内汇率变动对资产和负债价值的影响**，特别是在汇率波动较大的时期，可能夸大或低估折算结果。

Current Yield　当期收益率

基础释义

当期收益率是指投资者基于当前市场价格购买债券、优先股或其他固定收益工具所能获得的年化收益率。当期收益率计算简单，易于理解，常用于快速评估债券相对于其市场价格的即时收益吸引力。然而，当期收益率未考虑债券价格变动、再投资收益等因素，对于全面评估债券投资的总回报存在一定局限性。

概念详解

1. 当期收益率的计算公式

$$Current\ yield = Annual\ coupon_t / Bond\ price_t$$

其中，

- Annual coupon$_t$ 代表年度票息，即债券一年内支付的票息总额
- Bond price$_t$ 代表 t 时刻的债券价格

2. 当期收益率的特点

（1）即时收益指标： 当期收益率关注的是投资者以当前市场价格买入债券后，**立即可以获得的年化现金收入比例**，不考虑未来价格变动或再投资收益。

（2）忽略时间价值： 当期收益率忽略了债券的到期时间及其价格随时间变化的影响，即**不考虑债券的资本利得或损失**。

（3）适用于固定利息支付的证券： 当期收益率主要用于计算定期支付固定利息的债券，对于不支付固定利息（如零息债券）或利息支付不固定的证券（如浮动利率债券），此指标可能不适用或需要适当调整计算方法。

> 💡 **老皮点拨**
>
> 当期收益率与其他收益度量指标之间存在一些比较明显的区别：
> （1）当期收益率与票息率（coupon rate）的区别在于，票息率是债券发行时设定的固定利率，反映的是债券按面值购买时的年化收益，而当期收益

率考虑了市场价格变动对收益的影响。

（2）当期收益率与到期收益率（yield to maturity, YTM）的区别在于，到期收益率不仅考虑了债券的年息票利息，还考虑了债券买入价与面值之间的**折溢价摊销**，以及**未来利息收入的再投资收益**，因此它是一个综合衡量债券全部未来现金流现值的内部收益率，而当期收益率仅关注当前的现金收入。

3. 当期收益率的应用

（1）快速筛选：当期收益率便于投资者快速比较不同债券在当前市场价格下的相对收益水平，尤其是在债券市场价格大幅偏离面值时。

（2）简化分析：对于不关注债券价格变动或持有至到期的投资者，当期收益率提供了一个简洁明了的收益衡量标准。

Cyclical Industry　周期性行业

基础释义

周期性行业是指与宏观经济状况高度相关，其业绩和市场需求**随经济周期波动呈现出明显的起伏变化**的行业。当经济扩张时，这些行业通常会经历销售增长和价格上涨；反之，在经济衰退时，则可能面临需求减少和利润下滑。

概念详解

1. 周期性行业的特征

（1）需求波动大：周期性行业的一个显著特征是需求波动大，这意味着在经济扩张期间，随着消费者信心增强和收入增加，这些行业的产品或服务需求显著上升；相反，在经济衰退期间，由于失业率上升、消费者信心减弱以及可支配收入减少，需求则明显下降。奢侈品、高端零售商品以及大型耐用消费品等都是典型的周期性产品。

（2）高经营杠杆：周期性行业中的企业通常拥有**较高的固定成本比例**，包括厂房、设备和研发等前期投入。在经济扩张时期，销量增加带来的边际收益较高，能够迅速提高利润率。然而，在经济衰退时期，由于销量下降，高固定成本难以摊薄，导致利润下降甚至出现亏损。重工业和制造业通常具有较高的经营杠杆。

（3）产品和服务较为昂贵： 周期性行业的商品和服务通常是非必需品，价格较高。这些商品和服务往往是可推迟购买的，比如汽车、家具和旅游等。在经济不景气时，消费者倾向于延迟这些非必需品的购买，从而导致需求减少。

2. 周期性行业的例子

（1）汽车制造业： 经济增长期，收入增加，人们更倾向于购买新车或升级现有车辆，这导致汽车销量上升，制造商利润增加。然而，在经济衰退时，消费者可能会推迟购车计划，导致销量下滑，进而影响制造商的收入和利润。典型企业包括通用汽车、丰田和特斯拉等。

（2）建筑与房地产： 经济繁荣时，建设活动增加，房价上涨，带动建材、家居等相关行业的发展。然而，在经济下行时，房地产投资和新房销售可能显著放缓，导致整个产业链受到影响。典型企业如万科和恒大地产等。

（3）旅游业： 在经济状况良好时，人们有更多的闲钱用于旅游，国际国内旅游人数增多，旅游业及相关服务业的收入也随之增加。然而，当经济不景气时，旅游预算往往是首先被削减的部分，尤其是长途和豪华旅行，这会导致旅游业收入下滑。典型企业包括携程旅行网和万豪国际酒店集团等。

（4）奢侈品行业： 奢侈品行业在经济繁荣期表现出强烈的增长势头，高端消费增加，奢侈品销售上升。然而，在经济衰退期，消费者会减少奢侈品购买，转向更实惠的选择，这使得奢侈品行业的销售额和利润下降。典型企业包括路易威登、爱马仕和古驰等。

（5）零售业： 零售业中的非必需品类别，如高端零售和品牌服装，在经济增长期消费者信心增强，购物意愿上升，销售业绩良好。但在经济衰退期，消费者减少非必需品支出，转向性价比更高的商品，这对零售业造成负面影响。典型企业如沃尔玛和家得宝等。

（6）半导体与高科技产业： 半导体与高科技产业是技术驱动型行业。在经济扩张期，企业和消费者对新技术的需求增加，推动电子产品和软件销售的增长。而在经济衰退期，企业减少资本支出，消费者减少电子产品购买，导致销量下滑。典型企业如英特尔、苹果和三星电子等。

（7）能源行业： 在经济增长期由于工业活动增加，能源需求上升，相关能源产品价格可能随之上涨。而在经济衰退期，能源需求减少，相关能源产品价格可能下跌。典型企业如埃克森美孚、雪佛龙和中国石油天然气集团公司等。

Dark Pool　暗池

基础释义

> 　　暗池是指主要服务于机构投资者和其他需要进行大额交易的市场参与者的用于执行大额订单而不公开交易细节（买卖双方身份、交易价格和交易数量等），直到交易完成后一段时间内才按规定向监管机构报告的一种另类交易系统。暗池的核心特征是交易的匿名性和降低市场冲击。

概念详解

1. 暗池的特点

　　(1) 匿名性： 暗池通过隐藏买卖双方身份和订单详情，避免大额交易信息提前泄露导致市场价格波动，保护交易者的交易策略和意图。

　　(2) 降低市场冲击： 对于大额交易，公开市场上的立即执行可能导致价格大幅波动（即市场冲击）。暗池通过内部匹配或做市商机制，可以在不引起市场价格明显变动的情况下完成交易。

　　(3) 流动性来源： 暗池为流动性较差的证券或在公开市场上难以一次性完成的大额订单提供交易机会，提高了公开市场的流动性。

　　(4) 交易方式多样： 暗池通常采用**电子化交易方式**，支持**限价单、市价单、冰山订单等多种订单类型**，以适应不同的交易策略。

2. 暗池的运作机制

　　(1) 订单接收与匹配： 参与者通过电子接口向暗池提交买卖订单，暗池系统根据预设的匹配规则（如价格优先、时间优先等）对订单进行内部匹配。

　　(2) 做市商参与： 部分暗池允许**做市商**参与，为未被内部匹配的订单提供报价，进一步提高交易成功率和流动性。

　　(3) 信息披露： 交易完成后，暗池按监管要求向相关监管机构报告交易数据，这些数据可能在一定延迟后公之于众，以维持市场透明度。

3. 暗池的参与者

　　暗池主要服务于机构投资者，如养老基金、共同基金、对冲基金、大型企业等，它们需要进行大额交易，且对交易成本、执行质量及市场影响有较高要求。

4. 暗池的作用

（1）降低交易成本： 通过减少市场冲击，暗池可以帮助大额交易者节省交易成本，提高交易效率。

（2）保护交易策略： 匿名交易保护了大额交易者的交易意图和策略，避免被市场提前解读和利用。

（3）提高市场流动性： 对于流动性较差的证券或大额订单，暗池提供了一个额外的交易场所，有助于提高整个市场的流动性。

Days of Inventory on Hand (DOH)　存货周转天数

基础释义

存货周转天数是指衡量企业销售其存货并转换为现金所需时间的一个财务指标。简单来说，DOH是指公司完成一个批次的存货的销售需要花费的天数，反映了存货管理的效率。存货周转天数越少，通常表明企业能更快地将存货转化为销售，降低存货持有成本，提高资金使用效率。

概念详解

1.DOH 的计算公式

$$DOH = \frac{365}{\text{Inventory turnover ratio}}$$

其中，

- DOH 代表存货周转天数

- 365 代表默认的一年的天数

- Inventory turnover ratio 代表存货周转率

2.DOH 的应用

DOH 的应用场景包括：

（1）资源占用与效率： 存货周转率反映了公司库存占用的资金量，即持有成本。

存货周转天数进一步量化了这些资源被占用的时间长度，时间越短，表明库存转化为现金的速度越快，公司的资金周转效率越高。

（2）行业对比： 公司的存货周转天数应与行业内的其他公司进行比较，以评估其库存管理是否有效。行业规范提供了参考基准，低于行业平均的 DOH 可能意味着库存管理更加高效，而显著高于行业平均水平的 DOH 可能指示库存积压或流动缓慢。

（3）经营状况分析： 高存货周转率（低 DOH）通常表明库存管理高效，但也可能是库存水平过低，无法满足市场需求，可能导致错失销售机会。此时，通过比较公司的收入增长率与行业增长率，可以辅助判断高周转率是因为**管理高效**还是**库存短缺**。如果公司收入增长慢但周转率高，可能意味着库存确实不足。

（4）问题识别与策略调整： 低存货周转率（高 DOH）则可能揭示**库存积压或产品过时**问题，特别是在技术快速迭代或时尚产业中更为常见。通过与行业销售趋势的对比，公司可以诊断是否存在市场需求不匹配的问题，并据此调整库存策略，如促销清仓、改进产品设计或调整采购计划。

Dealer 交易商

基础释义

> 交易商又称"做市商"（market maker），是指通过提供买卖报价、持有库存以及积极参与交易，为特定金融工具（如股票、债券、外汇、期货、期权等）创造市场流动性，促进市场的高效运作的一种金融中介机构或个人。交易商通常是金融机构，如银行、投资银行、经纪商、自营交易公司等，在金融市场中扮演着买卖双方的角色，通过买卖价差或资本利得实现盈利。

概念详解

1. 交易商的类型

（1）批发交易商（wholesale dealer）： 批发交易商主要与金融机构等大客户进行交易，交易规模较大，通常涉及复杂的衍生品和结构化产品。

（2）零售交易商（retail dealer）： 零售交易商主要服务于个人投资者和小型

机构，交易规模较小，产品相对简单，如股票、债券、外汇等。

（3）特定市场交易商（niche market dealer）： 特定市场交易商专注于某一特定市场或产品，如外汇交易商、债券交易商、商品交易商等。

> **实务拓展**
>
> 交易商在不同的金融市场中可能存在不同的形态和称呼，如证券市场的**做市商**、外汇市场的**商业银行**和**交易商银行**、期货市场的**清算会员**等。他们在金融市场中发挥着关键的中介和润滑剂作用，是确保市场深度、宽度和连续性的核心力量。尽管电子交易平台和算法交易的发展在一定程度上改变了交易商的传统角色，但他们在提供市场流动性、稳定市场价格、促进市场公平高效运行等方面仍具有不可替代的价值。

2. 交易商的业务模式

交易商的核心业务模式是**"做市"（market making）**，即在金融市场中提供连续的买卖报价，为其他市场参与者（如投资者、其他金融机构）提供交易机会。

具体来说，交易商的运作模式包括：

（1）提供买卖报价： 交易商在市场中持续报出买入（bid）和卖出（ask）价格，形成买卖价差（spread），为其他参与者提供交易参考。

（2）对接交易对手： 当其他市场参与者接受交易商的报价并进行交易时，交易商作为交易对手，买入投资者想卖出的产品或卖出投资者想买入的产品。

（3）承担并管理市场风险： 交易商在买卖过程中承担市场风险，即买入产品后价格下跌或卖出产品后价格上涨的风险。他们通过风险管理策略（如对冲、动态调整库存、设定止损点等）来管理这些风险。

3. 交易商的利润来源

（1）买卖价差： 交易商提供的买入价低于市场价格，卖出价高于市场价格，两者之差即为交易商的盈利空间。当市场参与者接受报价并交易时，交易商赚取买卖价差。

（2）资本利得： 交易商在持有金融产品期间，若市场价格朝有利方向变动，交易商可以通过适时平仓实现资本利得。

（3）佣金与手续费： 某些情况下，交易商除了赚取买卖价差，还会收取交易佣金或手续费。

4. 交易商扮演的角色

（1）交易机会提供者： 交易商有义务在规定的交易时间内，对特定金融工具持续提供双向报价，这些报价构成了市场上的买卖盘，为其他市场参与者提供了参考价格和交易机会。交易商通过对市场供需状况、价格走势、新闻事件等信息的敏锐感知和快速反应调整报价，这能反映出市场变化，有助于市场信息的快速传播和价格发现过程。

（2）市场流动性提供者： 交易商通过频繁买卖活动，不断买卖金融工具，为市场注入流动性。他们的存在使得其他市场参与者在几乎任何时候都能找到交易对手，迅速执行交易指令，降低了交易成本，提高了市场效率。

（3）风险承担者： 作为市场的一方，交易商在提供报价和持有库存的过程中，需承担市场价格波动的风险。他们需要运用专业的风险管理技巧，通过动态调整报价、对冲操作、调整库存等方式管理风险。

（4）交易服务提供者： 交易商不仅与其他市场参与者进行交易，还为客户提供一系列交易服务，如交易执行、清算结算、市场分析、投资咨询等，满足客户多元化的交易需求。

> **实务拓展**
>
> 在许多金融市场中，成为交易商需要获得监管机构的许可，并遵守严格的资本充足率、风险管理、报告披露等规定。交易商的角色定位通常介于普通市场参与者与交易所之间，既是市场的核心参与者，也是市场秩序的维护者。

Debt Covenant　债务条款

同 "Covenant"。

Debt Service Coverage Ratio (DSCR) 债务服务覆盖比率

基础释义

债务服务覆盖比率是指用来衡量非主权政府或企业的经营收入是否足够支付其债务的利息和本金的一个财务比率。在商业地产贷款、项目融资和其他长期债务的背景下，债务服务覆盖比率是银行和投资者评估企业偿债能力的重要指标。

概念详解

1.DSCR 的计算公式

$$DSCR = \frac{Net\ operating\ income}{Debt\ service}$$

$$NOI = (Rental\ income - Cash\ operating\ expenses) - Replacement\ reserve$$

其中，

- NOI（Net operating income）代表净营业收入，即扣除运营成本后的收入，但不扣除利息、税收、折旧和摊销，大致相当于息税及折旧摊销前利润（EBITDA）

- Debt service 代表债务服务总额，即一年内所有贷款的利息支付加上本金偿还的金额。

- Rental income 代表租赁收入

- Cash operating expenses 代表现金运营开支

- Replacement reserve 代表替换储备金

老皮点拨

租赁收入是指物业从租赁活动中获得的所有现金流入，包括租金收入、停车费、公用事业费用回收以及其他任何与出租活动相关的收入。这通常是物业的主要收入来源。

现金运营开支是指物业在正常运营过程中发生的直接可变成本和间接固定成本。这些费用包括但不限于物业管理费、维修保养费、保险费、房产税、营销费用、公共设施费用、垃圾处理费、广告费、员工工资等。需要注意的是，这里只计算实际支付的现金支出，而不包括折旧和摊销等非现金项目。

替换储备金是指用于维护和替换物业中的固定资产（如设备、家具、电器等）的资金储备。设置该笔资金是为了保证物业在未来能够持续提供服务，防止由于设备老化而需要大额资本投入的情况发生。替换储备金通常根据历史数据和未来预期需求来确定一个合理的比例，以确保有足够的资金应对未来的资本支出。

2.DSCR 的经济含义

DSCR 大于 1，表明企业有足够的现金流来支付其债务。

DSCR 小于 1，表示企业可能面临偿债困难。

银行和贷款机构通常会设定最低的 DSCR 要求，以确保贷款的安全性。对于借款人而言，DSCR 越高，贷款的违约风险就越低，从而可能获得更优惠的贷款条款。

实务拓展

在商业房地产借贷中，DSCR 与贷款价值比率（LTV）一起成为评估潜在信贷表现的关键指标。DSCR 不仅适用于房地产领域，也广泛应用于各种非主权政府基础设施债券的分析中，这些债券可能由超国家实体或其他准政府发行人（如机场管理局或公共事业公司）发行，其中国家政府可能在收入短缺时成为隐含的二次还款来源。

对于**住宅抵押贷款支持证券（RMBS）**与**商业抵押贷款支持证券（CMBS）**而言，DSCR 同样重要，尽管两者在结构上存在显著差异。CMBS 的集中风险更高，因为单个贷款违约可能对投资者产生重大影响，因此投资者在分析 CMBS 时必须明确考虑这一风险。

Debt Tax Shield　债务税盾

基础释义

债务税盾是指在存在企业所得税的情况下，由于债务利息支付可以在税前扣除，减少了公司应缴纳的所得税从而给公司带来的经济利益。

概念详解

1. 债务税盾的计算公式

$$tD = V_L - V_U$$

其中，

- t 表示企业所得税税率

- D（Debt）表示债务的市场价值

- V_L（Value of leveraged company）表示有杠杆公司的价值

- V_U（Value of non-leveraged company）表示无杠杆公司的价值

2. 债务税盾的原理

企业支付给债权人的利息在税前扣除，减少了应税所得，从而减少了实际支付的所得税额。举例来说，如果一家公司有 100 万元的债务，年利息为 5%，企业所得税率为 25%，那么每年可以因利息支出而抵扣掉 12.5 万元（5 万元利息 × 25% 税率）的税款。

3. 债务税盾对估值的影响

由于债务利息的税盾效应，有债务融资的公司相对于全权益公司，在理论上能享有更高的价值。这是因为债务融资的成本（即利息支出）在税后被降低了，使得企业的净成本低于表面利息支出，进而增加了企业的净现值。MM 理论原本假定无税环境，公司资本结构不影响其价值。加入企业税因素后，债务融资的优势显现，因为债务利息的税盾为公司创造了额外的价值。

4. 债务税盾的实际应用考量

虽然债务税盾提供了税收优惠，但企业选择资本结构时还需要考虑债务的**财务困境成本（financial distress cost）**、**代理成本（agency cost）**等因素。过度依赖债务融资可能会增加破产风险和财务困境成本，因此**最优资本结构**通常是债务的**税盾收益**和债务引发的**财务风险**之间的平衡点。

Decreasing Returns to Scale　规模报酬递减

基础释义

> 规模报酬递减是指当企业按照相同比例增加**所有生产要素（如劳动力、资本、原材料等）**时，产量增加的速度低于生产要素投入增加速度的现象。简而言之，就是当企业规模扩大到一定程度后，继续增加投入所带来的产出增长速度开始放缓，即每增加一单位投入所获得的产出增量逐渐减少。

概念详解

1. 规模报酬递减现象出现的原因

（1）管理难度增加：随着企业规模的扩大，管理层需要协调更多的部门和员工，决策过程变得更加复杂，信息传递可能变得不畅，导致管理效率下降。

（2）资源利用效率下降：当企业规模过大时，资源分配可能不再高效，出现生产设备的闲置、原材料的浪费等情况。

（3）市场与供应链瓶颈：大规模生产可能导致供应链紧张，如原材料供应不足、运输成本增加等问题。

（4）内部沟通与协作障碍：企业内部各职能部门之间可能缺乏有效沟通，导致工作效率降低。

2. 规模报酬递减的实例

通用汽车在重组前就是一个典型的规模报酬递减的例子。产品线重叠和重复，导致其固定成本无法在大量产出中得到有效摊销。此外，遍布全球范围的生产和销售网络导致管理和沟通上的难题，进而增加了成本。

> 💡 **老皮点拨**
>
> 规模报酬递减意味着企业扩大规模并不能永远带来更高的产量和更低的

成本，到了一定规模之后，继续扩大生产规模反而会导致生产效率下滑和单位成本上升。这也为企业提供了一个在扩大生产规模时应当谨慎考虑的信号，避免盲目追求规模而忽视效率和成本问题。

Deductible Temporary Difference　可抵扣暂时性差异

基础释义

可抵扣暂时性差异是指在会计和税务处理上，资产或负债的账面价值与其计税基础之间的差异，在未来期间内将导致**应纳税所得额减少**或**可抵扣金额增加**的一种情况。具体而言，当资产的税基大于其账面价值或负债的账面价值大于其税基时，会产生可抵扣暂时性差异，从而形成递延所得税资产。

概念详解

1. 可抵扣暂时性差异的分类

（1）资产的可抵扣暂时性差异：当一项资产的**计税基础（tax base）**大于其**账面价值（carrying amount）**时，会产生可抵扣暂时性差异。这意味着在未来期间内，该资产的回收或处置将减少应纳税所得额。

（2）负债的可抵扣暂时性差异：当一项负债的账面价值大于其计税基础时，会产生可抵扣暂时性差异。这意味着在未来期间内，该负债的清偿将增加可抵扣金额。

2. 可抵扣暂时性差异的会计处理

根据《国际财务报告准则》（IFRS）和《美国公认会计准则》（US GAAP），企业需要在资产负债表中反映**递延所得税资产**，并在利润表中记录相关的**递延所得税收益**。

递延所得税资产代表的是未来期间内因这些差异而可以用来抵减应纳税所得额的金额，通常是根据预期税率计算得出的，反映了未来期间内可抵扣暂时性差异对所得税的影响。递延所得税资产的确认前提是企业有足够的理由相信未来有足够的应税利润来利用这些差异。**如果没有合理的预期利润，递延所得税资产就不能被确认。**

> ### 💡 老皮点拨
>
> 我们可以通过 2 个案例来加深对可抵扣暂时性差异的理解。
>
> **（1）资产相关的案例：** 假设一家公司拥有一项固定资产，其账面价值为 100 万元，但根据税法规定，该资产的税基为 120 万元。这意味着在未来期间内，当公司处置这项资产时，可以将 20 万元的差异用来抵减应纳税所得额，从而形成递延所得税资产。
>
> **（2）负债相关的案例：** 假设一家公司有一笔应付账款，其账面价值为 50 万元，但根据税法规定，这笔负债的税基为 30 万元。这意味着在未来期间内，当公司偿还这笔应付账款时，可以将 20 万元的差异用来抵减应纳税所得额，从而形成递延所得税资产。

Defensive Industry 防御性行业

基础释义

防御性行业是指那些在经济衰退期间仍能保持相对稳定收入和盈利的行业。这些行业主要涉及消费者基本生活必需品或服务，即使在经济不景气时，消费者也不会大幅度削减对这些产品或服务的需求。因此，防御性行业的公司通常能够在经济周期的各个阶段都表现出较强的稳定性。

概念详解

1. 防御性行业的特征

（1）需求稳定： 防御性行业的一个核心特点是其**产品或服务的市场需求相对稳定**，不容易受经济周期波动的影响。即便在经济衰退期，消费者仍然需要这些基本的生活必需品或服务。食品、药品、公用事业等都是典型的防御性行业，因为人们无论经济状况如何都需要吃饭、治病和使用水电气等基础设施。

(2) 非周期性： 防御性行业通常被认为是**非周期性的**，即它们的业绩不受经济周期的显著影响。即使在经济衰退时，这些行业也能保持稳定的销售收入和盈利水平。相比之下，**周期性行业（如汽车制造业、建筑业等）** 的业绩波动较大，与经济周期紧密相关。

(3) 稳定的经营性现金流： 防御性行业的公司通常能够产生稳定的现金流，这使得它们在经济不确定性增加时能够更好地维持运营。稳定的现金流也为这些公司提供了更多的灵活性，使其能够在经济衰退期继续投资于研发、市场营销和扩展业务。

(4) 抗风险能力强： 防御性行业的公司通常具有较强的抗风险能力，因为它们所提供的产品和服务是消费者生活中不可或缺的一部分。这种抗风险能力使得防御性行业的股票在市场动荡时通常表现更为稳健，被视为避险投资工具。

(5) 股息稳定性高： 防御性行业的公司通常具有较高的股息收益率，因为它们在经济衰退期间也能持续派发股息。稳定的股息支付是吸引长期投资者的一个重要因素，特别是在利率较低的环境中。

(6) 政府监管和补贴： 许多防御性行业受到政府的严格监管，以确保消费者的基本需求得到满足。有时，政府还会对这些行业提供补贴，以确保其稳定运营，尤其是在经济不景气时。

2. 防御性行业的例子

(1) 食品和饮料行业： 无论经济好坏，人们对食物和饮料的基本需求保持稳定，因此这个行业相对稳定。例如，雀巢、卡夫亨氏等公司提供的日常食品和饮料，无论经济状况如何，消费者都需要购买。

(2) 医药和医疗保健行业： 医疗保健需求不会因经济波动而显著减少，人们仍然需要药物和医疗服务。例如，强生、辉瑞等公司生产的药品和医疗设备，市场需求相对稳定。

(3) 公用事业行业： 水电煤气等公共服务的市场需求是持续且稳定的，不会因经济形势变化而大幅波动。例如，国家电网、南方电网等公司提供的电力、供水等服务，是家庭和企业必不可少的基础设施。

(4) 个人护理和卫生用品行业： 例如，宝洁生产的日用品，如洗发水、牙膏等，也是生活必需品。

D

Deferred Tax Asset (DTA) 递延所得税资产

基础释义

递延所得税资产是指由于会计利润与应税所得之间的暂时性差异而导致的企业在未来期间内能够**用来减少应纳税所得额的潜在税务利益**。递延所得税资产通常由企业已经支付的税款或前期亏损的结转所形成，但在当期并未完全体现在利润表中。

概念详解

1. 递延所得税资产的形成

递延所得税资产通常由于会计利润与应税所得之间的暂时性差异而产生。例如，当资产的**账面价值（carrying amount）**高于其**计税基础（tax base）**时，或者负债的税基高于其账面价值时，会产生**可抵扣暂时性差异（deductible temporary differences）**，从而形成递延所得税资产。

递延所得税资产还包括前期已发生的亏损、未使用的税收优惠、预付税款等，这些项目在未来期间内可用于减少应纳税所得额。

2. 递延所得税资产的会计处理

在每个报告期末，递延所得税资产和递延所得税负债需要重新计算，计算方法是将资产或负债的税基与其账面价值进行比较。

递延所得税资产和负债的变化会被计入当期所得税费用（或所得税收益），以确定公司在利润表中报告的所得税费用。

如果法定税率发生变化，递延所得税资产或递延所得税负债的账面价值也会相应调整。例如，假设法定税率从 35% 降至 21%，由于未来税务利益减少，递延所得税资产的账面价值也会相应减少。

3. 递延所得税资产的确认标准

根据 IFRS，递延所得税资产的确认应基于未来有足够的应税所得来实现这些资产的可能性。

根据 US GAAP，递延所得税资产的确认需建立**估值准备金（valuation**

allowance），以确保递延所得税资产的金额不会超过更有可能实现的金额。对未来经济利益进行评估时，很大程度上取决于管理层的判断，需要综合考虑公司的经营状况、市场环境和未来盈利预测等因素。

老皮点拨

忽略实务中的实际会计准则限制，假设某公司购买了一台价值 100 万元的设备，预计使用寿命为 10 年。会计上采用加速折旧法，第一年折旧 15 万元；而税务上采用直线折旧法，每年折旧 10 万元。在第一年末，设备的账面价值为 85 万元（100 万元—15 万元），计税基础为 90 万元（100 万元—10 万元），形成可抵扣暂时性差异，如果公司预计未来有足够的应税所得来抵扣这一差异，则可以确认递延所得税资产。

Deferred Tax Liability (DTL)　递延所得税负债

基础释义

递延所得税负债是指由于会计利润与应税所得之间的暂时性差异而导致的企业**在未来期间内需要支付的额外所得税**。递延所得税负债通常由资产的账面价值低于其税基或负债的税基低于其账面价值所引起，这意味着企业在未来的某个时期内需要支付额外的税款。

概念详解

1. 递延所得税负债的形成

递延所得税负债通常由于会计利润与应税所得之间的暂时性差异而产生。例如，当资产的**账面价值（carrying amount）** 低于其**计税基础（tax base）** 时，或者负债的税基低于其账面价值时，会产生**应纳税暂时性差异（taxable temporary differences）**，从而形成递延所得税负债。

递延所得税负债还包括其他导致未来需支付额外税款的情形，如未使用的税收优惠、预付税款等的逆向影响。

2. 递延所得税负债的会计处理

在每个报告期末，递延所得税资产和递延所得税负债需要重新计算。计算方法是将资产或负债的税基与其账面价值进行比较。

递延所得税资产和负债的变化会被计入当期所得税费用（或所得税收益），以确定公司在利润表中报告的所得税费用。

如果法定税率发生变化，递延所得税资产或递延所得税负债的账面价值也会相应调整。例如，假设法定税率从 35% 降至 21%，由于未来税务义务减少，递延所得税负债的账面价值也会相应减少。

老皮点拨

假设高小吉公司购买了一台价值 100 万元的设备，预计使用寿命为 10 年。会计上采用直线折旧法，每年折旧 10 万元；而税务上允许加速折旧法，第一年折旧 15 万元。在第一年末，设备的账面价值为 90 万元（100 万元—10 万元），税基为 85 万元（100 万元—15 万元）。由于设备的账面价值高于其计税基础，形成应纳税暂时性差异，需要确认递延所得税负债。

Defined Benefit Pension Plan (DB Pension Plan)
收益确定型养老金计划

基础释义

收益确定型养老金计划是指向参加计划的员工承诺**一个固定的退休金金额或者计算退休金的固定公式**，而**不论养老金基金的投资表现如何**的一种养老金计划类型。这种计划明确了员工退休后每月或每年可以领取的具体金额，为员工提供了一个稳定的退休收入预期。

概念详解

1. DB 养老金计划的特点

（1）固定收益承诺： 最显著的特点是雇主承诺退休员工将获得一个预先确定的福利，这个福利通常基于员工的工资、工作年限和服务年限等因素计算得出。

（2）风险承担： 投资风险主要由雇主承担。如果养老金基金的投资表现不佳，雇主需要填补资金缺口，以保证向员工支付承诺的养老金。

（3）精算评估： 这类计划需要定期进行精算评估，以确保养老金基金有足够的资金来满足未来支付义务。精算师会考虑预期寿命、工资增长率、投资回报率等多种因素来计算所需的资金量。

（4）支付形式多样： 养老金可以一次性支付，也可以在退休后按期支付直至去世。

（5）服务年限要求： 通常有服务年限的要求，例如需要工作满 5 年才能获得退休福利。

2. DB 养老金计划中雇主的责任与义务

（1）预筹资金： 法规通常要求雇主为 DB 养老金计划预筹资金，通过设立信托基金等方式储备资产，以确保未来能够支付养老金。

（2）投资管理： 计划资产通常投资于债券、股票、衍生品、现金等金融工具。雇主需要定期向计划资产供款，并确保投资回报足以覆盖未来的养老金支付。

（3）税务处理： 在很多司法管辖区，雇主的养老金计划供款可以享受税收减免，因此供款决策通常会考虑到税收规划的因素。

> **实务拓展**
>
> 近年来，由于人口老龄化、投资回报率波动、长寿风险增加等因素，许多国家和企业发现收益确定型养老金计划的成本不断上升，导致一些雇主转向缴费确定型养老金计划，以减少长期财务风险和管理成本。
>
> 在中国，企业年金可以采取 DB 或 DC 的形式，但更常见的是 DC plan。在 DC plan 中，雇主和员工共同向个人账户缴费，退休后的收益取决于账户中的资金积累及其投资表现。

Defined Contribution Pension Plan (DC Pension Plan) 缴费确定型养老金计划

基础释义

缴费确定型养老金计划又称"界定供款计划",是指雇主和 / 或雇员按照**预先设定的比例或金额**定期向个人的养老金账户缴纳款项,但退休时的最终收益金额并不得到保证,而是直接取决于**缴费总额**及**这些缴费在投资期间的累计收益**的**与收益确定型养老金计划相对的**一种养老金计划类型。缴费确定型养老金计划强调个人账户积累和个人责任,鼓励个人主动参与养老金规划和投资决策,适合追求灵活性和投资自主权的员工。

概念详解

1. DC 养老金计划的特点

(1) 供款明确: 计划规定了具体的供款额度或供款比例,而非退休后的福利金额。雇主和雇员的供款通常按照一定比例从工资中扣除,直接进入个人的养老金账户。

(2) 投资责任: 在缴费确定型计划中,投资风险主要由雇员承担。每个参与者的养老金账户资金会被投资于股票、债券、共同基金等,投资表现直接影响最终的养老金金额。

(3) 灵活性: 参与者通常可以在一定范围内选择自己的投资组合,根据自己的风险承受能力、投资期限和偏好来调整资产配置。

(4) 便携性: 缴费确定型计划的账户通常与雇主分离,员工更换工作时可以更容易地转移自己的养老金账户,保持连续性。

(5) 透明度: 账户余额和投资表现对参与者完全透明,便于个人监控自己的养老金积累情况和调整储蓄计划。

2. DC 养老金计划中雇主的责任与义务

(1) 供款义务: 雇主按照约定的比例向 DC 养老金计划供款,一旦供款完成,雇主就没有进一步的义务。

(2) 税收优惠: 在许多司法管辖区,雇主和员工的 DC 养老金计划供款可以享受税收减免,因此供款决策通常会考虑到税收规划的因素。

（3）无须预筹资金： 与 DB 养老金计划不同，DC 养老金计划不需要雇主预先筹集资金来保障未来的养老金支付。

3. DC 养老金计划中雇员的角色

（1）投资决策： 员工负责选择如何投资其养老金账户中的资金，可以根据自己的风险偏好和投资目标选择合适的投资选项。

（2）承担风险： 员工承担投资风险，如果投资表现不佳，最终的养老金数额将减少。

4. DC 养老金计划的优势

（1）风险转移： 雇主使用 DC 计划的优势体现为其将投资风险转移给了员工，降低了自身的财务风险。

（2）灵活性： 员工选择 DC 计划的优势体现为可以根据自己的偏好选择投资方向。

（3）透明度： 员工选择 DC 计划的另一优势体现为其可以清楚地看到自己的养老金账户余额及其投资表现。

5. DC 计划的缺陷

（1）潜在的市场风险： 员工需要承担投资风险，如果市场表现不佳，养老金积累可能不足。

（2）员工缺乏专业知识： 对员工的投资眼光有一定要求，普通员工可能缺乏足够的投资知识来进行有效的投资决策。

Demographics 人口因素

基础释义

人口因素是指由人口的数量、质量、分布、结构（如年龄和性别分布）、增速、迁移流动、密度等构成的一系列变量对社会经济发展、资源消耗、环境保护等方面产生的影响。人口因素在社会经济发展、环境变化以及政策制定等方面扮演着重要的角色。

概念详解

1. 人口因素的分析维度

（1）人口数量： 较大的人口可以提供丰富的劳动力资源，促进经济增长，但同时也可能导致就业压力和资源过度消耗，并可能给住房、教育和医疗等公共服务带来压力。

（2）人口结构： 年轻人口比例高的社会具有较强的劳动力潜力，但也需要更多教育投入；老龄化社会则面临养老保障和医疗保健的挑战。性别比例失衡可能导致社会问题，如婚配难题等。

（3）人口增长率： 人口增长率过高可能加剧对自然资源的需求，造成环境压力，稳定或负增长的人口可能导致一国面临劳动力市场紧缩和老龄化问题。

（4）人口迁移： 在一国国内的城市化进程中，大量农村居民向城市迁移，推动了城市经济发展，但也带来了城市规划、交通拥堵和环境污染等问题。跨国流动可以缓解劳动力短缺问题，促进文化交流，但也可能引起社会融合与安全问题。

（5）人口密度： 高人口密度可能促进信息交流和经济活动集聚效应，但同时也容易出现生活空间拥挤、资源竞争激烈等问题。低人口密度地区虽然生活环境宜居，但可能存在基础设施建设成本高、服务覆盖不足等挑战。

2. 人口问题的应对措施

针对不同的人口因素所带来的挑战，各国政府采取了一系列政策措施，具体包括：

（1）实施计划生育政策以控制人口数量。

（2）推行养老保险和医疗保健改革以应对老龄化。

（3）改善教育体系以提升年轻一代的技能。

（4）制定合理移民政策以平衡劳动力供需。

（5）加强基础设施建设与环境保护以适应城市化进程。

Dependent Variable　因变量

同"Explained Variable"。

Derivative　衍生品

基础释义

> 衍生品是指价值来源于、依赖于或衍生自一种或多种基础资产的金融工具。衍生品的基础资产可以是实物商品（如黄金、原油）、金融工具（如股票、债券、货币、利率等）或某个指数。

概念详解

1. 衍生品的特征

（1）非直接交易基础资产： 衍生品交易并不涉及基础资产的直接所有权转移，而是通过合同（合约）形式约定在未来某一时间以特定价格买卖基础资产（实物交割）或其等价现金价值（现金结算）。

（2）杠杆效应： 衍生品交易通常只需要支付**一定比例的保证金**即可建立大规模的头寸，具有较高的财务杠杆效应。杠杆既可以放大盈利，也可能加剧亏损。

（3）标准化与定制化并存： 衍生品既有交易所上市的标准化合约（如期货、期权），也有场外市场（OTC）的定制化合约（如互换、远期）。标准化合约在交易所集中交易，有统一的规格、交割日期和结算规则；定制化合约则由交易双方私下协商确定各项条款。

2. 衍生品的主要类型

衍生品根据其性质可以分为两大类：远期承诺和或有索取权。这两类衍生品分别具有不同的特点和用途。

2.1 远期承诺（Forward Commitments）

远期承诺是指双方同意在未来某个时间点按照今天商定的条件进行交易的一种协议。这类衍生品的主要特点是合同双方都有义务在未来执行合同条款，具体可以分为以下 3 类。

（1）远期（forwards）： 远期合约规定买卖双方在未来某一特定日期，以事先确定的价格买入或卖出特定数量的基础资产。远期合约主要在场外市场交易，条款由双方协商确定，缺乏期货合约那样的标准化和集中清算机制。

（2）期货（futures）： 期货合约规定买卖双方在未来某一特定日期，以事先确定的价格买入或卖出特定数量的基础资产。期货合约在交易所交易，具有标准化的交割日期、交割地点和交割方式。

（3）互换（swaps）： 交易双方同意在未来一段时间内，按照约定规则互相交换现金流。常见的互换类型有利率互换（交换固定利率与浮动利率的现金流）、货币互换（交换不同货币的现金流）和信用违约互换（CDS，交换信用风险保护的现金流）。

2.2 或有索取权（Contingent Claims）

或有索取权是指一方支付权利金给另一方，以换取在未来某个条件下获得支付的权利。这类衍生品的特点是买方只有权利而没有义务，具体可以分为以下两类。

（1）期权（options）： 期权买方有权利（而非义务）在未来的某一特定日期，以事先确定的价格买入（看涨期权）或卖出（看跌期权）特定数量的基础资产。卖方有义务履行买方行权时的交易责任。期权分为欧式期权（仅在到期日行权）和美式期权（在到期日前任何时间行权）。

（2）信用衍生品（credit derivatives）： 信用衍生品是指由两个当事人（信用保护买方和信用保护卖方）签订，其中卖方向买方提供针对特定信用损失的保护的一种衍生工具，可以分为总收益互换、信用利差期权、信用联结票据和信用违约互换 4 种类型。

3. 衍生品的应用

3.1 实体企业对衍生品的使用

3.1.1 风险管理

非金融公司面临因大宗商品价格波动带来的风险，这些波动会影响公司的资产、负债和收益。例如，依赖于某种商品作为生产投入的公司，其收益可能会因为原材料的变动而变得不稳定。

汇率波动同样会影响公司的收益，特别是在跨国经营的情况下。通过使用外汇远期合约等衍生品，公司可以对冲因汇率变动带来的收入和现金流的波动。

3.1.2 会计处理

衍生品现在需要以公允价值在资产负债表上进行报告，这一改变提高了衍生品使用的透明度。

如果衍生品被用来对冲特定的风险敞口，可以使用**对冲会计计量（hedge accounting）**来减少财务报表的波动。例如，利率互换可以用来将固定利率债务转换为浮动利率债务。

3.2 投资者对衍生品的使用

3.2.1 复制现金市场策略

衍生品通常具有更高的流动性和较低的资本要求，这使得投资者可以通过衍生品复制所需头寸，而不是直接在现货市场上交易。

投资者可以使用衍生品来增加或修改其在某些资产上的风险敞口。

3.2.2 对冲基金价值

通过衍生品对冲，投资者可以在保留某些头寸的同时，隔离出其他特定的底层风险敞口。例如，在海外投资时使用外汇对冲来最小化汇率波动带来的回报波动。

实务拓展

由于衍生品的杠杆效应、复杂性和系统重要性，全球金融监管机构对其有严格的监管要求，包括**资本充足性（capital adequacy）**、保证金制度、交易报告、**集中清算（central clearing）**等。衍生品交易蕴含市场风险、信用风险、流动性风险、操作风险和法律风险等。

Derivative Pricing Rule 衍生定价规则

基础释义

衍生定价规则是指交易价格并非直接由参与交叉网络（cross network）的订单本身确定，而是衍生于**外部市场数据**的一种证券交易定价规则。大多数交叉网络在执行交易时，会选择以主要交易所公布的最优买卖报价的中间价为交易价格。

概念详解

衍生定价规则的运作特点

（1）价格依赖外部市场： 交叉网络中的交易价格并非基于**内部订单簿**中的供需关系，而是源于**外部交易所**的市场数据。这意味着，**即使在交叉网络内部没有买卖**

订单，只要外部市场存在活跃的报价，交叉网络仍能确定交易价格。

（2）降低价格发现成本： 通过引用外部市场的报价，交叉网络用户可以避免重新进行价格发现过程，节省寻找合适交易对手和协商价格的时间和成本。这种机制尤其适用于那些希望通过匿名、批量、低延迟方式交易的大宗投资者。

（3）交易透明度与公平性高： 虽然交易价格并非由内部订单直接决定，但所有参与交叉网络的用户都清楚地知道交易价格的计算方法（即最优买卖报价中间价）。这种透明度保证了所有参与者在相同条件下进行交易，增强了市场的公平性。

（4）市场适应性强： 衍生定价规则使得交叉网络既能作为独立的交易场所运营，又能与现有交易所系统紧密衔接。

📍 **实务拓展**

一些交叉网络以**集合竞价市场（call market）**形式组织交易，另一些则采取连续交易模式。例如，著名的股票交易系统 POSIT 就是应用衍生定价规则的重要交叉市场之一。

Developed Economy　发达经济体

基础释义

发达经济体是指那些经济高度发达、工业化程度高、技术水平先进、服务业占比较大、基础设施完善、人均收入和人类发展指数较高的国家。这些国家在全球经济中扮演着重要角色，不仅因为它们拥有强大的经济实力，还因为它们在科技创新、教育、医疗保健和其他多个领域处于领先地位。

概念详解

1. 发达经济体的特征

（1）高水平的人均 GDP： 虽然没有严格的人均国内生产总值（GDP per capita）阈值来界定一个经济体是否发达，但一般认为达到一定水平（比如 20,000 美元/人或更高）可以作为衡量标准之一。

（2）先进的产业结构： 发达经济体往往拥有复杂的产业体系，不仅工业部门非常发达，能够生产高质量和高技术含量的产品，而且高科技产业、金融服务业、知识密集型产业等占据主导地位。

（3）高质量的生活水平： 体现在教育、医疗、社会保障、环境保护等方面，居民普遍享受较高品质的生活。

（4）完善的社会福利制度： 发达经济体通常拥有完善的社会福利制度，包括养老金、失业救济以及公共医疗保健等。

（5）高效劳动力市场与创新能力： 发达经济体劳动力受教育程度高，科研投入大，创新能力强，能持续推动经济发展和社会进步。

（6）完善的市场经济制度与法治环境： 具有健全的市场规则、产权保护机制以及高效的政府管理能力。

（7）较高的政治稳定性： 大多数发达经济体都享有较高程度的政治稳定性，法律制度成熟且透明。

2. 发达经济体的典型代表

一些典型的发达经济体包括美国、加拿大、日本、德国、英国、法国和北欧诸国等。这些国家在全球范围内推动了许多重要的经济合作与交流，并且在解决全球性问题上扮演着关键角色。然而，即使是这些发达经济体，也存在着一系列挑战，如**人口老龄化问题**、**环境污染问题**以及**社会不平等现象**等。面对这些挑战，各个发达经济体正在采取措施进行应对，并寻求可持续发展之路。

实务拓展

国际货币基金组织（IMF）、世界银行和联合国开发计划署（UNDP）等国际机构在评估一个经济体的发达程度时会参考多种指标，如购买力平价（PPP）调整后的人均收入、人类发展指数（HDI）等，对全球各经济体进行分类。不过需要注意的是，这类分类并非固定不变，而会随时间推移和全球经济格局的变化而更新。

Developing Economy　发展中经济体

基础释义

　　发展中经济体又称"新兴市场"或"中低收入国家"，是指那些在工业化、人均收入水平、生活标准、经济多样化、市场发展、现代化进程等方面相对于发达经济体还处于较低阶段的国家和地区。发展中经济体通常面临着快速人口增长、政治不稳定、基础设施不足以及教育和卫生服务质量较差等挑战。

概念详解

发展中经济体的主要特征

　　（1）人均收入水平较低： 发展中经济体的人均国内生产总值（GDP per capita）通常低于发达经济体，这意味着其居民的平均财富和购买力较弱。

　　（2）高人口增长率： 许多发展中经济体都有较高的出生率和人口增长率。

　　（3）产业结构转型中： 这些经济体的产业结构往往偏向农业或者初级产品生产，工业基础和技术水平相对较弱，服务业占比可能正在逐步上升，但仍处在发展阶段。

　　（4）基础设施欠发达： 能源供应、交通、通信、卫生和教育等基础设施建设相比发达经济体较为滞后，无法满足快速城市化和工业化的需求。

　　（5）人力资源开发不足： 人力资源的质量和数量仍有待提高，包括教育水平、技能培训、健康状况等方面。

　　（6）技术进步依赖度较高： 发展中经济体需要通过引进、吸收和创新技术来推动产业升级，缩小与发达经济体的技术差距。

　　（7）市场机制不健全： 金融市场、产权保护制度、企业管理制度等方面可能还不够完善，市场效率有待提高。

　　（8）社会福利保障体系不够完善： 社会保障、养老、医疗等公共福利服务体系建设还在起步阶段或改进之中。

> **实务拓展**
>
> 国际组织如世界银行、国际货币基金组织（IMF）、联合国和亚洲开发银

行（ADB）等，在划分经济体类型时，会依据一系列经济和社会指标来界定哪些国家属于发展中经济体，并定期更新相关数据和分类标准。发展中经济体在全球化进程中寻求加速经济增长、减少贫困、实现可持续发展目标等方面面临着多重挑战与机遇。

Direct Listing　直接上市

基础释义

直接上市是指**不发行新股**，而是将**现有股东持有的股份**直接在证券交易所上市交易以获得流通性的一种上市手段。

概念详解

直接上市的特征

（1）**不涉及承销商**：直接上市过程中，公司**不会聘请投资银行作为承销商**来协助发行新股及定价。这意味着公司无须支付承销费用，也不需要承销商购买未售出的股票，因此直接上市的成本通常低于 IPO。

（2）**不发行新股**：在直接上市中，公司并不发行新的股份来筹集资金，而是公司只是将现有股东持有的股份直接在证券交易所上市交易。这意味着公司上市的目的不是筹集新的资本，而是让现有的股份在公开市场流通，为股东提供一个出售股份的渠道，同时也允许公众投资者购买这些股份。

（3）**市场定价机制**：直接上市的价格是由市场供需关系决定的，通常在上市首日通过一个开盘集合竞价的过程来发现初始交易价格。这种方式对于已经具有一定规模、品牌知名度高、资金充裕从而不需要立即融资的公司尤其具有吸引力，因为它们可以跳过 IPO 的复杂程序和成本，直接实现股份的公开交易。

老皮点拨

直接上市有简化流程、降低成本和快速上市的优势，但同时也要求公司有较强的市场认知度和稳定的股东基础，以确保在没有新资金注入和承销商支持的情况下，市场能够平稳接纳其股票。因此，直接上市通常更适合于那些已建立良好市场声誉、股东结构较为成熟的大型企业。

Discontinued Operation　非持续经营事项

基础释义

非持续经营事项是指当企业**处置或已制定计划处置（即之后不再对该业务有任何实质性参与）**的业务部门或生产条线。IFRS 和 US GAAP 均要求企业将该业务的处置影响单独报告为"非持续经营事项"，以便清晰区分企业**持续性经营业务**与**已经或即将停止的业务**对财务状况和经营成果的影响。

概念详解

1. 非持续经营事项的报告标准

财务报告标准为非持续经营事项的单独报告设定了多种条件，通常要求被终止的业务组成部分在物理上和运营上均可独立分离，即它能够作为一个单独的业务单元进行辨认和评估。

2. 非持续经营事项的财务报表呈现

2.1 利润表

非持续经营事项在利润表中的呈现分为两个阶段：

（1）逐渐淘汰期（phaseout period）： 在企业决定对一项业务或一个部门进行处置到处置彻底完成之前的这段时期被称为"逐渐淘汰期"，期间该部门或该业务产生的收益或损失按照税后金额列示在**持续经营事项净利润（net income from continuing operations）**之后。

（2）**实际处置日（actual disposal date）：** 实际处置日即被认定为非持续经营的业务或部门完成实际处置的日期，对应的处置损益记入**异常或非常见事项**（**unusual or infrequent items**）。

2.2 资产负债表

与非持续经营业务相关的资产和负债会被汇总，并作为"待售资产"在资产负债表上单独列示，表明这些资产和负债正处于准备出售的状态。

3. 非持续经营事项的分析意义

（1）**清晰评估：** 将持续与非持续的业务分开列示的报告结构使分析师能够清楚地区分持续经营与非持续经营业务的表现，进而对企业的核心业务盈利能力进行更准确的评估。

（2）**未来预测：** 由于已终止的业务在完成处置后不再为公司贡献收益或现金流，分析师在预测公司未来的财务表现时，往往会从某一时间点开始排除非持续经营业务的影响，这样可以帮助更专注于评估企业持续经营部分的潜力和风险，为投资决策提供更为精准的依据。

Discounted Cash Flow Model　现金流折现模型

基础释义

现金流折现模型又称"现值模型"（present value model），是指将预期未来产生的现金流按照一定的贴现率折算为当前的价值，以此来评估投资的吸引力或企业的内在价值的一种财务估值方法。

概念详解

1. DCF 模型的步骤

（1）**预测未来现金流：** 对未来各期（通常是年度）的现金流进行预测。这些现金流通常来自企业的经营活动，如销售收入减去成本和费用后剩余的自由现金流（free cash flow, FCF），或者归属于股东的现金流（如股息）。

（2）**确定折现率：** 折现率是用来反映资金成本或期望回报率的比率。对于不同的项目或行业，折现率会有所不同。一般来说，风险较高的投资需要更高的折现率来补偿投资者承担的风险。

（3）计算期间现金流现值： 将每期的现金流按照折现率折算成现值。

（4）确定终端价值（terminal value）： 在预测期结束之后，企业还会继续运营并产生现金流。终端价值是企业长期稳定增长阶段的价值估算，通常采用**永续增长模型**（constant growth model）**或乘数模型**（multiplier model）来计算。

（5）加总所有现金流的现值： 将所有预测期内的现金流现值以及终端价值的现值相加，得到整个投资的**内在价值（intrinsic value）**的估计值。

（6）比较与决策： 将**内在价值**的估计值与当前市场价格比较。如果**内在价值**高于市场价格，则该投资被认为是被低估的，值得购买；反之，则可能被高估，应该避免投资。

2. DFC 模型的核心参数

现金流折现（DCF）模型适用于对股票、债券、不动产以及项目进行估值，不管是哪一种估值对象，核心参数都是预期现金流以及**与现金流的风险特征匹配的折现率**。

2.1 股票估值中的参数

2.1.1 股票估值中的现金流

股票估值中的现金流大致包括：

（1）股息（dividend）： 公司以现金形式派发给股东的回报。

（2）自由现金流（free cash flow）：企业自由现金流（FCFF）是企业所有资本提供者（包括债权人和股东）可以自由支配的现金流；**股权自由现金流（FCFE）**是股东可以自由支配的现金流，是在支付了所有的债务服务成本之后剩余的部分。

（3）残余收益（residual income）： 公司利润扣减掉股东要求回报后的余额，含义与微观经济分析中的**经济利润（economic profit）**相似。

2.1.2 股票估值中的折现率

股票估值中的折现率大致包括：

（1）加权平均资本成本（WACC）： 用于折现**企业自由现金流**，从而获得企业整体估值，然后从企业整体估值中减去优先股及债务的市场价值，从而获得普通股的价值。

（2）权益成本（Re）： 用于折现**股权自由现金流**得到股权价值，通常使用资本资产定价模型（CAPM）来计算。

2.2 债券估值中的参数

2.2.1 债券估值中的现金流

债券估值中的现金流大致包括：

（1）定期的票息支付：债券持有者通常会收到定期的固定或浮动的票息。

（2）期间或到期时的本金偿还：对于**子弹型债券（bullet bond）**，本金在债券到期时一次性偿还，对于**完全摊销型债券（fully amortizing bond）**或**部分摊销型债券（partially amortizing bond）**，本金在债券存续期间即进行全部或部分偿还。

（3）在含权债的情形下，预期现金流还包括**赎回价（call price）**、**回售价（put price）**。

2.2.2 债券估值中的折现率

债券估值中使用到的折现率主要包括：

（1）到期收益率（Yield to Maturity, YTM）：到期收益率是使得债券的所有未来现金流的现值恰好等于其当前市场价格的单一利率，本质上是一种**内部收益率（Internal Rate of Return, IRR）**。

（2）即期利率（spot rate）：即期利率是各个**不同期限的零息债券**的到期收益率，反映了不同期限的风险水平差异。

（3）远期利率（forward rate）：远期利率是在未来某一时刻开始发生的不同期限长度的借贷关系对应的利率。

2.3 不动产估值中的参数

2.3.1 不动产估值中的现金流

不动产估值中的现金流主要是**净营运收入（Net Operating Income, NOI）**，一般等于租金收入减去运营费用（维护、管理、保险和税收等费用），再扣减资本支出（如翻新、维修或扩建等）后的现金流收益。

2.3.2 不动产估值中的折现率

用于不动产估值的折现率一般是**资本化率（cap rate）**，反映了投资的预期收益率。

2.4 项目评估中的参数

2.4.1 项目评估中的现金流

项目评估中的现金流一般包括：

（1）初始投资（initial outlay）：项目启动时的前期投入。

（2）运营现金流（after tax operating cash flow）：项目运行期间产生的现金流入，减去相关的运营成本。

（3）终结现金流（terminal non-operating cash flow）：项目结束时回收的固定资产残值以及营运资本的回收或其他相关现金流。

2.4.2 项目评估中的折现率

针对项目评估的折现率包括：

（1）加权平均资本成本（WACC）： 适用于企业内部与公司基本结构类似的项目的评估，反映了公司资本结构的综合成本。

（2）项目特定的折现率： 对于某些特定项目，可能需要考虑项目特有的风险因素，选择一个适合该项目特点的折现率。

3. DCF 模型的优点

（1）准确性： 能够提供更精确的投资估值，因为它考虑了未来现金流的时间价值。

（2）灵活性： 可以根据特定情况调整假设和参数。

4. DCF 模型的缺点

（1）敏感性： 结果高度依赖于输入参数，尤其是折现率和终端价值的估计。

（2）不确定性： 对未来现金流的预测具有很高的不确定性，尤其是在经济波动或市场变化较大的情况下。

Discriminatory Pricing Rule 歧视定价规则

基础释义

> 歧视定价规则是指交易价格并非单一固定，而是根据订单抵达市场的时间顺序及其限定价格来确定的一种证券交易定价规则。

概念详解

歧视定价规则的具体机制

当一个新的买入或卖出订单进入市场时，它将首先与已存在于市场中的**待成交限价订单（standing limit orders）** 进行撮合。后进入市场的交易者根据市场中现存的限价订单的激进程度来**区别对待**不同的订单。

如果新来的交易者是要买入，那么他将优先以**最有利（最低）的卖方限价订单价格**进行交易，直至该限价订单被完全执行，再逐步执行价格更高（对买方来说不太有利）的限价卖单。

如果新来的交易者是要卖出，那么他将优先以**最有利（最高）的买方限价订单**

价格进行交易，直到该限价订单被填满，再逐渐向下匹配价格更低的限价买单。

> ### 老皮点拨
>
> 假设在某个连续交易的股票市场中，当前有一系列卖方限价订单：
>
> ……
>
> 卖三：$50.07×3,000
>
> 卖二：$50.06×2,000
>
> 卖一：$50.05×1,000
>
> ……
>
> 投资者高小吉进入市场，打算购买 1,500 股，歧视定价规则运作如下：先以每股 $50.05 的价格购买卖一的 1,000 股，接下来，以每股 $50.06 的价格购买卖二的 500 股。

> ### 实务拓展
>
> 歧视定价规则在连续交易市场（continuous trading markets）中被广泛使用，这类市场包括但不限于股票、期货和外汇等电子交易平台。

Diseconomies of Scale　规模不经济

基础释义

规模不经济是指企业在生产规模扩大到一定程度后，继续增加产量的过程中，其**长期平均成本**开始上升的现象。规模不经济的出现，意味着随着规模的不断扩大，原本通过规模经济获得的优势不再延续，反而出现了边际成本递增的情况，使得每多生产一个单位产品，新增加的成本超过了新增加的收益。

概念详解

1. 规模不经济的图像

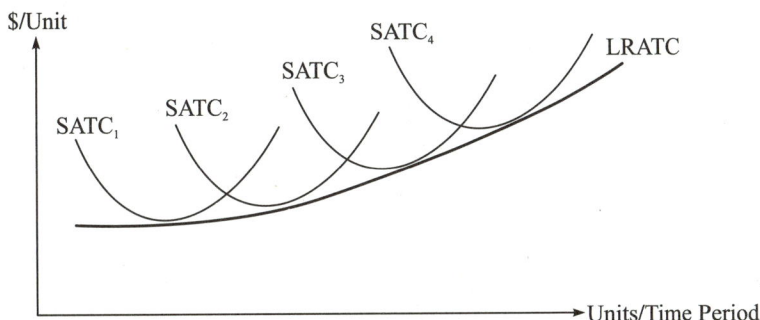

规模不经济现象

图片为反映规模不经济现象的图像，横轴代表每一单位时间的产量，反映企业的生产规模，纵轴代表每一单位商品的成本，其中，**SRATC（Short Run Average Total Cost）** 表示短期平均总成本，**LRATC（Long Run Average Total Cost）** 表示长期平均总成本，通过图像，我们可以发现，随着企业生产规模的扩大，长期平均总成本呈现出逐渐上升的趋势，这就是规模不经济现象。

2. 导致规模不经济的原因

(1) 规模报酬递减： 当生产过程中的产出增长比例小于投入增长比例时，即出现了**规模报酬递减（decreasing returns to scale）**。

(2) 管理难度增加： 企业变得过于庞大，以至于难以有效管理。

(3) 业务功能和产品线的重叠与重复： 随着规模的扩大，可能会出现不同部门或产品线之间重复工作，导致资源浪费。

(4) 资源价格上升： 大量采购原材料或其他投入品时面临的供应限制，可能会导致这些资源的价格上涨。

> **实务拓展**
>
> 通用汽车在重组前面临规模不经济问题，具体表现在产品线重叠（如相似或相同的汽车型号），这些固定成本没有被足够大的销量摊薄。2009 年，通用汽车决定停止三个品牌（土星、庞蒂克和悍马）的运营，并取消了各种销量较低且与其他车型重叠的产品。由于生产和销售网络分散于全球，通用汽车公司还面临着沟通和管理协调的问题，这导致成本上升。此外，通用汽车的劳动力成本远高于竞争对手，作为市场上的最大生产商，工会要求其支付更高的薪酬和福利待遇。

老皮点拨

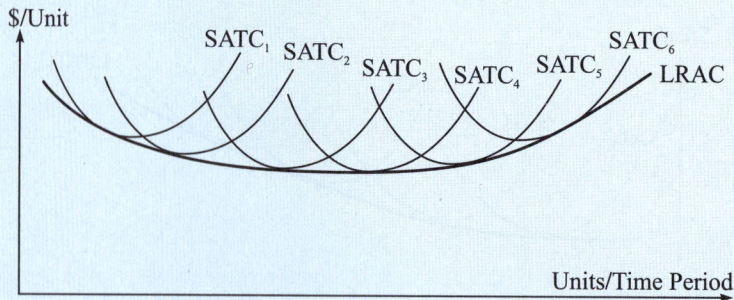

规模经济与规模不经济现象

规模经济与规模不经济可以同时存在，规模对**长期平均成本（LRAC）曲线**的影响取决于哪一种效应占主导。

如果**规模经济**占优，随着产出的增加，LRAC 会下降。如果**规模不经济**占优，随着产出的增加，LRAC 会上升。在某些产出范围内，LRAC 可能会先下降（规模经济），然后保持不变（规模报酬不变），最后在另一个产出范围内上升（规模不经济）。

Dispersed Ownership Structure　分散所有权结构

基础释义

分散所有权结构是指在一个企业中，公司的股份（或股权）广泛分布于众多的股东手中，没有单一股东或少数几个大股东拥有公司控制性股权的情况。这种结构与**集中所有权结构（concentrated ownership structure）**相对，后者是指企业的大部分股权集中在少数几个大股东的情形。

概念详解

分散所有权结构的特点

(1) 广泛持股： 大量股东每人持有公司的小部分股份，没有一个或几个股东能够单独控制公司的决策。

(2) 流动性高： 由于市场上买卖股票的股东众多，股票交易活跃，流动性较好，股东容易买入或卖出股票。

(3) 管理专业化： 在分散的所有权结构下，日常经营管理和重要决策往往由职业经理人团队执行，而不是直接由股东操控，促进了企业管理的专业化和效率。

(4) 公司治理复杂： 由于所有权与控制权分离，需要通过股东会、董事会和监事会等机制来确保股东利益得到保护，公司治理结构更为复杂。

(5) 利益多元化： 众多股东可能有不同的利益诉求和风险偏好，这要求公司在制定战略和政策时考虑更多元化的利益平衡。

> **实务拓展**
>
> 分散所有权结构在很多大型上市公司中较为常见，特别是在发达资本市场国家。这种结构被认为有助于减少内部人控制问题，提高透明度，促进公平竞争，但也可能带来**代理问题（agency problem）**，即管理层可能不会完全按照股东的最佳利益行事。

Dispersion　离散程度

基础释义

> 离散程度是指数据**在中心趋势周围的变异性或散布情况**，它衡量的是数据值相对于平均值或其他集中趋势度量的分散程度。简而言之，离散程度越高，数据间的差异越大；反之，数据越集中，离散程度则越低。在投资分析中，离散程度是评估风险和不确定性的重要指标，与预期回报（均值回报）同等重要。

概念详解

1. 离散程度的常见度量指标

1.1 绝对离散程度度量指标（Absolute Dispersion Measures）

1.1.1 极差（range）

极差是指数据集中的最大值与最小值之差。极差计算简单，但仅利用了两个极端值的信息，忽略了中间值的信息，对异常值敏感，无法反映数据分布的普遍情况。

1.1.2 平均绝对离差（Mean Absolute Deviation, MAD）

MAD 是指所有观测值与其均值的绝对偏差的平均值。相比极差，MAD 利用了所有数据点，更能全面反映离散情况，缺点在于由于绝对值在数学处理上的局限性，其没有办法像方差或标准差那样便于进行数学运算和理论分析。

1.1.3 样本方差（sample variance）

样本方差是指样本内所有观测值与其均值之差的平方，除以样本容量减一（n–1），以调整样本估计总体参数时的偏差。与平均绝对离差相比，方差由于规避了绝对值，在数学上更方便处理，因此成为许多统计模型的基础，但是，方差的单位是原数据单位的平方，这使得其结果难以直接解释。例如，研究一家公司员工年龄数据的离散程度，样本方差的计算结果是"×× 岁²"，并不具备解释意义。

1.1.4 样本标准差（sample standard deviation）

样本标准差是样本方差的平方根，在保留方差的优点的同时，其单位与原始数据的单位一致，使得其更易于解释。从全部领域的应用情况来看，标准差是目前**最常用的离散程度度量指标之一**。

1.1.5 下行标准差（downside deviation）

标准差虽然应用广泛且在统计学方面的属性优良，但是对于一些更加关注**下行风险（downside risk）**的领域，下行标准差的使用价值更大。例如，在金融投资中，投资者往往更为关心投资回报低于而不是高于回报目标的不确定性。下行标准差只考虑低于目标回报的数据点，可以很好地衡量投资的下行风险。

> **老皮点拨**
>
> 绝对离散程度中的"绝对"的含义是其度量结果是基于数据本身的数值差异，直接给出数据点间的差异值，而不需要与其他统计量相除或相乘。
>
> 假设我们有一个数据集，其均值为 100，标准差为 10，那么标准差 10 就是一个绝对离散程度度量指标，因为它直接给出了数据点与均值之间的平

均差异。

如果我们计算变异系数（标准差除以均值），结果为 0.1（或 10%），这就是一个相对离散程度度量指标，因为它比较了标准差与均值的关系。

1.2 相对离散程度度量指标（Relative Dispersion Measures）

相对离散程度度量指标主要是指**变异系数（coefficient of variation, CV）**。变异系数之所以被称为相对离散程度度量指标，是因为它考虑了数据集的平均值（均值）和标准差（或方差）之间的关系，而不是仅仅关注数据的绝对差异。变异系数的计算方法为用**样本标准差**除以**样本均值**，当数据本身为回报率时，其经济含义为每一单位回报所承担的总体风险。

老皮点拨

数据离散程度度量手段和指标的发展反映了人们对数据离散程度度量的深入理解和需求的变化。从**极差**到**变异系数**，每一步的演变都试图解决前一个度量方法的局限性，以获得更准确、更全面的离散程度度量。然而，每种度量方法**并不具备绝对意义上的优劣之分**，选择哪种度量取决于具体的应用背景和分析目的，在不需要高级统计分析的情况下，极差和 MAD 反而提供了**更简单、更快捷**的离散程度度量手段。

2. 离散程度的应用

（1）风险评估：在投资领域，较高的离散程度（尤其是标准差）通常意味着投资回报的波动性大，即风险较高。

（2）业绩比较：通过比较不同投资组合或资产的离散程度，投资者可以判断哪些投资可能更稳定或风险更低。

（3）决策支持：了解数据的离散程度有助于制定风险管理策略、设定合理的业绩基准和目标，以及进行有效的资源配置。

Distribution　分布

基础释义

分布是指描述随机变量取值可能性的函数，它揭示了随机变量所有可能取值的概率分布情况。简而言之，分布告诉我们随机变量在不同数值上的出现概率或概率密度，是理解随机现象统计规律性的关键。

概念详解

1. 分布的类型

概括来说，分布可以分为离散分布和连续分布两种类型。

1.1 离散分布（Discretionary Distribution）

离散分布适用于那些只能取特定、可数个值的随机变量，最典型的例子有伯努利分布、二项分布以及泊松分布。

1.1.1 伯努利分布（Bernoulli distribution）

伯努利分布描述的是一次独立实验中事件发生的概率，如抛硬币正面朝上的概率。

1.1.2 二项分布（binomial distribution）

二项分布描述在 n 次独立的伯努利试验中成功 k 次的概率，如对连续投篮 n 次命中 k 次这一事件进行描述。

1.1.3 泊松分布（Poisson distribution）

泊松分布是一种统计与概率论中常见的离散概率分布，通常用来表示**在一定时间内或某一固定区域内**，某种事件发生次数的概率分布。这种分布适用于稀有事件发生的场景，其中事件的发生是独立的，并且在给定的时间或空间间隔内发生的平均次数是已知的。

1.2 连续分布（Continuous Distribution）

连续分布是指其中随机变量可以**在一定区间内取任意值**的概率分布。常见的连续分布包括连续均匀分布、正态分布、对数正态分布、学生 t- 分布、卡方分布以及 F 分布。

1.2.1 连续均匀分布（continuous uniform distribution）

连续均匀分布是最简单的连续概率分布之一。这种分布有两个主要的应用领域：一是作为生成**随机数**的技术基础，在**蒙特卡洛模拟**中扮演重要角色；二是作为描述等可能性结果的概率模型，适用于所有结果看起来都有同样可能的情况。

1.2.2 正态分布（normal distribution）

正态分布是概率论中最著名且广泛使用的连续概率分布之一，具有以下几方面的特征：

（1）参数：正态分布由两个参数完全描述——均值（μ）和方差（σ^2）。我们表示为 $X \sim N(\mu, \sigma^2)$，也可以用标准差 σ 表示。

（2）对称性：正态分布是对称的，其偏度为 0，峰度为 3。

（3）线性组合：两个或多个正态随机变量的线性组合也服从正态分布。

1.2.3 对数正态分布（lognormal distribution）

对数正态分布与正态分布密切相关，常用于建模**股票和其他资产价格**的概率分布。如果随机变量 Y 的自然对数 $\ln(Y)$ 是正态分布的，则 Y 是对数正态分布的。对数正态分布下限为 0，右偏（有长的右尾），适用于**非负数据集**。

1.2.4 *t*- 分布（Student's t-distribution）

t- 分布是一个对称的分布族（family of distributions），由自由度（degree of freedom）这一单个参数完全定义，主要用于支持统计分析，如抽样、测试估计模型参数的统计显著性或假设检验。其图像与正态分布相似，但具有**"更长的尾部"**，因此有时被用来更保守地估计资产回报的下行风险。

1.2.5 卡方分布（chi-square distribution）与 *F* 分布（F-distribution）

卡方分布和 *F* 分布都是**不对称**的**分布族**，它们的定义域为正数。卡方分布是 k 个独立标准正态分布随机变量平方和的分布。*F* 分布由两个自由度参数定义，分别称为分子自由度和分母自由度。

2. 分布的应用

（1）参数估计（parameter estimation）：通过样本数据估计总体参数时，了解数据的分布类型有助于选择合适的估计方法和建立有效的模型。

（2）假设检验（hypothesis test）：分布的知识对于构造检验统计量、确定临界值和计算 P 值至关重要。

（3）风险分析（risk analysis）：在金融、工程等领域，理解随机变量的分布有助于评估风险和不确定性，进行优化决策。

Diversifiable Risk　可分散风险

同"Non-systematic Risk"。

Divestiture　资产剥离

基础释义

资产剥离又称"出售",是指企业出售其全部或部分业务单元、子公司、资产组合给另一个企业或投资者的过程。剥离与企业并购(acquisition)相对应,一旦交易完成,被剥离的业务或资产的控制权将转移给收购方,而出售方则不再持有这些被剥离资产的所有权。

概念详解

资产剥离的目的

(1)资本优化配置:企业通过剥离非核心或表现不佳的业务,可以将回收的资金重新投资于更有前景的项目,或者用来偿还债务、回购股份、发放股利等,从而提高资本使用效率和股东回报。

(2)战略聚焦:剥离使企业能够精简业务结构,集中资源和管理精力于其核心竞争力和最盈利的业务领域,提高市场竞争力和运营效率。

(3)风险分散:通过减少对某一特定市场或业务的依赖,企业可以分散经营风险,增强整体抗风险能力。

(4)响应市场变化:面对市场环境变化或行业发展趋势,企业可能需要调整战略方向,剥离不符合新战略定位的资产或业务,以适应外部环境。

(5)应对监管要求或缓解财务压力:有时企业可能因监管合规需要(如反垄断法规)或财务压力(如高负债率)而被迫剥离资产。

> **实务拓展**
>
> 资产剥离属于剥离（divestment）的一种，企业也可以通过分拆（spin-off）或跟踪股票（tracking stock）等形式，使被剥离的业务独立运营并在资本市场上单独估值。无论采用哪种方式，资产剥离都是企业主动调整资产组合、优化资源配置、提升企业价值的重要战略手段。

Divestment　剥离

基础释义

> 剥离是指企业出售或分拆其部分业务、子公司或资产的行为，其动机与进行投资的原因相呼应，旨在优化公司业务组合，提升整体绩效。剥离行动背后的动因包括聚焦核心业务、改善估值、满足流动性需求以及满足监管要求等。

概念详解

1. 剥离的动机

（1）聚焦运营和业务线（focus operations and business lines）：通过剥离非核心业务或表现不佳的业务部门，公司可以更好地集中资源在其核心业务上，从而提高整体的运营效率和盈利能力。剥离掉那些不符合公司战略目标或增长潜力较低的业务，可以使公司在其擅长的领域内更加强大。

（2）估值（valuation）：有时候，公司的某一部分业务可能被市场低估。通过剥离这部分业务，公司可以释放其内在价值，并且使市场更加清楚地认识到公司各个部分的价值。此外，剥离出的部分业务也可能在市场上获得更高的估值。

（3）流动性需求（liquidity needs）：公司可能需要通过剥离资产来获得现金流入，以满足短期或长期的流动性需求。例如，公司可能需要资金来偿还债务、进行新的投资或应对突发的财务挑战。

（4）监管要求（regulatory requirements）：有时，公司可能因为反垄断法

或其他法律法规的要求而必须剥离部分业务。例如，一家公司通过并购占据了过于庞大的市场份额，监管机构可能会要求其剥离部分资产以维护市场竞争。

2. 剥离的形式

（1）**出售（sale/divestiture）**：这是收购的反向操作，企业将业务、业务部门或资产售予另一家企业。交易完成后，出售方不再持有被剥离的业务，但获得了现金，从而可以重新配置资本或回馈股东，同时使买卖双方能专注于各自擅长的领域。

（2）**分拆（spin-off）**：企业将其一部分业务分离出去，形成一个全新的、独立的公司。分拆旨在通过业务分离提高管理与员工的专注度，给予员工与业绩直接挂钩的股票激励，并消除母子公司间的不兼容性。分拆完成后，两家公司将完全独立运营，拥有各自的债务与股权融资、财务报告体系及管理层。

> **实务拓展**
>
> 选择出售还是分拆进行剥离取决于多种因素，其中**估值**通常是重要因素之一。具有较多潜在买家的中型业务往往在出售时能获得更高估值。而分拆则让投资者直接持有被剥离业务的股权，需要自行评估其价值并作出投资决策，同时母公司收到的收益较少。分拆过程可能较为漫长，需要时间构建独立的运营体系、管理团队和职能部门，但因其有助于分散市场力量，通常不受严格的监管审查。

Dividend　股息

基础释义

> 股息是指股份公司从其税后利润中，按照一定比例分配给股东的现金红利或者股票分红。是公司回报投资者的一种方式，也是投资者获得收益的途径之一。公司董事会负责决定是否支付股息以及股息的具体金额，同时负责宣布并按照持有的股份比例分配给所有合格的股东。

概念详解

1. 股息的类型

股息可以分为现金股息和股票股息两种类型。

1.1 现金股息（Cash Dividends）

现金股息是指公司以现金形式定期或不定期向股东支付的分红。美国和加拿大通常每季度支付一次；欧洲和日本一般是半年支付一次；中国及其他一些国家则是每年支付一次。

1.2 股票股息（Stock Dividends）

股票股息是指公司向股东发放额外的**股票**而非现金，其特点是不会改变公司的市场价值或股东的所有权比例。当公司希望保持现金储备时，一般使用股票股息。

2. 股息支付的关键日期

（1）股利宣布日（declaration date）：董事会决定派发股息的日期。

（2）除息日（ex-dividend date）：该交易日或之后购入股票的股东无权领取即将支付的股息的交易日期。

（3）股权登记日（record date）：确认哪些股东有权领取即将支付的股息的日期。

（4）股利支付日（payment date）：实际向股东支付股息的日期。

3. 股息支付的影响

（1）股价变化：在除息日，股价通常会下降，下降的幅度大约等于未付股息的金额。

（2）股东财富效应：股息支付被视为稳定财富（与浮动的资本利得对比）的变现，除非公司同时进行股票回购。这在税法允许的情况下可能比股息支付更具税务效益。

4. 股息支付政策

（1）稳定股息政策（stable dividend policy）：公司根据长期可持续收益预测支付股息，并在收益持续增长时增加股息。其特点是不受短期收益波动影响，可以为股东提供相对稳定的预期股息。

（2）固定股息支付率政策（constant dividend payout ratio policy）：公司将一定比例的净利润作为股息支付给股东。其特点是股息随收益波动而变化，实际中较少采用。

Dividend Discount Model (DDM)　股利折现模型

基础释义

> 　　股息折现模型是指通过将预测的公司未来发放给股东的股息现金流按照一定的折现率折现到当前从而获得股票内在价值的估计值的一种估值模型。这种方法基于两个核心假设：一是投资者投资股票主要是为了获得股息收入；二是理性投资者会要求其投资至少获得与风险相匹配的回报率。

概念详解

股利折现模型的类型

1.1 零增长模型（Zero Growth Model）

零增长模型适用于股息保持恒定的普通股或优先股的估值。

计算公式：

$$P = \frac{D_1}{r}$$

其中，

- P 代表股票的当前合理价格
- D_1 代表预期下一年的股息支付
- r 代表投资者的要求回报率

1.2 戈登增长模型（Gordon Growth Model, GGM）

GGM 是最广泛应用的简化版 DDM，适用于那些预期股息能保持大于 0 且稳定的增速的公司。

计算公式：

$$P = \frac{D_1}{r - g}$$

其中，

- P 代表股票的当前合理价格
- D_1 代表下一年预期支付的股息
- r 代表投资者的要求回报率
- g 代表预期股息的恒定增长率

> **老皮点拨**
>
> 除了零增长模型和戈登增长模型，还有多阶段股利折现模型以及 H 模型等股利折现模型的具体分类，以应对公司股息的不同增长模式。

Dividend Recapitalization　股息资本重组

基础释义

> 股息资本重组是指公司通过增加**债务融资**，使用所获得的资金来**支付股息**或**回购股票**，从而改变其资本结构的过程。股息资本重组通常会导致公司的债务水平上升，而股权比例相应减少。股息资本重组的主要目的是通过替换成本较高的股权资本为成本较低的债务资本，来降低公司的加权平均资本成本（WACC）。

概念详解

1. 股息资本重组的动机

（1）降低资本成本：通过增加债务融资，公司可以利用较低的借贷成本来替代较高成本的股权资本，从而降低整体的资本成本。

（2）提高股东价值：由于债务融资通常成本低于股权融资，通过这种方式公司可以提升每股收益（EPS），从而增加股东的价值。

（3）优化资本结构：对于那些拥有稳定收入和现金流的公司来说，适当的债务水平可以优化资本结构，提高财务杠杆的效果。

2. 股息资本重组中的风险考量

（1）增加财务杠杆：股息资本重组会增加公司的财务杠杆比率，这意味着在公司经营状况恶化时，较高的债务负担可能会加剧财务压力。

（2）利息支付义务：增加的债务会带来固定的利息支付义务，这对公司的现金流管理和偿债能力提出了更高的要求。

（3）市场条件： 如果市场利率上升，股息资本重组可能变得不那么有利，因为借贷成本会增加。

老皮点拨

股息资本重组与资产售后回租均属于资产负债表重组（balance sheet restructuring），二者的区别在于，在售后回租（sale leaseback）中，公司出售资产以换取现金，同时签订租赁协议继续使用该资产，股息资本重组则不涉及实体资产的所有权转移，而是集中在资本结构的调整上。

实务拓展

股息资本重组在实务中有较多应用，例如：

（1）航空公司应对疫情： 在新冠疫情暴发期间，许多航空公司通过股息资本重组来筹集现金，以应对航班暂停带来的财务压力。

（2）房地产投资信托基金（REITs）： REITs 常常使用股息资本重组来优化其资本结构，尤其是在低利率环境下，通过增加债务融资来提高分红水平或回购股票。

Dollar Duration　美元久期

基础释义

美元久期又称"货币久期"（money duration），是指在债券投资分析中衡量债券价格对收益率变化敏感性的指标。具体来说，它反映了债券价格因收益率变动而产生的**货币价值**变化。

D

概念详解

1. 美元久期的计算方法

$$\text{DollarDur} = \text{AnnModDur} \times PV^{\text{Full}}$$

其中，

- DollarDur代表美元久期

- AnnModDur（Annualized modified duration）代表年化修正久期

- PV^{Full}代表债券的全价

2. 美元久期的应用

当收益率变化时，美元久期可以帮助估算债券价格的实际货币价值变化。例如，对于一个给定的收益率变化（ΔYield），债券价格的变化可以用以下公式估算：

$$\Delta PV^{\text{Full}} \approx -\text{DollarDur} \times \Delta \text{Yield}$$

其中，

- ΔPV^{Full}代表债券全价的变动金额

- DollarDur代表美元久期

- ΔYield代表收益率的变动

> 💡 **老皮点拨**
>
> 假设一个面值为 \$1,000,000 的债券，全价为 \$1,009,400，修正久期为 6.1268，则其美元久期 = 修正久期 × 全价 =6.1268×\$1,009,400= \$6,184,392，如果收益率发生了 0.02 的上涨，则债券价格的变动金额约等于 -\$6,184,392×0.02，最终结果为 \$123,687。

3. 与 PVBP 的关系

PVBP（price value of a basis point），也称为 DV01 或 PV01，是指收益率每变化 1 个基点时债券全价的变化金额。PVBP 是通过在收益率基础上增加和减少 1 个基点后计算债券全价的变化得出的，本质上是美元久期的一种特殊形态。

PVBP 也可以称为 **BPV（basis point value）**，是美元久期乘以 0.0001 的结果，即 1 个基点的价值。

4. 美元久期的用途

美元久期对于理解和管理债券投资组合的风险非常重要，它可以帮助投资者评估利率变动对投资组合的影响，从而作出更加明智的投资决策。

对于现金流不确定的债券（如可赎回债券）而言，PVBP 尤为有用，因为它直接给出了小幅度收益率变化下的价格变动。

Dual-Class Share Structure　双重股权结构

基础释义

双重股权结构又称"二元股权结构"或"多级股权结构"，是指公司发行两种或多种不同类型的股票，每种股票拥有不同的投票权的一种公司治理结构。这种设计允许某些股东（通常是公司的创始人，管理层或核心家庭成员）在持股比例较小的情况下，通过持有具有较高投票权的股票类别，从而保持对公司决策的控制权。

概念详解

1. 双重股权结构的核心特征

（1）同股不同权：双重股权结构的核心在于打破了传统"一股一票"的原则。通常，一种股票类别（A 类股或超级投票权股票）赋予持有者远超普通股（B 类股或无投票权股票）的投票权，如一股 A 类股可能拥有 10 票投票权，而一股 B 类股仅有 1 票或没有投票权。

（2）控制权与现金流权分离：通过采用双重股权结构，公司创始人或管理层可以通过少量持股保持对公司的控制，同时，公众投资者和其他股东虽然持有更多的股份，但只能享有较少的决策权。这使得公司管理层能够免受短期市场压力，专注于长期战略规划。

（3）垂直所有权配合使用：在与**纵向所有权（vertical ownership）结构**结合使用时，位于金字塔顶端的公司或集团通过持有下层公司具有超级投票权的股票，即使持股比例不高，也能有效控制整个企业集团的运营公司，实现对较大资产规模的间接控制。

> **实务拓展**
>
> 　　双重股权结构常被科技公司、媒体集团和家族企业采用，目的是保证创始人或管理层的愿景不受外部股东干扰，尤其是在公司上市后，既能获得公开市场融资，又能维持创始团队对公司的战略指导和文化传承。

2. 双重股权结构优点

（1）保护创新和长期战略，减少恶意收购威胁。

（2）允许公司管理层更自由地执行长期发展规划。

（3）对于某些初创企业，有助于吸引风险投资而不失去控制权。

3. 双重股权结构的缺点

（1）可能导致管理层权力过大，忽视小股东利益。

（2）缺乏外部监督可能引发治理问题。

（3）可能会影响公司治理透明度和投资者信心。

> **实务拓展**
>
> 　　双重股权结构在全球不同市场的接受度不一，如在美国市场较为普遍，而欧洲部分国家则对此持谨慎态度。近年来，香港交易所等市场也开始允许具有双重股权结构的公司上市，但通常会设置特定的条件和信息披露要求，以保障投资者利益。

Dummy Variable　哑变量

基础释义

　　哑变量又称"虚拟变量"或"指示变量"（indicator variable），是指在回归分析或其他统计模型中表示**分类信息**的一种变量。哑变量的值仅为 0 或 1，其中 0 表示某个特定类别不存在，而 1 表示该类别存在。通过引入哑变量，

> 研究者能够在模型中纳入**定性信息**，分析不同类别或状态对因变量（如股票收益、销售量等）的影响。

概念详解

1. 哑变量的特征

（1）二元取值： 哑变量一般取值为 0 或 1，其中，0 通常表示某个类别不存在或未被选中，而 1 则表示该类别存在或被选中。

（2）捕捉类别影响： 哑变量常用于**线性回归模型**中，以捕捉类别变量对因变量的影响。例如，在研究公司季度收益公告是否会影响月度股票回报率时，可以设置一个哑变量，若某个月份有收益公告，则该月的哑变量值为 1，否则为 0。

2. 使用哑变量的注意事项

（1）多重共线性（multicollinearity）： 在处理具有多个分类的变量时，需要为每个类别设置一个哑变量，但是在实际操作中，为了避免多重共线性问题，通常不会为所有的类别都设置哑变量，而是省略一个作为参考组。

（2）扩展应用： 除基本的二元分类外，哑变量还可以用于**多元分类**的情况，此时需要构建多个哑变量来代表各个类别。

> **老皮点拨**
>
> 假设，研究者想要探究公司季度盈利公告对其月度股票收益的影响，为此，创建了一个哑变量 $EARN_i$，用来标记每个月份是否有盈利公告。如果某月有盈利公告，则 $EARN_i$ 取值为 1；如果没有，则取值为 0。通过这样的设置，简单线性回归模型得以构建，模型的形式为：
>
> $$R_i = b_0 + b_1 EARN_i + \varepsilon_i$$
>
> 其中，
>
> - R_i 表示第 i 个月的股票收益率，是因变量
> - $EARN_i$ 是哑变量，反映了该月是否有盈利公告的二元信息
> - b_0 是截距项，代表没有盈利公告月份的平均股票收益
> - b_1 是与哑变量 $EARN_i$ 相关的系数，量化了有盈利公告的月份相较于无公告月份股票收益的平均差异

- ε_i 是误差项，包含除 $EARN_i$ 以外其他因素对 R_i 的影响，以及随机噪声

通过估计这个模型，可以得到 b_1 的值。如果 b_1 显著不为零，说明在有盈利公告的月份，公司的月度股票收益确实存在系统性的差异，这差异的具体大小就是 b_1 的估计值。哑变量的引入使得模型能够区分不同条件下（本例中是有无盈利公告）因变量的平均效应，从而帮助分析特定分类特征对因变量的影响。

D

Dynamic Pricing 动态定价

基础释义

动态定价是指根据市场供需状况、库存水平、顾客类型、顾客行为、竞争对手定价、时间敏感性以及其他相关变量的变化，动态调整产品或服务的价格以实现收益最大化和库存效率提升的一种定价模型。这一策略利用数据分析和预测算法，实时反映市场波动，以优化收益和资源分配。其核心在于捕捉最佳销售时机，通过价格杠杆平衡供需，最大化利润。

概念详解

1. 动态定价的核心思想

动态定价的关键在于其灵活性和对市场信号的快速响应。企业通过收集和分析大量的数据，如历史销售记录、顾客购买行为、季节性趋势、天气变化、特殊事件影响等，来预测未来的需求趋势，然后据此调整价格。这种策略要求企业具备强大的数据分析能力和技术支持，以便实时监控市场变化并迅速做出价格调整。

2. 动态定价的商业案例

（1）**酒店业：**酒店行业广泛应用动态定价，特别是在旅游旺季和淡季之间调整房价。例如，海滨度假酒店在夏季旅游旺季时提高房价，而在冬季游客较少时降低价格，以吸引顾客并优化入住率。

（2）**网约车服务：**优步和来福车等网约车平台采用高峰时段加价（surge

pricing）策略，在需求激增（如雨天、大型活动结束时）时临时提高费率，以平衡供需，确保在高需求时段有足够的司机接单，同时也激励司机在这些时段工作。

（3）航空公司： 航空公司的机票价格会根据预订时间、航班满座程度、季节甚至搜索历史进行动态调整。临近出发日期购买机票通常更贵，而提前数月预订或选择非热门时段出行则可享受更优惠价格。

（4）体育赛事与娱乐演出： 音乐会、戏剧表演和体育比赛的门票会根据销售情况和时间临近程度动态调整。早期购票可能享有较低价格；接近活动日期，如果仍有余票，价格也可能会下降以刺激销售。

（5）电子商务： 亚马逊等电商平台利用算法分析顾客行为，为不同的用户提供个性化价格。比如，基于用户的购买历史、搜索习惯或对价格敏感度的判断，展示不同的商品价格，以测试最佳价格点和提高转化率。

Earnings Before Interest and Taxes (EBIT)
息税前利润

基础释义

息税前利润是指反映企业在支付利息和所得税之前的利润水平的衡量企业运营盈利能力的财务指标。EBIT 提供了一种评估企业核心经营效率的方法，因为它只考虑了与公司主营业务直接相关的收入和成本，而不受**资本结构**和**税率变动**的影响。

概念详解

1. EBIT 的计算方法

1.1 直接法（从收入出发，向下扣减成本）

$$息税前利润=销售收入-变动经营成本-固定经营成本$$

其中，

- 销售收入表示企业销售商品或提供服务所获得的全部收入

- 变动经营成本表示随着企业销售量的变化而变化的营业成本，一般是直接与产品制造或服务提供相关的成本，如直接材料和直接人工

- 固定经营成本表示不随销售量改变，短期内保持相对稳定的成本，如租金、折旧等

1.2 间接法（从利润出发，向上叠加费用）

$$息税前利润=净利润+利息费用+所得税$$

其中，

- 净利润表示公司在扣除所有经营成本、非经营费用、利息支出和所得税之后的利润

- 利息费用表示企业为负债融资所支付的利息支出

- 所得税费用表示在税前利润基础上按照适用税率计算得出的企业应缴纳的当期及递延所得税

2. EBIT 的重要性

（1）评估经营效率： EBIT 使分析师和投资者能够专注于企业的核心经营活动，忽

略财务杠杆和税务规划对盈利能力的影响，从而更好地比较不同公司之间的经营业绩。

（2）投资决策依据： 通过分析 EBIT 的变化趋势，投资者可以判断企业盈利能力是否在改善，并据此作出投资决策。

（3）贷款条件参考指标： 银行和其他债权人可能会使用 EBIT 来评估企业偿还贷款及支付相应利息的能力。

3. EBIT 的应用

（1）财务分析： 用 EBIT 除以利息费用，可以得到利息保障倍数（interest coverage ratio），这是衡量企业偿付利息义务能力的核心指标。

（2）投资决策： EBIT 能够让分析师或投资者独立于企业的资本结构和税收政策来评价其核心业务的盈利能力，常用于企业估值、业绩比较分析。

Earnings Before Interest, Taxes, Depreciation, and Amortization (EBITDA)　息税及折旧摊销前利润

基础释义

> 　　息税及折旧摊销前利润是指通过从企业的总收入中扣除运营成本（不包括利息、税项、折旧和摊销）计算得出的一个衡量公司经营业绩的财务指标。EBITDA 可以提供一个关于企业核心运营效率的清晰视角，因为它排除了会计处理方式、融资结构和税务规划对利润的影响，反映了企业在支付利息、所得税，并且不考虑折旧和摊销影响的情况下所获得的利润。

概念详解

1. EBITDA 的计算方法

EBITDA 可以按照直接法和间接法进行计算。

1.1 直接法（Direct Method）

EBITDA= 销售收入 – 销货成本 – 销售、行政及一般费用等经营费用（不包括折旧和摊销）

1.2 间接法（Indirect Method）

EBITDA= 净利润 + 利息费用 + 所得税费用 + 折旧费用 + 摊销费用

2. EBITDA 的重要性

（1）经营活动评估： EBITDA 提供了一种评估公司从其主要商业活动中产生现金流的能力的方法，不受**资本结构、税率变化或非现金费用（如折旧和摊销）**的影响。

（2）行业比较： 由于排除了特定于公司的财务决策和会计处理方法，EBITDA 被广泛用作跨行业或同行业内不同公司之间进行比较的工具。

（3）投资吸引力： 投资者和分析师使用 EBITDA 来评估公司的盈利潜力和市场表现。较高的 EBITDA 可能表明公司具有更强的盈利能力。

3. EBITDA 的局限性

（1）忽略资本支出： EBITDA 没有考虑为维持或增加生产能力而必须进行的资本支出。

（2）财务杠杆风险： 排除债务利息支出，可能会低估高负债公司面临的风险。

（3）现金流量误导： 某些情况下，EBITDA 可能与实际现金流量并不完全一致。

💡 老皮点拨

在使用 EBITDA 作为分析工具时，应该将其视为衡量企业经营效率和盈利能力的多个指标之一，并与其他财务指标（如净利润、自由现金流等）结合起来使用，以获得更全面准确的企业财务状况。

📖 实务拓展

EBITDA 被广泛用于比较不同行业或同一行业内不同公司的经营效率，尤其是在**并购分析**和**信用评级**中，因为它可以提供一个不受特定会计政策和税收差异影响的相对统一的视角。然而，EBITDA 并不能替代现金流分析，因为它未包括营运资本变动和其他可能影响企业现金流的因素，因此在实际应用时需要结合其他财务指标来全面评估企业的财务健康状况。

Earnings per Share (EPS)　每股收益

基础释义

> 每股收益又称"每股盈利"或"每股利润"，是指企业管理层在一定时期内（通常为一个会计年度）赚取的归属于普通股股东的净利润分配到每一股普通股上的平均金额，是衡量公司盈利能力的一项关键财务指标。

概念详解

1. 每股收益的分类

每股收益的类型包括：

（1）基本每股收益（basic EPS）： 是指按照归属于母公司普通股股东的净收益除已发行在外的普通股加权平均数计算出来的每股收益。

（2）稀释每股收益（diluted EPS）： 考虑到所有可能转化为普通股的潜在证券（如可转换债券、可转换优先股、员工股票期权、认股权证等）对公司每股收益的影响后的每股收益。稀释 EPS 是在假定所有这些潜在普通股都被转换为实际普通股的情况下计算出来的。

2. 每股收益的计算方法

2.1 基础 EPS 的计算

$$\text{Basic EPS} = \frac{\text{Net income} - \text{Preferred dividends}}{\text{Weighted average number of common shares outstanding}}$$

其中，

-Net income 代表净利润

-Preferred dividends 代表优先股的股息

-Weighted average number of common shares outstanding 代表在报告期间内发行在外的普通股的加权平均股数

2.2 稀释 EPS 的计算

稀释 EPS 的计算需要考虑潜在的稀释性证券，如可转换债券或股票期权等。这些证券如果被转换或行权，会增加普通股的数量，从而可能降低 EPS。

稀释 EPS 的计算公式为：

$$\text{Diluted EPS} = \frac{\text{Adjusted net income available to common shareholders}}{\text{Adjusted weighted average number of common shares outstanding}}$$

其中，

-Adjusted net income available to common shareholders 代表在考虑了潜在稀释性证券转换后的可供普通股股东分享的净利润

-Adjusted weighted average number of common shares outstanding 代表在考虑了潜在稀释性证券转换后的调整后股数

3. 每股收益的会计要求

不同的资本结构下，每股收益的计算要求也不一样，分为以下两种情况：

(1) 简单资本结构（simple capital structure）： 指公司没有发行任何可能转化为普通股的金融工具。在这种情况下，只计算基本 EPS 即可。

(2) 复杂资本结构（complicated capital structure）： 指公司发行了可能转化为普通股的金融工具。在这种情况下，需要计算稀释 EPS 来反映所有潜在稀释性证券转换后对 EPS 的影响。

4. 每股收益的重要性

（1）EPS 是投资者评估公司盈利能力的重要工具。

（2）稀释 EPS 提供了一个更准确的公司每股收益情况，尤其是在公司拥有复杂资本结构时。

（3）投资者可以通过比较不同时间点的 EPS 来评估公司的业绩增长或下滑趋势。

（4）公司管理层也可能使用 EPS 作为激励计划的一部分，比如与高管薪酬挂钩。

Earnings Smoothing　利润平滑

基础释义

利润平滑是指企业管理层在编制财务报表时，通过各种会计手段和策略，人为地调整报告的利润水平，以使公司的盈利表现显得更加平稳或符合某种预期模式，而不是完全反映其真实的经营波动。这种做法旨在给外界营造一种企业业绩稳定增长的印象，减少因业绩大幅波动引起的投资者、债权人和分析师的不安。

概念详解

利润平滑的具体方法

（1）会计政策的选择： 企业可能选择对自身有利的会计政策，如存货计价方法（先进先出法与加权平均法）、折旧方法（直线法与加速折旧法）等，以调节各期的利润水平。

（2）准备金的计提与释放： 通过在盈利较好的年份多提坏账准备、存货跌价准备等，减少当期利润；而在业绩不佳时，释放之前计提的准备金，以提升报告利润。

（3）收入或费用的确认时机： 通过提前或推迟确认收入和费用，调整不同会计期间的利润。例如，在高盈利年份推迟确认收入，或在低盈利年份提前确认收入。

（4）关联方交易： 利用关联方交易来转移利润，比如在高盈利期间增加对关联公司的销售或费用分担，反之亦然。

> **实务拓展**
>
> 尽管利润平滑可能使财务报表看起来更稳定，但它可能导致财务信息失真，掩盖了企业真实的经营状况和风险。因此，监管机构如美国证券交易委员会（SEC）、国际会计准则理事会（IASB）等强调财务报告应遵循真实性原则，鼓励企业披露更多信息，以提高透明度。同时，审计师在审计过程中也需警惕此类行为，确保财务报告的公允表达。

Earnings Yield 盈利收益率

基础释义

盈利收益率是指公司年度每股盈利与当前股价的比率。盈利收益率表示投资者每投入一单位货币所能获得的收益比例，可以看作股票投资的预期回报率。一个较高的盈利收益率意味着较低的市盈率，也意味着相对于其市场价格，公司能够产生更多的利润，这可能被视为投资价值的正面信号。

概念详解

1. 盈利收益率的计算公式

$$\text{Earnings yield} = \frac{\text{Earnings per share}}{\text{Price per share}}$$

其中，

-Earnings per share 代表每股收益

-Price per share 代表每股股价

> **老皮点拨**
>
> 在计算盈利收益率时，分子的每股收益的可选项包括：
>
> **（1）历史收益：** 使用过去一年的每股收益（trailing EPS）来计算盈利收益率。
>
> **（2）正常化收益：** 如果公司经历过非经常性损益，分析师可能会选择使用**常态化每股收益（normalized EPS）** 来计算盈利收益率，以消除非经常性项目的影响。
>
> **（3）预期收益：** 使用对未来一年每股收益的预期（expected next-year EPS）来计算盈利收益率。

2. 盈利收益率的应用场景

（1）零或负收益情况： 当公司的每股收益为零或负数时，市盈率将无法计算或产生无意义的结果。此时，使用盈利收益率可以避免这个问题，因为盈利收益率的分母是价格而不是收益，而价格不可能为负数。

（2）极低收益情况： 在某些情况下，即使收益非常低，但由于预期收益反弹，股价可能会很高，从而导致市盈率非常高。这种情况下的市盈率可能会成为异常值，影响对一组股票市盈率分布的评估。盈利收益率则相对不易受极端值的影响。

（3）比较与排序： 盈利收益率可用于股票之间的比较，尤其是在需要对股票进行从最便宜到最贵排序时。按照盈利收益率从高到低排序，实际上是从最便宜（最高收益率）到最贵（最低收益率）的排序，因为越高的盈利收益率代表针对每一元的投入，获得了更高的利润回报。

3. 盈利收益率与其他比率的关系

与盈利收益率存在关联的比率指标包括：

（1）市盈率（P/E ratio）： 盈利收益率是市盈率的倒数，因此两者之间存在反向关系。

（2）其他逆向价格乘数： 盈利收益率是逆向价格乘数的一个例子，即价格比率的倒数。其他类似的比率包括**股息收益率（dividend yield）**，它是股息与股价的比率。

Econometric Models 计量经济模型

基础释义

> 计量经济模型是计量经济学的核心组成部分，是指将统计学方法应用于经济数据以**建立、估计和检验**经济变量之间关系的数学模型。计量经济模型可以分为结构性模型、简化形式模型和完全数据驱动的模型。

概念详解

1. 计量经济模型的类型

1.1 结构化模型（Structural Model）

结构化模型**基于经济学理论**，明确规定了变量之间的函数关系。模型的形式和参数直接来源于理论基础，旨在反映经济体系中各组成部分的**真实互动机制**。例如，供给和需求模型就是典型的结构化模型，其中价格、数量等变量的关系直接源自供需理论。

1.2 简约模型（Reduced Form Model）

简约模型**与理论的关联较为松散**。有些简约模型是对潜在结构化模型的精简表示，而另一些则几乎是数据驱动的，变量的选择和函数形式更多依赖于经验观察而非理论推导。这种模型通常用于描述变量间的**经验关系**，而不是试图揭示深层次的经济机理。

2. 计量经济模型的应用

计量经济学模型的规模可以从仅包含少数方程的小模型扩展至包含数百个方程

的复杂系统。尽管模型大小不同，但它们的应用方式相似：通过已估计的方程组预测经济变量的未来值，其中预测者需要为外生变量提供数值。例如，在预测经济增长时，预测者可能需要输入汇率、利率、大宗商品价格或政策变量等外生变量的未来值，模型则利用过去估计的关系来预测内生变量的未来走势。

计量经济学模型被广泛认为对于模拟关键变量变化的影响非常有用，其主要优点在于它要求预测者保持一定程度的一致性，并促使模型构建者根据模型得出的结果重新评估先前的观点。

老皮点拨

值得注意的是，预测者对外生变量的未来估计本身就可能存在误差，这会增加内生变量预测误差的变异性，超出由参数估计误差造成的部分。因此，分析师应考虑外生变量的合理范围，以评估预测结果对外部输入变量的敏感性。

Econometrics　计量经济学

基础释义

计量经济学是指结合了**经济学理论**、**统计学方法**和**数学工具**来建立和检验**经济变量之间关系**的一门学科。计量经济学结合了经济学理论与统计学实践，侧重于使用数据来估计经济模型的参数，测试经济理论，预测未来趋势，并评估政策变化的影响，其核心目标是识别和量化不同经济变量之间的因果关系，同时考虑到随机性和不确定性的影响，是经济学实证研究的核心工具，不仅可以帮助市场参与者更好地理解经济世界的运作机制，也是政策制定和商业决策的重要依据。

概念详解

1. 计量经济学的构成要件

（1）经济学理论： 为模型提供理论基础，指导模型的结构设计。

（2）统计学方法： 用于数据处理、模型估计和结果检验，包括**回归分析**（用于分析一个或多个自变量与因变量之间的关系）、**时间序列分析**（研究随时间变化的数据序列，预测未来趋势）和**面板数据分析**（结合横截面数据和时间序列数据，提高估计的精度和可靠性）。

（3）数学工具： 用于模型的构建和求解。

2. 计量经济学的应用

（1）经济预测： 利用历史数据预测未来的经济趋势，如 GDP 增长、通货膨胀率等。

（2）政策评估： 评估政策变化对经济的影响，如税收改革对就业率的影响。

（3）理论检验： 验证经济理论是否符合实际情况，如市场效率理论。

3. 计量经济学的局限性

（1）测量问题： 模型用户需要找到适当的方法来衡量现实世界的活动和关系，但这些度量可能不存在或存在测量误差。

（2）关系变迁： 变量间的关系可能随时间变化，由于经济结构的变化或模型对世界运作方式的假设错误，导致模型可能被误设（misspecification）。

（3）模型偏误： 熟练的计量经济学家会持续监控模型的近期预测，寻找系统性误差的迹象。持续的预测误差理论上应该导致模型的彻底重建，但在实践中，更常见的做法是将过去的预测误差作为额外的解释变量纳入模型。

实务拓展

计量经济学家广泛使用专门的软件工具，如 Stata、R、Eviews、Python 中的 statsmodels 和 pandas 等，来进行数据处理、模型估计、假设检验和结果可视化。随着计量经济学领域不断进步，新的方法和技术不断涌现，如机器学习方法在经济预测中的应用、非参数估计、贝叶斯计量经济学、面板数据分析技术的发展等，都在推动着该领域的边界不断延展。

Economic Growth   经济增长

基础释义

经济增长是指一个国家或地区在一定时期内经济活动总量（以国内生产总值 GDP 为主要衡量指标）相对于之前时期的增长。具体来说，经济增长体现了生产商品和服务总量的持续增加，这既包括数量上的扩大也包括质量上的提升，表现为总体 GDP 和人均 GDP 的上升以及总体经济实力的增长。

概念详解

1. 经济增长的影响因素

（1）**资本积累（capital accumulation）**：资本积累是经济增长的关键驱动力之一，它通过私人部门和公共部门（如基础设施建设）的投资来实现。然而，在发展中国家，由于可支配收入较低，储蓄率往往不高，这使得资本积累变得更加困难。

（2）**金融市场与中介（financial markets and intermediaries）**：金融市场的高效运作及金融机构的作用对于经济增长至关重要。金融市场和银行等中介机构通过筛选投资项目和监控资金使用情况，确保**资金流向能够产生最高风险调整后回报的项目**。

（3）**政治稳定、法治与产权保护（political stability, rule of law, and property rights）**：政治稳定、健全的法律体系和对产权的尊重是推动经济增长的基础要素。明确界定并得到有效保护的产权能够激励家庭和个人进行投资和储蓄。

（4）**教育与医疗系统（education and health care systems）**：教育水平的提高对于经济发展有着不可忽视的作用。高质量的教育不仅提升了劳动力的整体技能，还促进了现有物质资本的生产力。与此同时，健康问题是另一个阻碍经济增长的因素，特别是在非洲等地区，传染病和艾滋病疫情对劳动力造成了严重影响。

（5）**税收与监管体系（tax and regulatory systems）**：税收政策和监管环境对经济增长具有深远影响，尤其是在企业层面。适度的监管可以鼓励企业家精神和新企业的创立，而过重的税收负担则可能抑制企业活力。研究表明，较低的行政启动成本能够有效促进创业活动，这对于提高整体生产力水平至关重要。

（6）**自由贸易与资本自由流动（free trade and unrestricted capital flows）**：开放经济允许资本和商品的自由流动，这对经济增长具有重大意义。开放的贸易政策和资本流动可以为国内投资提供全球范围内的资金支持，特别是外国直接投资能够打破低收入、低储蓄和低投资的恶性循环。

2. 发展中国家面临的经济增长挑战

（1）**储蓄与投资不足：**低收入水平导致储蓄率低下，进而影响投资和经济增长。

（2）**金融市场的不完善：**金融基础设施的缺失限制了资本的有效配置。

（3）**法律制度薄弱：**缺乏有效的法律体系和产权保护机制，可能导致腐败问题和法律执行不力。

（4）**教育与卫生服务欠缺：**教育资源分配不均，公共卫生问题严重，影响了人力资本的质量。

（5）**不利于创业的税收与监管政策：**过度的监管可能抑制创新和企业发展。

（6）**国际贸易与资本流动限制：**高额关税和其他贸易壁垒限制了外国直接投资和技术转移。

Economic Indicator   经济指标

基础释义

经济指标是指用于衡量和描述一个国家、地区或全球经济状况的各种统计数据和指标，它们旨在量化经济活动的各个方面，为政策制定者、投资者、分析师和公众提供关于经济运行状况、趋势、健康度及未来走向的客观信息。经济指标种类繁多，涵盖宏观经济的各个领域。

概念详解

1. 经济指标的类别

1.1 先行指标（Leading Indicators）

先行指标往往先于总体经济活动发生变化，预示未来经济走势，如制造业采购经理人指数（PMI）、新订单指数、建筑许可、股票市场指数等。

1.2 同步指标（Coincident Indicators）

与当前经济活动基本同步变化，反映当前经济状况，如国内生产总值（GDP）、工业生产指数、零售销售额、就业数据等。

1.3 滞后指标（Lagging Indicators）

在经济变化发生后一段时间才显现出来，用于确认经济周期的转折点，如失业率、消费者价格指数（CPI）、企业利润、银行坏账率等。

2. 主要的经济指标

（1）国内生产总值（Gross Domestic Product, GDP）：GDP衡量一个国家或地区在一定时期内（通常为一个季度或一年）所有最终产品和服务的市场价值，是评估**经济规模**、**经济增长**、**人均收入**等的重要指标。

（2）消费者价格指数（Consumer Price Index, CPI）：CPI反映一篮子消费品和服务价格的平均变动情况，用于衡量**通货膨胀水平**，是制定货币政策、调整工资、设定社会保障标准的重要依据。

（3）就业与失业数据：包括失业率、非农就业人数、劳动参与率等，反映劳动力市场的供求状况，是评估经济健康度、居民收入、消费能力的关键指标。

（4）工业生产指数（Industrial Production Index, IPI）：衡量制造业、矿业与公共事业等工业部门的产出变化，反映工业生产活动的活跃程度，是判断经济周期阶段和未来经济增长趋势的重要依据。

（5）零售销售数据：零售销售数据反映零售市场的销售情况，直接体现**消费者支出水平**，有助于评估消费市场活力、个人消费对经济增长的贡献以及未来消费需求的可能变化。

（6）国际贸易数据：国际贸易数据包括进出口总额、贸易差额、经常账户余额等，反映一国与世界其他国家的经济往来状况，对评估外向型经济的健康度、货币汇率、国际收支平衡至关重要。

（7）货币供应量与信贷数据：M1、M2货币供应量、社会融资规模、银行信贷余额等，反映金融系统的流动性、信贷市场的活跃度以及货币政策的效果。

（8）企业盈利与投资数据：企业利润、资本支出（CapEx）、固定资产投资等，反映企业的经营状况、投资意愿以及对经济增长的贡献。

（9）信心与预期指标：消费者信心指数、企业家信心指数、经济景气指数等，反映市场参与者对未来经济形势的主观预期，对经济活动有前瞻性指示作用。

3. 经济指标的应用与意义

（1）政策制定：政府和中央银行根据经济指标来制定和调整宏观经济政策，如财政政策、货币政策、就业政策等，以实现经济增长、物价稳定、充分就业等目标。

（2）投资决策：投资者利用经济指标分析**经济周期阶段**、预测市场走势、评估投资风险与回报，指导股票、债券、大宗商品、外汇等各类资产的投资策略。

（3）企业规划：企业根据经济指标判断市场需求、行业趋势、竞争环境，用于制定生产计划、销售策略、投资决策以及人力资源规划。

（4）学术研究与公众监督：经济指标为经济学家、学者提供实证研究数据，帮助公众了解经济状况、监督政府政策效果，增进对经济运行机制的理解。

Economic Value Added (EVA)　经济价值增加值

基础释义

经济价值增加值是指企业的**税后经营利润**在扣除**所有资本成本**后的余额。EVA 的核心理念是，企业的盈利必须超过其使用的所有资本（包括股东和债权人的资金）的成本，才能为股东创造真正的价值。简而言之，EVA 揭示了企业是否为其资本提供了一个正的超额，即是否创造了超出资本成本的价值。

概念详解

1. EVA 的计算公式

$$EVA = NOPAT - Capital \times WACC$$

其中，

-NOPAT（Net operating profit after tax）代表税后净营业利润

-Capital 代表企业的全部资本，包括股权资本与债务资本

-WACC（Weighted average cost of capital）代表企业的加权平均资本成本

2. EVA 的核心调整

为了更精确地反映企业的经济利润，EVA 在计算过程中会对传统的会计利润进行一系列调整，这些调整包括但不限于：

（1）研发费用资本化：研发支出不再一次性计入费用，而是作为资产进行资本化并在未来期间摊销。

（2）战略投资处理：对于那些短期内不会产生回报的战略性投资，资本费用的计提暂停并延迟到未来的某个时间点。

（3）递延税项调整： 仅将实际支付的现金税款作为费用，忽略会计上的递延税项。

（4）存货的后进先出储备调整： 将**后进先出储备（LIFO reserve）**加回到资本中，并在计算 NOPAT 时将其增加额纳入考量。

（5）经营租赁资本化： 将经营租赁视为融资租赁来处理，并调整非经常性项目。

3. EVA 与市场价值增加值（MVA）的关系

EVA 与**市场价值增加值（MVA）**密切相关，MVA 衡量的是公司总体市场价值（包括权益和负债）与其资本账面价值之间的差额。

$$MVA=\text{Market value of the company}-\text{Accounting book value of total capital}$$

如果公司能够创造正的经济利润，那么理论上它的市值应该高于其资本的账面价值。

4. EVA 的优势

EVA 相较于其他衡量企业绩效的指标，具有的优势包括：

（1）全面性： EVA 综合考虑了企业的全部融资成本，而不仅仅是债务成本，比传统的利润指标（如净利润）更能准确反映企业价值的创造。

（2）激励兼容： 通过将资本成本纳入考量，EVA 促使管理者像所有者一样思考，优化资本配置，避免过度投资或投资于回报低于资本成本的项目。

（3）风险调整： EVA 考虑了风险因素，因为资本成本本身包含了对风险的补偿，高风险项目需要更高的回报来实现正的 EVA。

（4）价值导向： EVA 直接关联企业的市场价值创造，长期的 EVA 增长理论上应与股东财富的增长一致。

Economies of Scale 规模经济

基础释义

规模经济是指在生产规模扩大时，单个产品或服务的平均成本下降的现象。随着生产规模的增长，企业可以更有效地利用资源、分散固定成本、发挥专业化和协作效应，从而降低成本和提高生产效率。

概念详解

1. 规模经济的图像

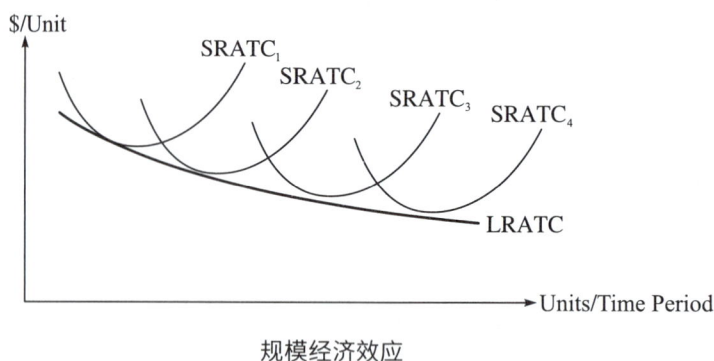

规模经济效应

图片为反映规模经济效应的图像，横轴代表每一单位时间的产量，反映企业的生产规模，纵轴代表每一单位商品的成本，其中，SRATC（Short Run Average Total Cost）表示短期平均总成本，LRATC（Long Run Average Cost）表示长期平均成本，通过图像，我们可以发现，随着企业生产规模的扩大，长期平均成本呈现出逐渐下降的趋势，这就是规模经济效应。

2. 导致规模经济的原因

（1）规模报酬递增（increasing returns to scale）： 当生产过程能够以比投入增长更快的速度增加产出时，便会出现规模报酬递增现象。

（2）劳动与管理的专业化分工： 在大型企业中，众多员工可以进行劳动分工，每个工人专注于单一任务而非多项职责，这使得工人在其特定工作上变得更加熟练。

（3）高效设备和技术的采用： 大型企业有能力投资更昂贵但效率更高的设备，并采用最新技术来提高生产力。

（4）减少浪费与降低成本： 通过开发副产品、减少能源消耗以及改进质量控制等手段有效地降低生产中的浪费。

（5）更优的信息利用与决策： 更好地利用市场信息和知识来进行更为有效的管理决策。

（6）批量采购折扣： 当大批量采购原材料时，企业能够获得更低的价格。

3. 规模经济的实例

（1）电力公司： 电力公司通过扩大发电能力以服务更大的客户群，可以降低每单位电能的成本。这就是为什么电力公司往往能从地方性实体自然发展成为区域性和跨区域企业。

（2）大型商超： 大型商超例如沃尔玛利用其庞大的采购量从供应商那里获得深度折扣，保持低成本和低价格策略，同时，许多商超运用最新科技监测销售点交易，收集实时市场信息，以便迅速响应消费者购买行为的变化，从而通过降低分销和库存成本，实现规模经济。

> 💡 **老皮点拨**
>
> 规模经济并非无限递增，一旦企业规模超过某一阈值，可能会出现规模不经济（diseconomies of scale）现象，如管理复杂度提高、沟通成本增加、激励机制失效等问题，从而导致平均成本再度上升。因此，企业在追求规模经济的同时，也需要关注规模适度性和灵活性。

Effective Convexity　有效凸度

基础释义

> 针对具有非固定现金流特性的债券或金融工具（如浮动利率债券、含有嵌入式期权的债券等），衡量其价格对利率变动的**非线性敏感度**的一个指标。与有效久期类似，有效凸度考虑了利率变动对现金流模式的潜在影响，提供了比传统凸度更精确的价格反应预测，尤其是在利率发生大幅变动时。

概念详解

1. 有效凸度的计算步骤

（1）设定利率路径： 构建一系列利率变动的情景，包括不同的幅度和方向。

（2）现金流调整： 针对每种利率情景，调整债券的未来现金流，考虑到利率变动如何影响浮动利率支付或其他可变现金流。

（3）价格重估： 基于调整后的现金流预测，计算每种利率情景下的债券理论市场价格。

（4）二次分析： 使用这些价格变动数据，通过二次多项式回归等统计方法来估计债券价格对利率变动的非线性反应，得到的有效凸度即为回归中的二次项系数。

2. 有效凸度的作用

（1）描述了债券价格对利率变化的非线性响应，特别是当利率变动较大时，有效凸度高的债券表现出**更高的价格上升潜力**（利率下降时）和**更低的价格下降风险**（利率上升时）。

（2）在风险管理中，有效凸度帮助投资者和管理者更精确地量化利率风险，尤其是在构建和调整包含复杂债券或衍生品的投资组合时。

> 💡 **老皮点拨**
>
> 有效凸度是评估浮动利率或含期权债券等复杂金融工具对利率变动的非线性敏感度的重要工具，它补充了**有效久期提供的线性敏感度信息**，共同帮助投资者做出更为精细化的风险管理和投资决策。

Effective Duration　有效久期

基础释义

有效久期是指衡量债券对整个**收益率曲线平行移动**的敏感性的一种指标。与麦考利久期（macaulay duration）或修正久期（modified duration）这些假设债券现金流是确定的久期不同，有效久期考虑了由于嵌入期权的存在导致未来现金流的不确定性，适合给含有嵌入式期权债券（如可回售债券或可赎回债券）进行利率风险的度量。

概念详解

1. 有效久期的工作原理

为了计算有效久期，我们会改变整个基准收益率曲线，并观察债券价格的变化。通过比较不同收益率水平下的债券价格，我们可以估计出债券对收益率曲线变化的平均敏感度。

有效久期的计算涉及在收益率曲线上下移动一个小的增量（如 ±100 个基点），然后根据价格的变化来估算债券价格对于收益率曲线变化的敏感度。

2. 有效久期的计算公式

$$EffDur = \frac{(PV_- - (PV_+)}{2 \times (\Delta Curve) \times (PV_0)}$$

其中，

- EffDur 代表有效久期
- PV_- 代表当收益率曲线向下平行移动后的债券价格
- PV_+ 代表当收益率曲线向上平行移动后的债券价格
- PV_0 代表收益率曲线发生移动前的债券价格

老皮点拨

对于具有嵌入式期权的债券，比如可赎回债券，当市场利率下降时，发行者可能会选择赎回债券，这减少了投资者的收益潜力。因此，在这种情况下，有效久期将低于没有嵌入式期权的类似债券。在利率较高的环境中，可赎回债券的有效久期与非可赎回债券相似，因为在这种情况下，发行者行使赎回权的可能性较小。

Effective Tax Rate　有效税率

基础释义

有效税率是指企业在一定会计期间内，根据利润表计算出来的实际报告的所得税费用占税前利润的比例。简单来说，它是企业实际承担的所得税负担相对于其税前利润的百分比。

概念详解

1. 有效税率的计算公式

$$\text{Effective tax rate} = \text{Income tax expense} / \text{Earnings before tax}$$

其中,

-Effective tax rate 代表有效税率

-Income tax expense 代表所得税费用,代表企业在该时期内依法申报并实际缴纳的各类税费之和

-Earnings before tax 代表税前利润,代表企业在一段时期内(如一个会计年度)全部的会计收入减去会计成本后的余额

2. 有效税率的影响因素

(1) 税收优惠和减免: 如研发支出的税收抵免能够直接减少应纳税所得额,从而降低有效税率。

(2) 跨国经营: 跨国企业在不同税率的国家运营,其综合有效税率是各个国家税率按利润比例加权的结果。

(3) 递延税资产与负债变动: 会计准则与税法处理的差异,如折旧方法的不同,导致递延所得税资产或负债的变化,影响当期所得税费用及有效税率。

(4) 不可税前扣除的支出: 某些会计上确认的费用,如罚款,可能不允许在计算应税所得时扣除,这会提高有效税率。

(5) 一次性项目: 非经常性项目,如处置资产的利得或损失,可能暂时性地影响有效税率。

> ### 老皮点拨
>
> 假设一家企业在某会计年度的税前利润为 $1,000,000,适用的法定税率是 30%,但企业在该年度享受了 $50,000 的税收抵扣,并支付了 $250,000 的税费。那么,该企业的有效税率计算如下。
>
> 有效税率 = 实际支付的税费 / 税前利润 =$250,000/($1,000,000 − $50,000)
>
> ≈250,000/950,000
>
> ≈26.32%
>
> 这表明,尽管法定税率为 30%,但通过税收抵扣等措施,该企业实际负担的有效税率约为 26.32%。

> **实务拓展**
>
> 　　有效税率与法定税率（statutory tax rate）有所区别，法定税率是政府规定的标准税率，而有效税率受到多种因素的影响，可能高于或低于法定税率。这些影响因素包括但不限于税收优惠政策（如研发税收抵免）、不同国家间的税率差异（跨国经营企业）、不可税前列支的支出、前期年度税务调整、股息预提税等。

Efficient Frontier　有效前沿

基础释义

　　有效前沿是指在所有可能的投资组合中，由在**既定风险水平下提供最高预期收益率**，或者在既定预期收益率时具有最低风险的组合构成的轨迹。有效前沿是在均值−方差框架下，通过组合不同资产以实现最优风险收益比的结果。

概念详解

1. 有效前沿的图像

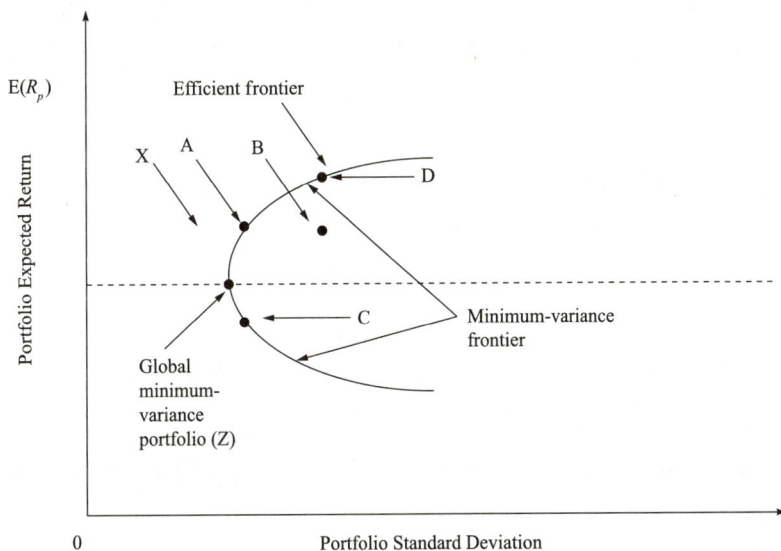

2. 构建有效前沿的前提假设

有效前沿的构建依托于**均值-方差分析框架**（mean-variance analysis framework），包含如下 6 个假设条件：

（1）市场有效性假设： 资产价格反映了所有可用的信息。

（2）投资者理性假设： 所有投资者都是理性的，寻求收益最大化的同时最小化风险。

（3）无交易成本和税收： 假设交易成本和税收不存在，以便简化模型。

（4）单一投资期限： 所有投资者具有相同的计划投资期限。

（5）流动性假设： 所有资产都可以无限量买卖而不影响市场价格。

（6）同质预期： 所有投资者对资产的预期收益率、风险和相关性有相同的估计。

3. 有效前沿的构建步骤

（1）确定投资机会集： 从单个可投资资产开始逐步形成各种可能的资产组合，将这些组合绘制成曲线，所有位于曲线上及其右侧的点都是可达到的组合，这个集合称为**投资机会集**（investment opportunity set）。

（2）添加资产类别： 加入新的**资产类别**（asset class），如国际资产，只要新资产与已有资产的相关性不完全为 1，投资机会集将向外扩展，持续增加资产类别直到不再改善风险回报比。

（3）界定最小方差前沿： 在给定预期回报的情况下，选择风险最小的投资组合，这些组合位于投资机会集内的曲线，被称为**最小方差前沿**（minimum-variance frontier）。

（4）确定全球最小方差组合： 最小方差前沿的最左侧点是**全球最小方差组合**（global minimum-variance portfolio），即所有风险资产组合中风险最低的组合。

（5）构建风险资产的有效前沿： 最小方差前沿的上半部分即为有效前沿。

4. 有效前沿的应用

（1）资产配置： 机构投资者和个人投资者可以使用有效前沿来指导其资产配置决策，选择最适合其风险偏好的投资组合。

（2）风险管理： 通过理解不同资产之间的相互关系，投资者可以构建更加分散的投资组合，降低系统性风险。

（3）投资组合优化： 专业基金经理可以运用有效前沿的概念来优化他们的投资组合，确保它们在风险调整的基础上提供了最佳回报。

（4）学术研究： 在学术界，有效前沿的概念被用来测试市场效率理论和检验投资策略的有效性。

5. 有效前沿的局限性

（1）数据依赖性：有效前沿的计算高度依赖于历史数据，这些数据可能无法完全预测未来的市场行为。

（2）现实偏差：实际市场中存在交易成本、税收和流动性限制，这些因素在有效前沿模型中未被考虑。

（3）模型假设过于理想化：模型假设所有投资者都有相同的预期，这种假设在现实中几乎不可能成立。

（4）风险度量的局限性：有效前沿主要关注波动率（用标准差计量）作为风险的度量，但市场中的风险因素远不止波动率这么单一。

E

Electronic Communications Networks (ECNs)
电子交易网络

同"Alternative Trading Systems"。

Embedded Derivative　嵌入式衍生品

基础释义

嵌入式衍生品是指嵌入在非衍生品合约（如债券、贷款、租赁协议、保险合同等）中的具有衍生产品性质的条款或特性。这些嵌入的衍生成分改变了传统合约的支付结构或价值决定方式，使其具有一定的衍生产品特性，如与某个或多个基础变量（如利率、汇率、股价、大宗商品价格等）的联动关系。

概念详解

1. 嵌入式衍生品的特点

（1）基础合约与衍生特性结合：嵌入式衍生品是将衍生产品的某些特性（如期权性、远期性、互换性）嵌入到非衍生产品的常规合约中。例如，一个含有提前赎回权（call option）的债券，其发行方有权在特定条件下以事先约定的价格提前赎回债券，这就嵌入了一个看涨期权。

（2）价值与基础变量关联：嵌入式衍生品的价值或现金流支付与一个或多个基础变量（如利率、汇率、股票价格、大宗商品价格等）的变动密切相关。

2. 嵌入式衍生品的实例

（1）可转换债券（convertible bond）：债券持有人有权在特定条件下将债券转换为发行方的普通股，嵌入了股票看涨期权。

（2）可赎回债券（callable bond）：债券发行人有权在到期前固定日期或任意时间按照约定价格赎回自己发行的债券，嵌入了债券的赎回权。

（3）可回售债券（puttable bond）：债券投资者有权在到期前固定日期或任意时间按照约定价格回售自己购买的债券，嵌入了债券的回售权。

（4）浮动票息债券（floating rate bond）：债券的票面利率随市场基准利率（如LIBOR）浮动，嵌入了利率互换特性。

（5）商品指数挂钩债券（commodity index linked bond）：债券的利息支付或本金返还与某个大宗商品价格指数挂钩，嵌入了商品期货或远期的特性。

（6）双币贷款（dual currency loan）：贷款的本息支付币种与借款币种不同，汇率变动会影响实际还款金额，嵌入了外汇远期或货币互换特性。

3. 嵌入式衍生品的应用

嵌入式衍生品常被用于风险管理，如帮助企业锁定成本、对冲风险或提供投资回报的灵活性。同时，嵌入式衍生品也是金融创新的重要工具，金融机构通过设计含有嵌入式衍生品的复合产品，满足客户多样化的投资、融资和风险管理需求。

Embedded Option　内嵌期权

基础释义

内嵌期权是指在传统金融产品（如债券、贷款、存款账户等）中附加的一种或多种期权性质的条款，赋予持有者在特定条件下以预定价格买入、卖出、交换、修改或提前终止基础金融产品的权利。这些期权**并非单独交易的金融衍生工具**，而是作为**产品本身不可分割的一部分**存在。

概念详解

1. 内嵌期权的基本要素

（1）权利而非义务： 持有者拥有行使期权的权利，但没有义务必须行使。

（2）预定价格（strike price/exercise price）： 行使期权时，交易将以预定的转换价格、赎回价格、回售价格等进行。

（3）到期日（expiration date）： 期权通常有明确的到期日或可行使窗口期，超过该期限期权失效。

（4）执行条件： 内嵌期权的行使可能依赖于特定的市场条件、信用评级变动、利率水平等触发事件。

2. 含有内嵌期权的金融产品

（1）可转换债券（convertible bond）： 债券持有者有权在特定条件下将债券转换为发行公司的普通股。

（2）可赎回债券（callable bond）： 发行人有权在约定日期或满足特定条件时，按照预定价格赎回债券，相当于内嵌了发行人的看涨期权。

（3）可回售债券（puttable bond）： 债券持有者有权在特定日期或满足特定条件时，按照预定价格将债券回售给发行人，相当于内嵌了投资者的看跌期权。

（4）浮动利率债券（floating-rate notes）： 浮动利率债券的利息支付与某个基准利率挂钩，其中可能包含了利率上限（Cap）或下限（Floor）期权，限制了利率波动的范围。

（5）提前还款抵押贷款（prepayment-allowed mortgages）： 借款者有权提前偿还部分或全部贷款，内嵌了提前还款期权。

（6）利率互换（interest rate swaps）： 通常包含提前终止（termination）或延期支付（extension）等期权条款。

3. 内嵌期权的影响

（1）价值增值： 内嵌期权可能增加产品的潜在收益，如可转换债券在股价上涨时的转换价值，或可赎回债券在利率下降时的提前赎回价值。

（2）风险分散： 某些内嵌期权可以帮助投资者对冲特定风险，如利率上限期权可以限制利率上升带来的利息支出增加风险。

（3）估值复杂性： 含有内嵌期权的金融产品通常需要采用更为复杂的估值模型（如二叉树模型、Black-Scholes 模型等）来确定其公允价值。

（4）市场敏感性： 内嵌期权使产品价值对市场参数（如利率、股价、波动率等）的变化更为敏感，增加了产品的市场风险。

> **老皮点拨**
>
> 　　对于投资者而言，内嵌期权提供了额外的投资策略选择和风险管理手段，但也要求投资者具备识别和评估内嵌期权价值及风险的能力。

Emotional Bias　情感偏差

基础释义

> 　　情感偏差是指在决策过程中，个体受到情绪而非理性分析的影响，导致非最优决策的心理倾向。与**认知错误（cognitive errors）**不同，情感偏差源于冲动或直觉，而非有意识的计算，因此更难纠正。认识并适应这些偏差是管理其负面影响的关键。

概念详解

1. 情感偏差的类型

　　（1）损失厌恶偏差（loss aversion bias）：损失厌恶是指人们倾向于更加强烈地避免损失而不是追求收益的心理现象。投资者会基于某个参考点来评估收益和损失，损失对心理的影响大于同等数量的收益。这种心理导致投资者往往持有亏损的股票以避免承认损失，而迅速出售盈利的股票以锁定利润。

　　（2）过度自信偏差（overconfidence bias）：过度自信是一种情感偏差，表现为人们对自己能力的过分信任。这种偏差有两种形式：**预测过度自信（prediction overconfidence）**和**确定性过度自信（certainly overconfidence）**。前者是指对未来预测的置信区间过窄，后者是指赋予结果的概率过高。过度自信可能导致投资者高估自己的判断力，低估市场风险。克服过度自信的方法之一是保持谦逊态度，认识到市场的不确定性，并采取分散投资策略。

　　（3）自我控制偏差（self-control bias）：自我控制偏差指的是人们为了短期满足而放弃追求长期目标的行为。在财务决策中，这意味着尽管人们知道应该为未来储蓄，但却难以抵制当前消费的诱惑。这种偏差可能导致未能实现长期财务目标。

为了克服自我控制偏差，可以采用自动储蓄计划或设置明确的长期目标来帮助维持纪律。

（4）现状偏差（status quo bias）： 现状偏差是指人们倾向于**保持现状不变**，即使改变可能是有益的。这种偏差可能是因为惰性或不愿意承担改变带来的不确定性和潜在成本。在投资领域，现状偏差可能导致投资者即使可能面临更好的投资机会也不愿调整其投资组合。

（5）禀赋偏差（endowment bias）： 禀赋偏差是指人们拥有一项资产时对其价值的评价高于未拥有时的现象。这种偏差与经典经济理论相悖，后者认为购买意愿和出售意愿的价格应当相同。心理学研究表明，人们往往为同样的商品设定较高的最低出售价格，高于他们愿意支付的最高购买价格。意识到这一点，投资者应避免因拥有某资产而赋予其过高价值，应客观评估资产的实际价值。

（6）后悔规避偏差（regret aversion bias）： 后悔规避是指人们为了避免做出错误决策而宁愿不做任何决定的一种心理倾向。这种偏差有两个维度：一是人们实际采取的行动，二是人们本可以采取的行动。当不良结果是由于采取行动导致时，后悔的感觉会更强烈，因此不作为成为默认的选择。克服后悔规避的关键在于理解决策过程本身，接受任何决策都可能有风险，并学会从经验中成长。

2. 管理情感偏差的方法

（1）增强自我意识： 认识到自己容易受哪些情感偏差的影响，并主动寻找这些偏差的迹象。

（2）建立规则： 制定明确的投资规则和策略，减少情感驱动的即时决策。

（3）多样化投资： 通过多样化投资组合来分散风险，减少因单一投资失败而产生的负面情绪。

（4）长期视角： 专注于长期目标而非短期波动，有助于缓解因短期市场变化引起的情绪波动。

老皮点拨

情感偏差影响广泛，从个人理财决策、消费行为、人际关系到组织管理等领域都可见其踪迹。意识到情感偏差的存在并采取措施，如情绪管理、设置决策规则、寻求外部意见等，可以帮助减少其负面影响，提升决策质量。

Empirical Duration　经验久期

基础释义

经验久期是指在不同的市场条件下利用统计模型和历史数据估算得出的关于固定收益证券价格对利率变动敏感度的度量指标。与**分析久期（analytical duration）**相比，经验久期考虑了更多现实世界的因素，如信用风险、流动性风险以及市场行为等因素对债券价格的影响。

概念详解

1. 分析久期与经验久期的对比

（1）分析久期：基于数学公式计算得出，假设政府债券收益率和利差是独立且不相关的变量。这种方法提供了一个合理的价格–收益率关系近似值，适用于许多情况，然而，它忽略了现实中这些变量之间的相关性。

（2）经验久期：经验久期利用历史数据和统计模型来估计债券价格对利率变化的敏感性。这种方法考虑到了政府债券收益率与信用利差之间的相关性，特别是在不同经济情景下的变化。

🔆 老皮点拨

在某些情况下，尤其是在市场不稳定或危机期间，经验久期和分析久期的估计值可能会有所不同。例如在经济危机期间，当市场出现"避险"行为时，投资者往往会抛售风险资产并转向购买政府债券，这会导致政府基准收益率下降，同时信用利差扩大。在这种情况下，对于几乎没有信用风险的政府债券，分析久期和经验久期可能会相似，因为主要是基准收益率的变化在驱动债券价格。但是对于含有信用利差的债券而言，由于信用利差与基准收益率呈负相关关系，**信用利差的扩大会部分或完全抵消政府基准收益率下降对债券价格的正面影响**，在这种情况下，经验久期估计值通常会低于分析久期估计值。

2. 经验久期的优势

与分析久期相比，经验久期的优势主要包括：

（1）市场动态的反映： 经验久期更好地反映了市场动态和实际情况，尤其是在市场波动较大的时期。

（2）多因素考量： 通过纳入多个影响债券价格的因素，如信用风险、流动性风险等，经验久期提供了更全面的价格-收益率关系分析。

（3）决策支持： 在固定收益组合管理中，经验久期有助于更准确地评估利率变化对债券价格的影响，从而支持更明智的投资决策。

3. 经验久期的局限性

（1）数据依赖性： 经验久期的计算高度依赖于历史数据的质量和范围，如果数据有限或不准确，可能会影响估计结果。

（2）模型假设： 虽然经验久期考虑了更多现实因素，但使用的统计模型仍然基于一定的假设，这些假设可能并不总是成立。

Employee Compensation　员工薪酬

基础释义

> 员工薪酬是指雇主向员工提供的旨在满足员工的流动性需求、留住员工并激励他们的工作的各种报酬。薪酬包通常包括基本工资、奖金、保险福利、养老金计划以及基于股份的补偿等多种形式。薪酬的金额和构成由劳动市场决定，受到所需技能类型、地理位置、商业周期阶段以及劳动法律法规的影响。

概念详解

员工薪酬的主要组成部分

（1）基本工资（salary）： 基本工资是员工定期收到的固定收入，旨在满足其日常经济需求。这种薪酬形式为员工提供了稳定的财务基础，并且通常在完成工作任务后立即或短期内归属。在会计处理上，当员工完成相应的工作时，公司将记录相应的薪酬费用，并确认现金流出或应计薪酬负债。

（2）奖金（bonuses）： 奖金是以现金形式支付的额外报酬，旨在激励员工实现短期或长期的绩效目标。通过将薪酬与个人或团队的表现直接挂钩，奖金可以提高员工的积极性和工作效率。

（3）非货币福利（non-monetary benefits）： 非货币福利包括一系列非现金形式的福利，如健康保险、人寿保险、住房补贴及车辆使用权等。这些福利旨在改善员工的生活质量，帮助他们更好地履行工作职责。

（4）递延薪酬（deferred compensation）： 递延薪酬是指在一定时间内逐步归属的薪酬形式，常见于养老金计划和其他离职后福利。这类薪酬可以为员工提供退休储蓄和财务增值，并作为留住员工的有效手段。

Endogenous Growth Theory　内生增长理论

基础释义

内生增长理论是指一系列强调技术进步的作用并将其视为**"内生变量"**从而用于解释经济增长的一系列理论模型。与新古典模型不同，在内生增长理论中，其认为经济增长可以自我维持，经济体不一定会收敛到一个**稳态增速（steady-state rate of growth）**，而是可以通过提高储蓄率（saving rate）实现经济增长率的持续提高。

概念详解

1. 内生增长理论的主要观点

（1）技术进步内生化： 内生增长理论认为技术进步是由经济内部的因素驱动的，例如研发活动（R&D）、人力资本投资和知识资本积累。这意味着技术进步不是一个外部冲击，而是持续将储蓄转化为资本投资之后的自然结果。

（2）边际收益递减规律的缺失： 与新古典模型不同，内生增长理论假定整个经济体的资本不会经历**边际收益递减**的现象。因此，增加储蓄率可以永久地提高经济增长率，这意味着随着生产规模的扩大，单位产出的成本可能会下降。

2. 内生增长理论的基础

（1）资本的广义定义： 资本不仅包括传统的实物资本（如机器设备），还包括人力资本和知识资本。人力资本指的是劳动力的教育和技能，而知识资本则是指通过研发活动积累的知识和技术。

（2）研发活动的重要性： 企业进行研发是为了盈利，成功的研发活动能够带来新产品或生产方法，从而在市场上取得成功。由于研发支出的外部性，一家公司的研发投入可以为其他公司创造利益，增加了整个经济体的知识存量。

3. 内生增长理论的政策含义

由于外部性的存在，私人部门（尤其是企业）在研发和知识资本上的投入可能低于社会最优水平。政府可以通过直接的研发支出或提供税收减免和补贴来纠正这种市场失灵，从而促进经济更快的增长。

> **💡 老皮点拨**
>
> 在新古典模型中，储蓄率的提高只能暂时增加增长率，最终增长率会回到由劳动和技术进步决定的稳态水平。而在内生增长模型中，由于不存在资本边际收益递减，储蓄率的提高可以永久地提升增长率。

Enterprise Value Multiple　企业价值乘数

基础释义

> 企业价值乘数是指公司整体价值相对于其某种财务指标（如 EBITDA、销售收入、EBIT 等）的比率。企业价值乘数常用于评估企业的市场价值或并购价值。与传统的市盈率（P/E ratio）等仅基于股权的估值指标不同，企业价值乘数的分子考虑了公司的全部资本（包括普通股、优先股和债务）的市场价值，并减去现金及现金等价物。

概念详解

企业价值乘数的常见类型

（1）EV/EBITDA（企业价值与息税折旧及摊销前利润比）： 这是企业价值（EV）

与息税折旧及摊销前利润（EBITDA）的比率，用来评估公司的经营业绩，不受资本结构和税务处理的影响。

计算公式为：

$$EV/EBITDA=企业价值/EBITDA$$

（2）EV/Sales（企业价值与销售收入比）： 这个比率直接比较企业价值与公司的总收入，用于评估公司的收入产生能力。

计算公式为：

$$EV/Sales=企业价值/销售收入$$

（3）EV/EBIT（企业价值与息税前利润比）： 这个乘数剔除了折旧和摊销的影响，更直接地反映了企业的经营利润。

计算公式为：

$$EV/EBIT=企业价值/EBIT$$

老皮点拨

　　企业价值乘数提供了更为全面的公司价值视角，因为它是基于企业整体价值，而非仅仅基于股权价值。这使得该指标在评估有大量债务或大量现金的公司时更为准确。投资者和分析师使用企业价值乘数来比较不同公司的价值、评估并购交易的合理性、分析资本结构对估值的影响，以及作为投资决策的一部分。然而，应用企业价值乘数时，同样需要考虑行业特性、公司成长性、资本结构、市场环境等多种因素。

Equal Weighting　相同加权

基础释义

　　相同加权是指在投资组合构建和指数编制的过程中，让每个成分证券被赋予相同的权重，而不考虑它们各自的市值、价格、收益或其他任何基本面指标的一种加权方法。相同加权的核心理念在于给予每个成分证券平等的投资地位，避免了**市值加权方法**中**大市值股票对整体表现的过度影响**。

概念详解

1. 相同加权的主要特点

（1）权重均等： 无论成分证券的市值大小、股价高低或者市场影响力如何，每个证券在投资组合或指数中所占的权重都是相等的。

（2）定期再平衡： 由于市场价格变动会导致各成分证券的市值发生变化，如果不进行调整，原本相等的权重就会偏离。因此，相同加权策略通常需要定期（如每季度、半年或一年）进行再平衡，重新调整各成分证券的权重回到初始的等权重状态。这个过程通常涉及**卖出相对增值的部分，买入相对贬值的部分**。

（3）偏向中小市值股票： 相对于市值加权指数，相同加权策略通常会给予中小市值股票更大的相对权重。这是因为市值加权指数中，大市值股票往往占有较大比重，而相同加权则不考虑市值大小，使得所有股票在投资组合中地位平等。

（4）主动管理成分： 虽然相同加权看似简单且被动，但由于其定期再平衡的特性，实际上它包含了某种形式的**主动管理**，即定期卖出相对高价的股票，买入相对低价的股票，这种行为在一定程度上体现了"低买高卖"的投资理念。

2. 相同加权的应用场景

（1）投资策略： 投资者可以构建相同加权的投资组合，以实现与传统市值加权投资组合不同的风险收益特征，或者作为多元化投资策略的一部分。

（2）指数产品： 许多交易所和金融机构推出了相同加权的指数产品（如ETF），供投资者直接跟踪这类指数的表现，无须自行管理再平衡过程。

> **老皮点拨**
>
> 与相同加权形成对比关系的主要是市值加权，二者的主要区别如下：
>
> 在**市值加权法**下，投资组合或指数的权重直接反映**各成分证券的真实市值大小**，市值越大的股票对整体表现的影响越大。这种权重分配方式较为直观地反映了市场中各类资产的实际规模和市场参与者对其的估值。
>
> 而**相同加权法**侧重于分散化和**平等对待所有成分证券**，不依赖于市场对单个证券的当前估值，它减少了对大市值股票的依赖，可能在某些情况下提供更好的风险分散效果，尤其当中小市值股票有较好表现时。

Equity　所有者权益

基础释义

> 　　所有者权益是指企业资产扣除负债之后，归属于公司所有者的对剩余资产的求偿权。简而言之，所有者权益代表了企业的资产负债表中归属股东的部分，既包括股东直接投入的资金，也涵盖了企业历年累计未分配的利润。

概念详解

所有者权益的组成部分

（1）普通股股本（common stock）：普通股股本是指股东向公司直接投入的资金总额，分为授权股份，已发行股份以及在外流通股份三个层次。股份有限公司的所有权通过发行普通股来体现。授权股份总数指的是公司根据公司章程可出售的股份总数；已发行股份指已经出售给投资者的股份；在外流通股份则是已发行股份减去库存股（即公司回购但未注销的股份）。

（2）优先股（preferred shares）：优先股可以被归类为权益或金融负债。永续且不可赎回的优先股被视为权益，而在未来某固定日期必须按固定金额赎回的优先股则被视为金融负债。优先股享有优先于普通股股东的权利，主要是优先分配股利和公司清算时优先分配剩余资产的权利。

（3）库存股（treasury shares）：**库存股是指**公司回购后持有的自身股份，这些股份未被注销，公司可再次出售。公司回购股票的原因可能包括管理层认为股价被低估、为满足员工股票期权计划需要或防止股权稀释。回购股份会减少股东权益，并减少在外流通的总股数。重新发行库存股时，公司不会在利润表上确认任何损益，且库存股**没有投票权**，也**不参与分红**。

（4）留存收益（retained earnings）：留存收益是指公司在利润表中确认但未作为股利支付给股东的累积收益，是公司历年利润累积的结果，体现了公司内部积累的未分配利润。

（5）累计其他综合收益（accumulated other comprehensive income）：累计其他综合收益是指未计入利润表但在综合收益中体现的收益或损失的累积金额。综合收益由两部分组成：①计入利润表并反映在留存收益中的净利润；②不计入净利润而是体现在累计其他综合收益中的其他综合收益。

（6）非控股股东权益（minority interest）： 又称"少数股东权益"，当母公司合并子公司财务报表时，如果子公司并非完全由母公司拥有，子公司中不属于母公司的那一部分股权即为非控股股东权益，反映了少数股东在被合并子公司中的权益份额。

老皮点拨

所有者权益的上述前五个部分构成了母公司所有者的权益，第六部分则是非控股股东权益（或少数股东权益）。所有者权益是公司财务结构的重要组成部分，体现了公司的净值和股东的潜在利益。通过分析所有者权益的各个组成部分，投资者和分析师可以更好地理解公司的财务状况、资本结构以及盈利分配政策。

Equity Method　权益法

基础释义

权益法是指用于反映投资企业对被投资单位的**长期股权投资**或**合营企业**的价值的一种会计处理方法。在权益法下，投资企业并不简单地以其对被投资企业的初始投资成本作为长期股权投资的账面价值，而是根据其在被投资企业所有者权益中所占的份额，持续追踪并反映被投资企业的财务状况变化对投资价值的影响。

概念详解

1. 权益法的适用范围

（1）对被投资单位具有重大影响的投资： 投资企业对被投资企业具有**共同控制**或**重大影响**，通常表现为持有被投资企业 **20% 至 50%** 的带有投票权的股份，使得投资企业能够参与被投资企业的财务和经营政策的制定，但又**不足以单独控制这些政策的实施**。

（2）合营企业与联营企业： 权益法通常适用于对**合营企业（joint venture）**和**联营企业（associate）** 的长期股权投资核算，这类企业属于投资企业与其他方共同控制或重大影响的对象。

2. 权益法的会计计量

（1）初始计量： 权益法首先以**投资成本**作为**长期股权投资（equity investment）** 的初始入账价值。

（2）后续计量： 投资持有期间，根据被投资企业所有者权益的变动调整投资的账面价值：

①被投资企业净利润/亏损：被投资企业实现净利润/亏损时，投资企业按其**持股比例**相应增加/减少长期股权投资的账面价值，同时确认**长期股权投资收益/损失**。

②其他权益变动：被投资企业宣告发放**现金股利**、**资本公积增加或减少**等导致所有者权益变动的事项，投资企业同样按持股比例调整长期股权投资的账面价值。

实务拓展

会计实务中针对长期股权投资，还存在成本法的会计计量模型，成本法与权益法的差异对比如下：

（1）成本法： 适用于投资企业对被投资单位具有控制权（持股比例通常超过 50%）的情况，或者对**"四无"企业（不能施加控制、共同控制或重大影响且公允价值不能可靠计量）** 的投资。成本法下，**长期股权投资的账面价值**一般仅反映**初始投资成本及追加投资、减值准备**等因素，不随被投资企业净利润等权益变动而调整，投资收益仅在被投资企业宣布发放股利时予以确认。

（2）权益法： 注重反映投资企业对被投资企业经济活动的参与程度和分享经济成果的实际情况，强调**实时反映被投资企业的业绩波动对投资价值的影响**，而非仅仅关注投资成本和实际股利分配。

Equity Risk Premium 权益风险溢价

基础释义

> 权益风险溢价是指投资者因持有风险较高的股票等权益类资产而非无风险资产所要求的预期超额回报。简而言之，它是股票等权益投资的预期回报率与无风险利率之间的差额。权益风险溢价这一概念对于理解投资者的风险偏好、资产定价及构建投资组合至关重要。

概念详解

1. 权益风险溢价的估算方法

1.1 历史法（Historical Approach）

该方法利用**过往的历史数据**来估算 ERP。通常计算方式为某一宽基股票市场指数回报率与政府债券回报率（作为无风险利率的近似）之间差值的平均值，取样时间段需仔细选择。这种方法假设回报率具有稳定性和市场相对有效，**长期来看**，平均回报可作为投资者预期回报的无偏估计。

1.2 前瞻法（Forward-Looking Approach）

前瞻法基于对未来预期的考量，认为投资者的回报完全取决于投资的未来现金流预期。因此，ERP 的估算应仅基于那些**影响未来现金流的经济和金融变量的预期**，前瞻性的具体方式包括：

(1) 调查法：通过问卷调查专家对未来 ERP 或资本市场的预期来估计。

(2) 股息折现模型（DDM）：如戈登增长模型，通过预期股息、预期收益增长率等参数推算出权益成本（要求回报率），再减去无风险利率得到 ERP。此方法需假定收益、股息、价格以相同速率增长，且市盈率保持恒定。

(3) 宏观经济模型：利用对通胀、实际每股收益增长等经济或金融变量的预测，在股票估值模型中建立 ERP 的估算，如 Grinold-Kroner 模型，将回报分解为股息收益率、市盈率重估预期、每股收益增长等因素。

2. 权益风险溢价估计的局限性

（1）历史法需考虑回报率是否稳定、市场是否持续有效。

（2）前瞻法中的调查法易受近期市场表现影响，DDM 应用时可能需要调整以反映市盈率动态变化，宏观经济模型则需准确预测多个经济指标。

📍 **实务拓展**

即使是在成熟稳定的发达市场中，估算权益风险溢价的大小也是困难且易受估计误差影响的，这会导致不同分析人员得出不同的投资结论。原因在于 ERP 的估计涉及对未来不确定性的预期，包括经济增长、企业盈利、市场情绪变化等多个因素。

Equity Security　权益证券

基础释义

权益证券是指代表公司所有权份额的金融工具，最典型的形式是普通股和优先股。持有权益证券的投资者成为公司的股东，拥有相应的权利和义务。

概念详解

权益证券的相关权益

（1）**投票权（voting right）**：股东通常根据持股比例享有对公司重大事项的表决权，如选举董事会成员、批准并购交易、修改公司章程等。

（2）**收益分配（income distribution）**：股东有权分享公司的盈利，通常是通过股息的形式发放，但股息的发放并非强制，且金额可能随公司盈利情况波动。

（3）**剩余财产索取权（residual claim）**：在公司清算时，权益证券持有者对剩余财产有求偿权，但其求偿顺序排在债权人之后。

（4）**资本增值（capital appreciation）**：股票价值可能随公司业绩改善、市场预期变化等因素上涨，为股东带来资本增值的机会。

> **老皮点拨**
>
> 权益证券与固定收益证券（如债券）较多被进行对比，二者的主要区别在于，权益证券的**回报不固定，且风险较高**，因为股东的收益直接受到公司经营业绩的影响。固定收益证券的持有人则通常享有**固定的利息收入**和**本金偿还的优先权**。

Equity Swap　权益互换

基础释义

> 权益互换是指允许两个当事人根据事先约定的条款，在一段指定时间内由一方支付与**股票或股票指数表现挂钩的现金流**，另一方支付**与固定或浮动利率、股票指数表现或其他股票收益挂钩的现金流**的一种金融衍生产品。权益互换为投资者提供了一种灵活的工具，用于调整投资组合的风险和收益特性，以及解决特定的财务和税务问题。

概念详解

1. 权益互换的类型

按照互换的现金流的具体构成,权益互换可以分为总收益互换和价值收益互换。

1.1 总收益互换（Total Return Swap）

在总收益互换中，一方支付**股票或股票指数的总收益（包括资本增值和分红等）**，而另一方则支付固定或浮动利率。这种方式让投资者可以在不直接持有股票的情况下获得股票市场的收益,同时也方便地转换投资策略或规避特定的市场准入限制。

1.2 价格收益互换（Price Return Swap）

与总收益互换类似，但**不包括分红等额外收益, 仅交换资本增值部分**。

2. 权益互换的基本结构与要素

（1）交易双方：权益互换通常涉及两个交易对手，一方为权益收益提供者（支付股票收益），另一方为固定或浮动收益提供者（支付固定利息或另一股票收益）。

（2）标的（underlying）：权益互换中作为计算权益收益的基础资产，可以是单一股票、一篮子股票，或股票指数（如标普 500 指数、恒生指数等）。

（3）交换的现金流：权益互换中的现金流的对标收益率大致包括：

①固定收益：按照预先约定的固定利率支付的现金流，通常按年或按季支付。

②浮动收益：按照某一浮动利率（如 LIBOR、SHIBOR 等）或另一股票（或股票指数）收益支付的现金流，可以是实际股票收益（如股票升值、股息），也可以是模拟股票收益（如股票指数的点数变动乘以一定金额）。

（4）期限：权益互换的有效期，即互换开始至结束的期间，可以是固定期限，也可以设置提前终止条款。

（5）名义本金（nominal principal）：用于计算权益收益和固定/浮动收益的基数，通常不涉及实际资金的交换，仅作为计算现金流的参照。

3. 权益互换的应用场景

（1）风险管理：投资者可以通过权益互换**转移特定股票或股票组合的风险**，如机构投资者通过互换将股票收益转化为固定收益，以对冲股票投资组合的市场风险。

（2）获取特定市场敞口：对于受到投资限制或无法直接投资某一特定市场（如海外市场、特定行业）的投资者，可以通过权益互换来获取这些市场的间接敞口。

（3）资产配置与投资策略：权益互换可以帮助投资者在不直接买卖股票的情况下，调整其投资组合中权益类资产的权重，实现资产配置目标。权益互换还可用于构造复杂的投资策略，如**市场中性策略、相对价值策略、事件驱动策略**等，利用股票价格的相对变动或市场无效性获取收益。

（4）税务规划：在某些情况下，通过权益互换可以优化税务安排，如利用不同国家或地区的税率差异，将高税率地区的股票收益转化为低税率地区的固定收益。

（5）投机与套利：交易者可以利用权益互换来表达对股票市场、利率市场或不同股票之间相对表现的预期，进行投机交易或套利操作。

Exchange　交易所

基础释义

> 　　交易所是指有组织地通过集中竞价、连续交易或拍卖等方式为买卖双方提供集中交易场所、设施和服务以形成公正、透明的价格，并确保交易的合法性和有效性的平台。交易所的创设旨在促进各种金融工具、大宗商品、衍生品或其他可交易资产的安全、有序和高效的交易。随着技术的发展，交易所的形式也在不断演变，包括传统的物理交易大厅、电子化交易平台以及新兴的去中心化交易所等。

概念详解

1. 交易所的类型

　　（1）金融市场交易所： 如股票交易所（如纽约证券交易所、上海证券交易所等）、债券交易所、期货交易所（如芝加哥商品交易所、伦敦金属交易所等）、外汇交易所等，主要交易金融证券、衍生品等金融工具。

　　（2）大宗商品交易所： 如芝加哥商品交易所、上海期货交易所等，主要交易实物商品（如农产品、金属、能源等）的期货和期权。

　　（3）数字资产交易所： 如币安、Coinbase 等，交易各类加密货币（如比特币、以太坊等）和相关衍生品。

2. 交易所的功能

　　（1）价格发现： 交易所通过集中竞价和连续交易，使众多买方和卖方在同一平台上竞争，形成反映市场供求关系的真实价格。

　　（2）提高流动性： 交易所为市场参与者提供了集中交易的场所，降低了寻找交易对手的成本，提高了资产买卖的便利性和速度，增强了市场的流动性。

　　（3）风险转移： 特别是期货、期权等衍生品交易所，为市场参与者提供了风险管理工具，使其能够转移价格、利率、信用等风险。

　　（4）标准化合约与规则： 交易所制定并执行统一的交易规则、合约规格、结算方式等，降低了交易成本，增强了市场透明度，减少了法律争议。

　　（5）清算与结算： 交易所通常设有清算所或与之紧密合作的第三方清算机构，负责交易后的资金结算、头寸管理、风险管理等工作，确保交易的最终履行。

Execution Instruction　执行指示

基础释义

执行指示是指投资者在提交交易指令时，为了指导和控制订单如何被执行的一系列具体指示。执行指示涵盖了订单的价格成交条件、规模成交条件、显示规模等方面，旨在确保交易行为符合投资者的交易意图和风险管理需求。

概念详解

执行指示的类型

（1）按照价格成交条件分类。

按照价格成交条件，执行指示的类型包括：

①**市价单（market order）：** 要求以当前市场可获得的最佳价格立即执行交易，不设定特定价格限制。

②**限价单（limit order）：** 设定一个特定的价格（限价），只有当市场达到或优于这个价格时才会成交。

（2）按照规模成交条件分类。

按照规模成交条件，执行指示的类型包括：

①**最低规模订单（minimum size order）：** 设定一个最低需要成交的规模，如果达不到这一成交规模，则订单整体取消的订单。

②**全部成交否则取消订单（all-or-nothing order）：** 要求交易者提交的订单必须在指定的时间范围内（通常非常短暂，如数秒或数分钟）全部成交，否则订单将自动取消，不进行任何成交的订单。

（3）按照显示规模分类。

按照显示规模，执行指示的类型包括：

①**显示订单（display order）：** 在交易时完整展示全部交易规模的订单。

②**隐藏订单（hidden order）：** 在交易时隐藏交易者的实际交易意图，避免对市场产生过大影响的一种特殊订单。

③**冰山订单（iceberg order）：** 允许交易者提交一个远大于显示数量的大额订单，但仅暴露一部分（即"冰山一角"）给市场参与者，其余部分则隐藏在水面之下的订单。

Expensing 费用化

基础释义

费用化是指企业将支出在发生时一次性全额确认为当期费用计入利润表，而不是作为资产在资产负债表上列示的一种会计处理方法。与资本化相反，费用化适用于那些对产生未来经济利益的关联较弱或不可预见，或与特定会计期间收入直接相关的支出。会计准则也会强制规定某些支出不应资本化而必须费用化处理。

概念详解

1. 费用化的影响

费用化的影响主要体现在财务报表的呈现、趋势分析以及跨公司比较三方面。

1.1 费用化对财务报表的影响

当支出被费用化时，它会直接减少当期的净利润，并且不会在资产负债表上产生任何资产。费用化的支出将在发生时作为**经营活动现金流**的一部分列示出来。此外，由于费用化减少了当期的税前利润，进而可能减少应付税款，从而间接影响现金流量表。

> 💡 **老皮点拨**
>
> 与费用化相反，资本化支出会在发生时增加资产负债表上的资产总额，并作为**投资活动现金流**的一部分反映在现金流量表中。随后，这项资产将在其使用寿命内通过折旧或摊销的方式逐步转化为费用，这将影响后续各期的净利润。值得注意的是，折旧和摊销不涉及现金流动的费用，因此它们对现金流量表的影响主要体现在将净利润调整为经营活动现金流的部分，折旧和摊销费用会被加回到净利润中。

1.2 费用化对趋势分析和可比性的影响

资本化支出可以在初期提高公司的盈利能力，因为初期利润较高，从而导致较高的留存收益。但是，随着折旧或摊销费用的产生，资本化将导致后续年度的盈利能力降低。反之，费用化在初期降低了公司的盈利能力，但在随后的年度里，由于没有持续的折旧或摊销费用，公司的盈利能力会相较于资本化处理显得更强。

1.3 费用化对跨公司比较的影响

由于不同的公司可能对相同的支出采取不同的会计处理方法（资本化或费用化），这会使得不同公司的财务报表之间缺乏可比性。为了确保财务报表的透明度和一致性，分析师需要了解公司在处理支出方面的政策，并注意这些差异对财务比率分析的影响。

2. 公司选择费用化的动机

公司选择费用化而不是资本化处理某些开支的动机包括：

（1）利润动机：公司可能会出于**提升当期盈利能力**的目的，选择在允许的会计标准范围内尽可能多地资本化支出，以达到特定时期的收益目标。费用化虽然会减少当期利润，但有利于增强未来期间的盈利能力，从而改善利润趋势。

（2）税务动机：在要求财务报告和税务报告使用相同会计方法的环境中，费用化支出可能会带来更有利的现金流影响，因为提前支付较少的税款可以创造利用节省下来的资金赚取利息收入的机会。

Explained Variable　被解释变量

基础释义

被解释变量又称"因变量""反应变量""结果变量"或"输出变量"，是指随着解释变量变化而响应性地发生变化的变量。简单来说，解释变量是"原因"，被解释变量是"结果"，其取值依赖于解释变量的取值，体现了两者之间的函数关系或者因果联系。

概念详解

1. 被解释变量的数学表达式

$$Y=f(X)$$

其中，

-Y 表示被解释变量，代表当解释变量 X 发生变化时，函数的生成结果

-f（function）表示函数，代表解释变量 X 与因变量 Y 之间的映射关系

-X 表示解释变量

2. 被解释变量的关键特征

（1）依赖性： 被解释变量的值直接依赖于解释变量的值，意味着解释变量的任何变化理论上都会导致被解释变量产生相应的改变。

（2）响应性： 在实验设计或数据分析中，被解释变量是被观测用来响应解释变量变化的量，其变化体现了解释变量影响的结果。

（3）目标变量： 在研究或实验中，被解释变量通常是研究者最感兴趣的变量，因为它反映了所研究现象的核心变化或结果。

（4）模型构建： 在建立预测模型或解释性模型时，被解释变量是模型预测或解释的目标，而解释变量则用来建立预测或解释的依据。

（5）可测量性： 在实际应用中，被解释变量需要是可测量的，这样才能通过实验或调查收集数据，进行后续的分析和推断。

老皮点拨

我们可以通过几个实例来进一步体会被解释变量的含义。

（1）生物学实验： 如果研究植物生长与光照强度的关系，光照强度是解释变量，而植物的高度或重量则是被解释变量，因为后者会随着光照强度的不同而变化。

（2）经济学研究： 在研究价格对需求量的影响时，商品价格是解释变量，而需求量则是被解释变量，因为消费者对商品的需求量预期会随价格的升降而变化。

（3）心理学实验： 研究记忆能力与睡眠时间的关系时，睡眠时间是解释变量，而记忆测试的成绩作为被解释变量，用来衡量不同睡眠时间对记忆力效果的影响。

实务拓展

在复杂的系统或实验设计中，一个被解释变量可能受到**多个解释变量**的

共同影响，并且被解释变量的变化也可能受到其他未被控制的变量（即干扰变量或误差项）的影响，这增加了分析的难度，需要采用更高级的统计方法来处理。此外，有时被解释变量的变化可能还受到解释变量间交互作用的影响，这时分析时需考虑解释变量间的相互作用项。

Explaining Variable　解释变量

基础释义

解释变量又称"自变量"，是指在科学研究、统计分析和数学模型中，被研究者主动控制、操作或改变以观察这种改变如何影响或解释另一个变量（因变量，dependent variable）的变化的一种变量。解释变量被认为是原因、输入，它的变化不会受到因变量的影响，而是独立发生的。

概念详解

1. 解释变量的数学表达式

$$Y=f(X)$$

其中，

-Y 表示被解释变量，代表当解释变量 X 发生变化时，函数的生成结果

-f（function）表示函数，代表解释变量 X 与因变量 Y 之间的映射关系

-X 表示解释变量

2. 解释变量的关键特点

（1）**可控性：**研究者可以直接控制解释变量的水平或条件，以观察这些变化如何影响因变量。

（2）**原因性：**在探究因果关系时，解释变量被认为是导致被解释变量变化的原因或因素。

（3）**操作定义：**为了确保实验或研究的可重复性，解释变量需要有清晰的操作

定义，即如何具体测量和操作该变量。

（4）分类：解释变量可以分为连续变量和类别变量。连续变量可以取任何数值，如温度、时间；类别变量则指定了几个固定的类别或水平，如性别、治疗方法等。

> 💡 **老皮点拨**
>
> 我们可以通过 3 个实例来进一步体会解释变量的含义。
>
> **（1）教育研究：**如果研究者想要了解不同的教学方法对学生学习成绩的影响，教学方法（如传统讲授、互动式学习）就是解释变量，而学生的学习成绩则是被解释变量。
>
> **（2）医学试验：**在测试一种新药的效果时，药物的剂量（解释变量）可能会被设定为不同的水平，而病人的康复速度或病情改善程度（被解释变量）则被用来评估药物的效果。
>
> **（3）心理学实验：**探究音乐对人情绪的影响时，播放的音乐类型（解释变量）被操控，而参与者的情绪变化（被解释变量）被记录和分析。

Fair Value Through Other Comprehensive Income (FVOCI) 以公允价值计量且其变动计入其他综合收益的金融资产

基础释义

> 以公允价值计量且其变动计入其他综合收益的金融资产是指在国际财务报告准则（IFRS）体系下，其公允价值变动不直接反映在当期的利润表中，而是记录在资产负债表下的权益部分，并体现在综合收益表或其他综合收益表中的一种金融资产。

概念详解

1. FVOCI 的主要分类

（1）根据特定条件选择指定的债务工具投资，这些投资通常属于主体的可供出售金融资产。

（2）符合特定条件的股权投资，特别是那些不以控制或施加重大影响为目的，且主体作出明确意图和能力不在短期进行出售的股权投资。

2. FVOCI 的会计计量

持有 FVOCI 时，其公允价值的变动会影响企业的综合收益，尽管不影响当期利润，但却影响了所有者权益的累计其他综合收益部分。当这些资产出售时，原先计入其他综合收益的累计公允价值变动才会转入**留存收益**（retained earnings），进而影响利润表。这种计量方式有助于区分市场价值波动对经营业绩的影响和对净资产价值的影响。

Fair Value Through Profit or Loss (FVPL) 以公允价值计量且其变动计入当期损益的金融资产

基础释义

> 以公允价值计量且其变动计入当期损益的金融资产（FVPL）是指根据国际财务报告准则（IFRS）或某些国家的会计准则，以公允价值入账且其后续公允价值变动直接计入当期利润表的一种金融资产。

概念详解

1. FVPL 的判断标准

FVPL 主要是为了**交易**目的或出于**风险管理策略**持有的资产，或者是初始确认时就被指定为以公允价值计量且其变动计入当期损益的金融资产。例如，一些衍生金融工具、为出售而持有的股票投资，以及其他符合相应会计准则标准的金融工具等。

2. FVPL 的会计计量

持有 FVPL 时，其公允价值的变化将直接影响企业的净利润，也就是说，当市场价值上升时，资产价值增加，企业的利润相应增加；反之，当市场价值下降时，资产价值减少，企业的利润也将相应减少。这种计量方式强调了市场价值对资产价值的影响，使报表使用者能够及时了解到金融资产价值的实时变化情况。

Fiat Currency　法定货币

基础释义

> 法定货币，简称法币，是指由政府法令或法律宣布为合法货币并规定其为流通中货币的货币形式。法币的价值不依赖于任何内在价值（如贵金属含量）或是与某种商品的直接挂钩，而是基于政府的信用和法律权威，以及公众对货币将被普遍接受作为支付手段的信心。

概念详解

法定货币的特点

（1）政府背书： 法定货币由国家或政府发行，并通过法律强制规定其为境内经济活动中清偿债务和进行交易的法定媒介。

（2）不兑换性： 大多数现代法定货币不是可兑换成其他商品（如黄金）的，这意味着人们不能直接拿着纸币去中央银行要求兑换等值的黄金或其他贵重金属。

（3）信任基础： 法币的价值基于使用者的信任，即相信货币在未来能够用于交换商品和服务。

（4）控制货币供应： 中央银行可以通过货币政策调节法定货币的供应量，以期达到稳定经济、控制通胀等目的。

（5）广泛接受性： 在发行国境内，法定货币被所有债务人、债权人及交易方接受为支付手段。历史上，许多货币体系曾基于商品本位制，如金本位或银本位，但在 20 世纪中叶以后，全球多数国家转向了法定货币体系，这给予政府和中央银行更大的灵活性来管理经济。

Finance Lease　融资租赁

基础释义

> 融资租赁又称"金融租赁"，是指将融资与融物结合在一起，使得承租人能够在**不直接购买资产**的情况下获得**资产的长期使用权**的一种租赁形式。

概念详解

1. 融资租赁的确认条件

融资租赁的确认条件包括（满足任一即可）：

（1）租期结束资产转移给承租人。

（2）承租人有购买选择权且极可能执行。

（3）租赁期限占资产使用寿命的大部分。

（4）租金现值接近或等于资产公允价值。

（5）出租人无其他有效使用途径。

2. 融资租赁的特征

（1）租赁物的选择与购买： 承租人根据自身需求选择租赁物件，出租人则根据承租人的选择购买该物件，并提供给承租人使用。

（2）长期合约与不可撤销性： 融资性租赁合同通常期限较长，覆盖租赁资产的大部分经济寿命，并且在租赁期间内，合同是不可撤销的，除非有特殊情况，如租赁物毁损或失去使用价值。

（3）所有权与使用权分离： 在租赁期间，虽然出租人保留租赁物的**法定所有权**，但承租人拥有**使用权**，并负责租赁物的日常管理和维护。

（4）租金支付： 承租人需要定期支付租金给出租人，租金的总额往往覆盖了租赁物的购买成本、利息及出租人的合理利润，租金可能包含固定和浮动部分，与资产价值和融资成本相关。

（5）租赁期末处理： 租赁期末，承租人通常有几种选择，包括以象征性的价格购买租赁物（留购）、续租或退还给出租人。

（6）财务处理： 在会计处理上，融资性租赁对承租人而言，租赁资产通常会被资本化，体现在承租人的资产负债表上，同时产生租赁负债，反映其未来的租金支付义务。

（7）税务影响： 融资性租赁可能会影响承租人和出租人的税务处理，包括租金的税务抵扣、折旧费用的计提以及可能的增值税处理等，具体依当地税法而定。

老皮点拨

融资性租赁为承租企业提供了一种重要的融资手段，特别是在需要大型设备或固定资产投入时，能够减轻一次性资本支出的压力，同时满足企业对长期使用资产的需求。

Financial Asset　金融资产

基础释义

金融资产是指企业持有的，能够在未来给企业带来经济利益流入的金融本工具。这类资产通常代表对另一实体的债权（如贷款和应收账款）、股权（如股票投资）或是混合型金融工具的一部分，它们的价值源自合同权利或对实体资产经济利益的索取权。

概念详解

金融资产的类型

金融资产可以大致分为按摊余成本计量的金融资产和按公允价值计量的金融资产两种类型。

1.1 按摊余成本计量的金融资产（Amortized Cost）

按摊余成本计量的金融资产的确认条件包括：

（1）企业的业务模式旨在通过收取合同现金流来持有该资产。

（2）合同现金流仅包括本金和利息的支付。

1.2 按公允价值计量的金融资产

（1）公允价值变动计入损益（FVPL）： 适用于不符合成本摊销条件或企业选择避免会计错配的金融资产，其价值变动直接反映在利润表中。

（2）公允价值变动计入其他综合收益（FVOCI）： 对于某些虽可出售但仍主要意图持有至到期的资产，可以选择此计量方法。

> 🔆 老皮点拨
>
> 权益工具不能按摊余成本法计量，只能在 FVPL 和 FVOCI 之间选择。若选择 FVOCI，仅股息收入计入利润表，资产价值变动计入其他综合收益，且一旦选定不可更改。

Financial Distress Costs 财务困境成本

基础释义

财务困境成本是指企业在遭遇财务困难时，因盈利能力减弱或实际亏损导致其履行财务义务的能力受到质疑而产生的各种负面影响和开支。财务困境成本不仅包括直接的现金支出，还有间接的商业损失、信誉损害及企业治理中的利益冲突成本，它们共同加剧了企业的困境。

概念详解

1. 财务困境成本的组成部分

1.1 直接财务困境成本（Direct Financial Distress Costs）

直接的财务困境成本指的是企业在申请破产或经历财务困境期间直接发生的可量化的现金支出，主要包括：

（1）法律和行政费用：聘请律师、会计师和其他专业人士处理破产程序或重组事宜的费用。

（2）清算或重组费用：资产处置、员工遣散、债务重组等直接相关的成本。

1.2 间接财务困境成本（Indirect Financial Distress Costs）

间接的财务困境成本是指那些在企业发生财务危机期间不易直接量化的损失，主要包括：

（1）丧失的商业机会：企业信誉受损，合作伙伴可能减少订单，新客户和投资机会减少。

（2）声誉风险（reputational risk）：市场对企业的信任度下降，影响未来融资能力及客户信任。

（3）代理成本（agency costs of debt）：在濒临或经历破产时，管理层与债权人利益冲突加剧，可能导致管理层作出不利于企业长期利益的决策。

2. 财务困境成本的影响因素

（1）资产流动性：拥有易变现资产（如航空公司、航运公司）的企业在财务危机时可通过出售资产快速回笼资金，降低危机成本。

（2）行业特性：科技、制药、信息技术和服务行业的企业通常资产无形化程度高，变现能力差，面临更高的财务困境成本。

（3）资本结构：债务比例高、销售风险大、运营杠杆高的企业更容易陷入财务困境。

（4）流动性水平：较少的流动资金会增加财务危机的风险。

💡 **老皮点拨**

财务困境成本对企业价值影响巨大，企业的 CFO 或融资相关的负责人的主要责任就是优化企业的资本结构，以平衡**债务的税盾效益**与财务困境成本，从而实现企业价值最大化。这包括评估不同资本结构下的风险与收益，以及如何制定策略以降低陷入财务困境的可能性和成本。

Financial Institution 金融机构

基础释义

金融机构是指提供广泛金融产品和服务的企业。金融机构作为资金提供者与使用者之间的中介，帮助管理和分散风险，并处理涉及现金、证券及其他金融资产的交易。

概念详解

1. 金融机构的类别

金融机构可以大致分为提供基本银行业务的机构、投资行业的中介机构以及保险公司三类。

1.1 提供基本银行业务的机构

提供基本银行业务的机构可以进一步分为商业银行、信用合作社、合作银行、互助银行以及专门的融资服务提供商。

1.1.1 商业银行（commercial bank）

商业银行是金融体系的核心组成部分，主要职能包括接受公众存款、发放贷款以及提供支付结算服务。商业银行通过吸收客户的短期存款（如活期存款和储蓄存款）来提供流动性，并利用这些资金发放中长期贷款给需要资金的企业和个人，从中赚取利差。

> **实务拓展**
>
> 　　历史上，某些国家（如美国和法国）的监管曾区分商业银行业务（存款和放贷）、保险活动以及投资银行业务（如承销、交易和投资）。然而，这种区分正在逐渐消失。
>
> 　　例如，在法国，自 1980 年代中期开始的法规取消了许多对银行活动类型的限制；在美国，1999 年的法律允许商业银行从事广泛的证券和保险活动。德国的全能银行则提供包括商业和投资银行、保险及其他金融服务和非金融服务。日本银行被允许从事一系列活动，包括在非金融公司中持有股权（在一定限制内），这增强了它们在公司治理中的角色。

1.1.2 信用合作社、合作银行和互助银行

这些存款机构像银行一样运作，提供许多相同的银行服务，它们由会员所有，而非像许多银行那样公开上市。此外，这些机构是非营利性的，因此不需缴纳所得税。

1.1.3 专门的金融服务提供商

除了商业银行和信用合作社以外，还存在一些专精某些领域的提供融资服务的金融机构，具体包括：

（1）建筑协会和储蓄贷款协会：专门融资长期住宅抵押贷款的存款机构。

（2）抵押银行：从事抵押贷款的发起、出售和服务，并通常是证券化市场的活跃参与者。

（3）信托银行：日本的一种金融服务提供商，主要提供长期商业贷款和证券投资。

（4）在线支付公司：如美国的 Paypal、中国的 Alipay 以及其他非银行在线支付公司。

1.2 投资行业的中介机构（Intermediaries Within the Investment Industry）

投资行业的中介机构提供直接的投资相关服务，大致包括：

（1）常规集合投资工具的管理人：如开放式共同基金、封闭式基金和交易所交易基金（ETF）。这些金融机构汇集投资者的资金买卖证券和其他资产，投资者共享投资工具的所有权。根据监管要求，投资池必须披露其投资政策、存取程序、费用、

开支及过往表现统计等信息。

（2）对冲基金：同样汇集投资者资金进行投资，但往往采用更为复杂的策略，透明度较低、流动性较差且受监管较少，同时收取更高费用且最低投资额也较高。

（3）经纪商和交易商：这些公司促进证券交易，通过交易赚取佣金或差价。

1.3 保险公司（Insurers）

保险公司提供风险转移服务，主要类型包括：

（1）财产和意外伤害保险公司（P&C insurers）：提供针对汽车、房屋或商业活动中不利事件的保护。

（2）人寿和健康保险公司（L&H insurers）：提供与死亡和健康相关的保险产品，人寿保险公司还提供储蓄产品。

（3）再保险公司（reinsurance companies）：向保险公司出售保险，不直接向保单持有人支付索赔，而是向保险公司报销已支付的索赔金额。

2. 金融机构的功能

金融机构提供广泛种类的金融产品和服务，其主要功能包括：

（1）资金中介：金融机构作为资金提供者与需求者之间的桥梁，通过吸收存款和发放贷款，促进了资金的有效配置。

（2）资产与风险管理：金融机构帮助企业与个人管理资产和风险，比如通过提供保险产品来转移特定类型的风险。

（3）交易执行：金融机构负责处理涉及现金、证券和其他金融资产的交易，确保市场运作顺畅。

（4）金融创新：金融机构还开发新的金融产品和服务，以满足不断变化的市场需求，比如衍生品可以帮助管理利率、股票和外汇市场的不利变动风险。

3. 金融机构存在的问题

虽然金融机构在促进经济增长和支持金融市场运作方面扮演着不可或缺的角色，但同时也存在着固有的风险和挑战，具体包括：

（1）系统性风险：金融机构特别是银行因其在经济中的系统重要性，其任何失败都可能引发连锁反应，对整个金融系统乃至实体经济造成严重后果。

（2）监管挑战：为了约束金融机构过度冒险的行为，各国实施了严格监管，但监管本身也面临着如何平衡风险控制与市场活力的挑战。

（3）信贷风险与流动性风险：金融机构持有的主要是贷款和证券等金融资产，这使其面临信用风险和流动性风险，这些风险在金融危机期间尤为突出。

（4）金融传染：一旦某个重要的金融机构出现问题，其负面效应可能会迅速传播到其他地区或行业，形成所谓的"金融传染"，加剧全球经济的不稳定。

（5）监管套利：跨国公司在不同司法管辖区之间寻找监管差异，以规避不利的监管环境，这对全球金融监管的一致性和有效性构成了挑战。

Financial Intermediary 金融中介

基础释义

> 金融中介是指在金融市场上，介于资金盈余方（比如存款人、投资者）和资金短缺方（比如借款人、发行人）之间，通过吸纳存款、发放贷款、承销证券、买卖金融产品等方式，帮助双方实现资金转移或风险分散的机构或组织。

概念详解

1. 金融中介的类型

（1）经纪人（brokers）：经纪人是代理客户执行交易指令的专业机构，它们不直接参与交易，而是为客户寻找愿意接受对方交易指令的交易者。

（2）投资银行（investment banks）：投资银行主要为企业客户提供咨询服务，帮助安排首次公开募股（IPO）及后续证券发行等事宜。

（3）交易所（exchanges）：交易所为交易者提供了一个集中交易的场所，最初是在交易大厅内由经纪人和做市商面对面协商交易。如今，大多数交易所已采用电子化订单匹配系统来处理交易。

（4）做市商（dealers）：做市商通过自身账户买入客户希望卖出的证券或合约，并向寻求购买的客户提供证券。做市商的主要功能是提供流动性，使客户能够在需要时以较低的交易成本买卖。做市商在场外市场或交易所市场提供流动性，并通过买卖价差获利。

（5）套利者（arbitrageurs）：套利者发现并利用不同市场间相同或类似金融工具的价格差异进行交易，通过低买高卖获取利润。

（6）证券化机构（securitizers）：银行和投资公司将资产打包成证券再出售给投资者，这一过程称为证券化。例如，按揭银行通过将多个住房抵押贷款打包成抵押贷款支持证券（MBS），使投资者能够间接持有这些贷款的收益权。

（7）**存款机构（depository Institutions）：** 存款机构包括商业银行、储蓄贷款协会、信用合作社等，它们通过吸收存款和其他投资者的资金，并将这些资金贷给借款人来运作。

（8）**保险公司（insurance Companies）：** 保险公司通过提供保险合同（保单）帮助个人和公司减轻潜在损失的风险。当某些损失发生时，保险公司会根据合同条款支付赔偿金。

（9）**清算所（clearinghouses）：** 清算所负责最终结算交易，在期货市场中保证合约履行，在其他市场中可能仅作为托管代理人，确保买卖双方之间的资金和证券正确转移。清算所只为其会员结算交易，并要求会员有足够的资本和保证金来确保交易的履行。

（10）**保管机构（depositories or custodians）：** 保管机构代表客户持有证券，这些服务通常由银行提供，旨在防止因欺诈、疏忽或自然灾害而导致的证券丢失。

2. 金融中介的主要功能

（1）**资金中介：** 商业银行通过吸收公众存款并将其转化为贷款，实现了资金从储蓄者到借款者的转移。共同基金和对冲基金汇集个人投资者的资金，进行专业的投资管理，分散风险并追求回报。

（2）**风险转移：** 保险公司通过出售保险合同将个体或企业的风险转移到广泛的保险持有人身上。投资银行提供的衍生品可以帮助企业和个人对冲利率、汇率和商品价格等市场风险。

（3）**市场参与：** 经纪人为客户执行交易指令，帮助他们在市场上找到交易对手，降低寻找交易伙伴的成本。对于大额交易，大宗经纪人会特别谨慎地处理订单以避免影响市场价格。

（4）**发行与承销：** 投资银行为企业提供咨询，并帮助它们发行股票和债券以筹集资金。投资银行还帮助企业识别潜在的收购目标，并完成并购交易。

（5）**市场监管：** 交易所不仅提供一个买卖双方可以进行交易的场所，还负责监管其成员的交易行为，确保市场公平透明。交易所通常要求上市公司遵守一定的信息披露规则，以维护市场信息的透明度，保护投资者利益。

（6）**技术创新：** 另类交易系统（ATS）如电子通讯网络（ECN）或多方交易设施（MTF）提供了类似于交易所的服务，但不具有同等的监管权力。这些系统可以隐藏订单信息，减少大额交易对市场价格的影响，为投资者提供更加隐蔽的交易环境。

Financial Statement Analysis 财务报表分析

基础释义

财务报表分析是指深入解读和分析企业提供的财务报表以评估企业能否以其资本赚取至少等于资本成本的回报，实现业务的盈利增长，并产生足够的现金流以满足经济义务和把握发展机遇的过程。

概念详解

1. 财务报表分析的流程及内容

（1）明确分析目的与背景（articulate the purpose and context）： 在开始分析之前，首先明确分析的目的，这对于财务报表分析尤为重要，因为可用的分析技术和数据量庞大。分析任务可能已明确定义，如信用审查或季度股票分析，也可能需要分析师根据特定需求决定分析方法、工具、数据来源和结果展示格式。

（2）收集数据（collect data）： 此阶段涉及获取回答特定问题所需的信息，包括企业的商业模式、财务表现和财务状况，同时考虑行业趋势和时间序列变化。除了财务报表数据，还需考虑宏观经济环境和行业信息，采用自上而下的分析方法，从宏观经济增长、通胀预期到行业前景，再到特定公司前景。

（3）数据处理（process data）： 获取必要信息后，运用合适的分析工具处理数据，如计算比率、增长率、准备同比财务报表（common size financial statements）统计分析、预测、估值、敏感性分析等。这一步骤旨在通过多维度解析数据，为后续分析打下基础。

（4）分析／解释数据（analyze/interpret the data）： 数据处理后，关键步骤在于解读输出结果，即分析师基于其对数据的理解和解释，提出结论或建议。这可能直接回应特定的分析问题，或进一步形成总体结论和推荐意见。

（5）沟通结论与建议（developing and communicating）： 以适宜的形式传达结论和建议，这可能包括总结、行业分析、财务模型、估值及风险提示等部分，具体形式依据分析任务、机构要求和受众而定。

（6）后续跟进（follow-up）： 分析并非一劳永逸，新信息的出现可能要求分析师重新审视和调整预测及建议，无论是已投资的证券还是拒绝的投资机会，都需持续监测和评估。

2. 财务报表分析目的与应用场景

（1）投资组合构建（portfolio construction）：在构建投资组合时，财务报表分析可以帮助识别**潜在的高回报投资机会**，同时评估风险。例如，通过分析利润表，投资者可以了解公司的盈利能力；通过资产负债表，可以评估其财务稳定性和杠杆水平；现金流量表则揭示了公司的现金流状况和资本运作能力。这些信息对于决定哪些股票或债券应该被纳入投资组合至关重要。

（2）证券估值（security valuation）：证券估值通常依赖于财务报表提供的历史数据和预测模型。例如，市盈率（P/E 比率）、市净率（P/B 比率）和股息收益率等指标都是基于财务报表数据结合市场价格信息计算得出的。通过比较一家公司与行业平均值或竞争对手的比率，分析师可以判断其股票是否被低估或高估。

（3）信贷评估（credit assessment）：银行和其他金融机构在决定是否向企业发放贷款时，会仔细审查其财务报表。这包括评估流动比率、速动比率、债务与股权比率等，以确定借款人的偿债能力和信用风险。

（4）债务评级（debt rating）：信用评级机构使用财务报表来评估发行债券的公司的信用质量，从而给出信用评级。这直接影响了债券的利率和市场接受度。

（5）风险投资（venture capital investment）：风险投资者在考虑投资初创企业或高增长潜力的公司时，会通过财务报表分析来评估其**商业模式的可持续性**、市场适应性以及未来的盈利潜力。

（6）并购评估（merger and acquisition evaluation）：在并购活动中，财务报表分析是尽职调查的关键部分。买家会详细检查目标公司的财务记录，评估其真实价值，确定合理的价格区间，并识别可能存在的财务风险。

（7）公司绩效监控（corporate performance monitoring）：管理层和董事会使用财务报表分析来监测公司业绩，确保财务目标与战略计划一致。这有助于及时调整策略，应对市场变化。

> **老皮点拨**
>
> 财务报表分析对于帮助分析师和投资者做出投资决策至关重要，债务投资者关注企业支付利息及偿还本金的能力，而权益投资者则关心公司的盈利能力及其每股价值，是否投资某公司的债务或权益证券，以及投资的价格如何确定，均依赖于深度的财务报表分析。

Financial Statement Modeling　财务报表建模

基础释义

财务报表建模是指通过创建一个详细的预测利润表、资产负债表及现金流量表的模型以用于对公司及其发行的证券进行估值的一种分析工具。通过财务报表建模，分析师能够预测公司在未来一段时间内的财务表现，并据此作出投资决策。

概念详解

1. 利润表建模（Income Statement Modeling）

利润表建模涉及对收入、销货成本、SG&A、其他经营费用以及非经营项目的预测。

1.1 收入预测（Revenue Forecasting）

收入预测是利润表建模的第一步，主要依据历史趋势和预期变化。收入的增长由销量、价格以及外汇波动驱动。价格变化不仅涉及单一产品的定价调整，还涉及产品组合的变化，即高、低价位产品的销售量变动。

此外，外汇波动会影响跨国公司的收入，特别是在全球运营的企业。预测时还需考虑宏观经济因素，如消费者信心指数、行业增长趋势以及竞争环境的变化。

1.2 销货成本预测（Cost of Goods Sold Forecasting）

销货成本（COGS）预测是衡量制造商品的直接成本的过程，包括原材料、直接人工以及与生产直接相关的制造开销。

预测 COGS 时，应考虑供应链稳定性、采购成本变动以及生产效率改进等因素。例如，如果原材料价格上涨，那么 COGS 也会相应增加。同样地，通过提高生产自动化水平或优化供应链管理，可以降低 COGS。

1.3 销售、一般及行政费用（SG&A Expenses Forecasting）

销售、一般及行政费用（SG&A）涵盖了公司日常运营中的非直接生产成本，如市场营销、人力资源、法律事务等。

预测 SG&A 费用时，需考虑公司规模、业务复杂度以及未来增长计划。例如，如果公司计划扩张国际市场，可能会增加营销预算以提升品牌知名度。同时，随着公司成长，管理和行政支持需求也会增加。

1.4 其他经营费用（Other Operating Expenses Forecasting）

其他经营费用包括研发费用、资产减值损失等。这些费用虽然不是常规的日常开支，但对于公司的长期发展至关重要。研发费用投入可以增强公司的创新能力，推动产品更新换代，从而保持市场竞争力。资产减值损失则反映资产价值下降对利润的影响。

1.5 非经营项目（Non-Operating Items Forecasting）

非经营项目包括财务费用（如利息支出）和所得税。

财务费用是债务产生的利息支出减去现金和投资产生的利息收入。预测财务费用需要估计**债务和现金头寸**以及相应的利率。如果公司计划增加借贷以资助扩张项目，那么利息支出将随之上升。相反，若公司有大量现金储备，则利息收入可能成为一个重要组成部分。

对于所得税而言，除了考虑法定税率外，还需评估税收优惠政策、税务筹划效果等因素。

2. 资产负债表建模（Balance Sheet Modeling）

资产负债表建模主要涉及对资本投资以及营运资本进行预测。

2.1 资本投资和折旧预测（Capital Investments and Depreciation Forecasting）

资本投资预测是资产负债表建模中的关键环节，它涉及对公司固定资产（如厂房、设备）的投资计划进行估计。预测时要考虑公司的扩张计划、现有资产的利用率以及技术进步对现有资产的影响。资本投资通常与公司的长期战略目标紧密相关，如产能提升、新产品线引入等。

折旧预测（depreciation forecasting）则是对这些固定资产在其使用寿命期间逐渐损耗价值的估计。折旧方法（直线法、加速折旧法等）的选择会影响公司的财务表现。准确的资本投资和折旧预测有助于管理层评估公司的资本构成，并做出合理的投资决策。

2.2 营运资本预测（Working Capital Forecasting）

营运资本预测是指对公司短期流动资产（如应收账款、存货）与短期流动负债（如应付账款、短期借款）之间的差异进行预测。有效的营运资本管理对于确保公司日常运营顺畅至关重要。预测时需考虑销售周期、收款政策、供应商信用期等因素。

3. 现金流量表建模（Statement of Cash Flows Modeling）

3.1 经营活动现金流量预测（Cash Flows from Operating Activities Forecasting）

经营活动现金流量预测基于利润表和营运资本的变化，反映**公司核心业务产生**

的现金流入和流出。预测时需结合净利润、折旧与摊销、工作资本变化等因素。例如，尽管公司报告了正的净利润，但如果存货增加、应收账款增多，则可能面临现金流紧张的局面。

3.2 投资活动现金流量预测（Cash Flows from Investing Activities Forecasting）

投资活动现金流量预测涉及对**资本支出、投资收益或损失、出售或购买固定资产等活动产生的现金流量**进行估计。预测时要考虑到公司的资本支出计划、投资策略以及资产处置计划。例如，如果公司计划购买新设备以扩大生产能力，则会看到资本支出的增加。

3.3 融资活动现金流量预测（Cash Flows from Financing Activities Forecasting）

融资活动现金流量预测包括发行新股、偿还债务、支付股息等与股东和债权人相关的现金流活动。预测时需考虑公司的资本结构、股利政策以及债务管理策略。例如，公司可能通过增发股票筹集资金用于扩张，或者通过偿还债务来降低财务费用。

> **实务拓展**
>
> 学习财务建模可以从在线课程开始，很多平台如 Coursera, Udemy 等提供了从入门到高级水平的课程。此外，参加专业工作坊或研讨会也是提高技能水平非常有效的方式。实践是提高技能最好的方法之一，尝试构建自己感兴趣领域内实际案例相关联的财务模型可以加深理解与技巧掌握。

Firm Commitment　坚定承诺

基础释义

> 坚定承诺是指在金融交易中各方做出的**不可撤销的、具有法律约束力**的承诺。这种承诺确保了无论市场状况如何变化交易双方都必须严格遵守约定的条款和条件。

概念详解

坚定承诺的类型

坚定承诺分为承销承诺和交易承诺两种。

（1）承销承诺（underwriting commitment）。

在证券发行（特别是新股发行或债券发行）的背景下，坚定承诺是指承销商（通常是投资银行或金融机构）对发行方作出的承诺，即在规定的期限内，按照预定的价格和数量，全额购买未被市场消化的证券。

承销中的坚定承诺为发行方提供了确定性，确保证券发行能够成功筹集到所需资金，同时也将证券销售的风险转移给了承销商。在衍生品市场中，虽然直接的坚定承诺承销不太常见，但这种承诺概念可能延伸到与衍生品相关的证券发行，如与特定衍生品挂钩的结构性产品或交易所交易基金（ETF）的发行过程中。

（2）交易承诺（trading commitment）。

在衍生品交易中，坚定承诺的特征包括：

①交易确认的不可撤销性： 一旦双方达成衍生品交易并确认成交，双方均有义务履行合约条款，除非合同中有明确的终止或违约条款。这种承诺是"坚定"的，即不受后续市场条件变化的影响。

②保证金要求的严格执行： 在衍生品交易中，特别是场外交易（OTC）市场，交易双方可能需要提供保证金以确保其履行合约义务。对保证金的坚定承诺意味着交易者承诺在必要时及时补充保证金，以保持足够的抵押品覆盖风险，否则可能面临强制平仓。

③风险管理的严肃态度： 在衍生品交易策略中，坚定承诺可能表示交易者对其**风险管理策略**的坚决执行，即在面对不利市场变动时，不轻易违背预先设定的风险限额和止损规则。

④监管合规的承诺： 在监管日益严格的金融环境中，坚定承诺也可能指金融机构对遵守衍生品交易相关法规、报告要求、资本充足率标准等监管要求的坚定承诺。

> 🔆 **老皮点拨**
>
> 在衍生品分析中，"firm commitment"并不特指衍生品市场中的某一特定交易类型或承销安排，而是反映了一种对市场参与、风险管理、法规遵从等方面的严肃态度和职业操守。在特定上下文中，"firm commitment"可能与承销活动、保证金管理、交易策略执行或监管合规等具体事项紧密相关。

First-In, First-Out (FIFO) Method　先进先出法

基础释义

先进先出法是指假设先购入的存货单位会先被销售出去的一种存货会计估值方法。在实际操作中，这种方法根据存货购入的时间顺序来确定销货成本和期末存货成本。FIFO 因其简单性和符合成本配比原则，被广泛应用于不同类型的组织。

概念详解

1. 先进先出法的基本规则

采用 FIFO 时，企业销售的存货成本是基于**最早购入的存货单位的成本**来计算的。例如，如果一家公司在不同时间以不同价格购入了同一种商品，最早购入的那批商品的成本会被首先计入**销货成本（Costs of Goods Sold, COGS）**，而期末剩余存货则按照最近购入的批次的成本计价。

2. 先进先出法的影响

（1）成本匹配原则： FIFO 被认为更符合**收入与成本配比原则**，因为**早期的销货成本与早期的生产成本相匹配**。

（2）通货膨胀环境： 在物价持续上涨的情况下，FIFO 通常会导致较低的销货成本和较高的毛利润，因为早期的购货成本较低。反之，在通缩环境中，效果则相反。

（3）财务报表： 在物价持续上涨的情况下，FIFO 可能导致较高的期末存货价值和较低的销货成本，相较于 LIFO，这可能使得企业的流动资产和股东权益看起来更高。

（4）税务考虑： 不同于 LIFO，FIFO 通常不会对所得税产生显著的直接节省效果，特别是在高通胀环境下。

3. 先进先出法的优点

（1）简单直观： 相比于 LIFO，FIFO 在会计处理上更为直接和容易理解。

（2）符合实际情况： 在很多情况下，FIFO 与存货的实际流转情况一致，尤其是对于那些有明确有效期或易变质商品的企业。

（3）国际认可： FIFO 被国际财务报告准则（IFRS）和大多数国家的会计准则接受，具有较好的国际兼容性。

4. 先进先出法的缺点

（1）在通货膨胀时的税务劣势： 在物价持续上涨时，FIFO 可能导致较高的税负，因为销货成本较低，报告利润较高。

（2）可能不反映当前重置成本： 销货成本按早期成本计价，可能不反映当前市场价格或重置成本。

Fiscal Policy　财政政策

基础释义

　　财政政策是指政府通过调整**税收**、**公共支出**、**国债发行**和**政府投资**等手段，来影响**总需求**水平、资源配置结构以及宏观经济运行的一种经济政策。与货币政策主要由中央银行执行不同，财政政策通常由**国家或地方政府及其相关部门**制定和实施。财政政策的主要目标包括刺激**经济增长**、减少**失业**、控制**通胀**、**国际收支平衡**以及实现长期经济稳定。

概念详解

1. 财政政策的目标

（1）影响总需求： 财政政策可以影响经济中的总需求水平，从而调节经济活动的强度。例如，在经济衰退期间，政府可以通过增加支出来刺激需求，或在经济过热时削减开支以冷却市场。

（2）影响收入与财富分配： 通过税收和转移支付等手段，财政政策可以在不同社会群体间重新分配收入和财富，减少贫富差距。

（3）决定资源分配： 财政政策还决定了资源在不同部门和经济主体之间的分配，如教育、医疗、基础设施等领域的投资。

F

> ### 老皮点拨
>
> 经济学家对财政政策是否有效存在分歧。凯恩斯主义者认为,在经济存在大量闲置产能的情况下,财政政策对总需求、产出和就业具有强大影响力。而货币主义者则认为,财政变动对总需求的影响只是暂时的,货币政策是更有效的工具,用于抑制或促进通胀压力。

2. 财政政策的工具

2.1 财政支出(Fiscal Expenditures)

(1) 转移支付(transfer payments): 社会保障系统下的福利支付,如养老金、住房补贴、税收抵免、低收入家庭收入支持等。

(2) 经常性政府支出(current government spending): 定期和持续的商品与服务支出,如健康、教育和国防。

(3) 资本支出(capital expenditure): 基础设施投资,如道路、医院、学校等,这些投资将增加国家的资本存量,影响经济的生产潜力。然而,资本支出计划制定和实施周期长,可能无法及时响应经济变化。

> ### 老皮点拨
>
> 除了收税,政府还可以通过发行国债来筹集资金以满足财政支出需求,相应的,政府需要做好以下 2 项管理:
>
> **(1) 发行国债筹集资金:** 用于弥补财政赤字或者作为调控经济的重要手段,通过调整国债规模和利率影响市场流动性及长期利率。
>
> **(2) 债务偿还与管理:** 合理安排债务结构和偿债计划,确保财政可持续性。

2.2 财政收入(Fiscal Income)

2.2.1 财政收入调控工具

(1)直接税(direct taxes): 针对收入、财富和企业利润的征税,包括资本利得税、劳动税、企业税等。直接税调整需要较长通知期,因需调整薪资计算系统,尽管宣布后可能立即影响消费行为。

(2) 间接税(indirect taxes): 对经济中的商品和服务消费征收的税,如燃油税、酒精税、烟草税和销售税(或增值税),通常不对基于社会原因的健康和教育产品进行征税。间接税可迅速调整，影响消费者行为并为政府带来收入。社会政策可通过即时调整特定税种得以实施，如提高酒类和烟草税以减少此类消费。

2.2.2 财政收入调控方式

（1）调整税率： 通过调整个人所得税、企业所得税、销售税的税率来影响企业的税后利润和个人的可支配收入，进而调节消费和投资，从而影响总需求。

（2）设立新的税种或取消某些税目： 以鼓励或抑制特定行业或行为的发展。

（3）实施税收减免或临时性税收刺激措施： 如减税降费以促进经济复苏或增长。

> **老皮点拨**
>
> 税收不仅用于筹集资金以资助政府支出，还常被用作收入和财富再分配的工具。
>
> 一个理想的税收政策应当具备的特点包括：
>
> **（1）简单性：** 税收制度应该易于纳税人遵守且便于税务机关执行，最终税负应清晰明确，不易被操纵。
>
> **（2）效率：** 税收应尽可能少地干扰市场中个人的选择。虽然税收会影响行为，但通常情况下应避免过度抑制工作和投资的积极性。经济学家之间存在哲学上的争论，即税收政策是否应偏离效率原则，以促进"有益"的经济活动，如储蓄，同时抑制有害活动，如吸烟。
>
> **（3）公平性：** 相似情况的人应支付相同的税款（横向公平），而较富裕的人应支付更多的税款（纵向公平）。收入税率应"累进"，即随着收入增加，家庭和企业应按更高比例缴纳税款。
>
> **（4）收入充足性：** 税收需足够覆盖政府支出，但这也可能与公平性和效率性产生冲突。

3. 财政政策的类型

3.1 扩张性财政政策（Expansionary Fiscal Policy）

在经济衰退或低迷时期，政府可能会采取扩张性财政政策来刺激经济。这通常涉及增加公共支出（例如基础设施项目、教育和卫生服务）或减少税收，旨在刺激消费需求和企业投资，进而提高总需求并推动经济增长。

3.2 紧缩性财政政策（Restrictive Fiscal Policy）

当经济过热或通胀率过高时，为了降低消费和投资，减缓经济增速，从而控制通胀，政府可能会采取紧缩性财政政策的具体措施包括减少公共支出和 / 或增加税收。

4. 财政政策的局限性

4.1 时间滞后（Time Lag）

财政政策在时间上的滞后主要体现在：

（1）识别滞后（recognition lag）： 决策者识别经济状况的变化需要时间。

（2）行动滞后（action lag）： 即使决策者决定调整政策，如增加资本项目支出以刺激就业和收入，具体的规划和执行也需要数月时间。

（3）影响滞后（impact lag）： 政策对经济的实际效果显现还需要额外的时间。这些延迟同样适用于自主性的货币政策，限制了财政政策即时应对经济波动的能力。

4.2 加剧不良经济后果

财政政策可能加剧不良经济后果，主要体现在：

（1）经济预测的不确定性： 政府的刺激措施可能恰好与投资支出意外上涨或出口需求增加相重合，这使得**宏观经济预测**模型的准确性变得至关重要，但历史上这些模型的预测记录并不理想，因此不能完全依赖它们来指导政策制定。

（2）私人部门的行为发生变化： 当政府宣布或已经开始实施财政调整时，私人部门的行为可能会发生变化，如增加消费或投资，这些反应会放大政府支出上升的影响，从而使得**将经济精确调控**至充分就业状态变得更加困难。

Fixed Asset　固定资产

基础释义

固定资产是指企业为了生产商品、提供劳务、出租或经营管理而持有的，**使用寿命超过一个会计年度**的**有形资产**。这类资产的特点是不易变现，主要用于企业**长期运营**，而非为了出售。固定资产在企业的资产负债表中占有重要位置，反映了企业的投资规模和生产能力。固定资产不仅是企业运营的基础，也是企业长期投资决策和财务健康状况的重要指标。

概念详解

1. 固定资产的类别

（1）房屋及建筑物：企业自有的办公楼、厂房、仓库等不动产。

（2）机器设备：生产所需的机器、工具、设备及其安装费用。

（3）运输工具：企业拥有的汽车、货车、叉车等交通工具。

（4）办公设备：电脑、办公家具、通讯设备等日常办公所需的物品。

（5）其他固定资产：包括土地使用权（在中国会计准则下通常归类为无形资产）、长期不能变现的存货、改良工程等。

2. 固定资产的会计处理

（1）初始计量（initial measurement）：固定资产按照取得成本入账，包括购买价格、进口关税、运输费、安装费等直接归属于使得资产达到预定可使用状态之前的全部必要支出。

（2）折旧（depreciation）：由于固定资产在其使用寿命内逐渐消耗其价值，企业需要根据预计的使用年限和残值，采用直线法、加速法等折旧方法，系统地分摊其成本到各个会计期间。

（3）减值（impairment）：如果固定资产的可回收金额低于其账面价值，企业需要计提减值准备，反映其市场价值的下降。

（4）处置（disposal）：当固定资产出售、报废或不再用于企业运营时，需要从账面上移除，并确认相应的损益。

Fixed-Income Instrument　固定收益工具

基础释义

固定收益工具是指一方（发行人）向另一方（投资者）借款，并承诺在未来某个特定日期按照预定条件偿还本金，并支付利息的一类债务金融工具。固定收益工具包括但不限于贷款和债券，主要特点是提供给投资者固定的回报率，并在约定的时间内偿还本金。

概念详解

1. 固定收益工具的主要类型

固定收益工具主要分为贷款和债券两种类型。

1.1 贷款 (Loans)

贷款是由个人、公司等借款人与金融机构（如银行）之间的私人协议形成的债务工具，条款通常比较灵活，可以根据双方的协商来定制。

1.2 债券 (Bonds)

债券是一种标准化程度更高的债务工具，通常涉及较大的发行人（如政府、企业）和投资者，发行人通过发行债券筹集资金，用以支持运营或资本支出，投资者购买债券，成为债权人，有权获得定期的利息支付，并在债券到期时收回本金。

2. 固定收益工具的发行主体

固定收益工具的发行人可以分为两大类：政府部门发行人和私人部门发行人。

2.1 政府部门发行人 (Government Sector Issuers)

（1）国家政府（主权政府）（national/sovereign governments）：国家政府是最高级别的政府实体，拥有征收税收和实施财政政策的权利。由于主权债券由发行国的税收能力和财政实力作为后盾，因此它们通常被认为是各自区域内最低信用风险的债券。

（2）地方政府 (local governments)：地方政府指的是城市、州或省一级的政府机构。这些政府通常也可以发行债券来为公共服务项目或基础设施建设筹资。

（3）准政府实体 (quasi-government entities)：准政府实体包括由政府所有或赞助的机构，如邮政服务、国家铁路等。这些机构虽然不是完全独立的商业实体，但它们通常有一定的自主权，并可能发行债券来为其运营或项目筹资。

（4）超国家组织 (supranational organizations)：超国家组织如**世界银行（World Bank）**、欧洲投资银行（European Investment Bank）等跨国机构，通常由多个国家共同成立，旨在促进区域或全球经济发展，它们也会发行债券来筹集资金。

2.2 私人部门发行人 (Private Sector Issuers)

（1）企业发行人 (corporate Issuers)：企业发行人是指私营公司或企业集团，它们发行债券来为公司的运营活动或扩张计划筹集资金。这些债券的信用质量取决于发行企业的财务状况和行业地位。

（2）特殊目的实体 (special purpose entities, SPEs)：特殊目的实体通常是为了持有特定资产（如贷款或应收账款）而设立的法律实体。这些实体通过发行**资产支持证券（asset-backed securities, ABS）**给投资者，从而为资产提供融资。

> **💡 老皮点拨**
>
> 根据会计标准，负债被广泛定义为由于过去事件而导致的现时义务，并非所有负债都是固定收益工具，但所有固定收益工具都是负债的一部分。一般提及固定收益工具分析，主要关注的是可以以现金结算的贷款和债券，即与投资者或银行作为交易对手的债务工具。其他类型的负债，如租赁和养老金义务，虽然具有一些固定收益工具的特征，但通常不在固定收益分析范围内。

Fixed-Income Security　固定收益证券

基础释义

> 固定收益证券是指提供固定或可预测现金流、到期偿还本金的一种金融资产。固定收益证券以相对较低的风险提供稳定收益，是金融市场中重要的投资类别。固定收益证券市场在经济中扮演着融资媒介、风险分散和货币政策传导等重要角色。

概念详解

1. 固定收益证券的基本特征

（1）**固定或可预测收益**：投资者购买固定收益证券后，通常会按照事先约定的利率（即票面利率）定期收到利息收入，直至证券到期。部分固定收益证券可能采用浮动利率，但其支付规则通常是事先确定且可预测的。

（2）**本金偿还**：在证券到期时，发行方有义务向投资者归还本金（即面值），除非发生违约事件。

（3）**期限多样性**：固定收益证券的期限各异，短至几天的短期融资券，长至几十年的长期国债，满足投资者对不同期限投资的需求。

（4）**信用风险**：固定收益证券的信用风险取决于发行方的信用状况。**政府发行的债券（如国债）**通常被认为是信用风险极低的"无风险"资产，而**企业或金融机构发行的债券**则根据其信用评级存在不同程度的信用风险。

2. 固定收益证券的主要类型

（1）政府债券（government bond）： 由中央政府或地方政府发行，如美国国债、德国联邦债券、中国国债等，通常被视为信用风险最低的投资品种。

（2）企业债券（corporate bond）： 由企业发行，用于筹措长期资金。根据信用等级的不同，可分为投资级债券（信用风险较低）和高收益债券（信用风险较高，又称为"垃圾债券"）。

（3）金融债券（financial bond）： 由银行、保险公司、证券公司等金融机构发行，目的是补充资本、调整负债结构或满足监管要求。

（4）资产支持证券（asset-backed securities, ABS）： 以住房抵押贷款、汽车贷款、信用卡应收账款等资产池为基础发行，通过将资产现金流分割为不同等级的证券，满足不同风险偏好的投资者需求。

3. 固定收益证券面临的主要风险

（1）信用风险（credit risk）： 发行方可能因财务困难无法按时支付利息或偿还本金。

（2）利率风险（interest rate risk）： 市场利率变动可能影响债券价格和再投资收益，利率上升通常会导致债券价格下跌，利率下降则会导致债券再投资收益减少。

（3）通胀风险（inflation risk）： 长期债券面临通胀侵蚀实际购买力的风险。

（4）流动性风险（liquidity risk）： 某些固定收益证券可能在二级市场上交易不活跃，导致买卖价差大或难以迅速变现。

Float　浮存金

基础释义

浮存金是指保险公司从投保人那里收取的保费在尚未用于赔付、退保或支付相关费用之前所形成的，暂时保留在保险公司手中可供投资运用的那部分资金。浮存金在保险公司资产负债表上表现为一种负债，因为保险公司有义务在将来某个时刻（如发生保险事故时）将这些资金返还给投保人，用于支付理赔款或其他保险合同约定的支出。

概念详解

1. 浮存金的特点

(1) 暂时性：浮存金本质上是保险公司对投保人的负债，而非永久所有。一旦保险事故发生或合同到期，保险公司必须按照约定将浮存金用于赔付或退还给投保人。

(2) 规模与保费相关：浮存金的规模与保险公司的保费收入直接相关，且随着保费收入的增长而扩大，同时也受到理赔支出、退保、费用支出等因素的影响。

(3) 投资潜力：浮存金在未被用于赔付前，保险公司可以将其用于投资，获取额外收益。这种投资收益不属于保险公司的自有资金投资所得，而是源自浮存金的暂时占用。

2. 浮存金的投资与收益归属

保险公司通常会将浮存金的一部分投资于各种金融资产，如债券、股票、房地产、贷款、衍生品等，以期在履行保险责任的同时，通过投资收益增加公司的利润。

除非保险合同中有特殊约定，否则浮存金投资产生的收益归保险公司所有。如果保单条款中包含**分红条款**，投保人可能有权分享一部分投资收益（如分红保险产品）。

3. 浮存金的作用与影响

(1) 资本运作：浮存金为保险公司提供了大量可用于投资的资本，使得保险公司能够在提供保险保障的同时，通过资本市场运作实现资本增值，增强盈利能力。

(2) 现金流管理：浮存金有助于保险公司平滑现金流，尤其是在赔付分布不均匀或发生大规模理赔时，浮存金可以作为缓冲，确保公司有足够的资金应对赔付压力。

(3) 核心竞争力：对于某些保险公司，特别是以伯克希尔·哈撒韦公司为代表的保险投资复合体，有效管理和运用浮存金是其核心竞争力之一。通过以低成本甚至负成本获取浮存金并取得高于成本的投资回报，可以为公司创造显著的价值。

(4) 风险：浮存金的管理伴随着投资风险。如果投资策略不当或遭遇市场波动，可能导致投资亏损，影响保险公司偿付能力。因此，保险公司需要谨慎制定投资政策，确保浮存金的安全性和流动性。

Float-Adjusted Market-Capitalization Weighting
流通性调整市值加权

基础释义

> 流通性调整市值加权是指在传统市值加权的基础上，考虑了股票的流通股数量，旨在更准确地反映市场中可供投资者交易的股票价值，并减少由于非流通股对指数权重造成的影响的一种股票指数编制方法。

概念详解

1. 流通性调整市值加权的基本特征

（1）**市值加权（market-capitalization weighting）：** 市值加权是指在计算股票指数时，成分股的权重与其市值成正比。市值通常定义为**公司发行在外股票总数乘以当前股票价格**。这种方法假设市值较大的公司在市场上占据更重要的经济地位，其股票价格变动对指数的影响也更大。

（2）**流通股调整（float-adjusted）：** 流通股是指**在市场上可以自由买卖的股票数量，不包括公司内部人士、战略投资者等持有的非流通股（如限售股、高管持股等）**。流通性调整市值加权法在计算成分股权重时，仅使用流通股的市值，而非全部已发行股票的市值，这样可以更真实地反映市场上可交易股票的价值，避免因非流通股的存在导致指数权重失真。

2. 流通性调整市值加权的作用与优势

（1）**更准确反映市场情况：** 流通性调整市值加权法考虑了实际可交易股票的价值，使得指数更能反映市场上投资者实际可参与交易的部分，提供了更准确的市场代表性。

（2）**减少非流通股影响：** 某些公司可能存在大量非流通股，如果按照全部市值加权，这些非流通股可能显著影响指数权重，使指数受到非市场因素（如公司内部股权结构）的干扰。流通性调整后，指数权重更加依赖于**市场行为**，增强了指数的客观性和公正性。

（3）**提高指数投资的可复制性：** 对于追踪指数的指数基金、ETF 等产品而言，流通性调整市值加权法有助于它们更精确地模拟指数表现，因为这些产品只能投资于市场上可交易的股票。非流通股的存在可能导致基金难以精确复制指数权重，从而影响追踪误差（tracking error）。

实务拓展

许多知名的股票指数均采用了流通性调整市值加权法，例如：

（1）标准普尔 500 指数（S&P 500）： 在美国上市的 500 家大型公司的市值加权指数，其成分股的权重基于流通股数量调整后的市值。

（2）MSCI 全球指数系列（MSCI global indexes）： 包括发达市场、新兴市场等多个地区的股票指数，均采用流通性调整市值加权法。

（3）恒生指数（Hang Seng index）： 香港股市的旗舰指数，也采用流通性调整市值加权法计算成分股权重。

Floating-Rate Notes (FRNs)　浮动利率票据

基础释义

浮动利率票据，又称"浮息票据"或"浮动利率债券"，是指票面利率与市场参考利率挂钩、定期调整利息支付的一种债务证券。浮息设计使得浮息票据的利息支付与市场利率走势紧密相关，降低了投资者面临的利率风险，常作为短期投资工具、资产配置选项或套利交易工具。

概念详解

1. 浮动利率票据的主要成分

（1）**市场参考利率（Market Reference Rate, MRR）：** MRR 通常是一个短期的货币市场利率，如 LIBOR（伦敦银行同业拆借利率）或 SOFR（担保隔夜融资利率）等。利息支付通常在每个计息期结束时进行（"in arrears"），即根据期初的 MRR 计算当期利息，并在期末支付。

（2）**报价利差（Quoted Margin, QM）：** 报价利差是在 MRR 基础上加上的固定利差，用以补偿投资者承担的信用风险。如果发行人的信用风险较低，可能会出现负利差的情况。

（3）要求利差（Required Margin, RM）： 要求利差又称"折现利差"（Discount Margin, DM）是投资者要求的利差，使 FRN 在利率重置日定价为面值。该利差由市场决定。当 FRN 以面值发行并且没有信用风险变化时，报价利差等于要求利差。

2. 浮动利率票据的定价机制

在每个重置日，FRN 的价格应该等于面值，但在两次付息期间，如果 MRR 上升或下降，则 FRN 的价格可能会高于或低于面值。

随着下一次重置日临近，价格会被**"拉回"至面值（pull to par）**，因为任何 MRR 的变化都会反映在下一期的利息支付中。

3. 浮动利率票据的优势

（1）降低价格风险： 由于利息支付随市场利率变化而调整，FRNs 相对于固定利率债券具有更低的价格波动风险。

（2）对冲风险： 投资者和发行者可以利用 FRNs 来对冲某些特定的利率风险。

（3）匹配现金流： 对于需要匹配资产和负债现金流的机构来说，FRNs 是一个有用的工具。

4. 浮动利率票据的局限性

（1）依然存在信用风险： 尽管 FRNs 能够减轻利率风险，但信用风险仍然存在，尤其是当发行人的信用评级发生变化时。

（2）依然存在流动性风险： 如果市场流动性变差，FRNs 的买卖价差可能会增大，影响交易成本。

（3）依然存在票息再投资风险： 尽管 FRNs 的票息金额跟随 MRR 的变化进行调整，票息本身依然面临变动的再投资环境。

> **老皮点拨**
>
> 固定利率债券的票息固定不变，因此其价格会随市场利率变化而波动。浮动利率债券的票息随市场利率变动而调整，因此其价格波动较小。

Foreign Currency Transaction 外币交易

基础释义

> 外币交易是指企业因日常经营或短期投资活动而产生的、直接涉及外币计价的、具有明确金额、期限和汇率的交易。这些交易通常对企业的短期现金流、财务状况和经营成果有直接影响。

概念详解

1. 外币交易的主要类别

（1）贸易结算： 企业在**进出口贸易**中形成的**外币应收账款与应付账款（foreign currency accounts receivable and payable）**。例如，欧洲出口商以美元计价销售商品给美国客户，形成美元应收账款；美国进口商以欧元购买德国供应商的产品，产生欧元应付账款。这类交易的结算期限通常明确，汇率风险主要体现在**交易日（transaction date）**确立收款权或付款权至**结算日（settlement date）**实际收款或付款期间的汇率变动可能导致实际收到或付出的本币金额与预期不符。

（2）短期借贷与投资： 企业进行外币计价的短期贷款、借款或投资活动。例如，企业发行或购买以美元计价的短期债券，或从海外银行获得短期外币贷款。这类交易的利率和期限通常事先约定，汇率风险主要体现在本金和利息偿还或收益实现时的汇率波动可能影响实际成本或收益。

（3）跨境支付： 企业进行的外币股息、利息、租金、特许权使用费等跨境支付，以及与海外分支机构、合资企业之间的资金划拨。这类交易的金额和支付日期通常已知，汇率风险体现在支付时的汇率变化可能影响实际支付的本币金额。

（4）外汇市场操作： 企业进行的即期外汇买卖、外汇远期合约、货币互换等外汇市场交易。这类交易的汇率、金额和交割日期明确，但其本身就是主动管理外汇风险的手段，而非单纯的风险暴露。

2. 外币交易的会计处理与财务影响

（1）初始记录： 交易发生时，以交易日的即期汇率将外币金额折算为记账本位币入账。例如，收到外币应收账款时，按收款日汇率将外币金额记为本币应收账款。

（2）后续计量： 资产负债表日，外币货币性项目（如应收账款、应付账款、短期借款）按期末汇率进行重估，产生的汇兑差额计入当期损益（通常是财务费用或收入）。非货币性项目（如存货、固定资产）一般不进行重估，除非发生减值。

（3）现金流影响： 交易性外币交易直接影响企业的现金流入和流出。汇率变动可能增加或减少实际收到或付出的本币金额，从而影响企业的现金流量、流动性及偿债能力。

3. 外币交易的风险管理策略

（1）自然对冲： 通过调整业务结构，使外币资产与负债、收入与支出在币种、时间和数量上自然抵消，减少净风险敞口。例如，出口收入与进口支出使用相同的外币，且大致在同一时期发生。

（2）金融对冲： 运用金融衍生工具（如远期、期货、期权、货币互换等）锁定未来汇率，转移风险。企业可以选择完全对冲或部分对冲，以达到风险与成本之间的最佳平衡。

（3）货币风险管理政策： 企业应建立明确的货币风险管理政策，包括对冲策略、对冲比例、对冲工具选择、对冲期限等，并定期审查和更新。

（4）监控与报告： 企业需建立有效的风险监控体系，定期评估外币风险敞口、监测衍生工具的市值变化、计算 VaR 等风险指标，并向管理层和董事会报告。

Foreign Direct Investment　对外直接投资

基础释义

> 对外直接投资是指一个国家的企业、个人或政府跨越国界，**对另一个国家的企业进行投资**，并以此获得被投资企业的有效管理和控制权。这种投资不仅仅是财务上的注资，更重要的是包含了对企业的经营决策、技术转移、管理经验分享等方面的深度参与。对外直接投资的目的通常是为了在目标市场建立持久的商业存在，实现全球化布局，利用外国资源和市场，分散经营风险，或获取更高效的生产要素。

概念详解

对外直接投资的特点

（1）控制权： 投资者寻求在被投资企业中获得一定程度的管理控制权或影响力。

（2）长期利益： 投资通常着眼于长期回报，而非短期的财务投机。

（3）跨境资源流动： 对外直接投资包括但不限于资金，还可以是技术、管理知识、生产设备等。

（4）直接参与： 与间接投资（如购买股票、债券等金融工具）相比，直接投资更深入参与企业的运营。

> **老皮点拨**
>
> FDI 对投资方所在国以及被投资方所在国的经济都有重要影响，它可以促进就业、技术转移、产业升级，同时也可以帮助投资者扩大市场、优化资源配置和分散风险。国际货币基金组织（IMF）等国际组织经常跟踪和分析 FDI 流量，以评估全球经济一体化的程度和趋势。

Foreign Exchange Reserve　外汇储备

基础释义

外汇储备又称"外汇存底"，是指**国家或地区中央银行及其他政府机构**集中掌握并可以随时兑换成外国货币的**外汇资产**。外汇储备对于一个国家的宏观经济稳定、对外经济交往以及国际金融地位具有多重意义和作用。国家对外汇储备的管理通常遵循**安全性**、**流动性**和**收益性**原则，既要确保储备资产的安全无虞，又要保持其足够的流动性以应对突发事件，同时力求获取合理投资回报。

概念详解

1. 外汇储备的特征

（1）形式多样：外汇储备通常以**流动性强、国际接受度高的货币（如美元、欧元、英镑、日元等）**为主，但也可包括其他稳定的外币。储备资产形式多样，包括但不限于现金、银行存款、外国国债、**国际货币基金组织（IMF）特别提款权（SDRs）**、黄金以及其他在国际市场上可快速变现的**有价证券**。

（2）集中管理：外汇储备由国家的**中央银行**或**指定的政府机构**统一管理和运营。这些机构负责外汇储备的积累、投资、调度及风险管理。

（3）随时可兑换：作为应对国际支付需求的保障，外汇储备必须能够迅速兑换成所需外币，以满足对外贸易结算、偿还外债、干预外汇市场、应对金融危机等紧急情况下的资金需求。

2. 外汇储备的作用

（1）维持货币汇率稳定：当本国货币面临贬值压力时，中央银行可以通过在市场上出售外汇储备来买入本国货币，增加其需求，以此支撑汇率，防止过度贬值对经济造成冲击。反之，如果本国货币面临过度升值压力，央行可以通过购买外汇储备来增加本国货币供应，缓解升值压力，维持出口竞争力。

（2）应对国际支付需求：外汇储备是国家支付进口商品和服务、偿还外债、履行对外投资义务等国际收支活动的重要资金来源，确保国家能够及时、足额地履行对外经济承诺。

（3）提升国际金融影响力：大规模的外汇储备使国家有能力参与**国际金融市场**，进行大规模的**海外投资**，购买外国政府债券，甚至是参与**国际金融机构的决策过程**，增强其在全球金融体系中的地位和话语权。

（4）风险分散与缓冲：外汇储备可通过投资于多种货币和不同类型的国际金融资产，实现资产的地域和货币多元化，降低单一货币或资产类别波动带来的风险。在遭遇经济危机、金融危机或外部冲击时，外汇储备可作为国家经济的"保险库"，用于紧急救援或稳定金融市场，减轻对国内经济的负面影响。

（5）维护国家信誉与增强融资能力：充足的外汇储备表明国家具有良好的国际收支状况和偿债能力，有助于提升国际市场对本国经济和货币的信心，有利于国家在国际资本市场**低成本筹集资金**。

（6）调节国际收支：中央银行可根据国际收支状况，通过买卖外汇储备来干预市场，调节**国际收支平衡**，避免出现持续的**国际收支逆差或顺差**，保持对外经济的健康运行。

📖 **实务拓展**

外汇储备通常存放在国外，原因包括：

（1）安全性考虑：将部分外汇储备存放于政治稳定、经济实力雄厚、金融市场发达的国家，可以降低由于国内政治经济风险导致的储备资产损失风险。

（2）流动性需求：国际金融中心通常拥有流动性极好的金融市场，存放于此的外汇储备能更便捷地进行交易、投资或兑换，满足即时的资金调用需求。

（3）收益率追求：国外金融市场可能提供更高的投资回报，将外汇储备投资于这些市场有助于提高储备资产的整体收益。

For-Profit Organizations　盈利组织

同"Business"。

Forward　远期

基础释义

远期是指买卖双方约定在未来的某一特定日期，以事先确定的价格买入或卖出某一特定数量的标的资产的一种非标准化的、场外（over-the-counter, OTC）交易的衍生品合约。

概念详解

1. 远期的特征

（1）非标准化合约：远期合约是由交易双方**直接协商确定的**，其合约条款（如标的资产、数量、交割日期、交割价格等）具有**定制化**特点，不遵循交易所设定的统一标准。这意味着每个远期合约可能都有其独特的条款，反映了交易双方的具体需求和谈判结果。

(2) 场外交易： 远期合约通常在场外市场进行，交易双方直接进行一对一的协商和交易，无须通过交易所等集中交易平台。场外交易的灵活性较高，但相对而言，市场透明度和流动性可能较低。

2. 远期的要素

(1) 标的（underlying）： 远期合约的标的可以是实物商品（如原油、黄金、农产品）、金融工具（如货币、股票、债券等）或某些特定的金融指标（如利率、指数、信用事件等）。标的资产的种类决定了远期合约的性质和用途。

(2) 到期时间（expiration date）： 远期合约中明确规定了交割日期，即买卖双方履行合约义务的日期。

(3) 远期价格（forward price）： 远期价格是指双方在签订合约时约定的未来交易价格，反映了双方对未来标的资产价格的预期。交割时，买方按交割价格付款，卖方按约定数量交付标的资产（实物交割）或进行现金结算（现金交割）。

3. 远期的用途

(1) 风险管理（risk management）： 远期合约常被用作对冲工具，帮助持有或预期持有标的资产的企业和个人防范价格风险。例如，出口商可以通过签订远期外汇合约锁定未来的汇率，矿产企业可以通过以卖方身份签订远期合约锁定未来的销售收入。

(2) 价格发现（price discovery）： 远期合约的交易价格反映了市场对未来标的资产价格的预期，有助于形成市场价格信号，为实体经济部门和政策制定者提供决策参考。

(3) 投资与投机（investment and speculate）： 投资者和投机者利用远期合约进行资产配置、表达市场观点或寻求价差收益。例如，看好某股票的投资者可以通过买入股票远期合约提前布局，而不必立即在现货市场买入股票。

4. 远期的风险

(1) 信用风险（cedit risk）： 由于远期合约是场外交易，买卖双方需直接承担对方的信用风险。一方违约可能导致另一方遭受损失，尤其是在市场剧烈波动或信用环境恶化时。

(2) 流动性风险（liquidity risk）： 远期合约的流动性通常低于标准化的期货合约，可能难以快速平仓或调整头寸。流动性风险在非活跃市场、小众标的或临近交割时尤为突出。

（3）基差风险（basis risk）：远期合约的交割价格与标的资产现货价格之间的差异称为基差。基差的变动可能影响远期合约的实际盈亏，尤其是在实物交割的情况下。

Forward Contract　远期合约

同"Forward"。

Forward Curve　远期利率曲线

基础释义

远期利率曲线是指展示从当前时点到未来各个时间点上，市场预期的短期利率（通常是无风险利率）水平的图像。远期利率曲线侧重于预测未来时间段内的利率变化情况，是对未来利率环境的一种预期表达。

概念详解

远期利率曲线的核心特征

（1）非观测数据：远期利率**不是直接观察到的市场数据**，而是通过当前可交易金融工具的市场价格（如债券、利率期货、互换合约等）推导而来。具体来说，它是通过将不同期限的**即期利率**进行数学处理，消除再投资风险，从而得到的一系列预期的未来短期利率。

（2）期限结构：远期利率曲线展示了从现在开始到未来任意时间点的预期利率，这些利率代表了市场参与者对未来资金成本的集体预估。曲线的形态（上升、下降或平坦）揭示了市场对利率变动方向和速度的看法。

（3）风险管理与资产定价：远期利率对于金融衍生品的定价、风险管理以及金融机构的资产负债管理至关重要。例如，在利率互换交易中，远期利率用来确定未来现金流的折现值，进而决定合同双方的交换利率。

（4）利率预期与经济周期：远期利率曲线的变化往往反映了市场对经济前景、

货币政策走向和通胀预期的看法。在经济扩张期，预期未来利率可能上升以遏制过热的经济；反之，在经济衰退期，市场可能预期央行降息以刺激经济，导致远期利率曲线向右下方倾斜。

（5）与即期利率曲线的关系：远期利率曲线可以从即期利率曲线通过一定的数学公式推导得出，二者相互关联但反映不同的市场信息。即期利率曲线更多体现当前利率期限结构，而远期曲线则侧重于未来的预期变化。

Forward Exchange Rate　远期汇率

基础释义

远期汇率是指在当前时点上确定的、在未来某一特定日期进行外汇交割时使用的汇率。远期汇率的确定是基于即期汇率和两个相关国家之间的利率差异。

概念详解

1. 远期汇率的报价

远期汇率的报价包括基点报价法和百分比报价法两种。

1.1 基点报价法（Basis Point Quotation）

远期基点数（forward points）通过将远期汇率减去即期汇率，并将结果按相应的位数放大一定倍数（通常放大 10,000 倍或 100 倍，取决于货币的标准报价精度）得到。

例如，假设美元 / 欧元的即期汇率为 1.15885，一年期远期汇率为 1.19532，则欧元的远期点数为 1.19532–1.15885=0.03647，放大 10,000 倍后，远期点数为 +364.7 点。

1.2 百分比报价法（Percentage Quotation）

远期汇率也可以用即期汇率的百分比来表示。

例如，假设美元 / 欧元的即期汇率为 1.15885，一年期远期汇率为 1.19532，则欧元的远期汇率百分比报价可以表示为 (1.19532–1.15885)/1.15885–1=3.65%，其含义是欧元兑美元在一年期远期汇率层面相较于即期汇率，有 3.65% 的升水幅度。

2. 远期汇率的状态

根据远期汇率与即期汇率的关系，可以将远期汇率的报价状态分为：

（1）远期升水（forward premium）： 当远期汇率高于即期汇率时，远期汇率处于升水或溢价状态，表示基础货币在远期市场上相对标价货币的价值较高。

（2）远期贴水（forward discount）： 如果远期汇率低于即期汇率，则远期汇率处于贴水或折价状态，表示基础货币在远期市场上相对标价货币的价值较低。

3. 远期汇率大小的影响因素

（1）利率差异： 利率差异是影响远期汇率最直接的因素之一。根据利率平价理论，两种货币之间的利率差异会导致远期汇率的变化。高利率货币在远期市场上倾向于贬值（即处于远期贴水状态），而低利率货币则倾向于升值（即处于远期升水状态）。

（2）经济状况： 一国的宏观经济状况，包括经济增长率、失业率、通货膨胀率等，都会影响该国货币的长期价值。强劲的经济增长和稳定的经济环境通常会使该国货币在远期市场上升值。

（3）国际贸易状况： 一个国家的贸易余额（即出口与进口之间的差额）对其货币的远期汇率有显著影响。如果一个国家的出口超过进口，即存在贸易顺差，那么该国货币在远期市场上可能会升值。

（4）政治稳定性： 政治稳定性和政策连续性对投资者的信心至关重要。政局不稳定或政策频繁变动可能会导致资本外流，从而削弱该国货币的远期汇率。

（5）市场预期： 投资者对未来经济趋势、货币政策变化以及其他宏观经济指标的预期也会显著影响远期汇率。如果市场普遍预期某国货币将会贬值或升值，这种预期会提前反映在远期汇率上。

4. 远期汇率的应用

（1）对冲汇率风险（hedging currency risk）： 远期汇率的一个重要用途是为企业和个人提供对冲未来汇率波动风险的方式。通过签订远期合约，进出口商、跨国公司等可以锁定未来的汇率，从而保护自己免受汇率波动带来的财务损失。

（2）平衡头寸（balancing positions）： 银行和其他金融机构使用远期外汇交易来平衡他们的头寸。当银行与客户进行远期外汇交易后，可能会出现货币头寸不平衡的情况，即某种货币的买入量与卖出量不相等。为了减少这种不平衡所带来的风险，银行可以通过与其他银行进行远期外汇交易来调整头寸，确保资产与负债之间的匹配。

（3）国际贸易（international trade）： 在国际贸易中，远期汇率使得买卖双方能够在交易初期就确定未来的结算汇率。这为双方提供了确定性，有助于制定预算和财务规划。

（4）投资策略（investment strategies）： 投资者利用远期汇率来进行套利交易或管理国际投资组合中的货币风险。通过预测汇率的变动趋势，投资者可以使用远期合约锁定有利的汇率，从而提高投资回报或保护现有投资不受不利汇率变动的影响。此外，远期汇率还可以用于构建更复杂的金融产品，如外汇期权，外汇期货等。

Forward Rate   远期利率

基础释义

> 远期利率是指在当前时刻确定的，在未来某个特定时期内适用的利率。远期利率是金融市场中对未来特定时间内资金借贷成本的预期或约定，它反映了市场参与者对于未来某个时间段内利率水平的共识，并通常用于金融衍生品定价以及风险管理。远期利率不同于当前的即期利率，后者是针对当前时刻的借贷成本，而前者是指在将来某个时间点开始生效的利率。

概念详解

1. 远期利率的计算方法

$$(1+S_A)^A \times (1+IFR_{A,B-A})^{B-A} = (1+S_B)^B$$

其中，

- S_A（Spot rate for tenor A）代表期限为 A 的即期利率

- $IFR_{A,A-B}$（Implied forward rate begins at time A and matures at time B）代表 A 时刻开始 B 时刻到期的对应期限的隐含远期利率

- S_B（Spot rate for tenor B）代表期限为 B 的即期利率

> 💡 **老皮点拨**
>
> 已知两个不同期限的零息债券的到期收益率，可以计算出这两个期限之间的远期利率。例如，如果三年期零息债券的到期收益率为 3.65%，四年期

零息债券的到期收益率为4.18%，那么可以通过以下公式计算出三年后开始的为期一年的远期利率：

列式： $(1+S_3)^3 \times (1+IFR_{3,4-3})^{4-3} = (1+S_4)^4$

赋值： $(1+3.65\%)^3 \times (1+IFR_{3,4-3})^{4-3} = (1+S_4)^4$

得出结果： $IFR_{3,1} = 5.79\%$

其中， S_3 和 S_4 分别是三年期和四年期的即期利率， $IFR_{3,4-3}$ 表示三年之后为期一年的远期利率。

2. 远期利率的应用

（1）对冲利率风险： 投资者可以使用远期利率来对冲未来利率变动的风险。例如，通过锁定远期利率，固定收益基金经理可以在未来以预定的利率借款或贷款。

（2）固定收益证券定价： 远期利率可以帮助对复杂的固定收益证券进行定价，如浮动利率票据（FRNs）或利率互换。

（3）利率预期： 远期利率可以作为市场对未来利率走势预期的指示器，帮助投资者做出投资决策。

（4）投资策略： 投资者可以根据对远期利率的预期来选择不同的投资策略。

3. 远期利率与即期利率的关系

远期利率和即期利率之间存在密切联系，可以通过一系列即期利率推导出远期利率，反之亦然。这种关系体现在它们都是由市场对资金的需求和供给所决定的。

当即期收益率曲线向右上方倾斜时，远期利率通常高于即期利率；相反，当即期收益率曲线向右下方倾斜时，远期利率通常低于即期利率。

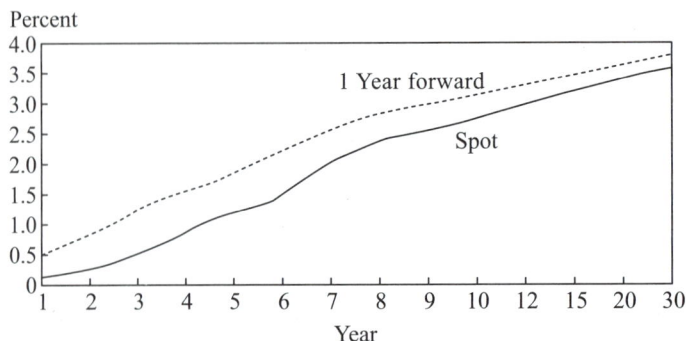

即期利率曲线向右上方倾斜时的远期利率曲线形状

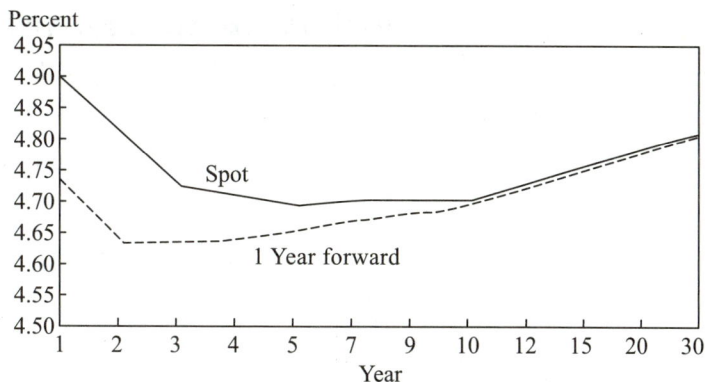

即期利率曲线向右下方倾斜时的远期利率曲线形状

Franchise Model　特许经营模式

基础释义

特许经营模式是指特许人（franchisor）通过法律协议授予受许人（franchisee）使用其品牌名称、商标、经营技术（如专有产品配方、操作流程以及商业系统等）、产品和服务规范的权利，以换取特许费用和 / 或根据受许人销售额的一定比例计算的特许权使用费（royalty）的一种商业模式。在特许经营模式下，受许人获得在特定区域或地点独家或非独家经营已验证成功的特许人商业模式的权利，并承诺维护品牌标准和保持服务质量的一致性。

概念详解

1. 特许经营模式的特征

（1）品牌与知识产权：特许经营的核心在于品牌力量和知识产权的转让，包括品牌名称、标识、专利、商标、商业秘密等，这些都是吸引顾客和确保业务成功的关键要素。

（2）标准化操作：特许人通常提供详细的运营手册、培训程序、营销策略和供应链管理，确保所有特许经营点提供一致的顾客体验。

（3）费用结构：受许人通常需要支付**初始加盟费（initial franchise fee）**以

获得特许权,之后还需按期缴纳**特许权使用费(通常按受许人销售额的一定比例计提)**。此外,可能还需支付广告基金费用,用于品牌宣传和市场推广。

(4)责任与支持: 特许人负责持续的产品研发、品牌推广和广告活动,同时也为受许人提供运营支持、培训、选址协助等。受许人则负责日常运营、人员管理、本地市场执行等,同时享受特许系统的规模经济和品牌效应。

(5)行业应用: 特许经营模式广泛应用于餐饮业(如麦当劳、星巴克)、零售业(便利店、服装店)、汽车销售与服务、教育机构、健身中心等多种行业,因其能够有效复制成功模式,快速扩大市场份额。

2. 特许经营模式的优势与挑战

对特许人来说,可以迅速扩张业务规模,降低资本密集度,利用受许人的资金和当地市场知识。对受许人而言,则可以减少创业风险,利用成熟品牌和经营体系快速启动业务。

特许经营模式的常见挑战包括:维持品牌一致性、管理复杂的特许经营关系网络、应对市场变化和竞争压力,以及确保双方利益均衡。

3. 特许经营模式的案例

(1)麦当劳(McDonald's): 作为全球知名的快餐连锁品牌,麦当劳通过特许经营在全球范围内扩展,为被特许人提供品牌、培训、供应链管理等全方位支持,确保全球各地的餐厅保持一致的品质和服务标准。

(2)7-Eleven 便利店: 7-Eleven 通过特许经营模式迅速扩张,为受许人提供成熟的零售管理系统、品牌影响力和商品供应链,同时在每个店面运营中保持统一的品牌形象和服务体验。

(3)赛百味(Subway): 赛百味以其灵活的店面大小和健康快餐概念吸引加盟商,提供统一的食材供应、员工培训、营销方案等,支持加盟商在当地市场成功运营。

(4)希尔顿酒店(Hilton Hotels & Resorts): 在酒店行业中,希尔顿通过特许经营扩张其豪华和中端酒店品牌网络,为加盟商提供品牌标识、预订系统、客户服务培训等,保证全球一致的住宿体验。

Franchising　特许经营

同 "Franchise Model"。

Fraud Triangle 欺诈三角

基础释义

欺诈三角是指解释为什么人们会进行欺诈行为的一个经典模型。欺诈三角理论由犯罪学家唐纳德·克雷西（Donald Cressey）在 1973 年提出，该理论认为，欺诈行为的发生通常需要三个关键因素同时存在：机会（opportunity）、压力 / 动机（pressure/motive）和合理化（rationalization），其应用十分广泛，尤其是为理解**财务造假**行为的成因提供了深刻见解。

概念详解

欺诈三角的具体构成

（1）压力 / 动机（pressure/motive）： 在财务造假案例中，企业或其管理层可能面临巨大的内外部压力，促使他们采取不正当手段。这些压力可以是业绩增长的压力，如为了达到市场预期、保持股价稳定、吸引投资或维持信贷额度；也可以是个人层面的压力，比如管理层为了获得奖金、股票期权奖励或避免职业失败。

（2）机会（opportunity）： 财务造假得以实施，往往是因为内部控制的薄弱、审计程序的缺陷或监管不严，为不法行为提供了机会。例如，如果企业的内部控制系统不足以防止或发现不正当的会计处理，或者管理层拥有过大的权限且缺乏有效的监督，他们就可以利用这些漏洞进行财务数据的操纵。

（3）合理化（rationalization）： 财务造假者常常会为自己寻找合理的借口，以减轻心理负担。他们可能认为这是"为了公司好"，特别是在面对短期困境时，可能会觉得只是临时性的"借用"数字，计划在未来业绩好转时弥补。或者，他们可能会认为整个行业普遍存在这种行为，自己只是在"公平竞争"。这种心理上的自我辩解，使他们在进行不诚实行为时感到心安理得。

> 💡 **老皮点拨**
>
> 财务造假并非单一因素导致，而是压力、机会和合理化三者相互作用的结果。预防和打击财务造假，就需要从这三个维度入手，加强内部控制，消

除财务造假的机会；建立健康的业绩考核体系，减少不正当的业绩压力；以及培养正直的企业文化和道德观念，打破舞弊者的心理合理化过程。

Free Cash Flow　自由现金流

基础释义

自由现金流是指在某一个会计年度，公司在满足日常运营所需资金、支付维持或扩张资产所需投资后，所剩余的可供用于支付股息、回购股份、支付利息、偿还债务或作为库存现金留存的现金流量。

概念详解

1. 自由现金流的分类

自由现金流可以分为企业自由现金流和股权自由现金流两种。

1.1 Free Cash Flow to the Firm（FCFF，企业自由现金流）

FCFF 的计算公式：

$$FCFF = NI + NCC + Int\,(1 - Taxrate) - FCInv - WCInv$$

其中，

-FCFF 代表公司自由现金流

-NI（Net income）代表净利润

-NCC（Non cash charge）代表非现金费用

-Int（Interest expense）代表利息费用

-Tax rate 代表边际税率

-FCInv（Fixed capital investment）代表固定资本投资

-WCInv（Working capital investment）代表营运资本投资

1.2 Free Cash Flow to Equity（FCFE，股权自由现金流）

FCFE 的计算公式：

$$FCFE=FCFF-Interest\ expense+Net\ new\ borrowings$$

其中，

-FCFE 表示股权自由现金流

-FCFF 表示公司自由现金流

-Interest expense 表示利息费用

-Net borrowings 表示净借入资金，等于新借入资金减去旧债务本金的偿还

老皮点拨

FCFE 仅关注股东可获得的现金流，因此在 FCFF 的基础上进一步减去为了偿还债务本金而使用的现金，并加上通过新发债券等渠道筹集的新增债务资金，同时扣除支付给债权人的利息，并加回从短期投资中获得的利息收入。

2. 自由现金流的应用

（1）资本配置决策： 自由现金流可以帮助企业管理层决定如何分配剩余的现金。例如，如果一家公司拥有稳定的自由现金流，管理层可以选择将这部分资金用于新的投资项目、偿还债务或增加股息发放。自由现金流的正向流动表明公司有足够的资金支持其战略目标。

（2）企业估值： 在企业估值过程中，自由现金流是一个重要的指标。通过计算公司的未来自由现金流，并采用适当的折现率对其进行折现，可以得到企业的内在价值。

（3）偿债能力评估： 自由现金流是评估企业偿债能力的重要依据。如果一家公司的自由现金流持续为正，说明它有能力按时偿还债务而不影响日常运营。债权人和评级机构通常会关注自由现金流，以评估企业的信用风险。

（4）股东回报： 对于股东而言，自由现金流是公司派发股息或回购股票的基础。当公司拥有充足的自由现金流时，它可以向股东分配更多的红利或通过股票回购来提升每股价值。这不仅增加了股东的直接收益，还可能提高股价，从而增强股东的投资回报。

Free Cash Flow Hypothesis　自由现金流假说

基础释义

> 自由现金流假说是指认为当企业拥有过多自由现金流时，管理层可能会出于自身利益而非股东利益做出投资决策，比如投资于低效或非核心业务，或者过度扩张，从而导致资源的浪费的一种假说。这种行为源于管理层与股东之间的利益不完全一致，即代理问题。

概念详解

1. 自由现金流假说涉及的关键概念

（1）自由现金流（Free Cash Flow, FCF）：自由现金流是指企业经营活动产生的现金流量在满足了运营和资本支出需求之后剩余的部分。当公司拥有大量自由现金流时，管理层可能面临诱惑，将其用于非增值项目或个人利益。

（2）代理成本（agency costs）：代理成本是指由于管理层、股东和债权人间的利益冲突而产生的额外成本，包括管理层滥用自由现金流导致的价值破坏。由于信息不对称和激励机制不完善，管理层可能做出损害股东价值的决策。

2. 自由现金流假说的核心观点

自由现金流假说的核心观点是：通过增加公司的债务比例，可以有效约束管理层的行为，高债务水平要求公司必须保持足够的现金流来支付利息和本金，这迫使管理层更加审慎地使用资金，避免不必要的开支，并集中于高回报的项目，从而减少代理问题导致的资源浪费。

因此，自由现金流假说建议，通过调整资本结构，**适当增加债务比例**，可以作为一种治理手段，促使管理层更有效率地运营企业，提高资本使用效率，最终增加公司价值。同时，这一策略需平衡财务风险，避免过度负债带来的财务困境。

> 💡 **老皮点拨**
>
> 自由现金流假说由经济学家迈克尔·詹森（Michael Jensen）于 1986 年在《自由现金流量的代理成本、公司财务与收购》一文中提出，该假说主

要关注公司管理层与股东之间的代理问题，并围绕自由现金流这一核心概念展开，揭示了自由现金流与公司治理之间的内在联系，强调通过债务融资等手段约束管理层行为，减少代理成本，以促进企业资源的有效配置和长期价值创造。

Freemium Business Model　免费增值定价商业模式

基础释义

免费增值定价商业模式是指通过提供免费服务或产品吸引用户，并通过额外的付费高级功能或服务来实现盈利的一种商业模式。这种模式下，用户可以在**不支付任何费用**的情况下享受一定水平的功能或服务，但这些免费版本通常含有广告，或者在功能上有所限制。与此同时，企业还会提供一个或多个高级版本，解锁更多功能、去除广告、提供专属服务或增强用户体验，这类高级服务或产品则需要用户支付费用。

概念详解

1. 免费增值定价商业模式的关键因素

（1）用户获取：免费版本作为市场渗透的工具，降低了用户尝试的门槛，有助于快速积累用户基础。

（2）用户分级：区分免费用户和付费用户，为不同用户提供差异化服务，免费用户享受基本服务，而付费用户获得更全面或定制化的服务。

（3）转化策略：通过限制免费服务的某些功能、提供限时优惠、展示高级功能的优越性等方式，促使免费用户升级到付费版本。

（4）盈利途径多样：除了直接从付费用户那里获得收入外，免费用户群体产生的广告收入也是重要的盈利来源。

老皮点拨

　　免费增值商业模式是一种混合型的定价策略，其中"freemium"一词由"free"（免费）和"premium"（高级）两个词合并而成，生动地体现了该商业模式的特点。

2. 免费增值定价商业模式的商业案例

　　(1) Spotify: 音乐流媒体服务 Spotify 允许用户免费收听音乐，但免费账户会有广告播放，并且在播放歌曲时不能自由选择，而付费用户（Spotify Premium）则可以享受无广告、高品质音频、离线收听及任意点播等功能。

　　(2) Dropbox: 云存储服务 Dropbox 为用户提供一定量的免费存储空间，鼓励用户上传和分享文件。对于需要更多存储空间或更高级功能（如团队协作工具）的用户，则需订阅付费计划。

　　(3) Evernote: 笔记应用 Evernote 的基础功能对所有用户免费开放，包括创建、同步和存储笔记。而 Evernote Premium 和 Business 版本则提供更多的上传容量、离线访问笔记、PDF 注释等高级功能，需用户付费订阅。

　　(4) LinkedIn: 职场社交平台 LinkedIn 的基本账户免费，用户可以建立个人档案、连接人脉、浏览职位信息。LinkedIn Premium 则为付费用户提供更高级的搜索功能、职业培训课程、求职见解等增值服务。

　　(5) Candy Crush Saga: 这款流行的手机游戏允许玩家免费下载并玩大部分关卡，但通过设置生命值限制、提供游戏内购（如额外的生命、特殊道具）等方式鼓励用户付费以获得更好的游戏体验。

Functional Currency　功能货币

基础释义

　　功能货币是指企业在进行经济活动和编制财务报表时，所依据的主要或主导货币，即企业主要的经营环境中所使用的货币。功能货币代表了企业进行日常经营活动、产生现金流量、签订合同、衡量经济效益以及进行经济决策时所采用的货币基准。功能货币的选择应基于企业的主要经济环境和经营特征，以最恰当地反映企业的经济实质和财务表现。

概念详解

1. 功能货币的作用

(1) 经济活动基准： 功能货币是企业日常经济活动的计量基准，包括收入、成本、费用、资产、负债等项目的计量和记录，都应以其作为基础。

(2) 现金流量主导： 企业主要**现金流入和流出**所使用的货币通常是其功能货币。这意味着企业的主要收入来源、费用支付以及筹资活动所涉及的货币，构成了功能货币的基础。

(3) 合同与定价： **企业与客户、供应商和其他商业伙伴签订的合同**，以及**商品或服务的定价**，通常是以功能货币来确定和执行的。

(4) 经济决策依据： 管理层在做出经营决策、制定预算、评估绩效时，通常会以功能货币为参照，因为它最能体现企业经营环境中的经济价值和风险。

2. 功能货币的选择标准（以 IFRS 为例）

(1) 影响商品和服务销售价格的主要货币： 这意味着要审视主体在进行商品或服务交易时，其定价主要受到哪种货币波动的影响。如果某货币的汇率变动对主体销售价格的制定起决定性作用，那么该货币可能是其功能货币。

(2) 主要决定商品和服务销售价格的国家的货币，以及该国的竞争环境和法规： 这涉及主体所在市场中，何种货币所代表的**经济体系与监管环境**对其产品或服务定价具有决定性影响。例如，如果主体在一个特定国家运营，且该国的市场竞争状况、法律法规对主体定价策略形成关键约束，那么该国货币可能成为主体的功能货币。

(3) 影响提供商品和服务所需劳动力、原材料和其他成本的主要货币： 考察主体在生产和提供商品或服务过程中，各项成本以何种货币计价，以及该货币的波动如何影响其成本结构。若某一货币的变动显著影响主体的成本支出，则可能是其功能货币。

(4) 通过融资活动产生的资金所使用的货币： 评估主体从外部获取资金（如借款、发行股票等）时，通常以何种货币筹集。这种货币往往与主体的财务风险管理、债务偿还安排密切相关，因此可能成为其功能货币。

(5) 通常保留来自经营活动收入的货币： 考察主体日常经营活动中产生的现金

流入，主要以何种货币形式持有。这种货币通常反映了主体业务运营的现金流特征，对于其财务管理、资金调配具有重要意义，因此可能是其功能货币。

（6）特殊情形： 在涉及跨国经营型企业（即存在境外经营实体）时，境外经营实体的功能货币在满足一定条件的情况下，等同于其母公司功能货币。

💡 **老皮点拨**

上述 6 项决定一家公司功能货币的判定原则中，第（1）项和第（2）项是优先级更高的判定标准，因为商品及服务的销售是企业的主营业务，也是其经营环境的最直观体现。

Fundamental Analysis　基本面分析

基础释义

基本面分析是指侧重于分析影响资产长期价值的根本性经济因素和公司内部条件，而非短期的价格波动或市场情绪的一种评估股票、债券、大宗商品或其他金融工具价值的方法。基本面分析的目标是确定资产的内在价值，并据此做出投资决策。

概念详解

基本面分析的维度

基本面分析主要可以分为宏观经济分析、行业分析以及公司分析 3 个维度。

（1）宏观经济分析（macroeconomic analysis）。

宏观经济分析用于评估整体经济环境，包括经济增长率、通货膨胀率、就业数据、利率水平、政府政策等，以判断经济周期及其对特定行业或公司的影响。

（2）行业分析（industry analysis）。

行业分析研究特定行业的现状和发展趋势，包括行业生命周期（初创、成长、成熟、衰退）、行业竞争格局、行业法规变化、供应链动态等，以了解行业内的机遇和风险。

（3）公司分析（company analysis）。

公司分析主要关注的维度包括：

①**财务报表分析：** 仔细审查公司的资产负债表、利润表和现金流量表，评估公司的财务健康状况、盈利能力、偿债能力、运营效率等。

②**管理质量：** 研究公司管理层的背景、经验和以往业绩，判断其领导力和执行力。

③**业务模式和竞争优势：** 分析公司的商业模式、市场份额、产品或服务的独特性、品牌影响力、客户忠诚度等，以确定其在市场中的竞争地位和长期发展潜力。

④**增长潜力：** 基于历史数据和行业趋势，预测公司未来的收入、利润和现金流增长。

⑤**技术革新与研发：** 对于高科技或创新型企业，其研发能力、技术进步和知识产权也是重要考量因素。

Fundamental Weighting　基本面加权

基础释义

> 基本面加权是指在构建投资组合或指数时，成分证券的权重不是基于其市值，而是基于**某些反映公司基本面的财务指标**的一种加权方法。这种方法旨在克服市值加权法可能存在的大市值股票过度主导问题，以及相同加权法缺乏经济意义的问题，通过与公司基本面挂钩的权重分配，更紧密地将投资决策与公司价值联系起来。

概念详解

1. 基本面加权的主要特点

（1）权重与基本面指标关联： 基本面加权策略选取一个或多个财务指标（如销售额、现金流、净资产、分红、EBITDA 等）作为权重分配的依据。这些指标通常被认为更能反映公司的经济规模、盈利能力、偿债能力或股东回报等基本面情况。

（2）反映公司经济价值： 与市值加权相比，基本面加权更注重公司的内在经济价值，而非市场短期情绪或交易行为导致的市值波动。这种方法认为，公司的基本面指标更能体现其长期可持续的经营成果和市场地位。

（3）定期调整： 与市值加权指数类似，基本面加权指数也需要定期（如每季度、半年或一年）进行调整，以反映成分公司基本面指标的变化。调整时，根据最新公布的财务数据重新计算各成分证券的权重。

（4）多样化的基本面指标选择： 不同的基本面加权策略可能会选择不同的财务指标作为权重依据，这取决于策略设计者的投资理念、市场环境以及目标投资者的风险偏好。例如，有的策略可能侧重于公司收入规模（如销售额加权），有的可能关注盈利能力（如每股收益加权），还有的可能重视股东回报（如分红加权）。

2. 基本面加权的应用场景

（1）投资策略： 投资者可以构建基本面加权的投资组合，以实现与传统市值加权投资组合不同的风险收益特征，或者作为价值投资、基本面驱动投资策略的一部分。

（2）指数产品： 许多交易所和金融机构推出了基本面加权的指数产品（如ETF），供投资者直接跟踪这类指数的表现，无须自行管理权重调整过程。

Futures　期货

基础释义

> 期货是指一种标准化的、在交易所上市交易的金融衍生产品，其基本特征是买卖双方同意在将来某一特定日期（交割日）以事先约定的价格（期货价格）买卖某种特定的商品、金融工具或指数。期货交易涉及买方（多头）和卖方（空头）之间签订的标准化合约，旨在对冲价格风险、投机或进行套利。

概念详解

1. 期货的基本特征

（1）标准化合约： 期货合约由交易所制定并统一规范，包括**交易品种、数量、质量规格、交割日期、交割地点、最小价格变动单位**等要素，确保所有参与者遵循相同的规则。

（2）保证金交易： 期货交易实行**保证金制度**，即参与者只需按合约总价值的一定比例（通常为 5%~15%）缴纳初始保证金即可进行交易，大大提高了资金的使用效率，但也放大了潜在盈利和亏损。

（3）双向交易： 期货市场允许参与者**同时进行买多（预期价格上涨）和卖空（预期价格下跌）** 操作，为投资者提供了在不同市场预期下表达观点和进行风险管理的工具。

（4）杠杆效应： 由于期货交易采用保证金制度，使得投资者可以用较小的资金撬动较大规模的交易，从而实现**杠杆效应**。杠杆既放大了盈利潜力，也放大了亏损风险。

（5）每日无负债结算： 期货交易实行**逐日盯市（mark-to-market）制度**，每天交易结束时，交易所根据**当日结算价**计算每个**未平仓合约**的盈亏，并相应调整投资者的保证金账户余额。亏损方需要在下一个交易日开市前补足保证金，否则可能面临强行平仓风险。

（6）实物交割与现金结算： 大部分期货合约在到期时并不涉及**实物交割**，而是通过**反向交易（平仓）** 来结束原有头寸。对于少数实物交割的期货合约（如农产品、金属等商品期货），在交割日买卖双方需按照合约规定进行实物商品的转移。也有部分期货合约以现金结算代替实物交割，即按照交割日的期货价格与合约价格之差进行现金结算。

2. 期货交易的目的

（1）套期保值（hedging）： 实体企业或投资者利用期货市场建立与现货市场相反的头寸，以锁定未来价格，规避市场价格波动带来的风险。例如，农场主可以通过以卖方身份进入农产品期货来对冲未来收获时价格下跌的风险。

（2）投机（speculation）： 投资者根据对市场趋势的判断，通过买卖期货合约赚取价格波动的差价。投机者**不涉及实物商品的交收**，纯粹基于对价格走势的预期进行交易。

（3）套利（arbitrage）： 利用期货市场与其他市场（如现货市场、不同交易所的期货市场、不同到期月份的期货合约之间）存在的短暂价格失衡进行低买高卖，获取无风险或低风险利润。

3. 期货的种类

（1）大宗商品期货（commodity futures）： 包括农产品（如小麦、玉米、大豆、咖啡、糖等）、金属（如黄金、白银、铜、铝等）、能源（如原油、天然气、煤炭等）、经济作物（如棉花、橡胶、木材等）等。

（2）金融期货（financial futures）： 包括利率期货（如国债期货、欧洲美元期货）、股票指数期货（如标普 500 指数期货、沪深 300 指数期货）、外汇期货（如美元指数期货、欧元 / 美元期货 ）、信用期货（ 如信用违约互换 CDS ）等。

Futures Contract　期货合约

同 "Futures"。

Game Theory　博弈论

基础释义

博弈论是指运用数学方法研究互动决策情景中个体的行为和策略选择的一种。博弈论探讨的是在对抗或合作环境中，参与者如何根据对方的预期行动选择最优策略，以期达成自己期望的结果。在博弈中，每个参与者都是理性决策者，他们都会综合考虑对手的可能行动，并据此选择对自己最为有利的策略。

概念详解

1. 博弈论的基本要素

（1）局中人（players）： 参与博弈的个体或群体。

（2）行动（actions）： 局中人可以选择的不同策略或行为。

（3）信息（information）： 局中人关于博弈的知识，包括他们何时作出决策。

（4）收益（payoffs）： 每个局中人从每种可能的结果中得到的效用或收益。

（5）策略（strategies）： 局中人根据对手可能采取的行动来选择的一系列计划或规则。

（6）均衡（equilibrium）： 所有局中人的最优策略组合，其中没有人有动机改变自己的策略。

2. 博弈论的类型

2.1 按照是否需要考虑他人的决策分类

2.1.1 静态博弈（static games）

静态博弈又称为"**同步博弈**"，其中局中人在同一时间点上或在不知道其他局中人行动的情况下作出决策。在静态博弈中，每个局中人选择一个策略，而无须考虑其他局中人可能的反应。这种博弈的典型例子是**囚徒困境（prisoner s dilemma）**，其中两个局中人（通常是罪犯）必须独立决定是否告发对方，而他们的决策不受对方决策的即时影响。

2.1.2 动态博弈（dynamic games）

动态博弈涉及局中人按顺序作出决策，后行动的局中人可以根据之前局中人的行动来调整自己的策略。这种博弈类型允许策略性的预测和反应，常见于谈判、战争策略或长期合同关系中。例如，在**斯塔克尔伯格模型（stackelberg model）**中，一个企业先选择产量，随后另一个企业根据第一个企业的选择来确定自己的产量，这展示了动态决策的特性。

2.2 按照掌握信息的完备程度分类

2.3 完美信息博弈（Perfect Information Games）

完美信息博弈是指局中人在任何时候都完全了解博弈的历史，包括所有局中人之前的所有行动。这类博弈中不存在隐藏的信息或不确定性。棋类游戏如国际象棋或围棋就是典型的完美信息博弈，每个玩家都能看到棋盘上的所有棋子位置，基于此信息来规划下一步。

2.4 不完美信息博弈（Imperfect Information Games）

不完美信息博弈与完美信息博弈相反，局中人可能不知道过去所有的行动或状态。这种不确定性可能来源于局中人对其他玩家真实意图的无知，或者是因为某些行动在博弈中是隐蔽的。扑克牌游戏就是一个典型的不完美信息博弈的例子，玩家不能看到其他玩家的手牌，因此需要根据概率和对手的行为模式来作出决策。

💡 **老皮点拨**

在现实世界中，许多博弈可能同时包含上述类型的元素，例如，动态博弈可能在不完美信息的环境下进行，或者静态博弈中可能存在某种形式的信息不对称。博弈论通过对这些复杂场景的建模，帮助我们理解和预测在不同条件下的决策过程和结果。

3. 博弈论的应用

（1）经济学：市场竞争分析、国际贸易谈判和公共物品供应等问题。

（2）生物学：动物行为分析和进化策略分析，如繁殖策略、领地争斗等。

（3）政治学：国际关系分析和政策制定，帮助分析国家间的冲突与合作行为。

General Partner (GP)　一般合伙人

基础释义

一般合伙人是指在合伙企业中负责日常管理和运营且对合伙企业的债务和义务承担无限连带责任的合伙人。在有限合伙制企业（limited partnership）中，一般合伙人与有限合伙人共同组成合伙企业，但两者在责任、权利和义务上有所区分。

G

概念详解

一般合伙人的特点

（1）经营管理权：一般合伙人拥有企业的经营控制权，负责制定经营策略、做出日常管理决策，以及监督企业的运营活动。

（2）无限连带责任：这是一般合伙人与有限合伙人最显著的区别。有限合伙人通常只以其出资额为限承担责任，而一般合伙人则需承担无限责任，这意味着，如果合伙企业遭遇财务困难或破产，债权人可以追索一般合伙人的个人财产来清偿企业债务，不受其出资额的限制。

（3）代表合伙企业：一般合伙人有权代表合伙企业对外签订合同、处理法律事务等，其行为直接约束合伙企业。

（4）利润分配：由于承担更多风险且对企业成功贡献了直接劳动和管理，一般合伙人通常也能获得较大的利润分配比例。

（5）信任与责任：作为企业的核心，一般合伙人需要维持与有限合伙人以及其他一般合伙人之间的信任，确保透明沟通和公平对待所有合伙人的利益。

💡 老皮点拨

有限合伙企业常用于风险投资、私募股权基金、房地产开发等领域，其中一般合伙人通常是拥有专业管理经验的投资专家或企业家，在合伙企业中扮演着核心和领导的角色，他们凭借自身的专业知识、经验和承担的风险，驱动企业的发展并享受相应的收益与控制权，而有限合伙人则是提供资金的投资者。这样的结构既吸引了寻求专业管理的资金，又通过有限合伙人的责任限制吸引了不愿承担无限风险的投资者。

General Partnership　一般合伙制

基础释义

一般合伙制是指由两个或两个以上的自然人或法人，依据合伙协议共同出资、共同经营、共享收益、共担风险，并且每一位合伙人都对合伙企业的债务和义务承担无限责任的企业组织形式。这意味着，如果合伙企业无法偿还其债务，债权人有权向任何一个或所有合伙人追索，直至合伙人的个人财产全部用以清偿企业债务。

概念详解

一般合伙制的特点

（1）**无限责任：** 这是与有限责任公司等其他企业形式的主要区别之一。在一般合伙制中，每个合伙人都以其个人财产对合伙企业的全部债务承担无限责任。

（2）**共同决策：** 合伙企业的重要决策通常需要合伙人共同讨论并达成一致或多数同意，体现了合作与共识的精神。

（3）**利润与亏损共享：** 合伙企业的盈利或亏损按合伙协议规定的比例在合伙人之间分配。这种共享机制鼓励合伙人共同努力提高企业绩效。

（4）**灵活性与简便性：** 相比公司制企业，一般合伙制的设立和运营更为简便，一般不需要复杂的注册程序，管理结构也更为灵活。

（5）**特殊税务处理:** 一般合伙制企业本身不缴纳企业所得税，其利润直接"穿透"至合伙人个人层面，合伙人按其份额在个人所得税申报中报告并缴税。

（6）**合伙协议：** 虽然不是所有司法管辖区都强制要求书面合伙协议，但一份详尽的合伙协议对于明确各方权利、义务、利润分配方式、决策机制及退伙、解散条件等极为重要，有助于减少未来可能出现的纠纷。

> **老皮点拨**
>
> 　　一般合伙制适合于那些合伙人之间信任度高、愿意共同承担风险，并且希望通过团队合作来增强业务能力的小规模企业或专业服务团队，如律师事务所、会计师事务所、咨询公司等。

Geopolitics　地缘政治

基础释义

> 　　地缘政治是指结合了地理学、政治学、国际关系学以及其他社会科学的元素，主要研究**地理空间**如何影响国家间的**政治决策**、**国际安全**、**战略竞争**、**外交政策**以及**全球力量分布**的一门学问。地缘政治深入探讨了个人、组织、公司和国家政府等行为体的政治、经济和金融活动及其相互作用。

概念详解

1. 地缘政治分析中的国家行为模式

　　根据政治上是合作还是对抗，以及追逐全球化还是民族主义，可以将国家行为归类为四种国家行为模式：自给自足、霸权、多边主义和双边主义。

1.1 自给自足（Autarky）

　　自给自足是指那些寻求**政治自立**且几乎不参与外部贸易或金融活动的国家。在这种模式下，战略性的国内产业由国家所有企业控制，国家能够完全掌控技术、商品和服务的供应。尽管短期内这种模式可能促进经济和政治的发展，但长期来看，过度的自我封闭可能导致经济停滞和社会孤立。

　　自给自足的典型例子包括 20 世纪部分时期的中国以及当今的朝鲜和委内瑞拉，这些国家经历了不同程度的经济困难和发展停滞。

1.2 霸权（Hegemony）

　　霸权模式下的国家通常是区域甚至全球的领导者，通过其政治或经济影响力来控制资源，并常常利用国家所有的企业来主导关键的出口市场。这类国家通过其主导地位获得了在国际事务中的强大影响力，并为全球系统提供稳定和支持。然而，随着霸权国家影响力的不断提升，它们可能会变得更加具有竞争性，从而增加地缘政治风险。

1.3 多边主义（Multilateralism）

多边主义是指那些积极参与互惠互利的贸易关系和广泛规则协调的国家。这些国家的私营企业完全融入全球供应链之中，并与多个贸易伙伴建立了密切联系。多边主义国家的例子包括德国和新加坡，它们依靠高度开放的经济体系和稳定的政局来吸引国际贸易和创新。然而，这种高度依赖国际合作的特点也可能使这些国家更容易受到地缘政治风险的影响。

1.4 双边主义（Bilateralism）

双边主义描述的是国家之间进行**一对一的政治、经济、金融或文化交流**的情况。虽然这些国家可能与许多不同的国家保持关系，但它们的协议通常是单独签订的，没有广泛的多边合作。双边主义国家通常位于多边主义与自给自足之间的某个位置，可能倾向于区域主义，即一组国家之间的合作。

2. 地缘政治工具

地缘政治工具可以分为国家安全工具、经济工具和金融工具三种。

2.1 国家安全工具（National Security Tools）

国家安全工具是指通过直接影响或间接影响一个国家的资源、人口或边界来施加影响力或强制手段的工具，主要包括：

（1）合作性国家安全工具：包括军事同盟（如北约）和情报共享。军事同盟通过成员间的合作保障集体安全，减少冲突；情报共享则预防安全威胁。

（2）非合作性国家安全工具：涵盖武装冲突、间谍活动和边境封锁。武装冲突直接使用军事力量解决争端；间谍活动获取敌对国家信息；边境封锁阻止人员和物资流动。

2.2 经济工具（Economic Tools）

经济工具是指通过**经济手段**来强化合作或非合作立场的行动，主要包括：

（1）合作性经济工具：包括多边贸易协定（如南美共同市场）、全球关税规则协调机制（如 WTO）、共同市场（如欧盟）和共同货币（如欧元）。这些工具通过降低贸易壁垒、促进自由贸易和经济一体化来加强合作。

（2）非合作性经济工具：包括国有化、自愿出口限制、国内成分要求和贸易制裁。国有化保护关键领域的经济利益；自愿出口限制保护本国产业；国内成分要求保护本土制造业；贸易制裁施压对方做出政策改变。

2.3 金融工具（Financial Tools）

金融工具是指通过金融机制来强化合作或非合作立场的行动，主要包括：

（1）合作性金融工具： 涵盖货币自由兑换、外资准入和国际金融合作（如IMF）。自由兑换促进国际贸易和投资；外资准入吸引外国直接投资；国际金融合作提供贷款和援助应对危机。

（2）非合作性金融工具： 包括外汇管制、外资限制和金融制裁。外汇管制限制货币流通；外资限制设置投资障碍；金融制裁冻结资产或限制支付系统使用。

3. 地缘政治风险

地缘政治风险是指由国家间或地区内部的政治、经济、文化、宗教等方面矛盾和冲突所产生的不确定性因素。地缘政治风险可以分为事件风险、外生风险和主题风险。

3.1 事件风险（Event Risk）

事件风险围绕着预定日期发生的事件，如选举、立法变化或其他日期驱动的里程碑事件，如假日或政治纪念日。这类风险由于**有明确的时间表**，因此投资者可以通过政治日历来评估其影响。例如，2016 年 6 月 23 日，英国举行脱欧公投，许多投资者预期投票结果会是留在欧盟，但最终的脱欧决定出乎意料地与市场预期相反，导致英镑下跌、股市波动以及政府债券收益率下降。

3.2 外生风险（Exogenous Risk）

外生风险是指突然发生或未预料到的风险，这类风险会影响国家的合作态度或非国家行为体的全球化能力，例如突发的起义、入侵或自然灾害。2011 年 3 月 11 日，日本遭受地震和随后的海啸袭击，导致重大生命财产损失和福岛核电站事故。这一事件不仅引发了市场担忧，导致日元贬值、股市下跌、债券价格上涨，还促使其他国家重新评估其核能政策。

3.3 主题风险（Thematic Risk）

主题风险是指那些**随着时间逐渐发展和扩大的已知风险**，如气候变化、移民模式、民粹主义力量的崛起及持续的恐怖主义威胁。

> **老皮点拨**
>
> 网络威胁（cyber threats）也是一个主题风险的例子，指任何试图未经授权暴露、修改、禁用、摧毁、窃取或获取计算机系统信息的行为。随着互联网和计算机使用的普及，网络攻击的数量和规模不断增加。例如，2017 年 9 月，

美国信用报告公司Equifax宣布发生数据泄露（data breach），涉及大约1.47亿人的个人信息。此次事件导致Equifax股价大幅下跌，并引发其他公司加强网络安全支出和改进流程。

Global Minimum-Variance Portfolio 全球最小方差组合

基础释义

全球最小方差组合是指在所有可投资的风险资产中，能找到的**风险（以方差或标准差衡量）最低**的投资组合。这个特殊组合在不考虑预期收益率的前提下，最大化了风险分散效果，意味着投资者在可接受的最低风险水平下持有资产。

概念详解

1. 全球最小方差组合的图像

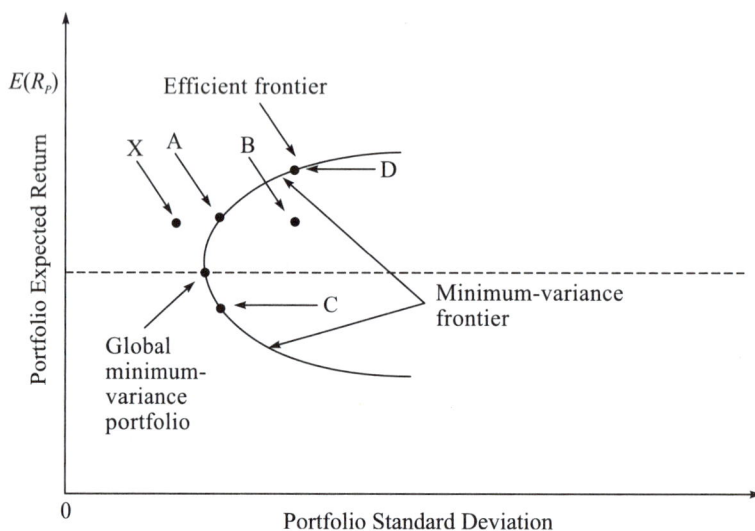

最小方差前沿以及全球最小方差组合

全球最小方差组合位于**最小方差前沿（minimum-variance frontier）**的最左侧，意味着它具有所有风险资产组合中的最低风险。任何其他由风险资产组成的组合，如果其风险低于全球最小方差组合，则必然不在最小方差前沿上，因此是不可行的。最小方差前沿是指在给定预期收益条件下风险最小的投资组合的集合。

2. 全球最小方差组合的应用与意义

（1）组合优化： 全球最小方差组合为投资者提供了一个基准，帮助他们在构建投资组合时最小化风险。

（2）风险管理： 通过识别全球最小方差组合，投资者可以更好地理解如何在市场中分散风险，并在不确定的经济环境中保持投资的稳定性。

（3）资产配置： 全球最小方差组合的概念有助于投资者在不同资产类别之间进行最优配置，以达到风险最小化的目标。

G

Globalization　全球化

基础释义

全球化是指涉及人、公司和政府之间在全球范围内的互动与整合并表现为产品、信息、工作和文化的跨国界传播的一个过程。全球化不仅限于经济和金融层面的合作，还包括文化、技术和人才等方面的交流。全球化通常是由非国家行为体（如公司、个人或组织）推动的，而非国家行为体本身则是为了获取新的市场、资源或知识而跨越国界的。

概念详解

1. 全球化的主要特征

（1）经济和金融合作： 全球化的核心在于经济和金融方面的合作，包括商品和服务的贸易、资本流动、货币兑换以及文化和信息的交流。

（2）跨国界活动： 参与全球化的主体往往会超越其国家界限，以获取新的市场、人才或学习机会。

（3）独立进程： 全球化虽然是由经济和金融合作驱动的，但它也可以在没有政府支持或统一规则的情况下自然发生。

2. 全球化的动机

可以从国家行为体和非国家行为体两个方面分析其各自参与全球化的原因。

2.1 国家行为体参与全球化的动机

（1）经济利益： 国家参与全球化的主要动机之一是获取经济利益。通过全球化，国家能够增加出口，吸引更多外国直接投资（FDI），引入先进技术和管理经验。此外，参与全球供应链有助于降低生产成本，提高效率，并为国内创造新的就业机会，从而提升整体经济竞争力。

（2）资源获取： 全球化使国家能够更轻松地获取国内外的稀缺资源，如矿产、食品和其他原材料，这对于资源匮乏的国家尤其重要。此外，全球化促进了技术传播，使得国家能够更容易地引进和吸收先进技术，推动本国的技术进步和创新发展。

（3）政治与外交利益： 参与全球化有助于国家提升国际影响力，使其在国际事务中发挥更大作用。全球化促进了国家间的经济相互依赖，有助于维持地区乃至全球的和平与稳定。此外，国家还能参与到国际规则的制定中，确保这些规则更符合自身利益。

2.2 非国家行为体参与全球化的动机

非国家行为体（如公司和投资者）选择参与全球化的动机主要包括：

（1）增加利润： 企业通过进入新市场，接触更多客户来提升销售额并通过寻找税收优惠环境、降低劳动力成本或优化供应链来降低成本。

（2）获取资源和市场： 企业能够通过全球化获取可持续的资源，如人才或原材料。投资者可以寻求国外市场准入或投资机会，尤其是当国内市场回报较低时。

（3）内在收益： 全球化除了带来经济效益外，还有助于个人成长以及推动教育和生产力加速。

3. 全球化的积极影响

（1）经济增长与就业创造： 全球化促进了国际贸易的增长，为各国创造了更多出口机会，吸引了外国直接投资。这不仅有助于提高国家的经济产出，还能创造新的就业机会。

（2）技术传播与创新： 全球化加速了技术和知识的国际传播，使得发展中国家能够更快地接触到最新的科技成果。技术转让和创新合作促进了生产效率的提高，推动了新兴产业的发展，从而加快了全球范围内的技术创新步伐。

（3）文化交流与理解： 全球化促进了不同文化之间的交流与相互理解，增进了人们对多元文化的认识。这种文化交流不仅丰富了各国的社会生活，还促进了全球公民意识的形成，有助于减少文化隔阂，增进国际间的友好关系。

4. 全球化的消极影响

（1）**经济收益分配不均：** 全球化虽然提高了整体经济活动，但并不是所有人都能从中受益。

（2）**环境保护和社会治理标准降低：** 公司在低成本国家运营时可能会降低其生产标准，从而对环境和社会造成负面影响。

（3）**政治后果：** 全球化可能会加剧收入和财富不平等，导致国内和国际间的机会差异，从而产生政治反弹。

（4）**相互依赖性：** 经济和金融合作加深的同时，也使得国家在某些资源上变得相互依赖，一旦供应链中断，可能会影响整个行业的运作。

G

Going Concern Value　永续经营价值

基础释义

永续经营价值是指一个企业作为一个持续经营实体的整体价值。永续经营价值反映了企业未来现金流的现值，包括其品牌、客户基础、技术、市场地位、管理团队等无形资产的价值，以及有形资产在持续经营中的贡献。

概念详解

1. 永续经营价值的基本假设

（1）**永续经营假设：** 永续经营价值基于**持续经营假设（going concern assumption）**，这一假设认为公司不会立即解散或停止运营，而是将在未来继续其正常的经营活动。根据会计准则，持续经营假设是财务报表编制的基础之一。在这种假设下，公司的资产和负债按其在持续经营中的用途进行评估，而不是按**清算价值（liquidation value）** 进行评估。

（2）**资产最大化利用：** 永续经营价值考虑了公司资产的有效利用，即公司应当在其业务活动中最大化其资产的价值。这种最大化不仅限于实物资产（如设备、房产和库存），还包括无形资产（如知识产权、品牌和客户关系）。

（3）最优融资安排： 永续经营价值还考虑到公司能够获得最优的融资渠道，这有助于降低融资成本并提高资金使用的效率。最佳的资本结构可以以最低的融资成本提供必要的资金支持，以维持其持续增长和发展。

2. 永续经营价值的评估方法

永续经营价值通常通过折现未来现金流的方法，即现金流折现（DCF）模型来评估，这种方法考虑了公司未来的盈利能力和现金流。分析师会根据预期的未来收入、成本、利润率等因素来计算公司的预期现金流，并将其折现到现在，得出公司的当前价值。

老皮点拨

如果一家公司立即解散并出售其所有资产，则其价值称为清算价值。清算价值通常低于永续经营价值，因为资产在单独出售时无法体现其在协同工作中的全部价值。对于持续亏损且无改善前景的公司，清算价值可能会高于其永续经营价值。

3. 影响永续经营价值的因素

（1）协同效应： 在持续经营中，公司的各项资产和业务单元之间存在**协同效应（synergy）**，能够产生比单独出售更高的价值。例如，生产设施与销售渠道相结合，可以创造更大的效益；员工技能与企业文化相辅相成，也能增强公司的竞争力。

（2）市场信心与稳定性： 永续经营价值还反映了市场对公司未来发展的信心和稳定预期。一家财务状况良好、业务稳定的公司更容易获得投资者的信任，从而在资本市场中获得更高的估值。

Goodwill　商誉

基础释义

商誉是指企业在非同一控制下的企业并购活动中，收购方支付的交易价格超过被收购企业可辨认净资产公允价值的部分。

概念详解

1. 商誉的特点

（1）无形性： 虽然商誉反映的是企业的一种经济价值，但它本身并不是一个有形的、可触摸的实物资产。

（2）不可单独识别： 商誉**不能脱离企业整体而单独存在**，也无法与企业的其他资产明确分割或单独出售。由于其不可辨认性，商誉在某些会计处理中不属于无形资产类别。

（3）长期性： 一旦商誉在并购过程中被确认，它将在买方的资产负债表上作为一项**长期资产**列示，并按照会计准则的规定进行后续计量。

2. 商誉的会计处理

（1）初始计量： 在并购发生时，确认**部分商誉（partial goodwill）**，其金额等于支付对价 -（被并购企业可辨认净资产公允价值 × 并购比例），在国际准则下允许以及在美国准则下要求企业使用**整体商誉法（full goodwill method）**进行会计计量，此时商誉的入账金额等于**被并购企业的净资产的公允价值 - 被并购企业可辨认净资产公允价值**。

（2）后续计量： 商誉不需要定期摊销，但需每年至少进行一次**减值测试**，以判断是否存在减值迹象。如果有客观证据表明商誉的账面价值超过其**可回收金额 (recoverable amount)**（即预计从商誉使用中获取的未来现金流量的现值），则需要计提减值损失，且减值一旦确认不得转回。

> **老皮点拨**
>
> 商誉是并购成本与**收购比例对应的被并购企业的可辨认净资产的公允价值**之间的差额。例如，如果一家公司以 10 亿元的价格收购一家可辨认净资产公允价值为 5 亿元的企业 70% 的股权，那么在并购后，买方的资产负债表上将记录 6.5 亿元（10 亿 - 5 亿 ×70%）的部分商誉。
>
> 从经济实质来说，商誉代表了一家企业超越其可辨认的资产之上的市场竞争力和盈利能力，体现为企业的声誉、客户忠诚度、市场份额、管理团队能力等无形资源。

3. 商誉对企业的影响

（1）财务报表分析： 商誉的大小影响企业的资产负债结构和财务比率。高额商誉可能导致资产负债率被低估，影响财务稳健性指标。同时，商誉的减值可能造成企业当期利润大幅减少，对财务业绩产生负面影响。

（2）企业风险评估： 商誉的巨额减值可能预示着并购效果未达预期，或者被并购企业未来的盈利能力下降。投资者和分析师会密切关注商誉及其减值情况，以评估企业的并购策略是否成功，以及是否存在潜在的财务风险。

实务拓展

　　除了会计层面的商誉之外，也存在所谓**经济分析层面的商誉**，是指企业在同等条件下能够获得高于正常投资报酬率所形成的额外价值。这源于企业所拥有的各种优势，包括但不限于优越的地理位置、高效的经营、悠久的历史、高素质的员工队伍、强大的品牌影响力、良好的客户关系、独特的技术或专利等。这些因素使得企业在市场上享有竞争优势，从而有可能在未来实现超额利润。

Green Bond　绿色债券

基础释义

　　绿色债券是指发行所得资金专门用于资助**具有环境效益或应对气候变化的特定项目或项目组合**的一种特殊的债务融资工具。绿色债券起源于 2007 年欧洲投资银行发行的首支气候意识债券。绿色债券的发行者有主要责任将其债券标识为"绿色"，这一决定通常与主承销商密切合作作出，并需遵循**绿色债券原则**（Green Bond Principles）。

概念详解

绿色债券的特点

（1）资金用途明确： 募集资金专门用于绿色项目，如可再生能源、能效提升、清洁交通、可持续水资源管理等。

（2）与传统债券相似： 除了资金用途外，绿色债券在信用评级、债券持有人追索权等方面通常与同一发行者的常规债券相同。

（3）透明度较强： 发行者需向投资者说明资金使用的绿色资格标准，有时还会委托第三方进行独立审查，以增强透明度。

（4）存在潜在成本与收益： 发行绿色债券可能带来额外的监控和报告成本，但也能吸引更广泛的投资者群体，有时还能因市场需求强劲而获得发行溢价。

（5）存在绿色清洗风险： 绿色清洗风险（green washing risk）是指债券声称的资金用途并未真正用于有益于环境或气候的项目，投资者需注意甄别。

（6）存在流动性风险： 绿色债券可能由于较多被长期持有型投资者购买而面临较低的市场流动性。

老皮点拨

绿色债券的分析与估值方法本质上与传统债券相同，但由于市场对绿色金融产品的偏好，某些绿色债券可能因需求而享有价格上的溢价，表现为更窄的信用利差。投资者在评估绿色债券时，除了考虑传统债券的信用风险、利率风险等因素外，还需特别关注绿色项目的真实性和有效性，以及潜在的绿色清洗风险和流动性风险。

实务拓展

绿色债券原则是一套自愿性标准，由一群投资银行于 2014 年开发，旨在指导发行者确定债券是否符合绿色标签。这些原则由国际资本市场协会（ICMA）持续监督和进一步发展，该协会是一个全球性的证券自律组织。随着时间推移，指数提供商、信用评级机构以及非营利组织气候债券倡议（Climate Bonds Initiative）也各自开发了方法论或标准来评估标记为绿色的债券。欧盟委员会也在探索对绿色债券标签设定特定标准的可行性。

Green Washing　绿色清洗

基础释义

> 　　绿色清洗是指企业在营销和宣传中夸大或虚假陈述其产品、服务或整体业务的环保属性，以营造出比实际情况更为环保的形象，误导消费者和投资者的行为。在绿色债券的背景下，绿色清洗意味着发行者可能声称所筹集的资金将用于**对环境或气候有益的项目**，但实际上这些资金并未被有效或完全地用于宣传中所述的绿色项目。

概念详解

绿色清洗的后果

（1）投资者误导： 投资者可能因相信债券的绿色属性而支付更高的价格或接受较低的收益率，如果债券的绿色特征被夸大或伪造，投资者实际上并未获得预期的绿色投资效益。

（2）信誉损失： 一旦绿色清洗行为被揭露，不仅发行者会面临严重的信誉危机，整个绿色金融市场也可能因此受损，影响真正绿色项目的融资。

（3）监管干预： 监管机构可能会加强对绿色金融产品的审查，制定更严格的标签和报告标准，以防止绿色清洗行为，这可能增加发行者的合规成本。

（4）市场混乱： 绿色清洗可能导致市场信息混乱，干扰投资者对绿色投资的真实需求和供给的判断，影响绿色金融市场的健康发展。

实务拓展

　　绿色清洗这一概念最初由环保主义者杰伊·韦斯特维尔特在 1986 年提出，用来描述一些宾馆行业表面宣传环保，实则未采取实质行动的情况。如今，这一概念已扩展到各行各业，包括金融领域中的绿色债券。为了避免绿色清洗，国际上发展了一系列的自愿性原则和标准，如绿色债券原则，以指导发行人在绿色债券发行过程中的透明度和诚信。同时，第三方认证、审计和报告机制的引入也是为了提高绿色债券市场的可信度，保护投资者免受绿色清洗的影响。

Greenfield Investments　绿地投资

基础释义

> 　　绿地投资是指从零开始构建新资产或基础设施的投资活动。这类投资通常涉及**全新的建设项目**，意味着没有现成的设施或资产可以利用。绿地投资属于基础设施投资的一种，根据资产的发展阶段，基础设施投资还包括**棕地投资**（brownfield investments）和**第二阶段投资**（secondary-stage investments）。

概念详解

1. 绿地投资的特点

（1）新建资产： 绿地投资涉及的是从头开始建造的新基础设施。

（2）较长的投资周期： 由于需要经历从规划到建设再到运营的全过程，绿地投资通常需要较长的时间才能产生回报。

（3）高风险性： 由于从零开始建设，绿地投资面临较高的风险，包括建设风险、市场需求风险等。

（4）潜在的高回报： 尽管风险较高，但成功完成的绿地项目往往能带来较高的回报。

（5）多种退出策略： 绿地投资者可以选择在项目完成后将其租赁或出售给政府，也可以自己持有并运营一段时间后再出售给新的投资者。

2. 绿地投资的生命周期

（1）建设阶段（build）： 在这个阶段，项目需要经过规划、设计、审批和建设等多个步骤。这一阶段通常伴随着大量的负现金流，因为需要投入大量资金用于建设。

（2）运营阶段（operate）： 一旦项目建成并投入使用，就进入了运营阶段。在此期间，投资者根据预先约定的条款运营项目并从中获取收入。

（3）转让阶段（transfer）： 在预定的时间点，投资者可以选择将项目转让给政府实体、出售给第三方或进行其他形式的处置。

老皮点拨

我们可以通过下面 3 个例子来加深对于绿地投资整体运作机制的理解。

(1) 高速公路建设项目：某国政府计划在两城市间修建新高速公路，以缓解交通拥堵。一家私营企业通过竞标获得建设权，并与政府签订特许经营协议，在建成后运营该公路。建设阶段需大量资金投入，现金流为负。建成后，企业通过过路费获利并向政府缴纳费用。特许期结束后，高速公路可转让给政府或出售给第三方。

(2) 工业园区开发：为促进地方经济，某地政府决定开发新工业园区，与一家房地产开发商合作，政府负责园区规划、基础设施建设和招商，开发商负责进行土地平整、道路建设及水电供应。园区建成后，通过租金和物业管理费获利。运营成熟后，开发商可选择整体或部分出售给其他投资机构或企业。

(3) 新医院建设：为改善医疗服务，某地政府与私营部门合作，在市中心附近建设新医院。一家私营医疗集团通过招标获得建设权，与政府签订长期租赁协议。集团负责设计、建设和装修，并采购医疗设备。建成后，集团负责运营并向患者提供服务。运营一段时间后，集团可选择继续持有或出售给其他医疗机构或投资者。

实务拓展

绿地投资的一个常见形式是公私合营模式下的**建设–运营–转让（Build-Operate-Transfer, BOT）模式**。在这种模式下，私人投资者负责项目的建设和初期运营，之后根据协议将项目的所有权转移给政府或第三方。BOT 模式通常适用于大型基础设施项目，如公路、桥梁、发电厂等。

Gross Profit Margin　毛利润率

基础释义

毛利润率又称"毛利率"，是指通过从总收入（或销售额）中减去销货成本得到毛利润，再将毛利润除以总收入而计算得出的评估企业盈利能力的一个财务指标。毛利润率反映了企业在销售过程中，每单位收入能够转化成为毛利润的比例，即扣除直接与产品生产和服务相关的成本（如原材料、直接人工和制造费用）后，剩余收入占总收入的百分比。

概念详解

1. 毛利润率的计算公式

$$Gross\ profit\ margin = \frac{Revenue - COGS}{Revenue}$$

其中，

-Revenue 代表收入，即企业在销售商品、提供劳务及让渡资产使用权等日常活动中所形成的经济利益流入

-COGS（Costs of goods sold）代表销货成本，即企业销售存货时确认的对应费用部分

2. 毛利润率的应用

（1）盈利能力分析： 毛利润率越高，表明企业从销售中获取的毛利润占销售收入的比例越大，企业的盈利能力越强，对成本的控制越好。

（2）成本控制： 通过分析毛利润率的变化，企业可以识别成本控制方面的问题，如原材料价格上涨、生产效率下降等，从而采取措施优化成本结构。

（3）定价策略： 毛利润率是制定产品定价策略时的重要参考，高毛利润率提供了更大的定价灵活性，有助于企业应对市场竞争或增加营销、研发等方面的投入。

（4）行业比较： 比较同一行业内不同企业的毛利润率，可以帮助投资者和分析师了解各企业在成本控制、产品定价、市场份额等方面的表现。

老皮点拨

毛利润率需要结合企业的业务模式、行业特点进行分析。不同行业的毛利润率差异较大，直接比较身处不同行业的企业的毛利润率意义有限。此外，高毛利润率并不总是意味着更高的净利润，因为还需考虑企业的运营费用、财务费用和税费等因素。因此，要全面评估企业的盈利能力，还需结合营业利润率、净利润率等其他财务比率进行综合分析。

Health Risk 健康风险

基础释义

健康风险是指因**疾病或伤害**所带来的风险及其影响。这些风险不仅包括身体健康的损害，还可能对个人的财务状况产生重大影响。健康风险可以通过多种方式表现出来，并且可能影响个人的当前资产和未来收益。

概念详解

1. 健康风险的成本

（1）共付保险 (coinsurance)： 共付保险是指被保险人需要分担**部分特定医疗服务费用**的情况。例如，保险公司可能承担医疗程序费用的 80%，而被保险人则需支付剩余的 20%。

（2）共同付款 (copayments)： 共同付款是指被保险人在接受医疗服务时需要支付的固定金额。例如，看一次全科医生可能需要支付 30 美元的共同付款，而看专科医生则可能需要支付 45 美元。

（3）免赔额 (deductibles)： 免赔额是指被保险人在保险公司在一年内开始支付任何费用之前，必须自己支付的一笔费用。

2. 健康风险的影响

（1）对财务资本的影响： 健康风险对财务资本的影响因国家和个人而异。在一些国家，个人的医疗费用可能非常高昂。此外，健康因素会显著影响个人为寿险、残疾保险和长期护理保险支付的保费。

（2）对人力资本的影响： 如果工人因事故或健康问题致残，则可能导致他们无法工作，同时还要承担医疗费用，从而影响当前资产和未来收入。健康事件对人力资本的影响可以通过折现现金流框架来估计，这包括对未来现金流量的下降估计以及因收入不确定性增加而导致的折现率上升。

（3）家庭成员的影响： 家庭中非收入成员的健康问题也可能产生高昂的成本。例如，可能需要特殊的医疗服务、住房改造、专用车辆以及其他健康相关支出。对于有特殊需要的孩子，财务责任可能会持续到父母的工作生涯之后，甚至在其生命结束后。

（4）长期护理风险： 长期护理费用在一些国家（如德国和日本）由国家卫生系统承担，但在其他国家（如美国），个人可能需要承担这部分费用。长期护理保险旨在覆盖部分必要的费用，如家庭护理、辅助生活设施和养老院的费用。

（5）通货膨胀风险： 长期护理费用的通货膨胀（即医疗费用的通货膨胀）历来高于基本通货膨胀率，这也是一个需要考虑的因素。

Hedge　对冲

基础释义

> 对冲是指在金融投资或交易中采取的一种风险管理策略，目的是通过建立**与现有头寸相反的交易**，以减少或消除因价格波动或其他相关风险因素引起的潜在损失。对冲策略的核心是利用两种或多种相关资产之间的负相关性或价格联动关系，确保在一方资产价值下降时，另一方资产价值上升，从而在整体上降低甚至消灭投资组合的风险暴露。

概念详解

1. 常见的对冲手段

（1）期货对冲（futures hedge）： 投资者持有某种资产（如股票、债券、大宗商品等）的同时，在期货市场上建立相反方向的期货合约。例如，持有股票的投资者担心股市下跌，可以在期货市场卖出相应股指期货合约，若股市下跌，股票市值缩水，期货合约的盈利可以部分或全部抵消股票的损失。

（2）期权对冲（option hedge）： 期权对冲是指购买与现有头寸相反方向的期权合约。例如，持有股票的投资者可以购买看跌期权，当股票价格下跌时，期权价值上升，提供保护，或者卖出看涨期权，收取期权费，以部分抵消股票价格下跌的风险。

（3）外汇对冲（currency hedge）： 跨国企业或投资者在进行国际交易时，面临汇率风险，通过外汇远期、货币互换、期权等工具，可以锁定未来的汇率，避免汇率波动对收益或成本造成不利影响。

（4）利率对冲（interest rate hedge）： 通过进入利率互换，与交易对手交换不同性质的现金流（如固定利率与浮动利率），以减轻利率变动对债务成本或投资收益的影响，或者签订与利率相关的期货或期权合约，对冲利率上升导致的债券价格下跌风险，或利率下降导致的浮动利率投资收益减少的风险。

（5）大宗商品对冲（commodity hedge）： 大宗商品生产者（如农场主、矿企）或使用者（如制造商）通过期货、期权等工具锁定未来大宗商品价格，确保成本稳定或销售收入可靠。持有大宗商品相关的投资组合的投资者则可以通过购买大宗商品指数期货或期权，对冲整个大宗商品市场的系统性风险。

2. 对冲的特点与注意事项

（1）风险缓解而非消除： 对冲策略通常可以显著降低特定风险（如价格风险、汇率风险），但不能完全消除所有风险。例如，市场流动性风险、信用风险、操作风险等可能依然存在。

（2）成本与效益权衡： 对冲操作通常需要付出一定的成本，如期货合约的保证金、期权费、互换费用等。投资者需要权衡对冲成本与潜在风险损失之间的关系，确保对冲策略的经济效益。

（3）动态调整： 市场条件、价格关系、风险敞口等因素可能随时间变化，对冲策略应适时调整，确保其有效性。

（4）专业技能与工具： 成功的对冲策略往往需要深入的市场分析、精准的风险计量、专业的金融工具运用以及严格的执行纪律。

Hedge Fund　对冲基金

基础释义

> 对冲基金是指一种专为高净值个人、机构投资者以及符合特定资格的投资者设计的私募投资工具。对冲基金的特点在于其灵活的投资策略和对风险的积极管理，旨在通过各种对冲手段实现超越市场平均水平的回报或在各种市场环境下保护投资者资本免受大幅波动影响。

概念详解

1. 对冲基金的特点与运作机制

（1）投资策略多样性与复杂性： 对冲基金不受传统公募基金诸多投资限制，可投资于全球范围内**几乎所有的金融工具和资产类别**。它们采用复杂的金融模型、算法和策略，以实现收益或对冲风险。

（2）杠杆操作与高风险性： 对冲基金通常运用杠杆来放大投资效果，通过保证金交易、衍生品合约等工具以少量初始资本控制大规模资产。杠杆的使用既可能带来高额回报，也加剧了潜在损失，使得对冲基金具有较高的风险性。

（3）积极风险管理： 对冲基金的核心在于"对冲"，即通过同时持有预期市场表现相反的资产或衍生品头寸，试图降低特定风险（如市场风险、汇率风险、利率风险等），或者通过做空与做多相结合，以期在不同市场环境下都能实现盈利或至少限制损失。

（4）收费结构： 对冲基金通常采用"2 and 20"收费模式，即收取 2% 的管理费（基于基金总资产）和 20% 的业绩报酬（基于基金净收益超出一定基准后的部分）。这种收费机制旨在激励基金经理追求卓越表现，但也可能导致投资者在基金表现不佳时仍需支付较高管理费。

（5）私募性质与合格投资者要求： 对冲基金不面向公众募集，只接受**符合特定条件的投资者（如高净值个人、机构投资者、专业投资者等）**，且投资者人数通常受限。这种私募性质使得对冲基金不受许多适用于公募基金的监管规定约束，如信息披露要求、投资限制等。

（6）流动性管理： 对冲基金的投资组合可能包含流动性各异的资产，基金通常会设定特定的赎回条款，如**锁定期（lockup period）**、季度或半年度赎回窗口、**赎回通知期（notice period）**等，以管理基金的现金流和保护长期投资者利益。

2. 对冲基金的市场角色与功能

（1）市场流动性提供者： 对冲基金的交易活动为金融市场注入流动性，特别是在某些复杂金融产品和非流动性资产领域，对冲基金是重要的市场参与者。

（2）价格发现与效率提升： 通过对各类资产的深度研究和交易，对冲基金有助于推动市场价格向其**内在价值（intrinsic value）**靠拢，提高市场效率。

（3）风险分散与风险管理工具： 对冲基金通过多样化的投资策略和对冲手段，为投资者提供风险分散的选择，并在一定程度上充当金融市场中的风险转移和风险管理工具。

（4）系统性风险考量： 大型对冲基金因其规模和交易策略可能对市场产生显著影响，监管机构会关注其可能引发的**系统性风险**，特别是在市场动荡时期。

Herfindahl-Hirschman Index (HHI)
赫芬达尔-赫希曼指数

基础释义

> HHI 是指将市场上每个企业的市场份额进行平方并求和从而用于衡量市场集中度的一种经济学指标。HHI 由经济学家阿尔弗雷德·赫希曼（Albert O. Hirschman）和奥洛夫·赫芬达尔（Olof Ruin Herfindahl）分别独立提出并在后来结合在一起使用。

概念详解

1. HHI 的计算公式

$$HHI = \sum_{i=1}^{n} (S_i)^2$$

其中，

- S_i 代表第 i 家企业在市场上的份额（通常以销售额或资产占比表示，并转换成小数形式）

- n 代表该市场上的企业总数

2. HHI 的经济含义

HHI 范围从 0 到 1，数值越接近 1，表示市场集中度越高，即少数几个大企业占据了市场的大部分份额，市场可能存在垄断或寡头垄断情况；数值越接近 0，说明市场分散度高，各个企业市场份额较为平均。

实务拓展

在美国反垄断法的实施中，HHI 常作为评估行业集中度和并购案可能产生的竞争影响的一个工具。一般认为，HHI 大于 0.18 时，市场集中度较高，当并购导致 HHI 上升幅度超过一定阈值时，可能触发反垄断调查。

Hidden Order 隐藏订单

基础释义

隐藏订单是指在金融市场交易（尤其是大额交易）时隐藏交易者的实际交易意图，避免对市场产生过大影响的一种特殊订单。隐藏订单主要通过非公开渠道执行，适用于大额交易、敏感交易及特定交易策略。虽然隐藏订单有助于某些交易需求的实现，但也引发了关于市场透明度和公平性的讨论，受到监管机构的关注和相关规定的约束。

概念详解

1. 隐藏订单的特点

（1）不公开显示： 隐藏订单**不会出现在公开的订单簿（order book）上**，即其他市场参与者无法通过常规市场数据查看到此类订单的存在。

（2）保密交易： 隐藏订单的交易细节，包括交易量、价格等信息，不对公众透明，只有下单者和接收订单的交易场所（如交易所、做市商或电子通信网络，ECN）知晓。

（3）减少市场影响： 隐藏订单**旨在避免大额订单（例如大宗交易）对市场价格造成直接冲击**，有助于保持市场稳定，减少**执行成本（execution cost）**。

（4）执行方式多样： 隐藏订单的执行方式可能因交易场所的不同而有所差异，可以是**直接与做市商私下协商**，也可以是**通过暗池（dark pool）或交叉网络（crossing network）进行匿名匹配**。

2. 隐藏订单的操作机制

2.1 下单方式

隐藏订单通常由机构投资者或高净值个人通过**专用的交易平台或与交易场所的直接接口**提交，而非通过公开的交易终端。

2.2 执行过程

隐藏订单的执行不依赖于公开的订单簿匹配，而是通过以下方式之一达成交易：

（1）暗池交易： 隐藏订单进入专门为匿名交易设立的暗池，暗池内的订单相互匿名匹配，只有当订单完全或部分匹配时，才会对外透露必要的交易信息。

（2）做市商撮合： 隐藏订单直接发送给做市商，做市商利用自己的库存或与其他市场参与者私下协商，以尽可能接近隐藏订单价格的方式执行交易。

（3）交叉网络：隐藏订单进入专门的交叉网络平台，该平台将来自不同投资者的隐藏订单进行内部匹配，只有在订单匹配成功后，才会对外公布有限的交易信息。

2.3 成交披露

隐藏订单的成交信息可能在交易完成后延迟一段时间（如几分钟、几小时或更久）才公开，或者仅以汇总形式披露，不揭示具体的买卖双方信息。

3. 隐藏订单的应用场景

（1）大额交易：机构投资者进行**大规模买入或卖出**时，使用隐藏订单可以避免大额订单对市场价格的直接冲击，降低交易成本。

（2）敏感交易：当投资者执行可能影响市场情绪、透露投资策略或引发跟风交易的敏感操作时，使用隐藏订单可以保护交易意图，避免提前暴露。

（3）特定策略执行：算法交易、套利交易等需要快速、隐蔽执行的交易策略，使用隐藏订单有助于提高执行效率，避免策略被市场察觉并提前消化。

> **实务拓展**
>
> 隐藏订单因其保密性引发了关于市场透明度、公平性和效率的讨论。监管机构通常会对隐藏订单的使用进行一定限制，如设定交易量上限、要求适当的信息披露、规范暗池运营等，以平衡市场效率与公平性。与此同时，市场参与者和学者对隐藏订单对市场影响的看法存在分歧，有人认为它有助于提高大额交易的执行效率和市场深度，有人则担忧其可能加剧信息不对称，影响市场公平竞争。

Hidden Revenue Business Model　隐形收入商业模式

基础释义

隐形收入商业模式是指企业通过**免费提供商品或服务吸引大量用户**，而其主要盈利并非直接来自用户消费，而是依赖于背后**由第三方参与的收入流**，（如广告收入、数据挖掘与分析后的销售、合作伙伴分成）或者通过促进其他相关产品的销售来获取收益的一种商业模式。隐形收入商业模式的核心在于创造一种**表面上对用户完全免费或低成本的体验**，实际上通过其他渠道获得盈利，使得收入来源对于终端用户而言相对**"隐形"**。

概念详解

1. 隐形收入商业模式的关键因素

（1）免费吸引用户：企业通过提供免费服务或产品，迅速吸引大量用户，建立庞大的用户基础，这是隐性收入模式运作的前提。

（2）第三方支付：真正的收入来源于与业务相关的第三方，比如广告商支付的广告费，或通过平台交易的佣金。

（3）数据价值：用户数据成为重要资产，企业通过分析用户行为，向第三方提供精准广告定位服务或数据洞察，以此获得收入。

（4）增值或附加服务：虽然基础服务免费，但企业会提供额外的增值功能或服务，这些是需要用户付费的，成为另一收入来源。

2. 隐形收入商业模式的案例

（1）谷歌搜索引擎：谷歌向用户提供免费的搜索服务，主要收入来源于搜索结果页的广告投放，即 AdWords 和 AdSense 项目。用户在搜索信息时看到的相关广告，是谷歌的主要盈利点。

（2）Meta 社交网络：Meta 为用户提供免费的社交平台，通过收集用户数据，为广告商提供高度定向的广告机会，从而获得收入。

（3）信用卡公司：许多信用卡公司提供无年费的卡片，表面上看是免费服务，但实际上通过商户交易手续费、逾期罚款、现金预支费等隐性方式盈利。

（4）免费在线游戏：许多网络游戏和手机游戏采用免费下载和游玩的方式，吸引大量玩家，然后通过游戏内的虚拟物品购买、广告展示或会员订阅等增值服务来盈利。

（5）免费云存储服务：如 Dropbox 或 Google Drive，基础版服务对用户免费，但通过提供更大的存储空间、高级功能或企业级服务的付费版本来获得收入。

Holding Period Return (HPR)　持有期回报率

基础释义

> 持有期回报率是指投资者在一定投资期内所获得的总回报，它反映了投资者从买入资产直到卖出资产这段时间内，资产价值的变化以及任何分配给投资者的收入（如股息、利息等）。持有期回报是计算投资者实际收益的关键指标，可以全面衡量投资者在特定投资期间内的投资成果。

概念详解

1. 持有期回报率的计算公式

$$\mathrm{HPR} = \frac{(P_1 - P_0) + I_1}{P_0}$$

其中，

-HPR 代表持有期回报率

-P_1（Price of asset at time 1）代表资产在 1 时刻的价格

-P_0（Price of asset at time 0）代表资产在 0 时刻的价格

-I_1（Income received at time 1）代表该资产在 1 时刻向投资者分配的期间收入

2. 持有期回报的组成部分

（1）**价格增值（price appreciation）**：价格增值一般用（P_1–P_0）表示，即资产卖出价格与买入价格之间的差额，又称"资本利得"或"资本损失"。

（2）**期间收入（periodic income）**：期间收入用 I_1 表示，除了包含在持有期内收到的所有现金分配，如股票股息、债券利息等，还有可能包含一些特殊的现金收入，例如权利发行、回购股份、特别股息等。

Horizontal Ownership Structure　横向所有权结构

基础释义

> 　　横向所有权结构是指在具有相互业务利益关系的企业之间，通过**互相持有对方股份**的方式建立的一种所有权安排。横向所有权结构常见于那些在业务上互为客户或供应商的企业，他们通过股权交叉持有形成更深层次的合作关系。与传统的**垂直整合（vertical integration）**不同，横向所有权关注的是同一产业链中不同环节或平行竞争企业之间的联结，而不是上下游的直接控制。

概念详解

1. 横向所有权结构的特征

　　（1）相互持股：企业之间相互购买对方的股票，形成交叉所有权结构。这种做法不一定追求控股权，而是旨在建立稳定的合作伙伴关系。

　　（2）战略联盟：横向所有权结构能够加深企业间的合作层次，促进技术交流、资源共享、市场准入等，有利于形成战略联盟，共同应对市场竞争。

　　（3）长期关系：通过股权联系，企业间形成了更持久的合作纽带，有利于维持长期稳定的供应链关系，减少交易成本，提高合作效率。

　　（4）风险共担与利益共享：相互持股使得企业能够在一定程度上共担商业风险，同时也能分享对方成长带来的利益。

　　（5）市场影响力：在某些情况下，横向所有权结构可能增强企业联合体在特定市场的影响力，包括定价权和市场进入门槛的设定，但这也可能引发反垄断监管的关注。

2. 横向所有权结构在实践中的应用与挑战

　　日本的财团（keiretsu）体系是横向所有权结构的一个典型例子，成员企业之间通过交叉持股形成复杂的网络，促进集团内部的紧密合作与资源共享。然而，横向所有权可能带来管理复杂性增加、决策效率降低的问题，特别是当持股关系复杂且涉及多个不同行业的企业时。此外，过度的横向整合可能导致市场集中度过高，引发反竞争担忧。

Human Capital　人力资本

基础释义

人力资本是指体现在个体身上的通过**教育、培训、健康保健以及工作**而积累起来的**知识、技能、经验、健康状况**以及其他各种能够提高生产力和创造财富的能力的素质的总和。人力资本强调了人的能力与潜力作为一种生产要素，对于经济发展、企业竞争力和个人收入的贡献。人力资本与传统的实物资本（如机器、设备、建筑物等）相对，是镶嵌在人本身的能力之中，随个体差异而不同，并且可以通过持续的学习和培训得到提升。

概念详解

1. 人力资本的特点

（1）投资性 (investment nature)： 人力资本形成需要持续投入，包括家庭教育投入、学校教育投入、在职培训投入、健康保健投入等。

（2）异质性 (heterogeneity)： 每个人拥有的人力资本都是独一无二的，受个体的先天条件（如智力、体质等）和后天培养（如教育、工作经验等）共同影响。

（3）收益递增性 (increasing returns)： 人力资本积累到一定程度后，可以产生正反馈效应，即人力资本越高，获取新知识和技能的速度越快，进一步提高生产力和收入水平的可能性越大。

（4）流动性 (mobility)： 人力资本可以在不同地区、行业和岗位之间流动，且不受物理损耗的影响。

（5）不可转让性 (non-transferability)： 与实物资本不同，人力资本不能完全转移给他人，但可以通过知识传播、技能传授等方式实现传授。

2. 人力资本的重要性

（1）提高生产效率： 受过良好教育和培训的员工能更有效地使用资源，创新并解决问题，从而提高整体生产效率。

（2）促进经济增长： 投资于人力资本被认为是推动长期经济增长的关键因素之一。

（3）增加个人收入： 通常情况下，教育水平越高、技能越多的个体，在劳动市场上的竞争力越强，潜在收入也越高。

（4）社会发展：良好的人力资本不仅有助于经济发展，还能促进社会进步和稳定。

3. 人力资本的积累途径

（1）教育：包括学前教育、基础教育、高等教育以及职业培训等。

（2）健康与营养：良好的健康状况使得个体能够更有效地参与学习和工作。

（3）在职培训与继续教育：帮助员工更新知识和技能，适应快速变化的工作环境。

（4）移民：通过引入具有特定技能和知识的外籍劳动力来丰富国家或地区的人力资本库。

4. 培育人力资本面临的挑战

（1）成本问题：教育和健康服务往往需要大量财政支出或个人投入。

（2）不平等问题：由于资源分配不均，不同社会群体之间可能存在获取教育和培训机会方面的差异。

（3）匹配问题：即使拥有较高水平的人力资本，如果劳动市场不能提供相应层次的就业机会，则可能导致"技能过剩"或"学历通胀"。

老皮点拨

人力资本理论最初由美国经济学家西奥多·W. 舒尔茨（Theodore W. Schultz）和加里·S. 贝克尔（Gary S. Becker）在 20 世纪 60 年代提出并发展，这一理论开辟了经济学研究的新视角，即认识到经济增长和发展不仅依赖于物质资源和资金投入，更关键的是取决于劳动力的素质与效率。人力资本投资包括但不限于教育支出、职业培训、医疗保健及迁徙等，这些投资能够增加个人的生产力，从而在未来产生更高的经济回报或社会福利。

Hypothesis Test 假设检验

基础释义

假设检验是指基于抽样数据来判断关于总体参数的某种假设是否成立的

一种推断性统计学方法。假设检验涉及提出原假设和备择假设，然后基于样本数据计算一个统计量，以决定是否拒绝原假设。

概念详解

1. 假设检验的步骤

1.1 建立假设

原假设（H_0）通常设定为我们想要挑战或推翻的判断，例如，"两组之间没有差异""变量间的相关性为零"等。

备择假设（H_a）与原假设对立，代表研究者试图证明的情况。备择假设与原假设必须互斥且合起来涵盖所有可能情况。例如，"两组之间有显著差异""变量间存在相关性"。

1.2 确定检验统计量及其分布

检验统计量是指基于样本数据计算的值，用于衡量数据与原假设的契合程度。了解该检验统计量的理论分布，对后续步骤至关重要。

1.3 确定显著性水平

α（alpha）是犯第一类错误（拒绝真实原假设）的概率，决定了拒绝原假设的严格程度。而置信水平（$1-\alpha$），表示接受原假设的可信度。

1.4 制定决策规则

临界值是指基于显著性水平和检验统计量的分布确定的阈值，用于比较检验统计量。如果检验统计量的值落在拒绝区域内（即大于或小于临界值，具体取决于双侧检验还是单侧检验），则拒绝原假设，反之则不拒绝。

1.5 收集数据并计算检验统计量

实际执行实验或调查，收集样本数据，然后使用适当的公式计算出检验统计量的值。

1.6 做出决策

将计算出的检验统计量值与临界值比较，依据决策规则决定是否拒绝原假设。

2. 假设检验的类型

假设检验可以分为参数检验和非参数检验两大类。

2.1 参数检验（Parametric Tests）

参数检验关注的是总体参数，比如**均值（mean）**和**方差（variance）**，并且其有效性依赖于一组明确的假设。这些假设通常包括样本数据来自的总体服从某种特定的分布（如正态分布）。参数检验的例子包括 t 检验（用于比较两个群体的均值）、ANOVA（用于比较三个或更多群体的均值）等。

2.2 非参数检验（Nonparametric Tests）

非参数检验适用于以下两种情况：一是我们关心的量**不是分布的参数**；二是我们认为**参数检验所需的假设不成立**。非参数检验不对数据的分布形式做出严格假设，或者只做最小限度的假设。这类检验通常使用"等级"或其他基于"秩"的方法来分析数据，从而避免了对原始数据分布的严格要求。

老皮点拨

假设某学校宣称他们的营养改善计划能有效提升学生的身高。为了验证这一点，研究人员随机选择了两组学生：一组参加营养改善计划（实验组），另一组则维持原有饮食（对照组）。一年后，测量两组学生的身高增长情况。

如果实验组的平均身高增长显著高于对照组，并且这种差异通过 t 检验被认为是统计显著的，那么这种结果发生的小概率就表明，如果营养改善计划无效，则几乎不可能观察到如此显著的身高增长差异。

在这里，"小概率事件不太可能发生"的思想非常重要，如果两组身高增长的差异仅仅是因为随机变异，那么出现这样大的差异的概率应该是很小的。因此，当实际观测到显著差异时，研究者倾向于认为这不是偶然发生的，而是由于营养改善计划确实有效果。这就支持了拒绝"营养改善计划对身高增长没有效果"的原假设，转而"接受""营养改善计划有助于身高增长"的备择假设。

CFA&FRM
核 心 概 念 手 册

刘荣生 编著

下

文匯出版社

L

M

目录

I

J

K

Q

R

S

T

Identifiable Asset　可辨认资产

基础释义

可辨认资产是指在企业兼并、收购或其他类似交易中，能够单独识别、明确归属于特定交易并能够单独进行估值的资产。

概念详解

1. 可辨认资产的特点

（1）**可单独识别性：**可辨认资产**具有明确的物理形态、法律所有权证明、合同约定或经济特性**，使得它们能够从卖方的资产组合中**被独立分离出来**，与卖方的其他资产或负债区分开来。

（2）**可计量性：**对于可辨认资产，其价值**可以通过可靠的方法进行计量**。这通常涉及运用市场价值、公允价值、重置成本、收益法等估值技术，来确定资产在交易发生时的公允价值。

（3）**经济利益流入企业：**可辨认资产**必须有能力为企业带来未来的经济利益**。这意味着企业能够通过使用、持有、出售或以其他方式处置该资产，获得经济上的回报。

2. 可辨认资产的常见类型

（1）**有形资产（tangible asset）：**如土地、建筑物、生产设备、存货、运输工具等。

（2）**无形资产（intangible asset）：**如专利权、商标权、版权、特许权、客户清单、非竞争协议、租赁权等。

（3）**金融资产（financial asset）：**如债权投资、股权投资、衍生金融工具等。

（4）**合同权益（contractual interest）：**如租赁合同中的租入资产、长期供货合同中的采购权等。

> **老皮点拨**
>
> 可辨认资产与**商誉（goodwill）**形成对比。商誉是指在企业合并中，收购方**支付的对价**超过**被收购方可辨认净资产公允价值**的部分，它代表了被购买企业整体价值中**无法单独归属于某一特定可辨认资产的部分**，通常包括**品牌声誉、客户关系、员工技能、专有技术**等无形资源。

Idiosyncratic Risk 异质性风险

同"Non-Systematic Risk"。

Income Tax 所得税

基础释义

> 所得税是指政府对个人或企业从各种来源赚取的收入（工资、薪金、租金、股息、利息等）征收的一种税种。所得税的计算通常是根据应纳税所得额（即企业或个人的应税收入和减税可抵扣费用后的余额）的一定比例来确定的。

概念详解

1. 所得税的作用

（1）政府财政收入的重要来源之一，用于资助公共服务和社会福利项目。

（2）所得税制度的设计体现了国家对公平、经济增长和财富分配的态度和政策导向。

（3）在全球化的背景下，所得税还涉及国际税收协调和反避税措施，以防止跨国企业和高净值个人利用不同国家税制差异逃避税款。

2. 所得税的基本特征

所得税的一个常见特点是**累进税率结构**，这意味着收入越高，适用的税率也越高。例如，一个国家的所得税率可能设定为：年收入在某个阈值以下的部分按较低税率征税，而超过这个阈值的收入则按较高的税率征税。

3. 所得税的特殊处理

（1）税务减免：为了减轻低收入人群的负担，或者鼓励某些类型的投资和消费，税法通常会设立各种免税额度和减免政策。例如，个人所得税中可能有基本生活费、子女教育、住房贷款利息等方面的减税或免税。

（2）跨境投资的税务处理：对于高净值个人和跨国公司来说，跨境投资是很常见的现象。这类投资可能在投资者所在国和投资目的地国同时产生纳税义务。为了避免双重征税，很多国家之间签订了**双边税收协定**，规定了如何分配征税权和避免重复征税的规则。

4. 所得税的申报和缴纳

所得税的申报和缴纳通常遵循年度周期，纳税人需要在规定的截止日期前提交纳税申报表，并支付相应的税款。对于雇员，所得税通常通过雇主代扣代缴的方式预缴，而在年终进行汇算清缴。

Income Tax Expense　所得税费用

基础释义

所得税费用是指企业在一定会计期间内，根据会计准则确认的、为取得会计税前利润应向政府缴纳的所得税金额。这个概念体现了企业因盈利活动而产生的、需向税务机关报告并支付的所得税成本。所得税费用不仅包括**当期实际应缴纳的所得税（current tax）**，还可能包括由于会计准则与税法之间的差异而产生的**递延所得税费用（deferred tax）**。

概念详解

1. 所得税费用的计算公式

$$\text{Income tax expense} = \text{Current tax payable} + \Delta \text{DTL} - \Delta \text{DTA}$$

其中，

-Income tax expense 表示所得税费用

-Current tax payable 表示当期应纳税款

-ΔDTL 表示新增递延所得税负债

-ΔDTA 表示新增递延所得税资产

2. 所得税费用的构成

（1）当前应纳所得税（current tax payable）：当前应纳所得税是根据税法计算的、企业在当期应缴纳的所得税金额。它直接与企业当期的应税所得相联系，反映的是企业按照税法规定，针对当期实现的应税收入和发生的可税前扣除费用计算出的应纳税额。

（2）递延所得税（deferred tax）：递延所得税费用或收益是由于会计利润与应税所得之间的暂时性差异产生的。当存在**可抵扣暂时性差异（deductible temporary differences）**时，企业会确认递延所得税资产的增量，表明未来可以减少所得税支出的经济利益；相反，如果存在**应纳税暂时性差异（taxable temporary differences）**，则确认递延所得税负债的增量，表示未来需额外支付的所得税义务。

> 💡 **老皮点拨**
>
> 所得税费用在企业的利润表中列示，减少了净利润，体现了企业的税后利润情况。它不仅是企业财务健康状况的一个重要指标，也是投资者、债权人等外部利益相关者评估企业盈利能力时需要考虑的关键因素之一。企业在计算所得税费用时，需遵循相应的会计准则，确保财务报告的真实性和公允性。

Increasing Returns to Scale 规模报酬递增

基础释义

规模报酬递增是指企业在扩大生产规模时，产出增长率大于投入增长率的现象。当企业增加所有生产要素（如劳动力、资本、原料等）的比例时，产出的增长率超过这些生产要素投入的增长率，就意味着企业实现了规模报酬递增。

概念详解

1. 规模报酬递增的具体体现

如果企业的所有生产要素都增加 k 倍，而产量增加的比例大于 k 倍，则称该企业具有规模报酬递增的特性。这种现象往往发生在企业能够充分利用新的技术和生产方法、实现更有效的资源配置、享有更高的专业化分工和规模经济优势时。

2. 规模报酬递增的原因

（1）技术创新和新设备的引进，使得大规模生产时效率显著提高，单位成本下降。

（2）大型企业更容易吸引优秀人才和管理团队，形成更强的创新能力。

（3）更大规模的企业在原材料采购、物流配送等方面拥有更强的议价能力和成本优势。

（4）信息和知识密集型产业中，由于网络效应和协同效应，规模扩大可以带来更多用户、数据和知识积累，从而促进生产力进一步提升。

老皮点拨

规模报酬递增是企业发展壮大的重要因素之一，但也可能导致市场集中度过高、竞争减弱等问题，因此在实践中需要结合市场竞争、政策监管等多方面因素予以分析。

Incurrence Test　发生额测试

基础释义

发生额测试是指在企业债务协议中设定的当企业想要进行某些特定行动（如额外借款、支付股息、进行并购等）时，必须先通过这项测试以确保这些行动不会导致其财务状况超出约定的健康的一项财务条件。发生额测试是一种保护债权人利益的机制，旨在防止企业在承担更多债务或分配现金给股东时损害其偿还现有债务的能力。

概念详解

发生额测试的内容

执行发生额测试时，通常会检查一系列财务比率或指标，比如**利息覆盖比率（interest coverage ratio）、负债与 EBITDA 比率（Debt to EBITDA ratio）**等，以确定企业在进行拟议操作后是否仍能满足协议规定的最低标准。如果测试结果显示企业满足这些标准，则允许其进行所计划的行动；否则，企业将被禁止进行该行动，除非获得债权人的豁免或修订相关协议。

Independent Board Director　独立董事

基础释义

独立董事是指与公司**不存在实质性雇佣、所有权或薪酬关系**的董事会成员。独立董事不参与公司的日常运营，也不与公司有重大利益冲突，因此能够独立、客观地监督公司管理层，保护所有股东尤其是中小股东的利益。

概念详解

设立独立董事的作用

（1）加强监督功能： 在股权分散的国家或地区，独立董事的引入主要是为了强化董事会对管理层的监督作用，确保公司决策的公正性与合理性，减少管理层的道德风险和代理问题。

（2）提升公司治理质量： 随着安然公司等企业丑闻的发生，全球多地监管机构加强了对独立董事制度的要求，促使董事会中独立董事的比例不断上升，以提高公司治理透明度和责任感。

（3）在不同所有权结构中的作用差异： 在**股权较为分散**的情况下，独立董事承担着更为广泛的监督和咨询职责，包括在审计、提名和薪酬等关键委员会中发挥核心作用，确保决策过程的公正与透明。在**股权集中**环境下，由于主要股东本身就有较强的监督动力，独立董事的角色可能更多聚焦于提供专业意见、增强董事会的专业性和独立判断力，而**不是直接的监控功能**。

> **实务拓展**
>
> 经合组织（OECD）成员国普遍要求或推荐公司董事会中应有一定比例的独立董事，但具体要求各异。有的国家规定了独立董事的最低人数，有的则设定了比例要求，从至少一位到占董事会半数以上不等。同时，对于**审计、提名和薪酬等委员会**，很多地方建议或要求**完全由独立董事组成**，以确保这些关键领域的决策独立性。

Independent Board Member　独立董事会成员

同 "Independent Board Director"。

Independent Variable　自变量

同 "Explaining Variable"。

Index　指数

基础释义

> 指数是指用于度量和反映金融市场某些特定方面表现的一组数值指标。

概念详解

1. 指数的分类

指数一般分为股票市场指数、债券市场指数、大宗商品指数、房地产指数和其他金融指数。

1.1 股票市场指数（Stock Market Index）

1.1.1 主要经济体股票市场指数

（1）道琼斯工业平均指数（Dow Jones Industrial Average, DJIA）： 由美国 30 家大型蓝筹公司股票组成，采用价格加权。

（2）标准普尔 500 指数（S&P 500）： 覆盖美国大型上市公司，采用市值加权。

（3）纳斯达克综合指数（Nasdaq Composite Index）： 反映纳斯达克证券交易所上市股票的整体表现，尤其侧重科技公司。

（4）沪深 300 指数： 衡量中国 A 股市场中规模最大、流动性最好的 300 家上市公司的股票表现。

（5）富时 100 指数（FTSE 100）： 追踪伦敦证券交易所中市值最大的 100 家公司的表现。

（6）日经 225 指数（Nikkei 225）： 反映东京证券交易所前 225 家上市公司的股价变动。

1.2 债券指数（Fixed Income Index）

债券市场指数用于衡量债券市场整体或特定类型的债券（如国债、企业债、市政债等）的收益率和价格变化，通常包含一组具有代表性的债券作为成分证券。

主要的债券指数包括：

（1）美国国债指数（如彭博巴克莱美国国债指数）。

（2）全球债券指数（如富时罗素全球债券指数、JP 摩根全球债券指数）。

（3）投资级公司债指数（如彭博巴克莱美国企业债指数）。

（4）高收益债券指数（如彭博巴克莱高收益债券指数）。

1.3 大宗商品指数（Commodity Index）

大宗商品指数追踪一篮子大宗商品的价格变动，为投资者提供商品市场的整体表现概览。大宗商品指数可能包括实物商品的**期货合约价格**、现货价格或者二者结合。

主要的大宗商品指数包括：

（1）标普高盛商品指数（S&P GSCI）

（2）富时罗素商品指数（FTSE Russell Commodity Indexes）

（3）巴克莱商品指数（BCOM）

1.4 房地产指数（Real Estate Index）

房地产指数旨在衡量房地产市场的价格变动、租金收益、投资回报率等指标。房地产指数可以是全国性、地区性或城市级别的指数。

具有代表性的房地产指数包括：

（1）标普 / 凯斯–席勒房价指数（S&P/Case-Shiller Home Price Indices）。

（2）戴德梁行全球房地产指数（DTZ Global Property Index）。

（3）世邦魏理仕全球商业地产指数（CBRE Global Prime Office Rents Index）。

1.5 其他金融指数

除了常见的单一资产的指数之外，还有一些特殊类型的指数，例如：

（1）货币指数：如美元指数（US Dollar Index, DXY），衡量美元相对于一篮子主要贸易伙伴货币的价值变动。

（2）衍生品指数：如期货市场特定合约的价格指数，例如**芝加哥商品交易所（CME）的 E-mini S&P 500 期货指数**。

（3）多元化投资指数：如摩根士丹利资本国际全球多元资产指数（MSCI All Country World Multi-Asset Index），反映全球多个资产类别（股票、债券、现金等）的综合表现。

2. 指数的管理

指数的管理主要包括再平衡和重构。

2.1 再平衡（Rebalancing）

再平衡是指按照**预定的时间表（通常是季度性的）**调整指数中各成分证券的**权重**，以保持这些权重与其所采用的加权方法一致。对于价格加权指数，不需要再平衡，因为每个成分证券的权重由其价格决定；而对于市值加权指数，再平衡的需求较小，因为这类指数会随着市场价格的变化而自我调整，但在发生合并、收购、清算和其他公司行为时，仍然需要进行调整；对于相同加权指数，需要最频繁地进行再平衡，因为即使成分证券只发生了微小的价格变化，也会导致成分证券之间的权重不再相等。

2.2 重构（Reconstitution）

重构是指改变指数中的**成分证券**的过程，类似于投资组合经理决定更换投资组合中的证券。重构是广义的再平衡周期的一部分，在重构日期，指数提供商审查成分证券，并重新应用初始纳入标准来确定保留、移除或添加哪些证券。重构频率对于广泛使用的指数及其成分股来说是一个重要问题。

3. 指数的用途

（1）市场情绪指标：指数最初被设计为反映特定证券市场在某一天的表现，用以衡量投资者信心或市场情绪。例如，**道琼斯工业平均指数（Dow Jones Industrial Average）**常被引用为市场情绪的指标。

（2）作为回报、系统性风险和风险调整后表现的代理：指数被用来代表整个市场的表现，从而帮助测量和建模系统性风险以及市场回报。

（3）资产配置模型中资产类别的代理：由于指数能够体现特定证券群体的风险和回报特征，因此它们在资产配置模型中作为不同资产类别的代理。

（4）主动管理组合的基准：投资者使用指数来评估主动管理者的业绩，选择的指数应该符合管理者的投资策略，以便正确评估其表现。

（5）投资产品的模型组合：指数也为新的投资产品如指数基金和交易所交易基金（ETFs）的发展提供了基础。随着 ETF 的流行，指数提供者创建了新的指数来支持特定 ETF 的形成。

Indicator Variable　指示变量

同 "Dummy Variable"。

Industry Index 行业指数

基础释义

> 行业指数又称"板块指数",是指专门用来追踪某一特定行业或经济领域内上市公司证券价格变动情况的指数。行业指数旨在反映某一行业板块的整体表现,为投资者、分析师、基金经理以及政策制定者提供对该行业经济状况、市场趋势、投资机会和风险的量化评估。

概念详解

1. 行业指数的构建步骤

(1) 行业分类:行业指数通常基于全球统一的行业分类标准(如 GICS、ICB 等)来划分,涵盖诸如信息技术、医疗保健、能源、金融、消费品、工业、材料、电信服务、公用事业等各种行业。这些行业通常进一步细分为子行业或主题,如生物科技、清洁能源、金融科技等。

(2) 成分股选取:指数包含**在目标行业内上市且符合一定市值、流动性等条件的代表性公司股票**。具体股票的选取标准由指数编制机构设定,确保指数能够准确反映行业整体状况。

2. 行业指数的加权方法

(1) 市值加权:大多数行业指数采用**市值加权法**,即成分股的权重与其市值成正比,市值越大,其在指数中的影响力越大。这种方法反映了市场对各公司在行业中的相对规模和重要性的认可。

(2) 等权重或基本面加权:少数指数可能采用**等权重法**(所有成分股权重相同)或基本面加权法(根据财务指标如销售额、利润等设定权重),以体现不同的投资理念或策略。

3. 行业指数的应用

(1) 行业分析与投资决策:投资者通过观察行业指数,可以了解特定行业的整体走势、估值水平、盈利能力等,辅助行业研究和投资策略制定。例如,当某一行业指数持续上涨,可能表明该行业景气度上升或市场对其前景持乐观态度。

（2）分散投资与资产配置： 行业指数为投资者提供了构建行业分散投资组合的参考，有助于在不同行业间进行资产配置，以实现风险分散和捕捉行业轮动机会。

（3）业绩基准与投资产品： 行业指数常被用作行业主题基金、ETF 等投资产品的业绩基准，投资者可以直接购买跟踪这些指数的产品来投资特定行业。

（4）风险管理与市场监控： 监管机构、政策制定者和市场分析师通过行业指数监控各行业的发展状况，评估政策效果，预警行业风险，如行业泡沫、过度集中等问题。

实务拓展

一些知名的行业指数包括：

（1）美国市场： 标普 500 信息技术指数（S&P 500 Information Technology Index）、纳斯达克生物科技指数（Nasdaq Biotechnology Index）、道琼斯美国石油与天然气指数（Dow Jones U.S. Oil & Gas Index）等。

（2）中国市场： 沪深 300 医药卫生指数、中证新能源汽车指数、上证 50 金融指数等。

（3）全球市场： MSCI 全球信息技术指数、富时全球能源指数（FTSE Global Energy Index）、STOXX 全球银行业指数等。

Inflation   通货膨胀

基础释义

通货膨胀是指经济体中商品和服务总体价格水平的持续上升。这种上升降低了货币的购买力，使得同样的货币在未来能买到的商品或服务减少。通货膨胀对于投资者和个人家庭而言是一种长期风险，因为它会侵蚀财富的价值。

概念详解

1. 通货膨胀的类型

通货膨胀可以分为成本推动型、需求拉动型和自我实现的通货膨胀三种类型。

1.1 成本推动型通货膨胀（Cost-Push Inflation）

生产成本（尤其是工资和其他生产要素的成本）上升导致企业普遍提高产品和服务的价格。投资者可以通过持有商品资产来对冲这类通货膨胀的风险。工资是企业最大的成本之一，因此**工资推动型通货膨胀**尤其值得关注。

1.2 需求拉动型通货膨胀（Demand-Pull Inflation）

当总需求增长速度超过了总供给的增长速度，导致市场上货币量过多而商品和服务供应不足，就会引发需求拉动型通胀。这种情况通常发生在经济增长期，此时就业率高，消费者信心强，导致消费支出增加，或者政府支出增加，投资活跃，使得总需求上升。

1.3 自我实现的通货膨胀（Self-Fulfilling Inflation）

自我实现的通货膨胀一般源于家庭和企业开始相信未来的物价将更高，并据此调整自己的行为。例如，消费者可能提前购买商品和服务，以避免将来价格进一步上涨，这种行为会导致短期内需求增加，从而推动价格上涨。工人可能要求更高的工资以应对预期的物价上涨，企业为了吸引和留住员工，可能会同意提高工资，进而增加**生产成本**，最终通过提高产品价格来转嫁这些成本。企业可能会囤积原材料或成品库存，以防将来成本上升，进而导致短期内**原材料价格上涨**。上述种种行为最终导致了"自我实现的通胀"的发生。

> **实务拓展**
>
> 历史上有许多国家经历过恶性通货膨胀，例如德国（1923年）、希腊（1944年）、匈牙利（1946年）、阿根廷（1989年、1990年、2023年）、南斯拉夫（1994年）、津巴布韦（2008年）和委内瑞拉（2017年）。最著名的恶性通货膨胀案例之一是德国在第一次世界大战后因支付战争赔款而引发的通货膨胀。

2. 通货膨胀的影响

2.1 通胀对整体经济的影响

（1）影响宏观经济稳定性： 温和的通货膨胀可以刺激经济增长，因为它鼓励消费和投资，减少了储蓄的吸引力。但是，高通货膨胀或恶性通货膨胀会导致经济不稳定，破坏市场信心，降低投资和消费意愿，从而拖累经济增长。

（2）损害资源配置效率： 通货膨胀导致企业难以准确地根据成本和收益做出决策，消费者也难以判断哪些商品真正具有价值，造成价格信号扭曲，最终影响资源的有效配置。

（3）削弱国际竞争力： 通货膨胀导致国内生产成本上升，企业可能不得不提高出口价格以保持利润空间。这种情况下，即使基于**购买力平价**导致本币贬值，出口到国外的商品或服务的价格依然可能很高，从而削弱该国出口商品在国际市场的竞争力。

2.2 通胀对政府的影响

（1）影响财政政策： 通货膨胀可能导致政府财政赤字增加，因为税收收入的增加可能赶不上支出的增长速度，特别是在固定税率下。政府可能需要调整税收政策来应对通货膨胀，比如调整税率或引入新的税收以平衡预算。

（2）影响货币政策： 中央银行需要监控通货膨胀率，以制定合适的货币政策。高通胀可能导致加息，以抑制需求和减缓通货膨胀速度。

（3）公共支出和福利： 通货膨胀增加了政府的支出，特别是对于固定福利支付项目（如养老金），因为该类支出往往需要定期调整以保持购买力。

2.3 通胀对企业的影响

（1）导致成本上升： 通货膨胀导致原材料、劳动力和其他投入成本上升，企业可能需要提高产品价格以维持利润，但这可能会导致销量下降。

（2）增加资本成本： 高通货膨胀通常伴随着较高的利率，增加了企业的借贷成本，导致企业减少实物和项目投资。

（3）影响财务管理： 通货膨胀使得企业的财务管理更加复杂，需要更频繁地进行成本和收益分析。应付账款和应收账款管理变得更加重要，因为现金贬值会导致成本增加。

2.4 通胀对家庭的影响

（1）货币购买力下降： 通货膨胀直接导致家庭购买力下降，即相同的收入在未来能购买的商品和服务变少。这对低收入家庭的影响尤为严重，因为他们更多地依赖固定收入，购买力下降会加剧贫困。

（2）储蓄和投资发生变化： 家庭可能会减少储蓄，转向更具抗通胀能力的投资，如房地产、贵金属等，因为存款的实际价值随时间下降。

（3）消费模式变化： 面对通货膨胀，家庭可能会改变消费习惯，优先购买必需品而非奢侈品，通货膨胀还可能促使家庭提前消费，以避免未来价格进一步上涨。

（4）对负债造成影响： 对于有固定利率贷款的家庭来说，通货膨胀实际上是减轻了实际债务负担，因为偿还的货币价值下降，但对于以浮动利率计息的债务，家庭可能会面临更高的还款额。

3. 通货膨胀的度量

通货膨胀率通常通过价格指数的百分比变化来衡量，最常见的指标是**消费者价格指数（CPI）**，它因国家而异。CPI 通常用于衡量特定经济体的通货膨胀，各个国家和地区的 CPI 成分以及加权方法往往并不相同。

> **实务拓展**
>
> 财富管理者需要考虑通货膨胀如何影响家庭资产负债表上的具体负债，比如教育和医疗保健费用。研究显示，教育和医疗保健等生产力增长较慢的领域经历的通货膨胀更快，相比之下，制造业等高生产力领域的通货膨胀较低。在美国等发达国家，过去几十年中教育和医疗保健的成本一直高于一般消费者通货膨胀率。因此，退休时的医疗保健规划和子女教育的储蓄计划变得尤为重要。

Information Ratio　信息比率

基础释义

> 信息比率是指通过量化**投资组合相对于基准指数的超额收益**与**追踪误差**之间的关系从而评价主动管理策略在承担**主动风险 (active risk)** 时创造超额收益效率的一种风险调整业绩评价指标。

概念详解

信息比率的计算公式

$$IR = \frac{R_P - R_B}{\sigma(R_P - R_B)} = \frac{R_A}{\sigma_A}$$

其中，

-IR 代表投资组合每一单位积极风险对应的积极回报

-R_p 代表投资组合的预期或实际收益率

-R_B 代表基准组合的预期或实际收益率

-$\sigma_{(R_p - R_B)}$ 代表积极回报的标准差

-R_A 代表投资组合的积极回报

-σ_A 代表积极回报的标准差

> **老皮点拨**
>
> $R_p - R_B$ 表示**超额收益**（**excess return**），是指投资组合在一定期间（如月度、季度、年度）的实际收益与同一期间基准指数收益之间的差异。
>
> $\sigma(R_p - R_B)$ 表示**追踪误差**（**tracking error**），衡量投资组合收益率与基准指数收益率之间的差异程度，通常用标准差表示，反映了投资组合相对于基准的偏离程度。

2. 信息比率的应用

（1）风险调整绩效评估： 信息比率将**超额收益**与所承担的**主动风险（即跟踪误差）**关联起来，帮助投资者评估主动管理策略在考虑**其偏离基准的风险成本**后，是否真正创造了有价值的额外收益。

（2）投资决策辅助： 投资者在选择**主动管理基金**时，可以对比不同基金的信息比率，作为评估基金经理投资技能和策略有效性的依据之一。较高的信息比率表明该基金经理在控制风险的同时，更成功地实现了超越基准的表现。

（3）业绩持续性评估： 长期稳定且较高的信息比率可能暗示基金经理具备**持续创造超额收益**的能力，这对于追求长期稳健收益的投资者尤为重要。

（4）风险管理工具： 信息比率可以帮助投资者和基金管理者监控投资组合相对于基准的偏离情况，及时调整策略以维持合适的主动风险水平，确保投资目标与风险承受能力相匹配。

3. 信息比率的使用注意

（1）基准选择： 信息比率的计算依赖于合适的基准指数选择。基准应代表投资组合的目标市场或投资风格，以便准确衡量超额收益。

（2）时间周期： 信息比率可能因计算周期（短期、中期、长期）的不同而有所变化。

一般来说，较长的时间周期更能反映基金经理的长期管理能力，但短期信息比率也有助于捕捉近期策略效果。

（3）稳定性与可重复性：信息比率的历史表现并不能保证未来表现，投资者还需关注其是否具有良好的稳定性与可重复性，避免因偶然因素导致的高信息比率。

Informationally Efficient Market　信息有效型市场

基础释义

> 信息有效型市场是指在其中**资产价格能够迅速且准确地反映所有相关信息的市场**。这种市场环境下，资产的价格能够及时地根据新的信息进行调整，从而使得价格始终处于最新信息所决定的均衡状态。

概念详解

1. 信息有效型市场的假设

（1）理性预期假设：市场参与者具有理性预期，他们能够根据现有的信息和对未来事件的合理预测来形成对资产价格的预期。这种预期是基于对信息的充分理解和合理分析，而非盲目跟风或情绪驱动。

（2）无套利假设：在信息有效市场中，由于价格完全反映了所有相关信息，**不存在未被市场发现和利用的套利机会**。即使存在短暂的套利机会，市场参与者们也会立即进行交易，直至套利空间消失，从而使价格恢复到无套利均衡状态。

（3）信息对称假设：所有市场参与者都享有平等的信息获取机会，不存在信息不对称现象。即使存在信息优势的个体（如内幕人士），他们的交易行为也会迅速被市场吸收，影响资产价格，从而使所有市场参与者面临相同的价格。

2. 信息有效型市场的关键特征

（1）价格反映所有信息：在信息有效市场中，资产价格完全反映了所有已知的、与该资产价值相关的公开信息（如公司财务报告、宏观经济数据、行业动态等）和非公开信息（如内幕消息、私人谈判结果等）。这意味着市场价格包含了所有可能影响资产价值的因素，投资者无法通过分析已知信息来获取超额收益。资产的市场价格接近其**内在价值（intrinsic value）**。

（2）价格的即时调整： 在信息有效型市场中，资产价格对信息的反应时间非常重要。这一时间框架至少要等于最短时间内交易者执行交易所需的时间。例如，在高度发达的金融市场中，如外汇市场或成熟的股票市场，研究显示价格对某些类型信息的反应时间可以短至一分钟甚至更少。如果价格调整时间过长，使得许多交易者能够在无风险的情况下获利，那么这表明市场效率相对较低。

3. 信息有效型市场的类型

（1）弱式效率（weak-form efficient）： 市场价格反映了所有**过去的历史价格和交易量数据**。这意味着通过历史数据进行的**技术分析**无法带来超额收益。

（2）半强式效率（semi-strong-form efficient）： 市场价格反映了所有**公开可得的信息**，包括但不限于财务报告、经济指标和新闻报道。这意味着通过**基本面分析**也无法获得超额收益。

（3）强式效率（strong-form efficient）： 市场价格不仅反映了所有公开信息，还包括了**非公开信息**。这意味着即使是内部人士也无法通过利用非公开信息获得超额收益。

老皮点拨

　　金融市场的效率并非只有完全有效或完全无效两种极端状态，而是位于一个效率强度的区间之内。市场效率的程度受到多种因素的影响，包括但不限于市场参与者人数、对交易的限制、信息的可得性及传播速度，市场参与者的理性程度以及交易成本等。在高度有效的市场中，被动投资策略（如买入并持有市场指数基金）由于成本较低而更具吸引力；而在效率较低的市场中，积极管理的投资策略可能因为能够识别和利用市场失效而获得超额收益。

4. 信息有效型市场的投资意义

　　如果市场是完全有效的，那么任何试图通过分析公开信息来预测价格走势的努力都将徒劳无功，因为所有已知的信息已经被市场价格所吸收。反之，市场价格与内在价值之间的任何差异，即市场失灵，可能为积极投资者提供获利的机会。

信息有效市场理论对金融实践和监管政策有着深远影响。它为理解市场价格行为、评估投资策略、设计金融市场规则提供了理论基础。然而，现实中完全的信息有效市场是理想化的假设，实际市场必然存在不同程度的信息不完全、信息不对称以及市场参与者非理性行为等问题。尽管如此，信息有效市场理论仍然是评估金融市场效率、分析市场行为以及构建金融模型的重要理论工具。

Infrastructure　基础设施

基础释义

基础设施是指为了支撑社会生产和居民生活的正常运行，构建的一系列长期耐用的基本物质工程设施和服务系统。基础设施是社会经济活动能够顺利进行的基础条件，涵盖了多个关键领域，确保国家或地区能够持续稳定地发展。

概念详解

1. 基础设施的特点

（1）实物资产： 基础设施通常是物理存在的资产，具有独特的地理位置、特点和用途。

（2）资本密集型： 这些资产需要大量的初始资本投入。

（3）长期性质： 基础设施的设计和建造是为了长期使用。

（4）流动性差： 与房地产类似，基础设施投资通常涉及不易变现的独特资产。

（5）现金流模式： 基础设施投资的现金流主要来自合同支付，如可用性支付、基于使用的支付（如通行费）和"提货或付款"安排等。

2. 基础设施的分类

根据支持的活动，可以将基础设施分为经济基础设施和社会基础设施两种类型。

2.1 经济基础设施（Economic Infrastructure）

经济基础设施支持经济活动，主要包括：

（1）交通运输资产（transportation assets）： 包括道路、桥梁、隧道、机场、海港以及重轨和轻轨 / 城市铁路系统。这些资产的收入通常与市场需求密切相关，例如交通流量、机场和海港收费、通行费以及铁路票价等，因此被认为带有市场风险。

（2）信息通信技术资产（information and communication technology, ICT assets）： 包括存储、广播和传输信息或数据的基础设施，如电信塔和数据中心。

（3）公用事业和能源资产（utility and energy assets）： 涵盖电力生产、饮用水生产、气体、水和电力的传输、储存和分配以及固体废物处理。公用事业投资越来越注重环境可持续发展，特别是可再生能源技术，包括太阳能、风能和垃圾发电。其他能源资产可能包括下游石油和天然气基础设施、电网以及液化天然气终端。

2.2 社会基础设施（Social Infrastructure）

社会基础设施支持社会活动，主要包括：

（1）教育设施（educational facilities）： 如高中、大学和其他教育机构。

（2）医疗设施（health care facilities）： 如医院、诊所和其他医疗服务设施。

（3）社会住房（social housing）： 如提供给低收入家庭或特定群体的住房。

（4）矫正设施（correctional facilities）： 如监狱和其他司法系统设施。

3. 基础设施投资的分类

按照基础设施的发展阶段，基础设施投资可以分为绿地投资、棕地投资和二阶段投资三种类别。

3.1 绿地投资（Greenfield Investments）

绿地投资是指开发**新资产和新基础设施**的机会性投资。这类投资的目标可能是建设完成后将资产租赁或出售给政府，或者持有并运营这些资产。绿地投资者通常与专门从事基础资产开发的战略投资者或开发商一起投资。

> **实务拓展**
>
> 绿地投资在政府民间资本合作（PPP）项目中通常遵循**建设–经营–转让（build-operate-transfer, BOT）** 生命周期，具体如下。
>
> **（1）建设阶段（build phase）：** 该阶段特点是较长的审批和建设过程，并伴有负现金流。
>
> **（2）经营阶段（operate phase）：** 在此阶段，私营投资者根据特许经

营协议产生收入。

（3）转让阶段（transfer phase）：在最后阶段，投资可能会根据预先确定的条件转让给政府实体，出售给第三方，或者被撤销。

3.2 棕地投资（Brownfield Investments）

棕地投资涉及**扩展现有设施**，可能包括公共资产的私有化或已完成绿地项目的售后回租。这类投资的特点是较短的投资周期、即时的现金流和已有的运营历史。由于通常可以查阅到资产的财务和运营历史记录，棕地投资受到专注于运营资产的战略投资者以及特别关注私有化的长期稳定回报的金融投资者的青睐。

3.3 第二阶段投资（Secondary-Stage Investments）

第二阶段投资是指对现有基础设施或完全运营资产的投资，在整个投资期限内不再需要进一步的投资或开发。这些资产能够立即产生现金流，并在投资期内带来预期收益。有些资产由于持续需要额外资本和开发，因而从未达到这一阶段。

实务拓展

大多数基础设施资产都是由政府融资、拥有和运营的，尤其是在发展中国家，这些投资很大程度上来自公共来源，这是因为基础设施建设通常需要大规模投资和长期规划，且基础设施本身具有较强的**公共物品**属性，即**非竞争性**和**非排他性**，这意味着个人使用这些设施不会减少他人使用的机会，且很难排除某些人免费享用。

随着**政府民间资本合作（public–private partnership, PPP）**的发展，基础设施越来越多地通过地方政府、地区政府和国家政府与私营部门的合作来融资。此外，基础设施投资也常常与**开发金融机构**合作，后者是非商业性的专业金融中介，为经济发展项目提供风险资本。这些机构可以是全球性、国际性、国家级或地方级的，如**欧洲复兴开发银行（EBRD）**。

Initial Margin　初始保证金

基础释义

初始保证金是指在股票、期货、期权等衍生品交易以及某些场外衍生品交易中，交易者在开立新仓位或增加现有仓位时，按照交易所、清算所或交易对手方的要求，预先存入的一定金额的现金或等价物（如国债、高质量债券等）。初始保证金的主要目的是为**可能发生的交易损失**提供**初始风险担保**，确保交易者有足够的资金来履行其交易义务。

概念详解

1. 初始保证金的作用与目的

（1）风险担保： 初始保证金构成了交易者对**潜在交易损失的第一道防线**。当市场行情不利，导致交易者持仓出现亏损时，初始保证金及其产生的利息（如果适用）可用于弥补亏损，直到触及**追加保证金要求**。

（2）信用风险管理： 对清算所或交易对手方而言，初始保证金有助于管控交易者的信用风险。充足的初始保证金可以降低交易者违约的概率，保护清算所和市场免受潜在的信用损失。

（3）市场稳定维护： 通过要求交易者在开仓时存入初始保证金，可以抑制过度投机行为，促使交易者更加审慎地评估和管理风险，有助于维护市场的稳定性和秩序。

2. 初始保证金的计算与调整

2.1 计算方法

初始保证金通常根据交易合约的市值、标的资产的历史波动性、市场风险状况、交易所或清算所的风险管理政策等因素，采用风险度量模型（如 SPAN、VaR 等）计算得出。计算结果一般以**交易合约总价值的一定百分比**表示。

2.2 动态调整

初始保证金要求并非固定不变，会随着市场状况、持仓风险、合约剩余期限等因素的变化而调整。在市场波动加剧、持仓风险增大或临近交割日时，交易所或清算所可能会提高初始保证金要求。反之，当市场趋于平稳、持仓风险降低或远离交割日时，初始保证金要求可能会降低。

Initial Public Offering (IPO)　首次公开发行

基础释义

首次公开发行是指任何类型的企业首次向公众发售其证券，以便在**公开的证券交易场所（如证券交易所）**挂牌交易的行为。这里的"证券"不仅包括普通的股票，还可能涵盖其他类型的金融工具，如债券、优先股、**存托凭证（depository receipts, DRs）**、**权证（warrants）**等。

概念详解

1.IPO 的关键步骤

（1）文件及服务商准备：公司需编制详细的招股说明书或注册声明文件，其中包含企业的财务状况、经营业绩、发展战略、拟发行证券的数量、类型、价格区间以及其他重要信息。同时选择**主承销商团队**，通常由一家或多家投资银行组成，负责整个发行过程，包括市场调研、估值分析、定价建议以及分销安排。

（2）定价与销售：承销团体会依据市场情况、投资者需求和公司价值等因素，确定证券的发行价格。证券可以采用**固定价格发行**或**累计投标询价**的方式确定最终发行价，随后在规定的日期开始正式公开发售。

（3）上市交易：发行完成后，公司所发行的证券会在相应的证券交易所正式挂牌上市，从而进入二级市场流通。投资者可以在公开市场上买卖这些证券，而公司则通过这次发行获取到了所需的资金。

2.IPO 的类型

IPO 可以分为包销和代销两种类型。

2.1 包销发行（Underwritten Offering）

包销发行是最常见的发行方式，投资银行保证按照与发行人协商的价格售出证券。如果发行未被足额认购，投资银行将购买未能售出的证券。在 IPO 中，承销商通常还会承诺在大约一个月内为该证券做市，以确保二级市场的流动性，并在必要时提供价格支持。

2.2 代销发行（Best Efforts Offering）

在代销发行模式下，投资银行仅充当**经纪人**角色。如果发行未被足额认购，发行人将无法卖出预期的数量。

3.IPO 的功能和作用

（1）为企业提供融资渠道： IPO 最直接的作用是为企业提供从公众投资者那里筹集资金的渠道。通过发行新股，公司可以筹集大量资金，用于扩大业务、偿还债务、研发新产品或市场扩张等战略举措。

（2）增强公司透明度和治理结构： IPO 要求公司遵守严格的财务披露规则和公司治理标准，这不仅保护了投资者的利益，还促使公司改进内部管理流程，建立更加透明和负责任的文化。

（3）提高公司声誉和品牌影响力： 成为上市公司意味着企业在行业内达到了一定的成熟度和规模，能够吸引更多客户、供应商及合作伙伴的关注。IPO 还能提高员工的自豪感和忠诚度，因为许多公司会通过股权激励计划来吸引和留住人才。

（4）提供流动性并回报早期投资者： IPO 为公司的创始人、管理层及早期投资者提供**退出机制**，使他们能够通过出售持有的股票来变现投资。这对于私募股权基金、风险投资者及其他早期股东尤为重要，因为 IPO 提供了一种实现投资回报的方式，并且回报通常相当可观。

Insider　内部人

基础释义

> 内部人是指在公司中担任**管理职务**或**董事会职位**的同时，也是该公司**股份持有者**的个人。这个群体包括高层管理人员（如 CEO、CFO 等）和董事会成员，他们由于直接持有公司股票或通过股权激励计划间接拥有股份，因而与公司的财务表现有着直接的利益关联。

概念详解

内部人的角色与影响

（1）利益一致性增强： 当内部人拥有较大比例的公司股份时，他们的经济利益与外部股东的利益更加趋于一致。这意味着他们会倾向于做出有利于公司长期盈利能力的决策，比如投资于研发、市场拓展或是提升生产效率，因为他们个人财富的增长与公司价值的提升直接相关。

（2）长期视角：作为股东的内部人更可能关注公司的长远发展而非短期利润最大化。他们可能会抵制那些只为短期股价上涨而牺牲长期增长潜力的决策，从而帮助建立更为稳健和可持续的商业模式。

（3）权力与自保倾向：内部人拥有大量股份也可能带来负面效应。较大的持股比例可以赋予他们更大的公司控制权，有时这可能导致他们利用职权保护个人利益，甚至牺牲其他小股东的利益。例如，内部人可能会批准对自己有利但不利于整体股东的薪酬方案，或者阻止对公司控制权构成威胁的并购提议。

（4）信息不对称与内幕交易：内部人因其职位的特殊性，往往掌握着未公开的、可能影响公司股价的重要信息。虽然法律严格禁止内幕交易，但实践中仍存在内部人利用信息优势非法获利的风险。

（5）监管与透明度：为了平衡内部人权力、保护投资者利益，许多国家和地区制定了严格的法律法规，要求内部人交易透明化，限制他们在特定时期内的交易行为，并要求披露重大持股变动，以此来减少潜在的滥用权力行为。

Institutional Investor 机构投资者

基础释义

> 机构投资者是指那些资金雄厚、专业性强，并且通常代表其他个人或实体管理大量资金的组织或团体。这些投资者参与金融市场（包括股票市场、债券市场、外汇市场、商品市场和衍生品市场等）进行投资活动。与个人投资者相比，机构投资者具有资金规模庞大、专业知识丰富、信息获取能力强和交易技术先进等特点。

概念详解

1. 机构投资者的主要类别

（1）养老基金（pension funds）：养老基金依托于养老金计划，而养老金计划包括**固定收益计划（Defined Benefit plan, DB plan）**和**固定缴款计划（Defined Contribution plan, DC plan）**。DB 计划中，雇主承担投资风险，

DC 计划中，个人承担投资风险。

（2）主权财富基金（sovereign wealth funds, SWF）： 主权财富基金是政府所有的投资基金，主要投资于金融资产和实物资产。

（3）捐赠基金和基金会（endowments and foundations）： 捐赠基金和基金会为教育机构、医院、教堂、博物馆和其他慈善组织管理资产，这类机构的总资产大约为 1.6 万亿美元。

（4）银行和保险公司： 作为金融中介，管理证券、贷款和衍生品组合，以满足存款人、交易对手、保单持有人和债权人的需求，并为资本持有者提供适当回报。

2. 机构投资者的共同特征

（1）规模庞大： 机构投资者因拥有庞大的资产规模，在投资能力、策略选择、流动性管理、交易成本控制等方面具有明显优势。

（2）长期投资视野： 机构投资者通常具有长期的投资视野，这往往是由其特定的负债流决定的，比如养老金计划的福利义务、捐赠基金的支出政策等。

（3）监管框架复杂： 机构投资者需要遵守多种监管规定，这些规定因司法管辖区的不同而有所差异，并且不断演变。

（4）投资治理完善： 大多数机构投资者通过设立专门的投资办公室来实施其投资计划，并常常有一套明确的治理模式。

（5）存在委托代理问题： 由于机构投资者代表他人管理资产，因此必须识别并妥善处理**委托代理问题**，以确保投资行为符合最终受益人的最佳利益。

3. 机构投资者的主要投资方法

机构投资者的主要投资方法包括挪威模式、捐赠基金模式、加拿大模式和负债驱动型投资模式。

3.1 挪威模式（Norway Model）

挪威模式由**挪威全球养老基金（Government Pension Fund Global, GPFG）** 推广，主要特点是几乎**完全依赖于公募股票和固定收益投资**，资产主要以**被动管理**为主，并设置严格的**追踪误差限制（tracking error limits）**。这种方式的优点在于投资成本和费用较低，投资透明度高，选择不良管理者的风险小，复杂性较低。尽管这种方法增值潜力有限，但挪威的 GPFG 已经开始尝试通过捕捉**系统性风险因素**来获取超越市场基准的收益。

3.2 捐赠基金模式（Endowment Model）

捐赠基金模式最初由**耶鲁大学捐赠基金（Yale Endowment）** 推广，特点是**高比例配置另类投资（如私募股权和对冲基金）**，强调**主动管理**和**外部管理资产**。这种投资方式适用于长期投资视野、高风险容忍度、较小流动性需求且擅长筛选另类投资的机构。然而，小型机构投资者可能难以接触到高质量的管理者，而非常大的机构投资者由于资产规模**过于巨大**，实施该模式也有挑战。

3.3 加拿大模式（Canada Model）

加拿大模式以**加拿大养老计划投资委员会（CPPIB）**为代表，与捐赠基金模式类似，具有高比例的**另类投资配置**，但更多依赖**内部管理资产**。加拿大模式的创新之处包括**参考组合（reference portfolio）**、**整体组合方法（total portfolio approach）**以及**积极管理（active management）**。参考组合是一种低成本且易于执行的被动混合组合，总体组合方法确保整个投资组合的风险暴露保持一致，积极管理涵盖资产配置到个股选择的全过程。

3.4 负债驱动型投资模式 [Liability Driven Investing (LDI) Model]

负债驱动型投资模式特别受到**美国公司固定收益养老金计划**的青睐。在这种模式下，主要目标是**生成足够的回报来覆盖负债**，因此投资者关注点转向最大化**预期盈余回报**和管理盈余波动性。虽然实施细节和资产配置可能有所不同，但 LDI 投资组合通常包含大量的**长期固定收益证券**，并使用**衍生工具（如利率互换）**来对冲利率风险。投资组合被划分为**对冲组合（hedging portfolio）**和**收益生成组合（return-generating portfolio）**两部分，前者用于对冲负债风险，后者则需生成足够回报来抵消负债增长。

> **实务拓展**
>
> 1970 年代以来，机构投资者的资产配置发生了重大变化：从 20 世纪 70 年代主要投资**国内固定收益产品**，到 80 年代转向**股市**并采纳**长期的股债配比策略（60% 股票 /40% 固定收益）**，再到 90 年代认识到多元化的重要性并进入国际股市，直至 21 世纪初进一步分散投资组合，加大对**私募股权、对冲基金、房地产等另类资产**或**非流动性资产**的投资。
>
> 同时，机构投资者的战略投资行为也出现了广泛转型，例如**负债驱动投资（LDI）策略**在许多固定收益养老金计划中流行起来，主权财富基金积累大量资产并采用**积极管理**的创新投资方式，许多捐赠基金采纳了涉及大量另类投资的"捐赠基金模式"，而银行和保险公司则需应对复杂的经济与监管环境变化。

Insurance Company　保险公司

基础释义

> 保险公司是指通过向客户（即投保人）出售保险产品从而获取保费收入，并承诺在约定的风险事件发生时为客户提供经济补偿或财务保障从而转移和分散客户面临的风险的金融机构。保险公司通过收取保费来获得收入，并需要投资这些保费以确保未来有足够的资金支付索赔。

概念详解

1. 保险公司的类型

（1）**人寿保险公司（life insurers）**：人寿保险公司主要提供长期保险产品，如**寿险（life insurance）**和**健康保险（health insurance）**。这类保险公司的理赔通常基于相对稳定的精算死亡率，这些死亡率在大群体中表现出较强的可预测性。

（2）**财产与意外伤害保险公司（property and casualty insurers）**：财产与意外伤害保险公司提供短期保险产品，如汽车保险、家庭保险和**责任保险（liability insurance）**。这些保险公司的理赔更具不可预测性，因为它们通常涉及事故和其他不可预见事件。

2. 保险公司管理的账户类型

（1）**一般账户（general account）**：一般账户由**保单持有人缴纳的保费**组成，这部分资金需要按照监管指导原则进行**保守投资**，主要集中在多样化的**固定收益证券**上，以确保能够及时支付理赔。不同类型保险公司的投资组合分配存在差异，这取决于负债的持续时间和各种保险类型的独特流动性考虑。

（2）**盈余账户（surplus account）**：盈余账户用于存放保险公司资产减去负债后的余额，这个账户通常寻求比一般账户更高的回报，因而可能会投资于风险较大的资产类别，如**公募和私募股权、房地产、基础设施和对冲基金**。

> **实务拓展**
>
> 许多保险公司设有**内部投资管理团队**，负责管理一般账户的资产。一些保险公司除了提供保险服务外，还提供投资管理服务和产品。近年来，特别是在美国，越来越多的保险公司倾向于将某些复杂另类资产的投资管理职责**外包给非关联的资产管理公司**。此外，一些保险公司通过单独的品牌子公司为第三方客户提供投资管理服务。

3. 保险公司的收入来源

（1）保费收入（premium revenue）：这是由购买保险产品的客户支付的金额。

（2）投资收益（investment income）：来自保费形成的**浮存金**（即已收保费尚未支付理赔的部分）的投资收益。保险公司会在收到保费后和支付理赔之前的这段时间内投资这些资金。

> **老皮点拨**
>
> 财产与意外伤害保险公司试图通过谨慎的承保程序和对所承担风险收取适当的价格来最小化赔付额。它们可能会通过不集中于某一种保单、市场或客户类型的方式来分散风险。此外，保险公司还可以通过将保单全部或部分转让给**再保险公司（reinsurance company）**来进一步分散风险。再保险公司专门处理其他保险公司承保的风险，而不直接面向最终用户提供保险服务。

4. 保险公司的业务分析重点

对于所有类型的保险公司，业务分析的重点领域包括：

（1）业务概况（business profile）：了解公司的主营业务和服务。

（2）盈利特性（earnings characteristics）：评估公司的盈利能力，包括**保费收入**与**投资收益**的比例。

（3）投资回报（investment returns）：分析公司的投资表现，包括**一般账户**和**盈余账户**的投资策略。

（4）流动性（liquidity）：衡量公司在需要时能否迅速地将非现金资产转换为**现金**的能力，这对于财产与意外伤害保险公司尤为重要。

（5）**资本水平（capitalization）**：评估公司的资本充足情况，确保公司有能力应对潜在的大额索赔。

> **老皮点拨**
>
> 对于财产与意外伤害保险公司，还需要分析**准备金（reserves）**和**综合比率（combined ratio）**，后者是衡量总体承保盈利能力的重要指标，反映了承保成本与保费收入之间的关系。

Intangible Asset　无形资产

基础释义

> 无形资产是指企业或个人拥有或者控制的、**没有实物形态**的可辨认非货币性资产。这类资产为企业提供某种法定权利、技术优势或特权，能够在较长时期内为企业带来经济利益，但这种利益具有一定的不确定性。无形资产虽无实体存在，却是现代企业重要的资产组成部分，对企业的竞争力和市场地位有着重要影响。

概念详解

1. 无形资产的定义标准

（1）可识别（即能够与实体分离，或源自合同或法律权利）。

（2）受公司控制。

（3）预期能产生未来经济利益。

2. 无形资产的确认标准

（1）预期该无形资产带来的未来经济利益很可能流向公司。

（2）资产的成本能够可靠计量。

> **老皮点拨**
>
> 商誉不属于可辨认无形资产，它在一家公司购买另一家公司时产生，当收购价格超过被收购方可辨认净资产的公允价值时形成。

3. 无形资产的具体类型

（1）专利权（patent）： 对企业发明或外观设计的法律保护，赋予持有者独家使用权。

（2）商标权（trademark）： 用于区分商品或服务来源的标志或品牌名称，受到法律保护。

（3）著作权（copyright）： 对文学作品、音乐、艺术作品、软件等原创作品的法律保护。

（4）特许经销权（franchise）： 给予持有人使用特定技术、经营模式或品牌等的法定权利。

（5）许可证（license）： 版权所有者（licensor）允许另一方（licensee）使用其知识产权，如商标、专利或版权等，但不涉及品牌的整体运营模式。

（6）土地使用权： 在一定期限内对土地进行使用和开发的权利。

（7）非专利技术： 未经专利保护但具有商业价值的技术知识、诀窍或工艺。

（8）商誉： 企业因其声誉、客户基础、员工团队、地理位置等无形因素而使得其资产公允价值超出其可辨认资产公允价值的部分。值得注意的是，某些会计准则基于商誉无法单独辨认这一特点不承认其无形资产的地位。

4. 无形资产的会计计量

无形资产的会计计量需要分购买、内部研发和企业合并中获取三种情况进行讨论。

4.1 外部购买的无形资产

与购买固定资产类似，无形资产也以购买时的公允价值入账，通常假设等于购买价格。若同时购入多项无形资产，则需按各自公允价值分配购买价格。

4.2 内部研发形成的无形资产

与有形资产建设成本的处理不同，内部研发无形资产的成本通常**在发生时作为费用处理**。但在某些情况下，若满足特定条件，如**能够证明技术可行性及使用或出售意图**，研发成本可以资本化。因此，相比通过外购获得无形资产的公司，内部研发无形资产（如专利、版权、品牌）的公司账面上的资产总额会较低。现金流量表上，内部研发成本归类为经营活动现金流出，而购买无形资产的成本则列为投资活动现金流出。

4.3 在企业合并中获得的无形资产

采用**购并法（acquisition method）**进行会计处理，收购方需将购买价格分配至各被收购资产和承担的负债，超出可分配至可识别单项资产和负债部分的价值记为商誉。根据 IFRS，只有符合定义和确认标准的**可辨认无形资产**才能单独确认，否则视为商誉。而按照美国通用会计准则（US GAAP），要求被确认的无形资产需基于合同或法定权利产生，或能从被收购公司中分离出来。

> **实务拓展**
>
> 无形资产中的**特许经营权（franchise）**和**许可证（license）**虽然看似相似，都是允许一方使用另一方的商业资产的协议形式，但二者在控制权、协议范围及双方关系上存在显著差异。
>
> 特许经营权通常是一种全面的合作模式，授权方允许受许方使用其品牌、商标、经营模式等，并收取初始费用和持续的特许费。特许经营强调品牌一致性，授权方对受许方的运营有较高控制度。许可证则较为灵活，主要授权**使用特定的知识产权或资产**，如软件使用权。许可证持有者在遵守协议的同时，享有较大自主权，不需遵循授权方的其他业务规则。
>
> 此外，特许经营协议通常具有长期性和结构性，而许可证协议则可能更为短期和具体。因此，企业在选择合作形式时应考虑自身战略目标和资源情况。

Interest Coverage Ratio 利息覆盖比率

基础释义

> 利息覆盖比率，又称"利息保障倍数"（times interest earned），是指用来衡量公司通过其经营收益支付利息的能力的一个财务指标。利息覆盖比率通过比较公司的息税前利润（EBIT）与所需支付的利息来计算，属于**衡量公司长期偿付能力的财务比率（solvency ratio）**之一。

概念详解

1. 利息覆盖比率的计算公式

$$\text{Interest coverage ratio} = \frac{\text{EBIT}}{\text{Interest payments}}$$

其中,

-EBIT（Earnings before interest and tax）代表息税前利润,即公司在扣除利息和税收之前的利润

-Interest payments 代表利息支付,即公司在一定时期内需要支付的所有债务利息

2. 利息覆盖比率的应用

（1）衡量偿债能力: 如果一个公司的利息覆盖比率很高,这意味着公司的经营利润足以多次覆盖其利息支付,显示出较强的偿债能力,这对于债权人来说是一个积极的信号。如果利息覆盖比率很低甚至接近于 1 或者低于 1,这表明公司的经营利润仅能勉强覆盖或无法覆盖其利息支付。

（2）债务契约中的使用: 在借贷活动中,利息覆盖比率常常被用作债务契约的一部分。贷款方可能会设定最低的利息覆盖比率作为放贷的前提条件之一,以确保借款人有足够的盈利能力来偿还债务。这样可以降低贷款方的风险。

（3）投资者决策: 对于投资者而言,利息覆盖比率是一个重要的财务健康指标。较高的比率表明公司具有更强的盈利能力和较低的违约风险,这对潜在投资者来说是一个积极的因素。

（4）行业比较: 不同行业的利息覆盖比率可能存在显著差异。例如,重资产行业可能拥有较低的利息覆盖比率,而轻资产行业则可能更高。因此,在进行比较时,通常应在相同行业内进行对比。

（5）时间序列分析: 观察一家公司在不同时间点的利息覆盖比率变化趋势,可以帮助分析其财务状况的稳定性和发展潜力。如果比率逐年上升,可能表明公司经营状况正在改善;如果持续下降,则可能提示财务风险在增加。

Interest Rate 利率

基础释义

利率是指在资金借贷过程中，借方（借款人）向贷方（贷款人）支付的**使用资金的代价**，通常以百分比的形式表示。利率是金融体系中的核心概念之一，影响着个人、企业、金融机构以及整个宏观经济的诸多方面。

概念详解

1. 利率的计算公式

$$r = \text{Real risk−Free interest rate} + \text{Inflation premium} + \text{Default risk premium} + \text{Liquidity premium} + \text{Maturity premium}$$

其中，

-R（nominal risky interest rate）代表名义风险利率

-Real risk-free interest rate 代表真实无风险利率

-Inflation premium 代表通胀溢价

-Default risk premium 代表违约风险溢价

-Liquidity risk premium 代表流动性风险溢价

-Maturity premium 代表期限溢价

> 💡 **老皮点拨**
>
> 以"相加"处理利率之间的关系属于一种简化处理，在复利的基本假设下，严谨地处理利率之间关系的方法是"连乘"，如处理名义无风险利率、真实无风险利率和通胀溢价的关系时，应该按照以下方式计算。
>
> $$1 + \text{nominal risk−free rate} = (1 + \text{real risk−free rate})(1 + \text{inflation premium})$$

2. 利率的类型

2.1 按照是否包含预期通货膨胀分类

2.1.1 名义利率（nominal interest rate）

直接约定在借款合同上的利率，不调整通货膨胀因素。

2.1.2 实际利率（real interest rate）

名义利率减去预期通货膨胀率，反映投资者在剔除物价上涨影响后实际获得的收益。

2.2 按照利率是否固定分类

2.2.1 固定利率（fixed interest rate）

在整个借款期间保持不变的利率，为借款人和贷款人提供了稳定的现金流预期。

2.2.2 浮动利率（floating interest rate）

随市场基准利率（如央行基准利率、LIBOR、SHIBOR 等）变动而调整的利率，反映了市场资金供求状况和货币政策变化。浮动利率会定期根据协议规定的基准利率进行调整，使得借贷成本随市场条件波动。

2.3 按照是否进行年化处理分类

2.3.1 年化利率（annualized interest rate）

将非一年期的利率换算成年利率，便于不同期限的利率进行比较。大部分利率均为年化利率，例如**到期收益率（yield to maturity, YTM）**、**即期利率（spot rate）**、**远期利率（forward rate）** 等等。年化利率有助于投资者和金融机构更好地理解和比较不同投资产品的回报率。

2.3.2 非年化利率（non-annualized interest rate）

未经过年化处理的利率，通常是针对短期投资或贷款计算的。这类利率直接反映了在特定时间段内的利息成本，而不考虑时间长度对总利息的影响。例如，一个月期的存款利率可能就是一个非年化利率。

2.4 按照计息方式分类

2.4.1 单利利率（simple interest rate）

采用单利计算方法的利率，其中利息仅基于本金计算，不包括之前累积的利息。单利利率适用于较短的借款期限，因为它简化了利息的计算，避免了复利增长的复杂性。

2.4.2 复利利率（compound interest rate）

采用复利计算方法的利率，其中利息不仅基于本金还基于以前累计的利息计算。复利利率随着时间的增长而加速增长，适用于较长的投资或借款期限。复利的频率（比如按年、半年、季度或每月）会影响最终的利息总额。

3. 利率的作用

（1）资源配置（resource allocation）： 利率作为资金的价格信号，引导资金在不同投资项目、部门和地区间流动，优化资源配置。

（2）储蓄与投资激励（incentives for savings and investment）： 高利率鼓励储蓄，抑制消费；低利率刺激消费和投资，促进经济增长。

（3）货币政策工具（monetary policy tool）： 中央银行通过调整政策利率影响市场利率，进而影响经济活动，实现通胀控制、经济增长等目标。

（4）风险管理（risk management）： 利率波动影响债券价格、汇率、股票估值等金融市场变量，金融机构和投资者需通过利率风险管理工具（如利率互换、利率期权等）来对冲利率风险。

4. 利率的影响因素

（1）货币政策（monetary policy）： 中央银行通过调整基准利率、公开市场操作等方式影响市场利率水平。

（2）经济基本面（economic fundamentals）： 经济增长、通货膨胀、就业状况等宏观经济指标会影响市场对未来利率走势的预期。

（3）市场供求（market supply and demand）： 资金供给（如储蓄、外资流入等）和需求（如投资、信贷需求等）的变化影响市场利率。

（4）风险溢价(risk premium)： 信用风险（credit risk）、流动性风险（liquidity risk）、期限风险（maturity risk）等导致不同借款人的利率有所不同，风险越高，利率通常也越高。

（5）国际利率环境（international interest rate environment）： 全球利率水平、国际资本流动及各国货币政策联动性等因素也会对一国的利率产生影响。

5. 利率在金融中的应用

（1）储蓄账户（savings accounts）： 银行为存款客户提供一定的年化利率，作为其向银行提供资金的回报。

（2）贷款产品（loan products）： 购房者申请抵押贷款时，银行会根据市场情况和客户信用状况设定贷款利率。

（3）债券投资（bond investments）： 债券发行时确定票息率（coupon rate），投资者通过购买债券获得定期利息收入。

（4）衍生品定价（derivatives pricing）： 利率期货（interest rate futures）、利率互换（interest rate swap）等金融衍生品的价格与其挂钩的利率密切相关。

Interest Rate Swap　利率互换

基础释义

利率互换是指允许两个交易对手在未来的指定时间内，根据预先商定的条件，交换**一系列现金流**的一种衍生工具。利率互换的其中一方支付浮动现金流，另一方支付固定现金流。支付浮动现金流的一方被称为浮动利率支付者（或固定利率接收者），而支付固定现金流的一方被称为固定利率支付者（或浮动利率接收者）。利率互换合约的主要目的是帮助参与者管理**利率风险**、调整资产负债结构或者进行利率投机。

概念详解

1. 利率互换的基本结构与要素

一笔完整的利率互换至少需要包括利率、名义本金、期限和结算日程这四项要素。

1.1 利率（Interest Rate）

利率互换中涉及的利率包括：

（1）固定利率（fixed rate）： 又称**"互换利率"（swap rate）**，在互换开始时确定，整个互换期内保持不变，固定利率支付的金额是通过解出使固定支付和浮动支付现值相等的固定收益率来确定的。

（2）浮动利率（floating rate）： 通常基于某个**市场参考利率（Market Reference Rate, MRR）** 加上或减去一个固定的利差（也称作"点差"）。浮动利率每期重新设定，依据的是该期初或期中公布的基准利率。

1.3 名义本金（Nominal Principal）

利率互换的名义本金是用于计算利息支付金额的虚拟金额，实际并不发生资金的交换，仅作为计算利息的基数。

1.4 期限（Term）

利率互换的期限是指从互换开始到结束的时间段，可以是几个月、几年甚至更长。在此期间，双方定期（如每季度、每年）进行利息支付的交换。

1.5 结算日程（Settlement Schedule）

利率互换的结算日程规定了进行利息支付交换的具体日期，通常与基准利率的重置周期一致。

2. 利率互换的运作流程

（1）互换开始： 双方约定名义本金、固定利率、浮动利率基准、利差、互换期限及支付日程。

（2）期间结算： 在每个支付日，固定利率支付方按照固定利率乘以名义本金支付固定利息；浮动利率支付方则按照当前浮动利率（即基准利率加 / 减利差）乘以名义本金支付浮动利息。

（3）互换结束： 在互换到期时，双方完成最后一次利息交换，互换合约终止，不再有后续支付义务。

3. 利率互换的应用

（1）风险管理： 企业或金融机构通过利率互换可以转换其负债或资产的利率类型，以适应自身的利率风险偏好或匹配资产负债结构。例如，一家发行了浮动利率债券的企业，若预期未来利率上升导致融资成本增加，可与另一家愿意承担利率上升风险的机构进行利率互换，将浮动利率转为固定利率。

（2）资产 / 负债管理： 通过利率互换调整资产或负债的**久期（duration）**或**凸度（convexity）**，以达到更理想的资产负债匹配状态，降低**利率敏感度**。

（3）套利与投机： 交易者利用不同市场、不同期限或不同类型的利率产品之间的定价偏差进行套利，或者基于对未来利率走势的判断进行投机交易。

4. 利率互换的风险

（1）信用风险（credit risk）： 由于利率互换属于**场外（OTC）衍生品**，交易双方需直接承担对方违约的风险。尽管可以采取信用衍生工具（如信用违约互换）或保证金安排来部分缓解信用风险，但信用风险始终存在。

实务拓展

　　为了应对利率互换中的信用风险，实务中有许多应对方案。

　　在柜台交易（over-the-counter, OTC）的协议中，可以设置信用条款，该条款私下协商，范围可以从无担保敞口（每个交易对手承担对方的全额违约风险）到类似于期货保证金的规定。如果一方违约，则会导致互换终止和市值结算。

　　中央清算的互换可以设置类似于期货的保证金规定，以便标准化和降低交易对手风险。

(2) 市场风险（market risk）： 利率变动会影响互换的价值，特别是对于未对冲的浮动利率支付方或固定利率支付方而言，市场利率朝着不利于己方的方向变动会带来潜在损失。

(3) 流动性风险（liquidity risk）： 利率互换通常在**场外市场**交易，流动性可能低于**交易所上市的标准化产品**。在市场波动剧烈时，可能难以快速调整或平仓。

(4) 操作风险（operational risk）： 复杂的互换结构、估值方法以及结算流程可能导致操作失误，需要完善的内部控制系统和专业人员进行管理。

Interlocking Directorates　连锁董事会

基础释义

连锁董事会又称**"兼任董事会"**，是指同一个人或同一群人**同时担任多家公司董事会成员**的现象。连锁董事会的情况常见于家族企业主导的地区，如拉丁美洲以及亚洲和欧洲的部分地区。连锁董事的安排使得一个家族或企业集团能够间接控制或显著影响多个企业的决策过程，因为这些董事会成员可以在不同的公司间协调行动，推动共同的战略目标或利益。

概念详解

1. 连锁董事会的形成原因

（1）家族控制： 在一些地区，尤其是拉丁美洲，家族企业是主要的企业形式。家族成员往往通过在多个家族拥有的公司中担任董事来维持对企业的控制权。

（2）战略联盟： 有时，企业之间为了加强彼此之间的合作关系，可能会互相委派董事进入对方的董事会，从而形成连锁董事的局面。

（3）资源共享： 在某些情况下，企业集团内的公司可能会共享高级管理人员，这些人在多个相关公司中担任董事，以促进资源和信息的共享。

2. 连锁董事会的优势

（1）降低代理成本： 家族企业中，家族成员通常拥有高度集中的所有权和管理责任，这可以降低股东与管理层之间的代理问题。

（2）战略一致性： 连锁董事有助于确保多个公司之间的战略一致性，特别是在家族企业或企业集团内部。

（3）资源整合： 连锁董事有助于整合资源，提高运营效率，特别是在面对共同市场挑战时。

3. 连锁董事会的劣势

（1）透明度不足： 家族控制下的公司可能面临**信息披露不足**的问题，这会影响外界对公司真实运营状况的理解。

（2）管理层问责缺失： 家族企业可能缺乏**有效的管理层问责机制**，这可能导致决策失误或滥用权力。

（3）少数股东权益受损： 家族控制的企业可能忽视少数股东的利益，这可能导致利益冲突和不公平对待。

（4）人才吸引困难： 家族企业可能难以吸引和留住高素质的管理人才，因为家族成员可能占据关键职位，限制了外部人才的发展空间。

> **实务拓展**
>
> 在现实世界中，连锁董事的现象普遍存在，尤其是在家族企业占主导地位的地区。例如，在拉丁美洲的一些大型家族企业中，家族成员常常在多个家族控制的公司中担任董事职务，从而形成了复杂的连锁董事网络。这种现象不仅限于家族企业，也可以出现在非家族企业之间，尤其是在存在战略联盟的情况下。

International Fisher Effect　国际费雪效应

基础释义

> 国际费雪效应是指描述名义利率与预期通货膨胀率之间关系的一种国际平价关系。国际费雪效应是费雪效应在国际金融中的扩展，其认为在资本自由流动、没有交易成本和资本管制的条件下，不同国家之间的**名义利率差异**应当等同于国家之间**预期通货膨胀率之间的差异**。

概念详解

1. 国际费雪效应的表达式

$$i_f - i_d = \pi_f^e - \pi_d^e$$

其中,

-i_f 代表外国的名义利率

-i_d 代表本国的名义利率

-π_f 代表外国的预期通货膨胀率

-π_d 代表本国的预期通货膨胀率

2. 国际费雪效应的理论基础

(1) 无抛补利率平价（Uncovered Interest Rate Parity, UIRP）: 假设不存在汇率风险补偿,则两个国家的名义利率差异应该等于预期的即期汇率变动:

$$\%\Delta S_{f/d}^e = i_f - i_d$$

(2) 预期购买力平价（ex ante PPP）: 假设货币之间的汇率应该反映两国通胀率的差异:

$$\%\Delta S_{f/d}^e = \pi_f^e - \pi_d^e$$

结合上述 2 个公式,最终可以推导得出国际费雪效应:

$$i_f - i_d = \pi_f^e - \pi_d^e$$

3. 国际费雪效应的应用

(1) 外汇交易: 外汇交易者可以利用 IFE 理论来预测汇率变动。如果一国的名义利率高于另一国,那么根据 IFE,该国的货币可能会在未来贬值,反之亦然。

(2) 国际投资: 投资者可以使用 IFE 来评估不同市场的实际回报率。通过比较预期通货膨胀率和名义利率,投资者可以做出更加理性的投资决策,选择那些实际回报率较高的投资机会。

(3) 货币政策制定: 中央银行可以利用 IFE 理论来制定货币政策。例如,如果希望本币升值,可以通过提高名义利率来吸引外资流入,从而减少货币供应量,抑制通货膨胀。

(4) 风险管理和对冲: 在存在货币风险的情况下,IFE 理论可以帮助投资者识别哪些市场存在更高的风险,并采取相应的对冲策略来保护投资不受汇率波动的影响。

4. 国际费雪效应的局限性

(1) 货币风险差异: 并非所有货币都具有相同的货币风险。例如,新兴市场国家可能由于高负债而面临更高的货币贬值风险。

（2）通胀溢价和风险溢价： 经济学家通常将名义利率分解为实际利率、通胀溢价和风险溢价三部分。在高风险国家，投资者会要求更高的风险溢价，这会反映在更高的名义利率和实际利率上。

（3）新兴市场的情况： 在高风险的新兴市场中，名义利率和实际利率都会比预期的更高，因为投资者需要更高的回报来补偿持有该货币的风险。

> **实务拓展**
>
> 国际费雪效应是以美国经济学家欧文·费雪（Irving Fisher）的名字命名的，他在 1930 年代提出了费雪效应的基本原理，国际费雪效应扩展了这一理论，将其应用于**国际金融领域**，国际费雪效应表明两国**名义利率**之差应当等于两国**预期通货膨胀率**之差，然而，在现实中，货币风险差异会影响这一效应的应用，尤其是对于高风险的新兴市场国家，实际利率会受到通胀溢价和风险溢价的影响，从而偏离理想状态下的国际费雪效应。

International Parity Conditions　国际平价关系

基础释义

> 国际平价关系是指在开放经济条件下，不同国家间的汇率、利率和物价水平之间存在的理论联系。这些关系有助于解释和预测外汇市场上的汇率行为以及跨国投资决策。

概念详解

1. 国际平价关系的分类

主要的国际平价关系包括利率平价关系、购买力平价以及国际费雪效应。

1.1 利率平价（Interest Rate Parity）

利率平价理论认为，在没有资本管制的情况下，由于资本的跨境可流动性，不同国家之间的可投资资产将提供相等的回报率。简单来说，如果**考虑到汇率变化，两个国家之间相似金融产品的预期回报应该是一致的**。这意味着任何利差都会通过未来汇率调整而被抵消。

利率平价可以进一步分为：

（1）抛补利率平价（Covered Interest Rate Parity, CIRP）： 在不存在资本流动障碍和风险差异的情况下，利用**远期外汇合约**对冲掉汇率风险后，投资于国内和先按照汇率进行换算然后投资于国外资产，两种投资路径的**以本国货币计量的收益率**应当相等。

（2）无抛补利率平价（Uncovered Interest Rate Parity, UIRP）： 在不存在资本流动障碍和风险差异的情况下，两国的即期汇率与**预期的即期汇率**之间存在一种平衡关系，确保投资者无论在哪个国家投资，扣除掉预期汇率变动后的实际回报应该是相同的。

1.2 购买力平价（Purchasing Power Parity，PPP）

购买力平价假设长期而言，考虑完汇率的兑换之后，相同的商品或服务在不同国家的价格应当等同。这意味着，一旦调整了汇率，一篮子商品在任何国家的成本应该大致相同。PPP 是衡量不同国家之间经济水平和居民生活成本的重要工具。例如，通过 PPP 计算得出的人均 GDP 常被用来比较不同国家居民的生活水平。

购买力平价可以进一步分为：

（1）绝对购买力平价（Absolute Purchasing Power Parity, APPP）： 绝对购买力平价主张在长期中，两种货币之间的汇率会调整至一个水平，使得两国商品和服务的价格经过汇率转换后相等。

（2）相对购买力平价（Relative Purchasing Power Parity, RPPP）： 相对购买力平价认为,两个国家货币间的汇率变动是由两国间的**相对通货膨胀率**决定的。如果一国的通胀率高于另一国，那么其货币在长期中将相对于另一个国家的货币贬值，以反映两国商品和服务实际购买成本的变化。

1.3 国际费雪效应（International Fisher Effect, IFE）

国际费雪效应是基于费雪效应扩展到国际环境中的概念，其表明名义利率的变动反映了预期通货膨胀率的变化，进而影响到实际汇率的变动。例如，一国名义利率上升意味着该国预期通货膨胀率上升，从而导致该国货币在未来将会贬值。

2. 国际平价关系的应用

（1）汇率预测： 通过分析购买力平价和利率平价可以帮助预测未来汇率走势。

（2）投资决策： 了解这些原则有助于投资者评估**跨境投资机会**，并对风险进行管理。

（3）经济政策制定： 政府和中央银行可能会使用国际平价关系的相关理论作为制定货币政策和财政政策的参考依据。

> **实务拓展**
>
> 尽管国际平价关系提供了有用的框架来分析全球经济现象，但实际情况往往更加复杂。多种因素如交易成本、市场壁垒、税收差异以及消费者偏好等都可能导致实际价格与理论预测存在偏差。此外，短期内市场因素如供需关系、投机活动也会影响货币价值和商品价格。因此，在应用这些理论时需要谨慎，并结合实际情况进行分析。

Intrinsic Value 内在价值

基础释义

内在价值是指一项资产、期权或其他金融工具在充分了解其投资特征后所具有的真实价值。内在价值是根据其基本面因素所具有的根本价值，反映了该资产在没有市场情绪、短期供需失衡等非基本面因素干扰情况下的理论价值，是现金流估值，尤其是股权估值的基础，并且与其他价值概念（如持续经营价值、清算价值和公允价值）一同构成了完整的估值体系。

概念详解

1. 内在价值与市场价格的区别

内在价值与市场价格可能不一致。即使市场上一个证券的价格可能反映了其内在价值，但实际情况中，市场价格往往会偏离内在价值。这是因为在市场上，信息并不总是完全且及时地反映在价格中。

关于内在价值与市场价格的辩证关系，有一个非常著名的悖论，叫作**格罗斯曼-斯蒂格利茨悖论（Grossman-Stiglitz Paradox）**：如果市场价格完美反映了证券的内在价值，理性投资者就不会花费成本去获取和分析信息来获得第二次估值。但是如果没有投资者获取和分析信息，市场价格又如何能够反映内在价值？

基于此，现代理论家认识到，如果假设市场价格完美地反映了内在价值，则估值过程只需查看市场价格即可。然而，这样的假设在现实世界中并不成立，因为**市场参与者的信息获取和分析成本**会影响市场价格的形成，尤其是当交易成本显著时，价格与价值之间的差距就会更大。

2. 内在价值的投资意义

对于积极管理的投资经理来说，他们希望通过努力估计内在价值，进而识别出定价错误，基于价格最终会收敛到内在价值的信念，最终试图获得**超额风险调整收益（alpha）**。

市场价格与经理估计的内在价值之间的偏离被称为**感知定价错误（perceived mispricing）**。

感知定价错误的表达式为：

$$VE-P=(V-P)+(VE-V)$$

其中，

-VE（value estimation）代表估计的价值

-P 代表市场价格

-V 代表内在价值

老皮点拨

$V-P$ 代表真实定价错误（true mispricing），即内在价值与市场价格之间的差异。

$VE-V$ 代表的则是估值中的误差（estimation error）。

分析师主要的工作目标就是发现真实定价错误，尽量减少估计误差。

3. 不同类型资产的内在价值估计方法

(1) 股票估值: 股票最常用的估值模型是股利折现模型（Dividend Discount Model, DDM），即预测公司未来所有股利支付，然后将这些现金流按合适的折现率折现至零时刻并加总以获得估值。另一种方法是基于公司的盈利能力，如使用行业平均或可比公司的市盈率乘以标的公司每股收益获得标的公司股票的相对估值。

(2) 债券估值: 债券的内在价值主要取决于其面值、票面利率和到期收益率，可以通过计算未来现金流（即利息支付和到期本金返还）的现值来确定。

(3) 期权定价: 对于期权而言，内在价值指的是期权立即执行所能获得的价值。对于看涨期权，内在价值是市场价格超过行权价格的部分；对于看跌期权，则是行权价格超过市场价格的部分。

4. 内在价值的影响因素

(1) 基本面状况: 企业的行业地位、管理团队、护城河（如品牌、专利、网络效应等）、盈利能力（如净利润、现金流等），是决定内在价值的关键。

(2) 成长性: 公司的增长潜力会增加其未来现金流，从而提升内在价值。

(3) 风险: 投资风险越高，要求的折现率也越高，这会降低内在价值的评估结果。

(4) 资本结构: 负债水平、资本成本等也会影响内在价值的计算。

> **老皮点拨**
>
> 内在价值的概念强调了深入分析公司基本面的重要性，鼓励投资者超越市场情绪，基于**严谨的财务分析**做出投资决策。然而，尽管内在价值基于客观数据，但由于未来现金流预测、贴现率选择等均为包含一定程度的估计的假设，不同的投资者可能会基于不同的信息和假设得出不同的内在价值评估结果。

Inventory　存货

基础释义

存货是指企业在日常经营活动中持有的用于**直接销售**或**参与最终商品制**

造过程的各种物资，包括原材料、在产品和产成品。存货是企业的一项重要流动资产，对于企业的财务状况和经营成果有着直接的影响。在制造和零售行业中，存货管理的好坏直接决定了企业的运营效率和盈利能力。

概念详解

1. 存货的分类

根据在生产过程中的节点和状态，存货可以被分为：

(1) 原材料（raw materials）： 用于生产过程的初始材料，如钢铁厂的铁矿石、纺织厂的棉花等。

(2) 在产品（work in process）： 已经开始了生产过程但尚未完成的产品，如汽车制造厂中的部分组装车辆。

(3) 产成品（finished goods）： 已生产制造并准备好出售的商品，如已完成封装并存放在企业仓库中的白酒。

2. 存货开支的会计处理

企业购置或生产存货会涉及一系列开支，处理方式包括资本化和费用化。

2.1 资本化（Capitalization）

存货的资本化是指将部分存货购置及生产过程中的开支作为存货账面价值的一部分纳入资产负债表。只有**使得存货达到预定可售卖状态之前的必要开支**可以作为存货成本的一部分，具体包括：

(1) 采购成本（purchase costs）： 包括存货的购买价格、运费、保险费等。

(2) 转换成本（conversion costs）： 是指将原材料转化为成品过程中发生的直接人工成本和间接制造费用（如工厂租金、水电费等）。

(3) 其他成本： 如质量检验费用、仓储费用等。

2.2 费用化（Expensing）

存货的费用化是指**不纳入存货成本**而是在发生当期直接作为一项期间费用进入利润表。不满足资本化条件的开支即进行费用化处理，具体包括：

(1) 异常成本（abnormal costs）： 因材料浪费、劳动力浪费或其他生产转换投入而导致的异常成本。

(2) 存储成本（storage costs）： 除非作为生产过程的一部分，否则不计入存货成本。

（3）行政开销和销售成本（administrative overhead and selling costs）： 这些成本在发生时应立即确认为费用。

3. 存货的计价方法

（1）个别计价法（specific Identification）： 适用于那些可以明确识别的存货单位，如珠宝、艺术品等。这种方法直接追踪并记录每个物品的实际成本。

（2）先进先出法（First-In First-Out, FIFO）： 假设最先进入库存的货物首先被售出。这种方法在物价上涨时会高估期末存货的价值。

（3）加权平均成本法（weighted average cost）： 根据一段时间内所有存货的平均成本来计算销售成本。这种方法平滑了价格波动的影响。

（4）后进先出法（Last-In First-Out, LIFO）： 仅在美国通用会计准则（US GAAP）下允许使用。假设最后进入库存的货物首先被售出。这种方法在物价上涨时会低估期末存货的价值。

📍 **实务拓展**

实务中典型的存货管理策略包括：

（1）适时制（just-in-time, JIT）： 通过精确地安排生产和采购，尽量减少库存量，以降低成本和提高效率。

（2）经济订货批量（Economic Order Quantity, EOQ）： 一种数学模型，用于确定最佳的订货数量，以平衡订购成本和持有成本。

（3）ABC 分类策略： 将存货分类为 A、B、C 三类，分别对应高、中、低价值的存货，以便采取不同的管理措施。

---

4. 存货的盘存制度

存货的盘存制度主要包括期间盘存制和永续盘存制。

4.1 期间盘存制（Periodic Inventory System）

在期间盘存制下，存货的价值和销售成本是在会计期末确定的。购买被记录在一个称为"购买账户"的科目中。**本期可供出售存货（inventory available for sale）** 等于期初存货加上本期购买的总额。期末存货的数量从本期可供出存货中减去，得到销货成本。期末存货的数量通常是通过实物盘点获得或验证的。

4.2 永续盘存制（Perpetual Inventory System）

在永续盘存制下，销货成本的金额和剩余存货的价值会随着每次购买和销售而持续更新。这意味着企业的财务系统会**在每次交易发生时自动更新存货的数量和成本**。

5. 存货的风险

（1）过时风险（obsolescence risk）：技术进步或消费者偏好的改变可能导致存货变得不再受欢迎。

（2）损耗风险（deterioration risk）：易腐烂或易损坏的商品容易遭受损失。

（3）市场价格波动风险（market price volatility risk）：原材料价格的波动可能影响存货成本。

（4）流动性风险（liquidity risk）：过度库存可能导致资金占用过多，影响企业的现金流。

Inventory Turnover Ratio　存货周转率

基础释义

存货周转率是指通过计算企业**某个时期的销货成本**除以**该时期平均存货余额**以衡量企业库存管理效率的一个财务指标。简单来说，存货周转率是指企业在一定时期（通常为一个会计年度）内存货"转手"或更新的次数，显示了企业在一定时期内库存商品转化为销售收入的速度。一般来说，较高的存货周转率表明公司在一年内销售其存货的次数更多，平均而言被占用在存货上的经济资源较少。

概念详解

1. 存货周转率的计算公式

$$Inventory\ turnover\ ratio = Cost\ of\ goods\ sold / Average\ inventory$$

其中，

-Inventory turnover ratio 表示存货周转率

-Cost of goods sold 表示销货成本

-Average inventory 表示平均库存价值

2. 存货周转率的分析

2.1 高存货周转率的情况

高存货周转率的可能原因包括：

（1）高效存货管理： 高效的存货管理系统可以确保库存水平与市场需求紧密匹配，减少过剩库存的同时保证及时供货。这通常得益于先进的信息技术支持、精准的需求预测、灵活的供应链管理和优秀的内部协调能力。

（2）存货不足： 如果公司的存货水平过低，可能是因为未能正确预测市场需求或过度依赖于**"准时制"（just In time）生产模式**。这会导致频繁的缺货现象，虽然表面上提高了存货周转率，但实际上可能影响客户满意度和销售业绩。

（3）存货减值： 存货减值通常是因为公司对过时或损坏的存货进行了账面价值的减记。虽然这会暂时提高存货周转率，但它也可能反映出公司在存货管理上的不足之处，如采购决策不当、存储条件欠佳或市场需求预测失误。

2.2 低存货周转率的情况

低存货周转率的可能原因包括：

（1）滞销或过时的存货： 产品可能不再符合市场需求，导致销售缓慢。这可能是由于产品质量问题、定价过高、营销不足或供应链管理不当引起的。

（2）技术过时或时尚变化： 在快速发展的行业中，新技术的出现迅速淘汰旧技术。消费者偏好的快速变化也会导致某些产品迅速过时。例如，智能手机的新功能发布后，旧款手机的价值会大幅下降。此外，竞争对手的创新、政策法规变化或宏观经济环境的变动也可能导致产品过时。

> **老皮点拨**
>
> 与存货周转率紧密相关的另一个评价企业存货管理效率的指标是**存货周转天数（Days of inventory on hand, DOH）**，通过将报告期天数除以存货周转率来计算得出。一般情况下，存货周转率和存货天数应该与行业标准进行对比，并且跨年度进行比较。
>
> 例如，如果一家公司的存货周转率远高于行业平均水平，并且其销售增长率也高于行业平均水平，这可能表明该公司在管理存货方面更为高效。

Investment 投资

基础释义

投资是指将资金或其他资源投入**某个项目、资产、企业或金融工具**中，以期在未来获得收益或实现资产增值的行为。投资活动基于对潜在收益与风险的评估，旨在利用现有资源创造经济价值。投资涵盖多个层面和形式，从购买股票、债券等金融证券到实体资产如房地产、设备，或是向新创企业注资等。

概念详解

1. 投资的核心目的

（1）保值增值： 在通货膨胀率较高的环境下，投资可以帮助个人或机构保持购买力，避免货币贬值带来的损失。此外，投资者希望通过投资实现资产的增值，从而增加自己的财富。

（2）风险管理： 通过多样化投资组合，投资者可以分散风险，降低单一投资失败对整个财务状况的影响。此外，保险也是一种常见的风险管理手段，属于一种特殊的投资形式。

（3）创造现金流： 一些投资能够产生持续的现金流，如租金、债券利息或股票分红。这些现金流可以作为额外的收入来源，帮助满足日常生活开支或再投资以获取更多收益。

（4）实现长期目标： 许多人在投资时会设定明确的目标，如退休储蓄、子女教育基金或是购买房产。投资是实现这些长期目标的有效途径。

（5）控制和影响： 在某些情况下，尤其是直接投资于企业时，投资者可能会寻求对企业运营的控制权或至少有一定的影响力。这种类型的投资不仅限于财务回报，还包括战略利益。

（6）社会责任投资（socially responsible investing, SRI）： 近年来，越来越多的投资者倾向于选择那些符合其道德、社会或环境价值观的投资项目。这类投资不仅追求财务回报，还强调对社会和环境的正面影响。

2. 投资的类型

2.1 实物投资（Physical Investment）

（1）房地产投资（real estate investment）：购买住宅、商业地产（如写字楼、购物中心）、工业地产或土地，期望通过租金收入、资产升值或两者兼有来获得回报。

（2）基础设施投资（infrastructure investment）：参与公路、桥梁、隧道、电力设施、水利设施等公共事业项目的建设与运营，这类投资往往期限较长，但能带来稳定的现金流。

（3）设备与机器投资：对企业而言，购买新设备、机器或技术升级以提高生产效率或服务能力，这种投资旨在通过提升生产力或服务质量来增加企业的盈利潜力。

（4）贵重金属投资：购买黄金、白银等贵金属实物或金币、金条，作为对冲通货膨胀和市场动荡的手段。

（5）艺术品与收藏品投资：投资于艺术品、古董、稀有邮票、钱币或其他收藏品，这类投资通常基于长期价值增长预期和稀缺性原则。

2.2 金融投资（Financial Investment）

（1）金融资产投资（financial asset investment）：金融资产投资是指企业持有的，能够在未来给企业带来经济利益流入的金融工具。这类资产通常代表对另一实体的债权（如贷款和应收账款）、股权（如股票投资）或是混合型金融工具的一部分，它们的价值源自合同权利或对实体资产的索取权。

（2）长期股权投资（equity investment）：长期股权投资是指一家公司购买另一家公司少于 50% 股份的权益投资。投资者公司借此获得对被投资公司的风险敞口，并可能通过董事会席位影响其运营。股权投资常用于建立战略伙伴关系、为未来收购铺路或投资低估资产。

（3）合资企业（joint venture, JV）：合资企业是指两个或更多公司共同成立并控制一个新的独立实体，以实现特定商业目标。各参与方投入资源，共享利润和亏损，但各自保持独立运营。合资通常涉及较大的投资规模、更强的运营控制及管理层更多的参与，常用于开拓新市场。

（4）收购（acquisition）：收购是指一个公司购买另一个公司的多数或全部股份，以控制目标公司、其业务部门或特定资产。完成收购后，目标公司成为收购公司的子公司，财务报表合并。收购可能导致管理、运营和资源整合，具体取决于整合策略。

老皮点拨

公司投资是指公司通过增加规模或扩展业务范围来实现增长，其动机主要包括：

(1) 实现协同效应： 协同效应（synergy）指的是两家或多家公司合并后产生的额外价值或利益。这些协同效应可以来自运营效率的提高、成本的削减、市场份额的扩大等方面。例如，通过合并，公司可以共享销售渠道、生产设施或研发资源，从而降低成本并提高效率。

(2) 获得增长： 公司通过并购新的业务或市场来寻求增长。这种增长可能是地理上的扩张，也可能是产品线的多样化。通过并购，公司可以迅速进入新市场或获取新技术，从而加快其成长速度。

(3) 改善能力或确保资源： 公司可能希望通过并购来获得新的能力或确保关键资源的供应。例如，一家制造公司可能会收购一家拥有先进技术的供应商，以提升自身的技术水平；或者一家能源公司可能会购买一处矿产资源，以确保其长期的原材料供应。

(4) 抓住低估目标的机会： 如果市场上存在被低估的公司，那么并购这些公司可以为买家带来良好的投资回报。通过识别这些机会，公司可以在较低的成本下获取有价值的资产或业务。

Investment Bank　投资银行

基础释义

投资银行是指在资本市场中为公司、政府、金融机构、高净值个人以及其他客户提供一系列复杂金融产品和服务的一种金融机构。投资银行通过专业服务在资本供需双方间架起桥梁，推动资本形成与有效配置，促进企业成长与经济发展，同时为投资者提供丰富的产品与专业的投资建议。

概念详解

1. 投资银行的特点

（1）非存款机构： 与商业银行不同，投资银行**不接受公众存款**，其资金主要来源于**股东资本**、**发行债券**、**短期借款**等。

（2）专业性强： 投资银行员工通常具备深厚的金融专业知识和技能，包括金融工程、法律、会计、经济学等领域，能够为客户提供复杂金融问题的解决方案。

（3）风险较高： 投资银行的业务活动通常涉及较高的**市场风险（market risk）**、**信用风险（credit risk）** 和**操作风险（operational risk）**，因此需要严格的风险管理体系和充足的资本缓冲。

（4）监管严格： 由于其业务对金融市场稳定性和投资者保护具有重要影响，投资银行受到各国金融监管机构的严格监管，须遵循一系列法律法规和行业标准。

2. 投资银行的业务范围

（1）资本市场融资： 协助客户发行股票（首次公开募股 IPO、增发）、债券（公司债、市政债等）及其他证券，包括承销和分销这些证券。

（2）并购与重组咨询： 为客户提供**并购（M&A）**、**剥离（divest）**、**分拆（spin off）**、**重组（restructuring）** 等交易的策略咨询、估值分析、谈判支持、文件准备和监管审批协助。

（3）证券交易与做市： 在证券交易所进行股票、债券、衍生品等金融产品的自营交易，以及为市场提供做市服务。

（4）资产管理与财富管理： 为机构和个人客户提供**投资管理服务**，包括设计、发行和管理投资基金、结构性产品等以及为高净值个人和家族提供**定制化的财富管理方案**。

（5）风险管理与产品创新： 开发并销售各类风险管理工具（如互换、期权、期货等衍生品），帮助客户对冲风险以及创新金融产品以满足市场需求。

（6）研究与经济分析： 为内部决策和外部客户提供宏观经济分析、行业研究、公司基本面分析等，为投资决策提供依据。

3. 投资银行的功能与作用

（1）资本中介： 通过发行和交易证券，投资银行将资金从储蓄者（投资者）引导至资金需求者（如公司、政府），促进资本的有效配置。

（2）风险管理： 提供风险管理工具和服务，帮助客户转移、分散或对冲各种金融风险，增强经济体系的韧性。

（3）市场建设： 通过承销新发行证券、提供做市服务和开发金融产品，投资银行有助于深化和拓宽资本市场，提高市场效率。

（4）企业顾问： 在企业成长、扩张、重组等关键时刻，投资银行提供战略咨询和执行支持，助力企业实现发展目标。

（5）投资者服务： 为投资者提供多样化的投资产品、研究分析和财富管理服务，满足其投资需求，促进社会财富增值。

Investment Opportunity Set　投资机会集

基础释义

> 投资机会集又称"投资可行集"，是指在**均值-方差框架**下所有可投资产及由这些资产组成的所有可能投资组合的风险与回报组合。这些组合可以是任何两个或多个资产间的不同权重分配，从而形成不同的风险与回报水平。具体来说，投资机会集描述了在给定风险水平下可以获得的最大预期收益，以及在给定预期收益水平下所需承担的最小风险。

概念详解

1. 投资机会集的构造步骤

（1）初步构建（initial construction）： 从**单一的可投资产**（individual assets）出发，逐步形成不同的组合，并将这些组合绘制在图表上形成一条曲线。曲线上所有的点以及曲线右侧的所有点都是通过一种或多种可投资产的组合能够达到的。最初，投资机会集可能只包含**国内资产**（domestic assets），随着进一步引入**国际资产**（international assets）或其他类型的投资，投资机会集将会扩展。

（2）扩展与优化（expansion and optimization）： 只要新的资产类别与现有的资产类别不完全正相关，投资机会集就会进一步向左上方扩展，提供更好的**风险－回报权衡**（risk-reward trade-off），包含国际资产的投资机会集优于仅包含国内资产的机会集，添加其他资产类别将对机会集产生同样的影响。因此，我们应该继续添加资产类别，直到它们不再改善风险-回报状况为止。

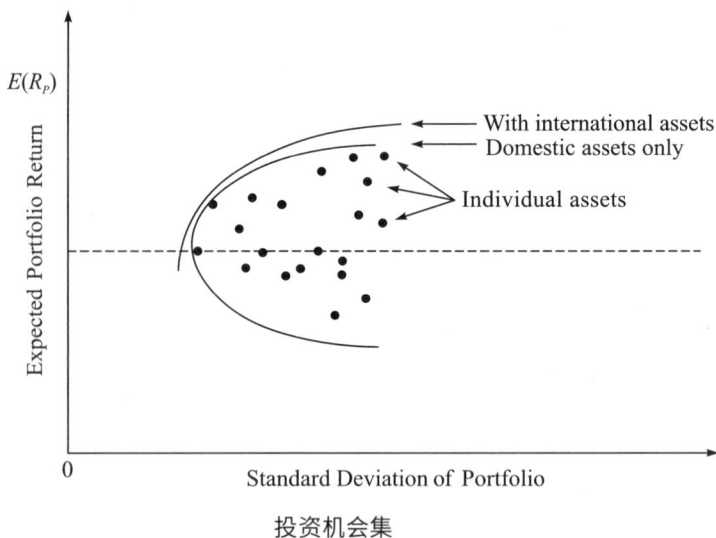

投资机会集

2. 投资机会集的图像特点

（1）如果两个资产是完全正相关（相关系数 =1），那么风险-回报机会集表现为一条**连接这两个资产的直线**。这条直线上包含了通过改变每种资产在组合中的权重而形成的组合。

（2）如果两个资产不是完全正相关（即相关系数 <1），那么投资组合的风险会小于各组成部分风险的加权平均值，形成的组合曲线会向外凸出。这种凸出是因为资产之间存在**非完全正相关性**，单个资产的风险可以在一定程度上被抵消，从而降低投资组合的整体风险。

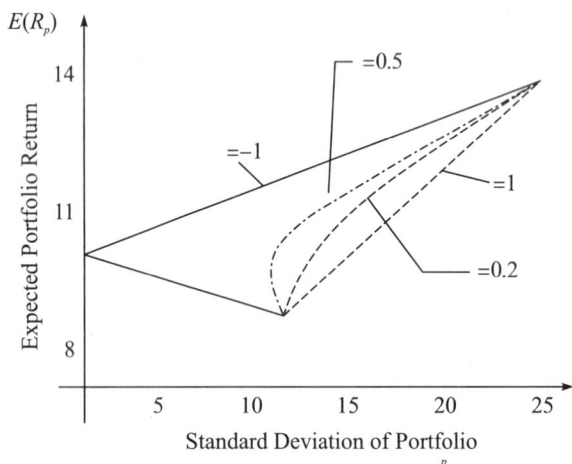

不同相关性情况下的投资机会集

老皮点拨

投资机会集是构建有效前沿的起点，有效前沿是在给定风险水平下能提供最高回报的投资组合集合。构建有效前沿的过程步骤如下：

（1）构建投资机会集（investment opportunity set）：从所有可投资产开始，通过形成各种可能的投资组合，构建投资机会集。

（2）形成最小方差前沿（minimum-variance frontier）：风险厌恶的投资者寻求在给定回报的情况下最小化风险。通过分析投资机会集上的点，确定每个回报水平下的最小方差组合，将所有回报水平下的最小方差组合连接起来，形成最小方差前沿。

（3）确定全球最小方差组合（global minimum-variance portfolio）：全球最小方差组合是最小方差前沿最左侧的点，代表了所有风险资产组合中具有最小方差的组合。

（4）构建有效前沿（efficient frontier）：有效前沿是指位于全球最小方差组合之上并向右延伸的曲线，它包含了所有理性、风险厌恶的投资者会选择的风险资产组合。

Investment Policy Statement (IPS)　投资政策声明

基础释义

投资政策声明是指在投资组合管理中详细阐述了个人投资者或机构投资者的**投资目标、风险容忍度、资产配置策略、投资限制、业绩评估标准以及决策流程**等关键要素的一份书面文件。客户和财富管理者应当定期审查 IPS，并在客户情况或资本市场的环境发生变化，从而影响投资策略时对其进行更新。对于财富管理者而言，IPS 提供了专业的以客户为中心的投资管理流程的证明，同时也体现了履行受托责任的承诺。

概念详解

1. 投资政策声明的作用

（1）沟通工具： IPS 帮助投资者和投资顾问之间建立**共识**，确保双方对**投资目标和策略**有共同的理解。IPS 鼓励投资纪律，加强了客户遵循既定策略的承诺，这一点在市场不利的情况下尤为重要。

（2）决策依据： IPS 为投资决策提供明确的**框架**，避免情绪化或非理性决策，确保投资行为与长期目标保持一致。

（3）风险管理： 通过设定**界限**和**规则**，帮助控制风险，避免过度集中投资或偏离原定策略。

（4）绩效评估依据： 提供客观的**基准**，用于衡量投资结果，评估投资策略的有效性和必要时进行调整。

2.IPS 的主要组成部分

一份完整的 IPS 通常包括背景与投资目标、投资参数、投资组合资产配置、投资组合管理、各方职责以及附录。

2.1 背景与投资目标

IPS 的背景包括客户姓名、年龄及相关的个人和财务信息。投资目标应具体量化，比如退休后每年的提款额随通胀调整，或是具体的遗赠或慈善捐赠金额。

2.2 投资参数（Investment Parameter）

投资参数一般包括：

（1）风险容忍度： 考虑客户承受投资组合波动的能力和意愿。

（2）投资时间范围： 通常为一个区间，而非确切年数。

（3）资产类别偏好： 列出构成客户投资组合的资产类别。

（4）其他投资偏好： 如 ESG（环境、社会和治理）投资偏好，持有特定股票或非推荐投资。

（5）流动性需求： 如维持现金储备或应对未预期的现金流需求。

（6）约束条件： 客户可能有的限制，如投资账户选项、大额未实现资本利得的税收问题，或 ESG 相关约束。

2.3 投资组合资产配置（Portfolio Asset Allocation）

每个资产类别的目标配置比例及其上下限。

2.4 投资组合管理（Portfolio Management）

投资组合管理包括财富管理者获得的决策权限、再平衡活动的执行方式、战术资产配置的变化以及实施细节。

2.5 各方职责

IPS 中的各方职责内容主要包括：

（1）财富管理者职责： 包括制定符合客户目标的适当资产配置，建议或挑选投资工具并定期检查资产配置并按需进行再平衡（rebalancing）。

（2）第三方服务提供商职责： 包括维护独立的客户账户、定期评估投资资产的价值、处理投资产生的收入以及完成买卖交易的结算。

（3）IPS 审查： 财富管理者应设定与客户共同审查 IPS 的频率，确认投资目标的准确性及策略的有效性。

2.6 IPS 附录

IPS 附录的内容主要包括：

（1）模拟投资组合行为： 提供不同持有期内可能的绩效范围，展示回报分布的百分位区间，强调复合回报率，并呈现投资组合的下行风险。

（2）资本市场预期（capital market expectation）： 资本市场预期包括财富管理者对各类资产的预期回报、标准差和资产类别间的预期相关性。

Issuer　发行人

基础释义

发行人是指在金融市场中**发行金融工具（如股票、债券、基金、衍生产品等）**的实体，即金融工具的原始出售者或创设者。发行人可以是公司、政府、金融机构、国际组织或其他法律实体。

概念详解

发行人的分类

（1）公司发行人（corporate issuers）。

①**股份公司（corporations）：** 股份公司（包括上市公司和非上市公司）通过发行股票筹集资本，扩大经营规模，或通过发行债券筹集长期债务资金。公司作为发行人，对其发行的股票或债券负有信息披露、分红派息、偿还本金等义务。

②**有限责任公司（limited liability companies）：** 在某些情况下，有限责任

公司也可能成为金融工具的发行人，如发行债券或参与设立投资基金。

（2）政府与公共部门发行人（government and public sector issuers）。

①**中央政府：** 各国中央政府通过发行国债，（如国库券、中期国债、长期国债）筹集财政资金，用于公共支出、偿还旧债等目的。中央政府发行的债券通常被视为信用风险最低甚至不存在信用风险的投资品种。

②**地方政府与政府机构：** 地方政府及其授权机构（如城市开发公司、交通建设公司等）也会发行市政债券、项目收益债等，为地方基础设施建设、公共服务提供资金。

③**国际组织：** 世界银行（World Bank）、国际货币基金组织（International Monetary Fund, IMF）、欧洲投资银行（European Investment Bank, EIB）等国际组织，会发行债券或参与设立投资基金，为成员国提供发展援助、促进区域经济发展等。

（3）金融机构发行人（financial institution issuers）。

①**银行（banks）：** 商业银行、投资银行等金融机构作为发行人，可以发行金融债券、次级债、混合资本工具等，以补充资本、优化负债结构或满足监管要求。

②**保险公司（insurance companies）：** 保险公司通过发行保险债券（insurance bonds）、次级债、混合资本工具筹集资金，用于扩大承保能力、支持投资业务或满足偿付能力监管要求。

③**证券公司（securities firms）：** 证券公司作为发行人，可能发行次级债、短期融资券等，用于补充营运资金、扩大业务规模或满足监管要求。

（4）基金与资产管理产品发行人（fund and asset management product issuers）。

①**基金管理公司（fund management companies）：** 基金管理公司作为基金的发行人，负责发起设立、募集、管理基金资产，并向投资者提供基金单位。投资者通过购买基金单位成为基金持有人，享有基金投资收益并承担相应风险。

②**资产管理公司（asset management companies）：** 资产管理公司发行各类资产管理计划（如集合资产管理计划、专项资产管理计划等），为投资者提供专业化投资管理服务。

Jensen's Alpha　詹森的阿尔法

基础释义

詹森的阿尔法是指投资组合或基金相对于**资本资产定价模型（CAPM）所预测的理论均衡收益**的超额收益。詹森的阿尔法是常见的衡量投资经理**超越市场**的能力（即其主动管理技能）的指标。

概念详解

1. 詹森的阿尔法的计算公式

$$\alpha_P = R_P - \left\{ R_f + \beta_P \left[E(R_m) - R_f \right] \right\}$$

其中，

- α_p 表示投资组合经过系统性风险调整之后的超额收益
- R_p 表示投资组合的预期或实际收益率
- R_f 是无风险利率，通常使用短期国债的收益率作为代表
- β_p 是投资组合的 β 系数，衡量投资组合相对于市场组合的系统性风险
- $E(R_m)$ 是市场组合的预期收益率，通常用宽基市场指数的收益率来代表

2. 詹森的阿尔法的投资应用及意义

（1）业绩评估： 如果 α 为正，说明投资组合或基金在**考虑了其系统性风险之后**，仍然实现了超出 **CAPM 模型预测的预期收益**的超额收益，表明投资经理具有优秀的**主动管理能力**，是评估投资经理是否成功"跑赢"市场的重要指标。

（2）费用参考： 詹森的阿尔法也是投资者愿意支付给基金经理管理资金的最大金额。如果一个基金经理能够持续获得正的阿尔法值，那么投资者愿意为此支付相应的管理费用。

3. 应用詹森的阿尔法时的注意事项

（1）市场效率： 詹森的阿尔法基于 CAPM 的有效市场假说，即市场是有效的，所有公开信息已被充分反映在资产价格中。在非有效市场中，阿尔法的解释可能需要更谨慎。

（2）模型假设： 和 CAPM 一样，阿尔法的计算依赖于一系列假设，包括市场组合的存在、投资者的同质预期、无交易成本等，实际应用时需注意这些假设的局限性。

（3）数据质量与期限： 计算阿尔法需要准确的历史收益率数据，且通常需要较长的时间序列以确保结果的可靠性。

（4）解释与解读： 正的阿尔法并不总是意味着投资能力，可能也反映出运气、数据偏差或其他未被模型捕捉到的因素。

老皮点拨

积极回报与阿尔法回报是两个紧密相关但是存在区别的概念。

积极回报（active return） 的公式为：$R_A=R_P-R_B$，

阿尔法（alpha, α）是**经过系统性风险调整的积极回报**，也即通常所说的**超额收益**（excess return），公式为：$\alpha=R_P-\beta\times R_B$。

如果 $\alpha=R_A$，说明 $\beta=1$，有两种可能性：

（1）标的组合是**市场组合**（用指数近似，具体产品可以是完全复制型的指数基金）。

（2）标的组合是**承担了平均的系统性风险的组合**（理论上可以是完全贴合整体经济周期运行轨迹的行业或公司的股票，比如房地产行业的板块基金或者个股）。

在实务和日常交流中，积极回报和超额收益经常混用，但是从精确学术研究的角度来说，二者只在 $\beta=1$ 的时候会刚好在数值层面相等。

Joint Venture　合营企业

基础释义

合营企业是指两个或两个以上的企业、公司或其他经济组织，基于特定的商业目标或项目，通过签订合同或协议，共同投资、共同经营、共享收益、共担风险的一种合作形式。合营企业的形式可以用于进入外国市场、开展专业活动以及参与高风险项目。合营企业各参与方在合作期间保持**相对独立的法律地位**，同时在合营企业内部形成某种形式的联合管理结构。合营企业可以采取多种形式和结构，包括但不限于**合同关系**和**共同拥有资产**的形式。

概念详解

1. 合营企业的法律形式

（1）**合同关系（contractual relationships）**：主要通过合同来规定各方的权利与义务。

（2）**共同拥有资产（common ownership of assets）**：各方共同拥有企业的资产。

（3）**合伙企业（partnerships）**：合作伙伴共同承担企业的盈利和亏损。

（4）**有限责任公司（limited liability companies, LLCs）**：以公司形式存在的合营企业，具有**独立法人资格**。

（5）**其他法律形式（other legal forms）**：如未注册协会（unincorporated associations）等。

2. 合营企业的类型

合营企业可以分为合资经营企业和合作经营企业两种类型。

2.1 合资经营企业

合资经营企业的双方以**货币、实物、知识产权等形式**投入资产，并按照一定的比例折算成股权。各合营方的权益、决策权及利润分配均直接与其所持有的股权比例挂钩。合资经营企业通常会注册成为**具有独立法人资格的实体**，拥有自己的章程、董事会、管理层等治理结构，能够独立开展业务、签订合同、拥有资产、承担债务。

合资各方通常会共同参与合营企业的经营管理，如共同组成董事会，共同任命高级管理人员（如经理、副经理），并**依据各自的股权比例行使表决权**，对重大事项进行集体决策。

2.2 合作经营企业

合作经营企业的双方**不一定按照股权比例投入资金**，而是可以包括**技术、商标使用权、场地使用权、劳务等非货币性投入**。利润分配和风险承担通常根据合作协议中事先约定的比例或条款来确定，而**非严格遵循股权比例**。

合作经营企业可能**不设立独立的法人实体**，或者即使设立法人，其管理结构可能不像合资经营企业那样严谨。各方可能按照合同约定各自分担经营责任和义务，而不一定需要组建共同的管理机构如董事会。

3. 合营企业的特点

（1）**共同投资：**各参与方按照约定条件共同提供资金、实物、技术、知识产权等资源。

（2）**共同经营：** 各方通过协商制定经营策略，可能共同参与日常管理或通过委派代表参与决策。

（3）**共享收益：** 根据合营协议或股权比例分配合营企业产生的利润。

（4）**共担风险：** 各方按约定比例或条件承担合营企业运营过程中的亏损和其他风险。

（5）**法律约束：** 合营各方的权利、义务、责任以及合营企业的运作规则受相关合同或协议以及适用法律法规的约束。

4. 合营企业的会计处理

合营企业的会计处理方法主要包括权益法和比例合并法。

（1）**权益法（equity method）：** 根据国际财务报告准则（IFRS）和美国公认会计原则（US GAAP），合营企业通常采用权益法进行会计处理。这意味着投资方将按照其在合营企业中的持股比例在利润表上确认投资收益，在资产负债表上反映对合营企业的投资价值。

（2）**比例合并（proportionate consolidation）：** 在极少数情况下，允许使用比例合并的方法。在这种方法下，投资方需要在其财务报表中逐行合并其在合营企业中的份额，包括资产、负债、收入和费用。

实务拓展

合营企业常用于跨国经营、大型工程项目、技术研发合作、市场开拓等场景，有助于参与者利用各自优势、降低单方面进入新市场或开展复杂项目的难度与风险。随着全球经济一体化进程加速，合营企业作为一种有效的战略联盟形式，在全球范围内得到了广泛应用。

全球范围内有过两个知名的合营企业的案例。

（1）**宝洁与联合利华合资设立"傲白"公司：** 两大日化巨头宝洁公司（Procter & Gamble）与联合利华（Unilever）在 1991 年宣布组建合资公司"傲白"（Alliance Laundry Systems），专注于商用洗衣设备业务。双方凭借各自的品牌影响力、技术优势和市场资源，成功打造了全球领先的商用洗涤解决方案提供商。

（2）**索尼爱立信（Sony Ericsson）：** 日本索尼公司（Sony）与瑞典爱立信公司（Ericsson）于 2001 年合资成立了手机制造商索尼爱立信。结合索尼在消费电子领域的创新技术和设计实力，以及爱立信在通信技术方面的专

业能力，该公司迅速在手机市场上崭露头角，尤其在音乐手机和拍照手机领域取得了显著成功。尽管后来因市场竞争加剧和战略调整，索尼于 2012 年完全收购了爱立信的股份，但合资期间确实实现了显著的市场份额增长和品牌影响力提升。

Judgmental Sampling　判断抽样

基础释义

　　判断抽样又称"专家抽样"，是指研究者或专家基于专业知识、经验和主观判断来选择样本，而非依赖随机选择的一种非概率抽样技术。判断抽样通常在研究者对研究对象有深入了解的情况下使用，以便能够选择最具代表性的样本。

概念详解

1. 判断抽样的优点

　　(1) 针对性强： 研究者可以根据研究目的和背景知识，直接选取最相关的样本，这样可以更快地达到研究目标。

　　(2) 灵活性高： 在时间紧迫或者资源有限的情况下，研究者可以迅速定位到重点研究对象。

　　(3) 适用性强： 特别适用于那些需要高度专业知识的情况，例如在审计过程中，经验丰富的审计人员可以根据自己的判断来选择账户或交易记录，以获得足够的审计覆盖度。

2. 判断抽样的缺点

　　(1) 易受偏见影响： 由于样本的选择依赖于个人的判断，因此可能会受到研究者个人偏见的影响，导致样本代表性不足。

　　(2) 结果偏差： 如果研究者的选择标准不够客观，可能会导致研究结果不能准确反映整个总体的情况。

（3）缺乏可重复性： 由于选择过程不是随机的，因此其他研究者可能无法复制同样的样本选择过程，降低了研究结果的可验证性。

3. 判断抽样的应用场景

（1）专业领域研究： 在需要深入了解特定领域或复杂问题时，专家的判断能指引选取关键样本。例如，在医学研究中，医生或研究人员在进行病例研究时，可能会根据病情严重程度或特殊症状来选择病例进行深入研究。

（2）案例研究： 进行深入的个案分析，选择具有典型性或极端案例以揭示问题本质。

（3）资源有限： 当**无法进行大规模随机抽样**或**需要快速获取特定群体的意见**时，市场调研人员可以根据已有的经验和行业知识来选择受访者，利用专家判断高效选取最有价值的样本。

（4）初步探索： 作为研究设计的初期阶段，帮助界定问题、形成假设或确定变量。

4. 判断抽样与概率抽样的区别

判断抽样属于一种**非概率抽样（non-probability sampling）**，非概率抽样与概率抽样（probability sampling）存在明显的区别。

概率抽样如**简单随机抽样（simple random sampling）**、**分层随机抽样（stratified random sampling）**、**聚类抽样（cluster sampling）** 等依赖于**数学规则**来选择样本，每个个体都有被选中的机会，从而可以保证样本的代表性。

非概率抽样如**判断抽样**、**便利抽样（convenience sampling）** 等则更多依靠研究者的**主观判断**来选择样本，虽然在某些情况下更为高效，但也可能导致样本的代表性不足。

> **老皮点拨**
>
> 尽管判断抽样在特定情况下有其独特优势，但其结果的普遍性和外部有效性受限，不适合于需要精确量化推断总体参数的研究。使用判断抽样时，研究者应明确指出抽样方法的局限性、可能的偏见来源，并在报告中详细说明样本选择的依据和理由。对于需要更高程度的统计推断力和客观性的研究，建议采用**概率抽样**方法。

Key Rate Duration 关键利率久期

基础释义

> 　　关键利率久期是指用于评估固定收益证券或投资组合对**基准收益率曲线上某个特定期限点利率**变化的敏感度的利率风险度量指标。与有效久期仅仅测量对**整个收益率曲线平行移动**的反应不同，关键利率久期将收益率曲线分为多个不同的期限段（如短期、中期、长期），分别测量每个期限段的利率变动对债券或投资组合价值的影响。

概念详解

1. 关键利率久期的计算方法

　　计算关键利率久期的过程类似于有效久期的计算，但是它只改变收益率曲线上选定的关键点，而不是整个曲线，具体计算公式如下：

$$KeyRateDur_k = -\frac{1}{PV} \times \frac{\Delta PV}{\Delta r_k}$$

其中，

- ΔPV 代表由于利率变化导致的价格变化量

- PV 代表原始的债券价格

- Δr_k 代表关键期限点利率的变化量

💡 **老皮点拨**

$$\sum_{k=1}^{n} KeyRateDur_k = EffDur$$

　　关键利率久期有助于识别所谓**"形状风险"**（**shaping risk**），即债券对于收益率曲线形状变化（如变陡峭或平坦化）的敏感性。当我们把全部期限的关键利率久期加总，就得到了有效久期，因为全部期限的收益率移动相同距离等同于整条基准收益率曲线发生了平行移动。

2. 关键利率久期的应用

2.1 利率风险评估

关键利率久期的实际应用之一是帮助分析者了解某些类型的债券（如可赎回债券）的价格如何在例如短期基准利率上升而长期利率保持不变的情况下变化。

我们可以通过下列公式来估计关键期限的利率变动之后导致的债券价格变动的幅度。

$$\frac{\Delta PV}{PV} = -KeyRateDur_k \times \Delta r_k$$

2.2 投资组合管理

在投资组合管理中，关键利率久期可以帮助基金经理根据对未来收益率曲线形状变化的看法调整其投资组合，从而管理**特定利率风险暴露**，通过调整组合中不同期限债券的比重，来优化对预期的收益率曲线形状变化的反应。

例如，如果一个经理预期收益率曲线将趋平，则可能会增加对较短期限债券的投资，以利用这种预期的变化。

Kurtosis　峰度

基础释义

峰度是指描述概率分布中极端值（远离平均值的数据点）的相对频度与分布密度的一种统计特征。峰度与分布的"顶部尖锐程度"或"尾部厚度"有关，是衡量数据分布形态的一个重要指标，反映了数据相对于正态分布的集中程度和**极端值的出现频率**。简而言之，峰度告诉我们数据分布的尾部与正态分布相比是更厚重还是更扁平。

概念详解

1. 峰度的类型

（1）mesokurtic（中峰态）： 如果一个分布的超峰度 =0（或峰度等于 3），说明该分布的尾部厚度与正态分布相似，即既不特别尖锐也不特别扁平，属于"正常"形态。

（2）leptokurtic（尖峰态 / 肥尾分布）： 当超峰度大于 0（或峰度大于 3），表明分布的尾部比正态分布更厚重，即极端值出现的频率高于正态分布，分布可能有一个更尖锐的峰顶或更肥厚的尾部，称为"尖峰态"或"肥尾"。

（3）platykurtic（扁峰态 / 瘦尾分布）： 若超峰度小于 0（或峰度小于 3），则表示该分布的尾部比正态分布要薄，极端值出现的频率较低，峰形较平坦，称为"扁峰态"或"瘦尾"。

2. 峰度的图像

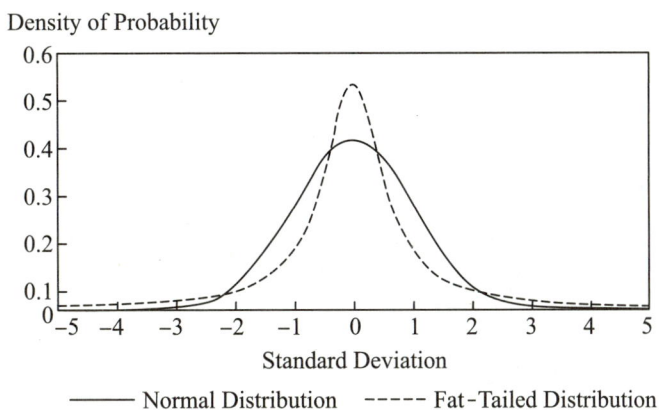

Density of Probability

正态分布与肥尾分布

3. 峰度的实际应用

在金融投资领域，峰度尤为重要，因为它能帮助投资者理解资产回报的分布特征，评估风险。例如，一个 leptokurtic（尖峰厚尾）的收益率分布意味着**发生极端市场波动（如金融危机）的可能性更大**，这对风险管理、投资组合构建以及对冲策略的选择都有深远的影响。

Labor 劳动力

基础释义

> 劳动力是指投入生产活动中的工作能力或人力，它是经济活动中不可或缺的一个投入要素。劳动力的数量和质量直接影响到一国或地区的经济增长潜力。

概念详解

1. 劳动力数量的决定因素

劳动力数量通常指可用于工作的总工时数，它等于劳动力人数乘以平均工时。劳动力被定义为处于劳动年龄（通常是 16 岁至 64 岁之间）且正在就业或正在寻找工作的人口。

劳动力数量增长的影响因素包括：

（1）人口增长（population growth）：长期来看，劳动力供应的预测主要由适龄工作人口的增长决定。人口增长受到生育率和死亡率的影响。发展中国家的人口增长率普遍高于发达国家，这导致了发达国家在全球人口中所占比例的持续下降。

（2）劳动参与率（labor force participation）：短期内，劳动力的增长率可能因**劳动参与率**的变化而不同于人口增长率。劳动参与率指的是适龄工作人口中属于劳动力的比例。在过去几十年里，大多数国家的劳动参与率呈上升趋势，主要是因为女性参与率的提高。提高劳动参与率能够促进人均 GDP 的增长。

（3）净移民（net migration）：移民是增加经济和人口增长的重要因素，尤其是在那些出生率较低的发达国家。移民可以作为解决许多发达国家劳动力增长放缓问题的一种手段。

（4）平均工时（average hours worked）：劳动力对总体产出的贡献还受到工人平均工时变化的影响。尽管平均工时对商业周期高度敏感，但从长期趋势来看，发达国家的平均工时呈缩短趋势。

> **实务拓展**
>
> 美国的经济增长表现优于欧洲和日本等地区，部分原因在于其拥有较为

年轻且不断增长的劳动力人口。美国的**移民政策**允许大量外来劳动力进入，从而补充了本国劳动力市场的不足，促进了经济增长。

相比之下，欧洲和日本面临着**人口老龄化**的问题，这限制了劳动力市场的扩张，进而影响了经济增长的潜力。这些地区较高的**退休率**和较低的**生育率**导致劳动力供应紧张，这不仅减少了经济活动中的工作小时数，也增加了对社会保障系统的压力。

与此同时，许多发展中国家，如中国、印度和墨西哥，拥有庞大的潜在劳动力资源。这些国家的**年轻人口基数**大，意味着有较大的劳动力储备，这为经济增长提供了坚实的基础。随着这些国家继续推进工业化和现代化进程，**潜在的劳动力**可以转化为**实际生产力**，进一步推动国内生产总值（GDP）的增长。

2. 劳动力的质量（Quality of Labor）

除了劳动力数量之外，劳动力的质量也是经济增长的重要来源。劳动力质量通常用**人力资本（human capital）**来衡量，人力资本是指工人通过教育、培训或生活经验获得的知识和技能的积累。一般而言，受过更好教育和拥有更多技能的工人会更加高效并能更好地适应技术变革或其他市场供需变化。

人力资本可以通过教育和在职培训来提升。和实物资本投资一样，教育投资也是昂贵的，但研究表明，这种投资回报十分显著。也就是说，受教育程度较高的人可以获得更高的工资。此外，教育也可能产生溢出效应，即提高一个人的教育水平不仅提高了这个人的产出，也提高了周围人的产出。

老皮点拨

人力资本不仅仅是一个定性的概念，而且还可以进行量化评估，其计算公式如下：

$$HC_0 = \sum_{t=1}^{N} \frac{w_t}{(1+r)^t}$$

其中，

- HC_0 代表 0 时刻的人力资本价值
- w_t 代表第 t 年的就业收入，即个人在工作生涯中每年预计赚取的金额

-*r* 代表适当的折现率，反映了资金的时间价值

-*N* 代表工作年限的长度，即个人预计从开始工作到退休之间的年数

Labor Force Participation Rate　劳动参与率

基础释义

　　劳动参与率是指在一个国家或地区内，处于劳动年龄阶段的人口中**愿意并且能够参加工作的人数**（包括已经就业的人数和正在积极寻找工作的人数）占该年龄段总人口的比例。劳动参与率反映了潜在劳动力市场中积极参与经济活动的人口比例，是衡量一个经济体人力资源利用效率和劳动力市场健康状况的重要指标。

概念详解

1. 劳动参与率的计算公式

　　　　　　　劳动参与率=劳动力人数/适龄工作人口数量×100%

其中，

　- 劳动力人数是指所有正在工作（包括全职和兼职）以及没有工作但正在积极寻找工作的人口数量

　- 适龄工作人口数量是指 16 岁至 64 岁的成年人口数量，但不同国家和地区可能会有不同的标准，有的国家还包括部分超过 64 岁仍继续工作的人群或排除低于某个年龄的青少年

2. 劳动参与率的重要性

　　(1) 经济增长：高劳动参与率意味着更多的人正在工作或寻找工作，这有利于提高生产力和经济增长。

　　(2) 政策制定：了解不同群体（如性别、年龄段）的劳动参与情况对于制定有效的就业政策、教育培训项目和社会保障措施至关重要。如果劳动参与率上升，通

常表明更多的人力资源得到了有效利用，反之则可能表明经济存在闲置劳动力、教育培训不足或劳动力市场吸引力减弱等问题。

（3）社会福祉：较高的劳动参与率通常与较低的贫困率相关联，因为更多的家庭拥有稳定收入来源。

3. 劳动参与率的影响因素

（1）经济因素：经济周期对劳动参与率有显著影响。在经济好转时，更多人可能会进入劳动市场；而在经济不景气时，一些人可能会感到灰心并停止寻找工作。此外，劳动力市场的供求状况、经济发展阶段、产业结构变化等也会影响劳动参与率。

（2）社会因素：如社会保障制度的完善程度、失业保险、退休金政策。

（3）文化习俗与价值观：对于工作和休闲生活的态度，以及所在社区或社会女性就业观念的变化、退休政策以及对残疾人士就业支持等都能影响特定群体的劳动参与情况。

（4）教育和培训：接受更高教育和专业培训可以提高个体加入或重新加入劳动市场的可能性。

（5）技术因素：技术变革可能创造新岗位也可能导致某些职位消失，从而影响到总体或特定行业内的劳动参与率。

（6）个人因素：如个人的保留工资（即个人愿意接受工作的最低薪资水平）、家庭收入状况、教育水平、性别差异（女性劳动参与率受家庭角色和社会观念影响较大）、年龄结构等。

Labor Productivity　劳动生产率

基础释义

劳动生产率是指一定时期内每个劳动者或每一单位劳动时间所生产的商品和服务的价值量。劳动生产率是衡量经济效率的关键指标之一，通常通过将国内生产总值（GDP）除以总工作小时数或就业人数来计算。劳动生产率的高低反映了企业、行业乃至整个经济体的技术进步、管理水平、资源配置效率以及劳动力素质等因素的综合效果，较高的劳动生产率意味着以较少的劳动投入可以获得更多的产出，这是经济增长和提高生活水平的关键因素。

概念详解

1. 劳动生产率的计算方法

$$y=Y/L$$

其中，

-y（Labor productivity）代表劳动生产率，即每一单位劳动时间的产出

-Y（Aggregate output）代表总产出，可以是实物产品数量、服务量或经济价值（如国内生产总值 GDP）

-L（Labor）代表总劳动投入，通常以劳动时间数或就业人数来衡量

2. 劳动生产率的影响因素

（1）资本深化（capital deeping）： 资本深化的贡献可以通过劳动生产率增长率与全要素生产率增长率之间的差异来衡量。例如，韩国在 2005 年至 2018 年间，劳动生产率每年增长 3.3%，其中 2.5% 的增长来自资本深化，则剩余的 0.8% 来自全要素生产率的变化。

虽然资本深化可以在短期内促进经济增长，**但单靠资本深化无法永久维持人均收入的增长**。为了实现长期的可持续增长，必须依靠技术创新和效率的持续提高。

（2）全要素生产率（total factor productivity, TFP）： 全要素生产率反映了技术状态，包括科学进展、应用研究与发展、管理方法改进以及生产组织方式的改进所带来的累积效应，这些都会提高工厂和办公室的生产能力。

老皮点拨

从更加宽泛的角度来说，劳动生产率的影响因素可以细分为：

（1）劳动者熟练程度： 劳动者的技术水平、技能熟练度、教育水平和培训质量。

（2）科学技术发展： 新技术、新设备的应用以及科研成果向生产力转化的程度。

（3）生产过程的组织和管理： 包括生产流程的设计、分工协作体系、管理制度的完善程度等。

（4）生产设备与生产资料的效率： 劳动工具的质量、技术水平和维护状况，原材料、能源等生产资料的利用率。

（5）资本深化： 资本投入对劳动生产率的提升作用，比如机器替代人工，自动化和智能化程度的提高。

（6）宏观经济环境： 市场结构、竞争状况、政策法规等外部环境因素。

3. 劳动生产率的重要性

（1）经济增长： 较高的劳动生产率意味着经济体能够更有效率地使用资源，从而推动经济增长。

（2）竞争力： 企业通过提高劳动生产率可以降低成本、提升质量，增强市场竞争力。

（3）收入水平： 一般而言，较高的劳动生产率与较高的收入水平相关联，有利于改善居民生活水平。

（4）社会福利： 随着经济发展和收入增加，政府有更多资源用于公共服务和社会保障系统。

Last-In, First-Out (LIFO) Method　后进先出法

基础释义

后进先出（LIFO）法是指假定最新购买或制造的商品最先被销售出去，而最旧的商品则保留在库存中的一种存货估值方法。换句话说，后进先出的假设在实际操作中往往与物理流动顺序相反，库存中最后加入的货物被认为是最先被售出的货物，销售成本反映了最近购入或制造的商品的成本，而期末库存的价值则反映了较早购入或制造的商品的成本。

概念详解

1. 后进先出法的基本原则

在 LIFO 方法下，早期购置的存货的成本被归集在期末剩余存货的账面价值中，而最近购入的存货成本则被用来计算销货成本。例如，如果一个企业在一个会计期内多次以不同价格购入同一种商品，采用 LIFO 时，销售成本将基于最近一次购入的成本计算，即使物理上可能是先购入的货物先卖出。

2. 后进先出法的影响

（1）降低早期所得税： 在物价上涨（通货膨胀）的环境下，LIFO 通常会导致较高的当前销货成本，导致较低的应税利润，较低的所得税支出可以增加公司的现金流，

从而提高公司的价值。

（2）影响财务报表数据：在物价上涨的环境下，使用 LIFO 会使企业的利润表上的当期的销货成本增加，毛利润、经营利润、净利润降低，同时资产负债表上的存货价值通常会低于采用其他方法（如先进先出法 FIFO）的价值，因为期末存货成本是基于较早的、成本较低的购入单位计算，更低的存货也导致营运资本、总资产下滑，留存收益和股东权益则因为更低的净利润而减少。

（3）影响财务比率：可能导致较低的流动比率、较高的负债权益比率和较低的盈利能力比率。

> **老皮点拨**
>
> 尽管 LIFO 会影响利润表的销货成本、所得税费用以及资产负债表的存货余额，不考虑所得税以及货币时间价值等因素，其不会对企业的现金流量表造成其他影响。

3. 后进先出法的应用范围

LIFO 方法仅在美国通用会计准则（US GAAP）下被允许使用。国际财务报告准则（IFRS）不认可 LIFO，要求使用先进先出法（FIFO）或其他存货估值方法。

> **实务拓展**
>
> LIFO 方法在美国通用会计准则（GAAP）下被允许使用的原因主要是历史沿革，特别是在 20 世纪 70 年代的通货膨胀高峰期，LIFO 帮助公司减轻了税收负担。因此，尽管后来经济环境发生变化，但 LIFO 仍然作为一项传统被保留下来。
>
> 国际财务报告准则（IFRS）不认可 LIFO 的原因主要包括：
>
> **（1）一致性和透明度：**国际会计准则理事会（IASB）认为，LIFO 可能导致会计信息缺乏一致性和透明度，因为它可能导致不同公司在相似条件下报告不同的财务结果。这不利于跨国公司的财务比较和投资者的决策过程。
>
> **（2）避免操纵利润：**IFRS 不接受 LIFO 的一个原因是出于防止公司利用这种方法来操纵利润。LIFO 可能导致在某些情况下，公司通过调整库存水平来影响利润报告，从而影响公司的股价和其他市场反应。
>
> **（3）经济实质：**IFRS 更注重反映经济实质而不是仅仅遵循历史成本原则。

LIFO 在物价上涨时期可能会导致公司报告的存货价值过低，不能准确反映其真实持有的资产价值。因此，IFRS 更倾向于使用 FIFO（先进先出）或其他方法（如加权平均成本法），这些方法更能反映当前的经济现实。

4. 后进先出法的相关概念

后进先出法的相关概念主要包括后进先出储备以及后进先出清算。

4.1 后进先出储备（LIFO Reserve）

LIFO 储备是公司**使用 LIFO 方法计算的存货金额**与**使用 FIFO 方法计算的存货金额**之间的差额。披露 LIFO 储备是为了让分析师能够调整公司的销货成本和期末存货余额，以便在比较不同公司时提供可比性。

为了将使用 LIFO 的公司与未使用 LIFO 的公司进行比较，可以将披露的 LIFO 储备加回到资产负债表上的存货余额。同样，销货成本需要减去期间内 LIFO 储备的增加额，如果 LIFO 储备减少，则增加到销货成本中。

4.2 后进先出清算（LIFO Liquidation）

后进先出清算是指当售出的存货数量超过本期购买或制造的存货数量时，使用 LIFO 的公司将确认一部分本期之前的库存作为销货成本。

如果是在存货成本持续上涨的情况下发生 LIFO 清算时，由于使用了较低的成本来计算销售成本，会导致**毛利率（gross profit margin）**的非正常增加。这种由 LIFO 清算导致的库存利润是一次性的，不可持续。

> 📍 **实务拓展**
>
> LIFO 清算的原因主要包括：
>
> **（1）不可抗力：**例如供应商罢工可能导致公司不得不降低库存水平以满足客户需求。
>
> **（2）经济衰退：**在经济衰退期或客户需求下降时，公司可能会选择减少现有库存而非投资新库存。
>
> **（3）管理层操作：**管理层可能通过有意减少库存数量并清仓旧的 LIFO 层（销售初期库存的一部分）来人为地操纵并虚增公司报告的毛利润和净利润。

Lease 租赁

基础释义

租赁是指一方（出租人）同意将其财产（如房产、车辆、设备等）在一定时期内让渡给另一方（承租人）使用，以换取定期收取的租金的一种合同安排。承租人支付费用并使用资产，而出租人拥有资产并接收费用。相比于直接购买，租赁为公司提供了一种更加有效率的利用资产的方式。

概念详解

1. 租赁的确认条件

一份完整的租赁合同，至少需要明确以下事项：

（1）明确合同主体： 租赁合同必须明确承租人和出租人的身份、职责和权利。承租人通过支付租金或一系列定期款项，获得资产的使用权，享受资产带来的经济利益。出租人通常是资产的所有者，他们提供资产使用权，并通过收取租金作为回报，同时也承担资产的维护和折旧责任。

（2）识别租赁资产： 合同必须明确指出具体的租赁资产。

（3）经济利益获取： 合同必须赋予承租人在整个合同期限内获得资产几乎全部经济利益的权利。

（4）使用权控制： 合同必须赋予承租人决定如何使用以及为何目的使用该资产的能力。

老皮点拨

租赁合同不同于普通的服务合同，如果一个客户与一家卡车运输公司签订了一份合同，明确了具体的卡车，并允许客户在合同期限内独家使用这辆卡车，并且客户有权决定如何使用它，那么这份合同就是一份租赁合同。但如果合同只是规定运输公司为客户提供货运服务并收取费用，那么这份合同就不是一份租赁合同，而只是一份运输服务合同，因为没有明确具体的卡车，而且客户并没有获得卡车的大部分经济利益。

2. 租赁的优势

租赁的优势需要分承租人和出租人分别探讨。

2.1 对于承租人的优势

(1) 前期资金需求少：租赁通常不需要或只需很少的首付款。

(2) 成本效益：租赁本质上是一种**有担保的借款**形式，如果承租人未能支付租金，出租人可以直接收回租赁资产。因此，租赁的有效利率通常低于承租人借取无担保贷款或发行债券所需的利率。

(3) 便利性和较低的风险：承租人无须承担与资产所有权相关的风险，如技术过时等。

2.2 对于出租人的优势

(1) 赚取利息收入：通过租赁，出租人可以在租赁期限内赚取利息收入。

(2) 扩大市场份额：通过提供租赁选项，出租人可以增加产品的市场覆盖面，因为客户可以选择分期支付使用或控制资产的费用。

3. 租赁的分类

租赁可以分为融资租赁和经营租赁两种类型。

3.1 融资租赁（Finance Lease）

融资租赁是指将融资与融物结合在一起，使得承租人能够在不直接购买资产的情况下获得资产的长期使用权的一种租赁形式，适合那些需要长期使用特定资产，但希望分散现金流支出或保留信贷额度的企业。

融资租赁的确认标准（任一即可）包括：

(1) 所有权转移：租赁合同将**资产的所有权**转移给承租人。

(2) 购买选择权：承租人有**购买资产的选择权**，并且有合理的确定性会行使这一权利。

(3) 租赁期限：租赁期限占据了**资产使用寿命的大部分**。

(4) 租赁付款现值：租赁付款的现值等于或超过了资产公允价值的绝大部分。

(5) 资产的替代用途：资产对于出租人来说没有替代用途。

3.2 经营租赁（Operating Lease）

经营租赁也称为"服务租赁"，类似于短期租赁，通常不涉及资产所有权的转移，租赁期限较短（通常不涵盖资产大部分使用寿命），且**租赁付款的现值远低于资产的公允价值**。承租人支付租金以在协议期限内使用资产，租赁费用通常作为费用直接计入利润表，但不承担资产的所有权风险和残值处理责任，适用于希望保持资产灵活性、避免长期财务承诺的企业或个人。

4. 租赁的会计计量

租赁的会计处理依据所采用的会计准则（IFRS 或 US GAAP）以及租赁类型（融资租赁或经营租赁）的不同而有所区别。

4.1 承租人会计计量（Lessee Accounting）

4.1.1 IFRS 下的承租人会计计量

IFRS 下的承租人会计计量包括：

（1）初始确认： 在租赁开始时，承租人在资产负债表上记录一项租赁负债和一项使用权资产（right of use asset），两者均等于未来租赁付款的现值。现值计算采用的贴现率是租赁隐含的利率或估计的有担保借款利率。

（2）后续计量： 租赁负债随后按**有效利率法**逐期减少，每次租赁付款包括利息费用（租赁负债乘以贴现率）和本金偿还（利息费用与租赁付款的差额）。

使用权资产通常采用直线法在租赁期内摊销。虽然使用权资产和租赁负债在初始时具有相同的账面价值，但随后它们通常会因摊销和本金偿还的计算方法不同而出现差异。

> **老皮点拨**
>
> IFRS 下的承租人会计计量对财务报表的影响如下：
>
> **（1）资产负债表：** 租赁负债扣除本金偿还部分，使用权资产扣除累计摊销，分别列示。
>
> **（2）利润表：** 利息费用和使用权资产摊销分别列示。
>
> **（3）现金流量表：** 本金偿还部分在融资活动部分列示，利息费用根据报告政策可能在经营活动或融资活动中列示。

4.1.2 US GAAP 下的承租人会计

US GAAP 下的承租人会计计量需要分融资租赁和经营租赁分开讨论。

（1）融资租赁会计计量： 与 IFRS 下的会计计量相同。

（2）经营租赁会计计量： 经营租赁在初始确认时记录租赁负债和对应的使用权资产。与 IFRS 类似，这些项目会随着租赁付款中的本金偿还部分和使用权资产摊销而减少。

经营租赁的使用权资产摊销计算方法不同于融资租赁。经营租赁的摊销费用是租赁付款减去利息费用，意味着利润表上报告的总费用（利息加上摊销）等于租赁付款，且租赁负债和使用权资产始终相等。

> **老皮点拨**
>
> US GAAP 下的承租人会计计量对财务报表的影响如下：
>
> **(1) 资产负债表：** 租赁负债扣除本金偿还部分，使用权资产扣除累计摊销部分，分别列示。
>
> **(2) 利润表：** 租赁费用作为一个单一项目列示为经营费用，利息和摊销成分不单独列报。
>
> **(3) 现金流量表：** 整个租赁付款在经营活动部分列示。

4.2 出租人会计计量（Lessor Accounting）

IFRS 和 US GAAP 下的出租人会计计量模型基本一致。

4.2.1 融资租赁会计计量

融资租赁下出租人的会计计量包括：

(1) 初始确认： 在融资租赁开始时，出租人记录一项租赁应收账款，等于未来租赁付款的现值，并注销租赁资产，同时将差额确认为收益或损失。

(2) 后续计量： 租赁应收账款按有效利率法逐期减少，每次租赁付款包括利息收入和本金回收。

> **老皮点拨**
>
> 融资租赁下出租人的会计计量对财务报表的影响如下：
>
> (1) 资产负债表：租赁应收账款扣除本金回收部分列示。
>
> (2) 利润表：利息收入作为收入列示。
>
> (3) 现金流量表：整个现金收款在经营活动部分列示。

4.2.2 经营租赁会计计量

经营租赁本质上是一种租赁协议，出租人继续在其账簿上保留租赁资产，并按照直线法确认租赁收入。

> **老皮点拨**
>
> 经营租赁下出租人的会计计量对财务报表的影响如下。
>
> （1）资产负债表：出租人继续按成本减累计折旧确认租赁资产。
>
> （2）利润表：租赁收入按照直线法确认，继续确认折旧费用。
>
> （3）现金流量表：整个现金收款在经营活动部分列示。

5. 租赁会计豁免

对于承租人（不适用于出租人）而言，某些租赁合同可以享受会计豁免，选择直线法摊销租赁付款即可，具体情形包括：

（1）如果租赁期限不超过 12 个月（IFRS 和 US GAAP）。

（2）租赁的是 **"低价值资产"（low-value asset）**，售价不超过 5,000 美元（仅IFRS）。

Lender　贷款人

基础释义

> 贷款人是指提供资金给借款人（borrower）并期望在未来通过本金的回收和利息的收取来获得回报的债权债务关系主体。贷款人可以是银行、信用社、金融公司或其他形式的金融机构，也可以是个人。贷款一般会约定好借贷条款，包括但不限于贷款金额、利率、还款期限、还款方式（如等额本息或等额本金）以及任何担保要求（如抵押物或保证人）。

概念详解

1. 贷款人与债务

贷款人通过提供给企业或个人，以此获得固定的回报，即利息和本金的偿还。这种类型的融资对于发行者来说成本较低，因为其风险相对于股权融资而言较小。然而，贷款人也会要求借款人在合同中约定一些财务限制条件，以保护他们的投资免受损失的风险。如果借款人无法履行这些义务，则可能导致违约甚至破产。

> ### 💡 老皮点拨
>
> 贷款人的目标是通过贷款活动获得收益，同时管理好借贷风险，确保资金能够按期收回。为了降低风险，贷款人可能会进行信用评估，审查借款人的信用历史、收入情况、负债比例等，以决定是否批准贷款及设定相应的贷款条件。在某些情况下，贷款人还可能要求借款人提供**抵押品**，作为贷款的担保，以便在借款人违约时，可以通过处置抵押品来回收资金。

2. 股权与债权之间的区别

贷款人提供资金给借款人，从而获得债权，债权与股权的区别包括：

（1）回报与风险：债务融资为贷款人提供了固定回报的形式，而股权投资者则享有剩余索取权，这意味着他们可能获得无限的收益但也承担了更大的风险。

（2）治理权利：贷款人通常没有公司的决策权，而股权投资者则有权投票决定公司的重要事务，如选举董事会成员等。

（3）税收影响：债务融资中的利息支付通常可以从应税收入中扣除，从而降低发行者的实际成本。相反，向股东分配的股息通常不具备税务减免的效果。

3. 贷款人与股东的利益冲突

（1）风险偏好差异：股东倾向于追求**高风险高回报**的投资项目，因为他们有无限的潜在收益，并且只有在公司清算时才有可能失去全部投资。债券持有人则偏好**低风险**项目，以保证现金流稳定，从而确保能够按时收到利息和本金的偿付，因为债券持有人的回报是有限的（即仅限于预定的利息和本金），他们不会从公司的高风险活动中受益。

（2）资本结构选择：股东可能更喜欢增加债务融资的比例（提高财务杠杆），因为这可以增加每股收益（EPS），从而提高股票的价值。同时，通过发行新股筹集资金会导致现有股东的股权稀释，这是股东通常希望避免的情况。相反，债券持有人担心过多的债务会增加公司的财务风险，从而威胁到他们的债权安全。因此，他们可能寻求限制公司的财务杠杆率。

（3）现金分红政策：股东可能会推动公司发放更高的现金股利，这样不仅能增加当前的收益，还可能提高股价。但是，债券持有人更关心的是公司能否维持足够的现金流来支付债务，**较高的现金分红可能减少可用于还债的资金**，增加违约的可能性。

（4）公司治理与控制权： 股东拥有对公司重大事项的投票权，包括选举董事会成员等，这使他们能够影响公司的战略方向。债券持有人则没有类似的决策权，因此他们通过债务契约中的条款来施加限制，比如要求公司维持一定的现金流覆盖比率，或者限制公司进一步借贷的能力。

4. 私人贷款人与公共贷款人

贷款人可以分为私人贷款人和公共贷款人两类。

4.1 私人贷款人（Private Lender）

私人贷款人通常是银行或其他金融机构，它们往往持有贷款直到到期，并且拥有**直接与管理层沟通**的能力。这种关系使得私人贷款人能够在某种程度上影响借款人的经营决策。

4.2 公共贷款人（Public Lender）

公共贷款人主要是指债券持有人，他们依赖公开的信息来做投资决策。虽然公共贷款人对公司的日常运营影响较小，但在公司遇到财务困境需要重组债务时，他们可以发挥重要作用。

Lessee　承租人

基础释义

> 承租人是指根据与出租人（lessor）达成的协议，获得**使用出租人财产（如房屋、车辆、设备等）**的权利，并承担定期支付租金义务的租赁合同中的一方。简而言之，承租人是使用租赁资产的一方。

概念详解

承租人的主要权利和义务

（1）使用权： 在租赁期间内，承租人有权按照合同规定的条件**使用租赁资产**，享受资产带来的收益或便利。

（2）支付租金： 承租人必须按时足额支付协议中约定的租金给出租人。租金可以是固定的金额，也可以根据合同条款（如使用量、市场价值变动等）而变化。

（3）维护与保养： 根据租赁合同的具体条款，承租人可能需要负责租赁资产的日常维护和保养，保持其良好状态。

（4）遵守条款： 承租人需遵守租赁合同中的所有条款和条件，这可能包括使用范围限制、不允许转租的规定等。

（5）归还资产： 租赁期满后，承租人需按约定条件归还租赁资产给出租人，除非合同中有购买选项，且承租人决定行使该选项。

> **实务拓展**
>
> 在某些类型的租赁协议中，特别是融资租赁，承租人可能还需要承担资产的部分或全部风险，包括资产价值波动的风险，尽管所有权仍然属于出租人。总的来说，承租人通过租赁方式获得资产使用权，以适应其业务需求或个人用途，而不必像直接购买资产那样承担资产的全部成本或风险。

L

Lessor 出租人

基础释义

> 出租人是指在租赁合同中拥有财产（如房地产、车辆、设备等）并同意将其使用权暂时转让给另一方（承租人）以换取定期支付租金的一方。出租人通常是财产的所有者或具有出租该财产合法权利的实体。

概念详解

出租人的主要权利和义务

（1）收取租金： 出租人有权根据租赁合同的条款，定期从承租人处收取约定的租金作为财产使用权的交换。

（2）提供使用权： 出租人需确保承租人在租赁期间内可以无障碍地使用租赁资产，并且该资产应处于合同约定的状态或适用条件下。

（3）维修与保养： 在某些租赁安排中，特别是经营租赁，出租人可能负责租赁资产的维护和保养，或确保其处于良好的工作状态。

（4）遵守合同条款：和承担人一样，出租人同样需要遵守租赁合同中的所有条款，包括但不限于提前终止合同的通知要求、财产的交付条件等。

（5）财产回收：租赁期满后，出租人有权收回租赁资产，除非合同中有续租条款或承租人依据合同购买了该资产。

> **实务拓展**
>
> 出租人通过租赁活动可以获得稳定的收入流，同时可能享受税收优惠，并能有效利用其资产而不必将资产出售。对于一些企业来说，作为出租人也是其主营业务的一部分，如汽车租赁公司、设备租赁公司等。

Leverage　杠杆

基础释义

> 杠杆是指使用借入资金（债务）**或增加固定经营成本的比重来增加**潜在回报或投资效果的程度。杠杆允许投资者、企业或交易员使用少量的自有资金（保证金）来控制远大于其初始投资金额的资产，可以增加潜在收益，但同时也放大了潜在的损失，在市场不利变化时，过高的杠杆可能导致投资者面临强制平仓甚至破产的风险。

概念详解

1. 杠杆的分类

杠杆可以分为财务杠杆、经营杠杆和总杠杆 3 个类别。

1.1 财务杠杆（Financial Leverage）

1.1.1 财务报表分析中的财务杠杆

在财报分析的语境中，财务杠杆主要是指**财务杠杆比率（financial leverage ratio）**，其计算公式为：

$$\text{Financial leverage ratio} = \frac{\text{Asset}}{\text{Equity}}$$

其中,

-Asset 代表公司资产的账面价值,可以是期末资产总额,也可以是期初和期末的资产平均值

-Equity 代表公司的所有者权益的账面价值,可以是期末所有者权益总价值,也可以是均值

1.1.2 公司金融中的财务杠杆

在公司金融的语境中,财务杠杆(Degree of Financial Leverage, DFL)的计算公式为:

$$DFL = \frac{\left[Q(P-V)-F\right](1-t)}{\left[Q(P-V)-F-C\right](1-t)} = \frac{\left[Q(P-V)-F\right]}{\left[Q(P-V)-F-C\right]}$$

其中,

-Q(Quantity)代表生产并售卖的产品数量

-P(Price)代表每一单位产品的价格

-V(Variable cost)代表每一单位产品的可变成本

-F(Fixed cost)代表总的固定经营成本

-C(Cost of capital)代表总的固定融资成本

财务杠杆的应用公式为:

$$DFL = \frac{\text{Percentage change in net income}}{\text{Percentage change in operating income}}$$

1.2 经营杠杆（Operating Leverage）

经营杠杆(Degree of Operating Leverage)主要在公司金融领域进行研究,其计算公式为:

$$DOL = \frac{Q(P-V)}{Q(P-V)-F}$$

其中,

-Q(Quantity)代表生产并售卖的产品数量

-P(Price)代表每一单位产品的价格

-V(Variable cost)代表每一单位产品的可变成本

-F(Fixed cost)代表总的固定经营成本

经营杠杆的应用公式为:

$$DOL = \frac{\text{Percentage change in operating income}}{\text{Percentage change in units sold}}$$

1.3 总杠杆（Total Leverage）

总杠杆主要在公司金融学科中进行研究，表达为"Degree of Total Leverage"，其计算公式为：

$$DTL = \frac{Q(P-V)}{Q(P-V)-F} \times \frac{[Q(P-V)-F]}{[Q(P-V)-F-C]}$$

$$DOL \times DFL = \frac{Q(P-V)}{Q(P-V)-F-C}$$

其中，

-Q（Quantity）代表生产并售卖的产品数量

-P（Price）代表每一单位产品的价格

-V（Variable cost）代表每一单位产品的可变成本

-F（Fixed cost）代表总的固定经营成本

-C（Cost of capital）代表总的固定融资成本

总杠杆的应用公式为：

$$DTL = \frac{\text{Percentage change in net income}}{\text{Percentage change in the number of units sold}}$$

2. 杠杆的应用场景

（1）融资融券：投资者通过向证券公司借款（融资）来购买股票，或者通过借入股票并卖出（融券），放大投资金额，从而提高投资收益或损失。

（2）金融衍生品交易：投资者一般利用期货、期权和保证金产品来实现杠杆效应：

①期货交易：期货合约允许投资者仅投入合约总价值的一部分作为保证金即可参与交易，通常保证金比例远低于合约面值。

②期权交易：买方支付权利金获取未来以特定价格买卖标的资产的权利，小额度的权利金支出可以撬动较大市值的资产变动收益或损失。

③保证金交易：包括**外汇保证金交易**和一些其他类型的保证金产品，投资者只需存入一定比例的抵押物就能进行超出本金金额的交易。

（3）企业杠杆：企业通过发行债券、从银行贷款、进入回购协议等方式筹集资金进行投资，增加财务杠杆比率，期望通过投资项目产生的收益超过债务利息成本，从而提高股东权益回报率。

（4）房地产杠杆：投资者用较少的自有资金加上大量借款（按揭贷款）购买房地产，房价上涨时，虽然初始投资较小，但潜在的资本增值可能会被放大。

（5）结构化金融产品：利用分级产品的设计，如优先级和劣后级份额，使投资者能够通过承担额外风险实现杠杆化效果。

Liability 负债

基础释义

负债是指个人、企业或其他组织因**过去的交易或事件**所引发的**预计在未来带来经济利益流出**（如在未来转移资产或提供服务）的现时经济或法律义务。

概念详解

1. 负债的分类

1.1 流动负债（Current Liability）

流动负债是指预计在**一年或一个经营周期内**需要偿还的负债，例如应付账款（Accounts Receivable, AR）、短期借款（short term debt）、应付工资（wage payable）和其他待支付费用。

1.2 非流动负债（Non-Current Liability）

非流动负债是指预计在**一年或一个经营周期以上**偿还的负债，包括长期银行贷款（long term bank loan）、应付债券（bond payable）、租赁负债（lease liability）等。

2. 负债的作用

对于企业来说，负债的作用主要包括：

（1）融资：企业通过增加某些类型的负债（如银行贷款或发行公司债券）来筹集资金，以支持其运营和扩张。

（2）杠杆作用：通过使用外部资金（即增加负债），企业可以放大其投资回报。然而，这也伴随着更高的风险。

（3）税收考虑：在许多司法管辖区，利息费用可能被视为税前费用，从而减少了应纳税收入并降低了总体税收。

> **老皮点拨**
>
> 负债是衡量企业短期流动性（liquidity）和长期偿付能力（solvency）的关键财务数据，流动负债是一系列流动性比率（如流动比率、速动比率、现金

L

比率等）的分母，非流动负债及总负债则在长期偿付能力比率如资产负债率和权益乘数等指标中参与计算，帮助分析者理解企业依赖外部融资程度以及整体风险水平。

Liability Risk 责任风险

基础释义

责任风险是指个体或组织由于自身的行为或疏忽导致他人财产损失或身体伤害后，可能面临的法律赔偿责任及其相关财务损失的风险。

概念详解

1. 责任风险的类型

责任风险大致包括个人层面的责任风险和组织层面的责任风险。

1.1 个人层面的责任风险

（1）汽车事故责任风险：驾驶汽车是最常见的引起个人法律责任的情景之一。交通事故可能导致对方的医疗费用、收入损失甚至长期护理的需求。在许多司法管辖区，事故责任方可能需要赔偿受害者的所有相关费用，甚至可能面临工资或其他收入的扣押。

（2）居住环境事故责任风险：无论是房主还是租户，都可能因为发生在其居住地内的事故而对来访者的受伤或财产损失负责。例如，访客在楼梯上滑倒并受伤，即便访客本身也有一定责任，法律依然可能要求房主或租户承担部分或全部责任。

1.2 组织层面的责任风险

（1）产品责任风险：产品责任是指生产商或销售商对其产品造成的消费者伤害或财产损失负责的风险。产品的设计缺陷、制造缺陷或不当使用说明都可能导致责任风险。

（2）职业责任风险：职业责任风险是专业服务提供者因提供服务过程中的疏忽

或错误建议导致客户损失而需承担责任的风险。医生、律师、会计师等专业人士的服务均可能涉及职业责任风险。

2. 责任风险的管理措施

责任风险的管理措施主要包括保险和预防。

2.1 责任风险的保险保障

（1）个人保险： 例如通过购买汽车保险中的责任险部分来转移因交通事故引发的责任风险，家庭财产保险中的责任险则可以帮助房主抵御因在其房产内发生的事故导致的索赔。

（2）商业保险： 企业可以通过购买**产品责任保险**或**职业责任保险**来保护自身免受因业务活动引发的责任风险。

2.2 责任风险的预防措施

（1）安全培训： 企业和个人可以加强安全意识教育，以减少事故的发生。

（2）合规操作： 遵循法律法规，确保产品和服务符合行业标准，以降低责任风险。

L

Licensing Arrangement 授权协议

基础释义

授权协议是指**被授权方**获得**授权方**的正式许可，在特定条件下使用其**知识产权（如品牌、商标、版权、专利等）**来生产、销售或推广特定产品或服务并为此向授权方支付**一定比例的销售收入**作为**特许权使用费（royalty）**的一种商业合作模式。授权协议允许被授权方利用已建立的品牌认知度、形象或技术优势，快速进入市场或扩展产品线，同时也为授权方开辟了新的无须直接参与生产或分销的收入来源。

概念详解

1. 授权协议模式的适用领域

授权协议广泛应用于玩具、服装、体育用品、电子产品、娱乐内容（如电影、音乐、动漫角色）等行业。例如，玩具制造商可能获得迪士尼电影角色的授权，生产相关主题玩具；服装公司可能获得知名时尚品牌的授权，推出联名服饰系列。

2. 授权协议模式的关键因素

（1）权利范围： 协议中会详细说明被授权方可以如何使用授权的知识产权，包括使用的时间期限、地理区域、产品类型或服务范围等限制。

（2）版权费用： 版权费通常按照销售额的固定比例计算，也可能是一次性支付或基于生产数量的费用。费用结构需双方协商确定，并在协议中明确规定。

（3）质量控制： 为了保护品牌声誉，授权方往往会对被授权方的产品质量、设计、营销活动等设定标准和监督机制，确保产品符合品牌要求。

（4）合同期限与续约： 授权协议通常有明确的有效期，到期后可根据双方意愿续签。期间，若任何一方违反协议条款，对方有权终止合作。

Lien　留置权

基础释义

留置权又称"扣押权"，是指借贷关系中为了担保债务履行而设定的债权人针对债务人**特定财产**所拥有的法定权利。留置权允许债权人因债务未得到清偿而在一定条件下占有、控制甚至出售该财产，以确保债权的实现。

概念详解

1. 留置权对应的财产类型

房地产（如住宅、商业物业）、车辆、设备、库存、应收账款等有价值的资产。根据不同的法律规定和合同约定，留置权可能覆盖全部或部分财产价值。

2. 留置权的应用场景

（1）贷前风险评估： 在对贷款申请进行风险评估时，金融机构会审查是否存在有效的留置权，以及留置权对借款人偿债能力的影响。有留置权的财产意味着在债务清偿前，**该财产的价值不能完全归属借款人**，这可能限制借款人的资产流动性，增加贷款违约风险。同时，留置权的存在也影响**财产在破产清算中的分配顺序**，对债权人权益保护程度有直接影响。

（2）贷后信贷监控： 在贷后管理阶段，金融机构会持续监控留置权的状态，包括确认留置权**是否已经正确登记**、**是否保持有效**、**是否有其他留置权对现有留置权构成优先权威胁**等，以确保在必要时能够顺利行使留置权权利，保护贷款资金的安全。

实务拓展

在借贷分析中，留置权可能表现为多种形式，如**抵押留置权（mortgage lien）**、**动产质押留置权（lien on chattel）**、**船舶留置权**、**工程款优先权留置权（mechanic's lien）**、**税收留置权（tax lien）** 等。每种类型的留置权有不同的适用条件、设立程序和优先顺序。

Limit Order　限价订单

基础释义

限价订单是指允许投资者指定**一个特定的价格（限价）**来买卖金融工具的一种交易指令。限价订单的特点在于对交易价格的精确控制，而非对执行速度的优先考虑。

概念详解

1. 限价订单的特点

（1）价格限定： 限价订单的核心特征是投资者预先设定一个买入或卖出的价格，只有当市场价格达到或优于这个限价时，订单才会被执行。对于买入限价订单，只有市场价格跌至或低于限价时才会买入；对于卖出限价订单，只有市场价格升至或高于限价时才会卖出。

（2）执行不确定性： 由于限价订单依赖于市场价格达到限价，其执行结果和执行时间具有一定的不确定性。在市场未触及限价时，订单将保持未成交状态，直到最终成交或被主动撤销。

（3）控制交易成本与风险： 通过设定限价，投资者可以精确控制买入成本或锁定卖出收益，避免因市场价格波动导致的不利交易结果。限价订单尤其适用于对交易成本敏感、注重风险控制或有明确价格目标的交易者。

2. 限价订单的应用场景

（1）价值投资： 长期投资者或价值投资者可能在认为某金融工具价格低于其内在价值时，使用买入限价订单在预定的低价位逐步建仓，或在价格过高时使用卖出限价订单锁定利润。

（2）套利交易： 套利者利用市场间的价差，通过提交限价订单在预定价格实现无风险或低风险的套利机会。

（3）止损与止盈： 交易者可以设置卖出限价订单作为**止损单**，以防市场价格下跌超过预定水平；或设置买入限价订单作为建仓单，以便在价格上涨至目标价位时入场获取后市场价格沿趋势上涨带来的收益。

3. 限价订单的风险及注意事项

（1）无法成交风险： 如果市场价格未触及限价，限价订单可能长时间无法成交，导致交易机会的丧失，尤其是在市场波动较小、流动性较差或出现单边行情时。

（2）滑点风险： 即使市场价格触及限价，由于市场流动性、订单执行速度等因素，实际成交价格仍可能与限价略有偏差，这被称为**"滑点风险"（slippage risk）**。

（3）订单管理： 限价订单可能需要定期检查和调整，以适应市场变化或交易策略的调整。未及时管理的限价订单可能导致不必要的交易成本或错过交易机会。

老皮点拨

与限价订单相对的是市价订单（market order），与市价订单相比，限价订单的主要优势在于能够精确控制交易价格，有助于管理交易成本和风险，尤其适合对价格敏感、注重风险控制的交易者。然而，其缺点在于执行的不确定性，可能导致交易机会的丧失或成交延迟。市价订单则强调**交易执行速度**，能够迅速完成交易，但可能面临价格不确定性，尤其是市场波动剧烈时。

Limited Company　有限公司

基础释义

> 有限公司又称"有限责任公司"，是指股东的财务责任仅限于**他们各自对公司的出资额**的一种企业组织形式。这意味着，如果公司遇到财务困境或破产，股东个人的私人财产不会被用来偿还公司的债务，除非存在欺诈或个人担保等情况。

概念详解

1. 有限公司的特点

（1）有限责任： 这是有限公司最重要的特征，为股东提供了资产保护，降低了个人财务风险。

（2）独立法人地位： 有限公司被视为法律上的独立个体，拥有自己的权利、义务和财产，可以独立签订合同、起诉或被起诉。

（3）资金筹集： 相对于独资或合伙企业，有限公司更容易通过发行股份、银行贷款或吸引外部投资来筹集资金，因为投资者的财务风险是有限的。

（4）持续经营： 有限公司的存在不依赖于股东的个人状况，股东的变动（如死亡、退出）不影响公司存续，有利于长期稳定经营。

（5）税务处理： 有限公司通常作为一个独立的税务实体，需缴纳公司所得税，而股东从公司获得的分红或工资需另外缴纳个人所得税。

2. 有限公司的类型

（1）公众有限公司（public limited company）： 可公开募股，股东人数无严格限制，公司治理结构通常更为复杂，适用更严格的监管要求。

（2）私营有限公司（private limited company）： 股东人数有限，股份转让受限，不公开募股。

> **💡 老皮点拨**
>
> 有限公司适合各种规模和行业的企业，无论是初创企业寻求风险最小化，还是成熟企业寻求规模化扩张，都能在有限公司的结构中找到适合的形式，为创业者和投资者提供了一个既能控制风险，又能灵活运作和持续发展的平台。

Limited Liability Partnership (LLP)　有限责任合伙

基础释义

> 有限责任合伙是指允许合伙人像普通合伙那样共同经营企业，同时为所有合伙人提供针对合伙企业债务的**有限责任保护**的一种合伙组织形式。有限责任合伙结合了传统合伙制的灵活性与有限责任公司的风险保护特点。合伙人不对其他合伙人的错误、疏忽或债务承担个人责任，除非自己存在个人过错或欺诈行为导致了该责任。

概念详解

1. 有限责任合伙的特点

（1）**有限责任：**有限责任合伙下，所有合伙人均享有有限责任保护，这降低了个人财务风险，特别是在专业服务领域，如律师、会计师事务所等，有助于吸引和留住人才。

（2）**管理与决策：**有限责任合伙保持了合伙制的灵活性，合伙人**可以直接参与企业管理与决策**，共享利润，而不像公司制那样层级分明。

（3）**税务处理：**类似于普通合伙制，有限责任合伙通常不作为独立的税务实体征税，其所得直接"穿透"至合伙人个人，合伙人按个人所得税制度申报和纳税。

（4）**透明度与信任：**合伙人间的信任与合作至关重要，有限责任合伙要求较高的透明度，合伙人之间以及对客户而言，责任与义务都较为明确。

（5）**专业服务：**有限责任合伙尤其适用于需要高度专业知识和服务连贯性的行业，如法律、会计、咨询等，有助于维护企业声誉和专业责任。

2. 有限责任合伙的法律责任

尽管有限责任合伙提供了有限责任的保护，但如果某个合伙人因自己的过失、不诚实行为或违反专业标准导致合伙企业遭受损失，该合伙人可能丧失有限责任的保护，直接承担无限连带责任。

💡 **老皮点拨**

有限责任合伙广泛应用于**专业服务领域**，因为这些领域内个人的专业能力和信誉对客户选择服务提供者至关重要，同时要求合伙人之间有高度的合作和信任。此外，任何寻求结合**合伙制灵活性**与**有限责任保护**的企业形式选择，都可能考虑采用有限责任合伙结构。

Limited Partner (LP)　有限合伙人

基础释义

有限合伙人是指在有限合伙企业中，以其**认缴的出资额为限**对合伙企业债务承担责任的合伙人。有限合伙人不对合伙企业的债务承担个人责任，其个人财产受到保护，不会因合伙企业的经营亏损或债务超出其出资额的部分而受损。

概念详解

有限合伙人的特点

（1）有限责任：这是有限合伙人最显著的特点，与**一般合伙人的无限连带责任**形成鲜明对比。有限合伙人仅以其对合伙企业的出资额为限承担责任，这大大降低了投资风险。为了保持有限责任地位，有限合伙人需避免参与合伙企业的实际管理决策，过度干预可能会使其失去有限责任保护。

（2）非管理角色：有限合伙人通常不参与合伙企业的日常管理决策，也不直接参与企业的运营活动。他们的角色更倾向于**被动投资者**，提供资金以换取潜在的投资回报。

（3）**参与收益分配：**尽管不参与管理，有限合伙人有权根据合伙协议中约定的比例分享合伙企业的利润。分配方式和比例通常事先在合伙协议中明确。

（4）**拥有信息获取权：**虽然不直接管理，有限合伙人有权了解合伙企业的财务状况和经营情况，以确保其投资得到妥善管理。

> **老皮点拨**
>
> 有限合伙制常见于风险投资、私募股权基金、房地产开发等领域，其中有限合伙人多为机构投资者或富裕个人，他们寻求通过专业的管理团队（一般合伙人）来投资并获取回报，同时规避直接参与管理的风险。

Limited Partnership　有限合伙制

基础释义

> 有限合伙制是指其中**至少有一名合伙人（一般合伙人）对合伙企业的债务承担无限连带责任**，而其他合伙人（有限合伙人）的责任仅限于其在合伙企业中的出资额的一种合伙企业结构。有限合伙制结合了普通合伙制和个人独资或公司的特点，有限合伙人不参与企业的日常管理和经营决策，从而在享受一定投资收益的同时，限制了其个人财务风险。

概念详解

有限合伙制的特点

（1）**责任隔离：**有限合伙人享受有限责任保护，其个人财产不会因合伙企业的债务而直接遭受追索，除非他们参与了企业的管理决策，从而可能失去有限责任保护。

（2）**管理与控制：**一般合伙人负责合伙企业的日常管理和运营决策，对外代表合伙企业，并承担无限责任。有限合伙人通常不参与管理，但可以享有知情权和一定的监督权。

(3) 利润分配： 合伙协议会规定利润如何在一般合伙人和有限合伙人之间分配。一般而言，一般合伙人会获得一部分利润作为管理报酬，剩余部分按出资比例分配给所有合伙人。

(4) 资金与资源： 有限合伙制能够吸引被动投资者作为有限合伙人提供资金，同时利用一般合伙人的专业管理技能，实现资源的有效整合。

(5) 税务处理： 类似普通合伙制，有限合伙企业本身通常不缴纳企业所得税，其收入"穿透"到各合伙人层面，合伙人按个人所得税制度纳税。

老皮点拨

有限合伙制常应用于 **需要大量资金投入同时又需专业管理** 的领域，如风险投资、私募股权基金、房地产开发、对冲基金等。这种结构既鼓励资本的集中与高效使用，又能保护资金提供者的风险暴露在可接受范围内。

L

Liquidation Cost　破产清算成本

基础释义

破产清算成本是指在企业进入破产清算程序时，为了将公司的资产转换为现金以偿还债务而产生的各种费用。

概念详解

破产清算成本的内容

(1) 法律费用： 聘请律师和法律顾问来处理破产事宜的费用。

(2) 行政费用： 包括清算人的酬金、雇员遣散费、办公室关闭成本等。

(3) 评估费用： 对资产进行估价的专业人士的费用。

(4) 销售费用： 包括广告、拍卖费用以及任何用于促进资产出售的成本。

(5) 存储和维护费用： 如果资产需要在出售前被储存或维护，则会产生这些费用。

（6）税务： 清算过程中可能产生的税费，如资本利得税等。

（7）其他费用： 可能还包括诉讼费、审计费、会计费、咨询费等。

> **实务拓展**
>
> 　　清算成本通常会优先从破产财产中支付，这意味着债权人能够获得的偿付额会相应减少。在清算过程中，管理人会尽量控制这些成本，以最大化剩余资产的价值，从而增加债权人的回收率。然而，在某些情况下，高额的清算成本可能会导致资产价值的大幅缩水，使得债权人几乎无法得到任何偿付。

Liquidation Value　清算价值

基础释义

> 　　清算价值是指在企业停止运营并出售其所有资产以偿还债务的情况下，这些资产可实现的市场价值总和。清算价值通常低于企业在持续经营状态下的市场价值（即永续经营价值），因为在清算过程中，资产往往需要快速变现，可能导致资产售价低于其公允市价或使用价值。

概念详解

清算价值的类型

　　（1）有序清算价值（orderly liquidation value）： 有序清算价值是指在**有序、非紧急**的状态下，通过合理的时间框架和市场渠道出售资产所能获得的价值。有序清算通常能更接近于或偶尔甚至超过公允市场价值，因为它允许时间寻找最佳买家。

　　（2）强制清算价值（forced liquidation value）： 强制清算价值是指在**紧急情况**下，需要迅速变卖资产以偿债时的预期价值。由于时间紧迫，资产可能以大大低于其正常市场价值的价格售出，导致回收金额较低。

　　（3）破产清算价值（bankruptcy liquidation value）： 当企业进入破产程序时，其资产将在法院监督下进行清算，以偿还债权人。这种情况下，清算价值将受到法律程序和债权人优先级的影响。

> **实务拓展**
>
> 　　清算价值的评估通常包括对有形资产（如房地产、设备、存货）和无形资产（尽管这些在清算时可能难以实现其完全价值）的估价，并考虑清算成本、税费和任何优先债权人的索偿权。投资者、债权人和破产管理人在评估企业财务状况、制定重组计划或决定是否提供贷款时，会密切关注清算价值。

Liquidity　流动性

基础释义

> 　　流动性是指资产或负债接近于现金或结算的能力。简单来说，流动性衡量的是**将一项资产迅速转换为现金**或**履行一项债务而无须大幅度折价**的能力。

概念详解

1. 流动性的分类

　　流动性主要分为市场的流动性和企业的流动性。

2. 市场的流动性和企业的流动性的具体内容

2.1 市场的流动性（Market Liquidity）

　　市场的流动性聚焦于金融类资产，与资本市场活动高度相关。

2.1.1 市场流动性的评价维度

　　（1）交易速度： 在流动性充足的市场中，交易指令可以迅速被执行，买卖双方无须长时间等待就能完成交易。

　　（2）交易成本： 流动性好的市场通常具有较低的**买卖价差（bid-ask spread）**和交易佣金等交易成本。

　　（3）市场深度： 深度充足的市场意味着即使在较大交易规模下，资产价格也不会大幅波动，因为市场上始终有足够的买卖意愿和能力来消化这些交易。

（4）价格稳定性：高流动性的市场在交易过程中，资产价格不易受单笔交易影响，保持相对稳定，有助于准确反映市场供求关系和资产内在价值。

（5）市场参与度：活跃的市场参与者（如投机商、做市商、机构投资者和个人投资者）数量众多，买卖意愿强烈，共同营造出高流动性环境。

2.1.2 市场流动性的影响因素

（1）交易场所：交易所市场通常比**场外市场（OTC）**更具流动性，因为交易所集中了大量的交易信息和参与者，交易规则明确，且有做市商制度提供持续报价。

（2）交易工具：主流、标准化的金融工具（如蓝筹股、主流货币对、主流期货合约等）通常比非主流、复杂或小众的工具更具流动性。

（3）市场参与者：大型投资基金、银行和其他金融机构的大额买卖交易能快速吸收市场供给或需求。做市商通过持续提供买卖报价，为市场提供即时流动性，尤其在市场清淡时能起到稳定市场的作用。此外，大量散户投资者的参与也能增加市场流动性。

（4）宏观经济环境与政策：中央银行的货币政策（如利率调整、量化宽松等）会影响市场资金充裕程度，进而影响整体金融市场的流动性。

2.1.3 市场流动性的测量指标

（1）市场流动性的直接测量指标。

①**交易量：**较高的交易量通常意味着市场流动性好，买卖双方交易活跃。

②**买卖价差：**窄的买卖价差表示市场深度较好，交易成本较低，流动性较高。

③**挂单数量：**观察某一价位上可交易的挂单数量，数量越大，市场越能承受大额交易而不引起剧烈价格波动，表明流动性好。

④**订单执行速度：**从提交订单到完成交易所需的时间越短，表明流动性越好。

（2）市场流动性的间接测量指标。

①**资金成本：**如银行间同业拆借利率（如SHIBOR、LIBOR）或货币市场基金收益率，可以反映市场资金的供求状况，间接体现金融市场的流动性水平。

②**金融统计数据：**如**广义货币供应量（如M2）**的增长率，可反映经济体中货币总量的变化，与宏观流动性紧密相关。

2.2. 企业的流动性

企业的流动性是指**企业满足短期债务的能力**，这由其短期资产和负债的规模及流动性决定，这些又受到企业商业模式和现金转换周期的影响。企业的流动性可以通过比较企业的短期负债与即时可用现金来评估。

2.2.1 企业流动性的来源

（1）流动性的主要来源（primary sources of liquidity）。

流动性的主要来源是指**不会对企业的正常经营造成影响**的经济资源，主要包括：

①**现金及其等价物（cash and marketable securities on hand）**：现金及现金等价物（短期有价证券）是最直接的流动性来源，包括银行账户中的现金、持有的货币或能快速变现且价值损失小的证券。

②**借贷（borrowings）**：从银行借款、发行债券或利用供应商的贸易信贷，虽能迅速获得资金，但也增加了未来需要偿还的债务。

③**经营现金流（cash flow from the business）**：虽然产生**经营性现金流**需要时间，但对于盈利企业而言，是重要的流动性补充。预期的正现金流可以覆盖未来负债，减少对外部融资的依赖。

（2）流动性的次要来源（secondary sources of liquidity）。

当企业的主要流动性来源不足以覆盖其短期债务或运营需要时，企业可能不得不转向一些辅助性或非常规的流动性管理策略：

①**减少或暂停分红（suspending or reducing dividends）**：企业可能选择**减少股东分红或完全暂停分红**以保留现金。这可以立即增加内部资金的留存，但可能引起股东不满，损害投资者信心，长期可能影响股价和企业形象。

②**推迟或削减资本支出（delaying or reducing capital expenditures）**：企业可能推迟非必要的设备购置、扩张计划或研发项目，以节省资金。这样做虽然短期内释放了现金，但可能牺牲企业的长期增长潜力，影响竞争力和市场份额。

③**发行新股（issuing equity）**：通过增发股票筹集资金可以迅速增加现金流，但会导致现有股东的持股比例下降，每股收益（EPS）稀释，可能引起原有股东权益的摊薄和股价下跌。

④**债务重组（renegotiating contract terms）**：与债权人协商延长还款期限或改变还款条件可以缓解即时的流动性压力，但可能增加长期的利息负担，损害企业信用评级，并可能涉及复杂的法律程序和费用。

⑤**出售资产（selling assets）**：紧急出售固定资产或投资以换取现金，可能无法实现资产的最优价值，导致资产贱卖。这虽然快速提供了流动性，但可能损害企业的长期生产能力或战略地位。

⑥**申请破产保护及重组（filing for bankruptcy protection and reorganization）**：作为最后手段，企业可能申请破产保护来暂停债务追讨，争取时间重组债务和业务。这个过程对企业声誉造成重大打击，可能导致供应商和客户的信任丧失，长期经营能力受损，且重组过程中往往需要牺牲股东和债权人的利益。

老皮点拨

　　寻求流动性的次要来源反映了企业面临的财务困境，每一种策略都需权衡**短期流动性需求**与**长期发展**之间的利弊。企业应当谨慎考虑，尽量通过优化内部管理、改善经营效率和寻求外部合作等方式，尽量避免陷入依赖这些高成本或高风险策略的境地。

实务拓展

　　疫情期间，航空公司如汉莎航空、新加坡航空和达美航空采取了发行可转债、权利发行、推迟资本支出等措施来增强流动性，反映了在财务压力下企业寻求维持运营和现金流的迫切性。

Liquidity Coverage Ratio (LCR)　流动性覆盖比率

基础释义

　　流动性覆盖比率是指银行的**优质流动性资产储备**与**未来 30 天资金净流出量**之间的比率。流动性覆盖比率是一种衡量银行短期流动性风险程度以及其应对潜在流动性压力能力的关键监管指标。

概念详解

1. 流动性覆盖比率的计算公式

　　　　LCR=High-quality liquid assets/Net cash outflows over next 30 days

其中，

-High-quality liquid assets 代表优质流动性资产，即在压力情境下能够快速且无重大价值损失地转换为现金的资产

-Net cash outflows over next 30 days 代表未来 30 天资金净流出量

> **老皮点拨**
>
> 　　优质流动性资产通常包括现金、央行存款、政府债券、高质量企业债、某些证券化产品以及其他经监管机构认定的具有高度流动性的金融工具。这些资产被划分为不同的等级（如一级、二级），不同等级的资产在计算时可能有不同的折算系数，以反映其实际的流动性水平。未来 30 天资金净流出量的具体计算方式：用未来 30 天内银行可能面临的资金流出（如客户提款、到期债务偿还、交易对手要求追加保证金等）减去预期资金流入（如存款增长、贷款还款、新融资等）。银行需要根据历史数据、合同条款、市场惯例以及在压力情境下的行为假设来合理估算这一数值。

2. 流动性覆盖比率的监管要求

　　LCR 的标准通常是**不低于 100%**。这意味着银行的优质流动性资产储备应至少等于其在未来 30 天内预计的资金净流出量。达到这一标准意味着银行在面临严重流动性压力时，理论上能够依靠其持有的高流动性资产，在不依赖外部资金来源的情况下，**完全覆盖未来一个月内的流动性需求**。

3. 流动性覆盖比率的意义

　　（1）强化风险管理： 要求银行保持充足的流动性缓冲，以抵御短期市场波动、信贷紧缩或其他可能引发流动性紧张的情境。

　　（2）增强市场信心： 高流动性覆盖率有助于稳定市场预期，减少银行挤兑风险，维护金融系统的稳定性。

　　（3）统一国际监管： 作为巴塞尔银行监管委员会引入的全球统一标准，LCR 有助于确保各国银行遵循相似的流动性风险管理框架，促进全球银行业的公平竞争和监管一致性。

> **实务拓展**
>
> 　　自 2010 年巴塞尔协议III提出以来，全球许多国家的监管机构已将 LCR 纳入本国的银行监管框架，并要求金融机构定期报告和满足相应的流动性覆盖率标准。银行需进行内部流动性风险管理，定期进行压力测试，并根据测试结果调整其流动性风险管理策略和优质流动性资产的持有水平。

Liquidity Risk　流动性风险

基础释义

流动性风险是指由于缺乏足够的市场流动性而**无法以期望的价格及时买卖资产**所面临的风险。这种风险通常与机构相关，但在某些情况下，个人也可能在不知情的情况下面临这种风险。

概念详解

1. 流动性风险的类型

流动性风险可以进一步分为市场流动性风险、资产流动性风险和衍生品流动性风险。

1.1 市场流动性风险（Market Liquidity Risk）

市场流动性风险体现在实际交易价格与市场价格之间的差异，通常通过**买卖价差（bid-ask spread）**来衡量。经纪商的交易意愿和能力直接影响市场的流动性水平；发行人的规模和信用质量也是重要因素，规模较小、交易频率低的发行人往往面临更高的流动性风险和更大的价差。

> 💡 **老皮点拨**
>
> 在金融危机或市场压力期间，市场流动性可能会急剧下降，导致债券价格下跌，企业债券和其他基于利差的债务工具的利差显著扩大。

1.2 资产流动性风险（Asset Liquidity Risk）

资产流动性风险表现为为了卖出资产，卖家可能需要接受低于其标记价值或根据基本面评估的价值的价格。所有资产都存在交易成本，如买卖价差，这种价差可能因为市场条件的变化或持有大量头寸而急剧增加。

1.3 衍生品流动性风险（Derivatives Liquidity Risk）

衍生品流动性风险指的是衍生品与基础资产之间现金流时间的不同步，尤其是在期货市场中每日结算的收益和损失可能导致的流动性问题。如果投资者或发行人在使用期货合约对冲基础交易时无法满足保证金要求，则可能面临被迫平仓的风险，并承担衍生品交易中的任何损失。

2. 流动性风险的应对方法

（1）多样化投资组合（diversification）： 通过将资金分散投资于多种类型和不同流动性的资产，如股票、债券和现金等，可以有效降低单一资产流动性不足带来的风险。多样化的投资组合有助于在市场流动性紧张时提供更多的变现选项。

（2）流动性管理（liquidity management）： 维持一定比例的高流动性资产，如**现金和短期政府债券**，以便在需要时能够快速变现。同时，定期审查资金状况和资产负债表，确保有足够的流动性储备来应对突发的资金需求。

（3）风险评估与定价（risk assessment and pricing）： 对资产的流动性风险进行全面评估，并在定价中反映这一风险。流动性较差的资产可能需要提供更高的收益来补偿投资者。根据市场条件的变化，动态调整投资组合中的风险敞口，避免过度集中在流动性差的资产上。

（4）建立应急计划（contingency planning）： 制定详细的应急计划，包括在市场流动性突然下降时的应对策略，如预先确定的资产出售顺序和紧急融资渠道。定期进行应急演练，确保在实际需要时能够迅速有效地执行计划。

L

Liquidity Trap　流动性陷阱

基础释义

流动性陷阱是指利率已经非常低，以至于**货币政策失去了刺激经济的传统效力**的一种特殊的宏观经济状况。流动性陷阱是凯恩斯经济学中的一个重要概念，一旦出现流动性陷阱，即使中央银行继续增加货币供应量，也**不会有效地降低利率或激发额外的借贷与投资**，因为市场参与者普遍预期利率不可能进一步下降，且对未来经济前景感到不确定或悲观。

概念详解

1. 流动性陷阱的特点

（1）极低利率：名义利率接近零或已经处于零下限，无法再通过降息来鼓励借贷和投资。

（2）无限的流动性偏好：企业和个人因预期投资回报率低、经济前景不明朗，更倾向于持有**流动性强的资产（如现金和银行存款）**，而不是进行投资或消费。

（3）货币政策失效：由于利率已无法更低，增加货币供应对降低利率和刺激经济不再有效，新发行的货币被闲置在银行系统内，不进入实体经济循环。

（4）预期因素：市场对未来经济预期悲观，即便货币政策宽松，也无法改变这种预期，导致货币政策传导机制受阻。

（5）通缩压力：在极端情况下，流动性陷阱可能与通货紧缩相结合，进一步抑制投资和消费，形成恶性循环。

2. 流动性陷阱的解决策略

面对流动性陷阱，传统的货币政策可能不够，需要采取非常规货币政策，如**量化宽松（quantitative easing, QE）**、前瞻性指引、负利率政策或直接购买资产等，以及与财政政策的紧密配合，以期共同推动经济走出低谷。此外，增强市场信心、改善信贷传导机制、提高政策透明度和可信度也是应对流动性陷阱的重要手段。

Listed Company　上市公司

基础释义

> 上市公司是指其部分或全部股份**在证券交易所上市并公开交易**的公司。这类公司的特点是，其股权结构可以是分散的，股份持有者广泛，包括个人投资者、公司员工、代表个人管理资金的机构（如养老基金）、其他公司实体、政府机构以及非营利组织等。上市公司的股票能够在公开市场上自由买卖，这意味着任何符合交易所规定的投资者都可以参与这些股票的交易。

概念详解

1. 上市公司的核心特征

（1）上市交易：上市公司的股票在证券交易所上市，如纽约证券交易所、纳斯达克、伦敦证券交易所等，这为公司提供了一个公开的交易平台，增加了股票的流动性和市场知名度。

（2）股份的广泛持有： 上市公司的股份不仅限于内部人士（如公司高管、创始人）、战略投资者或发起人，而是**面向公众广泛发行**，使得任何人都可以通过交易所购买和出售这些股票。

（3）自由流通股（free float）： 自由流通股是指在市场上可自由买卖的那部分股份，不包括由公司内部人士、大股东或政府持有的锁定股份。自由流通股比例（自由流通量占总发行股数的比例）是衡量公司股票市场流动性的一个重要指标，也是指数编制、市值计算和投资分析中的重要因素。

（4）市场参与者多样性： 上市公司的股东构成多样，包括个人投资者、机构投资者等，这表明公司获得了更广泛的资金来源，同时也要面对更多样化的股东需求和期望。

2. 成为上市公司的途径

（1）首次公开募股（IPO）： 公司通过发行新股并在交易所上市，通常需要承销商的帮助。

（2）直接上市（direct listing）： 公司不发行新股也不需要承销商，而是**直接将现有股份在交易所上市**，通常适用于品牌知名度高的大型成熟公司。

（3）收购（acquisition）： 一家私营公司可以通过被另一家已经上市的公司收购而间接成为上市公司。

（4）特殊目的收购公司（SPAC）： SPAC 是一种壳公司，专门用于在未来收购某家私营公司，从而使其上市。

3. 上市公司的注册和披露要求

上市公司必须向监管机构（如美国证券交易委员会 SEC）注册，并遵守报告和合规要求，必须定期提交经审计的财务报表和其他信息，这些信息对公众开放。上市公司还需披露可能影响股价的重大信息，如管理层持股变动等。

Loan　贷款

基础释义

贷款是指银行、金融机构、政府机构或其他放贷方根据预先约定的条件，将一定数额的资金暂时提供给借款人使用，借款人需要在未来某一指定时间内连同利息（或相关费用）一并偿还的债务形式。贷款广泛应用于个人消费、企业经营、项目投资、政府财政等领域。

概念详解

1. 贷款的关键要素

贷款的关键要素包括贷款关系主体、贷款条件和信用评估与审批。

1.1 贷款关系主体

贷款涉及两个基本主体：**放贷方（如银行、金融机构、个人投资者、政府机构等）**和**借款方（如个人消费者、企业、政府）**。放贷方负责提供资金，借款方则需按照约定用途使用资金，并承担偿还本金及利息的责任。

1.2 贷款条件

（1）贷款金额： 即放贷方提供的具体资金数额。

（2）利率： 借款人需支付的使用资金的成本，通常以年利率的形式表示。

（3）偿还期限： 借款人偿还全部本金及利息的期限，可以是短期（如几个月）、中期（几年）或长期（十年以上）。

（4）偿还方式： 如**等额本息还款**、**等额本金还款**、**一次性还本付息**等。

（5）担保或抵押： 某些贷款可能要求借款人提供**担保**（如第三方保证）或**抵押物**（如房产、车辆），以降低放贷方的风险。

（6）用途限制： 某些贷款可能规定资金只能用于**特定目的**，如购房贷款、教育贷款、企业营运资金贷款等。

1.3 信用评估与审批

放贷方在发放贷款前会对借款人的**信用状况**、**偿债能力**、**贷款用途**等进行严格评估，以决定是否批准贷款申请、确定贷款额度和利率。评估过程可能涉及对借款人的**信用历史查询**、**财务报表分析**、**抵押物估值**、**市场环境评估**等。

2. 贷款的种类

（1）个人消费贷款： 包括个人住房贷款、汽车贷款、个人消费信用贷款、学生贷款等。

（2）企业贷款： 如流动资金贷款、固定资产投资贷款、项目贷款、贸易融资等。

（3）政府贷款： 包括政府间贷款、国际组织贷款、政策性贷款等。

（4）特殊类型贷款： 如绿色贷款、微型贷款、供应链金融贷款、应收账款质押贷款等。

Loan to Value (LTV)　贷款价值比率

基础释义

贷款价值比率是指银行和金融机构在发放抵押贷款时通过衡量**贷款金额**与**作为贷款担保的资产价值**之间的关系从而评估贷款质量的一个指标。LTV 比率常用于房地产领域的贷款，比如购买房产的按揭贷款，但它也可应用于任何以资产作为抵押品的贷款。

概念详解

1. LTV 的计算公式

$$LTV = \frac{\text{Total value of all loans (mortgages)}}{\text{Total value of all properties mortgaged}}$$

其中，

-Total value of all loans（mortgages）代表全部贷款或抵押贷款的价值

-Total value of all properties mortgaged 代表用于抵押的全部资产的价值

> 💡 **老皮点拨**
>
> 例如，如果一个人申请一笔 100,000 元的房屋贷款，而该房屋的市场价值为 200,000 元，则 LTV 为 50%。

2. LTV 的经济含义

对于贷款人来说，LTV 比率越低，意味着贷款的风险越小，因为即使资产价格下跌，贷款人仍然可以回收大部分或全部贷款本金。

对于借款人来说，LTV 比率越高，可能需要支付更高的利率或者提供额外的担保，因为高 LTV 比率代表了较高的风险。

3. LTV 的应用

LTV 的应用主要包括按揭贷款和资产证券化。

3.1 按揭贷款（Mortgage）

在按揭贷款的背景下，LTV 比率非常重要，因为它影响着贷款的风险水平。较低的 LTV 比率通常意味着较低的贷款风险，因为即使资产价值下降，贷款人仍有较大的缓冲空间来收回贷款本金。相反，较高的 LTV 比率可能意味着更大的风险，因为资产价值的小幅下降就可能导致贷款金额超出资产价值，从而增加贷款违约的可能性。

对于贷款机构来说，LTV 比率是一个关键的评估标准，用于决定是否发放贷款以及贷款的条件，如利率、还款期限、每月还款额和保险要求等。例如，LTV 比率超过一定阈值的贷款可能需要借款人购买**私人按揭保险（private mortgage insurance）**，以保护贷款人在房产价值下跌时的风险，或者提供更高的首付比例来降低 LTV 比率。

3.2 资产证券化（Securitization）

在证券化产品中，如**住宅抵押贷款支持证券（RMBS）**或**商业抵押贷款支持证券（CMBS）**，LTV 比率是评估贷款池质量的重要指标。贷款池中的每笔贷款都有自己的 LTV 比率，而整个贷款池的 LTV 比率通常是所有贷款 LTV 比率的加权平均值。贷款发起人和证券化机构会设置 LTV 比率的标准，只有符合这些标准的贷款才能被包含在贷款池中，以保证最终证券化的资产包具有一定的信用质量。

当一笔贷款的 LTV 比率不符合标准时，它将不会被纳入贷款池，而是会被另一笔符合 LTV 标准的贷款替代。这样做的目的是维护整个**贷款池的稳定性**和降低违约风险，从而提高最终发行的证券化产品的吸引力和信用评级。

Local Currency   当地货币

基础释义

> 当地货币是指**在特定国家或地区内普遍流通、被官方认可并用于日常交易、结算、计价**的法定货币。当地货币具有强制通用性，所有居民、企业和政府机关在该区域内进行交易时必须接受，是该地区经济活动中不可或缺的交换媒介、价值尺度和储藏手段，由该国或地区的中央银行或货币当局发行和管理。

概念详解

1. 当地货币的用途

（1）日常交易： 在当地市场购买商品和服务、支付工资、缴纳税款、偿还债务等经济活动中，当地货币是主要的支付工具。居民和企业持有当地货币以满足日常生活和商业运营的需要。

（2）金融市场： 当地货币被用于金融市场交易，包括银行存款、贷款、债券、股票、衍生品等金融产品的定价、结算和清算。金融机构根据当地货币利率设定贷款利率、计算投资回报等。

（3）国际交易： 尽管在国际贸易和资本流动中可能涉及多种货币，但当一个国家或地区与其他经济体发生交易时，其当地货币通常作为计价、结算或转换的基准。在某些情况下，国际交易也可能直接以当地货币进行，尤其是在**区域贸易协定**或**货币联盟**内。

2. 当地货币的特性与影响因素

（1）主权象征： 当地货币通常印有国家象征（如国徽、首相或总统头像等），体现国家主权和独立的货币发行权。

（2）货币政策工具： 中央银行通过调控当地货币供应量、利率等手段实施货币政策，以影响通胀水平、经济增长、就业和国际收支平衡。

（3）汇率波动： 对于非固定汇率制度的国家和地区，当地货币与其他货币之间的汇率会随市场供求、经济基本面、国际资本流动和货币政策等因素波动，影响进出口成本、资本流动和国际竞争力。

（4）经济稳定性： 当地货币的稳定性和信誉对经济的健康运行至关重要。稳定的货币有利于维持物价稳定、增强公众信心、促进投资和贸易，而货币贬值或过度通胀则可能导致经济混乱和社会不满。

（5）跨境使用： 在某些边境地区或旅游热点，当地货币可能被邻近国家或游客接受，形成事实上的跨境流通。

> **实务拓展**
>
> 当地货币基本是法定货币，以新加坡元（SGD）为例，它是新加坡的法定货币，由新加坡金融管理局（MAS）发行和管理，用于新加坡国内的所有经济活动，并在国际市场上作为交易货币之一。

有些地区可能同时存在多种流通货币，特别是在多国交界地带或受外来经济影响较大的地方。例如，某些欧洲国家虽然有自己的当地货币，但欧元也在当地广泛使用和接受。

此外，在某些社区或小型经济体中，有时会出现非官方的"地方货币"或"社区货币"（community currency），旨在刺激地方经济、增强社区凝聚力或应对金融危机。这类货币仅在有限范围内使用，与国家法定的当地货币并存。

Lognormal Distribution 对数正态分布

基础释义

对数正态分布是指不直接对变量 X 本身建模，而是对 **X 的对数（通常是自然对数，即以 e 为底）** 建模为正态分布的一种连续概率分布。如果一个随机变量 X 的对数值 $\ln(X)$ 服从正态分布 $N(\mu, \sigma^2)$，那么 X 就服从对数正态分布。

概念详解

1. 对数正态分布的特点

（1）非负性： 对数正态分布的取值范围是从 **0 到正无穷大**，因为任何正数的对数都是实数，而负数的对数不存在于实数域中。

（2）偏斜性： 对数正态分布是**右偏的**，意味着它有一个长尾部朝向正值方向。这种特性使得对数正态分布非常适合用来模拟**资产价格**等非负且呈正偏态的数据。

2. 对数正态分布的图像

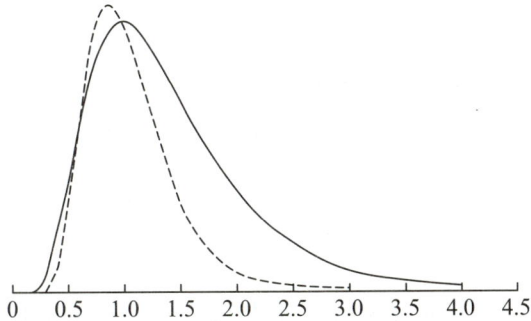

不同均值和方差条件下的对数正态分布图像

3. 对数正态分布的参数

(1) 均值（μ）：对应正态分布的平均值。

(2) 方差（σ^2）：对应正态分布的方差。

4. 对数正态分布的应用实例

对数正态分布在金融领域特别重要，尤其是在期权定价模型中。例如，在著名的**布莱克-斯科尔斯-默顿期权定价模型（Black-Scholes-Merton option valuation model）**中，就假定标的资产的价格服从对数正态分布。这是因为资产价格理论上不能为负，而且在实践中，许多金融资产的价格分布与对数正态分布相符。

Long　做多

基础释义

做多是指投资者相信某个资产的价格在未来会升高，因此购买该资产以期待**将来以更高的价格卖出**从而获得利润。在股票市场中，这意味着直接购买股票，而在期货或外汇市场中，这可能涉及以多方身份签订合约或买入外币。做多行为有助于市场的流动性，因为它增加了买卖双方的数量，使得市场更加活跃。同时，多头投资者也为市场提供了资金支持，因为他们在购买资产时注入了新的资金。

概念详解

1. 做多的盈利机制

当投资者做多时，他们的目标是低买高卖。如果资产价格上涨，投资者可以卖出资产赚取差价利润。例如，如果某只股票今天的价格是 100 元，你认为它会在未来涨到 150 元，那么你可以选择买入这只股票，等其价格上涨后卖出。

2. 做多的风险与收益

虽然做多的**潜在收益是无限的（理论上资产价格可以无限制地上涨）**，但同时也有相应的风险。如果资产价格下跌，而不是上涨，投资者可能会蒙受损失。

对于普通股票来说，最大损失是有限的，即买入成本减去股票可能跌至的最低值（通常为零）。但在**杠杆交易中，如期货和保证金交易**，亏损可能超过初始投资。

3. 做多的市场影响因素

投资者在决定是否做多时需要考虑各种因素，包括宏观经济状况、公司业绩、行业趋势以及技术分析等。此外，市场情绪、政治事件和自然灾害等不可预测的因素也会影响资产价格。

4. 做多的工具

除了直接购买资产外，投资者还可以通过**衍生品市场**进行做多操作，如购买看涨期权（call option）或进入多头期货合约。这些工具允许投资者在不实际持有资产的情况下参与市场，并且可能提供杠杆效应，这意味着可以用较少的资金控制更大的资产价值。

5. 特殊情景下的做多 / 多头的含义

在期货或期权市场中，建立多头头寸是指买入期货合约或**看涨期权**。对于期货，投资者预期标的资产价格上升，通过买入期货合约，待价格上涨时平仓获利。对于看涨期权，持有者有权在到期日或之前以约定价格（执行价）买入标的资产，若标的资产价格上涨，期权价值随之增加，持有者可以选择行权或在市场中卖出期权获利。

在资产管理与投资组合构建中，**多头敞口（long exposure）**描述投资者在某一资产类别、行业、地区或特定证券上的净买入敞口。这意味着投资者在该领域持有正面的市值，期望从价格上涨中获益。

Longevity Risk　长寿风险

基础释义

> 　　长寿风险是指个人因**寿命超过预期**而导致退休资金不足的风险。随着医疗技术的进步和生活水平的提高，人们的平均寿命不断延长，这就给退休规划带来了挑战。

概念详解

1. 长寿风险在财务规划中的重要性

　　长寿风险在财务规划中主要指的是退休期的不确定性，尤其是与退休后达到高龄相关的风险。延长的退休期可能会耗尽退休人员的资金，以至于收入和金融资产不足以满足退休后的消费需要。一个常见的问题是："我退休时需要多少钱？"这个问题的答案依赖于个人的寿命长度，而寿命是一个只能估算的关键变量。

2. 影响长寿风险的因素

　　（1）名义收益率（nominal rate of return）：名义收益率是指投资组合在一定时间内产生的**尚未绕过通胀预期调整**的收益率。较高的名义收益率有助于投资账户的快速增值，从而可以在退休后提供更多资金支持，从而抵消潜在的资金短缺问题。

　　（2）通货膨胀率（inflation rate）：随着时间的推移，通货膨胀会导致退休资金的实际购买力下降，从而增加了长寿风险。为了保持购买力，投资者需要确保他们的投资组合收益率至少等于或超过通货膨胀率。

　　（3）额外收入来源（additional income resource）：额外收入来源是指退休后除了个人储蓄之外的其他收入流，例如社会保障福利、企业养老金计划等。如果额外收入来源根据通货膨胀进行调整，那么这些收入就能更好地抵御通货膨胀带来的负面影响。

　　（4）消费水平（consumption level）：长寿风险分析中的消费水平是指退休期间的日常开支和其他必要支出的总额。有效的支出管理是控制长寿风险的关键，过高的消费水平可能导致退休资金提前耗尽，具备一定的支出灵活性有助于适应未来可能出现的任何财务压力或紧急情况。

3. 长寿风险的影响

（1）对个人生活方式的影响： 即使在提供大量养老金福利的国家，退休后的收入也可能不足以支持预期的生活水平。此外，许多养老金计划没有考虑通货膨胀的影响，而且一些养老金计划，即使是政府资助的，也有可能缺乏足够资金来支付未来的负债。

（2）对人力资本的影响： 担心"活得太久"的人可能会选择比其他人工作更长时间。也就是说，在其他条件相同的情况下，担心耗尽资金而打算继续工作的个人拥有更多的人力资本，但这可能会牺牲掉一段退休生活阶段。

4. 应对长寿风险的办法

（1）准确估计寿命： 为了合理规划退休后的财务需求，重要的是要基于个人的健康状况和家族遗传史来估算预期寿命。使用官方发布的**寿命表（mortality table）**，并结合个人实际情况做出适当的调整，可以帮助我们更加精确地预测可能的退休期限，从而制定更为稳健的财务计划。

（2）合理规划退休基金： 确定退休时所需的资金总量至关重要，这需要根据预期的生活质量、日常开支以及可能的应急费用等因素综合考量。通过在职业生涯早期就开始定期储蓄和投资，可以逐步积累起足够支撑整个退休生活的资金基础。

（3）投资多样化与风险管理： 分散投资可以有效降低单一资产带来的风险，通过构建包含股票、债券、房地产等多种类型资产的投资组合，不仅可以提高总体收益潜力，还能增强财务稳定性，确保退休资产在市场波动中保持增值。

（4）使用金融工具： 购买**年金保险（annuity insurance）**是应对长寿风险的有效手段之一，它能够在退休后提供稳定的收入来源，确保即使在长寿情况下也能维持基本生活水平。此外，长期护理保险可以在健康出现问题时提供必要的经济支持，减轻财务压力。

（5）考虑通胀因素： 确保养老金及其他收入来源能够随通胀调整，以保持购买力不变。同时，通过多元化收入渠道，如租金收入、兼职工作等方式增加额外收入，可以进一步抵消通货膨胀带来的负面影响，保障退休生活质量。

（6）延迟退休： 对于担心长寿风险的人来说，延长工作年限是一个明智的选择。这不仅能增加人力资本，还能为退休积累更多的资金。即使是选择半退休状态下的灵活就业，也能在补充收入的同时保持一定的社会参与感，从而提升晚年生活的满意度。

Loss Given Default (LGD)　违约损失率

基础释义

违约损失率是指在债务人发生违约事件时，**债权人或投资者无法回收的那部分资金占违约债务风险敞口金额**的比例。例如，如果一笔贷款在违约时的 LGD 为 40%，意味着在借款人违约的情况下，贷款人只能收回 60% 的风险敞口金额，剩余未收回的部分即为损失。

概念详解

1. 违约损失率的计算方法

$$LGD＝（违约损失金额/违约时的暴露金额）\times 100\%$$

其中，

- 违约损失金额是指在违约事件发生后未能收回的金额

- 违约时的暴露金额是指在违约发生时刻，借款人尚未偿还给贷款人的总金额，包括待偿还本金余额以及票息

2. 违约损失率的影响因素

（1）抵押品的价值： 如果有抵押品，LGD 将受到抵押品市场价值变化的影响。例如，在房地产贷款中，如果房价下跌，则 LGD 可能上升。

（2）担保情况： 担保人或其他形式的保证可以降低 LGD，因为这些担保可以在借款人违约时提供额外的还款来源。

（3）贷款类型： 不同类型的贷款有不同的 LGD 水平。例如，无担保消费贷款的 LGD 通常高于有担保的住房贷款。

（4）经济环境： 经济衰退期间，资产价值下降可能导致更高的 LGD。

（5）法律和监管环境： 不同国家和地区对于债务追偿的法律规定不同，这也会影响 LGD。

3. 违约损失率的应用

3.1 风险管理

违约损失率在风险管理中的具体应用包括：

（1）信用风险评估： LGD 是衡量信用风险的关键指标之一。通过估算 LGD，金融机构可以更准确地了解一旦借款人违约，他们可能面临的损失程度。这有助于金融机构制定更合理的风险管理策略。

（2）贷款组合管理： LGD 可以帮助银行或金融机构识别哪些贷款组合具有较高的潜在风险，并采取措施来分散或减少这些风险。例如，调整贷款结构，增加抵押品要求，或者提高贷款利率以补偿较高的风险。

3.2 信贷决策

违约损失率在信贷决策中的具体应用包括：

（1）贷款审批： 在审批贷款时，LGD 可以作为评估贷款申请风险的一部分。如果预计的 LGD 较高，金融机构可能会拒绝贷款或要求更严格的担保措施。

（2）信贷限额设置： 基于对 LGD 的估计，银行可以设定适当的信贷限额，确保不会过度放贷给高风险客户。

3.3 信用风险定价

LGD 与**违约概率（Probability of Default, PD）**和**违约暴露（Exposure At Default, EAD）**结合使用，可以计算**预期损失（Expected Loss, EL）**，进而计算出**信用估值调整（credit valuation adjustment）**，从而影响含有信用风险的债券或贷款的定价。

3.4 资本充足率计量

银行需要根据潜在的 LGD 来分配足够的资本，以满足监管要求，确保有足够的缓冲来应对违约损失。在国际监管标准如《巴塞尔协议》中，LGD 被用来计算信用风险加权资产（credit risk weighted asset），进而影响银行的资本充足率要求。较高的 LGD 意味着银行需要持有更多的资本缓冲以覆盖潜在的损失。

4. LGD 的估计方法

（1）历史数据分析： 通过分析**历史违约事件**的数据，可以计算出平均 LGD。这通常涉及收集过去一段时间内所有已发生违约的情况，并计算每笔违约贷款的实际损失比例。通过将贷款按照不同的特征（如贷款类型、行业、地区等）分组，然后分别计算各组的 LGD，这样可以得到更加细化的结果。

（2）基本面分析： LGD 可能受到宏观经济状况的影响，例如失业率、GDP 增长率等。建立包含这些变量的模型可以帮助预测未来可能的 LGD 水平。此外，某些行业的 LGD 可能与其他行业不同，因此在模型中加入行业特定的因素可以帮助更准确地预测 LGD。

（3）信用评分模型： 较高的借款人**信用评分（credit score）**通常意味着较低的 LGD。通过信用评分模型，可以估计不同信用等级的借款人的 LGD。此外，贷款的特性例如期限、利率、是否有抵押品等因素也会影响 LGD，这些都可以被纳入信用评分模型中。

（4）损失分布模型： 分析师及信贷审核经理还可以使用回归技术（如线性回归、逻辑回归等）来拟合 LGD 与一系列解释变量之间的关系，利用**贝叶斯统计方法**可以整合**先验知识**和**新的观测数据**来更新对 LGD 的估计。

（5）抵押品价值评估： 对于有抵押品的贷款，估计抵押品在违约情况下的变现价值是非常重要的，这可能需要依赖于专业的评估机构或内部评估模型。此外，在计算 LGD 时还需要考虑追偿过程中产生的法律成本和其他相关费用。

5. 违约损失率的应用挑战

在实际应用违约损失率的过程中，市场参与者及监管主体面临一系列的挑战：

（1）数据不足： 对于一些新类型的贷款或在新兴市场，由于缺乏足够历史数据，LGD 的估计可能不够准确。

（2）市场波动性： 市场条件的变化可能使基于历史数据的 LGD 估计不再适用。

（3）模型误差： 即使是复杂的模型也可能存在误差，特别是在极端市场条件下。

L

M Square *M* 平方

基础释义

> *M* 平方，又称"风险调整后的业绩"（Risk-Adjusted Performance, RAP），是指由 Franco Modigliani 及其孙女 Leah Modigliani 提出的通过调整投资组合的杠杆程度，使其波动率与市场波动率相匹配，进而计算出投资组合在承担与市场相同风险水平下的调整后回报的一种风险调整业绩衡量指标。

概念详解

1. *M* 平方的计算公式

M^2 的公式可以从事前（Ex Ante）和事后（Ex Post）两个角度来表示：

$$\text{事前} M^2 : M^2 = \left(\frac{E(R_p) - R_f}{\sigma_p} \right) \cdot \sigma_m + R_f$$

其中，

$$\text{事后} M^2 : \hat{M}^2 = \left(\frac{\bar{R}_p - \bar{R}_f}{\hat{\sigma}_p} \right) \cdot \hat{\sigma}_m + \bar{R}_f$$

- $E(R_p)$ 代表投资组合预期回报
- R_f 代表无风险利率
- σ_p 代表投资组合的标准差
- σ_m 代表市场组合的标准差
- $\bar{R}_p$ 代表投资组合的实际回报
- $\bar{R}_f$ 代表实际无风险利率
- $\hat{\sigma}_p$ 代表投资组合的实际标准差
- $\hat{\sigma}_m$ 代表市场组合的实际标准差

💡 老皮点拨

M 平方的计算原理基于**资本市场理论（Capital Market Theory, CMT）**，假设一个投资组合的超额收益通过调整其波动率（以标准差衡量），

使其与市场的波动率（σ_m）相匹配，从而使得**投资组合的风险**等于**市场风险**，再加上无风险利率，与市场的实际回报进行比较，以判断投资组合是否**在风险调整的基础上**优于市场。

2. M 平方的优点

（1）直观性： M^2 以百分比形式表示，更容易理解和解释，因为它直接反映了投资组合相对于市场基准的超额回报。

（2）一致性： M^2 与**夏普比率（sharpe ratio）** 在排名上一致，但 M^2 提供了更直观的比较方式，使得不同投资组合之间可以直接比较。

老皮点拨

M 平方可以视为**夏普比率**的重新标度版本，使得不同投资组合之间的比较更为直观。由于 M 平方的主要成分是夏普比率、市场波动率和无风险利率，而在给定的时间段内，**无风险利率（risk-free rate）** 和**市场波动率**对所有投资组合来说都是常数，因此夏普比率的大小决定了业绩的排名。

（3）风险调整： M^2 通过先除以组合自身的标准差，再乘以市场组合的标准差，使其风险水平与市场一致，从而提供了一个公平的风险调整后业绩评估标准。

（4）通用性： M^2 可以用于各种类型的投资组合，包括股票、债券和其他资产类别，只要能够获取必要的输入数据（如预期回报、标准差等）。

3. M 平方的缺点

（1）假设依赖： M^2 的计算基于**投资组合可以无限制地借贷**的假设，这在现实中可能不成立。实际上，借贷成本和市场摩擦可能会限制这种调整的能力。

（2）市场波动率作为风险度量： M^2 使用标准差作为风险度量，这可能不完全反映所有类型的风险，特别是**非对称风险**或**尾部风险**。

（3）历史数据依赖： M^2 依赖于历史数据来估计未来的预期回报和波动率，而这可能无法准确预测未来的市场行为。

（4）市场基准选择： M^2 的有效性取决于所选**市场基准**的合适性。错误选择基准可能会导致错误的绩效评估。

M

4. M 平方与夏普比率的关系

💡 **老皮点拨**

　　假设无风险利率 $\overline{R}_f$ =4%，投资组合实际回报 $\overline{R}_p$ =14%，投资组合实际标准差 $\hat{\sigma}_p$ =25.0%，市场组合实际标准差 $\hat{\sigma}_m$ =20.0%。夏普比率 $\hat{SR}$ = $\dfrac{0.14-0.04}{0.25}$ =0.4，则事后 M^2：$\hat{M}^2$ =0.4×0.20+0.04=0.12=12.0%。如果市场回报为 10%，那么投资组合在风险调整基础上超出市场回报 2.0%。这个差异通常被称为 M^2 alpha，表示投资组合相对于市场的风险调整超额回报。

　　通过比较投资组合的夏普比率与市场组合的夏普比率，可以看出投资组合是否优于市场。M^2 的强大之处在于，其直接通过百分比回报的形式告诉了我们标的投资组合经过风险调整后究竟超越了市场回报多少。

Macaulay Duration　麦考利久期

基础释义

　　麦考利久期是指以债券的不同**现金流回流时间节点的现金流的现值**占总价格的比重进行加权计算的平均回流时间。麦考利久期由弗雷德里克·麦考利（Frederick Macaulay）于 1938 年提出，是衡量债券价格对于**利率变动**敏感度的一个重要指标。

概念详解

1. 麦考利久期的计算公式

$$
\text{MacDur} = \left\{ \begin{array}{l} (1-t/T)\left[\dfrac{\dfrac{PMT}{(1+r)^{1-t/T}}}{PV^{Full}}\right] + (2-t/T)\left[\dfrac{\dfrac{PMT}{(1+r)^{2-t/T}}}{PV^{Full}}\right] + ... + \\[6mm] (N-t/T)\left[\dfrac{\dfrac{PMT+PV}{(1+r)^{N-t/T}}}{PV^{Full}}\right] \end{array} \right\}
$$

其中，

-MacDur（Macaulay duration）代表麦考利久期

-PMT（Payment）代表债券的每一期的现金流支付

-r（Discount rate）代表每一期的折现率

-PV^{Full}（Full price）代表债券的全价

-N（Number of periods）代表债券的现金流期数

-t 代表距离上一次票息支付的天数

-T 代表两次票息支付之间的间隔天数

2. 麦考利久期的具体计算步骤

（1）列出所有现金流： 包括每年的利息支付以及到期时的本金支付。

（2）计算每笔现金流的现值： 使用适当的折现率（通常是市场利率）来折现每一笔未来现金流至当前的价值。

（3）计算每笔现金流的权重： 每笔现金流的权重等于该现金流的现值除以所有现金流现值之和。

（4）计算加权平均时间： 将每笔现金流的回流时间长度乘以其相应的权重，然后将所有结果相加以得出麦考利久期。

> 💡 **老皮点拨**
>
> 麦考利久期通常**以年度化的统计数据**来报价。对于每年支付一次利息的债券，不需要做任何调整。但对于半年支付一次利息的债券，则需要将计算出的麦考利久期除以 2（半年为一期，一年两期），以获得年度化的麦考利久期。

M

3. 麦考利久期的应用

（1）**衡量利率敏感性（measuring interest rate sensitivity）**：一般而言，久期越长，债券价格对利率变化就越敏感。这意味着当市场利率上升时，久期较长的债券价格下跌幅度更大；相反，当市场利率下降时，久期较长的债券价格上涨幅度更大。因此，麦考利久期成为评估**固定收益投资组合利率风险**的关键指标。

（2）**免疫策略（immunization strategy）**：免疫策略是一种通过匹配资产和负债的久期来规避利率风险的方法。具体来说，如果一个投资组合的久期与其负债的久期相等，那么即使利率发生变化，**投资组合的价值变化应该与负债的价值变化相抵消**，从而达到免疫的效果。麦考利久期在此过程中提供了必要的量化指标，帮助实现资产负债的匹配。

（3）**债券组合管理（bond portfolio management）**：基金经理可以根据对未来利率走势的预期来调整投资组合的久期，从而达到优化收益或降低风险的目的。例如，如果预期利率将下降，基金经理可能会增加久期较长的债券比例，以**获取更高的资本增值**。如果预期利率上升，投资者可能会减少久期较长的债券持有量，转而增加久期较短的债券或其他金融工具的持有量，以此来**减少潜在的损失**。

（4）**债券定价与估值（bond pricing and valuation）**：麦考利久期还被用来辅助债券的定价与估值。在债券定价模型中，久期可以帮助评估债券的内在价值以及市场利率变化对债券价格的影响。通过比较市场上的实际交易价格与基于久期计算出的理论价格，投资者可以识别出潜在的投资机会。

Maintenance Margin 维持保证金

基础释义

> 维持保证金是指股票的融资交易以及期货、期权等衍生品交易中，交易所、清算所或经纪商设定的**最低保证金要求**，交易者必须确保其保证金账户余额始终保持在这一水平之上，以继续持有其未平仓的股票、期货或期权头寸。维持保证金是相对于初始保证金而言的，后者是指交易者在最初建立仓位时自有资金占交易总规模的比例。

概念详解

1. 维持保证金的作用与目的

（1）市场风险控制：维持保证金是交易者持仓面临亏损时的最后一道防线。当市场行情不利，导致交易者持仓出现亏损，保证金余额（初始保证金加上浮动盈亏）逐渐减少时，维持保证金要求交易者至少保留一定的资金，以抵御进一步的**市场风险（market risk）**。

（2）防止信用风险：对于清算所或经纪商而言，维持保证金有助于防止交易者因保证金不足导致的**信用风险（credit risk）**。当交易者保证金余额跌破维持保证金水平时，交易所、清算所或经纪商会发出**追加保证金通知(margin call)**，要求交易者在规定时间内补足保证金至**初始保证金或维持保证金水平**。交易者必须及时补足保证金，否则将面临强制平仓风险。

2. 维持保证金的计算

维持保证金通常由交易所、清算所或经纪商根据交易合约的市值、历史波动性、市场风险状况等因素设定，一般以**交易合约总价值的一定百分比**表示。维持保证金水平通常低于初始保证金，以允许交易者在一定程度上承受市场波动。

> **实务拓展**
>
> 维持保证金要求并非固定不变，会随着市场状况、持仓风险、合约剩余期限等因素的变化而调整。在市场波动加剧、持仓风险增大或临近交割日时，交易所、清算所或经纪商可能会提高维持保证金水平。反之，当市场趋于平稳、持仓风险降低或远离交割日时，维持保证金水平可能会降低。

M

Majority Shareholder　控股股东

基础释义

控股股东又称"大股东"，是指在一个公司中持有**超过 50% 股份**的股东或者**虽不足 50% 但能通过协议、持股结构或其他安排实际控制公司多数投票**

> **权**的股东。控股股东在公司重大决策过程中扮演着核心角色，因为他们有能力直接影响公司的运营管理、战略方向、董事会成员的选举以及公司政策的制定。

概念详解

1. 控股股东的权力和影响

控股股东权力巨大，对公司的许多方面都会造成重大影响，具体包括：

（1）决策控制： 控股股东可以直接或间接控制股东大会的投票结果，从而决定公司的重大事项，比如合并、收购、重大的资本支出、公司政策变动等。

（2）董事会影响力： 由于董事的提名和选举通常需要股东大会批准，控股股东可以提名并支持自己信任的候选人进入董事会，从而加强对公司日常运营的间接控制。

（3）战略导向： 控股股东能够基于自己的商业愿景和长期利益来引导公司的战略规划和业务发展方向。

（4）利益分配： 在利润分配、股息政策等方面，控股股东的意愿也往往占据主导地位，他们可以推动有利于自身利益的分配方案。

2. 控股股东的潜在问题

控股股东的强势地位往往也会带来一系列潜在问题，具体包括：

（1）利益冲突： 控股股东可能会将个人或关联方的利益置于公司及其他股东之上。例如，通过不公平的关联交易，控股股东可以以低于市场价格的条件获取公司资产或服务，或者以高于市场价格的条件向公司出售自己的资产或服务，从而损害公司和其他股东的利益。

（2）隧道效应： 隧道效应（tunneling）是指控股股东**通过隐蔽的方式转移公司资源或财富到自己名下**。常见的手段包括但不限于内部交易、资产转移、高薪酬安排、利益输送等。例如，控股股东可能通过操纵价格，使公司支付过高的费用给关联公司，或者以低价购入公司资产。

（3）决策集中化： 控股股东独揽大权，削弱了董事会和其他治理机构的作用，这种情况下，重大决策可能未经充分讨论就被实施，缺乏透明度和监督机制，导致决策质量下降，甚至可能违背公司最佳利益。

（4）忽视公司长远利益： 控股股东可能追求短期利益最大化，牺牲公司的长期发展。例如，为了短期财务表现而削减研发支出或放弃战略性投资项目。

（5）侵害中小股东权利： 中小股东在公司治理中被边缘化，难以参与到公司决策中，其投票权和知情权可能被忽视或剥夺。在股东大会上，控股股东可能利用其多数股权迫使通过不利于中小股东的决议。

Management Commentary　管理层评述

基础释义

> 管理层评述又称"管理层讨论与分析"（Management's Discussion and Analysis, MD&A）、"管理层报告"（management's report）等，是指上市公司管理层对公司的一系列问题进行讨论形成的报告。虽然不如财务报表本身那样经过严格的审计（德国等少数国家除外），但管理层评述提供了对**财务数据背后信息**的深入解读，是了解公司**经营全貌**的重要窗口。

概念详解

管理层评述的核心内容

（1）业务性质（nature of the business）： 描述公司的主营业务、市场定位、产品或服务的种类及其特点。这有助于投资者了解公司的核心竞争力以及其所在行业的特点。

（2）管理层的目标与策略（management's objectives and strategies）： 阐述公司的**长远目标**及**实现这些目标的战略**。包括公司如何计划扩大市场份额、提高效率或进入新的市场等。这有助于投资者评估管理层是否具有清晰的愿景以及实现目标的能力。

（3）公司的重大资源、风险和关系（significant resources, risks, and relationships）： 列出公司**拥有的关键资源**，比如专利技术、人力资源或品牌价值。同时，也要揭示公司**面临的主要风险**，如市场竞争加剧、原材料价格波动等，并介绍公司如何管理这些风险。此外，还会提到公司与供应商、客户及其他利益相关者之间的关系。

（4）经营成果（results of operations）： 提供关于公司过去一段时间内的财务表现的信息。这通常包括收入、成本、利润等关键财务指标的变化情况，并解释这些变化背后的原因。例如，如果公司的销售额增长，管理层可能会分析增长的原因是市场需求增加还是公司营销策略的成功。同样地，如果成本上升，管理层也会探讨是由于原材料涨价还是生产效率降低所致。

（5）关键绩效指标（critical performance measures）： 报告用于评估公司表现的主要指标，如毛利率、净利润率、资产周转率等。这些指标可以帮助投资者衡量公司的经营效率和财务健康状况。

老皮点拨

上述 5 个核心内容元素由国际会计标准理事会（IASB）提出，是目前全球最广为接受的 5 个元素，但是并不具备法律层面的强制力，对于分析师而言，管理层评述是理解财务报表信息的起点，特别是其中的前瞻性披露，如资本支出计划、新店开业或剥离资产等，对预测公司未来表现极为有用。然而，管理层评述仅为分析公司业绩和前景的一个信息来源，分析师还需结合财务报表分析、行业研究、市场情况等多方面的客观信息，以获得全面、独立的分析视角。

实务拓展

尽管管理层评述中包含了财务报表的摘录信息，但除此之外的大部分信息通常是未经审计的。然而，在某些国家，如德国，管理层报告自 1931 年以来就是强制性的，并且是经过审计的。这种做法增加了信息的可信度，有助于投资者作出更准确的投资决策。

Management's Discussion and Analysis (MD&A)
管理层讨论与分析

同"Management Commentary"。

Margin Call （追加）保证金通知

基础释义

保证金通知是指当投资者的保证金账户净值由于市场波动或其他原因跌至低于**维持保证金要求**时，由经纪商、清算机构或交易所向投资者发出的要求其在规定时间内追加资金或减仓，以恢复保证金账户至规定的最低水平之上从而避免被强制平仓引发巨额亏损的通知。

概念详解

1. 保证金通知的触发条件

当投资者持有的**保证金交易头寸（如期货合约、融资交易的股票头寸等）**因市场价格变动导致账户净值下降至低于**维持保证金比率要求**时，将触发追加保证金通知。维持保证金比率是经纪商、清算机构或交易所规定的最低的要求保证金账户净值与所持仓位总价值之间的比例。

2. 保证金通知的具体内容

（1）当前账户净值：指出投资者当前保证金账户的实际余额。

（2）维持保证金要求：提醒投资者应达到的最低账户净值水平。

（3）所需追加金额：告知投资者需要额外存入多少资金才能满足维持保证金要求。

（4）期限：给出投资者补足资金或减仓以符合维持保证金要求的截止时间。逾期未处理可能导致强制平仓。

3. 收到保证金通知后的应对措施

（1）补充资金：向保证金账户转账，增加账户可用资金，使其净值重新回到或超过维持保证金要求。

（2）减仓或平仓：出售部分或全部现有头寸，减少或消除负值敞口，从而降低对保证金的需求。

（3）组合调整：对于多品种或多策略投资组合，可能通过调整各成分权重或替换头寸来改善整体风险状况，从而降低对追加保证金的需求。

M

4. 未及时响应保证金通知的后果

如果投资者未能在规定的时间内按照**追加保证金通知**的要求采取行动（补充资金或减仓），经纪商、清算机构或交易所有权在**不事先通知的情况下，对投资者的部分或全部头寸进行强制平仓**，以确保保证金账户风险在可控范围内。强制平仓可能导致投资者损失扩大，甚至可能因为无法覆盖全部亏损而产生负债。

5. 强制平仓风险的预防办法

（1）合理资金管理：保持充足的账户余额，避免过度杠杆，留有应对市场波动的空间。

（2）监控市场动态：密切关注持仓品种的价格走势和相关市场信息，及时调整策略以适应市场变化。

（3）设定止损：利用止损订单限制潜在亏损，防止账户净值骤然下降。

（4）定期评估风险：定期审查保证金账户状况，根据市场条件和自身风险承受能力适时调整持仓和保证金比例。

Margin Loan　保证金贷款

基础释义

保证金贷款是指金融机构（通常为银行或经纪商）向投资者提供的允许投资者使用所持证券或其他合格资产作为抵押，**借入资金用于购买更多证券从而**扩大投资规模的贷款服务。这种贷款形式在股票、期货、外汇等保证金交易市场中尤为常见，其核心特点是利用了**杠杆效应**，使得投资者可以用较少的自有资金撬动较大的投资规模，以期获得放大化的收益。

概念详解

1. 保证金贷款的关键要素

（1）抵押物：投资者以其账户中的证券（如股票、债券等）或在某些情况下接受的其他合格资产作为贷款的担保。这些抵押物的价值通常需要超过贷款金额，以提供一定的安全边际。

（2）杠杆比率： 金融机构设定一个**初始保证金要求（initial margin requirement）**，即投资者必须投入的最低自有资金比例，通常为所购买证券市值的一定百分比（如50%），剩余的部分可以通过保证金贷款来补充。杠杆比率即为交易规模与自有资金的比例，反映了投资者使用财务杠杆的程度。

（3）保证金账户： 投资者开设专门的保证金账户，其中包含自有资金、借入资金以及用这些资金购买的证券。金融机构会监控该账户的**资产净值（Net Asset Value, NAV）**，确保其始终满足**维持保证金要求（maintenance margin requirement）**。

2. 保证金贷款的费用与风险

（1）利息费用： 投资者需支付保证金贷款的利息，利率通常参照**市场基准利率（如隔夜拆借利率、联邦基金利率等）**加上一定的溢价。利息通常按未偿还贷款余额逐日计算，并从保证金账户中扣收。

（2）强制平仓风险： 如果市场不利变动导致账户净值下降至接近或跌破维持保证金要求，金融机构会发出**追加保证金通知（margin call）**，要求投资者在规定时间内补足资金或出售部分证券以恢复账户的合规性。未能及时满足追加保证金要求可能导致金融机构强制平仓部分或全部持仓，以保护其贷款的安全。

（3）市场风险放大： 由于保证金贷款提供了财务杠杆，虽然可以放大收益，但也相应地放大了潜在损失。如果投资组合价值下跌，投资者不仅可能损失全部自有资金，还可能对所欠贷款负有偿还责任。

3. 保证金贷款的应用场景

（1）股票投资： 投资者使用保证金贷款购买股票，期望股价上涨时通过卖出股票偿还贷款并赚取利润。

（2）期货交易： 期货市场的参与者使用保证金贷款扩大期货合约的买卖规模，利用杠杆效应捕捉价格波动带来的盈利机会。

（3）外汇交易： 外汇保证金交易中，投资者以一定比例的自有资金加上借入资金进行外汇买卖，期望通过汇率波动获取收益。

M

Market Anomaly 市场异常

基础释义

> 市场异常又称"市场异象"，是指金融市场中不符合**有效市场假说**（Efficient Market Hypothesis）的现象，具体表现为资产或证券的价格变化无法直接与市场上已知的相关信息或新信息的发布联系起来。

概念详解

1. 市场异常的类型

市场异常主要包括时间序列异常、横截面异常和其他异常。

1.1 时间序列异常（Time-Series Anomalies）

时间序列异常主要包括日历异常、动量异常以及过度反应异常。

1.1.1 日历异常（calendar anomalies）

日历异常通常指与特定时间相关的收益率异常，具体包括：

（1）一月效应（January effect）： 又称**"年末效应"**（turn-of-the-year effect），是指股票市场在一月份的表现显著高于全年其他月份的现象。研究显示，一月效应在世界各地的大多数股市中都有所体现。针对一月效应存在多种解释，包括**"税损出售"**（tax-loss selling）和**"窗口粉饰"**（window dressing）行为，但这些解释并不能完全解释所有的异常现象。近年来，有证据表明一月效应并不持续存在，一旦进行了适当的风险调整，一月份效应不会产生超额回报。

（2）月末月初效应（turn-of-the-month effect）： 月末月初效应指的是股票市场在**每月最后一个交易日**和**下个月最初的三个交易日内**表现较好。这种效应可能与投资者在月末重新平衡投资组合有关，或是因为月末的资金流入市场，导致股价上涨。

（3）周一效应（day-of-the-week effect）： 周一效应指的是**股票市场在周一的平均回报率通常为负数**，且低于其余四个交易日的平均回报率。这一现象可能源于周末期间累积的负面信息在周一开盘时被市场消化，导致股价下跌。

（4）周末效应（weekend effect）： 周末效应指的是**股票在周末期间的表现通常不如在工作日期间的表现**。这种效应可能是因为周末期间缺乏交易活动，导致市场在周一开盘时对周末发生的事件做出反应，从而影响股票价格。

（5）假日效应（holiday effect）： 假日效应指的是**股票市场在节假日前一天的回报率通常高于其他交易日**。这种现象可能与投资者在节假日前减少交易活动有关，或是因为市场参与者在节假日前采取乐观态度，推动股价上升。

> **老皮点拨**
>
> 日历异常反映了市场中可能存在的一些规律性模式，但需要注意的是，随着时间的推移，这些异常可能会逐渐减弱或消失，因为市场参与者和机构会不断调整策略来应对这些现象。此外，这些异常是否能**持续带来超额回报**还需要进一步考虑交易成本和其他市场因素的影响。

1.1.2 动量与过度反应异常（momentum and overreaction anomalies）

动量异常指的是**短期内股价走势的延续性**，例如投资者对意外信息的过度反应可能导致股价高估或低估。DeBondt 和 Thaler 提出了一种策略，即买入**"输家组合"（loser portfolios）** 并卖出**"赢家组合"（winner portfolios）**，结果发现输家组合的表现优于市场，而赢家组合的表现则逊于市场。动量效应在全球多个股市中均有记录，但也有批评指出，这种现象可能是统计分析中的问题导致的。

1.2 横截面异常（Cross-Sectional Anomalies）

横截面异常主要包括规模效应和价值效应。

1.2.1 规模效应（size effect）

规模效应是指**小市值公司的股票在风险调整后的回报通常优于大市值公司**。这一效应最初在 1981 年被发现，但在后续研究中并未得到一致证实。规模效应可能由于投资者的行为而逐渐消失，或者它本身就是一种偶然现象，并非真正的市场无效。

1.2.2 价值效应（value effect）

多项全球实证研究表明，**具有较低市盈率（P/E）和较高股息收益率的价值股长期表现优于成长股**。如果这种效应持续存在，则会违背半强式市场效率假说，因为用于分类股票的所有信息都是公开可得的。然而，Fama 和 French 提出的三因子模型在考虑了市场回报、公司规模和账面市值比之后，发现价值股异常不再显著。

M

💡 **老皮点拨**

　　泡沫与崩溃（bubbles and crashes）也是一种典型的市场异常，尽管泡沫和崩溃早已被记录下来，但它们的存在对市场效率的概念提出了挑战。历史上的例子包括 1999—2000 年的科技泡沫和 2005—2007 年的美国住宅型不动产的虚假繁荣。一些泡沫可能有合理的解释，例如理性投资者可能预期未来会有崩盘，但不知道具体时间。由于卖空成本、投资者不愿承受长期亏损或缺乏适当的工具，短期内可能没有有效的套利活动。

2. 市场异常的验证条件

　　为了确认市场异常的存在，证据必须**在相当长的时间内保持一致性**。如果某一市场异常仅在一个特定时间段内被观察到，那么它可能是由于样本选择造成的偶然现象。此外，许多所谓的异常可能是**数据挖掘（data mining）**的结果，这是一种通过反复分析数据来寻找支持某种结论的证据的过程，而不是基于**经济逻辑**先提出假设再进行验证。

3. 市场异常对投资策略的影响

　　投资者将统计异常转化为经济利润面临挑战。考虑交易成本后，许多异常变得不可利用。一些异常（如规模效应）在一段时间内有效，随后失效。还有些异常实际上是**未被准确识别的风险的合理报酬**。自从人们关注这些异常以来，许多异常已经消失。

　　因此，很难想象投资者会将资金交给基于特定日历效应（如周一买入、周五卖出）的策略经理，因为这类策略不仅会产生高额交易成本，而且缺乏坚实的经济基础。投资者应更多关注长期基本面分析，而非短期统计异常。

💡 **老皮点拨**

　　市场异象的存在激发了大量学术研究，推动了金融理论的发展，比如行为金融学就尝试从投资者心理和行为偏差角度解释这些异象。尽管一些异象随着时间的推移可能消失（可能是由于市场效率的提升或投资者行为的变化），但新的异象也可能不断出现，使得金融市场始终充满挑战和机遇。

Market Bid-Ask Spread　市场买卖价差

同 "Bid-Ask Spread"。

Market-Capitalization Weighting　市值加权

基础释义

市值加权是指成分证券的权重依据**其各自的市值**来确定的一种计算金融指数（如股票指数）的方法。市值是通过将成分证券的当前市场价格乘以其流通在外的证券数量计算得出的，反映了公司在市场上的总价值。市值加权指数旨在反映市场中各成分证券市值的相对比例，市值越大的成分证券对指数的影响越大。

M

概念详解

1. 市值加权的特点

（1）市值决定权重：市值加权指数中，成分证券的权重与其**市值**成比例，市值越大的公司对指数的影响越大，这通常与**公司在市场中的经济地位和影响力**相符。

（2）反映市场整体状况：市值加权指数能较好地反映市场整体或特定板块的市值变动情况，因为权重分配与成分证券的市值紧密相关，更能体现市场资金的流向和市场参与者对各成分证券的估值。

（3）对市值变动敏感：市值加权指数对成分证券市值的变动非常敏感，尤其是市值较大的成分股。当这些公司的市值发生显著变化时，会对指数值产生较大影响。

2. 市值加权的优点

（1）更贴合市场实际：市值加权指数权重与成分公司的市场价值相匹配，更符合市场资金分布和**公司经济影响力的实际情况**。

（2）抗操纵性强：市值较大的公司对指数的影响较大，不易被**少数小型公司或个别股票的价格操纵**所左右。

3. 市值加权的缺点

（1）市值集中风险： 当指数中某几只大市值股票表现不佳时，可能拖累整个指数表现，导致指数波动性增大。

（2）需要频繁调整： 市值加权指数需要定期调整成分股的成分，以保持指数的代表性。同时，如果指数的成分公司发生并购、回购、重组等资本市场行为，还需要进行**再平衡（rebalancing）**。

📍 **实务拓展**

市值加权指数因其能够较好地反映市场整体状况，已成为现代金融市场中**最主流的指数编制方法**。许多全球知名的股票指数，如道琼斯全球指数系列、MSCI 全球指数系列等，都采用了市值加权法，最为有名的当属标准普尔 500 指数（S&P 500），由美国 500 家大型上市公司组成，由于其广泛的市场覆盖率和市值加权的特点，S&P 500 指数常被用作衡量美国股市整体表现的基准。

Market Efficiency　市场效率

基础释义

市场效率是指金融市场在价格形成过程中对**所有可获得信息的快速、准确反映**的程度。在一个高效的市场中，资产价格能够快速且合理地反映所有已知的信息，包括过去和现在的信息。这意味着价格能够准确反映资产的基本价值。

概念详解

1. 市场效率的重要性

（1）投资者视角： 投资经理关心市场效率是因为在一个高效的市场中，很难找到通过信息获取和处理来获利的机会。相反，在不完全有效的市场中，通过积极管理有可能实现**超额收益（excess return）**。

（2）监管机构视角： 政府和市场监管者也关注市场效率，因为高效市场意味着信息丰富的价格（即价格准确反映了资产的基本价值）。这有助于将稀缺资源和资金引导至最有价值的投资项目，从而促进经济增长。

2. 影响市场效率的因素

（1）市场参与者的数量： 市场效率受到**市场参与者数量**的影响。大量投资者（个人和机构）以及财务分析师持续关注市场，能迅速发现并纠正**定价错误（mispricing）**，从而提高市场效率。参与者数量越多，交易活动越频繁，市场效率越高。

（2）信息可得性和财务披露： **信息的可获得性和财务披露的质量直接影响**市场效率。活跃的财经新闻媒体和详细的财务披露机制使市场信息更加透明，帮助投资者及时做出决策，从而推动市场价格更准确地反映资产的真实价值。

（3）对交易的限制： **套利（arbitrage）** 活动通过消除市场中的定价差异来提升市场效率。任何限制套利的因素，如交易执行困难、过高的交易成本或市场价格不透明，都会阻碍市场价格迅速调整至合理水平，从而影响市场效率。对**做空（sell short）的限制**也可能抑制套利交易，进而影响市场效率。允许做空有助于投资者出售其被认为被高估的证券，从而促进市场价格发现。如果做空受到限制，市场价格可能无法准确反映资产的内在价值。

M

（4）交易成本和信息获取成本： 交易成本和信息获取成本对市场效率有重要影响。高交易成本和信息获取成本会阻碍投资者利用市场中的无效性获利，只有**当价格差异足以覆盖这些成本后仍有剩余收益**时，市场无效性才被视为真正存在的机会。

（5）流动性： 市场的流动性水平也影响着市场效率。在流动性较高的市场中，资产买卖更容易，价格差异较小；而在流动性较差的市场中，价格差异可能较大，这表明市场效率较低。流动性高的市场能够更快地吸收新信息并调整价格。

3. 市场效率的层次

按照反映的信息的丰富程度，市场效率的层次可以分为：

（1）弱式有效（weak-form efficiency）： 在弱式有效市场中，当前的证券价格已经充分反映了**历史上所有的交易信息，包括价格变动、成交量等历史数据**。这意味着投资者无法通过**分析过去的股价走势（如技术分析）**来获取超额收益，因为这些历史信息已完全体现在当前价格中。换句话说，试图通过研究过去的价格模式来预测未来价格走势是徒劳的。

（2）半强式有效（semi-strong-form efficiency）： 在半强式有效市场中，除了历史交易信息外，当前的证券价格还充分反映了**所有公开可得的信息**，如公司财务报告、公告、宏观经济数据、行业动态等。这意味着，一旦新的公开信息出现，市场会立即调整价格以反映这些信息的价值。因此，投资者无法通过分析和利用公开信息来获取超额收益，因为这些信息已被市场迅速消化，市场价格已充分体现了其价值。

（3）强式有效（strong-form efficiency）： 在强式有效市场中，不仅历史交易信息和所有公开信息被反映在当前价格中，连**非公开的、内部的或私密信息（如公司未公开的重大战略决策、内幕消息等）** 也已被市场考虑在内。在这种情况下，即使拥有独家内幕信息的投资者也无法持续获得超额收益，因为市场已经将所有可能影响价格的因素（无论是否公开）都精确地体现在当前价格上。

4. 市场效率对投资的影响

（1）投资组合管理的影响： 在弱式和半强式有效市场中，积极交易无论是试图利用价格模式还是公开信息，都不太可能产生超额回报。这意味着投资组合经理难以持续击败市场，因此被动投资策略（如指数基金）通常优于主动管理策略。研究表明，平均而言，主动型共同基金在扣除费用之前的表现与市场相似，但在考虑费用之后表现不如市场。

（2）投资组合经理的角色： 投资组合经理的角色不仅仅是击败市场，更重要的是根据投资目标建立并管理一个适当分散化的投资组合，同时需要考虑到投资者的风险偏好和税务状况。即使在有效市场中，投资组合经理依然有价值，因为他们可以帮助投资者实现特定的投资目标。

老皮点拨

有效市场假说中的"市场效率"强调了市场价格对于各类相关信息的充分、及时反映，认为市场价格是这些信息的最佳估计。

在不同级别的有效市场中，投资者理应都无法通过分析**特定类型的信息**来持续获得超过市场平均水平的收益。这一理论对于理解市场行为、指导投资策略、评估市场监管政策等方面具有重要影响。然而，实际金融市场是否完全符合有效市场假说仍存在争议，许多学者和实践者观察到市场中存在一定的非效率现象，如**资产定价偏差、过度反应或反应不足**等。

Market Maker　做市商

同 "Dealer"。

Market Model　市场模型

基础释义

市场模型是指用于描述和分析单一资产收益率与其所处市场收益率之间的关系的一种统计模型。市场模型是资本资产定价模型（CAPM）在单个资产层面上的应用，主要用于估计资产的预期收益率、系统性风险（β 系数）以及进行回归分析，以检验 CAPM 的有效性。

概念详解

1. 市场模型的表达式

$$R_i = \alpha_i + \beta_i R_m + e_i$$

其中，

-R_i 代表资产 i 在特定时期的实际收益率。

-α_i 代表资产 i 的超额收益率，或称为资产的阿尔法（alpha）

-β_i 代表资产 i 相对于市场的系统性风险敏感

-R_m 表示市场组合在同一时期的收益率，通常使用一个宽基市场指数（如标普 500 指数）作为代表

-e_i 表示残差项，代表了不能由市场收益率解释的资产 i 的收益率部分，反映公司特定回报（company-specific return）和其他随机扰动

2. 市场模型的应用

(1) 风险评估： 通过计算 β 值来量化资产或投资组合的系统性风险。

(2) 业绩归因： 通过分析阿尔法值来评估基金经理是否创造了额外收益，即是否有能力超越市场表现。

(3) 资产定价： 结合 CAPM 理论，预测资产的合理预期收益率。

（4）投资策略： 投资者可以根据资产的 β 值来调整投资组合，以达到期望的风险水平或利用市场趋势。

（5）市场有效性检验： 通过回归分析的统计显著性检验 CAPM 的有效性以及市场的效率程度。

Market Order　市价订单

基础释义

市价订单是指指示经纪人或交易平台以当前市场上可获得的最好价格立即执行买卖交易的交易指令。市价订单的特点在于其对**交易执行速度**的优先考虑，而非对**执行价格**的精确控制，适用于需要快速买卖小型高流动金融工具或执行止损止盈操作的情形。

概念详解

1. 市价订单的特点

（1）即时执行： 市价订单的主要目标是尽快完成交易，不设定特定价格限制。一旦提交，经纪人或交易平台会立即将其发送至市场，寻找最佳可得价格进行撮合。

（2）价格不确定性： 由于市价订单不设定限价，实际成交价格取决于提交订单时市场的即时供求情况。对于买入市价订单，成交价格将是**当时的最低卖价（即"卖一"价格）或更优**；对于卖出市价订单，成交价格将是**当时的最高买价（即"买一"价格）或更优**。因此，成交价格可能略高于或低于提交订单时的最新市场价格。

2. 市价订单的应用场景

（1）快速入场或离场： 当交易者需要迅速买入或卖出以抓住市场机会、规避风险，或因时间紧迫无法等待限价订单成交时，会选择使用市价订单。

（2）交易小型、高流动性的金融工具： 对于交易量大、价格变动频繁、买卖价差较小的金融产品，如热门股票、主流外汇货币对、活跃期货合约等，使用市价订单可以快速成交，且**价格滑点（实际成交价与期望价的偏差）通常较小**。

（3）执行止损或止盈操作： 在执行预先设定的止损单或止盈单时，交易者可能选择将这些订单设置为市价单，确保在触发条件满足时能立即执行，避免因价格快速变动导致止损或止盈失效。

3. 市价订单的风险

（1）滑点风险（slippage risk）： 市价订单可能导致实际成交价格与提交订单时的市场价格有所差异，尤其是在市场波动剧烈、流动性较差或出现重大新闻事件时，滑点可能显著增大，影响交易成本和收益。

（2）无法全部成交： 对于大额市价订单，由于市场可能无法立即提供足够的流动性来完全满足订单规模，可能出现**仅部分成交**或**完全无法成交**的情况。

（3）市场操控与欺诈风险： 在某些不规范或监管不足的市场中，市价订单可能被恶意利用进行"钓鱼单"、洗售等市场操控行为，导致交易者遭受损失。

> **老皮点拨**
>
> 与限价订单相比，市价订单的主要优势在于**执行速度快、成交概率高**，尤其适用于追求交易效率和对价格短期波动不敏感的交易者。然而，其缺点在于**价格不确定性较大，可能面临较高的滑点风险**，不适合对执行价格有严格要求或在市场波动剧烈时进行交易。限价订单则允许交易者**设定具体的买卖价格**，只有当市场价格达到或优于该价格时才会成交，虽然成交速度和概率可能较低，但能更好地控制交易成本和风险。

M

Market Referrence Rate (MRR)　市场参考利率

基础释义

> 市场参考利率是指在金融市场中被市场参与者普遍接受并作为**定价基准、衡量借贷成本或投资回报率**的标准利率。这些利率通常反映了无风险或近乎无风险的借贷成本，或者是特定市场、地区或经济体的平均资金成本，能够体现市场整体的供求关系、货币政策、经济状况和市场预期等因素对利率水平的影响。市场参考利率涵盖多种类型，具体选择哪种参考利率取决于金融交易的性质、地域和市场惯例。

概念详解

1. 市场参考利率的类型

(1) 政策利率: 政策利率(policy rate)是指**由中央银行设定的利率**,如美国联邦基金利率、欧洲中央银行的主要再融资操作利率、中国人民银行的贷款市场报价利率(LPR)等,它们直接影响商业银行的融资成本,进而影响整个市场的利率水平。

(2) 短期市场利率: 如伦敦银行间同业拆借利率(LIBOR)、隔夜指数掉期利率(OIS)、联邦基金有效利率(EFFR)、上海银行间同业拆放利率(SHIBOR)等,反映**短期资金市场**的借贷成本。

(3) 长期基准利率: 如国债收益率曲线上的关键期限利率(如10年期国债收益率),这些利率代表了**无风险长期资金**的成本,对长期信贷产品和衍生品定价具有重要影响。

(4) 区域或行业特定利率: 如美国住宅抵押贷款市场的抵押贷款基准利率(如美国30年期固定抵押贷款利率)、欧元区的欧元隔夜指数均值(EONIA)等,用于特定市场或行业的定价参考。

实务拓展

过去使用的**基于调查**的伦敦银行同业拆借利率(LIBOR)已经被**基于每日市场交易利率平均值**的一系列新利率取代,更接近实际市场交易水平,减少了人为操纵的可能性。

新的一系列市场参考利率主要包括:

(1) 隔夜融资利率(Secured Overnight Financing Rate, SOFR): 这是一种以美国国债作为抵押品的隔夜现金借款利率。SOFR旨在替代LIBOR,并提供一个更加透明和市场驱动的基准利率。

(2) 欧元短期利率(Euro short-term rate, € STR): 这是欧洲央行推出的替代原有欧元区银行间拆借利率(Euribor)的新利率,同样基于实际市场交易数据。

(3) 英镑隔夜指数平均(Sterling Overnight Index Average, SONIA): 这是英国央行采用的英镑无担保隔夜贷款利率,也是替代LIBOR的一种基准利率。

---

2. 市场参考利率的作用

(1) 定价基准: 市场参考利率是各类金融产品(如浮动利率贷款、浮动利率债券、利率互换、远期利率协议等）定价的关键依据。这些金融产品的利率通常会根据**市场参考利率**加上或减去一定的**风险溢价（如信用利差）**来确定。

（2）风险衡量：金融机构和投资者使用市场参考利率来衡量和管理利率风险，通过对比资产与负债的利率敏感性与市场参考利率的变化关系，制定相应的对冲策略。

（3）资产配置与业绩评估：投资者和资产管理者根据市场参考利率调整投资组合的久期、信用等级分布，投资经理和基金可能会选择市场参考利率作为衡量**投资组合表现**的基准，以评估投资策略的**相对收益**。

（4）货币政策传导：中央银行通过调整政策利率影响市场参考利率，进而影响整个金融体系的信贷成本和经济活动。

Market Risk　市场风险

基础释义

> 市场风险是指因股票价格、利率、汇率及大宗商品价格变动所引发的风险。市场风险源于市场变化对组织造成的影响。通过使用模型来简化现实世界的现象，市场风险管理能够识别并量化这些风险，帮助决策者理解投资组合在不同市场条件下可能遭受的价值变动。

概念详解

1. 市场风险的度量指标

市场风险的度量指标可以大致分为在险价值、敏感性风险度量指标以及情景风险度量指标。

1.1 在险价值（Value at Risk, VaR）

在险价值是指**在正常的市场条件下，某一金融资产或证券组合在一定时间内在特定的概率水平（显著水平）下预期可能遭受的最小损失**。

VaR 可以用货币单位或投资组合价值的百分比来表示。货币单位的 VaR 可以呈现为如**"一个投资组合的一天期 5% VaR 为 220 万欧元"**，这意味着在一天内，有 5% 的概率损失至少 220 万欧元。百分比的 VaR 可以呈现为如"该投资组合的一天期 5% VaR 为 0.55%"，这意味着在一天内，有 5% 的可能性该投资组合的回报率位于 −0.55% 及以下。

VaR 估计常用的方法包括**参数法（parametric method）**、**历史模拟法（historical siμlation method）**和蒙特卡洛模拟法（**Monte Carlo simulation method**）。

1.2 敏感性风险度量指标（Sensitivity Risk Measures）

敏感性风险度量指标包括股权敏感性度量指标、固定收益敏感性度量指标和期权敏感性度量指标三个类型。

1.2.1 股权敏感性风险度量

β（贝塔系数）用于衡量股票相对于市场整体波动性的敏感度。贝塔系数定义为资产回报与市场回报的协方差除以市场回报的方差。贝塔大于 1 的资产被认为比市场更加波动，而小于 1 的则较为稳定。

1.2.2 固定收益敏感性风险度量

久期（duration）用于描述债券价格对利率变化的敏感度。久期可视为债券按每次息票支付日期部分到期的加权平均期限。

凸度（convexity）用于衡量债券久期对利率变化的敏感度，属于二阶的风险度量指标。当收益率变化较大或持有期较长时，凸性作为补充因子用于修正单纯使用久期进行利率风险度量带来的误差。

1.2.3 期权敏感性风险度量

期权敏感性风险度量一般用到希腊字母，具体包括：

(1) Delta (Δ): 衡量期权价格与其标的**资产价格变动**之间的关系。对于看涨期权，Delta 的取值范围从 0 到 1；对于看跌期权，Delta 的取值范围从 −1 到 0。Delta 值反映了标的资产价格变动时，期权价格变动的比例。

(2) Gamma (Γ)： 衡量期权 Delta 对标的资产价格变动的敏感度，即 Delta 的变化率。Gamma 值越高，表示期权价格对标的资产价格变化的响应更加敏感。

(3) Theta (Θ)： 表示期权价值随时间的流逝而减少的速度，通常被称为时间衰减（time decay）。Theta 值为负，表示期权的价值随着**时间的推移**而减少。

(4) Vega (v)： 衡量期权价格对**标的资产波动率**变化的敏感度。Vega 越大，表示波动率的增加将导致期权价格更大程度的上升。平值期权的 Vega 值通常最大。

(5) Rho (ρ)： 衡量期权价格对**无风险利率**变化的敏感度。Rho 值为正，表示利率上升会导致看涨期权价值增加，看跌期权价值减少；反之亦然。

1.3 情景风险度量指标（Scenario Risk Measures）

情景风险度量旨在评估如果**特定的历史事件重演**或**假定的情景发生**时，投资组合的表现如何。情景风险度量与敏感性度量不同之处在于它考虑了**多个因素**的变化，而不是单一因素，并且通常涉及**较大的因素变动幅度**。情景风险度量指标可以分为历史情景和假设情景两个类别。

1.3.1 历史情景（historical scenarios）

历史情景通过重现**过去特定金融市场的极端事件**来评估投资组合的表现，如1987 年的黑色星期一或 2008 年的金融危机。这种方法利用历史上的市场变动数据来模拟当前投资组合在类似事件重演时的反应，从而帮助风险管理者了解投资组合在极端条件下的潜在脆弱性。

1.3.2 假设情景（hypothetical scenarios）

假设情景则是构建**未来可能发生的但尚未出现的市场极端事件**，以此来测试投资组合在这些极端条件下的表现。这种方法不依赖于具体的历史事件，而是基于对未来的设想，旨在探索投资组合在前所未见的市场变动中的潜在风险和应对策略。

2. 市场风险的管理办法

（1）风险预算（risk budgeting）：风险预算是指在一个实体的最高层面上确定总的风险偏好，然后将其分配给各个子活动。风险预算通常基于 VaR 或事前追踪误差。例如，一家银行可能会设定一个总的经济资本或 VaR 的限制，并描述为它的风险偏好，然后将这种风险偏好分配给不同的基本风险类型（市场风险、信用风险和操作风险）以及不同的业务部门和地区。

（2）头寸限制（position limits）：头寸限制是对**任何给定投资的市值**或**衍生品合约的名义本金金额**的限制。这些限制可以用货币单位或某种其他价值（如净资产）的百分比来表达。头寸限制不考虑持续时间、波动性和相关性，但它们是防止过度集中风险的良好控制措施。

> **💡 老皮点拨**
>
> 头寸限制应包括对每个发行人的限制、每个货币或国家的限制、预期在特定策略中最小化类别的限制（如高收益信贷或新兴市场股票）、对多空头寸或衍生品活动的总额限制，以及与市场流动性指标相关的资产所有权限制。

（3）情景限制（scenario limits）：情景限制是对**给定情景下估计损失**的限制，如果超过该限制，则需要在投资组合中采取纠正措施。情景分析可以解决 VaR 的一些缺点，如相关性的变化或极端值出现的可能性。

（4）**止损限制（stop-loss limits）**：止损限制要求在特定时间内发生特定规模的损失时减少投资组合的规模或完全清算。止损限制可以用来管理 VaR 限制下的"趋势"问题，即投资组合每天都在 VaR 限值内，但累积损失超过了预期。

（5）**风险度量与资本配置（risk measures and capital allocation）**：在市场风险管理中，资本配置是为公司各项活动设定限额的做法，以确保最有潜力和专业技能的领域获得所需的资源。合理的资本配置可以确保**未经验证的战略**不会耗尽公司的风险承受能力，从而剥夺最有可能成功领域的资本。

💡 老皮点拨

设计适当的约束（constraints）是有效管理市场风险的关键。风险测量本身并不具有限制性或非限制性，而是所设定的限制推动了行动。例如，虽然 VaR 可以在较高置信区间（如 99%）下测量，也可以在较低置信区间（如 84%）下测量，但是宽松的 99% 置信区间的限制可能比严格设置的 84% 置信区间的限制更不具约束力。

如果约束太紧，可能会限制追求机会的能力，降低回报或盈利能力至次优水平；如果约束太松，则可能发生巨大的损失，威胁到投资组合或业务的生存能力。

Market Structure　市场结构

基础释义

市场结构是指一个行业中买方和卖方的数量、规模分布、产品差异化的程度以及新企业进入该行业的难易程度的综合状态。长期而言，企业的盈利能力将由其所处市场结构的特性所决定：在高度竞争的市场中，由于竞争压力，**经济利润会被压缩至接近零的水平**，而在竞争较弱的市场里，即使是在长期内，也**可能存在经济利润**；短期内，任何结果都可能发生。因此，理解市场结构背后的驱动力对于财务分析师判断企业的短期和长期前景至关重要。

概念详解

1. 市场结构的决定因素

(1) 提供产品的企业数量和相对规模: 当市场上存在大量企业时,竞争程度加剧。反之,如果供应商品或服务的企业较少,消费者的市场选择就受限。极端情况之一是**垄断市场**,其中**仅有一家企业提供独特的产品或服务**。另一个极端是**完全竞争市场,许多企业供应完全同质的产品或服务**。

> **实务拓展**
>
> 以汽车工业为例,少数几家大型国际生产商(如大众和丰田)在全球市场占据主导地位,而一些小公司要么因为专注于某一细分市场而拥有市场力量(如法拉利或迈凯伦),要么由于产品线狭窄或地理覆盖范围有限而市场力量有限(如马自达或斯特兰蒂斯)。

(2) 产品的差异化程度: 在垄断竞争的情况下,许多企业像在完全竞争市场一样向市场提供产品。如果企业成功地差异化其产品,这种差异化将赋予其定价优势。**产品越独特,市场就越接近垄断市场结构**。企业可以通过激进的广告活动、频繁的风格变化、将其产品与其他互补产品关联,或其他多种方法来实现产品差异化。

(3) 卖方对定价决策的影响力: 当市场根据总体供需条件决定价格时,单个企业对定价没有控制权,例如在完全竞争市场,厂商只能被动接受由市场决定的价格。在垄断竞争中,产品差异化成功的程度决定了企业影响价格的能力。在寡头垄断中,市场上的企业如此之少,以至于价格控制成为可能。然而,寡头市场中企业数量的减少也引发了企业的博弈,导致了复杂的定价策略。

(4) 进入和退出市场的相对壁垒强度: 进入壁垒可能源于巨额的资本投资需求,例如石油炼制行业。专利也是壁垒的一种形式,比如某些电子产品和药物配方。另一个考虑因素是**高退出成本**。例如,专门用于生产特殊产品线(如铝熔炼厂)的工厂不可重新部署,如果没有一个企业资产的流动市场,退出成本就会很高。高昂的退出成本阻止新企业进入,因此也被视为进入壁垒。在农业中,进入壁垒很低。玉米、大豆、小麦、番茄等农产品的生产过程易于复制,因此这些市场高度竞争。

(5) 非价格竞争的程度: **非价格竞争(例如广告营销)** 在产品差异化至关重要的市场结构(例如垄断竞争市场)中占主导地位。此外,由于寡头垄断行业企业数量很少,每个企业都感到依赖于其他企业的定价策略,在定价方面不敢轻举妄动,因此,非价格竞争成为一个主导策略。

M

2. 市场结构的类型

市场结构的类型包括完全竞争、垄断竞争、寡头垄断和完全垄断。

2.1 完全竞争（Perfect Competition）

在完全竞争市场中，有大量的买家和卖家，**商品或服务是同质化的**，没有任何一个买家或卖家能单独影响市场价格。此外，市场准入和退出没有障碍，所有参与者拥有完全的信息。企业是价格接受者，它们不能控制市场价格，只能通过降低成本和提高效率来增加利润。长期来看，企业的利润将被竞争压缩至仅能获得**正常利润（normal profit）**的水平。

2.2 垄断竞争（Monopolistic Competition）

垄断竞争市场上有众多卖家，**但产品和服务存在差异**，企业可以通过品牌、质量、设计等手段区分自己的产品。虽然存在一定程度的竞争，但每个企业都有一定的市场力量，可以设定高于边际成本的价格，因为消费者可能偏好某些特定的品牌或产品。企业决策将更多地围绕产品差异化、市场营销和顾客忠诚度建立。

2.3 寡头垄断（Oligopoly）

寡头垄断市场上**只有少数几个大型企业**，它们的决策相互影响。企业之间可能存在合作或竞争，市场进入门槛较高。在这种结构下，企业决策可能涉及战略联盟、价格协议或市场分割等。企业需要考虑竞争对手的反应，因此决策过程更为复杂，竞争策略更加多元，如价格领导、广告竞赛和技术创新，并可能涉及**博弈分析**。

2.4 完全垄断（Monopoly）

完全垄断市场上**只有一个卖方**，没有接近的替代品，市场进入壁垒极高。垄断者对价格和产出有绝对的控制权，可以设定远高于边际成本的价格。然而，在多数市场经济体系中，政府会对垄断进行监管，以保护消费者利益和促进公平竞争，因此，在完全垄断市场中，企业面临的最大挑战可能是遵循政府的监管政策，以避免**反垄断诉讼**。

> ☀ **老皮点拨**
>
> 市场结构不仅决定了企业间的竞争方式，还深刻影响着企业的战略决策、产品定价和长期盈利能力。理解市场结构有助于企业制定更有效的市场策略，同时也帮助投资者和分析师预测行业的演变和企业的未来表现。

Market Value Added (MVA)　市场价值增加值

基础释义

市场价值增加值是指公司的整体市场价值与公司调整后的账面价值（包括股权和债务）之间的差额。市场价值增加值是一个衡量公司市场表现和价值创造能力的财务指标。

概念详解

1.MVA 的计算方法

MVA=Market value of the company−Accounting book value of total capital

其中，

-Market value of the company 代表公司的市场价值，包括股票的市场价值加上债务的市场价值

-Accounting book value of total capital 代表会计账面资本总额，即公司的资产按账面价值计算并经过调整后的总额，通常会扣除无形资产、商誉等不易于市场定价的项目，同时考虑负债的市场价值

2.MVA 的经济意义

正值的 MVA 表明公司市场价值超过其调整后的账面价值，公司为投资者创造了额外的价值，可能是由于良好的经营业绩、增长潜力、品牌影响力或是市场对其未来的乐观预期。

负值的 MVA 则意味着公司市场价值低于其调整后的账面价值，这可能反映出市场对公司的未来前景持悲观态度，或者是公司当前遇到了经营困境、行业挑战等。

3. 与经济增加值（EVA）的关系

经济增加值（Economic Value Added, EVA）是一个与 MVA 相关的概念，旨在产生一个良好的经济利润近似值，其计算方法为公司的税后净经营利润(Net Operating Profit After Tax, NOPAT) 减去全部资本的要求回报。

EVA 主要用于衡量公司的内部绩效和确定高管薪酬，而 MVA 更多地用于衡量市场对公司价值的评价。

> **实务拓展**
>
> MVA 与 EVA 一起，在商业中有许多应用，具体包括：
>
> **（1）内部绩效度量：** EVA 和 MVA 被会计和咨询公司用于内部绩效测量和确定高管薪酬。
>
> **（2）市场价值评估：** EVA 更多应用于公司内部管理，MVA 更侧重于外部市场对公司价值的认可。
>
> **（3）股票表现预测：** 关于 MVA 和 EVA 是否能更好地解释股权价值和股票回报的研究结论不一。有些研究表明，MVA 和 EVA 指标与股票回报的相关性略高于传统的财务比率（如资产回报率和权益回报率），但也有研究显示，这些指标在预测股票表现方面并不比传统的指标（如收益增长率）更好。

Markowitz Efficient Frontier　马科维茨有效前沿

同"Efficient Frontier"。

Mark-to-Market Value　盯市价值

盯市价值是指期货合约在每个交易日结束时的市场价值。盯市价值来源于**盯市（mark-to-market）**操作，盯市是指在每日交易结束后，根据**当日结算价**重新计算投资者持有的未平仓期货合约的市值并更新持仓成本和利润或亏损的过程，盯市操作确保了所有交易者账户中的资金反映了当前市场条件下他们持有合约的真实价值，确保了市场风险得到实时反映和有效管理，同时也为清算机构提供了一个**防止信用风险累积和传播到整个系统中去**的工具。

概念详解

1. 盯市的作用

（1）公平性： 通过每日将合约价值调整至市场价格，确保所有交易者都以公平、透明的方式被对待。

（2）风险管理： 盯市机制帮助交易所、投资者监控和管理持仓风险，因为它能够及时反映出由于市场波动导致的资金增减。

（3）避免违约风险： 通过要求亏损方补足保证金（即追加保证金），确保了即使在极端市场情况下中央清算所也有足够资金支付给盈利方。

2. 盯市的操作流程

（1）收盘计算： 每个交易日结束时，交易所会根据当天期货合约的结算价格（通常接近收盘价）来计算每个持仓账户的未实现盈亏。

（2）账户调整： 如果某个投资者持有的期货合约价值在当天上涨，则其账户会增加相应金额的虚拟利润；相反，如果合约价值下跌，则账户会减少相应金额，反映出虚拟亏损。

（3）保证金调整： 基于新计算出来的盯市价值，可能需要进行保证金调整。如果某个投资者因为亏损而导致账户余额低于维持保证金水平，则必须在规定时间内追加保证金。否则，其持仓可能被强制平仓以限制进一步亏损。

> **老皮点拨**
>
> 假设小明持有 10 手原油期货合约，每手合约的价值是 1,000 美元，他在 50 美元 / 桶的价格买入。第二天结算价变为 52 美元 / 桶，那么小明的盯市盈亏就是 (52−50)×10×1,000=20,000 美元，这笔盈亏将会反映在他的保证金账户的余额变动上。

Maturity Mismatch　期限错配

基础释义

> 期限错配是指金融机构或企业持有的资产和负债在**到期时间**上的不匹配。如果一家银行的贷款（资产）比其存款或其他形式的资金（负债）有更长的到期时间，这就构成了期限错配。期限错配可以帮助银行最大化净利息收入，但也带来了流动性风险和市场利率变化风险。

概念详解

1. 期限错配问题的背景

银行等金融机构通常通过短期存款或借款筹集资金，然后将其贷放给借款人作为长期贷款，在正常的收益率曲线环境下，**长期利率**高于**短期利率**（这通常被称为**正向收益率曲线**或**正常的收益率曲线**），银行吸纳短期存款支付较低的资金成本，同时发放长期贷款获得较高的利息收入以赚取利差，最大化其**净利息收入（net interest income）**。

> 💡 **老皮点拨**
>
> 在固定收益分析中，也存在期限错配的概念，指的是债券到期期限与用作基准的证券到期期限之间的不一致，这种不一致会导致度量债券信用利差时出现偏差，例如，收益率利差（yield spread）是指**信用风险债券的到期收益率（YTM）与类似期限的无风险债券（如活跃交易的政府债券）的到期收益率**之间的简单差异，由于市场上不一定恰好存在与信用风险债券期限匹配的政府债券，这时候只能使用期限最为接近的政府债券收益率，这就引发了期限错配问题。
>
> G-spread 同样是指**信用风险债券的到期收益率（YTM）与类似期限的无风险债券的到期收益率**之差，但是与收益率利差不一样的是，如果市场上不存在与信用风险债券到期时间相同的政府债券，G-spread 的计算要求通过插值法（interpolation）处理政府债券的收益率，从而解决期限错配问题。例如，对于剩余期限为12年的信用风险债券，G-spread 将要求在10年期和20年期国债收益率之间进行插值计算，得到同样是12年期的虚拟国债的对应收益率，然后作差。

2. 期限错配的相关风险

（1）流动性风险： 由于**短存长贷**的期限特点，银行可能需要在贷款尚未到期前就动用其流动资金来满足存款人的提款需求，而这可能导致银行流动性紧张。

为了管理这种流动性风险，银行会密切监控其期限错配的情况。例如，它们可能会定期评估资产和负债的到期结构，确保有足够的流动性储备来应对潜在的提款需求。此外，银行还可以通过多种方式来减轻期限错配的风险，如**发行长期债务**、持有更多**流动性资产（如现金和易于变现的证券）** 或调整贷款和存款的期限结构等。

（2）市场利率风险： 如果市场利率上升，银行可能需要支付更高的利息来维持现有的短期负债，但同时其长期资产的利息收入不会立即增加，这会导致银行的盈利能力下降。

3. 期限错配的监测指标

（1）资金来源集中度（concentration of funding）： 资金集中度是指资金来源的单一程度。过度依赖单一资金来源会使银行面临撤资风险。

（2）合同到期期限错配（contractual maturity mismatch）： 银行需要监测资产和负债的到期日期差异，确保银行有足够的流动性和准备金来应对可能的流动性需求。

Minimum Efficient Scale　最低有效规模

基础释义

> 最低有效规模又称"成本最低有效规模"或"最优经济规模"，是指在长期生产过程中，企业达到既能充分发挥规模经济效益又能保持成本最低的那个产量或生产规模。在这一规模上，企业的长期平均成本达到最低点，即企业的每单位产品平均成本是最小的。

概念详解

1. 最低有效规模的图像

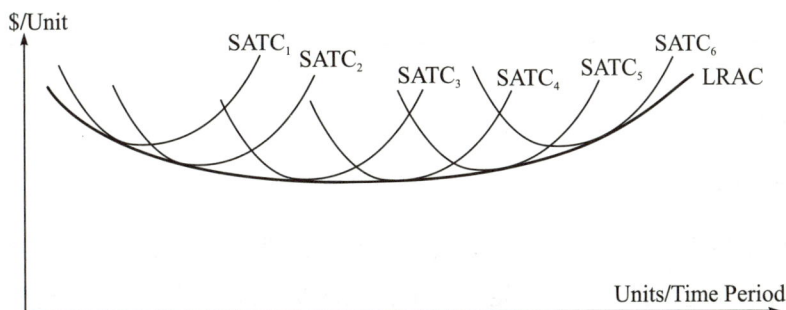

$/Unit
SATC₁ SATC₂ SATC₃ SATC₄ SATC₅ SATC₆ LRAC
Units/Time Period

企业的生产规模与平均成本

长期平均成本（Long Run Average Cost, LRAC）曲线上的最低点即为最低有效规模，理论上，完全竞争迫使企业长期在 LRAC 曲线的最低点运营，因为市场长期价格将在此水平确立。若企业不在这个最低成本点运营，其长期生存将受到威胁。

2. 最低有效规模的经济意义

达到成本最低有效规模时，企业已经成功克服了**规模不经济（diseconomies of scale）**的问题，并充分利用了**规模经济（economies of scale）**的优势，如专业化分工、批量采购成本降低、管理效率提升等。最低有效规模是一个理想的规模点，它可以为企业创造最大的竞争优势，因为在该点上生产的产品成本相对最低，从而使得企业在市场上具有更强的价格竞争力。

3. 最低有效规模的局限性

实际操作中，企业需要不断探索和调整生产规模，因为市场规模、技术进步、市场需求变化等因素都可能影响成本最低有效规模的具体数值。同时，企业还需要考虑到达到和维持这一规模所需的资金、资源、管理能力等方面的挑战。

Minority Shareholder　少数股东

基础释义

少数股东是指在一个公司中**持股比例低于 50%** 的股东，他们不拥有对公司的控制权，即无法单方面决定公司的重大决策。尽管如此，少数股东仍然是公司的重要组成部分，他们的权益受到法律保护，并对公司的经营和发展有一定的影响力。

概念详解

少数股东的权利和作用

（1）参与决策：虽然不能控制决策，但少数股东有权参加股东大会，并对会议议程中的事项进行投票。在特定情况下，如涉及修改公司章程、大规模资产处置等重大事项，可能需要达到比半数更高的投票比例同意，这时少数股东的投票权变得尤为重要。

（2）监督管理层： 少数股东可以通过股东大会、提出质询或建议等方式，对公司的经营管理进行监督，促使管理层更加负责和透明。

（3）保护自身利益： 法律通常会提供保护机制，防止控股股东滥用权力损害少数股东利益，如要求公平对待所有股东、允许少数股东在特定情况下请求公司回购股份或对不公平交易提起诉讼等。

（4）分享利润： 少数股东有权按持股比例获得公司利润分配（即股息或红利）。

（5）影响公司治理： 通过积极参与股东大会，少数股东的声音可以对公司的治理结构和企业文化产生影响，尤其是在倡导更好的公司治理实践方面。

> 💡 **老皮点拨**
>
> 尽管少数股东可能面临**"少数压迫"**（minority oppression）的风险，即控股股东可能利用其控制地位做出不利于少数股东的决策，但现代公司法体系趋向于提供一系列机制来保障少数股东的合法权益，促进公司治理的公平与合理。

M

Modern Portfolio Theory (MPT)　现代投资组合理论

基础释义

> 现代投资组合理论是指主要关注如何通过构建投资组合来优化风险和收益，核心思想是**在给定的收益水平下最小化风险**，或**在给定的风险水平下最大化收益**的一种现代金融经济学理论。现代投资组合理论由哈里·马科维茨（Harry Markowitz）在 1952 年提出，已经成为分析投资组合管理问题的基本理论。

概念详解

1. MPT 的关键假设

（1）风险厌恶： 投资者通常是风险厌恶的，这意味着在同等预期收益的情况下，他们会偏好风险较低的投资。

（2）理性投资者： 投资者被假设为理性的，他们会寻求最大化的预期效用，通常表现为追求最高的风险调整后的回报（risk adjusted return）。

（3）完全市场信息： 所有投资者都能获取相同的市场信息，且信息的获取成本为零。

（4）资产的均值方差性质： 投资者使用资产的预期回报（均值）和风险（方差或标准差）来评估投资，且风险被定义为投资回报的波动性。

（5）资产间的相关性： MPT 强调了**不同资产回报之间的相关性**，通过构建由多种资产组成的组合，可以降低整体风险，因为资产间可能存在负相关关系。

（6）单一投资期： 所有投资者都被假设为**在相同的时间段内进行投资**，即所有投资者都处于同一单期投资期。

（7）资产回报正态分布： 马科维茨假设资产的回报遵循**正态分布（normal distribution）**，这意味着回报的分布是对称的，且可以完全由均值和方差描述。

（8）无摩擦市场： MPT 假设市场不存在交易成本、税收、借贷限制等市场摩擦。

2. MPT 的贡献

MPT 引入了分散化投资的概念，即通过持有多种**非完全正相关**的资产，投资者可以降低甚至消除**非系统性风险（non-systematic risk）**，但是无法消除**系统性风险（systematic risk）**。这一理论强调了投资组合管理的重要性，不仅在于选择正确的资产，更在于资产配置和风险管理。

实务拓展

近年来，MPT 的一些基本假设受到了**行为金融学**的挑战，特别是关于投资者理性的假设，以及资产回报是否真的遵循正态分布。尽管如此，MPT 仍然是理解和构建投资组合的基础理论之一。

Modified Duration　修正久期

基础释义

修正久期是指用来衡量债券价格对利率变化敏感程度的一个指标。具体而言，修正久期可以用来估算债券价格因而产生的变化幅度。

概念详解

1. 修正久期的计算公式

$$ModDur = \frac{MacDur}{(1+r)}$$

其中，

-*MacDur*（Macauly Duration）代表麦考利久期

-*r* 代表单期利率

2. 修正久期的估算方法

对于固定利率债券，如果已知麦考利久期，则修正久期很容易计算。但对于**带有嵌入期权或其他复杂特征的债券**，可以直接通过价格-收益率曲线的切线斜率来近似修正久期。具体步骤是改变到期收益率，计算相应的债券价格 PV+ 和 PV-，然后使用以下公式计算近似修正久期：

$$AnnModDur \approx \frac{(PV_- - PV_+)}{2 \times (\Delta Yield) \times (PV_0)}$$

其中，

-*AnnModDur*（Annual Modified Duration）代表年化修正久期

-PV_- 代表收益率下降之后的债券价格

-PV_+ 代表收益率上升之后的债券价格

-$\Delta Yield$ 代表收益率的变动

-PV_0 代表收益率发生变化之前的债券价格

3. 修正久期的计算步骤

（1）情景分析： 首先，设定一系列利率变动的情景，通常包括利率上升和下降的情况。

（2）现金流模拟： 对于每种利率变动情景，重新计算证券的未来现金流，考虑到利率变化对现金流（如浮动利率支付）的直接影响。

（3）价格重新评估： 基于新的现金流预测，重新计算证券在每个利率变动情景下的理论市场价格。

（4）久期计算： 利用这些价格变动和相应的利率变动，通过**线性回归分析**确定一个斜率，该斜率即为修正久期。它表示了价格变化的百分比与利率变化的百分比之间的线性关系。

> **实务拓展**
>
> 修正久期也可以通过 Excel 或 Google Sheets 中的 MDURATION 函数直接计算出来，该函数需要输入结算日期、到期日期、票面利率、到期收益率、计息次数以及计息基准等参数。

4. 修正久期的应用

修正久期可以用来估计给定到期收益率变化时债券价格的百分比变化。这个估计是通过下面的公式完成的：

$$\Delta\%PV^{Full} \approx -AnnModDur \times \Delta AnnYield$$

其中，

- $\Delta\%PV^{Full}$代表债券全价的变化百分比
- $AnnModDur$代表年化的修正久期
- $\Delta AnnYield$代表到期收益率的变化

> **老皮点拨**
>
> 如果某债券的修正久期为 5 年，那么当到期收益率上升 100 个基点（即 1%）时，债券的价格预计会下降约 5%。

Modigliani–Miller Theory (MM Theory) MM 理论

基础释义

MM 理论是指探讨**资本结构**对**公司的价值**和**资本成本**的影响的一套理论体系。MM 理论分为两个主要部分：不考虑税收的原始 MM 理论和考虑税收影响的修正 MM 理论。MM 理论由经济学家弗兰科·莫迪利安尼（Franco Modigliani）和默顿·米勒（Merton Miller）于 1958 年首次提出，是现代公司财务理论的基础之一。

概念详解

1.MM 理论的假设条件

（1）同质预期： 投资者对给定投资的预期现金流达成一致意见。这意味着所有投资者都具有相同的信息，并且他们对未来事件的看法是相同的。

（2）完美的资本市场： 不存在交易成本、税收或破产成本。每个人都有相同的信息。在这种情况下，所有的金融工具都是完全可替代的，而且没有任何摩擦阻碍市场的有效运作。

（3）无风险利率借贷： 投资者可以在无风险利率下借款和贷款。这意味着存在一个确定的回报率，而无须承担任何额外的风险。

（4）无代理成本： 公司管理层的利益与股东利益是一致的，因此不会出现代理人问题。

（5）独立决策： 融资和投资决策相互独立。这意味着公司如何筹集资金并不影响其投资决策，反之亦然。

2.MM 理论的类别

MM 理论分为无税条件和有税条件两种情形。

2.1 无税条件下的 MM 理论

2.1.1 无税条件下的 MM 理论的数学表达式

$$r_e = r_0 + (r_0 - r_d)\frac{D}{E}$$

其中，

-r_e 代表权益融资成本

-r_0 代表全权益融资成本

-r_d 代表债务融资成本

-$\frac{D}{E}$ 代表债务权益比率

2.1.2 无税条件下的 MM 理论的基本结论

无税条件下的 MM 理论假设在一个完美市场条件下，公司的市场价值与其资本结构无关。这意味着，不论公司是通过债务还是股权来融资，只要其总资产的预期收益不变，公司的总价值是恒定的。换言之，公司的资本结构（债务与股权的比例）不影响公司的总价值，公司的价值仅由其投资决策和盈利潜力决定，因此，无税条件下的 MM 理论又被称为**"资本结构无关性原理"（capital structure irrelevance theory）**。

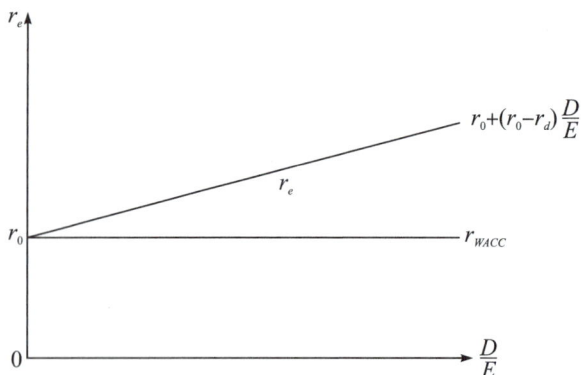

无税条件下的权益融资成本与$\dfrac{D}{E}$ ratio的关系

2.2 有税条件下的 MM 理论

2.2.1 有税条件下的 MM 理论的数学表达式

$$r_e = r_0 + (r_0 - r_d)(1-t)\frac{D}{E}$$

其中，

-r_e 代表权益融资成本

-r_0 代表全权益融资成本

-r_d 代表债务融资成本

-t 代表边际税率

-$\dfrac{D}{E}$ 代表债务权益比率

2.2.2 有税条件下的 MM 理论的基本结论

有税条件下的 MM 理论考虑了现实世界中最重要的一个因素——**公司所得税**。在存在公司所得税的情况下，由于债务利息通常是可以税前扣除的，使用债务融资可以减少公司的税负，从而使得公司价值与资本结构相关联。理论上，增加债务融资可以降低公司的加权平均资本成本（WACC），进而增加公司的市场价值。

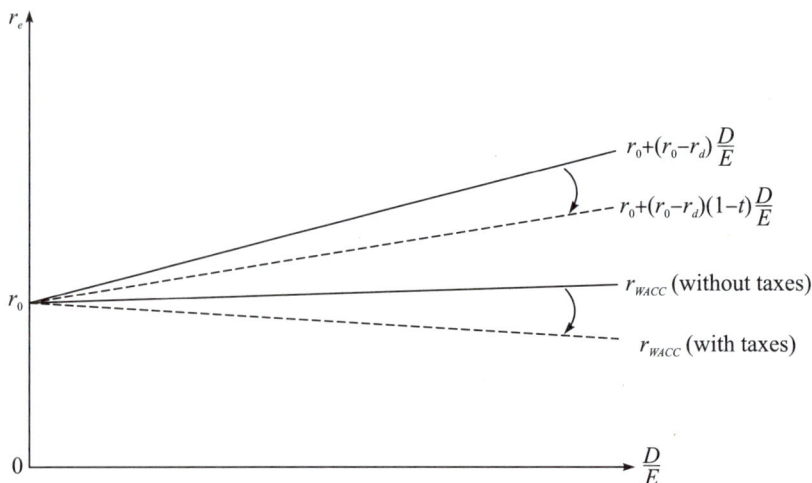

有税及无税条件下的权益融资成本与$\dfrac{D}{E}$ ratio的关系

3.MM 理论的贡献和局限性

3.1 MM 理论的贡献

MM 理论为后来的资本结构理论和公司财务决策提供了基础框架，尽管它的假设在现实中很难完全满足，但它仍然是理解和分析公司资本结构与价值关系的重要理论起点。

3.2 MM 理论的局限性

（1）忽视了财务困境成本及代理成本： MM 理论考虑到了债务增加带来的税盾收益，但是忽视了随着债务水平的上升，**财务困境成本（financial distress costs）和代理成本（agency costs）** 也随之增加，后续理论发展，如**静态权衡理论（static trade-off theory）**，考虑了财务困境成本和代理成本，更加全面地给出了分析公司最优资本结构的框架。

（2）信息不对称： 尽管原始 MM 理论假设信息完全对称，但实际上信息往往是不对称的，会影响公司的融资决策和资本结构。

（3）信号传递理论： 公司的融资决策（如选择发行新股或举债）可能向市场传递关于公司前景的信息，这也是 MM 理论未直接涵盖的内容。

M

Momentum Effect 趋势效应

基础释义

趋势效应，又称"势头效应"或"动量效应"，是指在金融市场中，**一个资产的历史表现趋势往往会在一段时间内延续**的现象。势头效应表明过去表现良好的股票或其他资产在未来一段时间内可能会继续上涨，而过去表现不佳的股票或资产则可能会继续下跌。这种效应支持了"追涨"和"杀跌"的投资策略。势头效应与"反转效应"相反，反转效应认为股票价格的异常收益会随着时间推移逐渐回归平均值。

概念详解

1. 趋势效应的成因

（1）行为金融学解释： 投资者心理和行为偏差（如从众心理、过度自信、锚定效应等）导致价格延续之前的趋势。

(2) 信息扩散： 市场信息不是瞬间被所有人吸收和反映在价格上，而是逐渐传播。因此，当市场接收到正面消息时，股价可能会持续上涨；反之亦然。

(3) 流动性： 高流动性可能推高已经上涨的股票价格，并进一步加剧势头效应。

2. 趋势效应的投资策略

(1) 买入赢家卖出输家（buy winner sell loser）： 选择一段时间内表现最好的股票进行投资，并卖出表现最差的股票。

(2) 趋势跟踪（momentum following）： 通过技术分析识别并跟随市场趋势。

3. 趋势效应的风险

(1) 趋势逆转： 市场情况可能突然改变，导致原有趋势逆转。

(2) 波动性增加： 依赖于短期价格波动可能增加投资组合的波动性和潜在损失。

(3) 交易成本： 频繁交易增加了交易成本，可能侵蚀部分利润。

实务拓展

多项学术研究支持了势头效应存在于各种金融市场中。然而，对于为什么以及如何最有效地利用这一现象仍有广泛讨论。在实施任何基于势头效应的策略时都需要谨慎考虑市场条件、个人风险承受能力以及其他相关因素。

Monetary Policy　货币政策

基础释义

货币政策是指中央银行或货币当局通过控制**货币供应量**和**利率**来实现管理宏观经济目标的一种宏观调控手段。货币政策目标通常包括控制通胀、维持就业水平、促进经济增长和保持金融市场稳定。根据具体目标和经济状况，货币政策可以分为扩张性货币政策和紧缩性货币政策。

概念详解

1. 货币政策的目标

（1）**价格稳定性：** 这是多数中央银行的主要目标，旨在保持**低而稳定的通胀率**（inflation rate），避免价格水平的剧烈波动。

（2）**充分就业和经济增长：** 在必要时通过刺激或限制信贷活动来调整经济总需求，进而影响**总产出**（output）和**就业水平**（employment）。

（3）**保持金融稳定：** 确保金融市场运行有序，预防**系统性金融危机**（systematic financial crisis）的发生。

（4）**平衡国际收支：** 通过调节利率和货币供应来影响汇率，从而协助国家实现对外贸易和资本流动的均衡。

2. 货币政策的工具

（1）**公开市场操作（open market operations）：** 中央银行通过**买卖政府债券**来增加或减少银行体系的准备金，从而影响银行的放贷能力和广义货币供应量。购买债券会增加银行准备金，促进贷款和信用创造；出售债券则减少准备金，抑制贷款。

（2）**政策利率（policy rate）：** 中央银行设定的政策利率直接影响**银行间市场利率**，特别是**隔夜拆借利率**。当中央银行提高政策利率时，商业银行的借贷成本上升，它们会相应提高对客户贷款的利率，从而减少贷款需求，抑制经济活动和通胀压力。

（3）**存款准备金要求（reserve requirements）：** 存款准备金要求是指中央银行规定商业银行**必须持有的最低准备金比例**。提高准备金要求可以限制银行的放贷能力，降低货币乘数效应，反之亦然。虽然在发达市场中，这一工具的使用较少，但在新兴市场国家中依然活跃。

（4）**直接信贷工具（direct credit tools）：** 直接信贷工具是指中央银行或政府机构**向特定行业、企业或项目提供优惠贷款或融资条件**的一种政策措施。这种工具通常用于支持政府认为具有战略重要性或需要特别扶持的领域，如农业、中小企业、科技创新、基础设施建设或绿色能源项目等。

（5）**信贷政策指导（credit policy direction）：** 信贷政策指导是中央银行或监管机构通过非正式或半正式的指导方式，影响金融机构的信贷决策和行为，以达到特定的经济和社会政策目标。这种指导可以通过多种方式进行，包括但不限于窗口指导、定向宽松或紧缩、道德劝告、发布指导意见等。

3. 货币政策的类型

按照对于宏观经济的调控方向，货币政策可以分为扩张性货币政策和紧缩性货币政策。

3.1 扩张性货币政策（Expansionary Monetary Policy）

当经济增长放缓或出现衰退时，中央银行会采取扩张性货币政策来刺激经济，具体措施包括：

（1）降低利率： 通过降低基准利率（如联邦基金利率），借贷成本降低，鼓励企业投资和消费者支出。

（2）增加货币供应： 通过购买政府债券等手段向市场注入流动性，以降低长期利率并提高信贷可用性。

（3）降低存款准备金比例： 允许商业银行保留更少的存款作为准备金，从而增加可用于放贷的资金量。

（4）定向信贷计划： 针对特定部门（如小型企业）提供优惠贷款条件，以促进投资和消费。

3.2 紧缩性货币政策（Restrictive Monetary Policy）

当经济过热或通胀压力上升时，中央银行会采取紧缩性货币政策来冷却经济，具体措施包括：

（1）提高利率： 增加借贷成本以抑制投资和消费，并减轻通胀压力。

（2）减少货币供应： 通过出售政府债券等手段从市场回收流动性，以提高长期利率并限制信贷扩张。

（3）增加存款准备金比例： 要求商业银行保留更多的存款作为准备金，从而减少可用于放贷的资金量。

💡 **老皮点拨**

中央银行的政策利率相对于**中性利率**（neutral rate of interest）的位置决定了货币政策的性质。中性利率是指**既不刺激也不抑制**经济的利率水平。当政策利率高于中性利率时，货币政策被认为是紧缩性的；反之，当政策利率低于中性利率时，货币政策被认为是扩张性的。

📍 **实务拓展**

中性利率由两个主要成分组成：**经济的长期实际增长率**和**长期预期通胀率**。在实践中，确定中性利率是一个复杂的过程，涉及对经济长期可持续增长率和通胀目标的估计。

例如，在一个具有可信通胀目标（如 2%）的经济体中，如果分析师认为长期可持续增长率为 2.5%，则中性利率可能被估计为 4.5%（2.5%+2%）。中央银行有时也会公布其对中性利率的看法，但这通常是一个估算值，受多种因素的影响，包括经济增长前景、通胀预期、债务水平和金融市场状况。

4. 货币政策的传导机制

货币政策的效果通过一系列渠道传递到实体经济中，包括**银行贷款利率**、**资产价格**、**市场参与者预期**和**汇率变动**。当中央银行上调政策利率时，它会导致银行贷款利率上升，减少企业和个人的借贷意愿，同时可能引起**资产价格下跌**，降低家庭财富，减少**消费**。此外，利率上升还可能导致本币升值，影响**出口竞争力**，减少外部需求。

5. 货币政策的局限性

货币政策的局限性主要体现在传导机制、通缩环境、量化宽松、信贷创造等方面。

5.1 货币政策传导机制的问题

传导机制的效率依赖于市场预期和信心。即使中央银行提高利率以应对通胀，若市场预期未来将出现衰退，长期利率可能反而下降，削弱了紧缩政策的效果，原因包括：

（1）长端收益率曲线的稳定性与中央银行的信誉相关。市场参与者例如所谓的**债市义勇军（bond market vigilantes）**的行动会影响长期利率，可能抵消或放大货币政策的效果。

（2）在极端情况下，经济可能陷入**流动性陷阱（liquidity trap）**，即无论多少货币注入，利率都不会进一步下降，货币政策失去效力。

5.2 通缩环境下的利率调整局限

通缩环境下，传统的利率下调难以刺激经济，因为名义利率接近零甚至负数，降低了进一步降息的空间。通缩会增加实际债务负担，消费者延迟消费，形成恶性循环，导致经济停滞。

5.3 量化宽松的挑战与风险

量化宽松（quantitative easing, QE）作为非常规货币政策，在利率降至极低时尝试通过**大规模资产**购买来刺激经济。但是 QE 的实施并不保证银行会增加贷款，尤其是在经济环境恶劣时，银行可能更倾向于持有超额准备金而非放贷。此外，

M

大规模购买资产的风险在于，中央银行可能积累不良资产，造成损失，影响公众对其发行的法定货币的信心。

5.4 对信贷创造的控制不足

中央银行无法完全控制**家庭和企业存入银行的存款数量**，也无法轻易控制**银行通过信贷扩张创造货币的意愿**，换言之，央行无法完全控制经济体内实际最终创造出来的货币总量。

Money Duration　货币久期

同"Dollar Duration"。

Money Market　货币市场

基础释义

> 货币市场是指专门从事**短期资金融通**的金融市场，其交易的金融工具通常具有**期限短（一般不超过一年）**、流动性强、风险较低的特点。货币市场是金融市场的重要组成部分，服务于实体经济和金融系统的**短期资金需求**。

概念详解

1. 货币市场的交易工具

（1）**国库券（treasury bill）**：由政府发行的短期债务凭证，如美国的短期国债。

（2）**商业票据（commercial paper）**：企业发行的无担保短期债务凭证，用于短期资金周转。

（3）**银行承兑汇票（banker's acceptance）**：由银行承诺到期付款的汇票，常用于贸易结算或短期融资。

（4）**可转让定期存单（negotiable certificate of deposit）**：银行发行的、可在市场上转让的大额定期存款证明。

（5）**回购协议（repurchase agreements）**：一种短期抵押融资工具，出售方在卖出证券的同时承诺未来按约定价格购回。

2. 货币市场的参与者

（1）商业银行：作为资金供需两端的重要角色，既为短期资金短缺者提供融资，也利用多余资金进行投资。

（2）非银行金融机构：如保险公司、投资基金、财务公司等，它们在管理短期资金时既是资金需求者也是供给者。

（3）政府与政府机构：通过发行短期国债等工具筹集资金或进行公开市场操作以执行货币政策。

（4）企业：特别是大型企业，通过发行**商业票据**等方式筹集短期运营资金。

（5）中央银行：作为监管者和市场参与者，通过货币市场进行公开市场操作，以调控货币供应量和利率。

3. 货币市场的风险与收益特征

货币市场工具的风险相对较低，主要源于发行主体的**信用风险**较低（如政府或信誉良好的企业）以及**短期限内市场利率波动**较小。相应地，其收益水平也相对较低，但较之银行存款等传统储蓄产品，货币市场工具通常能提供稍高的收益率。

4. 货币市场的功能

（1）保持资金流动性：货币市场为参与者提供了将短期闲置资金迅速转化为可流通货币的途径，满足了临时资金需求或投资组合调整的需要。

（2）短期融资：为企业、金融机构及政府提供短期资金来源，用于季节性资金周转、短期投资或临时资金短缺的填补。

（3）信用创造与传导：通过金融机构的资产负债运作，货币市场促进了信用的扩张和收缩，对货币政策的传导起到关键作用。

（4）宏观经济调控：中央银行通过在货币市场买卖证券进行公开市场操作，直接影响市场利率，进而影响整个经济体系的货币供应量，实现宏观经济调控目标。

（5）资本市场基石：作为金融市场的重要基础，货币市场的稳健运行对资本市场整体的稳定性具有重要意义，为长期资本形成提供短期资金支持。

（6）风险管理：投资者和金融机构利用货币市场工具进行流动性管理和风险管理，如对冲利率风险、保持资产与负债的期限匹配等。

Monte Carlo Simulation　蒙特卡洛模拟

基础释义

　　蒙特卡洛模拟是指利用概率分布来描述资产价格和回报，通过模拟大量可能的结果来评估不确定性和风险。这些模拟结果可以用来估计投资组合在未来特定时间范围内的表现，无论是单个资产还是整个组合。蒙特卡洛模拟广泛应用于解决各种复杂的计算问题，尤其是在面对**含有多个变量**和**高度不确定性**的情境时。蒙特卡洛这一名称源于摩纳哥的蒙特卡洛赌场，象征着其随机性和概率性质。

概念详解

1. 蒙特卡洛模拟在投资中的应用

　　（1）衍生品定价：蒙特卡洛模拟在衍生品定价中发挥着至关重要的作用，尤其是在计算**美式期权**这样的复杂金融工具时。由于美式期权可以在到期日前的任何时间行权，这使得其定价远比欧式期权复杂。通过生成大量的随机路径来模拟标的资产价格的未来走势，蒙特卡洛方法能够有效地估计**期权在不同情形下的期望价值**。这种方法尤其适用于那些**路径依赖（path dependent）**型的衍生品，因为它们能够捕捉到标的资产价格动态变化的影响，从而提供更加准确的定价信息。

　　（2）投资组合优化：蒙特卡洛模拟通过模拟不同资产配置在未来市场条件下的表现，帮助投资者找到最优的资产组合。通过运行大量的模拟试验，投资者可以识别出在不同市场条件下表现最佳的资产组合，进而选择既能最大化收益又能将风险控制在可接受范围内的投资策略。

　　（3）风险管理：通过对潜在市场变动进行随机模拟，蒙特卡洛方法能够帮助金融机构估计**在给定显著度水平下可能出现的最小损失（即在险价值 VaR）**。此外，它还可以用于评估信贷组合在不同违约情景下的**预期损失（Expected Loss, EL）**。这种方法通过模拟大量可能的市场路径，为金融机构提供了有关潜在**风险敞口（risk exposure）**的深入见解，使它们能够更好地准备应对极端市场事件带来的冲击。

　　（4）另类投资资产配置：在另类投资（如私募股权、房地产等）的资产配置中，蒙特卡洛模拟可以模拟出具有**偏度（skewness）**和**峰度（kurtosis）**特征的风险因子或资产回报场景。

（5）资本充足性分析： 资本充足性分析（capital sufficiency analysis）是财富管理者用来确定客户是否有足够的财务资源来实现其目标的过程。蒙特卡洛模拟允许财富管理者模拟**多个关键变量的不确定性**，从而反映未来结果的不确定性或变异性。通过假设投资组合的平均回报率和年回报的标准差，模拟生成大量独立的"试验"，每个试验代表一个可能的结果。通过汇总这些试验的结果，财富管理者可以得出客户实现目标的概率。

（6）退休规划： 蒙特卡洛模拟可以应用于客户**退休规划（retirement planning）**中的实际资产配置，无须考虑不相关的因素（如年金定价），并且能够灵活地模拟多种情景，如重大购买或意外开支对退休计划的影响。MCS 的优势在于它提供了**达到财务目标的概率估计**，但财富管理者需要注意，模拟结果对输入假设非常敏感，尤其是投资组合的预期回报率。

2. 蒙特卡洛模拟的实施步骤

（1）定义感兴趣的量： 在第一步中，我们需要明确我们要模拟的目标是什么。例如，如果我们正在评估一个期权的价值，那么感兴趣的量就是期权的价值。我们需要确定哪些变量会影响期权的价值，通常情况下，这可能是标的资产的价格。接着，我们需要为这些变量设定初始值，这将作为模拟过程的起点。

（2）指定时间网格： 定义**模拟的时间范围**，并将其划分为一系列子时段。例如，如果我们希望模拟一年内的情况，可以将这一年划分为 12 个月份。这样做是为了能够逐步推进模拟过程，每一步都基于前一步的结果。这有助于更细致地观察随着时间推移资产价格的变化。

（3）选择数据生成方法： 在这一步中，我们需要为每个关键风险因子选择一个合适的概率分布模型。例如，如果我们模拟股票价格的变化，可以采用**几何布朗运动模型**。此模型假设股票价格的对数收益率服从正态分布。我们需要确定模型中的参数，如平均收益率（μ）和波动率（σ），这些参数将决定生成数据的特性。

（4）生成模拟数据： 有了模型和参数后，我们就可以使用计算机生成**随机数（random number）**。这些随机数代表了**每个时间步长内资产价格可能发生的变化**。例如，我们可以使用标准正态分布生成器来产生一系列随机数，然后根据步骤（3）中选定的模型计算资产价格的变化。这些随机数将用于模拟资产价格的动态变化。

（5）转换数据： 在获取了一系列随机数之后，我们需要将这些数值转化为**具体的资产价格**。根据步骤（3）中的模型公式，我们将这些随机数代入公式中计算每个时间步长内的资产价格变动。然后，使用初始资产价格加上这些变动，得到各个时间点上的资产价格序列。

M

（6）计算结果：一旦我们有了模拟出来的资产价格序列，就可以计算出我们感兴趣的量，比如期权的价值。这通常涉及计算在每个模拟路径结束时的**期权清算价值（option payoff）**，并将其折现到现在的价值。这样，我们就能得到在该次模拟中期权的价值。

（7）重复步骤（4）和（5）：为了获得更可靠的结果，我们需要重复上述步骤多次，通常会进行数千甚至数万次的模拟。每次模拟都是独立的，通过多次模拟可以获得一个关于期权价值分布的样本集合。

（8）汇总统计：最后，我们将所有模拟结果汇总起来，计算平均值、标准差等统计量。这些统计量提供了期权价值的估计，以及其分布的特征。由此，我们可以评估期权价值的期望水平及其不确定性。

> ### 实务拓展
>
> 蒙特卡洛模拟作为一种补充方法，与分析方法相比，提供了**统计估计**而非确切结果。随着金融产品的不断创新，蒙特卡洛模拟在投资管理中的应用也在不断扩展。不仅限于简单的资产价格模拟，还可以应用于复杂金融产品的定价以及其他需要大量随机抽样的场景。

3. 蒙特卡洛模拟的优点

（1）处理复杂性：能够处理**高维度和非线性问题**，对于那些解析解难以获得或计算成本过高的问题尤为有效。

（2）不确定性评估：提供了评估和理解不确定性的方式，帮助决策者理解不同**决策路径**的潜在后果。

（3）灵活性：适应性强，可以应用于多种领域，从金融风险管理到物理过程模拟。

4. 蒙特卡洛模拟的缺点

（1）计算密集：需要大量的计算资源，尤其是当需要获得较高精度结果时。

（2）输入依赖：模拟结果的质量高度依赖于**输入数据（inputs）**的准确性和随机数生成的质量，不恰当的假设可能导致错误的结论。

（3）解释难度：模拟结果的解释可能较为复杂，特别是当结果分布呈现非直观形态时。

实务拓展

除了金融领域，蒙特卡洛模拟在许多社会和自然科学领域均有广泛应用：

（1）工程与项目管理： 通过模拟不同的成本超支和时间延误情景，项目经理能够更准确地预测大型建设项目的总成本和完成时间。此外，在评估复杂系统或设备（如核电站）的可靠性时，蒙特卡洛方法通过模拟不同组件故障的情景来计算整个系统失效的概率。

（2）物理学与天文学： 在粒子物理学领域，通过模拟粒子碰撞实验，科学家可以预测粒子的轨迹和可能的交互结果，加深对基本粒子行为的理解。而在宇宙学中，蒙特卡洛模拟被用来模拟星系形成、宇宙大尺度结构的演化以及暗物质分布的预测，帮助研究人员更好地理解宇宙的形成和发展过程。

（3）环境科学与气候研究： 蒙特卡洛模拟通过模拟大气、海洋、冰川等多个系统的相互作用，预测全球变暖对气候模式的影响以及极端天气事件的发生概率。

（4）经济学与商业决策： 企业通过模拟不同市场条件下的产品销售情况，可以更准确地预测市场需求，从而制定合理的生产计划和营销策略。

（5）医药与生物统计学： 通过模拟药物临床试验的不同结果，研究人员可以预测药物疗效和副作用，辅助决策制定。在流行病学研究中，蒙特卡洛方法被用来模拟疾病传播模型，评估不同干预措施对控制疫情的效果，为公共卫生政策提供科学依据。

M

Multiple Linear Regression 多元线性回归

基础释义

多元线性回归是指用于探索和量化一个因变量（被解释变量）与**多个自变量（解释变量）**之间**线性关系**的一种扩展的分析方法。当研究问题涉及多个因素可能共同影响一个结果变量时，多元回归成为不可或缺的工具。多元线性回归允许分析师建立更复杂的模型，通过多个解释变量来估计和预测因变量的变化。

概念详解

1. 多元线性回归的表达式

$$Y_i = b_0 + b_1 X_{1i} + b_2 X_{2i} + b_3 X_{3i} + \ldots + b_k X_k + \varepsilon_i, i = 1,2,3,\ldots,n$$

其中，

- Y_i 代表第 i 个观测值的因变量值

- b_0 代表截距项

- X_{ki} 代表第 k 个自变量的第 i 个数据

- b_k 代表第 k 个自变量的偏回归系数（部分斜率系数），表示在控制其他自变量不变的情况下，第 k 个自变量每变化一个单位，因变量的平均变化量

- ε_i 代表误差项，是真实的 Y 值与回归等式预测的 Y 值之差，表示模型未解释的随机变异

2. 多元线性回归的基本假设

（1）线性（linearity）： 因变量与各自变量之间存在线性关系。

（2）同方差性（homoscedasticity）： 残差的方差对于所有观测值保持恒定。

（3）残差项独立性（independence of errors）： 各观测值的残差项之间相互独立，无自相关。

（4）正态性（normality）： 残差项服从正态分布。

（5）自变量独立性（independence of independent variables）： 自变量之间不存在完全线性关系，且自变量不是随机的。

3. 多元线性回归模型的构建步骤

（1）确定因变量与自变量： 明确研究中感兴趣的因变量是什么，哪些自变量是重要的。

（2）模型形式： 决定模型的形式，例如**传统回归模型（traditional regression model）**或**逻辑回归模型（logistic regression model）**，取决于因变量的性质（连续或离散）。

（3）变量类型： 自变量可以是连续的（如公司的财务特征）或离散的（如行业部门的指示变量）。

（4）模型估计与检验： 使用软件估计模型，并确保模型满足基本假设和分析师的拟合优度（fitness）标准。

（5）模型验证： 测试模型的外样本性能，确认其可用性。

4. 多元线性回归的优点

（1）可以同时考虑多个影响因素，有助于提高预测准确性。

（2）有助于更好地理解证券回报的驱动因素。

（3）可以识别变量之间的关系，验证现有理论。

5. 多元线性回归的缺点

（1）如果使用不当，可能导致虚假关系。

（2）需要正确指定模型，否则可能导致较差的预测。

（3）依赖历史数据，可能无法准确预测未来市场行为。

（4）自变量之间可能存在**多重共线性（multicollinearity）**问题，影响模型的解释力。

6. 多元线性回归的应用场景

（1）投资组合管理：理解股票回报如何受到多种因素（如规模效应、价值效应、盈利能力等）的影响。

（2）财务顾问：识别财务杠杆、盈利能力、收入增长等变量是否能预测公司是否会面临财务困境。

（3）国家风险分析：考察不同维度的国家风险（如政治稳定、经济状况、ESG 等）对一国股票回报的影响。

M

Mutual Fund　共同基金

基础释义

共同基金是指允许大量投资者（一般为**普通投资者**）将资金汇集起来，形成一个大的资金池，由专业的**基金经理**或**投资管理团队**负责管理和投资的一种**集合投资工具**。这些资金被投资于各种金融工具，包括但不限于**股票**、**债券**、**货币市场工具**、**外汇**、**大宗商品**和**房地产**等，以实现投资收益和资本增值的目标。共同基金为投资者提供了一种简便的方式，让他们能够以较小的金额参与到多样化的投资组合中，分散风险，并享受专业管理带来的潜在好处。

概念详解

1. 共同基金的特点

（1）集合投资：汇集小额资金形成大规模资本，从而能够投资于更广泛的资产。

（2）**专业管理：**由专业的基金经理和团队进行投资决策和资产管理。

（3）**分散风险：**通过投资于多种资产，减少单一投资带来的风险。

（4）**流动性：**投资者可以轻松买入和赎回基金单位，享受一定的资金流动性。

（5）**透明度：**定期公布投资组合、业绩和费用信息，便于投资者监督。

（6）**多样性：**市场上存在多种类型的共同基金，满足不同风险偏好和投资目标，如股票基金、债券基金、货币市场基金、指数基金、平衡型基金等。

（7）**费用：**投资者需要支付管理费、托管费等费用，这些费用从基金资产中扣除。

2. 投资共同基金的注意事项

（1）**风险与收益：**不同类型的基金**风险**和**预期收益**不同，投资者应根据自身风险承受能力选择。

（2）**长期投资：**共同基金更适合长期投资，短期波动可能影响投资回报。

（3）**市场风险：**尽管基金分散投资，但仍受市场波动影响，存在亏损可能。

（4）**费用比较：**不同基金的费用结构可能差异较大，高费用会侵蚀投资回报，投资者应仔细比较。

（5）**了解投资策略：**在投资前，应深入了解基金的投资目标、策略和过往业绩。

实务拓展

共同基金在全球多个国家和地区都有广泛的应用，名称和运作细节可能因地区而异，但基本原理和功能相似。在美国被称为"共同基金"，在英国和中国香港可能被称为**"单位信托基金"**，在中国大陆则通常称为**"证券投资基金"**。

Mutually Exclusive Projects　互斥项目

基础释义

互斥项目是指在决策过程中**无法同时采纳或实施**的多个项目或方案，因为这些项目之间存在某种形式的冲突或资源限制，选择了一个项目就意味着必须放弃其他项目。

概念详解

项目互斥的原因

（1）资源限制： 最直观的例子是资金、人力、时间或物力资源（如土地、原材料）有限，不足以支持所有项目同时进行。

（2）目标冲突： 项目目标可能直接相悖，完成一个项目会妨碍另一个项目目标的实现。

（3）技术或逻辑不兼容： 例如，一个技术解决方案的采纳排除了使用另一种技术的可能性。

（4）市场需求独占性： 在特定市场或需求空间内，只能有一个项目满足需求或占据市场位置。

（5）时间窗口： 项目可能因为特定的时间安排或外部条件限制（如季节性、法规要求）而互斥。

📍 **实务拓展**

在企业投资决策中，面对互斥项目，管理层需要采用一系列财务评估方法来确定哪个项目最为有利，常见的评估方法包括净现值（NPV）、内部收益率（IRR）、回收期（payback period）、盈利指数（profitability index）等。选择最优项目时，还需要考虑项目间的相互影响、长期战略目标以及风险偏好等因素。在某些情况下，采用**最小共同年限法（least common multiple of lives approach）** 或**等效年金法（equivalent annual annuity approach）**

可以帮助解决因项目寿命不同而产生的评估难题。总之，互斥项目的决策核心在于优化资源配置，确保企业投资获得最大经济效益。

M

Nash Equilibrium　纳什均衡

基础释义

> 纳什均衡是指在**非合作博弈**中，各参与人同时选择各自的最优策略，使得**没有任何一个参与人可以通过单独改变策略而获得更大的收益**的一种博弈状态。在一个非合作博弈中，当所有参与者都没有动机偏离他们各自的平衡策略时，就达到了纳什均衡状态。

概念详解

1. 纳什均衡的关键特征

（1）非合作博弈： 在博弈论中，**非合作博弈（non cooperative game）** 是指参与者（即博弈中的各个主体）各自独立行动，根据对手的理性选择做出自己的最佳反应。这意味着每个参与者都会选择在给定条件下对自己最有利的策略，而不会与其他参与者进行正式的合作或达成协议。在这种情况下，没有一方有动机改变自己的策略，因为这样做可能会导致自己处于不利的地位。

（2）策略稳定性： 纳什均衡的核心在于**策略稳定性**。一旦所有参与者都选择了他们的最优策略并且达到了纳什均衡状态，那么即使对手改变了他们的策略，也不会诱使任何一方偏离自己当前的选择。换句话说，在纳什均衡状态下，任何单方面的策略改变都不会带来利益上的改进，因为其他参与者的反应会抵消这种改变带来潜在好处。

实务拓展

纳什均衡由美国数学家约翰·福布斯·纳什（John Forbes Nash Jr.）在20世纪50年代初提出。纳什均衡可以是**完全理性和静态的**，也可以扩展到**动态博弈**和**不完全信息博弈**中。在实践中，纳什均衡帮助我们理解为何某些市场结构、政策或社会行为会稳定下来，并在各种领域得到广泛应用，如经济学、政治学、社会学和生态学等。

2. 纳什均衡在寡头市场中的应用

寡头市场是指少数几家厂商占据市场主导地位的情况。这些厂商的行为具有**高度的相互依赖性**，因为每个厂商的决策都会直接影响到其他厂商的利益。

当所有厂商都在考虑到竞争对手行为的情况下做出了最优决策时，市场就达到了一个纳什均衡状态。在这种状态下，没有厂商会单独改变其策略，因为这样做不会增加其利润。

老皮点拨

以双寡头市场为例，假设市场上只有两家公司——ArcCo 和 BatCo，它们可以选择以高价格或低价格出售其产品。根据市场反应，这两家公司可能会有不同的利润结果。

例如，如果两家公司都选择低价策略，则 ArcCo 可能赚取 50 单位的利润，而 BatCo 可能赚取 70 单位的利润。但如果一家公司选择低价而另一家公司选择高价，则高价公司可能无利可图，因为消费者会选择价格更低的产品。

理论上，如果两家公司都选择高价策略，那么它们的联合利润可能是最高的，比如 800 单位。然而，这种情况并不是纳什均衡，因为任何一方都有动机通过降价来吸引更多的消费者，从而增加自己的市场份额和利润。

3. 纳什均衡与串谋

虽然在纳什均衡下，厂商各自追求自身利益最大化，但它们之间也可能存在串谋的可能性。如果厂商之间达成协议，共同维持高价，则有可能实现更高的利润，因为这样可以减少市场竞争的压力。

实务拓展

串谋行为在大多数国家是非法的，因为它违反了公平竞争的原则。尽管如此，在现实世界中，某些形式的非正式协调仍然可能发生，并且在某些情况下可能难以被发现或证明。

N

> **老皮点拨**
>
> 许多人将纳什均衡与**博弈论（game theory）**画等号，这是不对的，博弈论是一种数学和经济学工具，用于分析决策者在相互作用环境中的策略选择，而纳什均衡是博弈论中的一个核心概念。
>
> 简而言之，纳什均衡是在给定其他参与者策略不变的情况下，每个参与者的最优选择达到的一种稳定状态。博弈论提供了解析参与者互动的框架，而纳什均衡则是这一框架内预测稳定结果的关键工具。

Negative Pledge Clause 负面抵押条款

基础释义

负面抵押条款又称"负面担保条款"，是一种常见的债券契约中的保护性条款，其要求债券发行人承诺，在未得到现有债券投资者同意的情况下，**不得在其资产上设立任何优于或等同于该债券的抵押权或其他形式的担保权益**，以确保该债券的偿还不会因为新的债务而受到影响。负面抵押条款可以保护债券投资者的利益，确保在企业破产清算时，他们对公司的资产享有预先约定的优先清偿权。

概念详解

1. 负面抵押条款的具体内容

（1）限制设立新的抵押或担保：发行人不能为其他任何新债务提供抵押或担保，除非已经存在的债权也同样享有这些新设立的担保。这样做是为了防止新债务在资产分配上获得优先权，从而降低原有债权人在违约情况下回收投资本金和利息的可能性。

（2）确保平等待遇：如果发行人违反此条款并为其他贷款或债务设置了优先级更高的安全措施，则根据负面担保条款，原有债券持有者也将自动获得相同级别的安全措施。这意味着所有贷款和债务都应享有平等的待遇。

（3）增强透明度和公平性： 通过限制发行人随意改变其资产及财务结构来满足新进入者，负面担保条款实际上增加了对所有投资者（特别是长期投资者）公平对待的机会。

2. 负面抵押条款的重要性

负面抵押条款创立的根源，在于企业的资产经常作为其融资时的抵押品，而随着企业用于抵押融资的资产比例逐渐提升，势必**稀释老的债权人对企业资产的索取权**，其会越来越没有安全感。

对于投资者而言，负面抵押条款是一种重要保障措施，可以减少他们因公司新增**优先级更高的负债**而遭受损失的风险。

对于发行方来说，虽然这可能限制其未来融资灵活性，但同时也能向市场展示其对现有投资者的责任感和信用度，从而可能帮助**降低融资成本**。

> ### 💡 老皮点拨
>
> 假设高小吉公司发行了一笔 10 亿元的债券，并在债券条款中包含了负面抵押条款。这意味着，在该债券未偿还完毕之前，高小吉公司不能在其主要资产（如土地、房产、设备或知识产权等）上设立任何新的抵押权，除非得到现有债券持有人的一致同意。发行债券后，其主要资产均保持无抵押状态，所有债权人按照债券合同享有**同等的偿债保障**。
>
> 在债券存续期间，高小吉公司因业务扩张需要额外资金，计划向银行申请一笔 5 亿元的新贷款，并打算以其核心工厂的土地和建筑作为抵押物。由于之前发行的债券中含有负面抵押条款，高小吉公司在提供新贷款抵押前**必须征得现有债券持有人的同意**。
>
> 如果债券持有人认为新增抵押将削弱他们对高小吉公司资产的优先清偿权，可能会拒绝这一请求，或者要求高小吉公司提供相应补偿，如提高债券利率或提前偿还部分本金。
>
> 若高小吉公司在未经债券持有人同意的情况下擅自为新贷款设立抵押，将会违反负面抵押条款，可能引发债券违约事件，导致债券持有者有权提前要求兑付债券本息，甚至可能面临法律诉讼。

N

实务拓展

在实践中，当企业需要进行大额融资时（如通过发行公司债券），潜在投资者通常会寻求包含负面抵押条款在内的多种保护措施。这些措施旨在确立一个公平竞争环境，并防止企业未来采取损害现有投资者利益的行动。

Neoclassical Growth Theory　新古典增长理论

基础释义

新古典增长理论是指描述一个经济体系如何随着时间的增长达到一个**长期稳定的增长率**的一种经济增长理论。新古典增长理论由罗伯特·索洛（Robert Solow）在 20 世纪 50 年代提出，将稳态增长率与储蓄率、技术进步速度以及人口增长率联系了起来，是目前主流的经济增长理论之一。

概念详解

1. 新古典增长理论的生产函数

新古典增长模型采用柯布道格拉斯生产函数（Cobb-Douglas production function）来表示经济产出，公式如下：

$$y = AF(K, L) = AK^{\alpha} \times L^{1-\alpha}$$

其中，

-y（output per capita）代表人均产出

-K（capital）代表资本存量

-L（labor）代表劳动力投入

-A（Total Factor Productivity, TFP）代表全要素生产率

-α 代表资本的产出弹性

> **💡 老皮点拨**
>
> α 代表资本的产出弹性，1-α 则代表劳动力的产出弹性，二者均为正数而又相加等于 1，也就意味着不管是资本还是劳动力，产出弹性均小于 1，换言之，资本和劳动力均表现出**边际回报递减（diminishing marginal return）**的特点。这意味着随着投入量的增加，每增加一单位资本或劳动力所带来的额外产出逐渐减少。

2. 新古典增长模型下的稳态图形

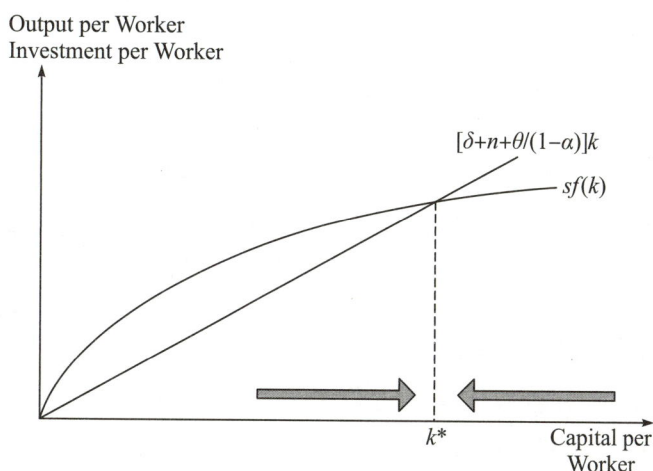

新古典增长模型下的稳态图形

图形展示了**实际投资与所需投资的交点**决定了**平稳状态（steady state）**。平稳状态是指当资本与劳动的比率保持恒定时发生的平衡增长情况。在此状态下，**人均资本（capital per capita）**和**人均产出（output per worker）**以相同的速度增长。随着技术进步，实际储蓄／投资曲线向上移动，经济沿着直线向右上方移动。

模型中的参数对稳态的影响如下：

（1）储蓄率（s）： 储蓄率提高会导致更高的资本—劳动比率和更高的人均产出。

（2）劳动力增长率（n）： 劳动力增长率提高会降低资本—劳动比率和人均产出。

（3）折旧率（δ）： 折旧率提高同样会降低资本—劳动比率和人均产出。

（4）TFP 增长率（θ）： TFP 增长率提高会增加未来的人均产出增长率，但在特定时间内，人均产出会比 TFP 增长率较低时更低。

3. 新古典增长理论的核心观点

（1）经济收敛于稳态： 索洛模型指出，尽管**资本深化（capital deepening）**

在短期内可以促进经济增长，但长期来看，只有技术进步才能带来持续的经济增长，而资本和劳动的边际产出最终会趋向于一个稳定状态，即经济增长率收敛到一个**由技术进步率决定的水平**。

（2）技术进步的外生性： 在早期的新古典增长理论中，技术进步被假定为**外生变量**，即它不是由模型内部的因素决定，而是独立于模型之外的进程，如研发、教育、信息传播等。

（3）人力资本的重要性： 新古典理论强调了**人力资本（human capital）**在经济增长中的重要性，认为通过教育、培训和卫生保健等方面的投入可以提升劳动力的生产效率，进而推动经济增长。

（4）储蓄、投资与增长： 新古典增长理论认为，**储蓄（save）**和**投资（investment）**是资本积累的关键渠道。

（5）趋同假说： 新古典增长理论提出了趋同假说，即各国的经济增长率在长期中倾向于收敛，落后国家往往拥有更高的边际产出水平，因此理论上它们应该比富裕国家成长得更快，通过模仿先进技术、引进外资和改善人力资本等方式，有可能缩小与发达国家之间的收入差距，这一过程被称为**条件趋同（conditional convergence）**。

4. 新古典增长理论的局限性

尽管新古典增长理论对于解释长期经济增长提供了有力框架，但它也受到了批评，尤其是**对于技术进步的外生处理**以及忽视了制度因素和创新能力在经济增长中的作用。之后的**内生增长理论（Endogenous Growth Theory）**尝试将技术进步纳入内生模型，即技术进步被认为是由经济系统的内部因素（如政府政策、研发投入、教育投资、知识产权保护等）决定的。

Net Income　净利润

基础释义

净利润又称"净收益"，是指公司在一定时期内（通常是一个财务年度或季度）从其所有经营活动和非经营活动中赚取的总收入扣除所有相关成本、费用以及所得税后的剩余金额。

概念详解

1. 净利润的计算方法

$$\text{Net income}=\text{Income}-\text{Expenses}$$

其中，

-Net income 代表净利润

-Income 代表收益，包括主营业务收入、其他经营性收入、非营业性收入、利得

-Expenses 代表费用，包括经营性费用（包括销售成本、销售费用、行政费用、一般费用、研发费用、其他运营费用等）、非经营性费用（包括利息费用、所得税费用等）、损失

2. 净利润的重要性

（1）评估企业盈利能力： 净利润直接体现了企业的赚钱能力，是最终衡量企业经济效益好坏的标志。

（2）投资决策依据： 对于投资者而言，净利润是评估投资价值、预测股价走势的重要依据之一。持续增长的净利润通常被视为公司健康发展的正面信号。

（3）分红政策基础： 公司分红政策很大程度上取决于其净利润情况。较高的净利润使得公司有更多余地进行现金分红或股票回购。

3. 净利润的应用

（1）净利率（Net Profit Margin）： 即净利润与总收入之比，反映每单位销售额所获得的净收益。

（2）每股收益（Earnings Per Share, EPS）： 将可供普通股股东分配的净利润除以流通在外普通股数量，反映每股所能获得的盈余，是构建市盈率（P/E ratio）的基础。

Net Present Value (NPV)　净现值

基础释义

净现值是指将**项目在整个生命周期内预期产生的现金流**，按一定的贴现率折现到当前时刻的总和。净现值以货币的时间价值为基础，衡量未来现金流入现值与现金流出现值的差额，以评价投资项目是否值得采纳。

概念详解

1. 净现值的计算公式

$$\text{NPV} = CF_0 + \frac{CF_1}{(1+r)^1} + \frac{CF_2}{(1+r)^2} + \ldots + \frac{CF_T}{(1+r)^T}$$

$$\text{NPV} = \sum_{t=0}^{T} \frac{CF_t}{(1+r)^t}$$

其中，

-NPV 代表净现值

-CFt（After-tax cash flow at time t）代表第 t 年的现金流（正值表示流入，负值表示流出）

-r（Required rate of return）代表资金的机会成本或投资者所要求的最低收益率

-T（Time T）代表项目的持续时间

2. 净现值的决策规则

（1）正净现值（NPV > 0）： 意味着项目的预期收益超过了其所需的投资成本，考虑了货币时间价值后，项目仍能增加股东财富，因此通常建议接受这样的投资项目。

（2）零净现值（NPV=0）： 理论上意味着项目正好达到投资者要求的回报率，但实际上由于**未来现金流的估计本身存在不确定性**，零净现值的项目通常被视为风险较大，因为没有为可能的错误留出余地，一般也不会被接受。

（3）负净现值（NPV < 0）： 表示项目的预期收益低于其成本，会减少股东财富，通常应拒绝这样的投资。

> **实务拓展**
>
> 净现值在实际应用中的考虑因素包括：
>
> **（1）决策复杂性：** 尽管 NPV 是资本配置的重要依据，但在实际决策中，还需考虑其他因素，如项目之间的相互影响、非财务因素（如品牌价值、市场占有率等）、风险偏好等。
>
> **（2）非均匀现金流：** 许多投资项目现金流分布不均，可能在项目周期的不同时间点有现金流出或流入。此时，使用 Excel 或 Google Sheets 等电子表格软件中的 XNPV 函数更为适宜，因为它可以针对不均匀间隔的现金流进行精确计算，允许用户指定每笔现金流的确切时间点。

Net Profit Margin　净利润率

基础释义

净利润率又称"利润率"或"销售回报率"，是指将企业的净利润（即总收入减去总成本和所有费用、税项后的剩余利润）除以总收入（或销售额）计算得出的衡量企业盈利能力的一个财务指标。较高的净利润率表明企业更有效地控制成本和费用，或拥有更强的定价能力，从而在每一笔销售中保留更多的利润，这通常被视为企业经营效率和盈利能力较强的标志。相反，较低的净利润率可能意味着成本控制不善、市场竞争激烈或产品定价策略不佳。

概念详解

1. 净利润率的计算公式

$$\text{Net profit margin} = \frac{\text{Net income}}{\text{Revenue}}$$

其中，

-Net income 代表净利润

-Revenue 代表总收入

> 💡 **老皮点拨**
>
> 净利润率可以直接从**同比利润表**（common size income statement）中获取，因为在同比利润表中，每一项收入和费用都被表示为销售收入的百分比，净利润自然也是以销售收入的百分比形式呈现，这使得比较不同规模企业的盈利能力变得更加直观和公平。

2. 净利润率的比较基准

净利润率的评估需要参照一定的标准进行。通常，我们可以将企业的净利润率与**其历史表现**进行对比，或者与**行业内其他相似规模和业务模式的企业**进行横向比较。这有助于我们了解企业当前的盈利能力和竞争力。

N

老皮点拨

　　尽管净利润率是衡量企业盈利能力的重要指标之一，但在分析企业整体财务表现时，还需要结合其他财务比率和指标（如毛利率、营业利润率、资产回报率等）以及宏观经济环境、行业特点等因素进行综合考量，以得到更为全面和准确的结论。

3. 净利润率的影响因素

　　净利润率的影响因素包括但不限于：

　　（1）成本控制能力： 企业能否有效控制生产和运营成本，直接影响到净利润的高低。

　　（2）定价策略： 产品或服务的价格定位是否合理，是否能够覆盖成本并获取合理的利润空间。

　　（3）市场需求： 市场需求的变化也会影响销售收入和净利润。

　　（4）税收政策： 税收负担的轻重会影响到净利润率的高低。

　　（5）非经常性项目： 一次性收益或损失，如资产处置收益、重组费用等，也会对净利润率产生短期影响。

老皮点拨

　　为了更准确地评估企业的盈利能力，计算净利润率时通常会剔除**非经常性项目（non-recurring items）**的影响。这是因为非经常性项目往往不具备可持续性，它们的存在可能会扭曲对企业真实盈利能力的判断。调整后的净利润更能反映企业在正常经营活动中的盈利状况。

4. 净利润率的应用

　　净利润率是投资者、债权人和企业管理层评估企业财务健康状况和市场竞争力的重要工具。投资者可以通过比较**不同企业**或**同一企业在不同时间段**的净利润率，来判断哪家企业或哪个时期的投资回报率更高。同时，企业管理层也可通过监控净利润率的变化来调整经营策略，优化成本结构，提升盈利能力。

Net Realizable Value (NRV)　可变现净值

基础释义

可变现净值是指在正常业务经营过程中，企业**预计能够从销售商品、提供劳务等活动中获取的现金或现金等价物的金额，减去预期为完成销售所必需发生的成本（如销售费用、相关税费等）**后的余额。简而言之，可变现净值是企业预期能够从其资产中获取的经济利益的估计值，特别是针对存货而言。

概念详解

1. 可变现净值的计算公式

$$NRV = Selling\ price - Selling\ cost$$

其中，

-NRV 代表可变现净值

-Selling price 代表预计售卖价格

-Selling cost 代表预计售卖成本

2. 可变现净值的计算示例

如果企业预计某批存货能够以 $100,000 的价格出售，但预计将发生 $20,000 的销售费用和相关税费，那么这批存货的可变现净值就是 $80,000。

> **老皮点拨**
>
> 在存货管理与会计处理中，可变现净值尤为重要，因为它用于判断存货是否需要计提**减值准备**。根据会计谨慎性原则，如果存货的账面成本高于其可变现净值，企业需要对其计提**存货跌价准备**，即将存货的账面价值减记至可变现净值，以反映存货的公允价值。

N

在实际操作中，企业需要**定期（至少每年末）**对存货进行评估，以确定是否存在减值迹象。一旦发现存货成本超过可变现净值，就需要及时调整存货账面价值，确保财务报表的准确性。这项评估既考虑了市场状况、销售趋势，也考虑了存货的物理状况和市场需求等因素，有助于真实反映企业的财务状况。

Net Stable Funding Ratio (NSFR)　净稳定融资比率

基础释义

净稳定融资比率是指银行的**可用稳定资金**与**所需稳定资金**之间的比率，是衡量银行长期结构性流动性风险的一种监管指标，旨在评估银行在中长期（通常为一年）内可用稳定资金来源是否足以支持其资产和表外风险暴露的稳定性需求。

概念详解

1. NSFR 的计算公式

$$NSFR = Available\ stable\ funding / Required\ stable\ funding$$

其中，

-Available stable funding 代表可用稳定资金

-Required stable funding 代表所需稳定资金

老皮点拨

可用稳定资金（available stable funding）代表银行**可长期使用的、相对稳定的资金来源**，包括但不限于零售存款、长期债务、股东权益、某些长期同业资金等。不同类型的负债和资本项目因其稳定性特征被赋予不同的权重，以反映其在压力情景下持续提供资金支持的能力。

所需稳定资金（required stable funding）代表银行**各项资产、表外项目及特定活动在未来一年内对稳定资金的需求**。各类资产（如贷款、投资、证券化产品等）、表外风险暴露（如担保、承诺、信用衍生品等）以及特定业务活动（如回购交易、期货合约等）根据其流动性风险特性被赋予相应的所需稳定资金比例。这些比例反映了这些项目在压力环境下对长期稳定资金的依赖程度。

2. NSFR 的标准与监管要求

NSFR 的标准通常为**大于等于 100%**。这意味着银行的可用稳定资金至少应等于其所需的稳定资金。这一比率越高，表明银行拥有越充足的长期稳定资金来匹配其资产和风险暴露的长期流动性需求，从而降低了因资金错配导致的流动性风险。

3. NSFR 的目的与意义

（1）缓解期限错配：通过强调长期稳定资金的充足性，NSFR 鼓励银行减少对短期融资的依赖，尤其是批发市场融资，从而降低因短期资金市场波动导致的流动性风险。

（2）强化风险管理：引入 NSFR 可以帮助银行管理层优化资产负债结构，确保资产端的长期投资和风险暴露得到与之相匹配的长期稳定资金支持，提高整体流动性风险管理水平。

（3）补充流动性覆盖率（LCR）：与侧重短期流动性的流动性覆盖率（Liquidity Coverage Ratio, LCR）互补，NSFR 着眼于银行的中长期流动性状况，共同构成全面的流动性风险监管体系。

（4）国际监管一致性：作为巴塞尔协议 Ⅲ 的一部分，NSFR 在全球范围内推广实施，有助于确保各国银行遵循相似的流动性风险管理框架，促进国际银行业的公平竞争和监管协调。

实务拓展

各国监管机构已将 NSFR 纳入本国的银行监管框架，并要求金融机构定期报告 NSFR 值，以确保其满足监管要求。银行需要进行内部流动性风险管理，定期进行压力测试，根据测试结果调整其资金结构和资产组合，以保持合适的 NSFR 水平。

Network Effect 网络效应

基础释义

网络效应是指随着更多用户加入某个网络（如互联网平台、通讯网络或金融服务系统），该网络系统内每个用户所能获得的直接或间接利益也随之增加的现象。网络效应带来的价值增长来源于**用户之间的互动、交流、交易或者其他形式的相互依赖**。在网络效应明显的平台上，新用户的加入不仅为自己带来价值，也间接提升了原有用户得到的效用，形成正向循环（即"滚雪球效应"），促进平台的快速增长和市场主导地位的形成。

概念详解

1. 网络效应的类型

网络效应分为单边网络效应和双边或多边网络效应。

1.1 单边网络效应（One-Sided Network Effects）

单边网络效应发生在**只有一类用户群体**就能产生价值增值的网络中。例如，电话服务的价值随着用户增多而增加，因为任何一位用户都能更容易地联系到更多的人。单边网络中，用户间的连接至关重要，且新增用户的边际成本低于其为网络带来的收入。

1.2 双边或多边网络效应（Two-Sided or Multi-Sided Network Effects）

在由**两种或多种不同类型的用户群体组成的网络**中，如电商平台上的买家和卖家、信用卡网络中的持卡人和商户、Airbnb 上的房东和房客，以及外卖平台连接的餐厅、司机和顾客，双边或多边网络效应发生。随着某一类用户群的增长，会吸引更多**对立面的用户**加入，形成良性循环，促使整个网络的指数级增长。这种效应中，平台的价值不仅取决于单一用户群的数量，还依赖于各用户群之间的互动和匹配效率。

2. 网络效应的特征

（1）竞争壁垒与竞争优势：网络效应构成了强大的**进入壁垒**，因为新进入者很难在已有庞大用户基础的网络外重建一个同样有价值的新网络。现有平台的用户黏性高，转换成本大，使得网络效应成为一种显著的竞争优势。一旦网络达到临界规模，其自我增强的能力会越发显著，进一步巩固市场地位。

（2）经济规模与范围： 网络效应企业能够利用规模经济（随着生产规模扩大，单位成本下降）和范围经济（通过提供多样化但相关的产品或服务，分摊固定成本，提高效率），有效降低成本，增加利润空间。

Non-Mortgage Asset-Backed Securities (NMABS) 非抵押贷款类资产支持证券

基础释义

> 非抵押贷款类资产支持证券（NMABS）是指一类不同于抵押贷款支持证券（MBS）的资产支持证券，其基础资产包括但不限于**汽车贷款、信用卡应收账款、个人贷款、商业贷款等非抵押类型的贷款或应收账款**。NMABS 通过将多种不同类型的贷款或应收账款组合成一个资产池，并在此基础上发行证券，从而为原始债权持有者提供资金流动性，并为投资者提供收益。

概念详解

1. NMABS 的基础资产种类

（1）汽车贷款（auto loans）： 消费者向金融机构借款购买车辆的贷款。

（2）信用卡应收账款（credit card receivables）： 消费者使用信用卡消费后未偿还的金额。

（3）个人贷款（personal loans)： 个人向银行或其他金融机构申请的无抵押贷款。

（4）商业贷款（commercial loans）： 企业向金融机构申请的用于商业活动的贷款。

（5）其他应收账款（other receivables）： 如学生贷款、租赁合同等形成的应收账款。

2. NMABS 的基础贷款类型

根据基础资产的现金流偿还特征，可以将 NMABS 的基础资产贷款类型分为以下两种：

（1）**摊还贷款（amortizing loans）**：如传统住宅按揭贷款和汽车贷款，其特点是定期还款中包含了本金和利息部分。随着贷款被偿还，投资者会收到本金还款，并且任何提前还款都会根据支付规则分配给不同的债券类别。

（2）**非摊还贷款（non-amortizing loans）**：如信用卡债务，这类贷款没有固定的本金偿还计划。在锁定期或循环期内，如果贷款被提前偿还，那么这部分本金会被重新投资以获取新的贷款，直到锁定期结束，此时任何偿还的本金将不再用于新贷款的再投资，而是分配给证券持有人。

3. NMABS 的具体案例

（1）**信用卡应收账款 ABS（CCRABS）**：将信用卡应收账款打包成证券，并在市场上出售给投资者。此类证券的特点是非摊销性质，即在一定期间内可以不断补充新的应收账款。

（2）**住宅太阳能 ABS（solar ABS）**：将住宅太阳能系统的安装贷款打包成证券。此类证券的特点是摊销性质，随着贷款的偿还，投资者将收到本金和利息。

Non-Parametric Test　非参数检验

基础释义

非参数检验是指与参数检验相对，**不要求数据满足特定的分布（如正态分布）假设**，也不依赖于总体参数的精确形式的一类统计检验方法。非参数检验适用于数据分布未知或不符合正态分布、数据中有异常值、样本量较小等情况，其重点在于比较**数据的位置（如中位数）**、**分布形状或关联性**，而不是参数的精确数值。与之相对，参数检验（parametric test）通常假定数据遵循某种特定的分布形式（如正态分布），并且关注的是总体参数（如均值、方差）的估计。

概念详解

1. 非参数检验的适用场景

（1）**数据不符合分布假设**：样本数据表明总体分布不符合参数检验的要求。

（2）**存在异常值**：当数据集中存在**极端值或异常值（outlier）**时，这些值可能影响参数统计的结果，而非参数检验对此较为稳健。

（3）数据为等级或序数：当观测值是以**等级或序数（rank）**形式给出时，非参数检验更为适用。

（4）研究问题无关参数：当研究的问题并**不涉及总体参数**时，可以使用非参数检验。

2. 非参数检验的特点

（1）转换为排名：非参数检验通常会将观测值转换为排名，依据大小进行排序。

（2）使用符号：有时候非参数检验只关注**"大于"或"小于"**的关系，使用+号和-号来表示这些关系。

（3）专用统计表格：对于小样本，通常需要参考专门的统计表格来确定检验统计量的拒绝点。

3. 非参数检验的应用示例

（1）中位数检验（median test）：在存在异常值的情况下，可以使用非参数检验来测试中位数而不是均值。

（2）等级数据（ranked data）：当数据为投资经理的排名时，可以使用非参数检验来检验关于这些排名的假设。

（3）随机性检验（randomness test）：非参数检验可用于检验**样本是否随机**，例如"游程检验"（runs test）可以用于检验股价变化是否遵循随机行走理论。

老皮点拨

游程检验是一种非参数统计检验方法，用于检测数据序列是否表现出**随机性**。它通过计算**序列中连续相同标记（称为"runs"）的数量**来判断数据是否随机分布。例如，在股票价格变动序列中，连续上升或下降的价格变动被视为一个 run。该检验的目的是检查这些 runs 是否随机分布，从而判断是否存在可预测模式。

在应用游程检验时，首先将数据标记为正（+）或负（-），然后计算序列中所有 runs 的总数。根据 runs 的总数和样本大小，计算统计量并与临界值比较，以决定是否拒绝随机性的原假设。游程检验常用于验证随机漫步理论，即股票价格变化是否可以预测未来的变化，以及检验样本是否来自特定的概率分布。游程检验在金融分析、天气预报等领域有着广泛的应用。

📍 **实务拓展**

在实际应用中，通常会同时报告参数检验和非参数检验的结果，以便评估结论对参数检验假设的敏感性。如果满足参数检验的前提条件，一般倾向于使用参数检验，因为参数检验通常具有更高的**检验功效（power of test）**（即更高的能力拒绝错误的原假设）。

Non-Sovereign Government　非主权政府

基础释义

非主权政府指的是那些**并非国家最高权力实体但在一定程度上独立运作**的政府机构，如政府代理机构、地方政府等。非主权政府通常在特定领域或地理范围内行使一定的行政管理职能，并可能发行债务以资助自身活动。狭义的非主权政府特指**地方政府**。

概念详解

1. 非主权政府类型

（1）**政府代理机构（agencies）**：这些机构通常由主权政府创建，并可能享有隐性或显性的政府支持。

（2）**公共银行（public banks）**：由政府全资或部分持股的银行。

（3）**超国家组织（supranationals）**：如欧盟等跨国组织。

（4）**地方政府（regional governments）**：拥有自身税收和收入生成能力的地方政府，如省份、州、市等。

> **实务拓展**
>
> 美国的州政府、加拿大的省和地区政府、中国的地方各级政府，以及英国的苏格兰议会、威尔士议会和北爱尔兰议会，都属于**狭义的非主权政府（即地方政府）**的范畴，它们在国家框架内运作，享有一定的自治权，但最终仍受制于**国家层面的主权政府**。

2. 非主权政府的特点

狭义的非主权政府专指地方政府，其特点包括：

（1）权限受限：非主权政府在决策和行动上受到**上级政府或中央政府**的法律法规约束，不能随意制定超出授权范围的政策。

（2）缺乏国际地位：它们通常**没有独立的国际法律地位**，不能单独与其他国家建立外交关系或签署国际条约。

（3）财政依赖：虽然可能拥有一定的税收和财政自主权，但往往需要**依赖上级政府的资金分配或补助**，特别是在基础设施建设、公共服务提供等方面。

（4）内部自治：尽管受到外部限制，非主权政府在某些内部事务上可能拥有相当程度的自治权，如教育、卫生、地方治安等。

（5）可能存在的主权争议：在某些情况下，非主权政府所代表的地区可能存在主权争议，比如某些分离主义地区或未被普遍承认的国家实体。

3. 非主权政府的信用风险

非主权政府的信用风险特征需要分主体讨论：

（1）政府代理机构：投资者面临的风险通常与主权发行者相似，因为这些机构往往受到政府的支持。

（2）地区政府：尽管处于主权政府管辖之下，但其信用状况可能会因自身的经济、财政政策等因素而与主权发行者有所不同。

4. 非主权政府的债券类型

（1）一般义务债券（General Obligation bonds, GO bonds）：用于资助非主权政府管辖区域内的公共物品和服务。这类无担保债券依靠地方政府的一般性税收收入来偿还，但资金使用需限定于符合条件的项目。

（2）收益债券（revenue bonds）：用于特定项目的融资，**偿还来源通常与项目收入（如通行费、使用费等）挂钩**。收益债券通常涉及长期融资，其到期期限通常与项目现金流预期寿命相匹配。

N

Non-Systematic Risk　非系统性风险

基础释义

非系统性风险又称**"特定风险"**（specific risk）、**"异质性风险"**（idiosyncratic risk）或**"可分散风险"**（diversifiable risk），是指只影响单个公司、行业或局部市场，而不影响整个市场的风险。与系统性风险相反，非系统性风险可以通过**有效的资产组合多元化策略**显著降低，**甚至完全消除**。

概念详解

1. 非系统性风险的特点

（1）局部性（locality）： 仅影响单个公司或特定行业，而不影响整个市场。

（2）可分散性（diversifiable）： 通过投资于多种**非完全相关**的资产（如投资多个行业、多个国家和地区以及多种资产类别）可以减少或消除这种风险。

（3）公司特有（company specific）： 来源于公司内部的因素，如管理层决策失误、财务状况恶化、产品质量问题、法律诉讼、供应链中断、市场竞争加剧、技术落后等。

（4）行业特有（industry specific）： 与某一特定行业相关的事件，如行业法规改变、新技术引入等。

> **老皮点拨**
>
> 与非系统性风险相对的是**系统性风险**（systematic risk），系统性风险是指影响整个市场或经济的风险，**不可通过分散投资消除**，而**非系统性风险**仅影响个别公司或行业的风险，**可通过分散投资来减轻或消除**。

2. 非系统性风险的应对策略

（1）多元化投资： 通过在不同行业、地区和资产类别间分散投资，可以有效降低非系统性风险，因为不同资产的表现通常不会完全同步。

（2）深入研究： 在投资前对目标公司或资产进行彻底的分析，了解其业务模式、财务状况、管理团队和行业地位，可以识别并避开具有较高非系统性风险的投资机会。

（3）定期审查投资组合： 市场环境和个人投资目标会发生变化，定期审视并调整投资组合，剔除或减少暴露于特定风险的资产，可以持续优化风险—收益比。

（4）使用衍生品对冲： 针对某些特定风险，如大宗商品价格波动对特定行业的影响，可以通过使用衍生品（如期权、期货）进行对冲。

3. 非系统性风险的投资意义

根据现代投资组合理论，投资者应该因承担**系统性风险**而获得补偿，因为这种风险无法通过分散投资消除。然而，在有效市场中，投资者**不会因为承担可分散风险而获得额外回报**，因为这种风险可以通过多元化消除。因此，风险厌恶的投资者应当持有**经过充分多元化的投资组合**，以避免不必要的非系统性风险。

> **老皮点拨**
>
> 非系统性风险在现实生活中的常见例子包括：
>
> **（1）药物试验失败：** 一家制药公司的药物试验失败，导致该公司股价下跌。
>
> **（2）航空事故：** 一次严重的航空事故可能导致某家航空公司声誉受损，股票价值下降。
>
> **（3）管理层变动：** 一家公司的高层管理人员离职或更换，对公司业务产生负面影响。
>
> **（4）财务丑闻：** 一家公司曝出财务造假丑闻，导致其股票价格大幅下跌。

Normal Distribution 正态分布

基础释义

正态分布又称"高斯分布"（Gaussian distribution），是指由**均值**和**方差**直接定义的对称的一种连续概率分布。正态分布具有两个参数：均值（μ）和标准差（σ），记作 $N(\mu, \sigma^2)$。正态分布在现代投资组合理论和风险管理技术中扮演着重要角色，并广泛应用于自然科学、社会科学、工程学等多个领域。

概念详解

1. 正态分布的特征与性质

（1）参数简单： 正态分布完全由两个参数——均值（μ）和方差（σ^2）描述。记作 $X \sim N(\mu, \sigma^2)$，也可以使用标准差（σ）来描述。

（2）对称性： 正态分布是对称的，偏度为 0，峰度为 3。均值、中位数和众数在正态分布中都是相等的。

（3）线性组合： 两个或多个正态随机变量的线性组合仍然服从正态分布。

2. 正态分布的图像

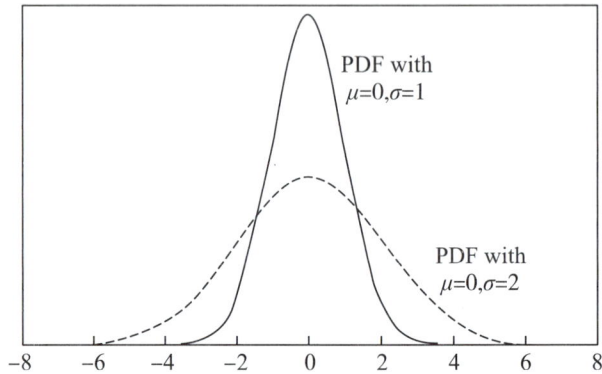

不同参数情况下的正态分布图像

正态分布的形状为钟形曲线（bell curve），其范围覆盖整个实数轴，尾部无限延伸至左右两侧。标准差（σ）越小，观察值越集中在均值周围；标准差越大。观察值分布得越广。对于正态分布，具体来说：

（1）约 **50%** 的观察值落在 $\boldsymbol{\mu+2/3\sigma}$ 区间内。

（2）约 **68%** 的观察值落在 $\boldsymbol{\mu+\sigma}$ 区间内。

（3）约 **90%** 的观察值落在 $\boldsymbol{\mu+1.65\sigma}$ 区间内。

（4）约 **95%** 的观察值落在 $\boldsymbol{\mu+1.96\sigma}$ 区间内。

（5）约 **99%** 的观察值落在 $\boldsymbol{\mu+2.58\sigma}$ 区间内。

3. 正态分布的类型

根据描述的随机变量的个数，正态分布可以分为：

（1）单变量正态分布（univariate normal distribution）： 描述单个随机变量的分布。

（2）多变量正态分布（multivariate normal distribution）： 描述一组相关

随机变量的联合分布。对于 n 个资产的多变量正态分布，需要三个参数列表来完全定义：各资产的平均收益率、方差以及所有资产两两之间的相关系数。

4. 正态分布的应用

（1）在现代投资组合理论中的应用：现代投资组合理论（Modern Portfolio Theory, MPT） 广泛利用了收益率的均值和方差来衡量投资机会的价值。在经济理论中，均值-方差分析在投资者风险厌恶且选择投资以最大化预期效用或满意度时成立。当收益率至少近似服从正态分布，或投资者具有二次效用函数时，均值-方差分析仍然适用。因此，收益率至少近似服从正态分布的假设在 MPT 中起到了关键作用。

（2）在安全优先规则中的应用：安全第一规则（safety-first rule） 关注的是亏空风险，即**投资组合价值（或回报）在某个时间段内低于某个最小可接受水平的风险**。当投资组合回报服从正态分布时，可以通过计算门槛水平位于预期回报下方的标准差数量来计算此概率。因此，安全优先最优投资组合会最大化**安全第一比率（safety-first ratio）**。

（3）在夏普比率中的应用： 安全优先比率与**夏普比率（sharpe ratio）** 有相似之处，如果将无风险利率替换为门槛水平，则安全第一比率就变成了夏普比率。当我们使用夏普比率评估投资组合时，最高夏普比率的投资组合即是使投资组合回报低于无风险利率的概率最小化的组合（假设服从正态分布）。

（4）在金融风险管理中的应用： 金融机构，如投资银行、证券交易商和商业银行，都有正式的系统来衡量和控制不同层面的金融风险。在管理金融风险时，两个主要工具是**在险价值（VaR）** 和**情景分析（scenario analysis）**。VaR 是一种衡量在指定时间内（如一天、一个季度或一年）预期最低损失金额的方法，通常设定在 5% 或 1% 的概率水平。在估算 VaR 的**参数法（parametric method）** 中，假设回报服从正态分布。

5. 正态分布的应用局限

尽管正态分布是一个有用的近似模型，但在某些情况下，尤其是对于资产收益率而言，正态分布可能低估了极端事件的概率（肥尾效应）。对于期权等非对称分布的资产，正态分布也不是理想的模型。

Notching 级别调整

基础释义

级别调整是指评级机构在评定企业债务时，针对不同类型的债务工具，根据其在违约时可能遭受的不同**违约损失率（loss given default, LGD）**，从**发行人评级**出发进行调整以获得**具体的某一次发行的评级**的过程。这种调整使得最终的发行评级能够更准确地反映个别债务工具的信用风险。

概念详解

1. 级别调整的相关概念

（1）**发行人评级（issuer rating）**：通常适用于发行人的**高级无担保债务（senior secured debt）**，反映了债务人整体的信用状况。

（2）**发行评级（issue rating）**：针对某一次具体的债券发行，从发行人评级出发考虑了债务的偿付顺序、还款来源等因素调整后的评级水平。

（3）**违约概率（Probability of Default, POD）**：尽管发行人的违约概率与其**某一次具体发行**的违约概率可能相同（由于交叉违约条款的存在），但由于不同批次的债券发行的还款来源、是否存在抵押品、债务契约、存续期间的市场环境、期限等均不一定相同，不同批次的债券的违约概率往往是不同的。

（4）**违约损失（Loss Given Default, LGD）**：违约损失是指在债务人违约的情况下，债权人预期遭受的损失比例。在评级过程中，级别调整考虑了不同债务工具在违约时的损失程度，这决定了最终的评级结果。

2. 级别调整的考虑因素

（1）**优先级（seniority）**：高级债务通常具有较低的 LGD，因此评级较高；次级债务在违约时的清偿顺序位于高级债务之后，具有较高的 LGD，因此其评级可能低于发行人的整体评级。

（2）**还款来源（sources of repayment）**：特定发行如果有专门的还款来源，比如来自特定资产的现金流，则其评级可能会高于发行人的整体评级。

（3）**结构性次级化（structural subordination）**：结构性次级化是指在一个具有控股公司结构的企业中，债务存在于母公司和运营子公司两级。运营子公司的债务优先于母公司债务得到偿还，因为子公司产生的现金流和资产首先用于服务自身债务，然后才能"上流"到母公司来服务母公司级别的债务。

实务拓展

不同评级机构的级别调整方式及关注点也存在差异：

（1）穆迪（Moody's）： 定义信用风险为债务人不能按时履行合同义务的可能性以及违约或减值时的估计财务损失，其评级主要反映预期损失（EL）。

（2）标普全球评级（S&P Global Ratings）： 主要反映违约概率（POD），并为特定债务发行提供单独的回收评级，考虑特定发行在违约时的优先级和损失严重程度。

（3）惠誉评级（Fitch Ratings）： 采取与标普类似的方法，其发行人违约评级（issuer default rating）反映违约概率的观点，然后根据特定发行的回收预期进行级别调整。

N

Offer　报卖 / 发行

基础释义

offer 属于多义词，既可以指证券发行，也可以指实物资产或证券的卖出行为。

含义一： 报卖，即市场参与者（通常是卖家或做空者）出售某种金融工具（如股票、债券、期货合约、外汇货币对等）的行为。

含义二： 发行，即企业、政府或其他组织向市场推出新的金融工具（如股票、债券、基金等）的过程，通常发生在金融产品的生命周期之初，目的是筹集资金、分散风险等。

概念详解

发行的步骤

一只金融工具的完整的发行步骤包括：

（1）发行主体确定： 企业、政府或其他组织作为发行主体，决定发行金融产品以满足资金需求或实现战略目标。

（2）发行方案设计： 确定发行规模（发行数量和总金额）、发行价格、发行方式（公开发行、定向发行等）、发行期限（对于债券或票据等有固定期限的金融产品）、利率（对于债券、票据等固定收益产品）、分红政策（对于股票、基金等权益类产品）等关键要素。

（3）审批与注册： 根据相关法规，发行主体可能需要向监管机构提交发行申请，经过审核批准或注册登记后方可进行发行。

（4）承销与分销： 发行主体通常会与金融机构（如投资银行、证券公司等）合作，由后者担任承销商，负责组织销售、定价、分配等发行工作。承销商可能通过包销（承担全部发行风险）、代销（只负责销售，不承担发行风险）等方式进行分销。

（5）上市交易： 发行结束后，新发行的金融产品通常会在证券交易所或其他交易场所上市，供投资者买卖交易。

Offshoring　离岸外包

基础释义

离岸外包是指企业**将部分或全部业务运营从一个国家转移到另一个国家**的做法，这一策略主要目的在于通过利用较低的劳动力成本或通过集中化运营实现规模经济效应，从而降低成本，同时确保这些运营活动仍保留在企业内部的控制之下。离岸外包不同于**外包（outsourcing）**，后者涉及将工作委托给第三方公司处理，而离岸外包则是企业自己在海外设立分支或子公司来执行这些职能。

概念详解

1. 离岸外包实施方式

1.1 建立海外子公司

企业可能在其他国家成立全新的子公司，该子公司作为母公司的一部分，直接负责特定的业务活动，如生产制造、研发、客户服务或后台支持等。

1.2 多地点业务模式

一些跨国公司会采用多地点业务布局，即将某些核心或非核心业务功能集中到特定的低成本国家或地区。例如，Genpact 等全球企业会将诸如 IT 服务、财务处理或数据分析等核心业务服务离岸至印度等国，这些地方不仅劳动力成本较低，且拥有成熟的业务支持服务体系。

2. 离岸外包的优势

相较于利用国内资源，离岸外包的优势包括：

（1）成本节省：利用低工资国家的人力资源，显著降低劳动力成本。

（2）效率提升：通过集中化运营，实现规模经济，提高生产或服务效率。

（3）全球资源整合：利用不同地区的资源优势，如技术专长、原材料供应或市场接近度，增强企业的全球竞争力。

（4）市场拓展：海外基地不仅作为生产或服务提供中心，也可作为企业进入当地市场的跳板。

3. 离岸外包的挑战

（1）文化和语言障碍： 不同国家的文化差异和语言不通可能影响沟通和管理效率。

（2）政治与法律风险： 海外运营需面对东道国的政治稳定性、法律变更和政策风险。

（3）供应链管理难度： 全球供应链的复杂性增加，物流和库存管理成本可能上升。

（4）品牌形象影响： 离岸决策可能影响消费者对品牌的社会责任感认知，尤其是在失业敏感的经济体中。

One-Tier Board　单层董事会

基础释义

单层董事会是指公司的**最高决策和监督职能由同一个董事会承担**的一种董事会结构。单层董事会由执行董事（内部董事）和非执行董事（外部董事）共同组成。执行董事通常是公司管理层成员，如首席执行官（CEO）、首席财务官（CFO）等，他们直接参与公司的日常运营；而非执行董事则来自公司外部，他们不参与日常管理，更多地扮演监督和咨询角色，确保董事会的独立性和客观性。

概念详解

单层董事会的特点

（1）结构简化： 相较于双层董事会结构，单层董事会的管理结构更为简洁，决策流程可能更为高效，因为所有决策和监督职能都在同一个董事会内部完成。

（2）综合决策： 执行董事和非执行董事共同参与讨论和决策，有助于将管理层的运营知识与外部董事的独立视角相结合，促进全面而均衡的决策过程。

（3）国际通用性： 尽管一些国家如阿根廷、德国和俄罗斯等要求采用双层董事会结构，单层董事会仍然是全球大多数国家和地区，特别是英美法系国家的主流选择。

（4）适应灵活： 单层董事会结构的灵活性较高，可以根据公司实际情况调整董事会的组成，平衡内部执行力量与外部独立监督的需求。

双层董事会（two-tier board）由监事会（supervisory board）和管理董事会（management board）组成，监事会负责监督管理董事会的工作，而管理董事会负责公司的日常运营管理。这种结构在德国、奥地利等大陆法系国家较为常见，强调明确的监督与执行分离。

在允许选择采用单层或双层董事会结构的国家，如巴西和法国，公司可以根据自身的治理需求和文化传统来决定适合的董事会架构。在德国这样的国家，双层董事会的监事会还可能包括来自银行、员工代表及其他利益相关方的成员，体现了更广泛的利益平衡和参与机制。

Operating Lease 经营性租赁

基础释义

经营性租赁又称"服务租赁"，是指主要目的是为承租人提供资产的临时使用，而不是移交资产的所有权的一种短期或中期的租赁安排。

概念详解

1. 经营性租赁的特点

（1）期限短：经营性租赁的合同期限通常较短，少于租赁资产的经济寿命，承租人可以在不需要长期承诺的情况下使用资产。

（2）灵活性高：合同条款较为灵活，承租人可根据业务需求的变化提前结束租赁，更换或升级租赁物，增加了运营的灵活性。

（3）维护与保险费用低：通常情况下，维护、修理和保险的责任由出租人承担，减轻了承租人的负担和风险，尤其是对于高价值或技术复杂的设备。

（4）租金费用较低：租金通常反映租赁期间内资产的使用成本，包括折旧、利息以及出租人的利润。租金可以是固定或基于使用量的，且不包含购买资产的大部分成本，因此总租金支付通常低于资产购买价格。

2. 经营性租赁的会计处理

（1）期间会计处理： 在承租人的财务报表中，经营性租赁的租金费用一般作为当期的运营费用直接列支，不会将租赁资产和租赁负债资本化，这有助于提高报表上的现金流和降低显示的负债水平。

（2）期末会计处理： 租赁期末，承租人无须承担进一步的财务责任，只需将租赁物返还给出租人，除非合同中有续租或购买的特殊安排。

> **实务拓展**
>
> 经营性租赁常见于办公设备、车辆、信息技术设备等领域，尤其适合那些希望保持资产更新换代能力、避免资产过时风险，或者需要保持较高财务灵活性的企业。

Operational Risk　操作风险

基础释义

> 操作风险是指由**人员、系统、内部政策、程序和过程**的不足或失败以及超出组织控制范围的**外部事件**引发的风险。尽管这些风险因素可能来自外部，但风险本身主要存在于组织内部，因为无论外部力量施加多大的压力，组织都应当能有效运行其内部系统。

概念详解

1. 操作风险的主要方面

（1）人员风险（people risk）： 员工是内部风险的主要来源，包括员工盗窃、误操作、会计欺诈等。即使是诚实的员工也可能犯错，比如错误地将 100 美元存款记为 100,000 美元，这可能导致资金迅速流失。

（2）交易员风险（trader risk）： 在金融市场交易中，交易员或投资组合经理可能未能遵守法律、规则或指南，从而使公司面临巨大的财务风险。这种交易员通常被称为"魔鬼交易员"。例如，1995 年，尼克·里森（Nick Leeson）通过一系列投机交易导致巴林银行倒闭。

（3）业务中断风险（business interruption risk）： 极端天气和自然灾害（如洪水、地震、飓风）可能导致严重的损害并暂时关闭组织。虽然这些外部事件不受控制，但组织仍需具备适当的内部程序来管理这些问题。例如，提供备用发电机、远程工作选项等措施可以缓解此类风险。

（4）网络安全风险（cyber risk）： 在数字化世界中，网络安全是一个主要的操作风险。黑客入侵公司 IT 系统并窃取客户数据是外部威胁，但只有当系统存在漏洞时才会成功。因此，组织有责任确保网络安全，并建立足够强大的 IT 防护措施，如数据加密，以防止黑客入侵和数据泄露。

（5）恐怖主义风险（terrorism risk）： 恐怖袭击对组织和个人构成威胁。例如，1993 年世贸中心遭受攻击后，许多公司意识到该地区是恐怖袭击的目标，并开始设立远离危险区域的备份设施。

2. 操作风险的应对措施

操作风险的具体应对措施包括预防和保险。

2.1 预防（Preventive）

操作风险的预防手段主要包括：

（1）建立备份设施： 设立备份设施以应对自然灾害等外部事件，确保业务连续性。

（2）强化网络安全： 保护 IT 系统免受黑客攻击，如安装防火墙、数据加密等。

（3）加强员工培训： 提升员工风险意识，进行反欺诈教育和合规培训。

（4）制定应急预案： 制订详细的应急计划并定期演练，确保快速响应。

2.2 保险（Insurance）

保险可以作为一种补充手段，在某些特定情况下帮助减轻财务损失。然而，保险并不能完全消除风险，也无法挽回声誉损失或弥补客户的信任缺失。因此，企业通常会结合预防措施和适度的保险策略，构建全面的风险管理体系。

Operationally Efficient Market   运作有效型市场

基础释义

运作有效型市场是指在信息传递、价格形成、交易执行以及制度环境等方面都表现出高效性的市场，可以将其理解为一个综合了信息效率、价格效率、交易效率和制度效率的市场。这样的市场能够迅速、准确地反映所有相关信息，价格接近内在价值，交易成本低，流动性好，且具备完善的监管制度和市场规则，确保市场公平、透明、有序运行。

概念详解

运作有效型市场的具体效率类型

（1）**信息效率（information efficiency）**：信息效率是指市场价格能够迅速、准确地反映所有可获得的相关信息。信息效率是衡量市场对新信息反应速度和准确度的一个标准。

（2）**价格效率（price efficiency）**：价格效率是指市场能够在无摩擦（如无交易成本、无税收、无信息不对称等）的情况下，使资产价格达到其内在价值。在价格效率市场中，资产价格反映了所有已知信息和市场预期，不存在持续的定价错误。

（3）**交易效率（transaction efficiency）**：交易效率关注的是市场**执行交易的能力**，包括交易速度、交易成本、市场深度（即大额交易对市场价格的影响程度）、市场宽度（即买卖报价的价差）等因素。一个交易效率高的市场能快速、低成本地完成交易，且市场流动性充足，大额交易对价格影响小。

（4）**制度效率（institutional efficiency）**：制度效率是指市场的**规章制度、监管框架、法律环境**等有利于市场公平、透明、有序运行。良好的制度效率有助于降低交易成本，增强市场信心，促进市场健康发展。

Opportunity Cost　机会成本

基础释义

机会成本是指由于进行了某个经济或投资决策而放弃的**次优选项中具有最大价值的选项的价值**。机会成本是因选择某一行动路径而未能获取的、最大可能的潜在收益。每当我们用有限的资源（如时间、资金、劳动力等）去做一件事情时，就不可能同时用这些资源去做其他事情，因此会存在机会成本。

概念详解

1. 机会成本的起因

（1）资源稀缺性：资源稀缺性是指资源有限且有多种用途，不能同时满足所有的需求。

（2）多种选择：在多个可行的决策方案中做出选择时，**未选中的最优方案**所产生的价值就是机会成本。

> 💡 **老皮点拨**
>
> 未选中的所谓"次优方案"只是决策者主观感知上的"次优"方案，其价值是有可能超过当前被选中的方案的。

2. 机会成本的类型

机会成本包括显性机会成本和隐性机会成本。

2.1 显性机会成本（Explicit Opportunity Cost）

显性机会成本是指企业在生产经营活动中**实际支付出去从而直接可以在企业的财务报表中观测得到**的成本，又称会计成本（accounting cost）。

显性机会成本通常包括但不限于：

（1）原材料费用：购买生产所需的各种材料的成本。

（2）工资和薪金：支付给员工的工资、奖金以及其他薪酬。

（3）租金：租赁土地、厂房或设备的费用。

（4）利息：借款融资时需要支付的利息。

（5）运输和物流成本：货物运输和仓储的相关费用。

（6）营销费用：广告宣传、市场调研等活动的成本。

（7）税费：企业需要缴纳的各种税款。

2.2 隐性机会成本（Implicit Opportunity Cost）

隐性机会成本是指**不出现在企业的财务报表之中，反映企业所有者在投资及运作企业过程中损失的次优项目的潜在收益以及企业家才能在次优项目中能够获取的合理报酬**。

隐性机会成本包括但不限于：

（1）企业主的工资：如果企业主选择自己经营公司而不是去其他地方工作，那么他放弃的工资就是隐性机会成本。

（2）自有资金的利息： 企业使用自己的资金而非借入资金来运营，那么这部分资金如果存入银行或投资于其他项目可能产生的利息收入就是隐性机会成本。

（3）资产使用的机会成本： 企业使用自有资产（如土地、厂房、设备）来进行生产，如果这些资产能够出租或出售给他人以获得收益，那么这部分潜在收益即为隐性机会成本。

（4）自我提供的服务： 如果企业主或股东提供了原本需要雇用外部人员来提供的服务，那么这部分服务的市场价值就是隐性机会成本。

（5）品牌或知识产权的价值： 企业利用自己的品牌或知识产权进行生产，如果这些无形资产能够通过许可给其他公司使用而获得收入，那么这部分收入就是隐性机会成本。

Optimal Capital Structure　最优资本结构

基础释义

最优资本结构是指企业在考虑了融资成本、财务风险、税收效应、代理成本以及市场反应等多方面因素后，能够使企业**市场价值最大化、资本成本最小化**，同时保持财务灵活性和稳定性，所确定的债务与股权融资之间的最佳比例。

概念详解

最优资本结构的影响因素

（1）资本成本： 包括债务成本（利息费用）和股权成本（股东期望回报）。理论上，由于债务利息可在税前扣除，适度增加债务融资可降低**加权平均资本成本（WACC）**，但过高的债务水平会增加违约风险和**财务困境成本（financial distress costs）**。

（2）财务杠杆效应： 通过增加债务融资，企业可以放大其收益，但同时也放大了亏损风险。

（3）税收影响： 由于债务利息的**税盾收益（tax sheild benefit）**，合理利用债务融资可以在一定程度上减少企业的税负，从而增加企业价值。

（4）代理成本： 债务融资可能导致债权人和股东之间的利益冲突，增加**代理成**

本（agency costs），尤其是在高度负债的情况下。

（5）财务灵活性： 保持适当的负债水平可以为企业保留借款能力，以应对未来的投资机会或财务危机。

（6）行业特征与企业生命周期： 不同行业因其经营风险和资产特性不同，对最优资本结构的需求各异。同时，企业处于生命周期的不同阶段（如初创期、成长期、成熟期）时，其资本结构的最优状态也会有所不同。

（7）市场条件与投资者偏好： 市场利率、投资者对风险的态度变化，以及资本市场的整体状况，都会影响企业获取资金的成本和难易程度，进而影响最优资本结构的选择。

> **老皮点拨**
>
> MM 理论（含无税条件和有税条件）提供了一个理论基础，但实际操作中，企业还需结合实际情况，通过模型分析 [**如资本资产定价模型（CAPM）、WACC 模型**]、财务比率分析、敏感性分析，以及经验判断等方法，不断逼近最优资本结构。

Option 期权

基础释义

期权是指赋予其买方（持有者）在未来某一特定日期或期限内，**以预先约定的价格（执行价格或行权价格）买入或卖出某种基础资产（如股票、期货合约、货币、指数等）的权利**的一种金融衍生工具。期权的卖方则有义务在买方行权时履行合同条款。

概念详解

1. 期权的基本要素

（1）基础资产（underlying asset）： 影响期权价值变动的对应资产，如股票、期货合约、货币对、指数等。

（2）执行价格（exercise price）： 期权买方有权按照此价格买入（看涨期权）或卖出（看跌期权）基础资产。执行价格是期权合约的核心要素之一，影响期权的价值。

（3）到期日（expiration date）： 期权合约规定的最后有效日期，过了该日期，期权将失去效力，无法行权。

2. 期权的分类

2.1 按照可行权的时间分类

2.1.1 欧式期权（European option）

欧式期权**只能在到期日当天行权**。

2.1.2 美式期权（American option）

美式期权**可以在到期日前任意时间行权**。

2.2 按照对标的资产未来价格的方向判断分类

2.2.1 看涨期权（call option）

看涨期权赋予买方在未来以执行价格买入基础资产的权利。当基础资产市场价格高于执行价格时，看涨期权具有正的**内在价值（intrinsic value）**。

2.2.2 看跌期权（put option）

看跌期权赋予买方在未来以执行价格卖出基础资产的权利。当基础资产市场价格低于执行价格时，看跌期权具有正的内在价值。

3. 期权的各类价值及价格概念

（1）执行价值（exercise value）： 执行价值又称"内在价值"，等于基础资产市场价格与执行价格之间的差额（对于看涨期权，执行价值等于标的资产价格减去执行价格，对于看跌期权，执行价值等于执行价格减去标的资产价格）。只有内在价值大于零的期权才被称为实值期权，否则为虚值期权。

（2）时间价值（time value）： 期权的时间价值是指**期权总体价值超出内在价值的部分**，反映了期权到期前基础资产价格变动的潜在可能性以及市场对这种可能性的定价。随着到期日临近，时间价值逐渐衰减，到期时降至零。

（3）期权价格（option price/option total value）： 期权的价格由执行价值和时间价值共同决定，受**基础资产价格、执行价格、到期时间、市场波动率、无风险利率、持有收益**等因素影响。期权价格通过期权定价模型（如 **Black-Scholes 模型**）计算得出。

4. 期权的交易策略

（1）买入期权（long option）： 投资者买入看涨或看跌期权，支付期权费（期权价格），以获得未来以特定价格买卖基础资产的权利。买入期权是一种有限风险（最大损失为期权费）、巨大潜在收益（对于看涨期权，理论上的潜在收益无限，对于看跌期权，最大的潜在收益是执行价格）的策略。

（2）卖出期权（short option）： 投资者卖出看涨或看跌期权，收取期权费，但有义务在买方行权时履行合约。卖出期权是一种有限收益（最大收益为收取的期权费）、巨大潜在风险（对于看涨期权，理论上的潜在风险无限，对于看跌期权，最大的潜在损失是执行价格）的策略。

（3）组合策略（combined strategy）： 投资者可以通过同时买卖不同执行价格、不同到期日、不同类型的期权，构造出各种复杂的期权组合策略，如**牛市看涨价差（bull call spread）**、**熊市看跌价差（bear put spread）**、**蝶式价差（butterfly spread）** 等，以实现特定风险收益目标。

5. 期权的应用

（1）风险管理： 投资者可以通过买入或卖出期权对冲其在基础资产上的风险暴露，如股票投资者买入看跌期权对冲股价下跌风险，买入看涨期权对冲股价上涨风险。

（2）收益增强： 投资者可以通过卖出期权收取期权费，以增强投资组合收益，但需承担潜在风险。

（3）市场观点表达： 投资者可以通过买入或卖出期权，表达对市场方向、波动率、事件影响等的预期。

（4）资产配置与流动性管理： 期权为投资者提供了丰富多样的投资工具，有助于优化资产配置，提高投资组合的流动性。

O

Option Contract　期权合约

同"Option"。

Order 订单

基础释义

订单是指投资者向经纪人、交易商或交易平台发出的，旨在**买卖某种金融工具（如股票、债券、期货合约、外汇货币对等）**的具体请求。订单包含交易品种、交易方向、交易数量、价格、执行条件等一系列关键信息，是执行交易操作的基础。

概念详解

1. 订单的构成要素

（1）交易品种：明确要买卖的金融工具，如具体的**股票代码、期货合约代码、外汇货币对**等。

（2）交易方向：指示是买入（buy）还是卖出（sell）。买入意味着增加该金融工具的持有量，卖出则意味着减少或清空持有量。

（3）交易数量：指明交易的金融工具数量，如股票的股数、期货合约的手数、外汇的货币单位数量等。

（4）价格：对于**限价订单（limit order）**，投资者会设定一个特定的价格水平，只有当市场到达或优于这个价格时，订单才会被执行。对于**市价订单（market order）**，则表示愿意以当前市场最优价格立即成交。

（5）执行条件：包括订单类型（止损单、止盈单、触价单等）、有效期（如当日有效、撤销前有效、指定日期有效等）、交易时段（如有特定交易时段限制的订单）以及其他特殊指令（如全成或全不成、最小成交量等）。

2. 订单的类型

除了按照**时效订单（validity orders）**、**执行订单（execution orders）**和**清算订单（clearing orders）**分类之外，订单还可以直接细分为以下 5 种：

（1）市价订单（market order）：以当前市场最优价格尽快成交，不设定特定价格限制。

（2）限价订单（limit order）：设定一个特定的价格，只有当市场达到或优于这个价格时才会成交。

（3）止损订单（stop order）： 当市场价格达到预设的止损价位时，自动转为市价订单或限价订单执行。

（4）复杂订单类型： 冰山订单（iceberg order）、隐藏订单（hidden order）、阶梯订单（step order）等，这些订单设计用于大额交易者，通过分批、隐藏部分数量或动态调整价格等方式，减少对市场的影响，提高交易效率和保密性。

3. 订单的生命周期

（1）提交： 投资者通过交易平台、电话、电子邮件等形式向经纪商或交易商提交订单。

（2）确认： 经纪商或交易商收到订单后进行验证，确认其有效性、合规性及可执行性，并反馈给投资者。

（3）执行： 在满足订单条件（如价格、时间、市场状况等）时，订单被发送至交易所或交易市场进行撮合，成功匹配到对手方后完成交易。

（4）撤销： 在订单执行前，投资者有权随时撤销订单。撤销后的订单不再参与市场撮合。

（5）结算： 交易完成后，订单涉及的资金和证券进行交收，相应的权益转移至买卖双方账户。

Order Precedence Hierarchy 订单优先级排序

O

基础释义

订单优先级排序是指在交易所的订单簿上展示买卖订单时，根据**特定规则**对订单进行**优先显示**的安排。这些规则通常是为了确保市场透明度、公平性和交易效率。

概念详解

1. 典型订单优先级排序规则

（1）价格优先（price priority）： 在订单簿上，对于同一方向（买或卖）的订单，通常按照价格从高到低（买方）或从低到高（卖方）的顺序排列。这意味着在买方订单簿中，**出价最高的买单将最先显示**；在卖方订单簿中，**要价最低的卖单将最先显示**。价格优先原则确保了市场上的最优价格始终处于最显眼的位置，便于其他市场参与者参考和响应。

（2）显示优先（display precedence）：针对相同价格的订单，**完整显示的订单**在排序上优于**部分显示的订单**，**冰山订单（iceberg order）**、**隐藏订单（hidden order）** 仅显示部分可见数量，其余部分隐藏，其在订单排序中也会处于相对靠后的位置。

（3）时间优先（time precedence）：**在价格相同且显示状况相同的情况下**，订单按照**到达交易所的时间顺序**进行排序。先到达的订单（以交易所系统接收到订单的时间为准）享有更高的排序优先级。时间优先原则确保了在相同价格水平下，较早提交订单的参与者有机会优先成交，体现了交易的公平性和先到先得原则。

2. 特殊订单类型的排序规则

（1）市价订单（market orders）：通常会被立即撮合成交，不参与订单簿的显示排序。

（2）立即执行或取消订单（immediate or cancel order）：此类订单在进入市场后立即尽可能多地成交，未成交部分立即取消，不参与订单簿的长期显示。

> **实务拓展**
>
> 不同交易所可能根据自身市场特性和监管要求，设定特定的显示优先规则。某些交易所可能对**高频交易者、做市商等特定参与者**设定不同的显示优先级，或者对**某些特定类型的订单（如大额订单、算法交易订单）** 设定特殊的显示和撮合规则，例如，在价格和时间都相同的情况下，一些交易所可能会优先显示规模较大的订单，因为大额订单往往更能吸引市场关注，有助于提高交易流动性。然而，大小优先并非所有交易所的通用规则，且在实际应用中可能较为复杂，因为它可能与最小交易单位、订单类型（如 iceberg order、hidden order）等因素相互作用。

Organization　组织

基础释义

> 组织是指为了特定目标而建立的、具有明确结构和功能的社会实体。组织在市场经济体系中扮演着不同的角色，有不同的目的、利益相关者以及管理它们的法律框架和规范体系，以实现经济、社会或政治目的。

概念详解

组织的类型

（1）盈利性组织（for-profit organizations）： 盈利性组织也被称作企业或公司，其主要目的是创造利润。这些组织通过提供商品或服务来赚取收入，旨在为股东或所有者带来经济回报。盈利性组织受到公司法、商业法等法规的管辖。

（2）非盈利非政府组织（not-for-profit non-governmental organizations）： 非盈利非政府组织不以盈利为目的，而是致力于**特定的社会、慈善、文化、环保或其他公益目标**。它们服务于公共利益，资金主要来源于捐款、政府补助、会费等，且任何盈余通常会被再投资于组织的使命目标中。非营利组织受到特定的非营利组织法律和监管框架的管理。

（3）政府机构（governments）： 政府机构是指国家或地区的行政管理机构，负责制定和执行法律、提供公共服务、维护社会秩序和促进经济发展。政府组织的运作基于宪法、行政法和其他相关法律法规，其目标是保障公民福祉和社会整体利益。

Outsourcing　外包

基础释义

> 外包是指企业将内部特定的、可标准化的业务流程委托给专业的第三方公司来执行的做法。这些业务流程通常包括信息技术（IT）、客服中心、人力

资源（HR）、法务、财务等部门的服务。第三方外包服务提供商由于服务于多个客户，能够通过规模经济效应提供更低廉的成本优势。

概念详解

1. 外包的目的

（1）降低成本： 借助外包服务提供商的专业化与规模化运营，企业能显著降低服务成本，特别是在人力密集型的业务活动中。

（2）精简人员和管理负担： 通过将非核心业务转移给外部专业团队，企业可以减少内部员工数量，同时降低高层管理人员对这些业务的直接监督时间和精力投入。

（3）释放资源： 外包还能帮助公司释放占用的昂贵资源，比如办公空间、生产基地或仓储设施，这些资产可以被处置、出租或重新分配给更核心的业务活动。

（4）提升灵活性与专注核心竞争力： 企业能更加专注于自己的核心业务和创新，提高市场竞争力，同时外包服务的灵活性允许企业根据市场需求快速调整业务规模和服务内容。

2. 外包的风险与挑战

（1）合同管理与合规风险： 与外包公司建立合作关系涉及复杂的合同谈判和管理，需确保外包服务的质量标准、数据安全、知识产权保护等方面符合法律法规要求。

（2）依赖风险： 过度依赖外包服务可能会减弱企业对供应链的控制力，一旦外包服务商出现运营问题，可能会影响到企业的正常运营。

（3）文化差异与沟通障碍： 尤其在跨国外包中，文化差异和语言障碍可能导致沟通不畅，影响服务质量和合作效率。

实务拓展

苹果公司将 iPhone 的生产外包给鸿海精密（Hon Hai Precision Ltd.，即富士康），是外包实践中的一个著名案例。

Over-the-Counter (OTC)　场外

基础释义

> 　　场外又称"柜台"，是指那些不在交易所（如股票交易所、期货交易所等）内进行，而是在金融机构之间、金融机构与客户之间，或者投资者之间直接协商、私下进行的交易活动。

概念详解

1. OTC 的交易场所

　　OTC 交易不通过集中、公开的交易所进行，交易双方直接通过电话、电子邮件、电子交易平台等途径进行沟通和交易。这意味着 OTC 市场的交易活动分散进行，没有集中的交易大厅或电子交易屏幕显示实时报价。

2. OTC 的交易产品

　　在 OTC 市场交易的金融产品一般包括：

　　(1) 债券（bonds）：许多债券，尤其是非公开发行的公司债券、市政债券、结构化债券等，主要在 OTC 市场交易。

　　(2) 衍生品（derivatives）：大部分场外衍生品，如信用衍生品（如信用违约互换 CDS）、利率衍生品（如利率互换 IRS）、外汇衍生品（如外汇远期、货币互换）、定制化期权等，都在 OTC 市场进行交易。

　　(3) 非上市股票（non-public stocks）：未在股票交易所上市的公司的股票，或者在某些国家被退市的股票，可能在 OTC 市场进行交易，如美国的 OTCBB（Over-the-Counter Bulletin Board）和粉单市场（Pink Sheets）。

　　(4) 其他金融产品：某些特定大宗商品、基金份额、保险产品等也可能通过 OTC 市场进行交易。

3. OTC 交易的特点

　　(1) 非标准化：OTC 市场的交易产品往往是非标准化的，即每笔交易的条款（如价格、期限、支付方式等）都可以由交易双方根据需要协商确定，具有很高的灵活性。

　　(2) 个性化服务：OTC 交易通常涉及一对一的客户服务，金融机构可以根据客户的具体需求定制金融产品，提供个性化的解决方案。

O

（3）较低的透明度： 相较于交易所交易，OTC市场的交易信息（如价格、交易量等）披露较少，透明度较低，市场参与者可能需要依赖自己的信息网络和专业判断进行交易决策。

（4）更高的信用风险： OTC交易的双方直接承担对方的信用风险，没有交易所或清算所作为中介提供信用保障。因此，对交易对手的信用评估和风险管理尤为重要。

老皮点拨

将"over-the-counter"翻译为"场外交易"或"柜台交易"，既直观地传达了这类交易不在标准的交易所内进行的特点，也暗示了其交易方式可能类似于早期银行柜台上进行的金融交易。理解OTC市场，关键是把握其非集中化、非标准化、高度依赖交易双方信用关系以及监管相对复杂等特点。这类市场为市场参与者提供了交易灵活性和个性化服务，但也带来了更高的信用风险和信息不对称问题。

实务拓展

OTC市场因其分散、非标准化的特性，监管难度相对较大。近年来，全球范围内对OTC市场的监管力度不断加强，旨在提高市场透明度、降低系统性风险。例如，要求更多的OTC衍生品通过中央对手方清算、强制交易报告、设定保证金要求等。同时，随着电子交易平台的发展，OTC市场的交易效率和透明度也在逐步提高。

P Value　P 值

基础释义

P 值是指用于衡量观测到的数据或更极端数据出现的概率，在假设检验的背景下，这个概率是**在原假设（null hypothesis, H）为真**的前提下计算得出的。具体来说，P 值表示的是如果原假设是真的，那么比实际观测到的统计量更极端（或一样极端）的结果发生的概率。

概念详解

1. P 值的数据解读

（1）小 p 值：如果 P 值很小，通常小于**显著性水平（如 0.05 或 0.01）**，意味着观测到的数据在原假设为真的情况下是**非常不寻常的**。这提供了强有力的证据反对原假设，因此我们有足够的理由拒绝原假设，支持备择假设。

（2）大 P 值：如果 P 值较大，大于选定的显著性水平，表示观测数据在原假设成立的情况下是**相对常见的**。这时，我们没有充分的证据拒绝原假设，因此通常会说没有统计学证据支持备择假设。

2. P 值与决策规则

P 值在假设检验中的决策规则如下：

（1）拒绝原假设：当 P 值小于或等于预先设定的显著性水平时，研究者通常会拒绝原假设。

（2）不拒绝原假设：如果 P 值大于显著性水平，则不拒绝原假设，但并不意味着接受原假设为真，只是表示没有足够的证据反对它。

P

Parametric Test   参数检验

基础释义

参数检验是指基于**满足特定分布假设（通常是正态分布）和数据特征要求**的数据的一种统计检验方法。参数检验利用分布的参数（如均值、方差等）来进行统计推断。参数检验广泛应用于比较均值、比例、相关性等方面的假设检验。

概念详解

1. 参数检验的特征

（1）参数关注： 参数检验关注于**特定的统计参数，比如均值或方差等**。

（2）假设依赖性： 参数检验的有效性取决于一定的假设，尤其是关于**样本来源总体分布**的假设。

2. 参数检验的应用场景

（1）当我们想要对**总体参数（population parameter）** 做出推断时，比如估计均值是否等于某个给定值。

（2）当我们可以合理地假设样本来自**具有已知分布形式的总体**时。

3. 参数检验的假设

（1）正态性： 样本数据来自正态分布的总体。

（2）齐方差性： 如果涉及两个或多个样本，它们的方差应该是相同的。

（3）独立性： 样本中的观测值必须是相互独立的。

4. 常用的参数检验方法

（1） t **检验：** 用于比较**样本均值与总体均值之间是否存在显著差异**，或者两个独立样本的均值是否有显著差异。

（2）方差分析（ANOVA）： 用于比较**三个或更多个组别之间的均值差异**。

5. 参数检验的优点

（1）提供精确的统计结论。

（2）可以给出**关于参数的具体估计**。

（3）当满足假设条件时，可以得到较高的**检验功效（power of test）**。

6. 参数检验的缺点

（1）对假设条件非常敏感，如果假设不成立，检验结果可能无效。

（2）对于非正态分布的数据集，可能会给出误导性的结论。

> **老皮点拨**
>
> 与参数检验对应的是非参数检验，**非参数检验（nonparametric test）** 不关心特定的分布参数，而是关注**数据的顺序或等级**。这类检验对于数据分布的要求较少，因此更加灵活，适用于不符合参数检验假设的情况。

Pari Passu Clause　同等顺位条款

基础释义

> 同等顺位条款，又称"同等地位条款"(equal footing clause) 包含在法律文件（如贷款协议、债券发行条款或重组协议等）中的一种条款，其规定了在特定条件（如债务偿还、权益分配或资产清算）下各方享有同等或平行的待遇（即各主体按照相同的标准、比例或顺序进行处理，不受歧视性对待）。

概念详解

同等顺位条款的应用场景

（1）**债务清偿顺序：** 在破产或债务重组情境下，同等顺位条款规定了一组债权人在资产清算或债务偿还时享有平等的优先权。这意味着他们在分配公司资产或偿还款项时，按照各自债权的比例同时且平等地受偿，不因个体差异而受到歧视。例如，所有无担保债权人可能都受一个同等顺位条款的约束，确保他们在公司破产清算时按比例共享剩余资产，而**不论他们各自的债权金额或性质有何不同**。

（2）**新旧债务关系：** 在新发行债券或贷款时，同等顺位条款可能规定**新债务与已存在的同类债务享有同等的偿付地位**。这意味着如果公司发生违约或破产，新旧债务人在清偿顺序上处于同一等级,不会因为债务发行的先后顺序而受到区别对待。

(3)权益分配: 在某些情况下,同等顺位条款也可能应用于权益类投资,规定投资者在收益分配(如股息)或清算价值分配方面享有平等的权利。

> 💡 **老皮点拨**
>
> "Pari Passu"是拉丁文短语,意为"同等步调"或"同等地位",在法律和金融领域中用来描述某种平等对待或同等权利的情况。

Partnership　合伙制

基础释义

> 合伙制是指一种由两个或两个以上个人(称为合伙人)共同拥有和经营的企业组织形式。合伙制企业基于合伙人之间签订的合伙协议建立,该协议明确了合伙人的权利、义务、利润分配方式、决策机制以及责任承担等条款。

概念详解

1. 合伙制企业的基本特征

(1)共有财产: 合伙企业的财产由全体合伙人共有。

(2)共同经营: 合伙人共同参与企业的经营管理和决策过程。

(3)共享收益与共担风险: 合伙企业的利润按照合伙协议约定的方式在合伙人之间分配,同时,合伙人也共同承担企业的亏损和债务。

(4)共同经营决策: 通常由普通合伙人负责日常经营决策,重大事项可能需要合伙人会议并达成一致或多数同意。

(5)固定存续期限: 合伙企业的存续期间往往与普通合伙人的寿命或意愿有关,但也可能通过合伙协议设定特定的解散条件或期限。

(6)特殊税务处理: 在多数情况下,合伙企业的利润**无须在企业层面缴税**,而是直接"穿透"到合伙人个人层面,合伙人按照各自的份额报税。

2. 合伙制企业的类型

2.1 按是否承担连带责任分类

按照是否承担连带责任，合伙制企业的类型包括：

（1）普通合伙制： 所有合伙人对合伙企业的债务承担无限连带责任，即任何一个合伙人的个人财产都可能被用来偿还企业债务。

（2）有限合伙制： 在这种结构中，至少有一名普通合伙人（对债务承担无限责任）和一名或多名有限合伙人（其责任通常仅限于其出资额）。

2.2 按投入的经济资源类型分类

按照投入的经济资源类型，合伙制企业的类型包括：

（1）货币资本与货币资本合伙： 所有合伙人均以**资金**形式投入。

（2）货币资本与劳动合伙： 一部分合伙人提供**资金**，另一部分则以**劳动或专业技能**作为出资。

（3）混合型合伙： 结合了资金、劳动和 / 或其他资源的合伙形式。

> **老皮点拨**
>
> 合伙制企业相对于**个人独资企业（sole proprietorship）**能够扩大资金来源和管理资源，但同时也会因为合伙人之间的关系和责任分配问题增加运营和管理的复杂度。合伙制适合于那些希望共享风险和资源，且彼此间有较高信任度和互补优势的创业者或专业人士。

P

Pass-Through Business　穿透税制企业

基础释义

穿透税制企业是指在税收处理上，**企业层面不直接征税**，而是将所有的利润或亏损直接传递给企业所有者或合伙人，由这些个人**在个人层面上进行申报并缴纳所得税**的一种企业类型。这意味着，不管企业是否将收入实际分配给合伙人，这部分收入都要在合伙人个人的税务申报中体现，并按个人所得税率征税，即使在将利润保留在企业内部用于再投资时也是如此。

概念详解

1. 穿透税制企业的特点

（1）税收透明： 企业本身如同"透明管道"，不构成独立的税收实体。与之相对的是**公司制企业（如股份有限公司）**，后者需先在公司层面缴纳企业所得税，然后股东分红时还需缴纳个人所得税，形成所谓**"双重征税"（double taxation）**。

（2）利润与亏损传递机制： 企业的盈利或亏损直接按比例分配给所有者或合伙人，体现在他们的个人所得税申报表上。如果企业当年亏损，这些亏损可以在一定程度上抵减合伙人其他来源的收入，降低其个人所得税负担。

（3）税务灵活性与挑战： 穿透税制为所有者提供了税收上的灵活性，尤其是关于利润分配和亏损抵扣的处理。但同时也增加了税务管理的复杂性，因为每个合伙人的个人税务状况都可能影响整体税务筹划。

（4）再投资与分配决策影响： 在穿透税制企业中，企业是否将利润分配给合伙人并不影响这些利润的税收处理。即使利润被保留下来用于企业再投资，合伙人仍需就其应享有的那部分利润缴纳个人所得税，这可能影响企业的现金流和再投资决策。

2. 穿透税制企业的适用类型

常见的穿透税制企业形式包括**合伙企业（partnerships）**、**有限责任合伙企业（limited liability partnerships, LLPs）**、**有限责任公司（limited liability companies, LLCs）** 在某些司法管辖区的税收处理方式，以及**个人独资企业（sole proprietorships）**。

> **💡 老皮点拨**
>
> 穿透税制的设计旨在简化税收流程，直接将税收责任落实到所有者或合伙人个人，促进了小企业和某些特定类型企业的成长，同时也带来了独特的税务规划考量。

Pecking Order Theory　啄食理论

基础释义

啄食理论是指认为企业在融资时会优先考虑**内部融资，其次是债务，最后才是信息含量最高、可能暴露公司负面信息的公开权益融资**的理论。这一顺序反映了管理层为了避免因融资方式选择向市场传递对公司前景不看好的信号，而采取的一种自我保护策略。

概念详解

1. 啄食理论建议的融资顺序

啄食理论建议的融资顺序依次是内部股权融资、债务融资以及外部股权融资。

1.1 内部股权融资（Internal Equity Financing）

由于内部融资（如留存收益）不涉及外部市场，**不产生新的信息不对称问题**，也不需要向外部投资者透露可能的负面信息，且成本最低，因此成为企业首选的融资方式。

1.2 债务融资（Debt Financing）

当内部资金不足以满足融资需求时，企业倾向于选择债务融资，首先是无须公开披露的**私人债务（private debt）**，然后是**公开债务（public debt）**。债务融资相对股权融资来说，对公司的控制权稀释较小，而且利息支付是事先约定的，减少了不确定性。

1.3 外部股权融资（External Equity Financing）

公开市场上的股权融资被视为**信息含量最高且成本最大的融资方式**，因为它可能被投资者解读为公司内部人士认为公司股价被高估，不愿意用自己的资金购买自家股票的信号。特别是当企业为并购等活动发行新股时，往往会被市场视为负面信号，暗示管理层认为公司未来增长前景不佳或**当前股价高于其内在价值**。

2. 啄食理论的理论依据

2.1 信号传递效应

通过不同的融资方式，企业向市场传递了**关于其财务状况和未来前景的信号**。

P

例如，债务发行可能被视作管理层对未来现金流有信心的表现，因为公司承诺未来偿还本金和利息。相反，公开增发股票，尤其是在公司股价被认为高估时，可能被视为公司**缺乏其他融资渠道或前景堪忧**的标志。

2.2 融资成本与公司绩效

啄食理论还暗示，业绩较差的公司难以承受通过发行新股传递的负面信号及其带来的高融资成本，因此它们更可能依赖内部资金和债务融资。

> **老皮点拨**
>
> 啄食理论（pecking order theory）由斯图尔特·迈尔斯（Stewart C. Myers）和尼古拉斯·梅吉拉夫（Nicholas S. Majluf）于 1984 年提出，该理论基于**信息不对称的假设**，即企业管理层对公司的内部信息掌握得比外部投资者更为全面，因此在选择融资方式时，会尽量避免透露对公司前景不利的信息。

Penetration Pricing 渗透定价

基础释义

渗透定价是指企业最初以**低于竞争对手**或**低于产品长期可持续价格**的水平定价，以快速吸引顾客、占领市场份额，并通过市场扩张后的**规模经济效应**来降低成本，最终在市场稳固后调整至**正常或更高价格水平**的一种定价策略。渗透定价策略牺牲了短期利润，通过高销量来降低成本，并建立起品牌知名度和客户基础。随着**市场渗透率**的提升，企业通常会逐步提高价格，或通过增加附加服务和产品升级来提升利润空间。

概念详解

1. 渗透定价的关键因素

（1）**目的：**快速建立市场地位，挤压竞争对手（尤其是成本较高或无法承受价格战的小型企业）。

（2）适用条件：适用于市场规模大、需求价格弹性高、产品可替代性强、成本能随产量增加而显著下降的行业。

（3）策略要点：初期定价要足够低以吸引消费者注意，同时确保产品和服务质量，维持品牌形象。

（4）长期视角：预期通过市场份额的增加，后期可以通过提高价格、降低成本或交叉销售等手段来提高利润。

2. 渗透定价的商业案例

（1）小米手机：小米在进入智能手机市场时，采用了渗透定价策略，通过提供高性能、低价格的智能手机迅速吸引了大量消费者，短时间内在中国及海外市场获得了巨大的市场份额。小米还利用在线直销和社交媒体营销进一步降低成本，快速扩张。

（2）名创优品：通过加盟模式迅速开设大量连锁店，并提供价格远低于市场平均水平的日用品和小商品，名创优品利用渗透定价快速占据市场，凭借大规模采购降低成本，实现了定倍率接近 1 的超低利润率销售，从而迅速扩张并迫使竞争对手调整策略。

（3）亚马逊的 Echo 智能音箱：亚马逊在推出 Echo 系列智能音箱时，采取了渗透定价策略，以相对低廉的价格销售，以快速普及智能家居入口，增加用户黏性，通过后续的生态系统服务（如 Prime 会员服务、音乐订阅等）来实现盈利。

（4）移动通信运营商的智能手机折扣：许多移动通信运营商为了吸引新用户，会对高端智能手机提供大幅度的补贴或折扣，以绑定用户签订长期服务合约，虽然短期内减少了**设备销售利润**，但通过**长期的服务费用**回收成本并实现盈利。

> **实务拓展**
>
> 尽管渗透定价策略能有效加速市场渗透，但它也面临着监管审查的风险，特别是在长时间实施时，可能被视为不公平竞争或损害市场公平性，同时也需要企业有明确的盈利路径，以应对投资者的质疑。

Performance Appraisal　业绩评价

基础释义

业绩评价是指识别和衡量投资公司或投资经理**投资技能**的过程。业绩评价提供了评估资金在考虑到所承担风险的情况下是否被有效利用的信息。业绩评价不仅关注过去的**风险调整后收益**，而且在选择投资经理时还考虑了多种定性因素，尽管这些因素超出了纯粹的业绩分析范围，但同样重要。

概念详解

1. 业绩评价的核心

业绩评价的核心是区分**投资技能（investment skill）**与**运气（luck）**，投资经理在特定时期的记录会反映好运气（未预料到的好发展）和坏运气（未预料到的坏发展）。由于市场参与者对活动的了解日益增加，最差和最佳表现者之间的差异会变小，这使得区分技能和运气变得更加困难。投资经理能否通过**持续超越市场或基准**来展示**主动管理技能**，是业绩评价的核心。

2. 业绩评价的指标

（1）夏普比率（Sharpe ratio）： 衡量了超出无风险利率的额外回报与回报波动率（一般用标准差衡量）的比率。

（2）特雷诺比率（Treynor ratio）： 衡量的是单位**系统性风险（systematic risk）**下的超额回报。

（3）信息比率（information ratio）： 评估了相对于基准的表现，通过超额回报的均值除以**积极风险（active risk）**来计算，反映了每一单位积极风险对应的**积极回报（active return）**。

（4）评价比率（appraisal ratio）： 年度化阿尔法（alpha）除以年度化残余风险，反映了主动管理的奖励与风险之比。

（5）索提诺比率（Sortino ratio）： 对夏普比率的修改，只惩罚低于用户指定回报的那些回报，更专注于下行风险，具体计算方法是用组合回报减去**最低可接受回报（Minimum Acceptable Return, MAR）**后，除以**目标半标准差（target semi-standard deviation）**。

（6）**捕获比率（capture ratio）**：测量了经理在上升和下降市场中的参与度，具体计算方法是分别用**上升和下降市场中的投资经理回报**除以**同一时期市场基准的回报**。

（7）**回撤（drawdown）**：测量了从峰值到谷底的累计损失，避免大的回撤，特别是在市场没有强劲上行趋势的时期，可以导致更高的风险调整后收益，因为从大额损失中恢复需要更大的正回报率。

（8）**回撤持续时间（drawdown duration）**：从回撤开始直到累计回撤恢复至零的时间段。

> 🔆 **老皮点拨**
>
> 业绩评价与**业绩归因（performance attribution）**是两个紧密相连的业绩评估动作，业绩归因中的**回报归因（return attribution）**分析提供了补充信息，说明管理者决策的具体后果，识别并量化了增值的来源，而业绩评价通常涉及对遵循相似投资策略的投资经理进行排名，旨在确定增值是否源自管理者的技能。

Performance Attribution　业绩归因

基础释义

> 业绩归因是指对投资组合表现背后因素进行分析的过程。业绩归因帮助识别和量化基金经理在投资决策过程中所采取的行动对投资组合收益和风险的影响，用于评估投资组合的表现，并解析**投资组合收益或风险的具体来源**。业绩归因不仅涉及**收益归因（return attribution）**，也包括**风险归因（risk attribution）**，尽管实践中通常将"业绩归因"特指为"收益归因"。

概念详解

1. 业绩归因的重要性

业绩归因是投资组合评估过程中的关键部分，它为投资决策过程提供了重要的洞察。无论是高级管理层、客户关系专家、风险控制人员还是投资组合经理、销售和市场专业人士，都会使用归因分析来理解和评估投资组合的表现。同时，客户也会利用归因分析作为评价投资管理过程的一部分。

2. 有效业绩归因的特征

（1）覆盖投资组合的所有回报或风险敞口。

（2）反映投资决策过程。

（3）量化基金经理的主动决策。

（4）提供对投资组合超额回报 / 风险的完整理解。

老皮点拨

如果归因分析不能全面覆盖所有回报或风险，则可能是不完整的，甚至可能使分析的质量受到怀疑。若归因分析未能反映投资决策过程，则对基金经理或客户的价值有限。

3. 业绩归因的类别

业绩归因可以按照对象、依据以及维度进行分类。

3.1 按照归因的对象分类

按照归因的具体对象，业绩归因可以分为收益归因和风险归因。

3.1.1 收益归因（return attribution）

3.1.1.1 收益归因的作用

收益归因是指分析**基金经理的主动投资决策对收益的影响**。收益归因允许我们在特定的时间范围内识别相较于基准而言，哪些投资决策为投资组合增添了价值或减损了价值。作为对投资组合管理过程的反馈，收益归因量化了基金经理的主动决策，并告知管理层和客户。因此，收益归因可以被认为是一种"回顾性"或事后评估的方法。

3.1.1.2 收益归因技术

常用的收益归因的技术包括：

（1）**Brinson-Fachler 模型**：常用于股票归因，识别超额收益的来源。

（2）**基于因子的归因**：适用于不同类型资产的评估。

（3）**固定收益归因**：针对债券等固定收益产品的归因方法。

3.1.2 风险归因（risk attribution）

风险归因是指分析**各种决策带来的风险后果**。风险可以是绝对风险或是相对于基准的风险。例如，在关注相对于基准的风险时，风险归因分析可能会识别并评估投资组合偏离基准风险没敞口的程度。

3.1.2.1 风险归因的作用

风险归因识别了投资过程中风险的来源。对于**绝对回报指令（absolute mandate）**，它识别了投资组合波动率（volatility）的来源；对于**基准相对指令（benchmark-relative mandate）**，它识别了**追踪风险（tracking risk）**的来源。基金经理通过承担特定的风险敞口来寻求盈利机会，风险归因则标识出了这些被承担的风险，并与收益归因一起量化了这些风险对收益的影响。

3.1.2.2 风险归因的方法

（1）自下而上的方法（bottom-up approach）：专注于个别证券的选择。

（2）自上而下的方法（top-down approach）：首先关注宏观经济决策，如**经济部门的配置**，然后才是部门内部的**证券选择（security selection）**。

（3）基于因子的方法（factor-based approach）：通过承担不同于基准的风险因子暴露来寻求利润，这些因子被认为是驱动资产回报的因素。

> 🔅 **老皮点拨**
>
> 对于管理相对基准的投资组合，一个常见的风险度量是**追踪风险（tracking risk, TR）**。对于此类投资组合，归因模型的目标是量化主动决策对 TR 的贡献。
>
> 对于自下而上的相对基准投资过程，每个仓位对 TR 的边际贡献乘以其主动权重，就得到了该仓位对 TR 的贡献。
>
> 对于自上而下的相对基准投资过程，先由配置决策解释**主动收益（active return）**，然后风险归因会识别经济部门配置和证券选择对 TR 的总贡献。

3.2 按照归因的依据分类

按照归因的依据，业绩归因可以分为基于收益、基于持仓或基于交易的归因 3 种类型。

3.2.1 基于收益的归因（returns-based attribution）

基于收益的归因使用**整个投资组合在一个时期内的总收益**来确定**产生收益的投资过程组成部分**，实施简单但准确性最低，容易被数据操控，适用于缺乏详细持仓信息的情况，如对冲基金。

3.2.2 基于持仓的归因（holdings-based attribution）

基于持仓的归因参考**每个时期的初始持仓数据**进行业绩归因，通常使用月度、周度或日度数据，使用更短的时间间隔可提高准确性，但也提高了归因的工作强度，不适合频繁交易的投资策略。

3.2.3 基于交易的归因（transactions-based attribution）

基于交易的归因考虑**持仓以及在评估期内发生的全部交易**，最准确但也最难实施，要求基础数据完整、准确且周期间可对账。

> **老皮点拨**
>
> 选择归因方法取决于以下几个关键因素：基础数据的可用性和质量、客户的报告需求以及投资决策过程的复杂性。
>
> 我们可以通过几个例子进一步理解归因方法选取的具体标准：
>
> **（1）基础数据的可用性和质量：** 对冲基金由于**持仓信息不透明**，通常选择依赖总收益数据的收益基础归因方法。
>
> **（2）客户的报告需求：** 机构投资者需要**详细的持仓报告**，因此选择提供持仓信息的持仓基础归因方法。
>
> **（3）投资决策过程的复杂性：** 高频交易公司由于**交易频繁且复杂**，一般选择能够详细记录每笔交易的交易基础归因方法。

3.3 按照归因的维度分类

按照归因的维度，业绩归因可以分为宏观归因和微观归因两种类型。

3.3.1 宏观归因（macro attribution）

宏观归因是指评估**资产所有者（asset owner）** 在**战术资产配置（Tactical Asset Allocation, SAA）** 和**投资经理选择（investment manager selection）** 决策方面的表现。具体来说，它衡量的是资产所有者（如养老基金的赞助者）在**战略资产配置（Strategic Asset Allocation, SAA）** 上的偏差，以及这些偏差对整体基金表现的影响。例如，一个缴费确定型养老金计划会决定将基金的一定比例分配给不同的资产类别，并选择合适的基金经理来管理这些资产。

老皮点拨

宏观归因不仅考察资产配置决策的效果，还评估**实际操作中与战略资产配置目标之间的差距**，如各基金经理的基准加总与整体基准指数之间的不一致。通过宏观归因，资产所有者可以了解其在资产配置和经理选择上的决策是否有效，以及这些决策对基金整体表现的具体贡献。

3.3.2 微观归因（micro attribution）

微观归因则是评估**投资组合经理 (portfolio manager) 在其管理的资产类别中的具体决策**对资产所有者总基金表现的影响。微观归因通过详细分析投资组合经理在各个资产类别中的**持仓和交易活动**，识别出哪些决策带来了超额收益，哪些决策导致了损失。这一过程不仅帮助投资组合经理理解其决策的有效性，还为资产所有者提供了对其委托管理的资金表现的深入洞察。通过微观归因，资产所有者可以更好地评估投资组合经理的能力，确保其投资策略与基金的整体目标保持一致。

Periodic Inventory System　期间盘存系统

基础释义

期间盘存系统又称"期间盘存制"或"期间存货盘点系统"，是指企业**只在会计期末记录和计算存货价值和销货成本**的一种存货盘存方法。这意味着，在日常运营过程中，公司不会实时更新其存货水平的变化情况。

概念详解

1. 期间盘存系统的工作原理

期间盘存系统仅在每个会计期末记录和计算**销货成本（Costs of goods, COGS）**和**期末存货（ending inventory）**价值。在此系统中，购买的存货被记录在一个专门的"购买账户"中，期初存货余额加上本期采购存货等于本期**可供出售存货（inventory available for sale）**余额。

期末存货的金额通过实物盘点获得或验证，并从可供出售存货余额中减去，以得出销货成本。

与之相对，**永续盘存系统（perpetual inventory system）**下，存货价值和销货成本是连续更新的，每一次购买和销售都会立即反映在库存记录中。因此，企业随时都可以知道当前的库存余额。

老皮点拨

盘存系统是搭配存货估值方法一起使用的，在使用期间或永续盘存系统时，二者的相同点与不同点可以总结如下：

（1）使用**个别计价法（specific identification method）或先进先出法（FIFO）时，期间或永续盘存制**对于将可供出售存货余额分配到**销货成本**和**期末存货**的计算结果是相同的。

（2）使用**加权平均成本法（weighted average cost method）**时，**期间或永续盘存制**可能会有不同的结果。

（3）在期间盘存系统下，使用 **FIFO 方法**计算的销货成本和期末存货金额可能与使用**加权平均成本法**的结果有很大差异。

（4）在永续盘存系统下，无论是 FIFO 还是加权平均成本法，销货成本和期末库存金额的结果都是比较接近甚至完全一致的。

2. 期间盘存系统的优点

（1）简化记录：不需要在每次销售或购买时都更新库存记录，减少了日常的工作量。

（2）成本低廉：相比永续盘存系统，期间盘存系统不需要复杂的 IT 系统来跟踪每笔交易，因此成本较低。

3. 期间盘存系统的缺点

（1）准确性较低：由于没有实时更新库存，可能会导致库存数据不够准确。

（2）难以及时管理库存：无法及时掌握库存情况，可能会影响到采购决策和销售策略。

老皮点拨

期间盘存系统适用于那些希望**简化库存管理流程、降低成本**的小型企业，但在需要**精确控制库存和及时做出决策**的大企业中，永续盘存系统更为常见。同时，选择不同的库存计价方法（如 FIFO、LIFO 或加权平均成本法）会对财务报表产生显著影响，因此在进行财务分析时需要特别注意。

Permanent Difference　永久性差异

基础释义

永久性差异是指在企业会计处理与税法规定之间存在的，**不会在未来期间得到转回或补偿**的差异。这意味着，这些差异导致的所得税影响是永久性的，不会随着时间的推移而消失，也不影响未来期间的应纳税所得额。

概念详解

1. 永久性差异的成因

（1）某些收入或费用在会计上确认，但税法不允许作为应税收入或可扣除费用：例如，企业的罚款和罚金在会计上作为费用处理，但在很多国家的税法中是不允许扣除的，因此形成了永久性差异。

（2）某些收入或费用在税法上确认，但会计上不予确认：例如，某些政府补助可能在税法上视为应税收入，但在会计处理中直接冲减相关成本或作为递延收益处理，不计入利润表。

（3）所得税费用的计算方法不同：例如，某些国家或地区的税法可能采用不同的所得税费用计算规则，如允许特定的税收优惠、减免等，这些在会计上没有相应的处理，也会形成永久性差异。

P

> **实务拓展**
>
> 　　政府为了鼓励特定行为或投资，可能会提供直接减少应交税款的税收优惠，如购买太阳能设备或电动汽车给予的税收抵免。这些税收优惠直接减少了企业的实际税负，但在会计处理上可能并不直接影响企业的利润表，从而形成会计利润与应税所得的差异。

2. 永久性差异的具体示例

2.1 罚款和罚金

　　账面价值：公司因违反环保法规被处罚 20,000 元，此费用会计上作为营业外支出记录。

　　计税基础：税法通常不允许罚款和罚金作为可扣除费用，因此税基中不考虑这部分支出。

　　税会差异：这种差异不会随着时间的推移而消失，属于永久性差异。

2.2 收到的政府补助

　　账面价值：公司获得政府给予的无须偿还的研发补助 50,000 元，根据会计准则可能直接计入收入或递延确认。

　　计税基础：如果该补助被认为是应税收入，则税基中包含此金额；但如果补助明确为非应税收入（即免税补助），则税基不包含此金额。

　　税会差异：如果补助为非应税，那么在会计上确认的收入与税法认定的应税收入间产生永久性差异。

> **老皮点拨**
>
> 　　永久性差异直接影响当期的所得税费用和应交税费，而不像暂时性差异那样会导致递延所得税资产或负债的产生。在编制财务报表时，企业需要准确识别和调整这些永久性差异，以确保所得税费用的正确计算和财务报表的合规性。

Perpetual Inventory System　永续盘存系统

基础释义

永续盘存系统是指当企业有新的存货采购或销售行为时，**实时记录和更新存货价值和销售成本**，以反映最新的存货状况的一种存货盘点系统。

概念详解

1. 永续盘存系统的特征

（1）实时更新： 每当购买或销售发生时，系统会立即更新库存记录，显示当前的库存数量和价值。

（2）减少实物盘点需求： 由于系统可以提供实时的库存数据，因此对**实物盘点**的需求减少，通常只需要在年终或定期进行一次实物盘点以验证系统数据的准确性。

（3）精确的库存管理： 企业可以随时知道当前库存的具体情况，有助于更好地管理库存水平，避免过度库存或缺货。

2. 永续盘存系统与期间盘存系统的对比

永续盘存系统与期间盘存系统的差异主要包括：

（1）实时性： 永续盘存系统能够实时反映库存变化，而期间盘存系统只有在会计期末才能确定库存价值和销货成本。

（2）数据准确性： 由于永续盘存系统持续更新库存记录，因此提供的数据通常比期间盘存系统更准确。

（3）成本与复杂性： 永续盘存系统需要更复杂的 IT 支持，因此实施成本可能更高，但它可以减少实物盘点的频率，从而在长期内节省成本。

P

PESTLE　大环境分析模型

基础释义

> 大环境分析模型是指一种用于评估**组织外部宏观环境**对企业战略影响的工具。PESTLE 分别代表政治（political）、经济（economic）、社会（social）、技术（technological）、法律（legal）和环境（environmental）。

概念详解

1. PESTLE 的分析维度

（1）政治：政治因素包括**政府政策变化、地缘政治局势、法规调整以及监管环境的变动**，这些都可能对行业运营和经济成果产生深远影响。例如，能源政策既要满足短期内的政治诉求，也要符合长期减排目标，这要求企业在政策变化中寻找平衡。

（2）经济：经济因素涵盖了**宏观经济指标（如 GDP 增长率、通货膨胀率）、金融市场状况（如利率、汇率）以及长期结构性变化（如人口增长、生产力水平）**。这些因素对周期性较强的行业尤其重要，如金融、基础材料和消费行业，并且货币汇率波动对跨国公司的财务表现具有显著影响。

（3）社会：社会因素包括**文化趋势、消费者行为、人口结构变化以及公众对可持续性和社会责任的看法**。这些因素不仅影响着企业的品牌形象和声誉，还直接决定了市场需求的变化，尤其是在消费品行业，消费者的选择越来越受到健康意识和社会责任感的驱动。

（4）技术：技术因素涉及**创新和技术进步对产品和服务的影响**，包括**维持性创新（改进现有产品）**和**颠覆性创新（引入新产品或服务）**。技术变革可以创造新的市场机会，也可能使现有产品变得过时，从而迫使企业重新评估其业务模式以保持竞争力。

（5）法律：法律因素涵盖**法律法规的变化**，这些变化会影响企业的业务实践和经济表现。公司通过政策倡导和法律手段试图塑造对自己有利的法律环境。例如，烟草和大麻行业就受到了广泛的法律监管，法规的变化显著影响了这些行业的销售和发展。

（6）环境：环境因素包括**与向低碳经济转型相关的风险和机遇、废物管理和土地使用的法律与实践、生态保护措施**等。特别是对于那些涉及化石燃料生产和消费的行业，如能源、航空、公用事业等，环境法规的变化和公众对可持续发展的重视对其运营模式构成了重大挑战。

2. PESTLE 的应用

（1）行业增长预测： PESTLE 分析能够帮助企业和分析师识别并理解影响行业增长的关键外部因素。通过对政治、经济、社会、技术、法律和环境各个方面的综合考量，企业可以更准确地判断**行业未来的增长潜力和市场动态**。

> 💡 **老皮点拨**
>
> 例如，在新能源汽车行业，通过分析政府的环保政策（政治因素）、全球经济复苏的速度（经济因素）、消费者对可持续交通解决方案的态度（社会因素）、电池技术和自动驾驶技术的进步（技术因素）、排放标准和补贴政策的变化（法律因素），以及气候变化对供应链的影响（环境因素），企业能够预测该行业未来几年的增长趋势。

（2）市场战略制定： PESTLE 分析为企业制定**长期战略规划**提供了宝贵的宏观视角。通过对宏观环境的深入分析，企业可以识别出哪些外部力量将对其业务产生积极或消极的影响，并**据此调整其战略方向**。

> 💡 **老皮点拨**
>
> 例如，一家跨国公司在进入新市场时，可以通过 PESTLE 分析了解当地的政局稳定性（政治因素）、经济发展水平（经济因素）、当地文化和消费者习惯（社会因素）、技术创新能力和基础设施（技术因素）、商业法规和税务政策（法律因素），以及自然资源的可用性和环境保护法规（环境因素）。这些信息可以帮助公司决定是否以及如何进入该市场，并制定相应的市场进入策略。

（3）风险管理： PESTLE 分析还是一种有效的风险管理工具，可以帮助企业**识别潜在的外部威胁**，并采取预防措施以减轻不利影响。通过持续监控宏观环境的变化，企业可以提前预见到可能面临的挑战，并采取相应措施。

> **老皮点拨**
>
> 例如，一家制药公司可以通过 PESTLE 分析预见药品审批政策的变化（法律因素）、医疗保健系统的改革（政治因素）、经济衰退对医疗保险覆盖范围的影响（经济因素）、公众对药物安全性的担忧（社会因素）、新药研发的技术突破（技术因素），以及环保法规对生产过程的影响（环境因素）。通过提前准备，企业可以更好地应对这些风险，从而保护自身的利益不受损害。

Physical Capital　实物资本

基础释义

> 实物资本是指企业或经济体中用于生产商品和服务的物质资源和基础设施。实物资本通常具备长期耐用性，并在生产过程中发挥重要作用。

概念详解

1. 实物资本的类型

（1）生产设备： 如机器、工具、生产设备等，它们直接参与到产品的制造过程中。

（2）厂房建筑： 包括工厂、仓库、办公场所等，提供生产的物理空间。

（3）原材料和库存： 尚未投入生产过程中的实物资源，但可用于后续生产活动。

（4）运输设施： 如交通工具、铁路、公路、港口、机场等，用于货物和服务的运输和流通。

（5）土地： 用于生产的土地资源，包括农田、矿场、建设工地等。

2. 实物资本的特点

（1）产生折旧： 实物资本在使用过程中会受到自然磨损、技术更新换代等影响，造成价值贬损，企业需要计提折旧以反映其损耗。

（2）边际报酬递减： 随着实物资本投入的增加，每增加一单位实物资本所能带来的额外产出可能会逐渐减少，显示出边际生产效率递减的特征。

（3）投资回收期不固定： 实物资本的购置需要大量初始投资，投资的回收和盈利取决于资本的有效利用率和经济效益。

3. 实物资本的重要性

（1）生产能力： 实物资本增加了一个国家或企业的生产能力，使其能够生产更多的商品和服务。

（2）经济增长： 通过提高劳动生产率，实物资本投资是推动**长期经济增长**的关键因素之一。

（3）就业创造： 实物资本投资不仅可以提高生产效率，还可以直接和间接地创造就业机会。

（4）技术进步： 新的或改进的实物资本往往携带先进技术，促进技术革新和应用。

> 💡 **老皮点拨**
>
> 实物资本是一个牵涉较广的概念，与之相关的概念包括：
>
> **（1）金融资本（financial capital）：** 金融资本即货币资源和金融工具。实物资本侧重于实体资源的拥有和利用，而金融资本为企业购置或建造实物资本提供基本的资金支持。
>
> **（2）人力资本（human capital）：** 人力资本是指体现在个体身上的个人通过**教育、培训、健康保健以及工作**而积累起来的知识、技能、经验、健康状况以及其他各种能够提高生产力和创造财富的能力和素质的总和。人力资本和实物资本都对于一国的长期经济增长起到重要作用。
>
> **（3）实物资本积累（physical capital accumulation）：** 实物资本积累是指随时间积累更多的有形固定资产的过程。这个过程对于任何希望扩大其生产规模并提高经济效率的企业或国家来说都是至关重要的。积累实物资本需要巨大的投入，包括购买新设备、建设基础设施以及维护现有设施等。

P

Pledge　质押

基础释义

质押又称"质权"，是指债务人（借款人）将其**财产的所有权**暂时转移给债权人（贷款人），作为履行债务的担保的行为。债务人通过与债权人签订质押合同，将特定财产（称为质押物）置于债权人的控制之下，以此作为债务履行的保证。如果债务人未能按照约定偿还贷款或履行其他合同义务，债权人有权处置质押物以弥补损失。质押是评估贷款风险、设计担保结构、进行贷后监控的重要考量因素之一。与**留置权（lien）**更多与**不动产**相关不同，质押更常与动产相关联。

概念详解

1. 质押的财产类型

质押的财产以**动产（如珠宝、艺术品、股票、债券、存款单、应收账款等）**或**权利（如股权、知识产权等）**为主，有时也包括某些特定的**不动产权益（如土地使用权）**。

2. 质押的权利关系

在质押关系中，虽然质押物的**所有权**暂时转移给债权人，但债务人仍保留**占有权**（除非另有约定），继续负责保管质押物，并承担其灭失、损坏的风险。债权人则拥有在债务违约时对质押物进行处分（如变卖、拍卖）的权利。

3. 质押的风险评估

在借贷分析中，质押作为一种担保手段，有助于降低**贷款风险**。金融机构会评估质押物的价值稳定性、可变现性以及与债务额度的匹配程度，以确定质押担保的有效性。质押物的价值越高、流动性越好，对贷款的保障作用越强。

实务拓展

质押关系通常会在贷款协议、质押协议等法律文件中明确规定，包括质押物的描述、评估价值、质押比例、质押期限、违约处置方式等内容。这些条款是借贷分析的重要依据，用来判断质押作为贷款安全保障的有效性和合法性。在贷款发放后，金融机构会对质押物进行监控，确保其价值稳定、权属清晰，并在必要时进行价值重估。若发现质押物价值显著下降或权属出现争议，可能要求债务人追加担保或提前还款。

Pooled Investment　集合投资

基础释义

集合投资是指多个投资者将其资金汇集在一起，形成一个大的投资池，然后由**专业的投资管理机构或经理人统一管理和投资**的投资策略。集合投资旨在通过**资金规模效应、风险分散、专业管理**等优势，为投资者提供更广泛的投资机会和潜在的收益。

概念详解

1. 集合投资的特点

（1）资金汇集：集合投资**将众多小额投资者的资金集合起来**，形成较大的投资资金总量。这种集合方式使得单个投资者无须直接参与复杂的投资决策和交易操作，而是通过共同投资平台来实现资产的增值。

（2）专业管理：集合投资的资金由**专业的投资机构或基金经理**进行管理。这些专业人士具备深厚的投资知识、市场研究能力和丰富的实践经验，负责根据既定的投资策略和市场条件，对集合资金进行投资配置，选择合适的金融资产或实体项目进行投资。

（3）分散风险：由于集合资金规模较大，**投资管理人**可以实现更广泛的**资产分散化**，投资于多种不同类型的资产或多个不同的投资项目。这种分散投资有助于降低单一资产或项目的风险，提高整个投资组合的风险调整后回报。

（4）规模经济效益：集合投资能够利用大规模资金的优势，降低交易成本（如佣金、手续费等）、提高议价能力（如在大宗交易中获得更好的价格）、并可能享受到某些仅对大额投资者开放的投资机会。此外，集合投资产品（如基金）的管理费用通常会随着投资规模的增加而呈现边际递减,使每个投资者分摊到的成本更低。

(5) 明确的受益方式: 集合投资通常以**基金**、**信托**、**合伙企业**等形式存在,投资者通过购买基金份额、信托单位或成为合伙人等方式参与投资。投资的收益分配、风险承担、费用收取等关键条款会在相关的法律文件(如基金章程、信托协议、合伙协议等)中明确规定。

(6) 投资门槛与流动性: 集合投资产品通常设置较低的投资门槛,允许中小投资者以较小的资金量参与,且许多产品(尤其是开放式基金)提供**申购赎回机制**,为投资者提供了相对较高的**流动性**,使其能够在需要时较为便捷地变现投资。

2. 集合投资的主要形式

(1) 共同基金(mutual funds): 共同基金是最常见的集合投资工具之一,它集合众多投资者的资金,由基金经理负责投资于股票、债券等一篮子证券。投资者购买的是基金的份额,其价值直接与基金所持资产的总价值(扣除费用和负债后)挂钩。共同基金分为开放式和封闭式两大类,前者可以随时照**资产净值(NAV)**进行申购和赎回,而后者则在初始发行后,份额数量固定,投资者**须在二级市场上买卖**。

(2) 交易所交易基金(ETFs)和交易所交易票据(ETNs): ETFs 是一种特殊的开放式基金,可以在二级市场像股票一样交易,但同时保留了开放式基金的特性,即可以按基金净资产值(体现为 ETF 管理人公布的一揽子底层资产的价值)申购和赎回。ETNs 则是一种无本金保护的债务证券,代表对发行人的无担保债权,其价值与特定市场指数或资产的表现挂钩。ETFs 通过**授权参与者(APs)**的套利行为确保市场价格不会与**基金的净资产值偏离太远**。

(3) 信托与存托凭证(trust and depository receipts): 信托作为一种法律结构,常用于组织投资资金,尤其是房地产或特定项目投资。存托凭证则是外国公司股票在本地市场交易的一种方式,它代表了对外国公司的股权性质的受益权。

(4) 对冲基金(hedge funds): 对冲基金是一种面向特定投资者(通常是富裕个人和机构)的私密性集合投资工具,通常采用更加灵活的投资策略,包括使用杠杆、卖空等手段,以寻求绝对回报。对冲基金收取的费用结构通常包括管理费和基于业绩的激励费。

(5) 资产支持证券(asset-backed securities, ABS): 资产支持证券是基于一揽子资产(如住房抵押贷款、汽车贷款、信用卡应收账款等)的证券化产品,其现金流来自基础资产池产生的利息和本金还款,通常分为不同**"层级"(tranches)**,每个层级有不同的风险和回报特性。

> **实务拓展**
>
> 除了上述常见的集合投资形式之外，以下两类也属于集合投资工具：
>
> （1）**券商理财计划、集合资金信托计划、商业银行理财计划等**：由**金融机构**发起，为投资者提供专业化投资管理服务的金融产品。
>
> （2）**保险资金投资计划、信贷资产支持证券投资计划等**：**特定行业**内的集合投资形式，服务于保险资金、信贷资产等特定类型资金的投资需求。

Population　总体

基础释义

> 总体是指研究者感兴趣的**包含了所有可能对研究问题产生影响的观测单位或测量值**的集合。总体可以是实际存在的物理实体，如一个国家的所有居民、一片森林中的所有树木、一家公司生产的全部产品等，也可以是非物理的，如一段时期内所有股票交易的数据记录、一系列实验中的测量结果等。

概念详解

1. 总体的特点

（1）**同质性**：总体中的每个个体应具有**某种程度上的共性或相似性**，即它们属于同一类对象，具有相同的性质或特征，这是进行统计分析的前提。

（2）**大量性**：总体通常**由大量的个体组成**，虽然理论上总体大小可以是有限的也可以是无限的，但在实际应用中，关注的是总体表现出来的**集体特征**而**非单个个体的行为**。

（3）**未知性**：在大多数情况下，由于资源或技术限制，研究者无法直接观测到总体中的每一个个体，因此总体的某些参数（如均值、方差等）是未知的，需要通过抽样调查来估计。

2. 与样本的区别

样本（sample）是**从总体中按照一定规则选取出来的一部分个体的集合**，用于推断总体的特征。抽样的目的是通过对样本的分析来估计总体参数，比如通过计算样本均值来估计总体均值。

3. 总体参数与样本统计量

与总体参数对应的是**样本统计量**，二者构成了对数据进行特征描述的不同层次。

3.1 总体参数（Population Parameter）

总体参数是**用来描述总体特征的固定数值**，如总体均值（μ）、总体方差（σ^2）等，这些是研究者想要了解但实际上未知的值。

3.2 样本统计量（Sample Statistics）

样本统计量是**根据样本数据计算出来的量**，用于估计总体参数或描述样本特征，如样本均值（$\overline{X}$）、样本方差（S^2）。

> **实务拓展**
>
> 了解总体概念及其与总体参数、总体样本、统计量之间的关系，对于设计合理的抽样方案、实施有效的数据分析，以及正确解释统计结果至关重要。在实际问题中，通过科学地从总体中抽取样本并分析样本数据，研究者能够对总体的未知属性做出推断，指导决策制定和理论验证。

Population Parameter 总体参数

总体参数是指用来**描述整个总体特征的固定数值**，它们是研究者感兴趣但通常未知的统计常数，反映总体数据分布的某些方面。总体参数是固定的，不随样本的不同而改变。

概念详解

1. 常见的总体参数

（1）均值（mean, μ）：总体均值（或期望值）是**总体中所有观测值的算术平均值**，计算方法为将所有观测值相加后除以观测值的总数。均值描述了数据集中的中心位置或平均水平，是衡量集中趋势的重要参数。在统计学中，均值通常用希腊字母 μ 表示。

（2）方差（variance, σ^2）和标准差（standard deviation, σ）： 总体方差用来衡量总体中各观测值与均值之间的差异程度，它是每个观测值与均值之差的平方的平均值。总体方差的大小反映了数据的**离散程度**，较大的方差意味着数据点相对于均值分布得更广。标准差是方差的平方根，它以原始数据单位的形式表示离散程度，更容易理解和解释。在统计符号中，总体方差通常表示为 σ^2，总体标准差通常表示为 σ。

（3）比例（proportion）： 当总体数据呈现二项分布时，比例是指**具有某一特定属性或特征的单位数量占总体单位总数的比例**。例如，在民意调查中，支持某项政策的人数占被调查总人数的比例就是一种比例参数。比例参数通常用于二分类数据，如成功/失败、是/否等情况。

（4）相关系数（correlation coefficient）： 相关系数是用来衡量**两个变量之间线性关系强度和方向**的统计量。最常用的相关系数之一是**皮尔逊相关系数（Pearson s r）**，其取值范围在 -1 到 $+1$ 之间。当 ρ 接近 $+1$ 时，表示两个变量之间存在**强烈的正相关关系**；当 ρ 接近 -1 时，表示存在**强烈的负相关关系**；而当 ρ 接近 0 时，则表示**没有明显的线性关系**。相关系数为 1 或 -1 意味着两个变量之间存在**完全的线性关系**。

（5）中位数（median）： 中位数是**将一组数值按大小顺序排列后位于中间位置的数值**。如果观测值数目为奇数，则中位数是中间的那个数；如果观测值数目为偶数，则中位数通常是中间两个数值的平均值。中位数是衡量数据集中趋势的另一种方式，它对极端值不敏感，因此在数据包含异常值时，中位数比均值更能反映数据的中心位置。

（6）众数（mode）： 众数是**数据集中出现频率最高的数值**。在数据分布中有且只有一个众数的情况下，该数据集被称为**单峰分布**。如果有两个或多个数值出现频率相同且最高，则称该数据集为**双峰或多峰分布**。众数也是衡量数据集中趋势的一种方式，但在实际应用中，特别是在连续数据的情况下，众数可能不是唯一的，甚至可能不存在。

2. 总体参数的重要性

总体参数对于理解数据的总体行为至关重要，但因为获取整个总体的数据通常是不可行的（特别是当总体非常大时），所以统计学通过从总体中抽取样本并分析**样本统计量（sample statistics）**来估计这些未知的总体参数。例如，使用样本均值估计总体均值，使用样本方差（S^2）估计总体方差（σ^2）等。

3. 总体参数的估计方法

3.1 点估计（Point Estimate）

点估计是通过**一个具体的数值**来估计总体参数的过程。这种方法的目标是在样本数据的基础上找到一个最佳的单一数值，用以代表未知的总体参数。例如，样本均值（$\overline{X}$）通常被用作总体均值（μ）的点估计值。点估计简单直观，易于计算，但它忽略了**估计值的不确定性和误差范围**，并不能告诉我们这个估计值有多可靠或可信。

3.2 区间估计（Interval Estimate）

区间估计是指通过构建一个区间来估计总体参数，而不是仅仅给出一个单一的数值。这个区间通常被称为**置信区间（confidence interval）**，它表明总体参数的真实值在该区间的概率（即置信水平）。置信区间不仅给出了总体参数可能所在的范围，而且还提供了关于估计精度的信息。例如，如果我们说总体均值的 95% 置信区间是 [10, 20]，那么我们有 95% 的信心认为这个区间包含了总体均值的真实值。

> 💡 **老皮点拨**
>
> 总体参数的概念是推断性统计学的基石，无论是进行参数估计、假设检验还是预测分析，都离不开对总体参数的理解和估计。

Porter's Five Forces Model　波特五力模型

基础释义

波特五力模型是由哈佛商学院教授迈克尔·波特（Michael E. Porter）提出的一种用于分析**行业竞争环境**的框架。该模型旨在帮助企业理解所在行业的竞争结构，并据此制定相应的战略。通过分析五个关键力量，企业可以评估行业内的竞争激烈程度、盈利能力和潜在风险。

概念详解

1. 波特五力模型涉及的具体力量类型

（1）新进入者的威胁（threat of new entrants）： 新进入者的威胁的强度取决于**行业存在的进入壁垒及其程度**。如果进入壁垒较低，新的竞争对手可以较容易地进入市场，从而增加市场竞争压力，压缩现有企业的利润空间。相反，如果进入壁垒较高，那么新进入者的威胁就会减少，现有企业能够更好地维护自己的市场份额和盈利能力。

> **老皮点拨**
>
> 常见的进入壁垒包括大量的初始资本投入要求、较高的品牌忠诚度、严格的法规限制或者需要达到一定的规模经济（economies of scale）水平。

（2）现有竞争者的竞争程度（rivalry among existing competitors）： 现有竞争者之间的竞争程度取决于多个因素，包括**行业的结构、市场集中度或碎片化程度、产品或服务的差异化水平以及退出市场的障碍**。在一个高度分散的行业中，竞争者之间可能会因为有限的增长机会、高退出成本、高固定成本以及相似的产品或服务而展开激烈的竞争。这种竞争会导致价格战和利润侵蚀，使得行业内的企业难以获得超额利润。

（3）供应商议价能力（bargaining power of suppliers）： 供应商的议价能力受到多种因素的影响，包括**供应商的集中度、客户转换成本以及替代供应品的可用性**。如果供应商集中度高、客户转换成本高或者难以找到替代品，那么供应商就拥有较高的议价能力，能够通过提高价格、限制供应或转移上升的成本给下游企业，从而影响行业的盈利能力。例如，稀缺或独特的零部件供应商常常拥有强大的定价权。

（4）购买者的议价能力（bargaining power of buyers）： 购买者的议价能力取决于**客户的规模和集中度、转换至其他供应商的成本以及客户自行生产产品或服务的能力**。如果客户规模较大、集中度高、转换成本低并且有能力自行生产或替代现有产品，那么他们就能够施加更大的议价压力，要求更低的价格或更好的支付条款，这会压缩供应商的利润空间。反之，在客户基础分散、产品非标准化且转换成本高的市场中，购买者的议价能力相对较弱。

（5）替代品的威胁（threat of substitute products）： 替代产品的威胁取决于**市场上是否存在能够满足相同需求的替代产品或服务**，以及**转换至这些替代品的成本**。如果市场上存在大量的替代品并且转换成本低，那么现有产品的定价能力将会受到限制，因为消费者可以选择更便宜或性能更好的替代品。相反，如果替代品较少且转换成本高，那么现有产品的定价能力更强，因为消费者不太可能轻易转向替代品。

2. 波特五力模型的应用与意义

（1）企业战略制定： 波特五力模型帮助企业识别和分析外部环境中影响其竞争力的关键因素，进而制定相应的战略以增强市场地位、减少竞争压力、提高盈利能力。通过理解这些力量，企业可以更好地定位自己，寻找竞争优势，避免陷入无利可图的市场竞争中。

（2）证券分析： 通过运用该模型，分析师可以更好地理解行业竞争环境，评估公司的竞争优势和劣势，并预测其未来的财务表现（盈利能力、经济资源的获取等）。此外，模型还可以帮助识别可能影响公司盈利能力和增长前景的关键因素。

> **老皮点拨**
>
> 将竞争分析纳入财务预测是一项具有挑战性的任务。大多数需要预测的项目（如收入、利润率、资本支出等）都与竞争环境密切相关。因此，分析师需要利用各种概念工具来思考竞争将如何影响预测结果。虽然没有硬性规则来指导如何具体操作，但理解竞争环境无疑是分析师最重要的职责之一。

Portfolio　投资组合

基础释义

> 投资组合是指**个人或机构投资者持有的多种不同类型投资的集合**，包括但不限于股票、债券、现金、房地产、大宗商品、衍生品等。投资组合的构建和管理是为了实现投资者的财务目标，这可能包括增长资本、产生收入、保值增值或达到某种风险与收益之间的平衡。投资组合管理的核心理念是"不要把所有的鸡蛋放在一个篮子里"，即通过资产配置来平衡风险与回报。

概念详解

1. 组合管理的投资者类型

组合管理的投资者可以分为个人投资者和机构投资者。

1.1 个人投资者（Individual Investor）

个人投资者通常基于个人的财务状况、年龄、风险承受能力等因素来决定其投资策略。

1.2 机构投资者（Institutional Investor）

养老基金（pension fund）、保险公司（insurance company）、捐赠基金（endowment）等机构投资者一般依据其特定的负债结构和长期目标来设计投资组合。机构投资者往往具有较大的资金量，因此能够更有效地实施复杂的策略，并对市场产生显著影响。

2. 投资组合管理流程

投资组合管理的流程大致包括规划、执行和反馈 3 个步骤。

2.1 投资组合规划（Portfolio Planning）

投资组合规划的步骤包括：

（1）理解客户需求： 这一步骤要求与客户进行沟通，了解其财务状况、投资目标、风险偏好等信息。

（2）制定投资政策声明（IPS）： 基于上述信息，制定投资政策声明（Investment Policy Statement, IPS），明确投资目标、策略、限制等。

2.2 投资组合执行（Portfolio Execution）

投资组合执行的步骤包括：

（1）资产配置（asset allocation）： 资产配置是指确定投资组合中各类资产（如股票、债券、现金等）的比例，这是投资组合管理的核心，包括战略资产配置（Strategic Asset Allocation, SAA）和战术资产配置（Tactical Asset Allocation, TAA）两个层次。

（2）证券分析（security analysis）： 证券分析是指对特定的投资工具进行研究，包括基本面和技术面分析，以选择适合的投资标的。

（3）组合构建（portfolio construction）： 根据资产配置的结果，实际购买相应的投资工具。

2.3 投资组合反馈（Portfolio Feedback）

投资组合反馈的步骤包括：

（1）监测与再平衡（monitor and rebalancing）： 定期检查投资组合的表现，

并根据市场变化和个人情况调整资产配置，进行**再平衡（rebalancing）**。

（2）绩效评估与报告（performance evaluation and reporting）： 对投资组合的结果进行**业绩评估（performance evaluation）**并向客户提供关于投资组合表现的定期报告，尤其关注与**基准（benchmark）**比较的分析。

3. 投资组合管理的核心理念

分散化（diversification）是降低投资组合风险的关键策略之一。通过将资金分散到不同的资产类别、地理区域和行业部门中，可以减少特定投资失败对整体组合的影响。此外，不同资产之间往往存在**低相关性或负相关性**，这意味着它们的价格变动趋势往往不同步，从而可以在一定程度上相互抵消波动性。

4. 资产管理行业的核心角色

资产管理公司（asset management company）是投资组合管理中的核心角色，作为中介，资产管理公司帮助个人和机构投资者实现其财务目标。资产管理公司提供专业的投资建议和服务，包括但不限于共同基金、交易所交易基金（ETFs）、对冲基金等多种**集合投资产品（pooled investment）**。这些产品使普通投资者能够以较低的成本进入市场，并享受到由专业人士管理的好处。

Position　头寸

基础释义

> 头寸是指投资者在某一金融工具（如股票、债券、期货、外汇等）上持有的**买入或卖出的仓位**。头寸不仅反映了投资者对特定金融工具的投资态度（看涨或看跌），也决定了其在市场波动中可能获得的收益或承担的风险。

概念详解

1. 头寸的类型

头寸分为多头头寸与空头头寸。

1.1 多头头寸（Long Position）

投资者买入金融工具，期待价格上涨后卖出获利。持有多头头寸意味着投资者预期市场将上涨，或认为当前价格相对于其内在价值被低估。例如，投资者购买 100 股某公司股票，即建立了对该股票的多头头寸。

1.2 空头头寸（Short Position）

投资者**卖出尚未持有的金融工具**，期待价格下跌后以更低价格买入平仓获利。持有空头头寸意味着投资者预期市场将下跌，或认为当前价格相对于其内在价值被高估。例如，投资者借入 100 股某公司股票并卖出，即建立了对该股票的空头头寸。

2. 头寸管理

头寸管理的内容包括：

（1）风险控制（risk control）： 设定止损点位，限制单个头寸或整体投资组合的最大损失。

（2）资金管理（funds management）： 根据风险承受能力、市场状况和投资策略，合理分配资金，控制单个头寸的规模和整体投资组合的杠杆水平。

（3）头寸调整（position adjustment）： 根据市场变化、投资目标和风险偏好，适时调整头寸规模（增仓、减仓或平仓）、转换头寸类型（多头转空头或空头转多头）或更换投资标的。

（4）对冲策略（hedging strategies）： 通过建立相反方向的头寸（如在持有资产多头头寸的情况下买入看跌期权或建立期货空头头寸）来抵消现有头寸的部分风险。

3. 头寸与盈亏

头寸的盈亏取决于金融工具价格变动与投资者头寸方向的关系，具体分为以下 4 种情况：

（1）多头头寸盈利： 当市场价格高于买入价格时，投资者卖出平仓可实现盈利。

（2）空头头寸盈利： 当市场价格低于卖出价格时，投资者买入平仓可实现盈利。

（3）多头头寸亏损： 当市场价格低于买入价格时，投资者卖出平仓将产生亏损。

（4）空头头寸亏损： 当市场价格高于卖出价格时，投资者买入平仓将产生亏损。

4. 头寸在不同市场的应用

（1）股票市场： 看涨后市，买入了一只股票，这个动作叫作**"做多股票"**，买入之后持有股票的状态称为**"持有股票的多头头寸"**，卖出时的操作则叫作**"股票多头平仓"**；看空后市，在自己没有股票的情况下从他人手中借入股票并出售，这个动作叫作**"做空股票"**，做空后尚未归还股票时的头寸状态称为**"持有股票的空头头寸"**，如果资产价格下跌，便可以花更少的钱购买该股票并归还，从而赚取差价，当然也会存在资产价格不跌反涨的情况，此时就会发生亏损，不管是盈利还是亏损，买入股票并归还的操作叫作**"股票空头平仓"**。

(2) 期货市场： 看涨标的资产的后市，以多方身份签订了一份期货合约，这个动作叫作**"做多期货"**，买入之后持有多方合约的状态称为**"持有期货合约的多头头寸"**，卖出该合约时的操作叫作**"期货多头平仓"**；看空后市，以空方身份签订一份期货合约，这个动作叫作**"做空期货"**，此时的头寸状态称为**"持有期货合约的空头头寸"**，反向交易并平仓的行为被称为**"空头平仓"**。

老皮点拨

头寸的对应英文表达为 position，是一个典型的意译。中国之所以把英文世界中与金融有关的 position 翻译为"头寸"而不是"位置"或"状况"，是因为在民国袁世凯统治时期发行的货币"袁大头"，本地的钱庄发现 10 个垒起来刚好是一寸，于是就习惯性地将自身的资金状况用"头寸"进行表达。其后，在中国开设的现代银行也沿用这一叫法，把资金状况用头寸进行表示。

实务拓展

如果银行某日的收入大于支出，就称为**"多头寸"**；如果收入小于支出，就称为**"缺头寸"**。预计这一类头寸的多与少的行为称为**"轧头寸"**，到处想方设法调进款项的行为称为**"调头寸"**。暂时未用的款项大于需用量时称为**"头寸松"**，资金需求量大于闲置量时称为**"头寸紧"**。

Post-Employment Benefits　离职后福利

基础释义

离职后福利是指员工**在结束与雇主的正式雇佣关系后**所能享受的各种福利和权益。这些福利旨在为离职员工提供一定程度的经济安全感和支持，帮助他们过渡到下一份工作或退休生活。离职后福利的具体范围因国家／地区的法律规定、公司政策以及个人的雇佣合同而异。

概念详解

1. 离职后福利的类型

（1）缴费确定型福利计划（Defined Contribution plans, DC plan）：缴费确定型计划是一种离职后福利方案，其中**雇主和/或员工向计划贡献约定的金额**，员工可以选择如何从指定选项中投资他们的计划资金，通常包括股票和债券的共同基金或交易所交易基金。雇主的责任仅限于**贡献约定的金额**，之后不再有进一步的责任，投资收益或损失由员工承担。近年来，特别是在私营部门，由于雇主希望减少风险，离职后福利逐渐转向缴费确定型计划。

（2）收益确定型福利计划（Defined Benefit Plans, DB plan）：收益确定型计划承诺在员工退休后支付一定金额的福利，这些福利可以是一次性支付或直到死亡为止的定期养老金支付。福利金额通常基于包含员工的服务年限和退休前薪酬在内的公式来确定。为了确保未来能够支付这些福利，法规通常要求雇主通过设立独立的法律实体（如信托）来预先为收益确定型计划筹措资金。在许多司法管辖区，雇主的计划缴款是可抵扣税的，因此缴款决策会考虑到税务规划。

（3）其他离职后福利（other post-employment benefits, OPEB）：其他离职后福利是指那些**支付非货币形式福利**的计划，如人寿保险和退休人员的医疗护理。公司通常不需要按照规定预先为 OPEB 计划筹措资金，因为政府通常不为 OPEB 提供保险，并且 OPEB 通常代表较小的财务责任，容易取消。许多 OPEB 计划是未筹措资金的，或没有专门的资金来满足未来的支付。

> **实务拓展**
>
> 实务中，除了上述 3 种基础的离职后福利外，还存在以下离职后福利类型：
>
> **（1）遣散费**：根据员工服务年限和最终薪资水平，支付一次性遣散费是许多国家/地区法律规定的要求，目的是缓解员工因失去工作而可能面临的经济困难。
>
> **（2）股权激励计划**：如果员工拥有未行使的股票期权或其他股权激励，根据计划条款，他们可能在离职后仍有权行使部分或全部股票期权。
>
> **（3）培训和发展**：少数公司可能提供专业发展或再培训课程支持，帮助前员工提升技能，更好地准备下一份工作。
>
> **（4）援助服务**：包括心理健康支持、职业咨询等服务，旨在帮助前员工处理离职引起的压力，并指导他们寻找新机会。

2. 离职后福利的作用和功能

（1）保障退休生活： 离职后福利通过提供养老金或其他形式的财务支持，帮助退休员工维持一定的生活水平，减轻因失去工作收入而产生的经济压力，同时提供医疗和其他健康相关福利，确保退休员工能够获得必要的医疗服务，维护其健康状态。

（2）吸引和留住人才： 优秀的离职后福利计划可以成为公司吸引和留住人才的重要手段，尤其是对于希望在竞争激烈的行业中脱颖而出的企业而言，良好的福利待遇往往是招聘和留任员工的关键因素之一，并且有助于增强员工对企业的忠诚度和归属感。

（3）符合法律法规要求： 在某些国家和地区，法律规定雇主必须提供某种形式的离职后福利，如养老金计划，遵守这些规定不仅是法律义务，也是企业履行社会责任的一部分。

（4）风险管理： 缴费确定型计划（DC）允许雇主将投资风险转移给员工，从而减少了雇主在退休金支付方面的不确定性和财务负担；而收益确定型计划（DB）虽然由雇主承担更多的财务责任，但在合理管理和预筹资金的前提下，可以帮助企业控制长期的劳动力成本，从而实现财务上的可持续性。

（5）促进社会稳定： 通过为退休员工提供稳定的收入来源，离职后福利有助于减少社会不平等现象，增强社会的整体稳定性；特别是在人口老龄化的背景下，完善的离职后福利制度成为应对这一挑战的有效手段之一，确保老年人群体能够享有体面的生活，并为社会的和谐发展做出贡献。

Potential GDP　潜在国内生产总值

基础释义

潜在国内生产总值（潜在 GDP）是指一个国家或地区**在长期内，在充分就业（资源得到充分利用）且劳动力、资本和技术等生产要素均处于最优配置状态**下所能实现的最大年度产出水平。潜在 GDP 反映了经济体在不存在周期性波动、没有资源闲置（如劳动力非自愿失业、设备未充分利用）情况下的潜在生产能力。

概念详解

1. 潜在 GDP 的经济意义

如果实际 GDP（即当年实际生产的商品和服务总量所对应的 GDP）等于潜在 GDP，经济被认为是处于其**潜在增长路径上**，既没有过度需求导致的**通货膨胀压力**，也没有资源闲置带来的失业压力。

如果实际 GDP 低于潜在 GDP，说明经济中存在闲置资源，可能面临失业或产能过剩的问题。

如果实际 GDP 高于潜在 GDP，则意味着经济过热，可能面临通货膨胀加剧的风险。

2. 潜在 GDP 的重要性

（1）衡量经济增长潜力：潜在 GDP 提供了一个衡量经济增长潜力的基准，帮助政策制定者、企业和投资者理解经济体当前和未来可能达到的增长水平。

（2）评估经济周期位置：通过比较实际 GDP 与潜在 GDP，可以判断当前经济是处于扩张期（实际 GDP 高于潜在 GDP）、衰退期（实际 GDP 低于潜在 GDP），还是平衡状态（实际 GDP 接近潜在 GDP）。

（3）指导宏观调控政策方向：政府和中央银行可以根据潜在 GDP 与实际 GDP 之间的差距来调整其财政政策和货币政策，以促进稳定**经济增长**并控制**通货膨胀**。

3. 潜在 GDP 的计算方法

计算潜在 GDP **并非直接观察得来，而是需要通过模型估算**，常见的方法包括：

（1）生产函数法：使用生产函数来估计潜在 GDP，衡量充分就业状态下，劳动力、资本存量及技术水平如何转化为最终产出。

（2）统计滤波法：例如**霍奇里克–普雷斯科特滤波（Hodrick-Prescott Filter）**，通过从**时间序列数据中剔除短期波动来估计长期趋势**，即视为潜在 GDP。

（3）奥肯定律：奥肯定律（Okun's Law）提供了**失业率与产出缺口（output gap）**之间关系的经验估计方法。通过观察实际失业率与**自然失业率**（经济处于充分就业状态下的失业率）之间的差异来推断实际产出与潜在产出之间的差距。

Power of Test　检验功效

基础释义

检验功效又称"检验的势"，是指在假设检验中，**当原假设不成立（即备择假设为真）**时，**正确拒绝原假设**的概率。换句话说，检验的势衡量了检验识别出真实效应的能力，或者说，它是检验敏感性的度量，反映了正确检测到效应存在的把握度。

概念详解

1. 检验功效的影响因素

（1）效应大小（effect size）：实际存在的效应越明显，检测到该效应的概率通常越高。

（2）样本容量（sample size）：样本容量越大，检验功效一般越强。这是因为更大的样本量可以提供更可靠的结果，减少随机变异的影响。

（3）显著度（significance level，α）：虽然直接调整显著度不影响检验功效，但它会影响**一类错误（type Ⅰ error）**和**二类错误（type Ⅱ error）**之间的平衡。在某些情况下，通过调整实验设计或分析计划来间接提高显著度，可能会间接影响到检验功效。

（4）变异性（variability）：数据中的变异越小，即数据点越集中，检验功效通常越大。

（5）检验类型和假设的性质：不同的检验（如 t 检验、ANOVA、卡方检验等）和单侧检验与双侧检验功效有所不同。

2. 检验功效的计算与目标

在设计实验或研究时，通常会事先计算所需的检验功效，以确保实验能够以足够高的概率检测到假设的效应。如果预计的检验功效较低，可能需要调整设计，比如增加样本量或选择更敏感的统计测试。

> **🔆 老皮点拨**
>
> 理想的检验功效取决于研究领域和研究目的，但通常至少要求达到 80%，这意味着有 80% 的概率能够正确识别出真实存在的效应。过低的功效可能导致无法发现实际上重要的效应，造成二类错误（type Ⅱ error）。

Premium　保险金

基础释义

保险金是指投保人在购买保险产品时，按照保险合同约定的金额、频率和支付方式，向保险公司支付的款项。保险金是保险公司承担保险责任、提供保障服务的基础，也是保险公司运营和盈利的主要收入来源。投保人通过支付保险金，换取保险公司对其可能面临的特定风险（如财产损失、健康问题、意外事故、死亡等）发生时提供经济补偿的承诺。

概念详解

1. 保险金的类型

（1）**一次性支付保险金（single premium）**：投保人**一次性付清全部保险费**，常见于某些**寿险产品**、**投资型保险**或特定的一次性保险服务。

（2）**分期支付保险金（regular premium）**：投保人**按照合同约定的周期（如月、季、年）分期支付保险费**，这是最常见的保险金支付方式，适用于各种长期保险产品，如**人寿保险**、**健康保险**、**车险**、**财产保险**等。

（3）**浮动保险金（variable premium）**：保险金金额随时间或某些特定因素（如年龄、健康状况变化、保险标的物价值变动等）动态调整。

2. 保险金的影响因素

（1）**风险性质与程度**：风险的种类、发生的概率和可能造成的损失大小直接影响保险金的高低。风险越大，保险金通常越高。

（2）保险期限：保障期限越长，保险公司承担的风险时间跨度越大，因此保险金相应增加。

（3）保额：保险金额度（即保险公司承诺赔偿的最高金额）越高，保险金通常也越高。

（4）免赔额与共付比例：设置**免赔额（即损失低于一定金额时保险公司不赔付）**或**共付比例（即投保人需承担部分损失）**可以降低保险金。

（5）投保人特征：投保人的特征如年龄、性别、健康状况、职业、生活习惯等个人因素，以及投保人所属团体的总体风险状况也会影响保险金的大小。

（6）市场竞争与保险公司经营策略：保险市场的竞争状况、保险公司的成本控制能力、盈利目标、营销策略等商业因素。

3. 保险金的作用与意义

（1）对投保人：支付保险金是投保人获得保险保障的前提，通过转移风险，投保人能在风险事件发生时获得经济补偿，减轻潜在损失对个人财务状况的影响。

（2）对保险公司：保险金是保险公司运营的经济基础，用于支付理赔、运营成本、投资增值以及实现盈利。保险公司通过精算技术合理定价，确保收取的保险金足以覆盖预期赔付支出及经营成本。

（3）对社会：保险金的汇集形成庞大的保险基金，有助于分散社会风险，维护社会稳定。保险公司通过投资保险基金，为经济增长提供资金支持，同时通过风险管理服务促进社会成员加强风险防范意识。

Prepayment Risk　提前还款风险

基础释义

提前还款风险是指在固定收益投资领域，尤其是与抵押贷款相关的证券（如抵押贷款支持证券 MBS）投资中，因**借款人提前偿还全部或部分贷款本金**，导致投资的实际收益低于预期的风险。

概念详解

1. 提前还款风险的来源

（1）利率变动：当市场利率下降时，现有贷款的利率可能高于新贷款的利率，促使借款人通过**再融资（refinancing）**来锁定更低的利率，从而提前偿还高利率的贷款。这迫使债券投资者提前收回本金，而这些资金需要重新投资时可能只能获得较低的市场利率，导致再投资风险。

（2）借款人行为：借款人的财务状况改善、搬迁、房屋出售或个人偏好变化也可能导致提前还款。这些非利率驱动的因素增加了预测提前还款行为的复杂性。

2. 应对提前还款风险的办法

（1）设定提前还款罚金（prepayment penalty）：在贷款合同中明确规定，如果借款人提前还款，需要支付一定的罚款或额外费用，这种做法可以增加借款人提前还款的成本，从而减少提前还款的发生。不过，需要平衡罚金水平，以免过高导致借款人不满或影响贷款产品的吸引力。

（2）选择浮动利率贷款（adjustable rate mortgage, ARM）：与固定利率贷款相比，浮动利率贷款的利率随市场利率变动，当市场利率下降时，借款人的月供也会随之减少，从而降低了提前还款的动机。然而，浮动利率贷款也存在利率上升的风险。

（3）使用预付保险费（prepayment insurance）：购买预付保险来转移提前还款风险，可以帮助投资者在借款人提前还款时获得一定的补偿，从而减轻提前还款带来的负面影响。

（4）制定阶梯式提前还款条款（step-down prepayment terms）：在贷款初期设置较高的提前还款罚金，随着时间推移逐渐减少。这种方式鼓励借款人在贷款后期再考虑提前还款，减少了早期提前还款的可能性。

（5）采用抵押贷款证券化（mortgage-backed securities, MBS）：将抵押贷款打包成证券出售给投资者。通过证券化分散风险，即使部分贷款出现提前还款，整体风险也能得到缓解。此外，证券化的时间分层（time tranching）设计也可以帮助分散提前还款风险。

P

Present Value Model　现值模型

同"Discounted Cash Flow Model"。

Present Value of Growth Opportunities (PVGO) 增长机会现值

基础释义

增长机会现值是指投资者对公司未来收益增长预期的那部分价值，代表了市场对于公司未来增长潜力的评价。

概念详解

PVGO 的分析思路在于将一家公司的股票价值分为以下两部分：

（1）现有资产产生的现金流的现值： 这部分价值是基于公司现有资产和业务预计能产生的未来现金流，通过折现现金流（DCF）分析方法计算得出，反映了公司**如果不进行任何新投资没有任何增长，仅依靠当前资产运作所能创造的价值**。

（2）增长机会的现值（PVGO）： 这是指由于公司未来可能进行的**新投资、市场扩张、产品创新**等增长机会所带来的额外价值。简而言之，PVGO 是市场对公司未来投资机会能够创造的额外收益的预期现值。

老皮点拨

在理论上，如果一家公司的 PVGO 为零，那么它的市场价值就完全取决于现有资产产生的现金流。但实际上，大多数公司都存在一定的增长机会，因此其市场价格往往包含了一部分对未来增长的预期。PVGO 的概念强调了投资者对于公司长期发展前景的看法，并且这一部分价值在高科技、生物医药等成长型行业中尤为重要，因为这些行业往往依赖于未来研发或市场扩展带来的增长。

实务拓展

PVGO 的估算较为复杂，需要考虑公司未来的增长策略、行业趋势、经济环境、资本成本等多种因素，并且含有较强的主观判断成分。在实际应用中，分析师可能会使用多种模型和假设来估算 PVGO，以辅助投资决策。

Presentation Currency   报告货币

基础释义

报告货币是指企业在**编制和对外发布财务报表**时所采用的货币单位，也就是财务报表中各项金额所表示的货币种类。报告货币是财务报表呈现给报表使用者（如股东、投资者、债权人、监管机构等）时所使用的计量货币，对于理解企业的财务状况、经营成果和现金流量具有至关重要的作用。

概念详解

报告货币的选择标准

（1）母公司的要求： 对于**跨国公司或集团型企业**，母公司可能要求所有子公司或附属公司按照统一的报告货币（如集团的主计货币）编制财务报表，以便于集团层面的合并报表及内部管理。

（2）主要经济环境： 企业通常选择**其主要经济环境中的货币**作为报告货币，尤其是对于业务活动主要在一个国家或地区的企业，其**所在国的法定货币（即本地货币）**通常是首选的报告货币，因为这最能反映企业的实际经营情况。

（3）主要交易货币： 如果企业的大部分交易以某一特定货币进行，或者该货币对企业的经营成果有重大影响，那么该货币也可能被选作报告货币。

（4）投资者和债权人的期望： 为了满足国际投资者和债权人的需求，企业可能会选择**国际上广泛接受的硬通货（如美元、欧元、英镑等）**作为报告货币，以提高财务信息的可比性和接受度。

> **实务拓展**
>
> 选择报告货币后，涉及外币交易或外币计价资产、负债的企业需要按照会计准则规定进行货币转换，即将外币金额按照一定的汇率换算成报告货币金额。这一过程可能涉及汇率变动带来的汇兑损益，这些损益需要在财务报表中恰当反映。
>
> 报告货币的变更被视为一项**会计政策变更**，通常需要**追溯调整前期可比财务数据**，以保持财务信息的可比性。这种变更可能会影响到企业的财务指标、财务比率以及投资者、分析师对企业的估值和决策。

P

Price Discovery 价格发现

基础释义

> 价格发现是指衍生品市场通过交易活动揭示和反映**基础资产未来价格信息**的过程。

概念详解

价格发现的经济意义

（1）前瞻性的价格信号：衍生品市场中的期货、期权等合约交易，尤其是临近交割月份的合约，其价格反映了**市场参与者对未来某一特定时间点基础资产价格的集体预期**。这种预期基于**对市场供求、经济数据、政策变化、季节性因素、技术进步等多方面信息的综合分析**。因此，衍生品价格能够提供关于未来市场状况的前瞻性价格信号。

（2）市场预期的聚合：衍生品市场汇聚了众多参与者，包括生产商、消费者、贸易商、金融机构、个人投资者等，他们出于不同的目的参与交易，各自基于自身信息和分析进行买卖决策。通过市场竞价机制，各种预期在市场上碰撞、整合，最终形成**反映市场整体预期的衍生品价格**。这种价格聚合过程有助于消除个体信息不对称，提高价格发现的效率和准确性。

（3）对冲与套期保值需求：实体企业和金融机构利用衍生品市场进行风险管理，他们在市场上买卖衍生品以对冲其在现货市场中的风险敞口。这些对冲行为本身就是基于对未来价格的预期，他们的交易活动进一步丰富了市场信息，强化了衍生品价格作为未来价格预期指标的角色。

（4）引导资源优化配置：衍生品价格揭示的未来价格预期有助于引导实体经济部门进行生产、投资和消费决策。例如，农产品生产商可以根据期货市场价格预判未来收获季的销售价格，据此调整种植面积、投入产出比等经营策略。这些决策反过来又会影响市场供求，进一步反馈到衍生品价格中，形成**价格发现与实体经济互动的闭环**。

（5）影响现货市场价格：衍生品价格对现货市场具有引导和反馈作用。一方面，衍生品价格作为未来价格预期，可以影响现货市场参与者的行为，如库存管理、采购节奏等，间接影响现货价格。另一方面，临近交割时，期货价格与现货价格趋于收敛（基差收敛），**期货市场的交易活动可以直接影响现货市场的价格形成。**

（6）政策制定参考：政策制定者和监管机构可以参考衍生品市场价格来评估市场情绪、预期变化以及政策效果。例如，中央银行可以通过观察**利率期货（interest rate futures）**价格来评估市场对货币政策走向的预期，进而辅助其制定和调整政策。

Price Multiple 价格乘数

基础释义

价格乘数又称**"估值乘数"（valuation multiple）**，是指普通股的市场价格与反映公司基本面的某种财务数据的比率。价格乘数用于评估公司的相对价值。这种方法直观易懂，广泛应用于股票市场分析、并购交易评估及企业财务报表分析中。

概念详解

常见的价格乘数

（1）市盈率（P/E ratio）：市盈率是每股价格与每股收益（Earnings Per Share）的比率。较低的市盈率可能表明股票相对于其收益被低估，而较高的市盈率可能意味着市场预期该公司有较高增长潜力。

（2）市净率（P/B ratio）：市净率是每股价格与**每股净资产（Book Value Per Share, BVPS）**的比率。市净率特别适用于重资产公司，如银行和制造业，因为它考虑了公司的账面价值。

（3）市销率（P/S ratio）：市销率是每股价格与**每股销售收入（sales per share）**的比率，其计算方法为用股票价格除以每股销售收入，对于尚未盈利但有高收入增长潜力的公司（如初创科技公司），市销率是一个有用的估值工具。

（4）市销率（P/S ratio）：市现率是每股价格与**每股现金流（cash flow per share）**的比率，经营性现金流、息税及折旧摊销前利润、股东自由现金流的数值都是常用的市现率分母。

> **老皮点拨**
>
> 　　使用价格乘数时，分析师通常会将目标公司的乘数与同行业其他公司或历史平均水平进行比较，以此来判断公司是否被高估或低估。重要的是要注意，不同行业和市场的"正常"或"合理"乘数值可能差异很大，因此在比较时需要选择合适的参照系。

Price Return　价格回报

基础释义

> 　　价格回报是指一项金融资产（如股票、债券、大宗商品、货币等）在一定期限内其市场价格变动带来的投资回报，不包括任何非价格因素（如分红、利息、股票回购、拆股、并股等）的影响。价格回报主要关注的是投资者单纯因买入并持有资产期间价格变化而实现的收益或损失。

概念详解

1. 价格回报的计算方法

$$价格回报 = （期末价格 - 期初价格）/ 期初价格$$

其中，
- 期末价格指投资期间结束时金融资产的市场价格
- 期初价格指投资期间开始时金融资产的市场价格

> **老皮点拨**
>
> 　　大宗商品期货投资的价格回报比较特殊，其定义是投资者**在不考虑合约滚动回报（roll return）和保证金（或称抵押品）投资收益（collateral return）的情况下，直接从期货合约市场价格变动中获得的利润或亏损**。价格回报专注于期货合约自身价值的升降，反映了即时市场价格波动对投资组合价值的影响。

2. 价格回报的特点

(1) 纯粹反映价格变动： 价格回报仅关注资产市场价格的涨跌，不考虑其他可能影响投资者总回报的因素，如股票分红、债券利息、股票回购等。这种回报类型适用于那些仅关注资产价格表现、不考虑现金流分配的投资者或分析场景。

(2) 易于计算与比较： 由于只涉及价格数据，价格回报计算相对简单，便于快速评估不同资产或投资组合在同一时间段内的相对表现，或与历史数据进行直接对比。

3. 价格回报的应用场景

(1) 股票市场分析： 投资者和分析师经常使用价格回报来评估特定股票的表现，这有助于了解股票价格随时间的变化情况，而不考虑股息再投资的影响。

(2) 基金业绩比较： 在比较不同共同基金或交易所交易基金（ETFs）的表现时，价格回报可以提供一个基准点。然而，在实际投资决策中，总体回报（total return）通常更受关注，因为它还包括了再投资的分红和利息收入。

(3) 指数跟踪： 价格回报是构建价格回报指数（price return index）的基础。这类指数仅反映成分证券价格的变动，不考虑分红、利息等非价格因素，为市场参与者提供了一个纯粹的价格变动指标。

(4) 短期交易策略： 对于那些专注于短期价格波动的交易者而言，价格回报是他们关注的重点，因为他们的目标是通过买卖价差来获利。

(5) 绩效基准设定： 资产管理公司可能使用价格回报作为其投资组合的表现基准之一。例如，一个基金的目标可能是击败某个特定指数的价格回报。

P

老皮点拨

与价格回报紧密相关的另一个常用的回报度量指标是总体回报（total return）。总体回报不仅包括资产价格变动带来的收益，还包括现金分红、利息支付、股票回购等非价格收益，以及这些收益再投资产生的复利效应。相对而言，总体回报更能反映投资者实际持有资产期间的全部经济利益。

在实际投资分析和绩效评估中，投资者应根据自身的投资目标、偏好和策略选择关注价格回报还是总体回报。对于**长期投资者、退休储蓄者以及关注现金流收益的投资者**，总体回报可能更具参考价值。而对于**短期交易者、技术分析者或仅关注市场趋势的投资者**，价格回报可能更符合其分析需求。

Price to Book Ratio（P/B Ratio） 市净率

基础释义

市净率是指公司市值（或每股股价）与净资产账面价值（或每股净资产）的比率。市净率是除了市盈率之外最为常用的评估股票相对投资价值的估值指标。

概念详解

1. 市净率的计算公式

$$P/B = P_t / BVPS_t$$

其中，

- P_t（Price of stock at time t）代表 t 时刻的股价
- $BVPS_t$（Book value per share at time t）代表 t 时刻的每股所有者权益账面价值

老皮点拨

市净率的计算过程中，作为分子的股价十分明确，但是作为分母的 BVPS 往往需要进行如下调整。

（1）计算有形净资产： 有形净资产（tangible book value per share）通过从普通股东权益中减去报告的无形资产来计算。理论上，排除所有无形资产可能不总是合理的。对于可以分离和出售的无形资产（如专利），排除可能不适当。但对于商誉（goodwill），特别是用于比较目的时，排除可能是适当的，因为商誉代表了收购价格超过所购有形资产和可辨认无形资产公允价值的部分，且不可分离。

（2）增强可比性的调整： 例如，对于存货估值方法，一家公司使用先进先出法（FIFO），而另一家使用后进先出法（LIFO），在通货膨胀环境下，后者通常低估库存价值。为了准确评估两家公司的相对估值，分析师应将使用 LIFO 的公司调整为使用 FIFO。

（3）调整资产负债表外项目： 为了使每股净资产更准确地反映当前价值，应调整资产负债表外的重大资产和负债。例如，担保其他公司债务的义务是资产负债表外的负债，美国会计标准要求公司披露这些负债。

2. 市净率的用途和优势

（1）适用于无盈利或亏损公司： 净资产（book value）是累计的资产负债表金额，即使每股收益（EPS）为零或负数，净资产通常是正数。因此，当 EPS 为零或负数时，P/B 仍然有意义，而 P/E 则不适用。

（2）稳定性高： 每股净资产比每股收益更稳定，因此当 EPS 异常高或低或高度波动时，P/B 可能比 P/E 更有意义。

（3）适合评估以流动资产为主的公司： 对于主要由流动资产组成的公司（如金融、投资、保险和银行业机构），净资产的账面价值可能接近市场价值。在这种情况下，P/B 适合作为估值指标。分析师可以根据可用的信息调整报告的净资产，使其更接近市场价值。

（4）适用于非持续经营的公司： 对于不预计继续作为持续经营的公司（如即将破产或清算的公司），净资产也被用于估值。

（5）与长期平均回报相关： 根据实证研究，P/B 的差异可能与公司的长期平均回报相关。

3. 市净率的局限性

（1）未反映关键无形资产： 除了财务报表中确认的资产外，其他关键运营因素可能未被反映。例如，服务公司的员工技能和知识（人力资本）以及公司通过提供优质产品和服务建立的良好声誉，这些都不反映在资产负债表上。

（2）资产水平差异导致误导： 当被评估公司的资产水平显著不同时，P/B 可能会误导。这种差异可能反映了不同的商业模式。

（3）会计效应影响准确性： 会计准则对净资产的影响可能削弱其作为股东投资衡量标准的有用性。例如，内部生成的无形资产（如品牌和专利）通常不作为资产反映在资产负债表上。这些会计效应可能损害不同公司和国家之间的 P/B 可比性。

（4）资产和负债的测量方式： 一些资产和负债（如某些金融工具）可能按公允价值报告，而其他资产（如不动产、厂房和设备）通常按历史成本报告，减去累计折旧、累计摊销、耗竭和 / 或减值。通货膨胀和技术变革可能导致资产的账面价值与市场价值显著偏离，从而使每股净资产不能准确反映股东的投资价值。

（5）股份回购或发行的影响： 股份回购或发行可能扭曲历史比较。

Price to Cash Flow Ratio　市现率

基础释义

市现率是指衡量公司股票价格与其产生的现金流之间对比关系的一种估值指标。与市盈率（P/E ratio）关注净利润不同，市现率侧重于公司的现金流量。

概念详解

1. 市现率的计算公式

$$P/CF=P_t/CF_t$$

其中，

-P_t（Price of stock at time t）代表 t 时刻的股价

-CF_t（Cash flow at time t）代表 t 时刻的每股现金流

老皮点拨

市现率计算过程中的分母并不唯一，可以有多种选择，常见的包括：

（1）近似现金流量（approximated CF）： 通常定义为每股收益（EPS）加上每股非现金费用（如折旧和摊销）。公式为：CF=EPS+ 折旧 + 摊销。

（2）经营活动产生的现金流量（CFO）： 从现金流量表中直接获取的经营活动产生的现金流量。

（3）股权自由现金流（FCFE）： 经营活动产生的现金流量减去必要的资本支出。公式为：FCFE=CFO － 资本支出。

（4）息税折旧摊销前利润（EBITDA）： 净利润加上利息、税收、折旧和摊销。公式为：EBITDA= 净利润 + 利息 + 税收 + 折旧 + 摊销。

2. 市现率的用途和优势

（1）减少管理层操纵： 现金流量相比净利润更难被管理层操纵，因此 P/CF 比市盈率（P/E）更能反映公司的实际财务状况。

（2）稳定性更高： 现金流量通常比净利润更稳定，因此 P/CF 也比 P/E 更稳定，有助于投资者在市场波动中做出更理性的判断。

（3）解决会计保守性差异： 使用 P/CF 可以部分解决**不同公司之间会计保守性差异**的问题，因为现金流量不受会计政策选择的影响。

（4）与长期平均回报相关： 根据实证研究，P/CF 的差异可能与公司的长期平均回报相关，因此 P/CF 可以作为评估公司长期投资价值的一个指标。

3. 市现率的局限性

（1）忽略实际现金流量的变化： 当现金流量从经营活动定义为每股收益加上非现金费用时，**实际现金流量的变化（如非现金收入和营运资本的净变化）**被忽略了。例如，激进的收入确认不会在这一定义中准确反映，因为该定义没有捕捉到报告收入与实际现金收入之间的差异。

（2）FCF 的波动性： 理论上，自由现金流（FCFE）比经营性现金流更适合作为市现率的分母。然而，FCFE 可能比 CFO 更波动，且更频繁地为负值。

（3）会计方法的影响： 随着分析师对现金流量使用的增加，一些公司开始采用增强现金流量措施的会计方法。例如，通过证券化应收账款加速公司的经营现金流入，或通过外包应付账款的支付来延缓公司的经营现金流出。

（4）会计准则的差异： 不同的会计准则（如 IFRS 和 US GAAP）在分类利息支付、利息收入和股利收入方面存在差异，这可能导致不同公司之间的现金流量不可比。

P

Price to Earnings Ratio 市盈率

基础释义

> 市盈率是指公司股票的价格与其**每股收益**之间的比率。市盈率是投资者评估股票价值和市场情绪的重要指标之一。较高的市盈率意味着市场愿意为每一单位的公司盈利付出更高的价格，这可能反映出市场对该公司未来增长潜力的乐观预期。相反，较低的市盈率可能表明市场对该公司的增长前景并不十分看好。

概念详解

1. 市盈率的计算公式

$$P/E = P/EPS$$

其中,

-P(Price of stock)代表股价

-EPS(Earnings per share, EPS)代表每股收益

2. 市盈率的用途和优势

(1)反映公司的盈利能力: 盈利能力是投资价值的主要驱动因素之一,每股收益(EPS)是证券分析师关注的核心指标。

(2)广泛认可和使用: P/E 被投资者广泛认可和使用,是评估公司价值的常用工具。

(3)与长期平均回报相关: 根据实证研究,不同股票的 P/E 差异可能与这些股票的长期平均回报相关。

3. 市盈率的局限性

(1)EPS 可能非常小、为零或为负数: 如果 EPS 非常小、为零甚至为负数,P/E 将失去经济意义。例如,当公司亏损时,P/E 无法提供有效的估值信息。

(2)区分持续和暂时收益的困难: 持续收益(即未来可预见的收益)与暂时收益(如一次性损益)难以区分,这对确定内在价值构成挑战。

(3)会计标准的选择和估计: 会计准则允许企业管理层选择不同的报告方法和使用估计值,这可能导致 EPS 不能准确反映公司的经济表现,从而影响不同公司之间的 P/E 可比性。

4. 分析师对于每股收益的调整

作为市盈率分母的每股收益受到具体的计算周期的特征以及会计准则的影响比较明显,为了增强其分析价值,分析师一般会对每股收益进行适当调整,包括调整非经常性项目、调整商业周期的影响等。

4.1 非经常性项目的调整

分析师通常会剔除**非经常性项目(non-recurring items)**,因为估值关注的是未来的现金流。调整后的收益称为**核心收益(core earnings)**、**持续收益(continuing earnings)**或**基础收益(underlying earnings)**。这些调整有助于反映公司的真实盈利能力。

非经常性项目的调整步骤一般包括:

（1）仔细审查**利润表、附注和管理层讨论与分析部分**，识别非经常性项目。

（2）剔除**一次性损益**，如资产出售损益、资产减值、未来损失准备金和会计估计变更等。

4.2 商业周期影响的调整

对于受**商业周期（business cycle）**影响较大的公司（如汽车制造和钢铁行业），最近四个季度的 EPS 可能不能准确反映公司的平均或长期盈利能力。

常见的调整商业周期影响的方法包括：

（1）历史平均 EPS 法：计算最近一个完整周期的平均 EPS。

（2）平均 ROE 法：计算最近一个完整周期的平均 ROE，然后乘以当前的每股净资产。

4.3 与其他公司可比性的调整

为了确保 P/E 的可比性，分析师需要调整因会计方法不同而导致的 EPS 差异。例如，一家公司使用后进先出法（LIFO）而另一家公司使用先进先出法（FIFO）来对销货成本以及期末剩余存货进行归集，分析师应调整 EPS 以提供可比性。

5. 市盈率的分类

根据分母的每股收益反映的时间范围，市盈率可以分为：

（1）静态市盈率（trailing P/E）：又称**"当期市盈率"（current P/E）**，基于过去一个完整的财务年度的净利润计算。如果基于最近四个季度（过去 12 个月）的滚动净利润计算，则此时的市盈率被称为**滚动市盈率（trailing twelve month P/E）**。

（2）前瞻市盈率（forward P/E）：又称**"领先市盈率"（leading P/E）**或**"预期市盈率"（prospective P/E）**，基于**对未来一年或一段时间内预期的每股收益**进行计算。

6. 市盈率的数据解读

（1）高市盈率：高市盈率通常表明投资者预期公司未来会有较高的增长，愿意为每一单位的当前收益支付更高的价格，但也可能意味着股票被高估。

（2）低市盈率：低市盈率可能表明市场对公司的增长前景不太乐观，或者公司处于成熟或衰退行业，但也可能是股票被低估，为价值投资者提供了机会。

> **💡 老皮点拨**
>
> 市盈率虽然在实务中广泛使用，但是其没有考虑到公司的成长性、财务健康状况、行业特性、经济周期等因素。不同的行业、发展阶段的公司以及宏观经济环境都会影响市盈率的合理范围。同时，成长性强的公司可能有较高的市盈率，因为它反映了市场对其未来盈利能力的预期。因此，在实际投资分析中，市盈率通常需要与财务比率（净利率、股东回报率）、其他估值指标（如股息收益率、PEG 比率）、市场因素和宏观经济分析结合使用，以做出更全面的投资决策。

Price to Sales Ratio　市销率

基础释义

> 市销率是指通过比较**公司的市值**与**其年销售收入**来评估股票的相对投资价值的一种估值指标。

概念详解

1. 市销率的计算公式

$$P/E = P_t / SPS_t$$

其中，

-P_t（Price of stock at time t）代表 t 时刻的股价

-SPS（Sales per share, EPS）代表每股销售收入

2. 市销率的优点

（1）销售收入不易被操纵：销售额相对于其他财务指标（如每股收益 EPS 或账面价值）来说更难被管理层通过任意会计决策来操控。

（2）适用于亏损企业：即使企业的 EPS 为负，市销率依然可以使用，因为销售额通常是正数。这使得市销率在分析亏损企业时特别有用。

（3）稳定性好： 由于销售额通常比 EPS 更稳定，因此市销率相比于市盈率（P/E）更为稳定，特别是在 EPS 异常高或低的情况下。

（4）适用范围广泛： 市销率被认为适合评估成熟公司、周期性公司及没有收入的公司的股票价值。

（5）与长期平均回报相关： 实证研究表明，不同市销率倍数确实与不同的股票长期平均回报相关。

3. 市销率的缺点

（1）收入转化盈利能力问题： 公司可能有很高的销售增长但并不盈利，最终仍需产生利润和现金流才能作为评价企业持续经营价值的标准。

（2）融资影响： 股价反映了债务融资对盈利能力和风险的影响，而在市销率中，价格与销售收入相比，后者是融资前的收入指标，这存在逻辑上的不匹配。

（3）成本结构差异： 市销率不反映不同公司之间的成本结构差异。

（4）收入确认问题： 尽管市销率相对稳健，但收入确认实践可能会扭曲市销率。

Price Value of a Basis Point (PVBP)　单一基点价值

基础释义

单一基点价值又称基点价值（Basis Point Value, BPV）或**基点美元价值**（Dollar Value of 01, DV01），是指当利率变动一个基点（即 0.01%）时导致的债券价格变化的货币价值。基点价值是**美元久期**概念的另一种表达方式，更具体地量化了利率每变动一个基点时，债券或债券组合价值的预期变动金额。

概念详解

1. 基点价值的计算公式

$$PVBP = \frac{(PV_-) - (PV_+)}{2}$$

其中，

-PV_- 表示收益率减少 1 个基点时的债券全价

-PV_+ 表示收益率增加 1 个基点时的债券全价

2. 基点价值的重要性

PVBP是固定收益市场中衡量债券价格对利率变化敏感性的关键指标，它帮助投资者和交易员量化利率波动对债券投资组合价值的影响。对于复杂的金融工具，如**可赎回债券（callable bond）**、**可转换债券（convertible bond）**等，PVBP提供了更精确的价格变动估计，因为这些债券的现金流不是固定的。

3. PVBP与其他久期的关系

3.1 PVBP与修正久期的关系

修正久期（modified duration）衡量的是收益率变化百分比对债券价格变化百分比的影响，PVBP则直接给出了收益率变化对债券价格变化的绝对金额。

3.2 PVBP与美元久期的关系

货币久期（money duration）或**美元久期（dollar duration）**是修正久期与债券全价的乘积，用来估计收益率变化1%带来的价格变化，而PVBP是收益率变动万分之一带来的价格变化，因此，PVBP等于美元久期乘以1%。

4. PVBP的实际应用

PVBP的应用场景包括风险管理、投资组合管理、定价与交易以及财务报告与审计。

4.1 风险管理

PVBP在风险管理中的应用包括：

（1）对冲策略（hedge strategy）： 交易员可以使用PVBP来计算需要购买或出售多少债券以对冲利率风险。例如，如果一个投资组合的PVBP为100美元，这意味着收益率每增加1个基点，该投资组合的价值就会减少100美元。交易员可以买入或卖出相应的债券数量来抵消这种风险。此外，在复杂的投资组合中，不同资产的PVBP可能不同。通过计算每个资产的PVBP并进行加权平均，可以算出组合的PVBP，进而调整投资组合的内部仓位，以达到整体对冲的目的。

（2）压力测试（stress testing）： 使用PVBP可以进行利率的压力测试，模拟不同的利率变化情景对投资组合的影响，对于金融机构的压力测试和资本充足性评估至关重要。

4.2 投资组合管理

PVBP在投资组合管理中的应用包括：

（1）久期管理（duration management）： 基金经理可以根据市场预期调整投资组合的久期。如果预期利率将上升，可以减少久期较长的债券持有量；反之，如果预期利率将下降，则可以增加久期较长的债券持有量。此外，随着市场条件的变化，PVBP 可以帮助基金经理动态地重新平衡投资组合，以保持目标久期（target duration）不变。

（2）资产配置（asset allocation）： PVBP 可以帮助决定在不同类型的固定收益资产（如政府债券、企业债券、抵押贷款支持证券等）之间的配置比例，以达到预期的风险和收益平衡。

4.3 定价与交易

在债券发行或交易前，PVBP 可以用来估计债券的价格敏感性，从而为定价提供参考依据。此外，通过比较不同债券的 PVBP，可以发现**定价偏差或套利机会**。例如，如果两个相似的债券在 PVBP 上有显著差异，这可能表明其中一个被低估或高估。

4.4 财务报告与审计

PVBP 是评估债券等固定收益证券公允价值的一个重要组成部分，特别是在财务报表中反映市场风险时。此外，内部审计部门可以使用 PVBP 来验证风险管理系统的有效性和合规性。

实务拓展

在美国，PVBP 通常被称为 DV01（Dollar Value of 1 Basis Point），强调了这个变化量以美元或其他货币单位表示的实际价值，而在欧洲和其他地区，可能更多地使用 PV01（Present Value of an 01）或 BPV（Basis Present Value）。

P

Price Weighting 价格加权

基础释义

价格加权是指指数值由**指数成分证券的当前市场价格**直接加权求和得出的一种计算金融指数（如股票指数）的方法。价格加权指数反映了各成分证券价格变动对指数整体表现的直接影响，成分证券价格越高，其对指数值的影响越大。

概念详解

1. 价格加权的特点

(1) 价格决定权重：价格加权指数中，成分证券的权重**完全取决于其市场价格**，价格越高的成分证券对指数的影响越大。这意味着即使市值较小的公司，只要其股票价格较高，也可能在指数中占有较大权重。

(2) 敏感于高价股变动：由于价格加权指数赋予高价股较大权重，这些股票的价格变动对指数值的影响显著。因此，高价股的剧烈波动可能导致指数出现较大起伏，可能无法准确反映市场整体或某一特定板块的真实表现。

(3) 成分股调整的敏感性较低：价格加权指数对成分股的调整（如新增、剔除或权重变更）相对不敏感，因为调整通常不会显著改变指数中各成分证券的相对价格关系。然而，如果调整涉及价格极高的成分证券，则可能对指数产生较大影响。

2. 价格加权的优点

(1) 计算简单直观：价格加权指数的计算方法简单明了，易于理解。

(2) 直接反映价格变动影响：成分证券价格的任何变动都会直接影响指数值，能够直观反映市场中高价股的走势。

3. 价格加权的缺点

(1) 权重分布可能偏离市场实际情况：价格加权可能导致权重分配与成分证券的**市值、经济影响力或行业地位**不符，不能充分反映市场整体或特定板块的实际表现。

(2) 易受高价股异常波动影响：高价股的价格大幅波动会对指数产生过大的影响，可能导致指数无法准确反映市场整体状况。

> 📍 **实务拓展**
>
> 现代金融市场中，市值加权指数（如标准普尔 500 指数、纳斯达克综合指数等）因其更能反映市场整体市值变化而更为普遍。然而，价格加权指数如**道琼斯工业平均指数**仍因其悠久的历史、广泛的知名度和某些特定应用场景（如历史比较、市场情绪指标等）而受到关注。道琼斯工业平均指数（Dow Jones Industrial Average, DJIA）是最著名的价格加权指数。由 30 家在美国证券交易所上市的大型、知名且具有代表性的公司股票组成。DJIA 的计算就是将这 30 只成分股的当前价格相加，然后除以一个被称为"道琼斯除数"（Dow Divisor）的常数，得到最终的指数值。这个除数会定期调整，以抵消成分股变动（如分红、拆股、增发、调入调出等）对指数的影响，保持指数的连续性和可比性。

Pricing Model 定价模型

基础释义

定价模型又称"定价策略",是指详细说明企业如何根据市场需求、成本结构、顾客细分及企业目标,系统地确定商品或服务的售价,旨在优化收入、市场份额或利润,同时考虑到不同客户群体的价值感知与支付意愿的一种策略工具。

概念详解

定价模型的常见类型

(1) 分层定价 (tiered pricing):根据购买数量或产品特性(如基本款与豪华款)设定不同价格层次,以此吸引不同消费能力的顾客。

(2) 动态定价(dynamic pricing):依据时间、市场需求、库存水平等因素灵活调整价格,例如酒店的季节性调价和网约车在高峰期的临时加价,都是为了即时响应市场变化,最大化收益。

(3) 价值基础定价 (value-based pricing):依据产品或服务为客户带来的价值设定价格,通常需要评估客户因使用该产品或服务而避免的成本或获得的额外收益,这种定价策略在医药行业尤为显著,因为药品的价值与其治疗效果紧密相关。

(4) 拍卖 / 反向拍卖模型 (auction/reverse auction models):通过竞拍过程确定价格,其中拍卖是买家竞价购买,反向拍卖则是卖家竞争以最低报价出售,数字化平台如在线广告拍卖(Google AdWords、百度推广)和电商平台(eBay)广泛采用此模型,自动化技术使得这一过程高效透明。

实务拓展

企业实施定价策略时,往往会采用变相折扣、促销活动和捆绑销售等手段,而非直接调整公示价格,这样调整后的实际支付价格称为净价。这些策略旨在更精细地管理市场感知、刺激需求、维持或提升市场份额,同时优化企业的利润结构。

Primary Capital Market　一级资本市场

基础释义

> 一级资本市场又称"**一级市场**"（primary market）或"**发行市场**"（issuing market），是指金融体系中涉及新发行或增发证券初次交易的市场环节。在这个市场中，企业、政府或其他实体向公众或特定投资者发行新的股票、债券、基金单位、票据以及其他金融工具，以筹集长期资本。一级资本市场是资本形成和流入实体经济的重要渠道。

概念详解

1. 一级资本市场的特点

（1）资本筹集： 一级市场的核心功能是**帮助企业、政府、金融机构等发行方筹集长期资金**，用于投资、扩大经营、偿还债务、基础设施建设或其他特定目的。

（2）程序复杂： 发行通常涉及一系列复杂的程序，包括但不限于确定发行规模、定价、选择发行方式、编制发行文件（如招股说明书、债券募集说明书等）、获得监管批准、路演推介、簿记建档等。

（3）中介机构参与： 一级市场的运作离不开中介机构的参与，如投资银行、证券承销商、法律顾问、会计师事务所等，它们为发行方提供专业服务，协助完成发行流程，并承担证券分销的角色。

（4）投资者类型多样： 一级市场的投资者可以包括机构投资者（如养老基金、保险公司、对冲基金、主权财富基金等）和高净值个人投资者。

（5）准入门槛高： 部分一级市场交易可能设有较高的投资门槛，如对投资者的资质要求、最低投资额限制等，以确保参与者的专业性和风险承受能力。

2. 一级资本市场的功能

（1）资源配置： 一级市场通过证券发行将社会闲散资金引导至有资金需求的实体，促进资本在不同行业、企业和项目间的有效配置。

（2）风险分担： 通过发行股票或债券，发行方将经营风险和财务风险部分转移给了投资者，实现了**风险的社会化分散**。

（3）信息公开与透明： 发行过程中，发行方需按照法规要求披露大量关于自身业务、财务状况、未来规划等方面的信息，增强了市场的透明度，有利于投资者做出知情决策。

（4）公司治理与监督： 股票发行使得公司接受公众投资者监督，有助于改善公司治理结构，提高运营效率和合规性。

（5）经济发展支撑： 一级市场为实体经济提供了重要的融资渠道，对于企业成长、技术创新、基础设施建设及宏观经济稳定具有重要作用。

3. 一级资本市场的交易方式

（1）首次公开募股（initial public offering, IPO）： 公司首次将股份向公众发售，使其股票在证券交易所挂牌交易。

（2）私募发行（private placement）： 向特定投资者（如大型机构或合格投资者）非公开地出售证券，无须公开披露详尽信息，也不在公开市场上交易，其中，已上市公司向特定投资者额外发行新股被称为**"定向增发"（seasoned private placement）**。

（3）债券发行（bond issuance）： 债券发行包括政府债券、企业债券、可转换债券、资产支持证券等多种形式，为企业或政府筹集债务资金。

（4）基金发行（fund launch）： 新设立的开放式基金或封闭式基金向投资者出售基金单位，募集资金投资于各类资产组合。

老皮点拨

一级市场与二级市场紧密相连但功能各异，两者的联系和区别包括：

（1）一级市场关注的是**证券的发行**和**资本的筹集，** 而二级市场则是**已发行证券在投资者之间买卖流通**的场所，不涉及发行方直接筹资，其主要功能在于提供流动性，允许投资者随时买入或卖出持有的证券，调整投资组合，进而影响证券价格，实现价格发现。

（2）一级市场的发行活动会直接影响二级市场的**证券供应量**和**投资者预期，** 而二级市场的表现（如股价、市盈率等）反过来也可能影响一级市场的**发行条件**和投资者对新发行证券的需求。

Principal　本金

基础释义

本金是指在金融交易或债务关系中，最初投入或借出的金额，它是计算利息、利润、损失、偿还金额等金融指标的基础。本金的概念广泛应用于贷款、债券、投资、保险等各种金融领域。

概念详解

1. 本金在不同语境下的含义

（1）贷款与债券中的本金： 在贷款业务中，本金是指**借款人从贷款人处借入的原始金额**，即未计利息和其他费用的净借款额。借款人需在贷款期限内偿还全部本金，同时支付相应的利息和其他费用。在债券或其他债务证券中，本金（或称面值）是**发行时设定的金额**，即债券到期时发行方承诺偿还给投资者的金额。

（2）投资中的本金： 在投资活动中，本金是指**投资者最初投入的资金**，用于购买股票、债券、基金、衍生产品等金融资产。投资本金是计算投资收益（如股息、利息、资本利得）的基础，也是衡量投资风险的重要指标。

（3）保险中的本金： 在某些保险产品（如年金保险、投资连结保险等）中，本金是指**投保人缴纳的保险费在扣除相关费用后的剩余部分**，这部分资金用于投资并产生收益。保险本金的积累和投资收益构成了保险金的支付来源。

2. 本金在复利计算中的作用

在计算复利时，本金是计算利息的基础。复利是指利息不仅产生于本金，而且产生于前期支付的利息。随着时间的推移，复利效应会使本金及其累积利息一起增长，形成"利滚利"的效果。

> **实务拓展**
>
> 金融市场中存在一些旨在保护或保证本金安全的产品，如本金保障型理财产品、保本型基金等。这些产品通过各种投资策略或风险转移机制，力求在投资期限结束后返还投资者全部或部分本金，即使市场环境不利。

Principal-Agent Relationship　所有人-代理人关系

同"Agency Relationship"。

Private Capital　私募资本

基础释义

> 私募资本是指**通过非公开方式向特定投资者（机构投资者、高净值个人和其他符合资格的投资者）**筹集的资金。私募资本无须经过政府监管部门的公开审核或注册程序。广义的私募资本包括但不限于私募股权基金、风险投资基金、对冲基金、夹层基金、房地产基金等。狭义的私募资本主要指**私募股权及私人债务**。

概念详解

1. 私募资本的种类

狭义的私募资本既包括**以股权形式提供的私募股权**，也包括**以贷款或其他债务形式提供的私人债务**。

1.1 私募股权（Private Equity）

私募股权指的是**对未上市公司的股权投资**，或者**对上市公司进行私有化的投资**。私募股权通常用于成熟阶段的企业或处于下滑阶段的企业，私募股权经理人通常利用私有化后的更大控制权和灵活性来实施管理上的改变和战略调整，包括关闭、出售或重组业务线，以提升公司盈利能力。

私募股权可以进一步分为：

（1）风险资本（venture capital）：风险资本又称"创业资本"，是一种特殊的私募股权形式，主要用于**初创期或成长初期的未上市公司**。这些公司通常仅有一个想法或商业计划，且运营规模或客户基础有限。创业资本旨在支持这些早期企业的成长和发展。

（2）成长资本（growth capital）：成长资本是指针对**已经具有一定规模但仍**

需额外资金支持快速扩张的企业所提供的私募股权投资。与创业资本相比，接受成长资本投资的企业通常已有稳定的商业模式和收入来源。

（3）杠杆收购（leveraged buyout）：当私募股权基金设立专门的收购基金来购买**上市公司或成熟的私营公司**，并以**大量债务融资**完成交易时，即为杠杆收购。被收购公司的资产通常作为债务担保，预期该公司现金流足以偿还债务。交易完成后，被收购公司将变成或继续保持私有状态。杠杆收购包括**管理层收购（Management Buyout，MBO）**和**管理层换购（Management Buy-in，MBI）**两种类型，其中，管理层收购**由现有管理层参与收购**，而管理层换购（MBI）则**由收购团队替换现有管理层进行管理**。

> ### 老皮点拨
>
> 公开股权与私募股权的差异包括：
>
> **（1）所有权与控制权：**无论是公开股权还是私募股权，投资者都是公司的所有者，并对公司未来现金流和股息拥有剩余索取权。然而，私募股权投资者通常享有更多控制权，能够全面获取公司信息，并在日常管理和战略决策方面发挥更大影响力。
>
> **（2）信息披露：**公开股权投资者只能获得**公开发布的年度报告和定期财务报表**等信息，并且投票权仅限于需要股东批准的重大决策。私募股权投资者则可以获得**更为详尽和实时的公司运营信息**，因为他们通常直接参与公司的治理和管理，能够获取未公开的数据和战略信息，从而更好地监督和指导公司的经营。
>
> **（3）风险特征：**私募股权和公开股权都面临较高的市场风险，但私募股权由于其流动性较低，通常需要更长时间才能变现，因此要求更高的风险溢价。

1.2 私人债务（Private Debt）

私人债务包括但不限于私人贷款或债券。与公共债务不同，私人债务不通过公开市场发行，而是**直接由投资者或金融机构提供给企业**。私人债务还包括向早期阶段公司提供的**创业债务（venture debt）**，以及针对被认为濒临破产的企业提供的**困境债务（distressed debt）**。

2. 私募资本的特点

（1）针对性和定制化：由于是向少数特定对象募集，私募资本可以根据投资者的需求和目标进行更具针对性的投资，满足特殊的投资要求。

（2）**监管宽松：**与公募市场相比，私募市场受到的监管通常较为宽松，这为投资策略提供了更大的灵活性。

（3）**信息保密性：**私募资本的投资者和投资项目不需要像公募基金那样定期向公众披露详细的投资组合信息，这增加了投资的隐蔽性，减少了市场追踪的影响，有时也能帮助实现更高的投资回报。

（4）**高门槛和特定投资者：**私募资本投资通常**设有较高的投资门槛，仅限于符合条件的合格投资者参与**，这些投资者需满足一定的资产规模、收入水平或具备相应的投资经验及风险承受能力。

（5）**长期性和高风险高回报潜力：**私募资本投资，特别是私募股权投资，通常着眼长期持有，可能伴随高风险，但也可能带来丰厚回报，如被投资公司成功上市或实现高增长时，投资者可能获得数倍乃至数十倍的回报。

（6）**流动性有限：**相比公募基金，私募资本投资的流动性较低，资金通常需要锁定一段时间，投资者在投资期内难以快速赎回资金。

Private Company　私有公司

基础释义

> 私有公司是指**其股份不在股票交易**所公开上市交易因此不具备公开的公司估值或股价透明度的公司。与上市公司相比，私营公司的股份转让更为复杂且受限。如果私营公司的股东想要出售股份，必须自行寻找愿意购买的买家，并且双方需要协商确定价格。

概念详解

私有公司的优势

（1）**较少的股东与利益相关者：**私营公司通常股东数量较少，这意味着控股性股东和管理层只需向较少的股东负责，决策过程可能更加高效和灵活。

（2）**早期投资机会：**许多处于初创阶段或成长期的公司选择保持私营状态，对这些公司的股权投资如果成功，有可能带来高额回报。

（3）**较少的披露与合规成本：**私营公司不需要像上市公司那样遵守严格的财务

P

报告和信息披露要求，这减少了相应的成本和合规负担。同时，在私营交易中筹集资金所面临的法规限制和成本也相对较低。

（4）长期聚焦： 私营公司的非上市状态促使管理层能够更加专注于**公司的长期发展策略**，而不是过分关注季度收益等短期业绩指标。

Private Debt　私募债务

基础释义

> 私募债务，又称"私人债务"，是指由投资者**直接提供给非公开上市的私人实体**的各种形式的债务融资。私募债务与在公开市场发行的债券（如公司债、政府债券等）相对，为借款人提供了一种不同于传统银行贷款的融资方式，同时也为投资者开辟了获取固定收益的投资途径。私募债务在 2008 年金融危机后显著增长，主要是因为传统银行受到更严格的监管限制，减少了对某些市场的放贷，而私募债务基金和其他投资者填补了这一空白。

概念详解

1. 私募债务的类别

私募债务的类别包括直接贷款、夹层贷款、风险债务、危机债务以及特殊类型私募债务。

1.1 直接贷款（Direct Lending）

直接贷款是指投资者通过私募债务基金汇集资金，然后将资金**直接贷给多个特定的运营公司**。投资者获得定期的利息支付以及最终本金的返还。贷款通常是**优先级的（senior）**并且**有担保（secured）**，包含**保护性条款（covenants）**以保障债权人的利益。某些情况下，私募债务公司会通过自身借款来放大贷款规模，从而提高回报。

1.2 夹层贷款（Mezzanine Loans）

夹层贷款位于**高级担保债务（senior secured debt）**之下但优先于**股权**，常用于杠杆收购（LBO）、资本重组等，其特点是较高的利率以及可能的股权参与权（如认股权证或转换权）。

1.3 风险债务（Venture Debt）

风险债务投资于**初创企业**和**早期阶段公司**，这类公司通常缺乏足够的资产作为抵押品，所以往往提供一些附加条款，例如股权投资权，以补偿较高的违约风险。

1.4 危机债务（Distressed Debt）

危机债务的投资目标是**财务状况困难的成熟公司**，这些公司可能已经破产或即将违约，其核心思想是通过购买低价债务，期待公司复苏后债务价值提升从而获利，在投资过程中，投资方可能积极参与危机公司的管理与重组，如提供破产保护期间的资金。

1.5 特殊类型私募债务

（1）单层贷款（unitranche debt）： 单层贷款结合了**不同等级的担保和无担保债务**，形成单一贷款，具有混合利率，利率水平**介于高级担保债务和次级无担保债务之间**。

（2）专业贷款（specialty loans）： 专业贷款是指**针对特定行业或特定目的**设计的贷款产品，这类贷款通常面向具有特殊需求或面临独特财务状况的借款人。专业贷款的设计旨在解决传统贷款无法覆盖或难以有效处理的情况，例如**诉讼融资（litigation finance）**，可以为诉讼当事人提供法律费用的资金支持。

2. 私募债务的风险与回报特征

2.1 私募债务的回报特征

（1）高收益机会： 相比传统债券，私募债务提供更高的收益潜力。

（2）流动性溢价： 投资者因缺乏流动性而要求更高的回报。

2.2 私募债务的风险特征

（1）流动性风险较高： 与公开发行和交易的债务工具例如债券相比，私募债务通常缺乏流动性。

（2）违约风险较高： 由于私募债务的借款人是非上市交易的实体，一般具有较高的信用风险。

（3）一定的风险分散化效果：私募债务与公开的资本市场的相关性相对较弱，能够在一定程度上增加投资组合的多样性。

3. 公共债务与私募债务的区别

（1）灵活性： 私募债务为借款人提供更多的融资安排灵活性。

（2）专业知识： 需要具备专门的知识来评估和管理私募债务，特别是针对不同生命周期阶段的公司和不同结构的债务。

（3）回报与风险： 私募债务的回报与风险均高于传统债券，其中夹层债务提供更高的增长潜力但伴随更高的风险。

Private Equity　私募股权

基础释义

私募股权是指**通过非公开方式向特定投资者筹集资金**，对**非上市公司（尤其是处于成长阶段的企业）**进行的直接股权投资，或**对上市公司进行私有化**的投资。私募股权通常涉及较大的投资额，并且投资期限较长，旨在通过改善公司运营、提高收入和利润来实现资本增值。

概念详解

1. 私募股权的特征

（1）非公开募集：资金来源于**特定的合格投资者**，如机构投资者、高净值个人等，**不面向公众募集资金**。

（2）特定投资对象：主要投资于**非上市企业**或通过**杠杆收购**等方式取得上市公司的控制权，也可能包括对**困境企业**的投资与重组。

（3）长期投资：投资周期较长，通常为**5～10年**甚至更长，以适应企业成长、转型或重组所需的时间。

（4）积极参与管理：私募股权投资者往往**积极参与被投企业的管理决策**，提供战略指导、财务优化、治理结构改进等增值服务，以促进企业价值增长。

（5）高风险高回报：相对于其他类型的投资，私募股权投资通常涉及**更高的风险**，但也可能带来**更高的回报**，尤其是在成功推动企业成长或转型后。

> 🔅 **老皮点拨**
>
> 私募股权不仅是**资金的提供者**，更是**企业成长和转型的合作伙伴**，通过其专业的管理经验和丰富的资源网络，帮助企业解决资金之外的多种问题，推动企业快速发展。

2. 私募股权的投资策略

2.1 按照投资形式分类

按照投资形式，私募股权可以分为：

（1）直接投资（direct investments）：直接私募股权投资是指**在单一具体的资产上进行的投资**。在这种情况下，投资可能包括**共同投资（co-investments）**，即投资者与一个主导的赞助商一起参与交易，后者负责寻找、构建和执行交易。

（2）间接投资（indirect investments）：间接私募股权投资则是通过**母基金（fund-of-funds, FOF）**来进行的，这种基金拥有其他多个私募基金的股份。通过这种方式，投资者可以分散风险，并获得对多个不同资产的敞口。

2.2 按公司生命周期阶段分类

按照被投资公司的**生命周期（company lifecycle）**阶段分类，私募股权可以分为：

（1）风险资本（Venture Capital, VC）：风险资本涉及对具有高增长潜力的私营公司进行投资。这些通常是初创企业或年轻公司，但风险资本也可以在公司发展的各个阶段（从商业概念的诞生接近 IPO 或被收购之前）注入。投资回报的要求根据公司的发展阶段而变化，早期阶段公司的投资者要求的预期回报相对更高，因为发展阶段越早，风险越高。

> 💡 **老皮点拨**
>
> 风险资本的投资阶段包括：
>
> **①成型阶段（formative stage）**：
>
> a. 天使投资（angel investing）：在想法阶段提供的资金，通常用于开发商业计划和评估市场潜力。这类融资通常金额较小，来源于个人而非 VC 基金。
>
> b. 种子轮融资（seed-stage financing）：支持产品开发和营销的资金，包括市场研究。这是 VC 基金通常开始介入的第一个阶段。
>
> c. 早期融资（early-stage financing）：为**即将进入运营但尚未开始商业化生产和销售**的公司提供的资金。
>
> **②后期融资（later-stage financing）**：在公司开始商业化生产和销售之后，但在 IPO 之前提供的资金。此类融资可能涉及公司管理权的部分出让，并且可以通过股权或债务的形式提供。
>
> **③夹层融资（mezzanine-stage financing）**：公司上市前的最后一个阶段的融资，帮助公司继续扩大产能和增强增长轨迹。此类融资发生在公司从私有到公开状态的过渡期。

（2）杠杆收购（Leveraged Buyout, LBO）：杠杆收购是指私募股权公司通过大量债务融资来收购**上市公司或成熟的私营公司**。目标公司的资产通常作为债务的抵押品，其现金流预计足够偿还债务。收购完成后，债务成为目标公司资本结构的一部分，而目标公司也会变为或继续保持私有状态。LBO 经理通过改进公司运营、增加收入和最终提高利润及现金流来增加价值。

老皮点拨

杠杆收购可以进一步细分为**管理层收购（Management Buyout, MBO）和管理层换购（Management Buy-In, MBI）**。在管理层收购中，现有管理层参与收购，而在管理层换购中，现有管理层被收购方委任的团队取代。

LBO 经理通过改进公司运营、增加收入和最终提高利润及现金流来增加价值。现金流量的增长主要来自收入增长、成本削减和重组、并购以及其他来源。然而，这一类别的财务回报很大程度上依赖于杠杆的使用。如果债务融资不可用或成本过高，LBO 的吸引力会减弱，交易的可能性也会降低。

（3）成长资本（growth capital）： 成长资本是指针对**已经具有一定规模但仍需额外资金支持快速扩张的企业**所提供的私人股本投资。成长资本通常涉及对较为成熟的公司进行**少数股权投资**，以帮助这些公司扩展或重组业务、进入新市场或资助重大收购。

（4）私募投资公开股票（Private Investment in Public Equity, PIPE）： PIPE 交易是指一种向合格投资者提供的私人配售方式，它允许发行人以较少的信息披露和较低的交易成本更快捷地筹集资金。在典型的 PIPE 交易中，已经上市的公司向某些投资者提供新发行的普通股或现有股东出售的股份。

Private Foundation 私人基金会

基础释义

私人基金会是指由**个人、家庭或企业**创立，目的是管理和分配资金以支持慈善事业、艺术、教育、科学研究或其他公益目的的一种**非营利性组织**。与公共慈善机构相比，私人基金会的主要区别在于**资金来源较为集中**，通常依赖于一个或几个主要的捐助者，并且由这些捐助者或其指定的董事会来控制和管理基金的运作。

概念详解

1. 私人基金会的特征

（1）法人身份： 私人基金会作为一个独立的法律实体，拥有自己的民事权利和义务，能够拥有财产、签订合同，并在法律上独立承担责任。

（2）资金运作： 基金会通过专业的资产管理，运用捐赠的资金进行投资，以确保资金的保值增值，并使用投资收益来资助项目或提供赠款。

（3）慈善目的： 私人基金会必须服务于公共利益，其活动和资助通常聚焦于特定的社会、教育、文化或科研领域，需符合慈善法规的要求。

（4）管理结构： 通常由董事会或理事会负责管理，成员可能是创立者本人、家族成员或外部专家，负责制定资助政策、审批赠款申请和监督基金会的日常运营。

（5）税务考量： 在多数国家，私人基金会享受一定的税务优惠，但同时也受到严格的法规约束，包括对年度支出比例的要求，以确保资金被有效用于慈善目的而非单纯积累。

（6）透明度与监管： 尽管强调隐私保护，私人基金会仍需遵守一定的透明度要求，向政府监管部门报告财务信息，并可能需要公开部分运作细节。

P

> **实务拓展**
>
> 在美国，私人基金会依法每年至少要支付相当于总资产 5% 的款项（加上投资费用）作为拨款。基金会收到的任何捐款必须在当年花费掉，即所谓"流经"原则，不过这一点在其他国家可能有所不同。

（7）流动性适中： 私人基金会的流动性需求虽然相对较低，但仍高于大学捐赠基金，它们需要预留资金来支付为期一年的拨款以及满足为期两到五年的长期拨款的年度分期付款。如果基金会大量投资于私募股权和私有房地产等不太流动的资产类别，则会产生额外的流动性需求。

2. 私人基金会的利益相关者

（1）创始家族和捐赠者： 他们通常希望他们的捐款能够永久地支持受赠者。

（2）受赠者： 包括接受基金会资助的个人或组织。

（3）更广泛的社区： 可以从基金会的活动中间接获益。

（4）政府： 如美国的国税局（IRS），关注确保基金会严格从事慈善工作，并给予税收优惠待遇。

> **实务拓展**
>
> 私人基金会的例子包括卡内基基金会、福特基金会、洛克菲勒基金会等，这些基金会不仅在美国，也在全球范围内有着深远的影响力。
>
> 随着一些创始人寻求在其生前或去世后短期内控制支出，**有限寿命基金会（limited-life foundations）** 变得越来越普遍。例如，盖茨基金会被要求在联合创始人比尔·盖茨和梅琳达·盖茨去世后的 20 年内耗尽所有资产。

Private Label Manufacturer　私人贴牌制造商

同"Contract Manufacturer"。

Private Limited Company　私营有限公司

基础释义

> 私营有限公司是指**其股份不公开向公众发售**，且通常有股东人数限制的一种**有限责任公司**形式。设立私营有限公司旨在为股东提供有限责任保护，同时保持企业的私有性质和运营的相对封闭性。

概念详解

私营有限公司的特点

（1）有限责任： 与公众有限公司（public limited company）一样，私营有限公司的股东仅**以其出资额为限对公司债务承担责任**，个人财产与公司债务相隔离。

（2）股东人数限制： 大多数司法管辖区对私营有限公司的股东人数有上限规定，这保持了公司的私密性和管理的相对简单性。

（3）股份转让限制： 私营有限公司的股份转让通常**受到公司章程或法律的限制，不能随意在公开市场上买卖**，有助于保持股东结构的稳定性。

（4）不公开募股： 私营有限公司**不面向公众募集资金**，资金来源主要是初始股东的投资或后续的私募融资。

（5）经营灵活性： 相比公开上市公司，私营有限公司在信息披露、合规要求上相对宽松，给予公司更大的经营灵活性和隐私保护。

（6）税务处理： 公司作为一个独立的税务实体，需按国家规定缴纳**公司所得税**，而股东从公司获得的利润分配（如分红）须在个人层面再次缴纳个人所得税，换言之，其与公众有限公司一样，存在**"双重征税"**（double taxation）问题。

老皮点拨

私营有限公司非常适合中小企业、家族企业、初创企业以及那些希望保持企业运营私密性、避免外部干预的企业家，为希望保持控制权、追求稳定增长而又想限制财务风险的创业者提供了理想的组织结构。

实务拓展

私营有限公司在不同法域中有多种名称，这些名称反映了各国法律体系中的特定术语和规定。

（1）limited liability company (LLC)： 有限责任公司是美国常用的一种企业组织形式，结合了合伙企业和公司的特点，提供了有限责任保护，同时允许其成员（称为成员而不是股东）享受类似于**合伙企业**的税务处理，即**"穿透"征税**，公司本身的利润不征税，而是直接分配给成员，在个人层面征税。

（2）goshi kaisha： 翻译为"合同会社"，简称 G.K.，是日本的一种小型私营企业形式，类似于有限责任公司，允许成员以有限的个人责任经营企业，同时保持结构的简单性和灵活性，适合小型企业和家族企业。

（3）**Société à Responsabilité Limitée (SARL)**：在法国，SARL 是一种常见的私营有限公司形式，股东的责任限于其在公司中的出资额，适合于希望限制个人责任但又不想设立大型公共公司的企业家。

（4）**Gesellschaft mit beschränkter Haftung (GmbH)**：德国的 GmbH 相当于有限责任公司，是德国最普遍的公司类型之一，要求最低注册资本，并为股东提供有限责任保护，适合各种规模的企业。

（5）**有限责任公司**：在中国，私营有限公司通常简称为"有限公司"或"有限责任公司"，其特点是股东以其认缴的出资额为限对公司债务承担责任。有限责任公司是中国企业中最常见的组织形式之一，适用于从小型企业到大型上市前公司等各种规模的企业。

Private Placement　私下配售

基础释义

　　私下配售是指企业或发行主体**不通过公开市场（如证券交易所）进行销售，而是直接向特定的合格投资者或机构私下出售证券**的一种证券发行方式。私下配售作为一种重要的融资方式，为企业提供了公开发行之外的另一种资金筹集途径，尤其适用于寻求定制化融资方案、希望避开公开市场严格监管，或有特定投资者群体的企业。

概念详解

1. 私下配售的特点

　　（1）**非公开性**：私下配售不面向公众开放，发行对象仅限于**特定的、事先选定的合格投资者**，如机构投资者、高净值个人、家族办公室等。这些投资者通常具有较强的风险承受能力和投资经验。

　　（2）**灵活性**：私下配售的条款、条件、价格、数量等可根据发行方和投资者的具体需求进行定制，灵活性较高。相比公开发行，私下配售流程通常更为简洁，无须公开招股说明书，也不受严格的证券法规关于信息披露、审批流程等方面的限制。

（3）规模小速度快： 私下配售的规模一般小于公开发行，但因其流程简化，通常能在较短时间内完成资金募集，对于急需资金的企业来说，这是一种快速筹集资金的有效途径。

（4）后续转让受限： 私下配售的证券通常设有锁定期，并且在锁定期结束后，其转让可能受到一定限制，以避免转变为实质上的公开发行。

2. 私下配售的应用情景

（1）初创公司与成长型企业融资： 初创公司、早期阶段的创新企业或快速成长的企业往往选择私下配售方式筹集资金，以吸引风险偏好较高的投资者，同时避免公开市场的严格监管和高昂的上市成本。

（2）大型企业的私募债券发行： 成熟企业或大型公司也可能通过私下配售发行债券，以获取长期稳定的资金，同时避免公开市场价格波动的影响，或者用于满足特定投资者的需求。

（3）股权结构调整与并购融资： 企业在进行**股权结构调整（如引入战略投资者、员工持股计划等**）或进行并购交易时，可能会通过私下配售发行新股或债券，以筹集资金或调整股权结构。

（4）不良资产处置： 金融机构或资产管理公司可能通过私下配售方式出售不良资产包，吸引专门从事不良资产投资的机构投资者参与，加速资产清理和风险化解。

（5）房地产投资信托（REITs）与基础设施项目融资： 房地产投资信托（REITs）和基础设施项目开发商经常通过私下配售方式发行股份或债券，吸引长期投资者参与，为房地产项目或基础设施建设提供资金支持。

P

实务拓展

虽然私下配售不需要遵循公开发行的所有严格规定，但仍需遵守所在司法管辖区的私募法规，如美国的《证券法》第 4（a）（2）条（或通过 Regulation D 豁免）和欧盟的 Prospectus Regulation 等。发行方通常需要确保投资者符合合格投资者标准，并进行必要的尽职调查和投资者适当性评估。

Pro Forma Financial Statement 预计财务报表

基础释义

预计财务报表是指一套**根据特定假设、预测数据或设想的未来情况**进行编制的财务报表。这些报表**并不反映企业过去或现在的实际情况**，而是用来展示在特定情景或假设条件下，企业未来的财务状况、经营成果和现金流量。预计财务报表常用于企业内部规划、预算管理、战略决策、并购评估、投资者关系管理等多种场景。

概念详解

预计财务报表的类型

（1）预计利润表（pro forma income statement）： 预计利润表展示在特定预测期间内的预期收入、成本、费用和净利润等，帮助管理者和投资者理解企业未来的盈利潜力。

（2）预计资产负债表（pro forma balance sheet）： 预计资产负债表反映在特定时点上，基于假设条件下的预期资产、负债和所有者权益状况，用于评估企业未来的资本结构和财务稳定性。

（3）预计现金流量表（pro forma cash flow statement）： 预计现金流量表说明预期的现金流入和流出情况，帮助评估企业的流动性及现金管理能力。

老皮点拨

编制预计财务报表时，需要考虑的因素包括但不限于市场趋势、销售增长预测、成本控制措施、资本支出计划、融资活动、税收政策变化等。为了提高其准确性和实用性，这些报表应基于合理且有依据的假设，并考虑到潜在的风险和不确定性。预计财务报表虽有助于前瞻性分析，但因其基于假设，实际结果可能与预计存在差异，使用者在做决策时应充分考虑这一点。

Probability of Default (POD)　违约概率

基础释义

违约概率是指在一定时期内，债务人**未能按照合同约定按时足额支付本金和利息**的概率。违约概率通常是一个年度化的衡量指标，表示在未来一年内发生违约的可能性，是衡量信用风险的一个核心指标，用于评估债务人或发行人的信用质量及潜在的违约风险。

概念详解

1. 违约概率的计算方法

违约概率是一个时间条件概率，意味着在给定的时间段内违约的概率取决于之前时间段内的**生存概率（Probability of Survival, POS）**。例如，在两个时期的情况下，第二时期的违约概率取决于第一时期是否违约。

> **老皮点拨**
>
> 假设一笔两年期贷款，第一年的违约概率为2%，第二年的违约概率为4%，则第一年的生存概率为98%，第二年的生存概率为96%。整个贷款期间的生存概率为第一年生存概率与第二年生存概率的乘积，约为94.08%，因此整个贷款期间的违约概率为 1-94.08%=5.92%。

2. 计算违约概率的关键指标

计算某一时刻具体的违约概率需要用到**风险率（hazard rate）**这一指标，风险率是指某债务工具在 $t-1$ 时刻及之前没有发生违约的条件下在 t 时刻恰好发生违约的概率，其本质是一个"条件概率"（conditional probability）。例如，假设一个十年期债券每年的风险率为2%，则借款人在十年内至少有一次违约的概率为 $1-(1-2\%)^{10}\approx0.183$，即 18.3%。

P

3. 违约概率大小的影响因素

影响违约概率的因素包括盈利能力、覆盖率、杠杆率等。

3.1 盈利能力（Profitability）

盈利能力是衡量一个企业能否产生足够收益来履行其债务义务的重要指标。较高的盈利能力通常意味着企业拥有稳定的、可预测的现金流，这为企业提供了偿还债务所需的资金来源。

盈利能力的评估指标包括：

（1）净利润率（net profit margin）： 净利润与销售收入的比率，反映企业在扣除所有费用后每销售一单位商品或服务所能赚取的利润。

（2）毛利率（gross margin）： 销售收入减去直接成本后与销售收入的比率，反映企业在销售产品或服务后能够保留下来的部分。

（3）营业利润率（operating margin）： 营业利润与销售收入的比率，显示企业主营业务活动的盈利水平。

3.2 覆盖率（Coverage Ratios）

覆盖率指标衡量了企业的现金流或利润是否足以覆盖其经济义务。

常见的覆盖率指标包括：

（1）利息保障倍数（interest coverage ratio）： 息税前利润（EBIT）与利息支付的比率，反映了企业支付利息的能力。

（2）固定费用覆盖率（fixed charge coverage ratio）： 企业的息税折旧摊销前利润（EBITDA）加上任何租赁费用减去所得税除以固定的费用总额（包括利息费用、租赁费用和优先股股息），用来衡量企业支付所有固定费用的能力。

（3）债务服务覆盖率（debt service coverage ratio）： 企业的息税折旧摊销前利润（EBITDA）加上任何租赁费用减去所得税除以当期应付的本金和利息总和，用于评估企业是否有足够的现金流来偿还债务。

3.3 杠杆率（Leverage Ratios）

杠杆率指标反映了企业相对于其资产或权益的债务水平。杠杆率越高，表明企业使用的外部资金越多，这可能会增加其财务风险。

常见的杠杆率指标包括：

（1）债务权益比（debt-to-equity ratio）： 总负债与股东权益的比率，反映了企业资本结构中债务融资的程度。

（2）资产负债率（debt-to-assets ratio）： 总负债与总资产的比率，显示了企业资产中有多少是由债务融资构成的。

（3）净债务权益比（net debt-to-equity ratio）： 净负债（总负债减去现金

及现金等价物）与股东权益的比率，更准确地反映了企业的真实财务状况。

3.4 其他相关因素

除了上述因素外，还有其他一些影响违约概率的因素，包括但不限于：

(1) 现金流稳定性： 持续稳定的现金流有助于企业应对短期财务压力。

(2) 行业地位： 企业在其所在行业的地位和市场份额也会影响其违约概率。

(3) 市场环境： 宏观经济状况、利率水平和金融市场波动性等外部环境因素都会影响企业的违约风险。

(4) 管理质量： 管理层的经验、能力和声誉对企业违约概率也有显著影响。

(5) 企业规模： 通常情况下，规模较大的企业因其资源丰富和多元化经营而具有较低的违约概率。

Production Function　生产函数

基础释义

> 生产函数是指经济学中用来描述在一定时期内，在技术水平不变的情况下，生产者在生产活动中投入的不同生产要素（如劳动、资本、土地、企业家才能等）与所能生产的最大产量之间关系的数学表达式。

概念详解

1. 生产函数的公式

$$Q = f(L, K, ...)$$

其中，

-Q 代表最大可能的产量或产出

-L 代表劳动投入，例如工人的小时数

-K 代表资本投入，例如机器、设备等固定资产

- "..." 代表还有可能包含其他种类的生产要素，如企业家才能

> **实务拓展**
>
> 生产函数的具体形式取决于生产技术的特点，不同的生产函数有不同的特征，例如柯布-道格拉斯生产函数、CES生产函数等。生产函数可以帮助我们分析不同生产要素的边际产出、规模报酬、技术替代率等问题，以及在资源有限的条件下如何优化资源配置以达到最大产出水平。随着技术水平的变化，生产函数也会随之变化，反映出生产效率和产出能力的改进。

2. 生产函数的类型

2.1 短期生产函数

在短期内，某些投入（如资本）被认为是固定的，只有其他一些投入（如劳动）是可变的。

2.2 长期生产函数

长期内所有投入都可以变化，企业可以调整所有资源以达到最优生产水平。

3. 生产函数的常见属性

（1）规模报酬不变（constant returns to scale）： 如果所有生产要素增加一个相同比例，产出也会以相同比例增加。

（2）规模报酬递增（increasing returns to scale）： 如果所有生产要素增加一个相同比例，产出会以更大比例增加。

（3）规模报酬递减（diminishing returns to scale）： 如果所有生产要素增加一个相同比例，产出会以较小比例增加。

4. 生产函数的应用

（1）评估企业或行业的生产效率。

（2）分析不同生产要素对总体经济增长的贡献。

（3）制定政策时考虑如何提高劳动力和资本等资源的使用效率。

Profit Margin　利润率

同"Net Profit Margin"。

Property, Plant and Equipment (PP&E)
物业、厂房及设备

基础释义

物业、厂房及设备是指企业为进行生产活动、提供服务或管理运营而持有的长期有形资产。

概念详解

1. 物业、厂房及设备的构成

（1）物业（property）： 包括土地（未开发的土地或作为企业运营场所的土地）和建筑物（办公楼、仓库、商店等）。

（2）厂房（plant）： 包括用于生产的建筑物（制造工厂、加工车间等）和辅助设施（供水系统、供电系统、通风系统等）。

（3）设备（equipment）： 包括用于生产过程中的各种机械设备运输工具（公司车辆、货车、叉车等）、办公设备（计算机、打印机等）以及家具（办公桌、办公椅、文件柜等）。

2. 物业、厂房及设备的会计处理

（1）购置时的资本化处理： 当企业购入或建造 PP&E 时，相关成本会被资本化，即作为一项资产记录在资产负债表上，而不是直接作为费用计入利润表。

（2）存续期间的折旧处理： 由于 PP&E 在使用过程中会逐渐损耗其价值，企业需要按照预定的方法（如直线法、双倍余额递减法）对这些资产进行折旧，反映其随时间推移的价值减少。

（3）减值计提： 企业需要定期检查 PP&E 是否存在减值迹象，如果资产的**可收回金额（recoverable amount）** 低于其账面价值，则需要计提减值准备。

Property Risk 财产风险

基础释义

财产风险是指个人或企业的财产遭受损坏、破坏、被盗或丢失的可能性。财产风险涵盖了许多不同的事件，例如房屋失火、汽车发生碰撞或因冰雹受损、贵重物品遗失等。

概念详解

1. 财产风险的类型

（1）**直接损失 (direct loss)：** 财产的直接损失是指财产本身遭受损害所造成的经济损失。

（2）**间接损失 (indirect loss)：** 财产的间接损失是指由于直接损失引发的额外经济损失。

2. 财产风险的特点

财产属于一项金融类资产，财产风险通常被视为潜在的**金融资本（financial capital）** 损失，然而，**用于商业活动中创造收入的财产**可以视为**人力资本（human capital）** 的一部分进行讨论。也就是说，这类商业财产可以被视为促进未来收入的工具，因此，当这类财产面临风险时，人力资本也会受到影响。企业主应该特别意识到，在没有保险或其他风险管理措施的情况下，金融资本和人力资本都处于风险之中。

老皮点拨

我们可以通过 2 个场景来进一步体会什么是财产风险：

（1）**房屋火灾：** 假设一栋房屋因火灾造成 5 万欧元的直接损失。如果在修复过程中家庭成员需要另寻住处，那么租房产生的费用就是间接损失。如果该房屋还有一间房间出租给租户，那么在修复期间失去的租金收入也是间接损失。

（2）**汽车事故：** 如果一名司机开车撞到路沿，导致车辆受损，那么汽车的修理费用就是直接损失。如果这名司机需要租用一辆替代车辆，那么租车费用就属于间接损失。

3. 财产风险的应对办法

（1）保险： 购买保险是最常见的财产风险管理手段。通过购买适当的保险，可以转移部分或全部的直接损失和间接损失风险。

（2）预防措施： 采取安全措施以减少财产遭受损害的可能性，如安装防盗系统、加强房屋维护等。

（3）分散风险： 通过分散资产存放地点或多样化投资组合来减少单一事件对财产造成的损失。

（4）紧急储备金： 建立紧急储备金，用于应对突发的财产损失。

> 💡 **老皮点拨**
>
> 对企业而言，财产风险不仅限于物理财产的损失，还包括可能影响生产能力和收入流的中断。例如，工厂设备的损坏可能会导致生产线停止运作，进而影响企业的收入和利润。在这种情况下，企业需要考虑购买保险、制订灾难恢复计划等风险管理策略来保护其金融资本和人力资本。

Provision for Loan Losses　贷款损失费用

基础释义

> 贷款损失费用是指银行根据其贷款组合的风险状况，依据会计准则和监管要求，预计可能发生的贷款损失，并在财务报表中计提的一种费用。贷款损失费用反映了银行对当前贷款组合在未来可能发生减值的保守估计，旨在确保银行有足够的财务资源来吸收潜在的贷款损失，维持稳健运营。

概念详解

1. 计提贷款损失费用的目的

（1）风险缓冲：为**可能发生的贷款违约和减值**提供财务缓冲，确保银行在面临损失时有足够的资金进行冲销，无须立即消耗资本或寻求外部融资，维持财务稳定。

（2）真实反映资产质量：通过计提贷款损失费用，银行的财务报表能更准确地反映其**贷款资产的真实价值**，即扣除预期损失后的净值，增强财务信息的透明度和可靠性。

（3）审慎经营：计提贷款损失费用可以促使银行在发放贷款时充分考虑风险，采取审慎的信贷政策，及时识别和处理不良贷款，提高风险管理水平。

2. 贷款损失费用的计提原则

（1）预期信用损失法：大多数国家和地区要求银行采用**预期信用损失法**（expected credit loss method）计提贷款损失费用。预期信用损失法要求银行前瞻性地估计整个贷款生命周期内可能发生的预期损失，而非仅考虑已显现问题的贷款。

（2）风险分类：银行通常将贷款分为不同的风险等级（如正常、关注、次级、可疑、损失等），或者根据不同类型的贷款（如个人贷款、企业贷款、住房贷款等）分别计提贷款损失费用。

（3）客观证据：只有当存在客观证据表明贷款可能发生减值时，银行才需计提贷款损失费用。这些证据可能包括借款人的财务状况恶化、还款能力下降、贷款逾期、抵押物价值缩水、行业或宏观经济环境变化等。

3. 贷款损失费用的计提方法

（1）个别评估法：对于**大额或风险显著**的单一贷款，银行可能进行个别评估，直接估计该笔贷款可能的损失金额，并据此计提贷款损失费用。

（2）集体评估法：对于**大量性质相近、风险特征相似**的贷款，银行可以采用统计模型、矩阵方法或基于历史数据的经验公式，估算整个贷款组合的预期信用损失，然后分配到每笔贷款上计提费用。

4. 贷款损失费用的会计处理

贷款损失费用作为一项费用在当期利润表中列支，同时在资产负债表上形成对应的备抵账户——**"贷款损失准备"**（allowance for loan losses），减少**"贷款和垫款"**科目的账面价值。计提贷款损失费用会减少银行的净利润，影响资本充足率等监管指标。

Public Company　公众公司

同"Listed Company"。

Public Limited Company　公众有限公司

同"Corporation"。

Public-Private Partnership (PPP)　政府民间资本合作

基础释义

政府民间资本合作是指将公共部门与私营部门联系起来，目的是让私营部门部分承担传统上由公共部门提供的项目或服务的交付任务的一种长期合同关系。PPP 作为一种创新合作模式，旨在通过公私双方的优势互补来提高公共服务的质量和效率，同时减轻政府的财政负担。

概念详解

1. 政府民间资本合作的特点

（1）长期合作： PPP 模式强调的是**长期的合作关系**，通常涉及几十年的服务期。

（2）风险共担： 在 PPP 中，风险和回报会在公共部门和私营部门之间进行分配，双方共同承担项目的风险。

（3）资金来源多样化： PPP 可以帮助政府利用私营部门的资金和技术，减轻财政压力，同时为私营部门提供了投资机会。

（4）灵活性： PPP 结构可以**根据项目的具体情况定制**，以适应不同类型的基础设施和服务需求。

> **老皮点拨**
>
> PPP在基础设施投资中的应用非常广泛，包括但不限于交通设施（如道路、桥梁、机场）、能源设施（如发电站、输电线路）、信息通信技术（ICT）设施以及公共服务设施（如学校、医院）。

2. 政府民间资本合作的模式

（1）建设—经营—转让模式（Build-Operate-Transfer, BOT）：私营部门负责基础设施的建设，并在完成建设后获得**一定期限内的运营权**。在此期间，私营部门通过收取使用费（如通行费、服务费等）来回收投资成本并获取利润。在合约到期后，私营部门**将设施的所有权和运营权无偿或以象征性的费用转让给政府或其他公共部门**。BOT模式广泛应用于交通基础设施（如公路、桥梁）、能源项目（如发电厂）等领域。

（2）设计—建造—融资—运营模式（Design-Build-Finance-Operate, DBFO）：私营部门不仅要负责基础设施的建设和融资，还需要承担设计工作，并在建成后继续运营一段时间。这种方式扩展了BOT模式的范围，**增加了设计阶段的要求**，使得私营部门在整个项目生命周期中扮演更为全面的角色。DBFO适用于那些**需要高度定制化设计和专业运营能力的项目**，如水处理设施、废物处理中心等。

（3）租赁方式（lease）：私营部门负责基础设施的建设，然后将其租赁给政府或其他用户。政府或其他用户按期支付租金，以此作为私营部门投资回报的一部分。这种模式允许政府在**不承担建设成本**的情况下快速获得所需的基础设施。租赁模式通常用于那些**可以迅速投入使用的设施**，如办公大楼、学校和医院等。政府可以在租赁期内使用这些设施，并在租赁结束后选择续租、购买或退还设施。

3. 政府民间资本合作的利益相关者

（1）政府：通过PPP模式，政府可以**引入私营部门的资金和技术**，提高基础设施和服务的质量和效率，同时减少财政支出。

（2）私营部门：私营公司可以通过PPP获取稳定的投资回报，同时也有可能获得政府的长期合同。

（3）公众：最终受益者是公众，他们可以获得更高品质的公共服务和基础设施。

实务拓展

基础设施投资还可以通过与**开发金融机构**（Development Financial Institutions, DFIs）合作来进行。DFIs 是专业的金融中介机构，它们以非商业性的方式为经济发展项目提供风险资本。这些机构可能是全球性的（如世界银行）、国际性的（如亚洲开发银行）、国家级的或地方级的。例如，欧洲复兴开发银行（EBRD）就经常投资于市政服务项目，包括基础设施，并定期利用全球金融市场来为基础设施和其他类型的投资筹集资金。通过 PPP 和 DFI 的合作，政府可以更好地应对基础设施建设的挑战，同时促进经济的可持续发展。

Pure Discount Bond　纯贴现债券

基础释义

纯贴现债券又称**零息债券**（zero-coupon bond），是指**不支付利息、以低于面值的价格发行**、到期时一次性偿还全额本金的固定收益证券。投资者通过购买时的折价获得未来收益，其投资回报全部体现在到期时本金与购买价格之间的差额。零息债券以其独特的无息支付特性、单一的现金流结构和**对利率变化的高度敏感性**，在金融市场中扮演着重要角色。

概念详解

1. 纯贴现债券的计算公式

$$PV = \frac{FV}{(1+r)^N}$$

其中，

-PV 代表债券的购买价格（即投资者实际支付的金额）

-FV 代表债券的面值（到期时偿还的本金金额）

-r 代表单期收益率（或称单期贴现率），即投资者要求的单期回报率

-N 代表债券距离到期日的期数

2. 纯贴现债券的主要特点

（1）没有票息： 与常规债券在存续期内定期支付利息（票息）不同，纯贴现债券在整个债券持有期内**不支付任何利息**。投资者的回报完全来源于债券到期时一次性支付的本金与购买价格之间的差额。

（2）折价发行： 纯贴现债券折价发行，投资者以低于面值的价格购买债券，到期时收取全部的面值，面值与购买价格之间的折价即为投资者的**"隐含票息收益"**。

（3）单笔支付： 债券到期时，发行人一次性偿还全额本金给投资者，这是纯贴现债券唯一的现金流入。

（4）固定收益： 投资者的收益率（即内部收益率，IRR）是固定的，由购买价格、债券面值、到期时间和市场利率等因素共同决定。

（5）高度敏感： 纯贴现债券由于没有中间利息支付，到期时才出现现金流的第一次也是最后一次回流，因此，其**期限（maturity）**即为久期，价格波动相对于**息票债券（coupon bond）**更为敏感，对利率变动的反应更为直接。

> ### 实务拓展
>
> 由于其收益集中在到期日一次性实现，纯贴现债券常被视作**长期投资工具**，尤其适合那些寻求确定性未来现金流、对流动性要求不高且愿意承受利率风险的投资者，广泛应用于政府债务管理、企业融资、资产管理策略（如免疫策略、久期匹配）以及个人投资者的长期储蓄规划。此外，纯贴现债券还可以作为衍生品的基础工具，用于构造结构性产品或进行利率风险管理。

Put　看跌期权

基础释义

> 看跌期权是指赋予期权买方在未来某一特定时间（到期日）或在此前的任何时间，以预先设定的执行价格**卖出某一特定标的资产（如股票、指数、大宗商品、外汇等）**的权利的一种金融衍生工具。看跌期权的买方期望标的资产价格下跌，从而从期权交易中获得利润。

概念详解

1. 看跌期权的基本要素

（1）标的资产（underlying）： 看跌期权所对应的可以被卖出的资产，如某只股票、某个商品期货合约、某个外汇汇率等。

（2）执行价格（exercise price）： 执行价格又称"敲定价格"，是期权合约中约定的买卖标的资产的价格。当期权买方选择行权时，可以按照这个价格将标的资产卖给期权卖方。

（3）到期日（expiration date）： 期权合约规定的最后有效日期。在到期日或之前，期权买方有权选择是否行权；到期日后，未行权的看跌期权自动失效。

（4）期权费（premium）： 期权费是指买方为获得看跌期权权利而支付给卖方的金额。

2. 看跌期权的价值构成

看跌期权的价值包括内在价值和时间价值两部分。

2.1 内在价值（Intrinsic Value）

看跌期权的内在价值又称**"执行价值"（exercise value）**，等于执行价格减去标的资产当前市场价格（spot price）。只有当标的资产价格低于执行价格时，看跌期权才具有内在价值，因为此时期权买方可以通过行权以高于市场价的价格卖出标的资产。

2.2 时间价值（Time Value）

看跌期权的时间价值是指期权价值超过其内在价值的部分，反映了**期权在到期前价格向有利于买方方向变动的可能性**。时间价值随到期日的临近而逐渐递减，直至到期日时衰减至零。

3. 看跌期权价值的影响因素

（1）标的资产价格： 价格下跌对看跌期权买方有利，价格上涨则不利。

（2）执行价格： 执行价格越低，看跌期权的价值越高，因为买方有更大可能性以高于市场价卖出标的资产。

（3）剩余期限： 期限越长，看跌期权的时间价值越大，因为买方有更多机会等待价格下跌。

（4）波动率： 标的资产价格波动性越大，看跌期权的价值通常越高，因为买方有可能从未来价格的大幅下跌中获益。

（5）无风险利率： 通常情况下，利率上升对看跌期权买方有利，因为较高的利率会使现金现值下降，从而增加立即行权的吸引力。

4. 使用看跌期权的交易策略

4.1 看跌方向性交易（Bearish Directional Trading）

投资者预期标的资产价格下跌时买入看跌期权，若价格如期下跌，期权价值上涨，可通过平仓或行权获利。

4.2 保险策略（Insurance Strategy）

持有标的资产的投资者购买相应看跌期权作为"保险"，以防市场价格下跌造成资产价值损失。即使市场价格下跌，看跌期权的收益可以部分或全部抵消标的资产的损失。

4.3 熊市价差策略（Bear Spread Strategy）

通过**买入一个执行价格较低的看跌期权**，同时**卖出一个执行价格较高的看跌期权**，构建熊市价差组合。该策略在预期温和下跌或波动性较小的情况下使用，旨在限制最大损失并获取有限收益。

5. 看跌期权的应用场景

（1）风险管理： 投资者或企业使用看跌期权对持有的标的资产进行保值，防范价格下跌风险。

（2）投机交易： 交易者根据对市场走势的判断，利用看跌期权进行看跌方向的投机，以较低的成本获取较大的潜在收益。

（3）资产配置： 在投资组合中加入看跌期权，可以增加对冲成分，改善风险收益比，实现多元化投资。

（4）套利交易： 利用看跌期权与其他金融工具（如期货、股票、其他期权）之间的价格失衡，进行无风险或低风险套利。

Put-Call Forward Parity　远期平价关系

基础释义

远期平价关系是指在金融衍生品市场中用于确定**欧式看涨期权和看跌期权价格**之间关系的一个关系式。远期平价关系将期权与远期合约结合，扩展了传统的**欧式期权平价公式**（put-call parity），将其应用到了远期市场。

概念详解

1. 远期平价关系的表达式

对于具有相同行权价格和到期日的欧式看涨和看跌期权，其与对应标的资产的远期合约之间存在以下关系：

$$F_0(T)(1+r)^{-T}+p_0=c_0+X(1+r)^{-T}$$

其中，

-$F_0(T)$ 代表 T 时刻到期的远期合约在 0 时刻签订的价格

-r 代表离散复利的无风险利率

-T 代表远期 / 期权的到期时间

-p_0 代表欧式看跌期权在 0 时刻的价格

-c_0 代表欧式看涨期权在 0 时刻的价格

-X（Exercise price）代表期权的执行价格

2. 远期平价关系的含义

远期平价关系说明，在没有套利机会的市场中，买入看跌期权并进入一份远期合约，同时购入一份以 $F_0(T)$ 为面值的零息债券与买入看涨期权、持有现值 $X(1+r)^{-T}$ 的零息债券的效果应当一致。

3. 远期平价关系的应用

（1）套利（arbitrage）： 如果实际市场中某些证券组合偏离了**理论上由远期平价关系决定的价格**，则交易者可以通过构建适当头寸来赚取无风险利润。

（2）定价（pricing）： 该公式可用于检查或计算给定条件下欧式看涨、看跌或远期合约中任何一个产品的理论正确价格。如果已知其他三个变量，则可以解出第四个变量。

（3）风险管理（risk management）： 了解不同金融工具之间如何相关联有助于投资者和风险管理者更好地构建多元化投资组合，并有效管理潜在风险。

P

Put-Call Parity 欧式期权平价关系

基础释义

> 欧式期权平价关系是指在**无套利市场环境**下，**欧式看涨期权、欧式看跌期权**与**标的资产**之间存在的一种**平衡等价**关系。

概念详解

1. 欧式期权平价关系的表达式

对于具有相同行权价格和到期日的欧式看涨和看跌期权，其与对应标的资产以及零息债券之间存在以下关系。

$$S_0+p_0=c_0+X(1+r)^{-T}$$

其中，

-S_0 代表标的资产在 0 时刻的价格

-c_0 代表欧式看涨期权在 0 时刻的价格

-p_0 代表欧式看跌期权在 0 时刻的价格

-X 代表期权的执行价（Strike price/Exercise price）

-r 代表离散复利的无风险利率

-T 代表期权的到期时间

2. 欧式期权平价关系的含义

欧式期权平价关系的表达式说明，在**无红利发放、无交易成本和无税收**的理想化金融市场中，无论市场怎么变动，买入看跌期权并持有标的资产与买入看涨期权、持有现值为 $X(1+r)^{-T}$ 的零息债券的效果应当一致。

Put Option 看跌期权

同"Put"。

Pyramid Ownership Structure 金字塔式所有权结构

基础释义

> 金字塔式所有权结构又称"**纵向所有权结构**",是指其中一家公司或集团通过**直接或间接持有多个层级的控股公司股份**,从而对**一系列运营公司实现控制**的一种所有权结构。这种结构得名于其类似于金字塔的层级关系,顶层的母公司或控股公司位于最上端,向下逐级控制着多个层级的子公司。

概念详解

金字塔式所有权结构的特征

(1)多层次控股: 顶层公司(或称母集团)持有下一层控股公司的足够股份以取得控制权,而这些下层控股公司又分别控制着更低级别的运营公司,形成一个从上至下的控制链。

(2)少数股权实现控制: 尽管顶层公司可能只持有较低层级公司较少比例的直接股份,但由于每一层级的控股公司都受其上层控制,因此顶层公司实际上能够以较少的直接持股比例实现对**整个链条中所有运营公司**的实际控制。

(3)集权管理与战略协调: 纵向所有权结构便于顶层公司集中管理、统一战略规划和资源配置,有利于实现集团内部的业务协同效应,以及在不同市场和产业间的资源转移。

(4)风险隔离: 通过设立多个层级的控股公司,可以将资产和风险在不同层级间进行隔离,减少单一事件对整个集团的影响,提高集团的整体抗风险能力。

(5)潜在问题: 金字塔式所有权结构可能导致公司治理不透明、小股东权益受损、决策效率低下等问题。特别是,如果顶层控制人滥用权力,可能会牺牲下层公司小股东的利益,进行利益输送或资产转移。

实务拓展

纵向所有权结构在家族企业、多元化经营集团以及某些国家的大型企业集团中较为常见。例如,某些东亚国家的企业集团(如韩国的财阀集团)常采用这种结构来实现对跨行业、跨市场的广泛控制,同时也便于家族保持对庞大商业帝国的长期掌控。

P

Quasi-Government Entity　类政府组织

基础释义

类政府组织又称"准政府组织"或"类行政组织"，是指那些根据主权或地方政府法律成立的机构，它们通常以发行债务的方式为其提供的特定公共货物或服务融资。这些机构虽然是独立运作的，但与政府有着密切的关系，通常被认为具备较高的政府支持可能性。类政府组织通常在功能、结构或运营上与政府组织相似，但具有自身的独特性。

概念详解

1. 类政府组织的特征

（1）法律地位不同于政府：类政府组织**不是通过典型的政府设立程序形成的**，也**不直接依据宪法或政府法规建立**，因此，它们的成员不是国家公务员，不享有与政府公务员同等的法律地位。

（2）承担社会管理职能：类政府组织承担一定的社会管理职能，通常负责执行性、服务性的任务，相对于**政府的核心"掌舵"职能（即宏观管理和规划）**，类政府组织更侧重于**"划桨"（即具体的实施和服务）**。

（3）非营利性质：类政府组织通常具有非营利性，这意味着组织的首要目标不是营利，而是为了公共利益或提供公共服务。

（4）独立性与灵活性：相较于政府机构，类政府组织可能**拥有更高的独立性和运营灵活性**，能够在一定程度上摆脱官僚体制的束缚，更快地响应社会需求。

（5）资金来源多样化：类政府组织的资金可能来源于政府拨款、服务收费、捐赠等多种渠道，这与完全依赖税收或政府预算的政府机构不同。

2. 类政府组织的实例

2.1 香港机场管理局（Airport Authority of Hong Kong, AAHK）

香港机场管理局的职能是负责香港国际机场的运营和发展，其通过发行短期和长期债务融资，以满足机场的具体营运资金和资本投资需求，还款来源主要是机场运营产生的现金流，政府支持作为次要还款来源。

2.2 政府国民抵押协会（Government National Mortgage Association, Ginnie Mae）

美国的政府国民抵押协会通称"**吉利美**"，职能是促进美国的房屋资产证券化过程并担保某些抵押贷款，以补贴和支持房屋市场的交易活动。其融资方式为发行可赎回的机构债务证券，以匹配其担保抵押贷款的预期现金流。还款来源主要是基于抵押的担保费和其他现金流，政府支持作为次要还款来源。

> **老皮点拨**
>
> 类政府组织发行的债务通常与其各自的基本活动相一致。例如，AAHK 和 Ginnie Mae 发行的债务期限和结构与其运营需求相符。尽管这些主权机构通常能够以接近其主权担保人的到期收益率借入资金，但它们不会享有与主权债务相同的流动性溢价。

Quote-Driven Market 报价驱动市场

基础释义

> 报价驱动市场又称做**市商市场（dealer market）**或**报价市场（quotation market）**，是指金融资产的价格形成和交易主要依赖于特定的市场参与者——做市商（market makers）的报价行为的一种金融市场结构。在报价驱动市场中，做市商扮演着关键角色，通过**持续提供买卖报价**，为市场提供流动性，促进交易的进行。

Q

概念详解

1. 报价驱动市场的交易机制

做市商是报价驱动市场的核心参与者，他们承担双向报价义务，即同时报出**买入价（bid price）**和**卖出价（ask price）**，并愿意在这些价格上买入或卖出特定金融资产，通过**买卖价差（bid-ask spread）**赚取利润。投资者直接与做市商进行交易。投资者可以接受做市商的报价进行买卖，或者向做市商询价并尝试议价。做市商有义务在其报价范围内执行符合条件的交易指令。

2. 报价驱动市场的核心功能

（1）**流动性提供：** 做市商通过持续报价，为市场提供即时的买卖机会，**确保投资者可以在任何时候以接近做市商报价的价格进行交易**，从而提高了市场的流动性。尤其是在交易清淡或市场波动剧烈时，做市商的存在有助于稳定市场价格，减少交易中断的可能性。

（2）**价格发现：** 在报价驱动市场中，做市商的报价反映了他们对资产价值的专业判断和市场供需状况的了解。**众多做市商的竞争性报价有助于形成市场价格，实现价格发现功能**。做市商需要不断调整报价以反映市场信息的变化，确保其报价具有竞争力。

> **实务拓展**
>
> 报价驱动市场广泛存在于股票、债券、外汇、期货、期权等各类金融市场中，尤其在**场外交易（OTC）市场**中更为常见。典型的报价驱动市场包括许多**固定收益产品市场、外汇市场以及某些交易所上市的金融衍生品市场**。

Razor, Razorblade Pricing　剃须刀与刀片结合定价

基础释义

剃须刀与刀片结合定价又称"刀架与刀片模式"或"搭售定价"，是指企业**以低成本或亏本价格销售硬件或基础产品（如剃须刀、打印机、游戏机等）**，目的是建立市场占有率，然后依靠**与该设备配套的、高利润率的消耗品的重复售卖**来实现持续盈利的一种定价策略。该模式的命名源于吉列公司（Gillette）的经典案例。此模式依赖于消费者对原装配套产品的忠诚度和兼容性的限制，使得消费者在初次购买后，不得不继续购买同一品牌或专有的高价消耗品。

概念详解

1. 剃须刀与刀片结合定价成功的关键因素

（1）低价诱导： 通过低价或补贴策略吸引消费者购买基础产品，降低初次购买门槛，快速扩大用户基础。

（2）锁定效应： 设计产品使消耗品成为必需品，并且尽量确保只有自家品牌的配件才能完美配合，从而锁定消费者后续的购买选择。

（3）高利润耗材： 虽然基础设备的利润很低或无利润，但与之配套的耗材具有较高的边际利润，长期来看，耗材的持续销售成为主要的盈利来源。

（4）市场壁垒： 通过专利保护、技术壁垒或品牌忠诚度建立市场壁垒，限制竞争对手进入市场，尤其是限制通用或兼容产品的替代。

2. 剃须刀与刀片结合定价的商业案例

（1）剃须刀： 吉列是最典型的剃须刀与刀片结合定价的案例，该模式的命名也直接来源于此。吉列以低价销售剃须刀，但其刀片价格相对较高，且不断推出新设计以鼓励消费者持续购买最新款刀片。

（2）打印机与墨盒： 打印机制造商常以较低价格出售打印机，而墨盒或墨粉因其专有设计，只能从原厂购买，价格昂贵，成为主要利润来源。

（3）游戏主机与游戏： 游戏机如 PlayStation 或 Xbox，主机本身可能不盈利或微利，但通过销售独家游戏软件获得高额利润。

（4）咖啡机与咖啡胶囊： 例如 Nespresso 咖啡机，机器价格相对可接受，但用

R

户必须持续购买其专有的咖啡胶囊,这些胶囊通常比同类通用咖啡豆或粉价格更高。

（5）诊断仪器与试剂：医疗设备制造商可能以较低价格或租赁形式提供高端诊断设备,但随后通过销售专用试剂、耗材或服务合同获得利润。

老皮点拨

尽管搭售模式能创造稳定的利润流,但也面临风险,包括兼容产品或仿制品的竞争,以及消费者对高价耗材的反感可能导致的市场抵制。

Real Asset　实物资产

基础释义

实物资产是指具有实物形态的、非货币性质的经济资源,它们通常具有内在价值、物质属性以及在实体经济中发挥直接功能的特点。实物资产是实体运营活动的核心,比如房地产开发商持有房产、航空公司租赁飞机、制造商拥有生产线、林业公司管理林地。此外,实物资产也吸引了许多机构投资者的关注,他们不仅直接投资于实物资产（即直接拥有这些资产）,还通过间接投资（如购买专注于投资实物资产的公司的证券或房地产投资信托基金）来增加其在投资组合中的比重。

概念详解

1. 实物资产的特征

（1）实体存在与物质形态：实物资产是有形的,具备实体形式,可以在现实世界中被观察、触摸或感知。

（2）具有使用价值：实物资产具有**使用价值**,即**它们自身固有的、能够满足人类某种需求或产生经济效用的特性**。这些资产的价值往往源于其物理属性、地理位置、稀缺性、可利用性等因素,能够直接或间接地为企业或个人创造收入或提供服务。

（3）与实体经济紧密关联：实物资产与实体经济活动密切相关,它们是生产过程中的重要组成部分，用于制造商品、提供服务、支持基础设施建设等。

(4) 长期持有与资本密集型： 许多实物资产（如房地产、生产设备）是长期持有的资本项目，投资金额大，回收期长，通常需要大量初始投资，并随着时间的推移通过使用或租赁产生现金流回报。

2. 实物资产的类型

(1) 房地产与土地： 房地产与土地包括住宅、商业地产、工业地产、农业用地等，它们不仅具有居住、办公、仓储等功能，还可能因位置、稀缺性等因素具有投资价值。

(2) 基础设施： 基础设施如公路、桥梁、港口、机场、铁路、电信设施、能源设施（如发电站、输电线路、石油天然气管道）等对社会经济运行至关重要，且通常由政府或公私合作模式进行投资、建设和运营。

(3) 自然资源： 自然资源包括矿产（如石油、天然气、煤炭、金属、宝石）、耕地、林地、水资源等，这些资产是经济活动的基础原料来源，其价值取决于储量、开采难度、市场价格及政策环境。

(4) 生产设备与机械： 工业生产中使用的各种机器、设备、工具、车辆、船舶等，它们是制造业、建筑业、运输业等行业的核心资产，直接影响生产效率和产出质量。

(5) 贵金属与艺术品： 贵金属与艺术品包括黄金、白银、铂金等贵金属，以及古董、艺术品、收藏品等，这些资产通常被视为保值或增值的投资工具，具有一定的避险属性。

(6) 存货： 存货包括原材料、半成品、产成品等企业持有的待销售或待加工的商品库存，它们是企业日常运营的流动资产，价值随市场供需变化而波动。

3. 实物资产的投资特性

(1) 低相关性与多元化投资： 实物资产与其他金融资产（如股票、债券）的**相关性相对较低**，这使得它们成为**投资组合多元化**的重要工具，有助于降低整体风险。

(2) 抗通胀属性： 许多实物资产（如房地产、自然资源）的价格与**通货膨胀率**存在**正相关性**，可在一定程度上抵御通货膨胀对财富的侵蚀。

(3) 直接经济周期敏感性： 实物资产的价值往往受宏观经济状况、行业景气程度以及特定市场供需关系的影响，表现出较强的周期性特征。

(4) 流动性差异： 不同类型的实物资产流动性各异，如房地产、艺术品等可能具有较低的流动性，而某些大宗商品期货合约则具有较高的市场流通性。

(5) 特定风险因素： 实物资产投资可能面临特定风险，如房地产市场的政策风险、自然资源开发的环保法规风险、生产设备的技术更新风险等。

R

Real Estate　不动产

基础释义

不动产是指土地以及附着在土地上的各种固定设施和建筑物，包括住宅、商业楼宇、工业地产、农田、森林等。"不动"的含义是根据其物理性质不能移动或者移动将严重损害其经济价值。

概念详解

1. 不动产的类型

（1）住宅房地产（residential real estate）： 住宅房地产包括**单户独立住宅和多户联排单元，如公寓、合作住房、联排别墅或排屋**。这些物业主要由个人购房者和租户使用，构成了最大的市场板块。根据 Savills World Research 在 2018 年 7 月的估计，住宅房地产占全球不动产价值的 75% 以上。尽管单个住宅的平均价值低于办公楼，但所需的总居住空间远大于办公和零售用途的空间。

（2）商业房地产（commercial real estate）： 商业房地产主要包括办公楼、零售购物中心、商业和住宅租赁物业以及仓库。这些物业主要由企业租户和投资者使用。商业房地产通常涉及较大的投资金额，租金收入是其主要收益来源。与自住市场不同，租赁物业通常是出租给租户的。

（3）未开发土地（raw land）： 未开发土地是指**尚未进行建设的土地**，主要用于农业和林业。这类土地通常归类为自然资源投资，具有潜在的开发价值，但目前主要用于农业生产或其他自然用途。

（4）基础设施（infrastructure）： 基础设施包括**由公共实体或公私合营项目开发的土地、建筑物和其他固定资产，用于经济用途**。这些项目通常涉及大型工程，如公路、桥梁、水处理厂等。基础设施投资通常需要大量的资金，并且具有较长的生命周期。

2. 不动产的投资特征

（1）异质性和固定地理位置： 每个不动产都是独特的，建筑物在用途、大小、区位、房龄、建筑类型、质量、租户和租赁安排等方面各不相同。这种异质性使得评估不动产价值和风险变得更加复杂。此外，不动产的地理位置是固定的，无法移动，这一特性对物业的价值和风险有重要影响。

（2）高单位价值： 私人不动产的单位价值通常很高，需要大量的资金进行投资。这一特点限制了潜在投资者的数量，并且使得**构建多样化的不动产投资组合变得困难**。为了克服这一问题，公开交易的证券化产品，如**房地产投资信托基金（REITs）**，允许个人投资者部分拥有不可分割的资产，从而降低了投资门槛。

（3）管理密集： 不动产投资者或直接业主需要负责物业的管理，包括维护、租赁谈判和租金收取。这种积极管理增加了额外的成本，必须在预测回报时予以考虑。管理不动产不仅需要专业的知识和技能，还需要投入时间和资源，这与投资债券或股票不同，后者通常不需要投资者直接参与公司的管理。

（4）高交易成本： 买卖不动产涉及较高的成本和较长的时间，因为经纪人、评估师、律师、贷款机构和建筑专业人士等多方参与其中。这些成本和时间消耗使得不动产交易相对于其他资产类别更加复杂和昂贵。

（5）折旧： 建筑物因使用和时间的推移而贬值。建筑物的价值不仅受到物理磨损的影响，还可能因位置的吸引力和设计的变化而变化。

（6）债务资本需求： 购买和开发不动产需要大量资金，**信用市场的资金获取能力和资金成本对不动产价值敏感**。当债务资本稀缺或利率高时，不动产价值通常较低；反之亦然。因此，不动产投资者需要密切关注信贷市场的动态，以便做出明智的投资决策。

（7）低流动性： 不动产交易不频繁，市场流动性较低。出售不动产可能需要较长时间才能以接近业主认为的公平市场价格成交。

（8）价格确定： 由于不动产特性差异大且交易量低，通常需要通过评估来确定价值或预期售价。类似物业的交易价格常用于评估物业价值，但由于市场参与者有限，了解当地市场情况的人可能具有优势。这种市场不透明性和信息不对称现象使得不动产价格的确定比其他资产类别更加复杂。

3. 不动产的投资方式

（1）直接投资（direct investing）： 直接投资是指**个人或机构直接购买和管理不动产**。这种方式适合有足够资金和管理能力的投资者。直接投资的优点是可以完全控制物业，但同时也需要承担较高的管理和维护成本。

（2）证券化投资（securitized investing）： 通过**房地产投资信托基金（REITs）**或**房地产运营公司（REOCs）**进行投资。REITs 类似于共同基金，提供专业管理和分散化的不动产投资组合。REOCs 允许更大的灵活性，适合希望在公开市场上筹集资本的公司。REITs 和 REOCs 的股份通常具有较高的流动性，交易活跃，价格更能反映市场价值。

（3）私募基金（private funds）： 私募基金是一种集合多个投资者的资金，由专业管理团队进行不动产投资和管理的方式。私募基金通常投资于大型或复杂的不动产项目，适合机构投资者和个人高净值投资者。私募基金的优势在于专业管理和分散投资，但通常要求较高的最低投资额。

实务拓展

在法律层面，不动产权益的设立、变更、转让和消灭通常需要经过法定的登记程序，即"登记生效主义"。这意味着，除非法律另有规定，不动产物权的变动未经登记不发生法律效力，这保证了不动产权益的公示性和安全性。此外，不动产投资是全球经济活动中一个重要组成部分，涉及广泛的金融产品和服务，如房地产开发、投资信托（REITs）、抵押贷款等。

Real Estate Index　不动产指数

基础释义

不动产指数又称"房地产指数"或"房地产价格指数"，是指用来衡量一定区域内房地产市场整体价格水平及其变动趋势的一种统计工具。这些指数允许评估房地产市场表现，为个人投资和投资经理提供基准，并促进基于指数的投资产品的创建。

概念详解

1. 不动产指数的目的与功能

（1）评估市场表现： 不动产指数提供了一种量化的方法来测量房地产市场的变化趋势，包括价格变动、租金收益等。

（2）设定基准： 投资者可以使用不动产指数来比较其个人投资或投资组合的表现是否优于市场平均水平。

（3）创建指数化投资产品： 如共同基金、交易所交易基金（ETFs）等，使得普通投资者能够轻松地获得对房地产市场的敞口。

2. 不动产指数的类型

按照成分的价格来源，不动产指数可以分为估价基础指数和交易基础指数。

2.1 估价基础指数（Appraisal-Based Indexes）

估价基础指数依赖于**专业评估师提供的价值估计**来确定市场价值的变化，因缺乏足够的重复交易数据，这种类型的指数在私人房地产市场上较为常见，例如全球房地产基金指数（GREFI），它是一个季度更新的资本加权指数，整合了美国、欧洲和亚洲的数据。

估价基础指数的优势在于在缺乏频繁交易的情况下提供了一种估值方法，劣势则是存在评价滞后的问题，在市场快速变动的情况下，评价结果可能无法及时反映市场真实状况。

2.2 交易基础指数（Transaction-Based Indexes）

交易基础指数**基于实际交易数据而非估价**来编制指数，需要收集大量交易数据以确保指数的准确性和可靠性，其优势在于更直接地反映了市场价格动态，劣势在于可能包含统计噪声，需要采用适当的统计技术来最小化这些影响。

交易基础指数可以进一步分为：

（1）重复销售指数（repeat sales index）： 依赖于同一物业多次销售的数据来计算其价值变化。

（2）特征指数（hedonic index）： 通过回归分析来控制物业特征差异，从而分离出由于市场条件变化导致的价值差异。

🔆 **老皮点拨**

不动产指数还可以按照股权和债权属性分类如下。

（1）公开不动产股权指数（public real estate equity indexes）： 最普遍的公开股权指数之一是**房地产投资信托（REITs）指数**。REITs 是公开交易的实体，要求几乎将其所有收益分配给投资者，后者根据各自的税率缴税。权益型 REITs 主要拥有和运营物业，而指数通常基于行业分类或地区来编制。

（2）不动产固定收益指数（real estate fixed-income indexes）： 固定收益指数在债券市场中扮演的角色类似于股票市场中的股权指数，不过两者之间有一些区别。例如，有限的债券到期期限和新发行的频率导致固定收益指数比股权指数具有更高的周转率和更频繁的再平衡。在房地产市场中，固定收益指数还包括了独特的特性，如抵押贷款支持证券（MBS）和担保债券。

实务拓展

在不同的地域范围，有一些比较知名的不动产指数：

（1）美国：标普 / 凯斯-席勒房价指数、FHFA 全美房价指数（Federal Housing Finance Agency House Price Index）、NAHB/Wells Fargo 住房市场指数（National Association of Home Builders/Wells Fargo Housing Market Index）等。

（2）中国：国家统计局 70 城房价指数、中国房地产指数系统（CREIS）百城价格指数、易居研究院百城住宅库存报告等。

（3）国际：全球房地产指南（Global Property Guide）各国房价指数、Knight Frank 全球房价指数、莱坊全球房价指数（Knight Frank Global House Price Index）等。

Real Estate Tax   不动产税

基础释义

不动产税是指一系列针对**房地产持有、交易和收益**的各种税费。虽然各国对个人主要居所的资本利得可能提供税收优惠，但对于房地产投资而言，税收处理更为复杂，涉及多个税种和税收优惠。房地产的持有方式和融资手段显著影响投资的税后回报。

概念详解

1. 不动产税的征税对象

大多数司法管辖区对房地产投资的净收入征税，允许扣除诸如**维修费用、利**

息支出和折旧等成本。这意味着在计算税前净收入时，可以从总收入中减去这些费用。

2. 不动产税的税法可抵扣费用

2.1 利息费用

如果利息支出可以作为费用扣除，即使投资者有足够的资金全额支付购房款，借款购买房地产也可能更有吸引力，因为这样可以减少应税收入。

2.2 折旧费用

折旧是另一个重要的税收优惠点。例如，如果投资者在一个允许 10 年内折旧房地产的地区购买房产，每年可以将建筑物购买价格的一部分记录为折旧费用，从而减少应纳税所得额。这些折旧费用会从投资者的成本基础上扣除，但若出售时售价高于折旧后的成本基数，这些**之前扣除的折旧费用通常需要在计算资本利得税时予以"回收"**。

3. 不动产税的特殊优惠

在某些国家，投资者可以通过资格交易将一项房地产投资换成另一项，从而推迟支付资本利得税直到第二项财产被出售。这种交易通常被称为"1031 交换"（在美国），允许投资者将资本利得递延至新资产的处置。

> **实务拓展**
>
> 房地产投资的税收处理非常复杂，取决于许多因素，包括房地产的位置、持有结构（个人持有、合伙、公司持有）、融资方式（自有资金、借贷）以及投资目的（出租、自住、商业用途）。投资者应咨询税务专家，了解具体司法管辖区的税收法规，以便有效地规划税务策略，最大化投资回报。

R

Real Option   实物期权

基础释义

实物期权是指企业在进行资本投资决策时享有的、**能够根据未来经济事**

件或信息变化来调整投资决策进而改变投资价值的权利。实物期权类似于金融期权，赋予企业在未来某个时刻采取或不采取某一特定行动的权利，但应用于实体资产或项目投资中。企业只有在执行实物期权能够增加价值时才会选择实施。实物期权的存在使得企业能够在面对未来的不确定性时，更加灵活地调整其投资策略，从而可能显著提升资本投资的净现值（NPV）。

概念详解

实物期权的类型

（1）择时期权（timing option）：企业可以选择不立即投资，而是延迟决策，以期在将来获得更多关于项目 NPV 的有利信息。这种选择权允许企业根据市场条件的变化灵活安排投资时序，序列化投资项目，为未来投资创造更多机会。

（2）规模调整期权（sizing option）：包括**弃置期权（abandonment option）**和**扩张期权（expansion option）**。弃置期权允许企业在投资后，若财务表现不佳时终止项目，减少损失。扩张期权则是在财务表现超出预期时追加投资，扩大生产规模或服务能力。

（3）灵活期权（flexibility option）：一旦投资完成，企业还可以通过调整价格、生产量等方式应对市场需求变化。例如，当产品或服务需求超过产能时，企业可以调高价格以最大化当前利润，或者通过加班、增加班次等方式短期内扩大生产能力，以应对需求波动。

（4）基础期权（fundamental option）：某些投资的价值完全取决于企业无法控制的外部因素，例如，石油井或炼油厂的投资价值取决于石油价格，黄金矿的价值则取决于黄金价格。油井或金矿本身就是一种期权，其要求企业根据基础资源或市场的变动，决定是否继续投资或开发新项目。许多研发（R&D）项目同样具备这样的性质，其价值实现依赖于未来技术突破或市场需求的变化。

老皮点拨

实物期权得以存在的根本信念在于：在不确定性环境中，**投资决策的灵活性**本身具有价值。企业通过识别和有效利用这些实物期权，可以在保持战略灵活性的同时，优化资本配置，增加投资回报。

Rebalancing　再平衡

基础释义

再平衡是指在投资组合或指数管理过程中，**定期**或**当投资组合的资产配置偏离预先设定的目标比例**时，采取行动调整各资产类别或个别证券的权重，使其恢复到原始设定的配置比例。再平衡是维持投资组合或指数风险收益特征、执行投资策略、实现投资目标的关键环节。

概念详解

1. 再平衡的分类

1.1 投资组合再平衡（Portfolio Rebalancing）

1.1.1 投资组合再平衡的目的

（1）维持目标风险水平： 随着时间的推移，不同资产类别或证券的表现各异，可能导致投资组合的风险特征发生偏移。再平衡通过调整权重，将投资组合的风险恢复到投资者可接受的水平，确保投资目标与风险承受能力相匹配。

（2）执行投资策略： 对于遵循特定投资策略（如股债配置比例、地域配置、行业配置等）的投资组合，再平衡是**维持策略一致性、确保策略得到有效执行**的重要手段。

（3）纪律性买入低估资产，卖出高估资产： 再平衡过程中，往往会卖出近期表现较好、权重增加的资产，买入近期表现较差、权重下降的资产。这种操作在一定程度上体现了**"低买高卖"**的投资原则，有助于**抑制追涨杀跌的人性弱点**，实现长期投资回报。

（4）控制集中度风险： 若不进行再平衡，某项资产（如某只股票或某个行业）在投资组合中的权重可能因价格上涨而过高，增加**集中度风险（concentration risk）**。再平衡可以防止单一资产对整个组合的影响过大，实现有效的风险分散。

1.1.2 投资组合再平衡的方法

（1）日历再平衡（calendar rebalancing）： 按照**预设的时间间隔（如每季度、半年、一年）**进行再平衡，无论投资组合的实际权重是否偏离目标。这种方法简单易行，有助于投资者养成定期审视和调整投资组合的习惯。

（2）百分比再平衡： 当投资组合中**某项资产的实际权重偏离目标权重达到预设**

阈值时,触发再平衡操作。这种方法更具灵活性,可以根据市场情况及时调整,但可能增加交易频率和成本。

1.2 指数再平衡(Index Rebalancing)

1.2.1 指数再平衡的定义

在指数编制与维护的场景下,再平衡是指指数编制机构**定期**或**当指数成分股的市值、基本面指标等发生变化,导致指数权重偏离理想状态时**,进行的权重调整过程。指数再平衡目标是确保指数持续准确地反映其定义的市场板块、投资策略或经济概念。

1.2.2 指数再平衡的具体步骤

(1) 定义指数编制规则:指数编制者设定指数的编制规则,包括成分股选择标准、权重计算方法(如市值加权、基本面加权等)、再平衡频率与触发条件等。

(2) 监控成分股情况:随着市场变化,成分股的市值、基本面数据等可能发生变化,导致其在指数中的权重偏离原有设定。指数编制者定期或当特定触发条件达成时,对成分股情况进行评估。

(3) 执行再平衡调整:按照指数规则,对成分股的权重进行调整,或进行成分股的增删。例如,对于市值加权指数,可能需要根据最新的市值数据重新计算各成分股的权重;对于基本面加权指数,则可能依据最新公布的基本面数据调整权重。

2. 再平衡的功能及作用

(1) 维持战略风险暴露:正常的资产价格变动会导致高预期回报的资产增长速度超过整个投资组合。由于高回报资产通常也伴随着更高的风险,如果不进行再平衡,整体投资组合的风险将上升,且风险集中度也会增加。

(2) 提高投资纪律:再平衡是一种**逆向投资策略**,因为它要求在资产价格高位时卖出,在低位时买入。这种做法与大多数投资者的行为倾向相反,因此需要较强的纪律性。

(3) 增强多样性:不进行再平衡可能会导致投资组合失去原有的多样化效果。例如,如果投资者只投资于预期回报最高的资产类别,而不进行再平衡,那么投资组合的风险将高度集中。再平衡有助于**保持多样化的投资组合结构**。

> **实务拓展**
>
> 尽管再平衡可能带来一定的收益提升,但其主要目的是控制风险。许多研究表明,再平衡的主要好处在于风险控制,而不是收益增强。例如,Willenbrock(2011)的研究表明,即使零回报的资产也可以通过再平衡产生正收益(如规避了损失)。

Reconstitution 重构

基础释义

> 重构是指**对指数成分股进行全面或大规模的重新审查、调整和更新**的过程。这通常发生在指数编制规则规定的特定时间点，旨在确保指数继续准确地反映其目标市场、投资策略或经济概念。重构与日常的指数再平衡（如定期调整权重）不同，后者主要涉及较小幅度的权重调整，而重构则是**对指数构成的根本性改变**。

概念详解

1. 重构的原因与目的

(1) 市场变化: 随着时间的推移，市场环境、公司业绩、行业格局等会发生变化，可能导致某些股票不再符合指数的入选标准，或者有新的股票符合入选条件。重构旨在确保指数**始终包含最具代表性的成分股**，反映市场的最新状况。

(2) 编制规则调整: 指数编制者可能对指数的编制规则进行修订，如修改成分股入选标准、调整权重计算方法等。重构是执行新规则、重塑指数结构的过程。

(3) 指数维护: 定期重构有助于清理不符合标准的成分股，引入新鲜血液，保持指数活力，确保其作为市场基准或投资工具的有效性。

2. 重构的步骤

(1) 成分股审查: 根据指数编制规则，对现有成分股进行全面审查。对于市值加权指数，可能依据最新的市值数据；对于基本面加权指数，可能根据最新的财务数据。同时，对市场中所有潜在候选股进行评估，看其是否符合纳入指数的条件。

(2) 成分股增删: 基于审查结果，决定哪些成分股应被剔除出指数，哪些候选股应被纳入指数。

(3) 权重调整: 对于保留下来的成分股，以及新纳入的股票，根据指数规则重新计算其权重。

(4) 公布与实施: 指数编制者提前公布重构的详细方案，包括调整后的成分股列表、权重变化等信息，给市场参与者足够的时间进行准备。在预定的生效日期，按照新的成分股列表和权重进行指数计算。

3. 重构的影响

（1）市场效应： 大规模的指数重构可能会引发市场交易活动增加，特别是在指数基金、ETF 等被动投资产品必须跟随调整其持仓的情况下。这可能导致受影响股票的买卖压力增大，短期内股价波动加剧。

（2）投资策略调整： 对于使用指数作为投资基准或参照的投资经理，需要根据重构结果调整投资组合，以保持与指数的一致性。对于主动管理型基金，重构可能提供重新评估投资组合的机会。

（3）指数追踪误差： 在重构生效前后一段时间，由于市场对重构信息的反应和实际调整过程中的交易成本，指数基金、ETF 等产品可能出现**追踪误差（tracking error）**暂时增大。

Regression Coefficient　回归系数

基础释义

> 回归系数是指在**回归分析**中衡量自变量对因变量影响程度和方向的统计指标。在简单线性回归中，回归系数包括 1 个截距系数和 1 个斜率系数；在多元回归中，回归系数包括 1 个截距系数和多个斜率系数。

概念详解

1. 回归系数的相关数学表达式

$$Y_i = b_0 + b_1 X_i + \varepsilon_i, i = 1, \ldots, n$$

其中，

-Y_i 代表因变量的第 i 个观察值

-X_i 代表自变量的第 i 个观察值

-b_0 代表截距系数，表示当自变量 X 为 0 时因变量 Y 的期望值

-b_1 代表斜率参数，表示自变量 X 每增加一个单位时，因变量 Y 平均改变的量

-ε 代表残差项，表示除了自变量 X 之外影响因变量 Y 的所有其他因素，通常假设残差项服从零均值且方差恒定的正态分布，被称为同方差性

2. 回归系数的类型

2.1 斜率系数（Slope Coefficient, b_1）

斜率系数表示自变量 X 每增加一个单位时，因变量 Y 平均变化的量。如果 $b_1>0$，说明 X 与 Y 呈正相关，即 X 增加时 Y 倾向于增加；如果 $b_1<0$，则表明 X 与 Y 呈负相关，X 增加时 Y 倾向于减少。斜率系数的绝对值大小反映了这种变化的强度。

2.2 截距系数（Intercept Coefficient, b_0）

截距系数表示当自变量 X 为 0 时，因变量 Y 的预计平均值。截距系数代表了回归线与 Y 轴的交点，即模型的基础水平或起始值。

3. 回归系数的估计方法

回归系数的估计通常通过最小化残差平方和（如普通最小二乘法 OLS）来获得，以找到最佳拟合直线。这些系数提供了关于自变量如何联合影响因变量的重要信息，是预测模型的关键组成部分，并可用于解释变量间的关系、进行假设检验以及政策或商业决策制定。

$$\hat{b}_1 = \frac{\text{Covariance of } Y \text{ and } X}{\text{Variance of } X}$$

$$\hat{b}_0 = \overline{Y} - \hat{b}_1 \overline{X}$$

> 💡 **老皮点拨**
>
> 在多元线性回归中，每个自变量都有一个对应的回归系数，表示在控制了其他自变量的影响下，该自变量对因变量的独立效应。

R

Reorganization　重整

基础释义

重整是指在某些司法管辖区中，针对面临资不抵债情况的公司，通过法院监督进行的一种重组程序。在这个过程中，破产法院会接管公司，并监督公司与其债权人之间就资产出售、债务转股权、再融资等事项进行有序的协商过程。在此期间，公司的业务运营通常会维持正常，现有管理层也会保留在位，继续负责日常管理。

概念详解

重整的关键要素

一项重整是否能取得成功的关键要素包括：

（1）法院监督： 整个重整过程在法院的监督下进行，确保所有步骤遵循法律规定，保护各方利益。

（2）协商过程： 公司与债权人就债务重组方案进行协商，旨在达成一个双方都能接受的重组计划，减轻公司的债务负担，使公司得以继续运营。

（3）重组计划： 一旦公司与债权人就重组条款达成一致，需要向破产法院提交重组计划并获得批准。该计划通常涉及**债务重组、资本结构调整**等内容，以实现公司财务的可持续性。

（4）业务连续性： 与直接清算不同，重整过程中公司业务通常不停止，力求保持公司价值和运营能力。

（5）快速处理的可能： 虽然某些重整案件可能持续多年，但在某些情况下，如果公司在正式向破产法院提交重整申请之前已经与债权人达成协议，那么整个过程可以非常迅速，甚至在 24 小时内完成。

老皮点拨

清算是当**重整努力失败，公司仍然无法清偿债务和履行合同义务**时的一种解决方案。清算过程中，破产法院将负责变卖公司资产，并按法定顺序分配给债权人。

重整的目标是给予困境中的企业重生的机会，通过**调整资本结构和债务安排**，帮助企业摆脱财务困境，继续经营，而避免直接解散和资产出售的极端后果。这为公司提供了纠正错误、调整战略并最终恢复健康的平台。

Replacement Cost　重置成本

基础释义

> 重置成本又称"替换成本"或"更换成本"，是指在某一特定时点，**按照当前市场价格重新购置或重新建造**与已存在资产完全相同或具有同等功能的新资产所需支付的全部费用。简单来说，重置成本就是重新取得一项相同或类似资产所需的全部支出。

概念详解

1. 重置成本的组成部分

（1）直接成本： 重置成本中的直接成本是指**购买或制造新资产所需的直接货币支出**，如原材料费、零部件费、人工费、设备购置费等。

（2）间接成本： 重置成本中的间接成本是指**与重置过程相关的但不直接体现在新资产上的费用**，如设计费用、工程管理费、运输费、安装调试费、税费等。

（3）合理利润： 如果是在市场条件下购买资产，还应考虑供应商或制造商的合理利润。如果是自行建造，可能需要计算相应的资金成本和机会成本。

2. 重置成本的应用场景

（1）保险估值： 保险公司在确定保额时，通常会参考重置成本，以确保在发生损失时能够提供足够的资金来替换受损资产，避免被保险人因资产损失而蒙受实际价值以上的经济损失。

（2）财务报告： 在财务会计中，对于某些特定类型的资产，如存货、固定资产，可能需要根据重置成本进行计量和记录，以便更准确地反映企业的经济实力和经营状况。

（3）税务评估： 在财产税评估中，税务机关可能会使用重置成本法来估算纳税人的应税财产价值。

（4）并购评估： 在企业并购过程中，对目标公司的资产评估可能涉及重置成本分析，以判断收购价格是否合理。

（5）投资决策： 投资者在考虑投资某个项目时，可能会计算项目的重置成本，作为衡量项目经济效益、竞争力及潜在风险的一个重要指标。

R

> **老皮点拨**
>
> 重置成本与历史成本（最初购买资产时的实际支出）、市场价值（在公开市场上**出售**该资产可能获得的价格）以及账面价值（资产的历史成本减去累计折旧或摊销后的余额）有所不同。重置成本强调的是在**当前市场环境下重建或购买**相同或相似资产所需的花费，它反映了资产的**现时购置成本**，而非其**过去的价值或市场交易价格**。

Required Rate of Return   要求回报率

基础释义

> 要求回报率是指投资者在考虑投资某个**项目**或**证券**时，所期望获得的最低回报率。要求回报率代表了投资者对投资风险的一种补偿要求，反映了投资者愿意承担的风险与预期收益之间的平衡。要求回报率的计算和确定对于公司财务决策、投资项目评估以及资产估值等都至关重要。

概念详解

1. 各类要求回报率的定义及计算

1.1 资本要求回报率（Required Return of Capital）

1.1.1 定义

资本要求回报率既可以指**各类单独的资本提供方在提供资本时基于承担的风险所要求的最低回报率**，也可以指**公司或项目的全体资本提供方的加权平均要求回报率**，在数值上基本可以认为等同于公司的**加权平均资本成本（weighted average cost of capital）**。

1.1.2 计算方法

$$WACC = (Cost\ of\ debt \times Weight\ of\ debt) + (Cost\ of\ equity \times Weight\ of\ equity)$$

其中，

-Cost of debt 表示债务融资成本

-Weight of debt 表示债务在企业资本结构中的权重

-Cost of equity 表示权益融资成本

-Weight of equity 表示权益在企业资本结构中的权重

1.2 权益要求回报率（Required Return of Equity）

1.2.1 定义

权益要求回报率是指投资者**期望从投资于公司股权中获得的最低回报率**。这个回报率反映了投资者承担公司经营风险所需要的补偿。

1.2.2 计算方法

（1）股息折现模型 (DDM)： 这个模型基于未来的股息流和股息增长预测来计算股票的内在价值，从而得出要求回报率。计算方法为预期股息收益率加上股息增速。

（2）债券收益率加风险溢价法： 这种方法基于**无风险利率（如国债收益率）** 加上一个风险溢价来确定要求回报率。风险溢价反映了投资者因承担额外风险而要求的额外回报。

（3）风险基础模型： 风险基础模型包括资本**资产定价模型（CAPM）** 和**套利定价理论（APT）**，通过分析市场风险、特定股票或项目的系统性风险等因素来确定要求回报率。

1.3 优先股要求回报率（Required Return of Preferred Stock）

1.3.1 定义

优先股要求回报率是指**投资者投资于优先股时所期望获得的最低回报率**。优先股是一种混合型证券，兼具债权和股权的特点。优先股股东享有比普通股股东优先的分红权和清算顺序，但通常没有或仅有有限的投票权。

1.3.2 计算方法

$$r_p = D_p / P_p$$

其中，

-r_p 代表优先股融资成本

-D_p 代表优先股的股息

-P_p 代表优先股的价格

1.4 债务要求回报率（Required Return of Debt）

1.4.1 定义

债务要求回报率是指**债权人（如债券持有人或其他贷款提供者）在投资于某一债务工具时所期望获得的最低回报率**。这个回报率反映了债权人承担借款方违约风险及其他相关风险所需的补偿。

R

1.4.2 计算方法

$$r_d = r_f + \text{Credit spread}$$

其中,

-r_d 表示债务融资成本

-r_f 表示无风险基准利率

-Credit spread 表示信用利差,用以补偿投资者承担的公司特定债务的信用风险

2. 要求回报率的应用场景

(1) 资本预算: 在进行资本预算时,要求回报率被用作折现率来评估长期投资项目的吸引力。企业通常会比较多个项目的**净现值(Net Present Value, NPV)**,选择那些 NPV 最高的项目进行投资。

(2) 股票估值: 在股票市场上,要求回报率是投资者用来评估股票内在价值的重要指标。例如,在**股利折现模型(Dividend Discount Model, DDM)**中,未来股利的现值需要用权益要求回报率来折现。

(3) 债券定价: 对于固定收益投资(如债券),要求回报率可以帮助投资者决定债券的价格是否合理。如果债券提供的收益率低于投资者的要求回报率,那么债券可能被高估。

(4) 资产配置: 在**资产配置(asset allocation)**过程中,要求回报率可以帮助投资者决定如何分配他们的投资组合。不同类型的资产(如股票、债券、房地产等)有不同的风险和回报特性,要求回报率可以作为选择和分配资产的依据。

(5) 个人理财规划: 个人投资者在进行长期投资规划时,也需要设定一个要求回报率,以确保他们的投资能够满足未来的财务需求(如退休计划)。

(6) 公司绩效评估: 要求回报率也可以用于评估公司的绩效。通过比较实际回报率与要求回报率,可以判断公司的经营效率和盈利能力,例如,通过对比**股东回报率(Return on Equity, ROE)**和股东要求回报率,可以判断管理层是否帮股东创造了额外价值。

(7) 风险调整后的绩效测量: 要求回报率还用于计算各种风险调整后的绩效指标,如**夏普比率(Sharpe ratio)**、**特雷诺比率(Treynor ratio)**等,这些指标可以帮助投资者理解每单位风险所获得的超额回报。

> 💡 **老皮点拨**
>
> 要求回报率与**资本成本(cost of capital)**是金融投资分析以及项目评估中两个紧密联系而又存在区别的概念。

二者的联系主要包括：

（1）在评估项目时，如果项目本身的风险与公司的平均风险持平，则公司会使用加权平均资本成本（weighted average cost of capital, WACC）作为折现率，而 WACC 实际上就是公司整体资本的成本，也可以视为公司整体要求的回报率。

（2）投资者的要求回报率在某种程度上决定了公司的资本成本。如果投资者对某一类投资的风险溢价提高，那么相应地，该类投资的资本成本也会增加。

（3）在确定资本结构时，公司需要考虑投资者的要求回报率，以平衡债务和权益的成本。

二者的区别主要包括：

（1）要求回报率是**从投资者的角度**看其投资的收益，而资本成本是**从公司的角度**看其融资的成本。

（2）要求回报率主要用于评估投资的价值和吸引力，资本成本则用于评估公司的融资成本以及项目评估的标准。

Required Rate of Return on Equity　股权要求回报率

同"Cost of Equity"。

R

Required Return on Equity　股权要求回报

同"Cost of Equity"。

Residential Real Estate　住宅型不动产

基础释义

住宅型不动产是指主要用于人们居住目的的房地产类型，这是房地产市场中最常见且基础的部分。住宅型不动产包括多种形式，满足不同人群的居住需求。

概念详解

住宅型不动产的类型

（1）单户住宅（single-family homes）： 独立的住宅单元，通常带有自己的院子，不与其他住宅共享墙壁，适合家庭居住。

（2）多户住宅（multi-family homes）： 包含两个或以上独立居住单位的建筑，如公寓楼、复式住宅或联排别墅。每个单位可以单独拥有或出租。

（3）共管公寓（condominiums, condos）： 一种所有权形式，业主拥有其居住单位内部的空间，而公共区域（如走廊、电梯、停车场）属于所有业主共有，通过业主委员会管理。

（4）合作公寓（cooperatives, co-ops）： 与共管公寓相似，但居民并不直接拥有自己的单元，而是持有合作社的一部分股份，从而获得居住权。

（5）移动房屋（mobile homes）： 可以移动的预制住宅，通常位于租赁的土地上，也可以放置在业主所有的地块上。

（6）老年人住宅（senior housing）： 专为老年人设计的住宅，包括独立生活社区、辅助生活设施和护理之家，提供不同程度的生活协助和服务。

（7）学生住宿（student housing）： 针对在校学生的住宿设施，可为宿舍、公寓或专门建造的学生村。

老皮点拨

住宅型不动产不仅关乎个人居住，也是一项重要的投资类别。投资者可以通过购买住宅物业然后出租来获得租金收入，或是等待物业增值后出售以获得资本利得。

Residual Income 残余收益

基础释义

残余收益是指**净利润减去普通股东的机会成本**后剩余的部分。具体来说，残余收益是公司在扣除所有资本成本（包括债务资本和股权资本的成本）后的剩余收益。传统的会计报表中，虽然包括了**债务资本成本（如利息费用）**，但并未扣除**股权资本的成本**。因此，即使公司有正的净利润，如果其收益未能超过股权资本成本，股东价值也可能没有增加。残余收益模型明确考虑了所有资本的成本，从而更准确地衡量公司的实际盈利能力。

概念详解

1. 残余收益的计算公式

$$RI=NI-BVe \times re$$

其中，

- RI（Residual income）代表残余收益

- NI（Net income）代表净利润

- BVe（Book value of equity）代表所有者权益的账面价值

- re（Required return on equity）代表股东要求回报率

R

老皮点拨

BVe×re=equity charge 可以理解为股东要求的具体回报金额，本质上是股东提供权益资本的最低要求的补偿。

实务拓展

残余收益作为一个经济学概念有着悠久的历史，可以追溯到 19 世纪末的阿尔弗雷德·马歇尔（Alfred Marshall）。早在 20 世纪 20 年代，通用汽车公司就使用了这一概念来评估业务部门的表现。近年来，残余收益再次受到关注，有时被称为**经济利润**（economic profit）、**超常收益**（abnormal earnings）或经济增加价值（Economic Value Added, EVA）。

2. 残余收益与基本面的关系

（1）与净资产收益率（ROE）的关系：残余收益与净**资产收益率**（Return on Equity, ROE）密切相关。ROE 反映了公司利用股东权益创造收益的能力，而残余收益则进一步考虑了股权资本的成本。如果公司的 ROE 高于其股权资本成本率，则会产生正的残余收益，表明公司为股东创造了价值。反之，如果 ROE 低于股权资本成本率，则会产生负的残余收益，表明公司未能为股东创造价值。

（2）与收益增长率的关系：残余收益模型还可以用来预测未来的收益增长。假设公司在长期内能够达到其资本成本，任何超过资本成本的收益都可以称为异常收益。因此，未来残余收益的预测可以帮助分析师评估公司的增长潜力和价值创造能力。

3. 残余收益与其他估值方法的联系

（1）与市盈率倍数法的关系：残余收益模型可以与**市盈率倍数法**（price-multiple approach）相结合。通过将残余收益与市盈率倍数法结合起来，分析师可以更全面地评估公司的内在价值。例如，一个公司的市盈率倍数可能较高，但如果其残余收益为正且增长稳定，这表明公司具有较高的价值创造能力。

（2）与贴现现金流量法的关系：残余收益模型也可以与**现金流折现模型**（Discounted Cash Flow Model）相结合。残余收益可以视为一种特殊的自由现金流，通过将未来的残余收益折现到 0 时刻并加回所有者权益的账面价值，可以得到公司的股权估值。这种方法在评估具有稳定收益和增长潜力的公司时特别有效。

4. 残余收益的实际应用

（1）股票估值：残余收益模型已被广泛应用于个股和股票指数的估值。实证研究表明，残余收益模型可以有效地评估道琼斯工业平均指数（Dow Jones Industrial Average）等股票指数的内在价值。

（2）内部绩效评估：残余收益模型也被用于公司内部绩效评估。通过计算各个业务部门的残余收益，管理层可以更准确地评估各部门的业绩和价值创造能力，从而制定更有效的内部资本配置决策。

5.残余收益应用中的挑战

（1）会计调整： 在应用残余收益模型时，需要对会计数据进行适当的调整。例如，某些**非经常性项目**或**会计政策变更**可能会影响净利润的准确性，从而影响残余收益的计算。因此，分析师需要对这些因素进行识别和调整，以确保计算结果的可靠性。

（2）数据可得性： 残余收益模型依赖于公开可用的数据和非专有的会计调整。然而，某些公司可能缺乏透明度，导致数据获取困难。此外，不同国家和地区的会计标准可能存在差异，这也增加了模型应用的复杂性。

> **老皮点拨**
>
> 残余收益、**经济利润（economic profit）** 和**经济增加价值（Economic Value Added, EVA）** 是 3 个紧密相关但是存在一定差异的概念。
>
> 三者的联系在于都关注企业是否创造了超过其资本成本的价值，强调了企业的价值创造能力。
>
> 三者的区别包括：
>
> （1）残余收益属于**最严格意义上的基于具体的财务信息**计算得到的**估值输入变量**，其计算要求的精确度也是最高的。
>
> （2）经济利润更多是一种分析理念和观察视角，强调对企业管理层进行评价不能只关注**会计利润（accounting profit）**，对企业的成本进行观察不能仅看到**会计成本（显性的机会成本）**，还要额外考虑**隐性的机会成本**，并没有非常严格的财务数据级别的计算公式做支撑。
>
> （3）经济增加价值强调的是**税后营业利润**与**全部资本成本**之间的差额，从本质上来说与残余收益并无差异，更多可以视作在商业分析中一种对残余收益概念的具体运用。

R

Restructuring　重组

基础释义

重组是指企业在面临内部效率低下、外部环境变化或财务困境时，采取一系列旨在改善资本回报率、提升企业运营效率和财务健康度的战略性调整措施。

概念详解

1. 重组的类型

1.1 机会性改进（Opportunistic Improvement）

机会性改进是指企业**在未遭遇严重财务压力时，主动寻求改变**以提升效率和盈利能力。这类改进包括但不限于商业模式调整。例如，通过特许经营模式转变，企业主将资产和知识产权分离，将资产出售，同时向第三方运营商授权使用知识产权。餐饮业广泛采用此模式，如麦当劳，总部作为特许经营商主要负责品牌管理、广告和产品研发，收取特许权使用费，而实际的门店运营交由特许加盟商负责，这使得总部能够保持轻资产运营，同时分散经营风险。

1.2 强制性改进（Forced Improvement）

当**企业盈利能力下滑至低于投资者预期回报率时**，就需要进行强制性改进。常见原因包括管理不善、市场需求减少、竞争加剧或产能过剩。

强制性改进可以进一步分为：

（1）成本重构（cost restructuring）：通过裁员、关闭非盈利业务单元、减少非核心开支等方式降低成本，提升运营效率。

（2）资产负债表重构（balance sheet restructuring）：调整资本结构，可能包括债务重组（如债务延期、转换或减免）、资产出售以偿还债务或增加现金流，以及股本结构调整，以改善财务稳定性。

（3）重整（reorganization）：在更为严峻的情况下，企业可能需要进行全面的重组，这可能涉及公司内部组织结构、业务流程的根本性变革，甚至包括破产保护下的重组，以彻底解决财务危机，重新定位企业方向。

2. 重组的动机

（1）改善资本回报（improve returns on capital）：通过重组，公司可以改善其资本配置，提高资本使用的效率，从而提高**资本回报率（ROIC）**。例如，公司可能通过重组来关闭亏损的业务部门或减少冗余的成本，以此提高其盈利能力。

（2）解决财务挑战（resolving financial challenges）：当公司面临严重的财务困难，如高额负债、流动性危机等，重组可能成为解决问题的一种手段。在这种情况下，公司可能需要通过重组来减轻债务负担、改善资产负债表或避免破产。

Return on Capital Employed (ROCE) 占用资本回报率

基础释义

占用资本回报率又称**"投资资本回报率"**[return on invested capital (ROIC)]，是指企业在一定时期内（通常为一年），扣除税后经营利润与同期投入资本总额的比率。ROIC 揭示了企业每投入一单位资本所能产生的税后经营利润，反映了企业通过其资本投资获得收益的能力，是评估公司管理层资本配置效果和长期价值创造潜力的关键财务比率之一。

概念详解

1. ROCE 的计算公式

$$\text{ROIC} = \frac{\text{After-tax operating profit}_t}{\text{Average invested capital}} = \frac{\text{Operating profit}_t \times (1 - \text{Tax rate})}{\text{Average total LT liabilities and equity}_{t-1,t}}$$

其中，

-After-tax operating profit$_t$ 代表 t 时刻的税后经营利润

-Average invested capital 代表平均投资资本

> 🔆 **老皮点拨**
>
> 税后经营利润代表公司在支付完毕所有运营费用及所得税之后剩余的利润，相比普通净利润，税后经营利润往往需要调整，排除非经常性项目和利

息支出的影响，以便更准确地反映核心业务的盈利能力。

平均投资资本代表企业用于经营的所有资金来源，包括股东权益和债务（扣除超额现金及短期投资），体现了企业为获取收益而实际投入的总资本。计算时可能需要对资产负债表上的某些项目进行调整，以更准确地反映用于产生收入的资本量。

2. ROCE 的作用与意义

（1）提供公司层面的资本效率评价指标： 虽然净现值（NPV）和内部收益率（IRR）可用于比较公司内部单个项目，但是无法提供关于**整个公司层面的资本利用效率的**信息，而分析师利用**合并财务报表**和**分部信息，**高度汇总且包含多个项目的现金流，来估算整个公司的 ROIC，可以衡量公司整体在其所有投资中创造价值的能力。这一点至关重要，因为投资者通常不能单独投资于个别项目，而只能投资整个公司。

（2）为资本提供方的资本决策提供参考： ROIC 可与**投资者要求的回报率**进行比较。若发行人的 ROIC 随时间推移高于投资者要求的回报率，表明发行人为投资者创造了价值。相反，若 ROIC 低于要求回报率，则表明投资者在别处投资可能更有利。

3. ROCE 的局限与不足

（1）与 NPV 和 IRR 不同，ROIC 是一个**会计指标**而**非基于现金流量**的衡量标准。经营利润与现金流可能因特定项目的确认和折旧与资本支出的差异而有实质区别。

（2）ROIC 具有回顾性，且可能因投资活动和商业环境的年际变化而波动，因此审视趋势和变化速率至关重要。

（3）作为高度汇总的指标，ROIC 可能掩盖了发行人在某些领域的盈利或亏损状况。

（4）分析师应注意，关于 ROIC 的计量，尤其是分母部分，业界共识较少。例如，许多实践者会从分母中扣除部分或全部无形资产和"多余"现金，并可能排除某些长期负债，如不被视为"投入资本"的养老金和递延税负债。

Return on Invested Capital (ROIC) 投资资本回报率

同 "Return on Capital Employed"。

Return on Sales　收入回报率

同"Net Profit Margin"。

Revenue　收入

基础释义

> 收入是指在一定时间周期内，一个公司、组织或个人通过销售商品、提供服务、出租资产、进行投资、处置资产等方式所获得的全部经济利益或**货币流入**。对于企业来说，狭义的收入通常特指**主营业务收入**，不包括投资收益、利息收入或任何非主营业务产生的收入，它是企业日常经营活动的主要收入来源，直接影响着企业的盈利能力和经营状况。

概念详解

1. 收入的类型

按照经济利益的获取来源，收入的类型包括：

（1）销售收入（sales revenue）： 从销售产品或提供服务中获得的收入。

（2）服务收入（service revenue）： 提供专业服务、咨询、维护等服务所得的收入。

（3）租金收入（rental revenue）： 出租财产或资产给他人使用所收取的租金。

（4）利息收入（interest revenue）： 从贷款或债券投资中获得的利息。

（5）特许权使用费收入（franchising fees revenue）： 从特许使用权、专利权、版权等知识产权中获得的收入。

2. 收入确认的基本原则

收入确认的基本原则规定了何时以及如何记录收入，根据国际财务报告准则（IFRS）和美国通用会计准则（US GAAP），收入确认的基本原则包括：

（1）与客户签订的合同存在。

（2）履行了合同中的义务。

R

（3）交易价格可以合理估计。

（4）相关成本能够可靠地计量。

（5）预期能够收回款项。

> **老皮点拨**
>
> 　　收入确认的5项基本原则中的第（2）项和第（5）项，其实对应了权责发生制，即当收入被"赚取"时才予以确认。这意味着当商品或服务的所有权风险和回报转移给客户时，公司的财务记录上才会反映这笔销售收入，有两种常见情形：
>
> 　　（1）交易是基于赊销，即客户尚未支付现金，公司确认收入，同时设立**应收账款（trade or accounts receivable）**科目，以反映未来的收款权利。
>
> 　　（2）公司预先收到现金，但要在之后交付产品或服务时，会先记录为**未实现收入（unearned revenue）**或**递延收入（deferred revenue）**。随着产品和服务的交付，这部分经济利益将逐步确认为收入。例如，云软件订阅的预付款，在一年的服务期内，随着服务的提供，收入会被逐渐确认。

3. 收入确认的核心步骤

　　2014年由IASB（国际会计准则理事会）和FASB（美国财务会计准则委员会）发布的合并会计标准确立了以下5项收入确认的核心步骤：

　　(1) 识别与客户的合同： 确定合同的存在及其实质性。

　　(2) 识别合同中的单独或区分的履约义务： 确定合同中需分别履行的商品或服务承诺。

　　(3) 确定交易价格： 估算交换商品或服务将收到的对价。

　　(4) 分配交易价格至合同的履约义务： 将交易价格按各履约义务进行分配。

　　(5) 在履行履约义务时确认收入： 当商品或服务的控制权转移给客户时确认收入。

4. 收入确认的常见场景

4.1 主体（Principal）与代理人（Agent）

　　主体与代理人模式下，主体和代理人各自进行收入确认，具体如下：

　　(1) 主体： 企业控制商品，在转移给客户前拥有商品的所有权，收入确认为销售总额，收入较高但利润空间相对较小。

（2）代理人： 企业仅作为中介，不控制商品，只收取佣金或费用，收入确认为佣金额，收入低但利润率高。

4.2 特许经营与授权（Franchising/Licensing）

特许经营与授权的收入构成包括：

（1）特许经营费与版税： 来自第三方特许经营者的费用，通常基于一定比例的销售额。

（2）前期费用： 新开业单位的费用先计入递延收入，后在合同期限内按直线法摊销。

4.3 软件即服务或软件授权

软件即服务或软件授权一般包括 3 种收入来源：

（1）软件授权： 一次性软件许可收入通常在客户取得使用权时确认。

（2）持续支持与更新： 收入在服务期间内平均确认。

（3）云服务： 客户远程使用软件，收入在整个合同期内确认。

4.4 长期合同（Long-Term Contract）

长期合同适用于长期工程或大型机械设备的安装的情形，一般从 2 个角度评判收入确认条件：

（1）进度确认： 基于产出（如已完成单位数）或投入（如已发生成本）确认收入。

（2）控制权转移： 当工作进展时，客户同时接收并消耗提供的利益，或客户控制着正在创造或增强的资产。

4.5. 账单与持有安排（Bill and Hold Arrangements）

账单与持有安排是指客户实质性要求延迟交货，产品已被明确标识为客户所有，且随时可交付的状态。

R

老皮点拨

在经济学和财务分析中，收入的分析侧重有所不同。

在经济学的厂商理论研究中，收入通常从总收入、平均收入、边际收入等角度切入进行进一步的分析。

而在财务分析中，收入是利润表的重要组成部分，广义的收入是静态会计恒等式（收入－费用＝利润）的一部分，分析的切入点主要是组成部分的分析，按照收入来源，企业收入可以分为营业收入和其他收入两大类。营业收入主要来自企业核心业务活动，如销售产品或提供服务的收入；其他收入则包括非主营业务产生的收入，如投资收益、政府补贴、出售资产的收益等。

Reverse Stock Split 反向股票拆分

基础释义

反向股票拆分又称"股票合并"，是指上市公司将一定数量的现有流通股合并为较少数量的新股的过程。与股票拆分相反，股票合并会减少流通在外的股票总数，同时相应提高每股股票的价格。

概念详解

1. 股票合并的具体操作

公司会设定一个合并比例，例如 1:10 的合并，意味着每持有 10 股旧股票的股东将获得 1 股新股，新股的价格是旧股价格的 10 倍。合并后，股东的持股总价值保持不变，但每股股票的面值和市场价格相应提高。

2. 股票合并的主要目的

（1）避免退市： 如果公司的股价长期低于证券交易所规定的最低价格标准，则可能面临退市风险，股票合并可以通过提高每股价格来避免股票被摘牌。

（2）提升股票形象： 高股价可能被视为公司实力和稳定性的标志，因此，通过股票合并提高每股价格可能吸引更广泛的投资者群体。

（3）减少股东数量： 在某些情况下，公司可能希望通过减少流通股数量来简化股东结构，降低管理成本，或是防止恶意收购。

（4）满足机构投资者要求： 一些机构投资者和指数基金可能有最低股价的要求，股票合并可以帮助公司股票满足这些要求，从而纳入更多的投资组合。

> 💡 **老皮点拨**
>
> 与股票拆分一样，股票合并本身并不改变公司的总体市值或股东的实际持股价值，因为尽管每股价格上升，但是持股数量相应减少了。然而，对于小股东而言，如果合并后的股票数量不足以达到交易单位，他们可能需要出售股份或面临持有非整手股票的不便。此外，股票合并会影响股票的流动性，

因为较高的股价可能会令一些小额投资者望而却步，同时也可能影响股票在不同投资群体中的吸引力。

Ricardian Equivalence 李嘉图均衡

基础释义

李嘉图均衡是指由英国经济学家大卫·李嘉图提出的探讨政府**债务融资**和**税收融资**在长期中对经济行为的等价性影响的一种经济学理论。具体而言，李嘉图均衡假设，如果政府**通过发行债券而不是提高税收来**为当前的支出融资，理性且有前瞻性的消费者会意识到，未来为了偿还这些债务和利息，税收将会增加。因此，他们会在当前增加储蓄，以便在未来支付更高的税收，这样，当前的消费并不会因政府的减税和举债而增加，因为消费者会预期到未来更高的税负。

概念详解

1. 李嘉图均衡的核心观点

（1）理性预期：消费者被视为理性的经济主体，能够理解政府的财政政策，并据此做出自己的财务规划。

（2）未来税负预期：消费者预期未来税收将会上升以偿还政府的债务，因此会增加当前的储蓄，以备未来之需。

（3）长期消费平滑：在现代经济学中，李嘉图均衡被置于**生命周期假说**和**永久收入假说**的框架下进行分析。这两个理论认为，消费者会根据其一生的预期收入来平滑消费，而不是仅仅根据当前的收入。因此，如果消费者预期到未来税收的增加，他们会在当前减少消费，增加储蓄，以确保其一生的消费水平保持不变。

2. 李嘉图均衡的经济意义

李嘉图均衡对财政政策的有效性提出了挑战。如果李嘉图均衡成立，那么政府通过**减税**和**增加债务**来刺激经济的政策可能不会像预期那样有效，因为消费者会增加储蓄，抵消政策的刺激效果。这意味着财政政策的短期刺激效果可能受到限制，特别是在长期债务负担较高的国家。

3. 李嘉图均衡的实证研究

李嘉图均衡是否在实践中成立仍然是一个有争议的话题。实证研究表明，消费者的反应可能并不完全符合李嘉图均衡的预测。有些研究表明，消费者并不总是表现出完全的远见和理性，尤其是在短期内，他们可能会对当前的税收减少和政府支出增加做出反应，增加消费，这可能是因为他们**没有完全预期到未来税收的增加**，或者因为心理账户效应，即将减税视为额外的可支配收入。

Right of Use（ROU）Asset 使用权资产

基础释义

使用权资产是指承租人**在租赁期内使用租赁资产的权利**所代表的经济资源。使用权资产的计算通常基于租赁付款额的现值（PV），并考虑其他因素如初始直接费用、租赁激励（如免租期的折现价值）等。与使用权资产同步确认且数值相等的负债端的对应科目是**"租赁负债"**（lease liability）。

概念详解

使用权资产的会计处理

（1）初始计量（initial accounting）： 使用权资产的初始确认金额等于租赁负债的初始计量金额加上（或减去）任何预付租赁付款、初始直接成本、租赁激励以及复原资产成本等调整项。

（2）折旧（depreciation）： 使用权资产需要按照其预计使用寿命进行直线法或其他系统合理的方法进行折旧，这反映了资产在租赁期内预期消耗的经济利益。

（3）后续计量（subsequent accounting）： 使用权资产的账面价值应定期进行复核，并根据租赁合同条件的变化（如租赁期的延长或缩短）进行调整。

（4）租赁终止（lease termination）： 当租赁结束时，使用权资产将从资产负债表中移除，如果有残值保证或恢复成本，则需根据实际情况调整。

💡 **老皮点拨**

使用权资产的引入改变了以往仅在资产负债表外披露租赁信息的做法，确保了财务报表更加完整地反映出企业的资产和负债情况。

Risk　风险

基础释义

风险是指**所有导致结果变化和不可预测性**的不确定环境变量。广义的风险泛指一切不确定性，狭义的风险指的是由于采取行动、不采取行动或外部事件而导致损失或不利结果的可能性。不确定性是风险的核心驱动因素，未来的不可知性意味着我们无法完全预知每天可能发生的事情，这些未知事件可能对我们产生正面或负面的影响。

概念详解

1. 风险的来源

（1）经济风险（economic risks）： 经济风险源于生活中的不确定性，特别是全球经济和国内经济的状态变化。经济活动受到各行业内公司运作的影响，同时政府及准政府机构（如中央银行）设定的税收、法规、法律以及货币政策和财政政策也会极大地影响经济活动的程度和质量。

（2）宏观政策不确定性（macroeconomic policy uncertainty）： 宏观经济和中央银行政策的不确定性为经济体系带来了系统性风险。即使是像更换中央银行行长这样看起来不那么要紧的事件，也可能被视为重大事件。

（3）行业风险（industry-specific risks）： 政府政策可以促进某些行业的经济发展，同时抑制其他行业。一些行业表现出较强的稳定性，能够在宏观经济风暴中保持坚挺，而另一些行业则呈现出高度的周期性特征。

（4）个体公司风险（company-specific risks）： 个体公司风险，包括经营、财务、管理、法律、操作、信用、流动性和声誉等方面的具体风险。尽管多样化投资可消

R

除这类风险，但对于未充分分散投资的投资者、特定公司分析师及公司管理层而言，理解和管理这些风险仍至关重要。

2. 风险的类别

风险可以大致分为金融风险和非金融风险两种类型。

2.1 金融风险（Financial Risks）

（1）市场风险： 市场风险是指由于利率、股价、汇率和商品价格等市场因素的波动而引发的潜在损失。这类风险通常源于经济条件的变化、行业动态或特定公司的状况，是企业和个人投资中最显而易见且广泛存在的风险类型。

（2）信用风险： 信用风险是指一方未能履行其财务义务时，另一方可能遭受损失的风险，常见于债券、贷款或衍生品等金融工具中。这种风险主要源于借款方的信用状况变化，以及宏观经济环境对偿债能力的影响。

（3）流动性风险： 流动性风险是指在需要变现资产时，由于市场流动性不足，不得不以低于市场价值的价格出售资产所带来的风险。这种风险通常发生在市场条件恶化或资产头寸过大时，导致资产难以在短时间内以合理价格售出。

2.2 非金融风险（Non-Financial Risks）

（1）结算风险（settlement risk）： 结算风险与违约风险密切相关，但更侧重于在违约发生前的付款结算过程中出现的问题。例如，当一方已经履行了支付义务，但另一方因破产等原因未能履行相应的交割义务时，就会出现结算风险。

（2）法律风险（legal risk）： 法律风险涵盖两方面内容：一是组织因某一行为或疏忽而被起诉的风险；二是在金融风险管理中，合同条款可能不被法律系统支持的风险。

（3）合规风险（compliance risk）： 合规风险包括监管风险、会计风险和税务风险，它们都与遵循政府和权威机构制定的政策、法律、规则和规定有关。

（4）模型风险（model risk）： 模型风险是指由于不当使用模型而造成的估值错误风险。这种风险出现在组织使用错误的模型或正确模型被错误使用时。比如，在股息贴现模型中假设股息增长恒定，实际上增长并非恒定不变，就会产生模型风险。

（5）尾部风险（tail risk）： 尾部风险是指分布尾部事件比概率模型预期的更为频繁的风险，虽然它与市场风险有关，但忽视或处理不当时也会影响估值和模型。

（6）操作风险（operational risk）： 操作风险是指由内部人员、系统、政策、程序和流程的不足或失败，以及超出组织控制但影响运营的外部事件引发的风险。

（7）偿付能力风险（solvency risk）： 偿付能力风险是指一个组织即使在技术上是偿付能力充足的，但由于现金耗尽而无法继续生存或成功的风险。

（8）个人健康风险（health risk）： 个人健康风险是指由于不良的生活选择或

无法控制的因素而导致的健康问题，这些问题可能导致直接医疗费用增加、收入减少以及生活质量下降。

（9）死亡风险与长寿风险（mortality risk & longevity risk）： 死亡风险是指过早死亡的风险，而长寿风险是指在财务资源耗尽之前就已经死亡的风险。这两种风险直接影响生活质量和退休规划。

3. 风险的度量指标

风险度量指标包括概率、标准差、敏感性风险度量指标、情景分析等等。

3.1 概率（Probability）

概率是最基本的风险度量指标之一，它描述了**预期结果发生的相对频率**。例如度量信用风险可以使用**违约概率（probability of default, POD）**。需要注意的是，仅凭概率本身不足以全面衡量风险。

3.2 标准差（Standard Deviation）

标准差是一种衡量**历史数据离散程度**或**随机变量概率分布离散程度**的指标，它反映了某一比例的结果可能发生的范围。虽然标准差广泛用于金融领域，但它对非正态分布可能不是一个合适的度量指标，并且对于多元化投资组合中的资产回报风险有所夸大。

3.3 敏感性风险度量指标（Sensitivity Risk Measures）

（1）贝塔系数（β）： 贝塔系数衡量了某个证券相对于市场组合回报变动的敏感性，它描述了该证券对多元化投资组合市场风险的贡献，主要用于**权益产品**的风险评估。

（2）久期及凸度（duration and convexity）： 对于固定收益工具，**久期（duration）** 可以衡量固定收益工具对利率变动的敏感度。**凸度（convexity）** 则是对于利率风险的二阶风险度量。

（3）希腊字母（Greeks）： 对于衍生品风险，一般用希腊字母进行度量。

① Delta（Δ）：衡量**标的资产**价值微小变化对衍生品价格的影响。

② Gamma（γ）：衡量 Delta 变化的风险。

③ Vega（ν）：衡量**标的资产波动性**变化对衍生品价格的影响。

④ Rho（ρ）：衡量**无风险利率**变化对衍生品价格的影响。

⑤ Theta（θ）：衡量**流逝的时间**变化对衍生品价格的影响。

3.4. 在险价值（Value at Risk, VaR）

VaR 是一个衡量资产或投资组合收益分布**尾部大小**的指标。VaR 包含三个要素：货币单位表示的金额、时间区间和概率。例如，某银行的一天内 5% 的概率下的 VaR 为 300 万英镑，这意味着，平均而言，该银行预计单天至少会有 300 万英镑的损失。

3.5 情景风险度量指标（Scenario Risk Measures）

情景分析与压力测试均通过假设**特定事件发生后**评估其对投资组合的影响。情景分析通常包含一系列以共同主题为基础的影响分析，而压力测试则提出**极端情况下的资产价格变动**，评估其对整个组织的潜在破坏力。

3.6 操作风险度量（Operational Risk Measurement）

操作风险难以量化，尤其是像黑客入侵数据库这样的事件。这类风险事件虽然罕见但成本高昂，通常通过第三方汇总多个公司的操作风险事件并发布统计数据来进行评估。

4. 风险的应对办法

（1）风险预防与避免（risk prevention and avoidance）：采取措施完全避免风险，但需权衡成本与收益。例如，保险公司通过奖励安全驾驶来减少事故风险。

（2）风险接受（risk acceptance）：

①自我保险（self-insurance）：承担那些外部消除成本过高的风险，如建立储备金覆盖损失。

②分数化（diversification）：通过分散投资来降低风险，使风险最小化。

（3）风险移交（risk transfer）：将风险出售给第三方，如购买保险来移交财务风险。

（4）风险转移（risk shifting）：通过合同等方式将风险责任转移到另一方，如使用衍生工具对冲市场风险。

老皮点拨

风险是一个应用非常广泛的概念，其衍生的相关概念主要包括：

（1）风险敞口（risk exposure）：风险敞口是指由于环境或市场风险而导致实际风险的程度，即企业或投资者因拥有敏感于这些风险的资产或负债而面临的暴露状态。

（2）风险厌恶（risk aversion）：风险厌恶是指普通个人或投资者在面对风险时的态度。风险厌恶类型可以分为风险厌恶、风险中性（risk neutral）和风险追逐（risk seeking）3种。

（3）风险管理（risk management）：风险管理是指一个组织或个人定义、衡量所承担的风险水平，并对其进行调整的过程，目标是最大化公司或投资组合的价值或个人的效用。

（4）**风险治理（risk governance）**：风险治理是指最高级别的结构、权利和义务体系，通过这些体系组织得以被指导和控制。通常在董事会层面执行，风险治理设定组织内部风险管理活动的方向和支持整体企业目标的框架。

（5）**风险容忍度（risk tolerance）**：风险容忍度是指在治理机构内部讨论和决定的风险接受程度。组织的战略中心在于选择一组可接受的风险活动，以最大化价值并为给定的风险水平产生最高的回报。

（6）**风险预算（risk budgeting）**：风险预算是风险容忍度的延续，专注于如何承担风险，量化并分配可容忍的风险，并通过具体指标来引导风险容忍度决策的实施。

（7）**风险基础设施（risk infrastructure）**：风险基础设施是指追踪风险敞口和执行大部分定量风险分析所需的人力和系统，包括风险捕捉（风险暴露进入风险系统的操作过程）、数据库和数据模型以及一定数量的专门且有权执行风险框架的专业人员。

Risk-Adjusted Performance (RAP)　风险调整后业绩

同"*M* Square"。

Risk Budgeting　风险预算

基础释义

风险预算是指组织或投资管理者在制定策略时，为不同的风险类别或特定风险设定可接受的风险水平上限，以此来分配和控制整体风险暴露的过程。风险预算的目的是确保组织承受的总体风险保持在与其风险容忍度相一致的范围内，同时优化资源分配，实现风险与收益之间的平衡。

概念详解

风险预算的关键要素

（1）风险量化： 首先需要对各类风险进行量化评估，这通常涉及使用统计模型和风险度量指标（如 VaR- 风险价值、预期损失、压力测试结果等），来确定每种风险的潜在影响和发生概率。

（2）风险分配： 根据组织的风险偏好和容忍度，将总风险额度分配给各个业务单元、投资组合或具体风险类型。这意味着需要决定哪些风险是可接受的，哪些需要通过多元化、对冲或其他风险管理策略来降低。

（3）动态调整： 风险预算不是一成不变的，需要根据市场条件、业务发展、内外部环境变化等因素定期进行复审和调整，以保持其有效性和适应性。

（4）监控与执行： 实施风险预算后，需要建立监控机制来跟踪实际风险暴露与预算限额的偏差，并在必要时采取纠正措施，确保风险控制在预算范围内。

（5）沟通与报告： 风险预算的制定和执行情况应向管理层和关键利益相关者清晰报告，促进透明度和决策支持。

老皮点拨

通过风险预算，组织能够更加系统和主动地管理风险，避免过度集中于某一类风险，从而在不确定性的环境中更加稳健地运营和决策，同时也为实现长期目标和价值最大化提供支撑。

Risk Exposure　风险敞口

基础释义

风险敞口是指个体、企业或金融机构持有的资产或承担的负债**在特定风险因素面前的未受保护或未对冲的部分**，即因市场波动、信用事件、操作失误、法律变更等风险因素可能导致的潜在损失程度。简而言之，风险敞口表示的是因外部环境变化或内部管理不当而面临的，**未被有效管理和缓解的风险总量**。

概念详解

1. 风险敞口的关联概念

(1) 风险驱动因素（risk driver）： 风险驱动因素是指潜在的不确定性因素，例如汇率波动、利率变化、政策调整等，它们是风险的根本来源。

(2) 风险头寸（risk position）： 风险头寸是指组织或投资者在某一特定风险上的具体投资或负债规模，即他们对风险的直接参与程度。

(3) 风险管理（risk management）： 风险管理涉及识别、量化、理解和控制风险敞口的过程。这包括评估组织能够承受的风险水平，以及采取措施减轻或对冲风险，比如通过金融衍生工具、多元化投资组合或其他策略。

> **老皮点拨**
>
> 　　假设一家非日本企业的 100 万日元投资受到日元汇率波动的影响，预期日元汇率将有 1% 的上下波动。这里，1% 的汇率变动是风险驱动；100 万日元的投资是风险头寸；而由此产生的 1 万日元的潜在收益或损失是风险敞口。

2. 风险敞口的类型

(1) 市场风险敞口（market risk exposure）： 涉及利率、汇率、股票价格、大宗商品价格等市场因素变动带来的潜在损失。例如，一家公司持有大量外币资产，当该外币相对于本币贬值时，就会面临市场风险敞口。

(2) 信用风险敞口（credit risk exposure）： **借款人**或**交易对手**违约导致的损失风险。银行发放的贷款和持有的债券投资就存在信用风险敞口。

(3) 操作风险敞口（operational risk exposure）： **内部流程、人员、系统**或**外部事件**引起损失的风险。比如，系统故障、员工欺诈或自然灾害都可能导致操作风险敞口。

(4) 流动性风险敞口（liquidity risk exposure）： 无法在不显著影响价格的情况下迅速转换资产为现金的风险。如果一个机构依赖短期融资且市场突然紧缩，就可能面临流动性风险敞口。

(5) 法律与合规风险敞口（legal and compliance risk exposure）： 因违反法律法规或监管要求而产生的潜在罚款、诉讼成本或声誉损失。

R

Risk-Free Asset　无风险资产

基础释义

> 无风险资产是指其未来**收益可以完全确定**，不存在任何违约或市场波动风险，即投资本金和预期收益都有绝对保障的一种理论上的投资对象。在金融学和投资理论中，无风险资产通常用于基准比较、资本配置、风险衡量和资产定价模型中。

概念详解

1. 无风险资产的特征

（1）确定性收益： 无风险资产的未来现金流（如利息和本金返还）是已知且确定无疑的，不受经济环境、市场波动或发行主体信用状况的影响。

（2）零信用风险： 投资者无须担心本金损失或利息支付违约的风险，因为这类资产被认为是完全信用可靠的。

（3）流动性强： 无风险资产通常具有高度的市场流动性，即容易快速买卖转换为现金，且交易成本低。

（4）基准利率： 无风险利率是金融市场中许多计算的基础，如贴现率、资本成本和某些资产定价模型中的要求回报率。

2. 无风险资产的实例

（1）国债： **发达国家的国债**，尤其是短期国债，如美国国库券，由于有国家信誉背书，违约风险极小，通常被视为无风险资产的代表。

（2）银行存款保险保护的储蓄账户： 在一些国家，小额银行存款受到政府或保险机构的保障，即使银行倒闭，储户也能得到全额赔付，可以视作无风险资产。

（3）货币市场基金： 货币市场基金，尤其是那些主要投资于**短期政府债券和高品质商业票据**的基金，风险相对很低，常被看作准无风险资产。

严格意义上来说，在现实世界中，没有任何资产可以完全无风险，但某些资产因其极低的风险特性而被视为接近无风险。

3. 无风险资产的应用

（1）资本配置：投资者在构建投资组合时，会将一部分资金配置于无风险资产，以确保一定的稳定收益，并作为风险资产投资的对冲。

（2）计算资本资产定价模型（CAPM）中的要求回报率：无风险利率加上风险溢价构成了投资者对风险资产的预期回报要求。

（3）业绩评估：作为投资组合绩效比较的基准，无风险资产的回报率用于衡量其他资产或投资组合的风险调整后收益。

虽然无风险资产在理论和某些情境下非常有用，但在实际操作中，投资者仍需考虑通货膨胀风险、汇率风险等因素，这些因素可能侵蚀名义上的无风险收益。

Risk Governance 风险治理

基础释义

风险治理是指在**机构或社会层面**建立一套机制来指导和控制风险管理以确保所有相关利益相关者的权益得到妥善考虑和保护的过程。风险治理是风险管理的一个更广泛的框架，它不仅包含了风险管理的具体操作步骤，还涉及了组织结构、政策、流程、文化和责任分配等方面，以确保风险管理活动能够有效、高效地在组织内部执行和监督。

概念详解

风险治理的核心要素

（1）风险政策和框架：确立组织的风险偏好、风险容忍度以及风险管理的整体指导原则和架构。

（2）责任与问责：明确各级管理人员和员工在风险管理中的角色、责任和义务，确保每个人都对其负责领域的风险管理效果负责。

（3）决策过程：建立透明、合理的决策机制，确保风险管理决策基于充分的信息和分析，同时考虑风险评估的结果。

（4）信息与沟通：确保风险相关信息在组织内部以及与外部利益相关者之间有效流通，提升风险管理的透明度和效率。

（5）监控和审查：实施定期的风险审查和审计，以评估风险管理流程的有效性和风险管理活动的合规性。

（6）持续改进：基于监控和审查的结果，不断调整和优化风险管理策略、流程和体系，以适应内外部环境的变化。

（7）文化与意识：培养一种支持风险管理的文化，增强员工的风险意识，鼓励主动识别和报告风险。

> **实务拓展**
>
> 风险治理不仅适用于企业，也同样适用于**政府机构**、**非营利组织**以及跨领域的公共政策制定中，其目的是通过有效的风险管理实践来提升组织的韧性和可持续性，减少不确定性对组织目标达成的负面影响。

Risk Management 风险管理

基础释义

> 风险管理是指组织或个人**定义可接受的风险水平、测量实际承担的风险水平**，并**通过调整实际风险水平以实现目标**的过程，其目的是最大化公司的价值或个人的整体满意度或效用。简而言之，风险管理包括所有为实现组织或个人目标而需承担的可容忍风险水平的决策和行动。

概念详解

1. 风险管理的核心理念

（1）平衡目标与风险：风险管理不仅仅是关于最小化风险，而且关于积极理解和接受那些能够在实现目标的同时承受可接受失败概率的风险。一个完全避免所有风险的公司无法正常运营。在创造财富的过程中，所有组织都会发现自己"处于风险业务中"。风险管理不是为了避免风险，也不是为了预测风险，而是为了在不确定的世界中，如果发生不可预测的事件，无论是正面还是负面的，该事件对组织或投资组合的影响不会成为意外，并且已经提前量化和考虑。

（2）持续监测与调整：风险管理是一个持续的过程，需要不断重新评估和修订。这是因为风险和暴露是动态的，随着时间的推移会发生变化。良好的风险管理过程会在不利事件发生之前完成大部分工作，而较差的风险管理过程可能会在事件发生后才开始行动，这时损害已经造成。

2. 风险管理的具体步骤

（1）定义风险承受能力：组织或个人需要明确自己愿意承担的风险水平。这通常涉及高层治理层的深入讨论，平衡可能的回报与不太可能发生但规模巨大的损失，并确定这些损失是否可以容忍。

（2）测量实际风险水平：通过各种工具和方法，如风险评估、压力测试和情景分析，量化当前的风险暴露。这一步骤确保管理层和员工了解实际承担的风险水平。

（3）调整风险水平：根据定义的风险承受能力和实际测量的风险水平，采取必要的措施调整风险。这可能包括减少风险、转移风险、接受风险或规避风险。

（4）持续监控：风险管理是一个动态过程，需要持续监控风险的变化。这包括定期更新风险评估、压力测试和情景分析，确保风险管理框架始终有效。

R

Risk-Neutral Default Probability　风险中性违约概率

基础释义

风险中性违约概率是指在风险中性假设下，某一债务主体（如公司、政府等）在未来特定时间内发生信用违约事件的概率。与**实际违约概率（基于历史数据、信用评级等信息推断的真实违约可能性）**相比，风险中性违约概率并不直接反映市场参与者对违约风险的真实主观判断，而是基于**市场数据**和**信用风险模型**计算出来的，确保在风险中性框架下，信用衍生品或信用敏感资产（如高收益债券）的**期望收益**等于**无风险利率**。

概念详解

1. 风险中性违约概率的计算方法

风险中性违约概率的计算通常基于信用衍生品市场的市场价格 [如**信用违约互换（CDS）**的市场价格]，通过模型（如 **Black-Scholes 模型、结构化信用风险模型、简化 Merton 模型**等）反推得出。

2. 风险中性违约概率的相关概念

（1）风险中性（risk neutrality）： 风险中性是指所有的投资者处理投资问题时，对待风险既不偏好也不厌恶，仅关心投资的期望收益，而不考虑风险本身带来的额外心理成本或收益的一种理想化的经济行为假设。

经济实质上，风险中性假设简化了金融市场中复杂的投资者行为和风险偏好差异，为金融资产定价提供了一个一致且易于处理的基准。在风险中性世界中，**所有资产的期望收益率应该等于无风险利率**，因为投资者**不为承担额外风险要求额外的风险溢价**。这种假设使得在定价衍生品、期权或其他复杂金融工具时，可以通过计算**未来现金流的期望值**并用**无风险利率**贴现，得到理论上公平的价格。

（2）风险中性概率（risk-neutral probability）： 风险中性概率是指在风险中性假设下，对未来不同经济状态或资产价格变动发生的概率赋值。这些概率**不是基于真实世界的客观统计或主观概率（subjective probability）判断**，而是为了确保在风险中性框架下，**资产的期望收益率等于无风险利率而人为构造的**。风险中性概率的计算通常基于市场数据（如衍生品价格）和特定定价模型（如 Black-Scholes 模型、二叉树模型等），确保在这些概率下，**衍生品的理论价格与市场实际价格相吻合**。

经济实质上，风险中性概率反映了在风险中性世界中，**市场参与者对不同经济状态发生的主观概率评估被替换为一种与资产价格和市场行为相一致的、基于无风险利率均衡的"人工"概率**。这种概率并不是对实际事件发生概率的真实描述，而是为了构建一个**逻辑自洽、便于定价**的理论体系。

> ### 老皮点拨
>
> 　　风险中性、风险中性概率以及风险中性违约概率是金融经济学中用于理解和处理**风险**的核心概念，它们分别从不同的层面反映了在风险中性假设下，**市场参与者对待风险的态度**、**风险事件的发生概率**以及**信用违约事件的预期可能性**。
>
> 　　经济实质上，风险中性违约概率体现了**市场参与者在风险中性假设下对债务人信用风险的隐含评估**，它反映了市场在不考虑**风险偏好差异**的情况下，对债务人未来违约可能性的定价。尽管风险中性违约概率不直接对应于实际违约事件的发生概率，但它提供了衡量市场对信用风险看法的一个重要指标。**风险中性（risk neutrality）**是一种理想化的经济行为假设，**风险中性概率（risk-neutral probability）**是在风险中性假设下人为构造的与**资产价格和市场行为**相一致的概率，而**风险中性违约概率**则是针对信用风险领域的特定应用，反映了在风险中性框架下市场对债务人违约可能性的定价。

3. 风险中性违约概率的特点

　　(1) 定价一致性：在风险中性测度下，所有金融资产（包括信用衍生品）的定价应保持一致。通过风险中性违约概率计算出的信用衍生品价格，应当与市场上的实际价格相吻合，从而确保定价模型的有效性和准确性。

　　(2) 模型依赖性：风险中性违约概率的计算方法和结果通常依赖于特定的信用风险模型。不同的模型可能会导致不同的风险中性违约概率估计，因此，在实际应用中需要根据模型的适用性、数据的可用性和市场环境选择合适的模型。

4. 风险中性违约概率的应用

　　(1) 衍生品定价与对冲：风险中性违约概率是计算**信用衍生品（如 CDS、信用联结票据、信用期权等）**理论价格的关键参数。了解风险中性违约概率有助于投资者评估衍生品的合理定价，进行套利分析，以及设计有效的信用风险对冲策略。

　　(2) 风险评估与管理：虽然风险中性违约概率并非实际违约概率的直接反映，但它提供了市场对债务主体信用风险的**隐含评价**。金融机构和投资者可以结合风险中性违约概率和其他信用指标，对债务主体的信用状况进行综合评估，进而做出投资决策或调整信用风险敞口。

　　(3) 监管与经济政策：风险中性违约概率也是**监管机构**和**宏观政策制定者**监测金融市场信用风险、评估系统性风险水平、制定相应监管措施和经济政策的重要参考指标。

R

Risk Neutrality　风险中性

基础释义

> 风险中性是指投资者在进行投资决策时并不关心**风险**本身，而是只关注**预期收益**的大小，即他们对风险没有偏好也**不要求额外的风险溢价**的一种状态。风险中性是理论上的构造，用以简化**资产定价模型**，尤其是在**衍生品定价**中非常关键。

概念详解

1. 风险中性的原理

在风险中性的世界里，所有资产的预期收益率都等于**无风险利率**。这意味着，理论上，在这样的市场环境中，任何资产的未来现金流如果以无风险利率贴现到当前，应等于**该资产当前的市场价格**。这个原理被广泛应用于诸如**布莱克 斯科尔斯（Black-Scholes）期权定价模型**等现代金融理论中。

2. 风险中性的应用

2.1 期权定价（Option Pricing）

在期权定价中，风险中性概率被用来确定期权的理论价值。通过调整概率，使得市场在风险中性状态下达到均衡，从而可以直接使用无风险利率来折现期权的期望收益，而无须单独考虑投资者的风险厌恶程度。

2.2 资本资产定价模型（CAPM）的扩展

虽然 CAPM 通常在风险厌恶的框架下运作，但理解风险中性原理有助于对比和理解不同定价模型的假设及其对结果的影响。

2.3 简化计算

风险中性方法简化了金融工具定价的复杂性，因为它不需要直接衡量或假设投资者的具体风险偏好，从而使模型更加通用和易于应用。

3. 风险中性的实践意义

虽然现实世界中的投资者普遍是风险厌恶（risk averse）的，但风险中性假设提供了一个理论基准，帮助我们理解金融市场的运作机制和资产的内在价值。它强调了市场效率和无套利原则的重要性，即在没有无风险套利机会的完美市场中，资产价格应当反映所有可获得的信息，包括风险因素。

Risk Tolerance 风险容忍度

基础释义

风险容忍度是指个人**愿意并且能够承受的**风险水平。换言之，风险容忍度是指一个人愿意参与可能带来负面结果的冒险行为的程度。高风险容忍度的人可能更倾向于追求高回报的投资，即使这些投资伴随较高的风险；而低风险容忍度的人则可能更偏好稳定和保本的投资。

概念详解

1. 风险容忍度的影响因素

（1）组织目标与战略：组织的风险容忍度应与其长期目标和战略规划相一致。高风险可能带来高回报，但若与组织的稳定增长或保守策略不符，则不宜采纳。

（2）财务状况：包括个人或机构的资产、负债、收入、支出及紧急储备金等因素。资金雄厚的实体可能有更高的风险容忍度，因为其更能承受潜在的损失。

（3）行业特性：不同行业面临的风险类型和程度不同，这也会影响其风险容忍度的设定。例如，金融行业可能对市场风险有较高的容忍度，而医疗保健行业则可能对合规风险更为敏感。

（4）利益相关者期望：股东、客户、监管机构等利益相关者的期望和要求也会影响风险容忍度的设定。保持良好的声誉和信任关系可能要求更保守的风险管理策略。

（5）心理承受力：这是指投资者在面对投资亏损时的心理状态，包括焦虑、担忧的程度以及能否保持冷静做出合理判断。

（6）投资知识与经验：对金融市场和投资产品的了解程度以及以往的投资经历也会影响风险承受能力。通常，经验丰富的投资者可能更能够理解并接受投资风险。

（7）投资目标与时间范围：长期投资目标和较远的投资时间范围往往能承受更高风险，因为有更多时间来弥补短期损失。

（8）依赖投资收入的程度：如果某人高度依赖其投资组合产生的收入来满足日

R

常开销，其风险承受能力可能会较低。

(9) 个人情况： 包括年龄、职业稳定性、家庭责任、健康状况等因素，都会影响一个人愿意和能够承担的风险水平。

💡 **老皮点拨**

在风险管理领域，有许多与风险容忍度既有关联又有区别的概念，简单介绍如下。

(1) 风险承受能力（risk capacity）： 个人接受财务风险的能力。与风险容忍度不同，风险承受能力是一个更加客观的概念，由客户的财富、收入、投资时间范围、流动性需求以及其他相关因素决定。拥有更高风险承受能力的客户可以承受更大的财务损失而不影响其当前或未来的消费目标。

(2) 风险感知（risk perception）： 个人对投资决策所涉及风险的主观评估。风险感知因人而异，并且会受到具体情境的影响。面对同一项投资，不同的人可能会有差异非常大的风险感知，这取决于他们的经验和预期。

(3) 风险厌恶（risk aversion）： 投资者不愿意承担风险的程度。

2. 风险容忍度的评估办法

(1) 风险容忍度问卷调查： 风险容忍度问卷调查常被财富管理公司用来评估客户的风险容忍度。基于问卷推荐投资或资产配置需要财富管理者做出重大判断，因为问卷方法具有高度主观性，可能会掺杂财富管理者自身对风险的看法。

(2) 风险容忍度对话： 与客户进行深入交流可以帮助财富管理公司获得问卷调查或性格类型评估中未体现的关于客户风险容忍度的宝贵见解。这些见解可能涉及客户的财务决策受亲友影响的程度、塑造客户视角的财务经历、过去的投资失误和成功、财富积累方式以及客户如何评估投资风险等方面。

💡 **老皮点拨**

当客户有多个目标时，针对多个目标的风险容忍度可能各不相同。例如，客户对短期目标（如教育费用）可能有较低的风险容忍度，而对于长期目标（如退休需求）则可能有更高的风险容忍度。财富管理者面临的挑战之一是在管理客户关系时妥善处理这些可能相互矛盾的风险容忍度水平。

Robo-Advisor 智能投资顾问

基础释义

智能投资顾问是指利用**现代金融科技（FinTech）**并使用均值–方差最优化或其他量化技术，通过数字化界面与客户互动，通过网络问卷的方式直接从客户那里收集重要信息并为客户推荐适合的资产配置，并通常借助**交易所交易基金（ETFs）或共同基金**来实施这些投资策略的一种财富管理服务模式。

概念详解

1. 智能投顾的核心优势

（1）自动化：智能投顾能够持续**监控和管理**客户的资产组合，并按需定期进行再平衡，以维持既定的投资策略。同时，智能投资顾问通过在线应用为客户提供定期的报告，并在某些情况下，提供人类财富管理者的介入，以解决客户更为复杂的需求或疑问。

（2）低成本：智能投资顾问的服务费用普遍低于传统财富管理公司所收取的费用，且往往不设或设有较低的最低账户余额要求。科技的可扩展性使得智能投资顾问能够有效地服务于持有较小规模投资组合的投资者。

2. 智能投顾的局限性

（1）缺乏人性化沟通：智能投顾主要依赖算法和自动化系统，缺乏人类理财顾问的情感理解和个性化咨询。在处理复杂或情绪化财务决策时，人类顾问能够提供情感支持和深度的个人化建议，这是机器难以复制的。

（2）适应性有限：虽然智能投顾可以通过问卷了解客户的基本信息，但它们可能难以捕捉到客户的**微妙需求或特殊情况**。例如，家庭财务规划、遗产规划或税务策略可能需要深入了解客户的个人情况，这是目前的算法难以完全覆盖的。

（3）紧急情况应对能力弱：在金融市场剧烈波动或突发经济事件发生时，智能投顾的反应可能不如人类顾问灵活。人类顾问可以根据最新信息迅速调整策略，而智能投顾可能需要一定时间来更新算法和重新计算投资策略。

R

实务拓展

近年来，智能投资顾问的服务范围不断扩大，涉足私人财富管理的多个领域。例如，部分智能投资顾问提供强调**环境、社会和治理（ESG）因素**的投资组合，或者允许投资者排除对某些资产的投资。其他智能投资顾问则专注于改善投资者行为，如鼓励储蓄习惯或避免因证券价格下跌而做出冲动反应；有的则专注于**因子投资（factor investing）**，或是采用更为先进的税收优化策略。

老皮点拨

智能投资顾问的发展反映了金融行业对效率、个性化服务和成本效益的不断追求，同时也体现了科技在金融服务领域的日益深化应用。

Roy's Safety-First Ratio　罗伊安全第一比率

基础释义

罗伊安全第一比率是指用于评估投资组合或资产在满足**特定最低回报目标（称为安全水平或最低可接受回报）**上的能力的一种业绩评价指标。罗伊安全第一比率由统计学家和经济学家亚瑟·罗伊（Arthur D. Roy）提出，主要用于投资决策分析中，强调的是投资策略的安全性，即确保投资结果不低于某一预先设定的最低要求，而非仅仅追求最大化收益。

概念详解

1. 罗伊安全第一比率的计算公式

$$SFR = \frac{E(R_p) - R_{min}}{\sigma_p}$$

其中，

-$E(R_p)$ 代表投资组合的期望回报率

-$R_{\min}$ 代表预先设定的安全水平或最低可接受回报

-σ_p 代表投资组合回报的标准差，衡量回报的波动性或风险

2. 罗伊安全第一比率的应用

（1）决策准则： 根据投资者或资产管理者应选择那些具有更高罗伊安全第一比率的投资策略，因为它意味着在承担单位风险的同时，能以更高的概率超越安全水平的回报。换句话说，SFR 高的策略在控制风险的同时，更能确保达到或超过投资者的最低收益目标。

（2）风险调整性能： 与**夏普比率（Sharpe ratio）**类似，SFR 也是一种风险调整后的业绩衡量指标，但它专注于衡量超过特定安全底线的能力，而非以无风险利率为基准的超额回报。

（3）风险管理： SFR 特别适用于那些**对亏损有严格限制**或**有特定目标回报需求**的投资者，如养老金基金、保险资金等，这些机构往往需要确保回报至少能满足未来的支付义务。

3. 罗伊安全第一比率的局限性

（1）主观性： SFR 的计算依赖于预设的安全水平选择，这是一个主观决定，不同的投资者或情境下可能有不同的设定。

（2）忽视回报分布： 如同多数风险度量，SFR 基于**期望值**和**标准差**，可能无法充分反映回报分布的复杂性，尤其是极端事件的影响。

（3）单向度量： SFR 仅关注于超过安全水平的收益，但并未直接考虑**低于安全水平的风险，即实际亏损的风险**。

R

Sale Leaseback　售后回租

基础释义

　　售后回租是指资产所有者（卖方）将其拥有的资产（如房产、设备等）出售给另一方（买方 / 出租人），随后立即与该买方签订租赁协议，以租用刚刚售出的资产的一种财务交易方式。售后回租的租期通常覆盖该资产的剩余经济使用寿命。这种安排让资产原所有者能够在**保留资产使用权**的同时，提前获得一笔现金收入，并**转移了资产所有权**。

概念详解

售后回租的运作机制和特点

　　（1）即时现金流获取：资产所有者通过出售资产获得即时现金，这有助于改善企业的现金流状况，特别是在需要迅速筹集资金的情况下，如应对突发事件或短期财务压力。例如，在 COVID-19 疫情期间，许多航空公司通过售后回租飞机来增加现金储备，应对运营暂停带来的财务冲击。

　　（2）使用权保留：尽管**不再拥有资产**，但原所有者作为租户，可以继续按照租赁协议**使用该资产**，保证了业务运营的连续性。

　　（3）成本与收益考量：售后回租通常导致租户的年度租赁成本高于原先自持资产时的折旧和摊销费用，因为出租方需要从中赚取利息收入以补偿其投资。不过，如果出租方能以较低成本筹集资金，他们可能会提供比租户直接融资更优惠的条件。

　　（4）财务结构优化：对于资产所有者来说，售后回租可以优化资产负债表，将固定资产转换为流动资金，同时将资产相关的风险和维护成本转移给出租方。

　　（5）灵活性与税务影响：这种交易提供了财务灵活性，但也可能涉及复杂的税务处理，比如销售资产可能产生**资本利得税**，而租赁支付可能作为营业费用在税前扣除。

老皮点拨

　　售后回租作为一种融资手段，特别适合那些**拥有大量固定资产、短期内需要大量现金且能接受长期租赁安排**的企业。售后回租在不动摇企业运营基础的前提下，实现了资产变现，满足了企业的即时资金需求。

Sample　样本

基础释义

> 　　样本是指从总体中按照特定的抽样方法抽取出来的一部分观测单位或数据点的集合。抽样的目的是通过分析这些有限数量的观测来推断总体的特征或参数。样本是统计推断的核心，因为实际研究中通常不可能对总体中的每个个体进行测量或观测。

概念详解

1. 样本的特点

（1）代表性： 理想的样本应该能够充分代表总体，即样本中的观测应当**在统计特性上与总体保持一致**，确保基于样本的推断能够有效地泛化到整个总体。

（2）随机性： 为了减少偏差，样本通常通过随机抽样的方式获得，这意味着总体中的每个个体都有一个非零的概率被选入样本，并且**每个个体被选中的机会相等**。随机抽样有助于提高样本的代表性。

（3）样本容量： 样本中包含的观测单位数量称为**样本容量（sample size, n）**，样本容量的确定需要考虑抽样误差的接受程度、总体的变异度以及研究的精度要求。较大的样本容量通常能提供更准确的总体参数估计。

（4）抽样框架： 抽样框架定义了如何从总体中选择样本的规则或计划，包括简单随机抽样、分层抽样、整群抽样等多种抽样技术，每种技术适用于不同的情境和研究目的。

2. 样本的作用

（1）参数估计： 通过分析样本数据，可以估计总体的未知参数，如均值（$\bar{X}$ 用来估计 μ）、方差（S^2 用来估计 σ^2）等。

（2）假设检验： 利用**样本统计量（sample statistics）** 来测试关于**总体参数（population parameter）** 的某些假设，判断这些假设是否被数据支持，从而帮助做出科学决策。

（3）预测与建模： 样本数据也可用于构建模型，预测总体的未来趋势或探索变量间的关系。

S

☀ **老皮点拨**

　　样本在概率论与数理统计中扮演着桥梁的角色，它连接了我们对总体的认识与实际可操作的数据分析。通过科学的设计抽样方案和有效地分析样本数据，研究者能够从有限的观测中推断无限的总体特征，为科学研究、市场分析、政策制定等众多领域提供有力的支持。

Sample Statistic　样本统计量

基础释义

　　样本统计量是指根据**从总体中抽取的一个样本**计算出的、用来描述样本特征的量。样本统计量是总体参数的估计，用于推断总体的某些未知特征。

概念详解

1. 常见的样本统计量

　　（1）样本均值（sample mean）：样本均值是样本中所有观测值的算术平均，用来估计总体均值，反映**样本数据的中心趋势**。

　　（2）样本方差（sample variance）和样本标准差（sample standard deviation）：样本方差及样本标准差用来衡量样本观测值与其样本均值之间差异的度量，分别估计总体方差和总体标准差，反映**样本数据的离散程度**。

　　（3）样本相关系数（sample correlation coefficient）：样本相关系数如**皮尔逊样本相关系数**（ ），用于衡量样本中两变量间线性关系的强度和方向，是对总体相关系数的估计。

2. 样本统计量的应用

　　（1）点估计（point estimate）：样本统计量在点估计中的主要作用是为我们提供了一个工具，使得我们能够根据样本数据对总体参数进行合理的估计，并且通过分析其抽样分布来评价这一估计的准确性和可靠性。在估计过程中，可以直接使用样本统计量作为总体参数的估计值，例如用样本均值估计总体均值。

（2）区间估计（interval estimate）： 在区间估计中，样本统计量的主要功能是用来构建一个置信区间，这个区间能够以一定的概率包含真实的总体参数值。置信区间的构建依赖于样本统计量（如样本均值、样本比例等）及其抽样分布。通过计算检验统计量并与已知的标准误相结合，可以确定一个范围，使得我们有较高的把握认为这个范围内包含了总体的真实参数值。

老皮点拨

例如，当构造一个总体均值的 95% 置信区间时，我们实际上是在说，如果我们反复地从同一总体中抽样并计算出每一个样本的均值，那么大约 95% 的这些置信区间将会包含总体的真实均值。

（3）假设检验（hypothesis test）： 在假设检验中，检验基于样本统计量计算出来的**检验统计量（test statistics）**的作用在于量化**观察到的样本特征数据**与**预先设定的假设**之间的一致性。通过计算得到的检验统计量值，我们可以评估样本数据在多大程度上支持或者反对原假设。如果检验统计量的值落在拒绝域内，则表明有足够的证据拒绝原假设；反之，则没有足够的证据拒绝原假设。

老皮点拨

样本统计量的准确性依赖于样本的代表性、样本容量以及抽样方法。理想情况下，样本应随机抽取，且样本容量足够大，以确保样本统计量能较好地反映总体参数。

Sampling　抽样

基础释义

抽样是指从一个较大的群体（总体）中选择一部分个体（样本）以获取

关于总体的信息的方法。抽样通常用于在无法或不经济地调查整个总体的情况下，通过分析部分数据来推断总体特征。

概念详解

1. 抽样的必要性

（1）时间和成本节约： 在某些情况下，检查总体中的每个成员是不可能的或不经济的。

（2）效率提升： 抽样可以节省大量的时间和金钱，特别是在大数据集的情况下。

2. 抽样的方法

抽样方法大致可分为概率抽样和非概率抽样。

2.1 概率抽样（Probability Sampling）

概率抽样是指**总体的每一个成分都有相同的概率**被选入样本中，其优点是可以创建一个代表性的样本，从而提高估计的准确性和可靠性。

概率抽样的具体方法包括：

（1）简单随机抽样（simple random sampling）： 每个成员都有相同的概率被选入样本。

（2）分层随机抽样（stratified random sampling）： 将总体分为若干个子群体（层），然后从每一层中随机抽取样本。

（3）整群抽样（cluster sampling）： 将总体分为若干个"群"，然后随机选择一些群作为样本。

2.2 非概率抽样（Non-Probability Sampling）

非概率抽样是指抽样**不是基于概率考虑，而是基于其他因素**，如方便性或研究者的判断，优点是数据收集快速且成本低廉，在初步研究阶段或成本受限的情况下，可以作为一种高效的选择。

非概率抽样的具体方法包括：

（1）便利抽样（convenience sampling）： 便利抽样是指选择那些**易于接触或访问的个体**作为样本，其特点是样本不一定具有代表性，因此抽样的准确性可能有限，适用于初步研究或小规模试点研究。

（2）判断抽样（judgmental sampling）： 判断抽样是指基于**研究者的知识和专业判断**来选择样本，其特点是可能会受到研究者偏见的影响，导致结果不具代表性，适合在时间紧迫的情况下或需要利用研究者的专业知识时使用。例如，在审计财务报表时，经验丰富的审计员可以根据自己的判断来选择账户或交易以提供足够的审计覆盖面。

3. 抽样计划

抽样计划（sampling plan）是指用于选择样本的一组规则，旨在确保所选样本能够代表总体。制订抽样计划的目的在于通过合理的设计，使样本能够准确反映总体的特征，从而提高研究结果的可靠性和有效性。

抽样计划的步骤大致包括：

（1）明确抽样目标：明确需要估计的总体参数是什么。

（2）选择适当的抽样方法：如简单随机抽样、分层抽样或整群抽样等。

（3）确定样本容量大小：确定**样本容量（sample size）**大小（即需要抽取多少样本单位）才能达到所需的精确度，以确保研究结果的可信度。

4. 抽样偏差

抽样偏差（sampling bias）是指在选择样本的过程中，由于样本不能完全代表总体而导致的研究结果系统性偏差。

抽样偏差的具体类型包括：

（1）数据窥探偏差（data snooping bias）：数据窥探偏差是指通过反复在数据集中搜索统计显著模式而导致的错误。

（2）样本选择偏差（sample selection bias）：样本选择偏差是指由于数据可用性问题导致某些资产或时期被排除在分析之外的情况，典型例子是**幸存者偏差（survivorship bias）**。样本选择偏差的变形是**回填偏差（backfill bias）**，当新基金加入指数时，其过去的表现可能被回填到数据库中，从而夸大指数表现。

（3）前视偏差（look-ahead bias）：前视偏差是指测试设计**使用了测试日期当时不可用的信息**。为了避免这种情况，建议使用**点对时间（point-in-time, PIT）数据**，即记录数据实际发布日期的数据，以确保测试结果更真实地反映实际情况。

（4）时间段偏差（time-period bias）：时间段偏差是指测试设计基于的时间段可能使结果变得**特定于该时间段**。短期数据可能会给出特定于该时期的结论，而长期数据虽然更能准确反映投资表现，但也可能因期间发生的结构性变化而影响结果。

5. 抽样误差

抽样误差（sampling error）是指由于仅调查了一部分总体成分，而造成的

S

样本统计量与总体参数之间的差异。这种误差的产生源于样本的变异性，即每次从同一总体中抽取不同的样本时，所得到的样本统计量可能会有所不同。

抽样误差的存在意味着即使采取了正确的抽样方法，样本估计值也不一定会完全等于总体的真实参数值。为了评估抽样误差，统计学家通常会分析**抽样分布（sampling distribution）**，即在多次重复抽样过程中，样本统计量所有可能取值的分布情况，以此来衡量估计值的可靠性和稳定性。

> **💡 老皮点拨**
>
> 抽样误差和抽样偏差都影响到**样本统计量（sample statistic）**对**总体参数（population parameter）**的估计，但其原因、性质和解决方法有所不同，具体差异包括：
>
> **（1）形成原因不同：**抽样误差的原因在于样本是从总体中随机抽取的，这种随机性导致了**样本统计量**与**总体参数**之间存在差异。而抽样偏差是由于样本选择过程中的**系统性问题**导致样本不能准确代表总体，这种偏差通常源于非随机的样本选择方法或数据收集过程中的系统性错误。
>
> **（2）性质不同：**抽样误差是**随机性质的，随着样本量的增加，抽样误差通常会减少，**可以通过统计方法（如置信区间、标准误差等）来量化和评估。抽样偏差是**非随机性质的，即使增加了样本量，抽样偏差也不会自动减少，**抽样偏差会导致样本统计量系统性地偏离总体参数。
>
> **（3）解决方法不同：**抽样误差可以通过**增加样本量、采用更有效的抽样方法**（如分层随机抽样）或**使用更精确的统计模型**来减小。抽样偏差的解决需要**改进样本选择过程**，确保样本的代表性，无法通过简单的统计方法消除。

6. 抽样分布

抽样分布指的是在多次重复抽样过程中，样本统计量（如样本均值、样本比例等）所有可能取值的分布。通过理解抽样分布，可以评估样本统计量的精度，并据此进行假设检验。

抽样分布不仅揭示了样本统计量的期望值，还展示了统计量的变异性，这对于评估估计值的可靠性至关重要。例如，在估计总体均值时，抽样分布可以帮助我们了解样本均值偏离总体均值的可能性大小，从而为统计推断提供坚实的理论基础。

Sampling Distribution　抽样分布

基础释义

　　抽样分布是指在统计学中，考虑从一个总体中**重复抽取多个样本**，并计算每个样本的某个统计量（如样本均值、样本比例等），这些统计量所形成的分布。换句话说，抽样分布描述了**样本统计量所有可能取值的概率分布**，它反映了基于样本数据估计总体参数时的不确定性。

概念详解

1. 抽样分布的相关概念

　　（1）随机样本（random sample）： 一个随机样本能够无偏地反映总体的特性，**基于随机样本计算的样本统计量（如样本均值 $\overline{X}$）是总体参数的有效估计。**

　　（2）样本统计量（sample statistic）： 样本统计量本身是一个**随机变量**，不仅原始数据具有分布，样本统计量也有其自身的分布，即抽样分布。

　　（3）点估计量（point estimator）： 将样本统计量视为**包含随机结果的公式**时，它们是随机变量。我们用来计算样本均值和其他样本统计量的公式就是估计公式或估计量，估计量具有抽样分布。

　　（4）估计值（estimate）： 从**样本观测值中计算出的具体值**称为估计值，估计值是一个固定的数字，与给定样本相关，因此没有抽样分布。

> 💡 **老皮点拨**
>
> 　　点估计量的 3 个理想属性几乎都与抽样分布存在一定的联系，具体如下：
>
> 　　**（1）无偏性（unbiasedness）：** 无偏估计量是指其期望值（即其抽样分布的均值）等于它所要估计的参数的估计量。举例来说，如果一个估计量是无偏的，那么其抽样分布的均值应该等于总体参数的真实值。
>
> 　　**（2）有效性（efficiency）：** 在无偏估计量中，如果一个估计量比其他估计量具有更小的抽样分布方差，那么这个估计量是最有效的。高效估计量意味着在多次抽样中，其估计值更紧密地围绕着均值分布，而不是像其他无

S

偏估计量那样分散得更广。例如，样本均值是总体均值的一个高效估计量；样本方差是总体方差的一个高效估计量。

（3）一致性（consistency）： 一致性估计量是指随着样本容量的增加，估计值接近总体参数的概率增大的估计量。更技术性地说，一致性估计量的抽样分布在样本容量趋近于无穷大时集中在所估计的参数值上。例如，样本均值是一个一致的估计量：随着样本容量 n 趋向无穷大，其标准误 $\frac{\sigma}{\sqrt{n}}$ 趋向于 0，抽样分布集中在总体均值 μ 上。

2. 抽样分布的应用

（1）样本均值作为随机变量： 样本均值可以被视为一个函数，该函数的结果取决于随机变量的随机结果，因此样本均值本身也是一个**具有概率分布的随机变量**。这个概率分布就是样本均值的抽样分布。

（2）中心极限定理： 根据**中心极限定理（central limit theorem）**，当样本容量足够大时，样本均值的抽样分布近似于正态分布，其均值为总体均值（μ），方差为总体方差（σ^2）除以样本容量（n）。

Sampling Error　抽样误差

基础释义

抽样误差是指由于使用总体的子集（样本）而不是整个总体来估计总体参数而导致的观察值与真实值之间的差异。更精确地说，抽样误差等于样本统计量与总体参数之差。抽样误差是随机的，意味着它会**在不同的样本中有所不同**，且**随着样本容量的增加而减小**，但理论上永远不可能完全消除。

概念详解

1. 抽样误差的组成

（1）随机误差（random error）： 这是由于随机性导致的误差。即使我们严格按照随机抽样的原则进行抽样,由于每次抽样的随机性,样本统计量也会有所波动。

（2）非随机误差（non-random error）：这是由于抽样过程中引入的**系统性偏差**导致的误差，例如样本选择偏差或测量误差。

💡 **老皮点拨**

假设我们要了解**全国大学生的平均身高（即总体参数，具体来说，是总体均值）**。我们无法测量所有大学生的身高，因此，我们决定从全国大学生中随机抽取一个样本进行测量。如果我们抽取了**一个包含100名学生的样本**，并计算出**平均身高为170厘米（即样本统计量，在本例中，属于样本均值）**，但这并不意味着全国大学生的平均身高就是 170 厘米。这里的 170 厘米与真实全国大学生平均身高的差异，就是抽样误差。

---

2. 抽样误差的影响因素

（1）样本容量（sample size）：样本容量越大，抽样误差一般越小。这是因为更大的样本更能代表总体，从而减少了由于随机性导致的误差。

（2）总体变异度（variability of population）：总体内部的变异度越高，抽样误差也越大，这是因为变异度高的总体更难以通过小样本准确地估计。

3. 减少抽样误差的方法

（1）增加样本容量：通过增加样本容量，可以减少抽样误差。虽然增加样本容量可能会增加成本，但它可以提高估计的精度。

（2）改进抽样方法：使用更科学的抽样方法，如分层抽样（stratified sampling）、整群抽样（cluster sampling）等，可以减少系统性偏差，从而降低抽样误差。

（3）重复抽样：通过多次抽样并计算多次样本均值的平均值，可以减少随机误差的影响。

4. 抽样误差的重要性

（1）统计推断的基础：抽样误差是统计推断中的一个重要概念，因为它直接影响到我们对总体参数估计的置信水平和精确度。

（2）决策制定的影响：在实际应用中，比如市场调研、医疗研究等领域，正确理解和评估抽样误差对于做出合理的决策至关重要。

S

Save 储蓄

基础释义

儿储蓄是指家庭或企业在一定时期内**未用于消费而留作未来使用**的收入部分。家庭部门通过劳动、土地和资本向企业提供服务，并从企业获取收入。家庭将部分收入用于消费，而另一部分则储蓄起来，以备将来消费。家庭储蓄流入金融市场，为企业提供资金来源。

概念详解

1. 储蓄的核算关系

儿储蓄在国民经济整体核算中的关系包括：

（1）总储蓄的核算关系： 总储蓄，又称"总私人部门储蓄"，等于家庭储蓄加上企业储蓄。

（2）储蓄、投资与财政贸易平衡的关系： 国内私人储蓄通过银行存款、股票、私募股权、公司债券等方式为企业投资（investment）提供资金，通过购买国债为政府赤字融资，或者通过购买国际债券建立对外的金融求偿权。

2. 储蓄的影响因素

（1）可支配收入： 经济学家发现，消费支出的主要决定因素是**可支配收入（disposable income）**。消费函数表明，当家庭收到额外的收入单位时，这部分收入的一部分被用于消费，剩余部分则被储蓄起来，可支配收入本身的大小从根源上直接决定了一个家庭储蓄金额的高低的上限。

（2）边际消费倾向（MPC）与边际储蓄倾向（MPS）： **边际消费倾向（marginal propensity to consume, MPC）** 表示每增加一单位可支配收入中用于消费的比例，而边际储蓄倾向**（marginal propensity to save, MPS）** 则是 1 减去边际消费倾向，可支配收入一定的前提下，越高的边际储蓄倾向会导致越高的储蓄金额。除了非常富有的人群外，人们往往随着财富的增加而增加其当前收入的消费比例，因为较高的当前财富减少了为未来消费而储蓄的需求，这被称为**财富效应（wealth effect）**。

（3）利率水平： 家庭和企业均可以通过金融投资进行储蓄，其金融投资决策主要取决于利率水平和总收入水平。较低的利率和较高的总收入预期通常会导致更高的投资意愿。

Seasoned Offering　增发

基础释义

> 增发是指已经上市的公司再次发行新的证券，以筹集额外资本。增发的目的是满足公司的进一步融资需求，以优化资本结构、进行并购重组、偿还债务、回购股份等。

概念详解

1. 增发的动机

(1) 筹集资金：公司可能需要更多的资金来扩大业务规模、偿还债务或投资新的项目。

(2) 增加流通性：通过增发，可以增加股票的流通性，使股票更容易被买卖。

2. 增发的类型

按照发行的证券类型及发行方式，增发可以分为股票公开增发、股票非公开增发和其他权益性融资工具增发三种类型。

2.1 股票公开增发（Follow-On Public Offering of Stocks）

公开增发又称"不定向增发"，是指上市公司直接面向公众投资者发行新股，类似于首次公开发行，但发生在公司已经上市之后。公开增发通常通过主承销商组织，进行路演、定价、簿记建档等流程，最终在证券交易所上市交易。

2.2 股票非公开增发（Follow-On Private Placement of Stocks）

非公开增发又称"定向增发"或"私募增发"，是指上市公司向特定的机构投资者或合格投资者（如大型基金、保险公司、高净值个人等）发行新股，不通过公开市场进行。非公开增发通常速度快、流程简单，无须公开披露大量信息，有利于保护商业秘密，但发行对象数量有限，融资规模可能不及公开增发，且发行价格可能低于公开市场价。

S

2.3 其他权益性融资工具增发

除了普通股增发，上市公司还可以通过发行其他权益性融资工具进行增发，具体如下。

（1）可转换债券（convertible bonds）： 发行附带转股权的债券，投资者可以选择在一定条件下将债券转换为公司股票。

（2）认股权证（warrants）： 发行赋予持有人在未来某一时间以特定价格购买公司股票的权利证书。

（3）优先股（preferred stock）： 发行享有优先分红权、优先清算权等特殊权益的股票，介于普通股和债券之间。

3. 增发的注意事项

（1）定价机制： 在增发过程中，定价尤为重要。由于二级市场的交易已经为证券确定了一个市场价格，因此增发的价格通常会参考二级市场的价格。

（2）承销商的角色： 投资银行作为**承销商（underwriter）**，在增发过程中承担着重要的角色，他们既要作为发行人的代理人，争取最高的发行价，又要考虑到自身作为承销商的利益，倾向于选择较低的价格。

4. 增发的影响

（1）股价波动： 增发可能会对股价产生影响。如果增发价格低于市场价格，可能会导致股价下跌；反之，则可能导致股价上涨。

（2）稀释效应： 增发增加了市场上流通的股票数量，可能会导致现有股东持股比例的稀释，进而影响他们的权益。

Secondary Market　二级市场

基础释义

二级市场又称"流通市场"或"交易市场"，是指**已发行证券（如股票、债券、基金、衍生品等）** 在首次发行（对应一级市场行为）之后，投资者之间进行买卖交易的市场。二级市场的主要功能是为已发行的金融资产提供流动性，允许投资者买入或卖出已持有的证券，实现投资的变现或重新配置。

概念详解

1. 二级市场的特征

（1）交易对象： 已经发行并在一级市场中完成认购或分配的证券。这些证券可能来自公司、政府、金融机构或其他发行主体。

（2）交易主体： 包括个人投资者、机构投资者（如基金、保险公司、银行等）、交易商、做市商等。投资者之间通过买卖交易实现证券所有权的转移。

（3）交易平台： 通常发生在正式的证券交易场所，如证券交易所（如纽约证券交易所、上海证券交易所等）以及场外交易市场（如柜台交易市场、电子交易平台等）。交易所内交易一般有严格的监管和规则，而场外交易则相对灵活，但可能涉及更高的信用风险。

2. 二级市场的功能

（1）资本流动性： 二级市场为投资者提供了买卖已发行证券的途径，使得投资者可以便捷地买入或卖出证券，实现资本的快速进出，提高了资本的流动性。

（2）价格发现： 通过买卖双方公开竞价，二级市场生成了证券的市场价格，反映了市场对证券价值的共识，为投资者、发行方和其他市场参与者提供了重要的估值参考。

（3）风险分散与转移： 投资者可以通过在二级市场买卖证券来调整自己的投资组合，分散风险或转移风险。同时，二级市场的存在也为发行方提供了转移经营风险的机会，尤其是通过发行股票或债券将部分风险转嫁给投资者。

（4）资源配置： 二级市场的价格信号引导资本流向效益更高或风险更低的投资领域，有助于实现社会资源的优化配置。当某一证券价格上涨，表明市场对该证券背后的企业或项目前景看好，可能吸引更多资本投入；反之，则可能导致资本流出。

（5）融资便利： 虽然二级市场直接交易不涉及发行方的直接融资，但它对一级市场发行有着间接影响。良好的二级市场流动性有助于提升投资者信心，降低发行方在一级市场融资的成本，同时二级市场的估值水平也会影响新发行证券的定价。

Sector Index　板块指数

同"Industry Index"。

Secured Debt　有担保债务

基础释义

> 　　有担保债务是指债权人向债务人提供资金时，债务人以特定资产（如房产、设备、存货、应收账款等）作为抵押或质押，作为债务偿还保障的债务形式。如果债务人未能按照约定偿还债务，债权人有权依法处置这些担保资产以回收欠款。

概念详解

1. 有担保债务的特征与优势

（1）资产抵押或质押： 有担保债务的核心特征是债务人以特定资产作为偿还债务的担保。这些资产称为**担保品（collateral）**，债权人通常要求其价值至少等于债务金额，以确保在债务违约时能够覆盖损失。

（2）降低信用风险： 由于有担保债务附带实物资产作为偿还保障，相对无担保债务而言，债权人面临的风险较低。

（3）优先清偿权： 在债务人破产或无力偿还全部债务时，有担保债务的债权人享有优先于无担保债务和其他普通债权人获得偿付的权利。

2. 有担保债务的类型

（1）个人有担保债务： 如房屋抵押贷款、汽车贷款、珠宝贷款等，个人以特定个人财产作为债务偿还的担保。

（2）企业有担保债务： 如资产抵押贷款、设备租赁、库存融资、应收账款融资、债券中的抵押债券等，企业以公司资产作为债务偿还的担保。

（3）政府有担保债务： 如某些类型的政府债券，可能由特定的政府收入来源（如税收、收费）或特定资产（如基础设施项目）作为担保。

Security Characteristic Line (SCL)　证券特征线

基础释义

证券特征线是指表示**单个证券或投资组合超额回报**与**市场超额回报**之间关系的一种图像。证券特征线在资本资产定价模型（CAPM）框架下被广泛使用，用来评估证券的表现是否优于市场预期。SCL 的方程可以看作 CAPM 方程的一种变形，它以图形形式展示了证券的阿尔法（α）和贝塔（β）值。

概念详解

1. 证券特征线的表达式

$$R_i - R_f = \alpha_i + \beta(R_m - R_f)$$

其中，

-R_i 代表资产 i 的回报率

-R_f 代表无风险利率

-α_i 代表资产 i 的超额收益率

-β_i 代表资产 i 对于市场组合的敏感性系数

2. 证券特征线的图像

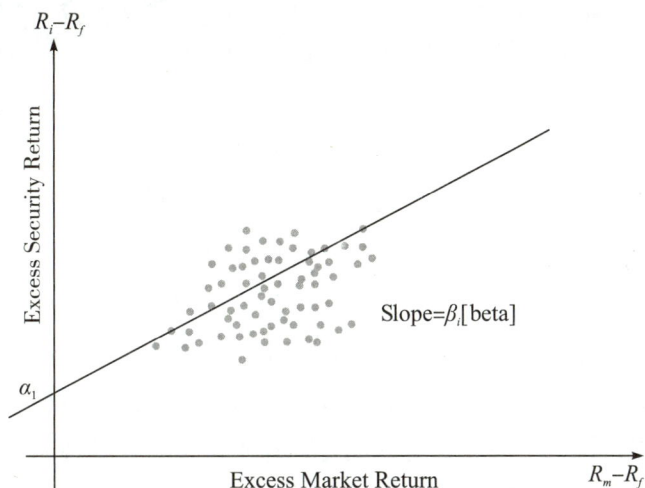

证券特征线（Security Characteristic Line, SCL）

SCL 的横轴代表市场超额回报（$R_m - R_f$），其中 R_m 是市场的实际回报，R_f 是无风险利率。

SCL 的纵轴代表证券或投资组合的超额回报（$R_i - R_f$），其中 R_i 是证券的实际回报。

💡 老皮点拨

在证券特征线的表达式中，截距项与斜率项都非常特殊，具体如下：

α_i 是 SCL 的截距，代表了证券相对于市场超额回报的预期超额回报。如果 α 为正，说明证券的表现超过了市场预期；如果 α 为负，则说明证券的表现未达到市场预期。

β_i 是 SCL 的斜率，衡量了证券相对于市场波动的敏感度。一个高贝塔的证券意味着其波动性高于市场平均水平，而低贝塔的证券则波动性较低。

3. SCL 的绘制方法

为了得到 SCL，通常会使用回归分析方法，以证券的超额回报作为因变量，市场超额回报作为自变量，从而估计出 α 和 β 的值。这条线的位置和倾斜程度提供了关于证券系统性风险和超额收益的信息，帮助投资者评估证券的相对吸引力。

例如，如果一个证券的 SCL 斜率（β）大于 1，这意味着它对市场波动更为敏感，而如果截距（α）为正，这表明即使考虑到其较高的风险，该证券也提供了超过市场平均水平的回报。

Seniority   清偿顺序

基础释义

清偿顺序是指在债务偿还或资产分配的过程中，在债务人无力偿还全部债务或破产清算时，不同债权人或不同类型债权之间在获得偿付或分配财产时的优先级别排序。清偿顺序由法律规定、合同约定或破产程序决定，决定了在有限的可供分配资源中，哪些债权先得到满足，哪些债权后得到满足，甚至可能在资源耗尽时无法得到满足，对于投资者评估风险、预期回报以及进行投资决策至关重要。

概念详解

1. 清偿顺序的分类

清偿顺序可以分为法定清偿顺序、合同清偿顺序和破产清偿顺序三种类型。

1.1 法定清偿顺序（Statutory Seniority）

许多国家和地区有**明确的法律**规定了在破产或债务重组过程中债权的清偿顺序。这种法定顺序通常旨在平衡不同债权人之间的利益，保护特定类别债权人的权益，以及维护社会经济秩序。

法定清偿顺序可能包括但不限于以下层次：

（1）优先索取权（priority claims）：如员工工资、税款、破产费用、某些类型的政府债权等，通常最先得到清偿。

（2）有担保债权（secured claims）：债权人拥有对债务人特定资产的抵押权、质押权、留置权等担保权益，有权优先于无担保债权人从该特定资产的变现价值中获得偿付。

（3）无担保债权（unsecured claims）：没有特定资产作为担保的债权，通常按照以下次序进一步细分：

①**优先无担保债权（senior unsecured claims）**：如某些政府债权、优先级无担保债券等，相对于普通无担保债权享有优先清偿权。

②**普通无担保债权（general unsecured claims）**：包括商业贷款、供应商欠款、信用卡债务、部分员工福利等，按照比例分配剩余资产。

③**次级债权（subordinated claims）**：自愿或法定排在其他债权之后清偿的债权，如次级债券、股东贷款等，只有在前述所有债权都得到满足后才能获得偿付。

1.2 合同清偿顺序（Contractual Seniority）

在某些金融交易中，尤其是**结构化融资产品（如债券、贷款、资产支持证券等）**中，债权人之间的清偿顺序可能**由合同明确约定**。这种约定可能细化法定清偿顺序，或者在特定条件下创造出新的优先级层次。例如，债券可能被划分为不同**层级（tranches）**，每一层级具有不同的偿付优先级。

1.3 破产清偿顺序（Bankruptcy Seniority）

在**破产法体系**中，清偿顺序通常作为破产程序的一部分予以明确规定。破产法院会根据法律规定的顺序和原则来指导破产财产的分配，确保公平对待所有债权人，并尽可能最大化破产财产的价值。

2. 清偿顺序对投资者的影响

清偿顺序直接影响到投资者在债务人违约或破产时的实际回收率。高优先级的债权人通常面临较低的信用风险，但可能的回报率也相对较低；反之，低优先级或次级债权人面临的信用风险较高，但如果债务人能够顺利履行债务，其潜在回报可能更高。

Separately Managed Accounts (SMAs)　单独管理账户

基础释义

> 单独管理账户是指一种由专业的资产管理人根据客户的**具体投资偏好和风险承受能力**来管理的投资账户。

概念详解

1. 单独管理账户的特点

（1）个性化管理： SMAs 允许投资者设立根据自身特定的投资偏好和风险承受能力来管理的账户。

（2）透明度高： 与共同基金不同，SMAs 通常允许投资者知道**账户中持有的具体证券**，提高了透明度。

（3）灵活性： SMAs 提供了更大的灵活性，投资者可以直接控制所持有的证券种类，避免持有不符合其道德或社会价值观的投资。

2. 单独管理账户适合的投资者群体

单独管理账户适合的投资者群体包括高净值个人、机构投资者、家族办公室以及专业投资者。

2.1 高净值个人（High Net Worth Individuals, HNWIs）

高净值个人通常有独特的投资目标和风险承受能力，SMAs 允许他们获得量身定制的投资组合，以满足其具体需求。此外，通过直接持有证券，高净值个人可以更好地进行税务规划，如利用资本损失来抵消资本收益。

2.2 机构投资者（Institutional Investors）

使用单独管理账户的机构投资者主要包括：

（1）养老基金： 养老基金可能需要满足特定的回报目标和监管要求，SMAs 可以帮助这些机构实现其投资目标。

（2）保险公司： 保险公司需要匹配其资产与负债，SMAs 可以提供灵活的投资解决方案，以满足这些需求。

（3）捐赠基金与基金会： 这类机构通常有长期的投资视野和特定的支出规则，SMAs 可以为其提供符合这些规则的投资组合。

2.3 家族办公室（Family Offices）

家族办公室负责管理富裕家族的财务事务，SMAs 可以帮助他们整合投资组合，实施多代人的财富传承计划。

2.4 专业投资者（Professional Investors）

使用单独管理账户的专业投资者主要包括：

（1）对冲基金（hedge funds）： 虽然对冲基金本身也是一种投资工具，但在某些情况下，对冲基金可能会为合格投资者设立 SMAs，以提供更灵活的投资策略。

（2）大宗商品交易顾问（Commodity Trading Advisors, CTAs）： 专注于商品市场的 CTAs 可能使用 SMAs 来管理客户的账户，特别是当客户希望投资于特定的商品或商品类别时。

3. 单独管理账户的适用场景

单独管理账户因其高度个性化和灵活性，在资产管理行业中占据了一席之地，典型的适用场景包括特定策略投资、遗产规划、税务规划以及资产配置。

3.1 特定投资策略（Specialized Investment Strategies）

使用单独管理账户的特定投资策略主要包括：

（1）社会责任投资（socially responsible investing, SRI）： 对于那些希望将社会价值观融入其投资决策的投资者，SMAs 可以排除不符合其价值观的公司，只投资于符合其标准的企业。

（2）ESG 投资（ESG investing）： ESG 投资强调可持续性和道德责任，SMAs 可以让投资者更精确地筛选出符合 ESG 标准的投资标的。

（3）大宗商品交易顾问（commodity trading advisors）： CTAs 是管理期货基金的一种形式，主要基于**技术面和基本面策略**在期货市场进行**方向性投资**。通过这种方式，投资者可以专注于某一特定商品（如谷物）或广泛分散于各种商品上的投资。

3.2 遗产规划（Estate Planning）

SMAs 可以为遗产规划提供便利，通过直接持有资产，使得资产更容易传承给继承人。

3.3 税务规划（Tax Planning）

对于那些希望最大化税务效益的投资者，SMAs 可以提供更好的税务筹划机会，特别是通过优化资本利得税。

3.4 资产配置（Asset Allocation）

单独管理账户在资产配置中的作用包括：

（1）多元化投资组合（diversified portfolios）： SMAs 可以实现跨多个资产类别的投资，帮助投资者构建多元化的投资组合。

（2）动态调整（dynamic adjustments）： 由于 SMAs 的高度灵活性，投资者可以根据市场条件和个人情况的变化迅速调整其投资组合。

Share-Based Compensation　股权基础薪酬

基础释义

> 　　股权基础薪酬又称"股权激励"，是一种长期性的激励机制，通过赋予企业员工（特别是关键岗位的高级管理人员、核心技术人员以及其他重要人才）**一定比例的公司股权或与股权相关的权益**，使他们能够共享企业成长带来的收益，从而增强其归属感、激发工作积极性，并与企业形成紧密的利益共同体。

概念详解

1. 股权激励的目的与作用

（1）激励与留住人才： 股权激励为员工提供了除基本薪酬之外的长期价值回报，有助于吸引并留住对企业长远发展至关重要的核心人才。

（2）建立利益绑定： 通过授予员工股东权益，使员工个人利益与公司整体利益紧密相连，促使他们更加关注企业的长期价值创造和盈利增长。

（3）提升员工敬业度： 持有公司股权的员工更有可能以股东的心态对待工作，积极参与公司决策，提高工作效率和创新能力。

（4）优化公司治理： 股权激励可以引入更多的利益相关者参与公司治理，增强决策透明度和监督力度，有助于改善公司治理结构。

（5）降低代理成本： 通过股权激励，可以减少股东与管理层之间的**代理成本**

（agency cost），促使管理层更加关注股东价值最大化。

2. 股权激励的主要形式

2.1 限制性股票（Restricted Stock）

限制性股票又称**受限股票激励（restricted stock awards）**，是指企业直接授予员工一定数量的公司股票，但这些股票**在一定期限内（如若干年）或在达到特定业绩目标后**才能解锁并完全归属于员工。期间，员工通常享有分红权，但不能随意转让或出售。

2.2 股票期权（Stock Option）

企业赋予员工在未来某一时期内，以预先确定的价格（通常为授予时的公平市场价格或折扣价）购买公司股票的权利。员工在满足服务期限或业绩目标后，可以选择行权买入股票，享受股价上涨带来的收益。

2.3 股票增值基础激励（Stock Appreciation-Based Compensation）

股票增值基础激励是指员工享有**与公司股票价值变动挂钩的收益权**，但**不拥有实际的股票所有权，也不享有投票权等股东权益**，具体类型包括：

（1）股票增值权（stock appreciation right）： 赋予员工在未来某个时点获得**股票市价与授予时价格之间的差额收益的权利**，员工无须实际购买股票。

（2）虚拟股票（phantom shares）： 与股票增值权类似，区别在于相关激励基于**完全虚构的股票**，而不是真实存在的股票，适合**非上市公司**使用。

3. 股权激励的授予条件与行权安排

（1）服务期限： 员工须在公司工作满一定年数才能获得或行权。

（2）业绩目标： 员工或公司需达成特定的财务指标（如营收、利润、市场份额等）、项目里程碑或个人绩效考核要求。

（3）分期解锁： 股权激励可能分批次授予或解锁，如每年解锁一定比例，以持续激励员工长期表现。

4. 股权激励的实施流程

（1）制订激励计划： 确定激励对象、授予数量、授予价格、行权条件等。

（2）审批与公示： 经董事会、股东大会（如有必要）批准，向员工公示激励方案。

（3）授予股权： 签署股权激励协议，办理相关登记手续（如股票期权的授予登记、限制性股票的过户等）。

（4）行权与兑现： 员工在满足行权条件后，按规定程序行权，获得股票或现金收益。

（5）后续管理： 跟踪股权变动、履行信息披露义务、处理税务事项等。

Shareholder　股东

基础释义

股东又称"股票持有人"或"股份持有人"，是指拥有公司一部分所有权的个人或实体。当一个人或机构投资购买了一家公司的股票，他们就成了这家公司的股东。股票代表了股东在公司的资产、利润和投票权中的一定份额。

概念详解

股东享有的权利

（1）**所有权**：股东拥有公司的一部分，这意味着他们对公司资产和收益拥有按比例的所有权。

（2）**收益分配**：公司盈利后，可能会以股息的形式向股东分配一部分利润。

（3）**投票权**：股东通常有权参与公司的重大决策，如选举董事会成员、表决公司重大事项等。每股股票通常对应一票投票权，但不同类型的股票（如普通股和优先股）在投票权上可能有所差异。

（4）**资产清算时的剩余财产分配权**：如果公司解散或破产清算，股东在所有债权人和优先股股东之后，有权按持股比例分配公司的剩余资产。

（5）**参与股东大会**：股东可以参加年度或特别股东大会，通过这些会议了解公司运营状况，提出建议或质询管理层。

（6）**资本增值**：长期持有股票，若公司业绩增长、市场估值提升，股票的市场价值可能上升，股东可从中获得资本利得。

老皮点拨

在享受股权投资带来的收益的同时，股东也承担一定的风险，如股价下跌可能导致投资损失，公司经营不善可能影响股息分配等。因此，股东在享受权利的同时，也需要关注公司的经营状况和市场动态，做出相应的投资决策。

Shareholder Activism　股东积极主义

基础释义

股东积极主义是指股东（尤其是**持有一定股份比例的机构投资者或维权投资者**）采取主动行动，通过各种策略和手段，试图影响公司的决策和管理，以期改进**公司治理结构**、提高运营效率、增加股东价值或促使公司按照股东的期望**进行变革**的行为。这种行为通常发生在股东认为公司管理层未能有效履行职责，导致公司价值低估、经营不善、治理结构不合理或其他损害股东利益的情形下。

概念详解

1. 股东积极主义的策略

（1）公开信：向公司管理层或董事会发布公开信，表达不满和改革建议。

（2）代理权争夺：提名替代董事候选人，通过股东投票争取更换董事会成员。

（3）股东提案：在股东大会上提出议案，要求公司就特定事项进行投票。

（4）诉讼：通过法律途径解决争议，如指控管理层没有履行委托责任。

（5）媒体和公关活动：利用媒体曝光公司问题，增加公众和市场对公司治理问题的关注。

（6）私下协商：与公司管理层直接沟通，寻求达成共识的解决方案。

2. 股东积极主义的目标与影响

（1）改善公司治理：促使公司提高透明度，完善治理结构，加强内部控制。

（2）提高股东回报：通过改变公司战略、资本结构或运营效率，提升股价和分红。

（3）增强责任感：迫使管理层对股东利益负责，减少短视行为。

（4）市场反应：积极主义行动往往引起市场关注，可能短期内影响股价波动。

3. 分析师与投资者视角的股东积极主义

分析师与投资者一般会从以下 3 点切入对股东积极主义进行评估：

（1）风险评估：投资者和信用分析师会根据公司治理质量调整风险溢价或信用利差，优质治理可降低资本成本。

S

（2）董事会评估：董事会的独立性、多样性、经验和响应股东关切的能力是评估重点。

（3）政策审查：考察公司是否具备健全的商业伦理、反腐败、举报人保护和关联交易政策，这些是良好治理的体现。

Sharpe Ratio　夏普比率

基础释义

夏普比率是衡量投资组合或资产相对于其风险所获得的超额收益的一种指标，由诺贝尔经济学奖得主威廉·夏普（William F. Sharpe）提出。

概念详解

1. 夏普比率的计算公式

夏普比率可以分为事前和事后两个版本。

1.1 事前夏普比率（Ex ante SR）

$$SR^e = \frac{E(R_P) - R_F}{\sigma_P}$$

其中，

-SR^e（Expected sharpe ratio）代表预期夏普比率

-$E(R_P)$代表投资组合的预期收益率

-R_F代表无风险利率，通常使用国债收益率作为代表，反映投资者不承担任何风险所能获得的理论收益率

-σ_P代表投资组合的预期标准差，反映投资组合收益率的波动性

1.2 事后夏普比率（Ex post SR）

$$\hat{SR} = \frac{\overline{R}_P - \overline{R}_F}{\hat{\sigma}_P}$$

- $\hat{SR}$（ex post sharpe ratio）代表事后夏普比率
- $\overline{R}_P$代表投资组合的历史平均收益率
- $\overline{R}_P$代表无风险利率，通常使用国债收益率作为代表，反映投资者不承担任何

风险所能获得的理论收益率

- $\hat{\sigma}_P$代表投资组合的事后标准差，反映投资组合收益率的波动性

2. 夏普比率的相关图像

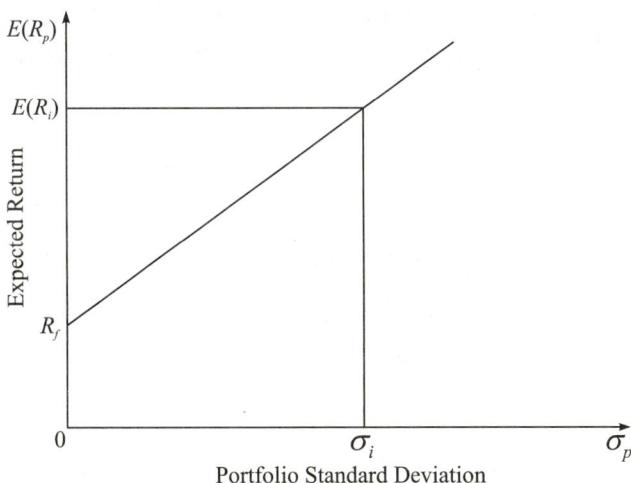

资本配置线（Capital Allocation Line）

在资本配置线中，夏普比率实际上是该线的斜率。这表明了它如何将风险补偿（超出无风险利率的部分）与所承担的总风险联系起来。

3. 夏普比率的金融意义

（1）风险调整后的收益： 夏普比率越高，说明投资组合每承担一单位风险所获得的超额收益越高。简而言之，它帮助投资者理解为了获取更高的收益，他们需要承担多少额外的风险。

（2）比较基准： 夏普比率使得不同投资策略、基金或资产之间的绩效比较成为可能，即便它们的风险水平不同。一个较高的夏普比率表明，在考虑风险的情况下，该投资相比另一个具有更低的夏普比率的投资更优。

（3）投资决策： 投资者和资产管理者使用夏普比率来评估投资策略的有效性，并据此做出投资决策。理论上，投资者应该偏好那些夏普比率高的投资。

4. 使用夏普比率的注意事项

（1）适用性： 夏普比率最适合用于评估那些服从正态分布的资产或投资组合，对于具有厚尾或极端值的数据可能不够准确。

（2）无风险利率选择： 无风险利率的选择会影响夏普比率的计算，实际操作中应选用适当的无风险利率，如近期的短期国债收益率。

（3）时间周期：夏普比率会随时间周期的不同而变化，长期和短期的夏普比率可能给出不同的结论，因此在应用时需考虑分析的时间框架。

Simple Linear Regression Model　简单线性回归模型

基础释义

> 简单线性回归模型是指统计学中用于分析**两个变量之间线性关系**的基础模型，其中一个变量（自变量，通常表示为 X）被认为影响另一个变量（因变量，通常表示为 Y）。该模型假设因变量 Y 与自变量 X 之间存在线性关系，并且这种关系可以被一个直线方程所描述。

概念详解

1. 简单线性回归模型的表达式

$$Y_i = b_0 + b_1 X_i + \varepsilon_i, i = 1, \ldots, n$$

其中，

- Y_i 代表因变量的第 i 个观察值

- X_i 代表自变量的第 i 个观察值

- b_0 代表截距系数，代表当自变量 X 为 0 时因变量 Y 的期望值

- b_1 代表斜率参数，代表自变量 X 每增加一个单位时，因变量 Y 平均改变的量

- ε 代表残差项，代表除了自变量 X 之外影响因变量 Y 的所有其他因素，通常假设残差项服从零均值且方差恒定的正态分布，这被称为同方差性（homoskedasticity）。

2. 简单线性回归模型的核心思想

简单线性回归模型的目标是通过最小化**误差平方和（Snm of Squares Error, SSE）**来估计参数 β_0 和 β_1 的最优值，这个过程称为**普通最小二乘（ordinary least squares）法**。一旦模型参数被估计出来，就可以用来预测新的自变量值对应的因变量值，也可以用来理解和量化自变量对因变量影响的强度和方向。

> **实务拓展**
>
> 简单线性回归模型的应用非常广泛，包括但不限于预测分析（如预测房价、销售额）、因果关系探索（比如广告支出对销量的影响），以及数据分析中的数据降维处理。在实际应用中，还需要检查模型的假设是否满足，比如线性关系的合理性、误差项的独立性和正态性等。

Skewness　偏度

基础释义

> 偏度是指描述**数据分布相对于平均数的不对称程度**的一个指标。在金融和其他领域，偏度对于理解风险和收益特征尤为重要。当一个分布不是左右对称时，我们称其为有偏（skewed）。

概念详解

1. 偏度的类型

（1）**正偏（positively skewed）**：正偏分布的长尾部分位于右侧，意味着存在较多的小幅损失和少数极端的高收益。图形上，正偏的连续单峰分布表现为众数（mode）小于中位数（median），而中位数又小于平均数（mean）。

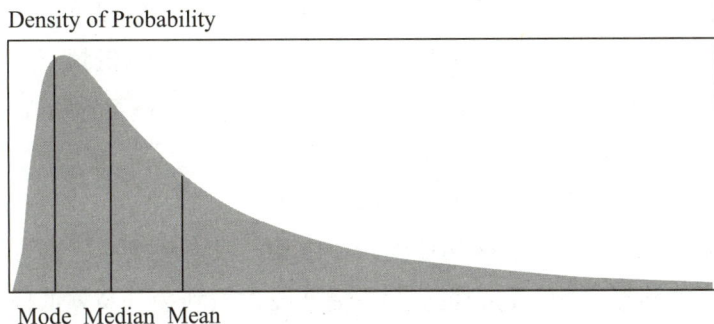

正偏示意图

（2）**负偏（negatively skewed）**：与正偏相反，负偏的分布长尾位于左侧，表明存在较多的小幅收益和少数极端的高损失。在连续单峰负偏分布中，平均数小于中位数，而中位数又小于众数。

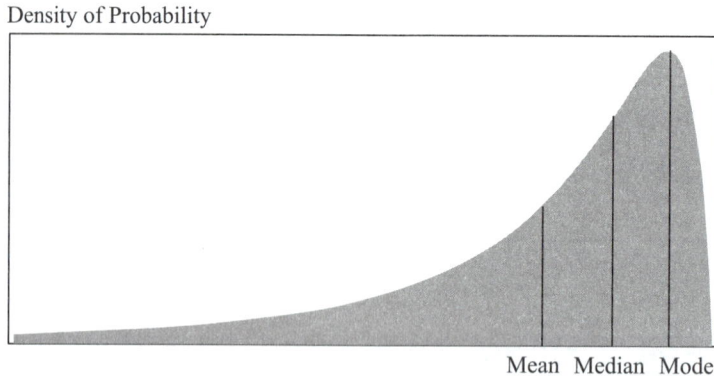

Density of Probability

Mean Median Mode

负偏示意图

2. 偏度的投资者视角

投资者通常偏好正偏的回报分布，因为在给定预期回报和标准差的情况下，正偏斜意味着平均回报高于中位数，即虽然**频繁遭遇有限的下行风险**，但也有机会**获得不太频繁但极端的上行收益**。这表明投资组合有较高的获得超额收益的潜力。

老皮点拨

我们可以通过一些生活和投资中的具体例子进一步加深对"正偏"和"负偏"的理解：

（1）正偏的生活例子：稳健的篮球运动员。

想象一位篮球运动员，他大部分时间里投篮命中率不高，但是偶尔能投出超远三分球。这位球员就像是具有正偏的投资组合，具体体现在：日常训练和比赛中，他的中短距离投篮命中率不高，经常投不中（**高频**），但是损失的分数和机会并不多（**低损**），如同投资组合频繁产生较小的损失，偶尔他能投出惊艳的超远三分球，虽然这种情况下出手次数少（**低频**），但一旦成功，就能为球队带来大量分数（**高利**）。这就好比投资组合在某些特殊市场环境下，捕捉到罕见的投资机会，获得显著的超额回报。

（2）正偏的投资例子：债券 + 期权组合。

假设我们构建一个包含稳健债券投资和多只看涨期权的投资组合。债券提供稳定的利息收入，购买看涨期权需要支付权利金（**高频低损**），在市场大幅上涨时可能会带来巨大收益（**低频高利**）。总体来看，该组合在大部分时间里有稳定的收益来源，同时保留了捕捉市场大涨可能性的机会。

（3）负偏的生活例子：冒险的赛车手。

设想一位赛车手，他在大多数比赛日程中都能安全完赛，但有时会遭遇严重事故导致退赛。这位车手就像具有负偏的投资组合，具体体现在：在大部分比赛中，他能稳定驾驶，取得一定积分，但偶尔（低频）会发生重大事故，导致赛车严重损坏甚至无法继续比赛（高损）。这对应投资组合在大部分时间里表现尚可，但偶尔会遭遇重大亏损事件。为了追求更高的速度和名次，他在赛道上的大部分超车尝试可能只带来微小的时间优势（低利），却频繁承担碰撞风险（高频）。这类似于投资组合频繁进行交易或投资高风险资产，虽能频繁获取小额收益，但同时也频繁面临小额亏损。

（4）负偏的投资例子：高杠杆股票交易。

投资者使用高杠杆进行股票交易，平时可能通过频繁买卖获取一些小利润（高频低利），但一旦市场出现剧烈波动，由于杠杆效应，可能导致账户出现大幅亏损（低频高损）。

Soft Dollar　软美元

基础释义

软美元又称"软性佣金"或"软性回扣"，是指在资产管理公司进行证券交易时，经纪商除了收取**标准的交易佣金**外，还额外提供的**研究报告**、**分析工具**、**会议访问**等服务的价值。软美元可以用来抵消部分交易成本或者作为额外的服务。

概念详解

软美元的运作机制

（1）交易执行与佣金支付：资产管理公司在进行交易时，会向经纪商支付佣金。

这些交易可能是股票、债券或其他金融产品的买卖。

（2）软性佣金的累积： 经纪商会根据交易量计算出一部分佣金作为软性佣金。这笔金额不是直接支付给经纪商的现金，而是转换成**非货币形式的服务或产品**。

（3）获取研究和服务： 资产管理公司可以用累积的软性佣金额度换取研究服务、数据订阅、市场分析工具、参加行业会议等。这些服务通常旨在提高资产管理公司的投资决策质量。

（4）利益冲突管理： 由于软性佣金可能导致利益冲突，即资产管理公司可能会为了积累更多的软性佣金而**增加不必要的交易**，因此许多国家和地区都对此进行了严格的监管。监管机构要求资产管理公司必须证明其交易是以最佳条件执行的，并且软性佣金确实增加了客户的利益。

实务拓展

随着全球金融市场的不断发展和完善，很多国家和地区对软性佣金的做法进行了严格审查，有些地方甚至禁止了软性佣金的使用。例如，在欧洲，MiFID Ⅱ（金融工具市场指令Ⅱ）规定了更严格的透明度要求，并在很大程度上限制了软性佣金的使用，要求**交易佣金和研究费用分开计费**。在中国和其他一些市场，也有相应的监管政策来规范此类行为，目的是保护投资者利益，避免利益冲突，并确保市场公平、透明。

Solar Asset Backed Securities（SABS）
太阳能装置资产支持证券

基础释义

太阳能装置资产支持证券是指通过将**太阳能系统安装贷款**打包成证券并在市场上出售给投资者的一种资产支持证券。这种证券化方式允许原始债权持有者（通常是提供太阳能系统安装贷款的公司）将其债权转换为流动资金，同时为投资者提供一种环境友好型的投资机会。

概念详解

1. SABS 结构的关键概念

（1）太阳能系统安装贷款： 太阳能系统安装贷款是 SABS 的底层资产，是指消费者为了购买和安装太阳能系统而向安装商借款或租赁太阳能设备的款项。

（2）资产证券化： 通过将一系列类似的贷款或应收款项捆绑在一起形成资产池，并以此为基础发行证券的过程。

2. SABS 的利益相关方

（1）消费者： 通过太阳能贷款或租赁获得资金来安装太阳能系统，从而节省能源费用，改善环境。

（2）太阳能公司： 提供太阳能系统的安装和维护服务，通过贷款或租赁合同获得收益。

（3）投资者： 购买太阳能 ABS，获得具有吸引力的风险调整收益率，并支持可持续发展项目。

> **老皮点拨**
>
> 由于太阳能贷款通过安装可再生且高效的能源来源促进了环境可持续性，因此它们可能被视为**绿色债券（green bond）**。对于寻找环境、社会和治理（ESG）或气候金融投资选择的机构投资者，太阳能 ABS 提供了一个吸引人的投资选择。

Sole Proprietorship　个人独资

基础释义

个人独资是指一种由单一自然人（业主）提供创办和运营所需资本的经营实体。在个人独资的企业结构中，业主享有**完全的管理控制权**，并且直接参与企业的财务收益与承担相应的经营风险。业主不仅是企业的**所有者**，还往往是**主要甚至唯一的经营者**，负责企业的日常决策和管理。

概念详解

个人独资企业的特点

（1）资本提供来源单一： 个人独资企业的启动资金及运营资金完全由业主个人提供，企业财产归业主个人所有，**不存在分离的法人财产概念**。

（2）控制经营权单一： 业主独自掌握企业的经营决策权，无须与他人分享决策权，能够快速响应市场变化，但同时也意味着所有责任和决策压力都落在业主一人肩上。

（3）收益与风险独担： 企业产生的所有利润直接归属业主，无须在股东之间分配；同样，企业遇到的任何财务损失或经营风险也完全由业主个人承担，包括可能需要**用个人财产清偿企业债务的无限责任**。

（4）设立简便： 在某些司法管辖区，个人独资企业可能是默认的企业形式，无需复杂的法律注册手续，设立和运营相对简便快捷，降低了创业门槛。

（5）企业存续和终止与个人绑定： 个人独资企业的生命周期与业主本人紧密相关，一旦业主决定停止经营或遭遇不幸去世，企业通常随之解散或需要进行相应的法律和财务处理，以结束企业的法律和经济存在。

> 💡 **老皮点拨**
>
> 个人独资企业是一种结构简单、灵活高效的经营方式，特别适合小规模创业或个体经营，但其经营风险与业主个人命运深度绑定，缺乏有限责任保护，选择此企业形式时必须慎重考虑。

Sole Trader　个体经营户

同"Sole Proprietorship"。

Solvency 长期偿付能力

基础释义

长期偿付能力是指一个公司能够履行其**长期经济义务**的能力。这不仅涉及公司是否能够在到期时支付本金，还包括能否按时支付利息和其他固定费用。评估一个公司的长期偿付能力通常包括对其财务结构的深入分析，尤其是其债务水平及其盈利能力和现金流覆盖债务支付的能力。

概念详解

1. 长期偿付能力的评估方法

（1）财务杠杆分析：分析公司的财务报表，了解其使用**财务杠杆（financial leverage）**的程度，以及这种使用方式与其历史实践和同行相比如何。财务杠杆的使用可以提供关于公司未来业务前景的信息，管理层关于融资的决策可能反映了其对公司未来的看法。

（2）经营杠杆分析：经营杠杆（固定经营成本占总成本的比例）越高，可用于支付债务的营业收入流的风险越大，这限制了公司使用财务杠杆的能力。

2. 常见的偿付能力比率

衡量偿付能力的财务比率分为债务比率和覆盖比率两个类别。

2.1 债务比率（Debt Ratios）

债务比率衡量公司债务与资产或资本的比例。通常情况下，债务比率越高，财务风险越大，偿付能力越弱。

常见的债务比率包括：

（1）债务资产比率（debt-to-assets ratio）：等于债务除以总资产，衡量总资产中有多少比例是由债务融资的。

（2）债务资本比率（debt-to-capital ratio）：等于债务除以总资本，衡量债务在公司资本结构中的占比。

（3）债务权益比率（debt-to-equity ratio）：等于债务除以所有者权益，衡量债务资本相对于权益资本的比例。

（4）财务杠杆比率（financial leverage ratio）：等于资产除以所有者权益，

衡量每一单位的权益支持了多少资产。

（5）债务与息税折旧摊销前利润比率（debt-to-EBITDA ratio）：等于债务除以息税折旧摊销前利润,估算基于息税折旧摊销前利润需要多少年来偿还全部债务。

2.2 覆盖比率（Coverage Ratios）

覆盖比率是指评估**公司盈利覆盖债务支付的能力**的比率。覆盖比率越高,表示公司越有能力用其经营收益覆盖更多的固定费用,偿付能力越强。

常见的覆盖比率包括:

（1）利息覆盖比率（interest coverage ratio）：**等于息税前利润（EBIT）除以利息支付**,衡量公司息税前利润能够覆盖多少倍的利息支付。

（2）固定费用覆盖比率（fixed charge coverage ratio）：等于息税前利润与**租赁支付（lease payments）**之和除以利息支付与租赁支付之和,衡量公司收益（在扣除利息、税费和租赁支付之前）能够覆盖多少倍的利息和租赁支付。

3. 长期偿付能力比率的应用场景

（1）信用评级：偿付能力比率是**信用评级机构**评估公司信用质量的重要依据。

（2）债务契约：在债务契约中,这些比率经常被用作**条款（covenants）**,以确保借款人在一定条件下保持足够的偿付能力。

（3）投资决策：投资者利用这些比率来评估公司的财务稳定性,从而做出投资决策。

> 💡 **老皮点拨**
>
> 在使用偿付能力比率进行分析时,重要的是要考虑公司的业务风险、现金流量的稳定性以及行业特点。一般来说,业务风险较低且能够产生稳定现金流的公司更能承受较高的财务杠杆而不至于增加**偿付能力风险（solvency risk）**。

Solvency Risk　偿付能力风险

基础释义

> 偿付能力风险是指一个组织由于**现金流枯竭**而无法继续生存或维持日常运营的风险，即使其在账面上有足够的资产来偿还债务。偿付能力风险在 2008 年金融危机之前往往被严重低估，但在危机中变得极为突出，在危机后开始受到监管者及投资者的重点关注。

概念详解

1. 偿付能力风险的度量指标

偿付能力风险的度量指标主要包括债务比率和覆盖比率。

1.1 债务比率（Debt Ratios）

债务比率衡量公司债务与资产或资本的比例，比率越高，财务风险越大。

常用的债务比率包括：

（1）债务资产比率（D/A）： 等于债务除以总资产。

（2）债务资本比率（D/C）： 等于债务除以总资本。

（3）债务权益比率（D/E）： 等于债务除以所有者权益。

（4）财务杠杆比率（A/E）： 等于资产除以所有者权益。

（5）债务与息税折旧摊销前利润比率（D/EBITDA）： 等于债务除以息税折旧摊销前利润。

1.2 覆盖比率（Coverage Ratios）

覆盖比率评估公司盈利覆盖债务支付的能力，比率越高，偿付能力越强。

常用的覆盖比率包括：

（1）利息覆盖比率（interest coverage ratio）： 等于息税前利润除以利息支付。

（2）固定费用覆盖比率（fixed charge coverage ratio）： 等于息税前利润与租赁支付之和除以利息支付与租赁支付之和。

S

实务拓展

　　2008 年金融危机使整个金融行业从对冲基金到养老基金都深刻认识到资金可用性和偿付能力风险的重要性。雷曼兄弟的倒闭通常被认为是因为过度杠杆化，但最终导致其破产的正是偿付能力风险。几乎一夜之间，由于大多数资金来源不愿承担雷曼的对手方风险，其流动性几乎消失。即使在其破产当天市场有所上涨，偿付能力风险已经使其无法挽救。即使其他风险得到了很好的控制，偿付能力风险仍可能导致致命的后果。

老皮点拨

　　偿付能力一般是指**资产与负债的对比情况**，一般并不会专门强调现金流是否能够及时获取，但是"偿付能力风险"（solvency risk）并不与"偿付能力"的定义完美契合，换言之，偿付能力风险通常指由于**现金流**不足而导致企业无法继续运营的风险，即使其账面上有足够的资产来偿还债务。

　　从风险分析的视角来看，"偿付能力风险"与广义的"流动性风险"的含义几乎一致，因为在实践中，流动性风险除了指代**投资者在出售证券时由于市场流动性不足而造成的估值冲击风险**，有时也被用来描述**企业因缺乏足够现金流而无法满足短期债务支付的风险**。

　　如果将"偿付能力风险"与狭义的"流动性风险"进行区分，则一般将与企业**现金状况**相关的风险称为"偿付能力风险"，而不是狭义的"流动性风险"。这是因为偿付能力风险更侧重于企业**是否有足够的资产来偿还其债务**，而狭义的"流动性风险"则更多地关注**市场流动性的不足**对资产估值的影响。

2. 偿付能力风险的缓解措施

（1）减少杠杆。

（2）寻找更稳定的融资来源。

（3）投资于提供更高透明度的模型。

（4）在企业层面的风险治理中纳入偿付能力风险。

（5）持有更多现金等值资产和流动性风险较低的资产。

Sophisticated Investor　专业投资者

同"Accredited Investor"。

Sovereign Government　主权政府

基础释义

主权政府是指在一个国家或地区内拥有**最高权威**，独立行使**立法**、**行政**和**司法**权力，并不受外部控制的政府。主权政府代表国家的主权，即国家在其领土范围内拥有独立自主地决定内外政策、制定法律、管理国家事务的至高无上的权力。

概念详解

主权政府的关键特征

(1) 独立性：主权政府不受外来干涉，拥有自由决定其政治、经济和社会制度的权力。

(2) 领土完整：维护国家的领土范围，保护其不受侵犯，并对境内的一切人和事行使管辖权。

(3) 人民认可：通常通过宪法或长期的政治实践获得合法性的认可，代表并服务于国家公民的利益。

(4) 国际法主体：在国际社会中，主权政府作为一个独立的法律实体参与国际关系，与其他国家平等交往，签订条约，承担国际义务。

(5) 主权豁免：享有**主权豁免权**，这意味着在未经其自身同意的情况下，其财产和行为一般不受他国法院管辖。

(6) 发行货币与征税：有权发行国家货币，并通过征税、借款等方式筹集资金以执行公共职能。

Sovereign Wealth Funds (SWFs)　主权财富基金

基础释义

主权财富基金是指由政府拥有并管理的大型投资基金，资金通常来源于一国的外汇储备、自然资源出口收入（如石油、天然气）、财政盈余或其他国家财富。这些基金的主要目的是在全球范围内进行投资，以实现国家财富的保值增值，分散国家经济风险，支持国内经济发展，以及为未来的世代积累储蓄。

概念详解

1. 主权财富基金的特征

（1）政府所有：直接隶属于政府或由政府控制的实体管理，具有明确的政府背景。

（2）资金来源多样化：资金主要来自国家预算盈余、自然资源收入、外汇储备投资收益或其他国有资产变现。

（3）投资范围广泛：投资于国内外的股票、债券、房地产、基础设施项目、私募股权、对冲基金等多种资产类别，寻求风险分散和收益最大化。

（4）长期视角：通常采取**长期投资策略**，不太受短期市场波动的影响，着眼点在于长期收益和国家经济战略目标。

（5）规模庞大：许多主权财富基金的资产管理规模达到数百亿甚至数千亿美元，是全球金融市场的重要参与者。

（6）战略意义：除了经济目标，一些主权财富基金还服务于**国家战略目标**，如促进产业升级、增强能源安全、提升国际影响力等。

2. 主权财富基金的实例

全球大部分具备一定经济实力的主权国家均设立了自己的主权财富基金，比较知名的包括：

（1）挪威政府全球养老基金：世界上最大的主权财富基金之一，资金主要来源于挪威的石油和天然气收入，投资遍布全球多个国家和地区，以实现国家财富的长期增长。

（2）阿布扎比投资局（ADIA）：中东地区著名的主权财富基金，投资范围广泛，包括公开市场、私募股权、房地产等，旨在为阿联酋的经济多元化做出贡献。

（3）中国投资有限责任公司（CIC）： 中国的主权财富基金，负责管理部分国家外汇储备，进行海外投资，旨在实现国家财富的增值和分散投资风险。

> **实务拓展**
>
> 主权财富基金因其规模和影响力，在全球金融市场中扮演着重要角色，其投资决策往往对国际资本流动、市场趋势和个别投资项目产生重大影响。

Special Purpose Acquisition Company (SPAC)
特殊目的收购公司

基础释义

> 特殊目的收购公司又称**"空白支票公司"**，是指一种为了在未来某个时间点收购一家或多家**未指名的私营公司**而设立的**空壳公司**。SPAC 通过首次公开募股（IPO）筹集资金并在公开市场上市，但与传统 IPO 不同的是，它在成立初期**并没有实质性的业务运营**，其存在的唯一目的是完成并购交易。SPAC 允许投资者在未知具体并购对象的情况下投资于一个未来将进行并购的上市实体，同时为私营公司提供了一种更快捷、成本更低的上市途径。

S

概念详解

1. SPAC 的运作机制

SPAC 首先由发起人创建并进行 IPO，向公众投资者出售权益类证券（通常包含一股普通股和一份或多份认股权证）。筹集的资金会被存入一个信托账户，并且只能用于完成对私营企业的收购。如果在预设时间内（如 18 个月至 24 个月）SPAC 未能完成并购，资金将退还给投资者，同时 SPAC 解散。

一旦 SPAC 找到了合适的私营公司并完成了并购交易，这家私营公司就会通过与 SPAC 合并的方式迅速实现上市，从而**绕过了传统 IPO 的复杂程序和较长的等待**

时间。通过这种方式上市的公司能够利用 SPAC 已经建立的公开市场地位。

2. SPAC 的透明度与行业专注

虽然投资者在投资 SPAC 时并不确切知道将要收购的目标公司，但他们通常基于 SPAC 管理团队的经验、背景以及公开声明来形成预期，特别是当管理团队在特定行业有深厚背景时。SPAC 往往会在其招股说明书中明确表示将专注于某一特定行业或类型的并购目标。

> **实务拓展**
>
> SPAC 作为一种上市路径，正在逐步取代过去常用的**反向并购（reverse merger）**模式，后者通常涉及私营公司与一个已经上市但业务不活跃的"壳公司"合并以实现上市，即通常说的"**借壳上市**"。与反向并购相比，SPAC 提供了更透明、更规范的上市途径，并且通常伴随着更高质量的尽职调查和投资者保护措施。

Special Purpose Entity (SPE)　特殊目的实体

基础释义

> 特殊目的实体又称"**特殊目的工具**"（Special Purpose Vehicle，SPV），是指为特定经济或金融目的而专门设立的一种法律实体。SPE 的特定的经济或金融目标包括资产证券化、风险隔离、税务优化等。

概念详解

1. SPE 的特征

（1）**特定目的：**SPE 设立的目的非常明确且单一，通常是为完成**一项特定的金融交易、资产转移、风险隔离或税务优化任务**。一旦其设立目标达成，SPE 可能就会被解散或重组。

（2）**独立性：**SPE 在法律上和财务上与发起人（通常是母公司、金融机构或其他投资者）保持一定程度的独立性，以实现风险隔离。

SPE 的独立性具体体现在：

①**破产隔离：**SPE 通常设计为在发起人破产时，其资产不受发起人破产程序的影响，保护投资者免受发起人其他业务风险的波及。

②**资产负债表外处理：**SPE 的资产和负债**通常不在发起人的合并财务报表中体现**，从而不影响发起人的财务比率和信用评级。

(3) 结构化设计：SPE 的组织形式可以是公司、信托、合伙企业等形式，其资本结构、治理结构和运营规则均围绕特定目的进行**定制化设计**。

(4) 资产支持：SPE 的主要资产通常是一组特定的金融资产、实物资产或未来现金流，这些资产是其发行证券或债务融资的基础。

(5) 透明度与监管：为了保护投资者利益，SPE 的设立、运营和财务状况通常受到较为严格的监管，需要公开透明的信息披露，并可能受到特定的法规约束。

2. SPE 的功能与应用

(1) 资产证券化：SPE 最广泛的应用是在**资产证券化（asset-backed securitization, ABS）**过程中。发起人将一组资产（如贷款、应收账款、租赁合同等）转移到 SPE，SPE 以此为基础发行证券（如抵押贷款支持证券），并将募集资金支付给发起人。投资者购买这些证券，获得资产产生的现金流。这样，发起人实现了资产的"出表"和融资，投资者获得了风险分散的投资机会。

(2) 风险隔离：通过设立 SPE，发起人可以将特定风险（如信用风险、市场风险等）从自身主体中分离出来，限制在 SPE 层面，保护母公司的其他业务不受特定风险影响。

(3) 税务优化：在符合税法规定的前提下，SPE 的设立和运营可以用来优化税收负担，如通过转移定价、利用特定税收优惠等手段降低整体税负。

(4) 跨境投资与融资：SPE 可以作为**跨境投资和融资**的平台，协助境内企业实现境外上市（如红筹上市结构中的 SPV）、跨境资产收购、海外融资等。

(5) 监管合规：在某些特定监管环境下，设立 SPE 可能是满足特定监管要求（如资本金要求、行业准入限制等）的一种策略。

S

实务拓展

实务中有许多利用 SPE 达成不可告人目的的案例，例如在 21 世纪初，安然公司曾设立数百家 SPE 来隐藏债务、夸大利润，引发严重财务丑闻，最终导致公司破产。这一事件凸显了不当使用 SPE 进行财务操纵的风险，也促使监管机构加强了对 SPE 透明度和会计处理的监管。

Special Purpose Vehicle (SPV)　特殊目的工具

同 "Special Purpose Entity (SPE)"。

Spin Off　分拆

基础释义

> 分拆是指一家公司将某个独立的业务分离出来，成立一个新的独立公司。这个新成立的公司拥有自己的债务和股权证券、财务报告体系、管理层等。

概念详解

1. 分拆的目的

（1）提高管理与员工专注度： 通过分离独立的业务单元，可以增强管理层和员工的关注度与努力程度。

（2）去除不兼容性： 分拆有助于解决母公司与分拆公司之间的不兼容性问题，使得双方能够更加专注于各自的核心业务。

2. 分拆与出售的区别

出售（sale）指的是公司**将一个子公司、公司的一部分或一组资产卖给另一个实体**。一旦交易完成，控制权就转移到买方手中，卖方则不再与该业务相关联，而是获得了现金。

分拆是指**将公司的一个独立部分转化为一个新的独立公司**。分拆后，原公司（母公司）不再拥有该业务的控制权，而新公司成为独立经营实体。

> 💡 **老皮点拨**
>
> 企业在选择是通过分拆还是出售的方式进行资产剥离时，考虑因素包括：
>
> **（1）估值因素：** 在决定是出售还是分拆一项业务时，估值往往是最重要的考虑因素之一。

(2) 潜在买家的兴趣: 有一定规模且有许多潜在买家感兴趣的业务往往能获得更高的估值。

(3) 现金流: 在分拆的情况下,母公司收到的现金较少,因为投资者会收到被分拆业务的股权,并需要对其重新估值。

3. 分拆的动因

(1) 集中资源: 与投资行动相似,分拆行动的动机也是为了巩固公司的主营业务,提升业务焦点。

(2) 价值重估: 如果某项业务作为独立实体比在母公司内更有价值,那么分拆可以释放这部分潜在的价值。

(3) 流动性需求: 有时外部环境迫使公司采取行动,比如为了降低不可持续的财务杠杆,公司可能会出售部分业务以换取现金。

(4) 监管要求: 为了避免反竞争行为,监管部门可能会强制要求公司剥离某些业务。

Spot Exchange Rate 即期汇率

基础释义

即期汇率又称"现汇汇率",是指在外汇市场上用于**即时交易**的汇率,即买卖双方同意立即(或在非常短的时间内,通常为两个工作日内)交换货币的价格。即期汇率直接反映了当前市场对于某种货币的供求关系,它可以根据市场情况随时波动,并且在全球外汇市场 24 小时连续交易中实时更新,对于国际贸易、投资决策以及国际资本流动具有重要意义。

概念详解

1. 即期汇率的特点

(1) 实时性: 即期汇率随着国际外汇市场的波动而实时变化。

S

（2）交割迅速： 与**远期汇率（forward exchange rate）** 相比，即期交易要求在交易达成后的短时间内完成货币兑换。

（3）广泛应用： 用于旅游、跨境购物、小额投资等需要立即兑换货币的情况。

2. 即期汇率的报价方式

（1）直接报价（direct quote）： 表示为 1 单位外币兑换成本国货币的数量。例如，站在美国作为本国的视角，观察到 1 欧元 =1.20 美元。

（2）间接报价（indirect quote）： 表示为 1 单位本国货币兑换成外币的数量。例如，站在美国作为本国的视角，观察到 1 美元 =0.83 欧元。

3. 即期汇率的买卖方向

按照买卖方向，即期汇率报价可以分为：

（1）买入价（bid price）： 银行或其他金融机构愿意购买一定量标的货币所提出的价格。

（2）卖出价（ask price）： 银行或其他金融机构愿意出售一定量标的货币所要求的价格。

4. 即期汇率的影响因素

（1）利率差异： **不同国家之间利率水平差异**会影响投资流向，进而影响货币需求和供给。

（2）经济数据： 就业数据、GDP 增长、通胀水平等经济指标会影响投资者对某个国家经济前景的看法。

（3）政治稳定性和经济政策： 政治事件、选举结果、中央银行政策调整等都可能导致投资者信心变化，进而影响货币价值。

（4）市场情绪： 全球事件、突发新闻等也会影响市场情绪和风险偏好，从而对即期汇率产生短期冲击。

实务拓展

在中国，即期汇率通常是指**中国人民银行在每个交易日公布的人民币对其他主要货币的中间价**，这个中间价作为指导性汇率，而实际交易中银行会根据市场供需状况报出买入价和卖出价。企业在进行外币交易或者编制财务报表时，一般采用**交易发生日的即期汇率或其近似汇率**将外币金额转换为记账本位币金额。

Spot Market　现货市场

同"Cash Market"。

Spot Price　即期价格

同"Cash Price"。

Spot Rate　即期利率

基础释义

即期利率是指在当前时刻，市场上对于**特定到期期限的借贷资金**所要求的即时利率。即期利率通常用作计算远期利率的基础，同时也是构建利率期限结构的重要组成部分。通过观察即期利率的变化，可以洞察市场对于未来利率走势的预期以及货币政策的效果。

概念详解

1. 即期利率的相关概念

（1）**远期利率（forward rate）**：远期利率是指**在未来某个时间点开始，并在更晚时间结束的贷款或投资**的预定利率。与即期利率相比，远期利率反映了市场参与者对未来特定时段内资金成本的预测和协议。

（2）**名义利率（nominal interest rate）**：名义利率是指没有考虑通货膨胀影响时借贷双方约定的利率。

（3）**真实利率（real interest rate）**：真实利率是指考虑了通货膨胀后的净效果，即名义利率减去通货膨胀率。

2. 即期利率的计算

计算特定到期日债券的即期收益往往需要通过解析该债券**价格与其现金流之间关系**得出。例如,在零息债券(不支付任何息票、仅在到期时支付面值和累积收益)情况下,计算相对简单;但对于常规付息债券,则需要更复杂的数学方法。

3. 即期利率的应用

在固定收益市场中,即期利率尤为重要,因为它们直接影响到债券、国库券等金融工具的定价和收益。即期利率通常用于构建所谓**"即期利率曲线"(spot curve)**,这是一个显示不同到期日债券即期收益率之间关系的图表。此曲线对于理解市场对未来经济状况的预测、评估不同期限投资机会以及进行风险管理等方面都有着重要作用。

实务拓展

在实际应用中,即期利率的具体含义可能因金融工具的不同而有所差异:

(1)在**货币市场**,即期利率通常指的是隔夜拆借利率,如美联储联邦基金利率(Fed Funds Rate)或伦敦银行同业拆借利率(LIBOR)。

(2)在**债券市场**,即期利率可以理解为**无风险的零息债券(zero-coupon bond)的到期收益率**。

(3)在**衍生品市场**,即期利率是用于确定**远期利率协议(Forward Rate Agreement, FRA)**或利率互换合约中未来某个期限内借款成本的参照利率。

Stakeholder 利益相关方

基础释义

利益相关方是指任何与一个组织(如企业、机构、项目或社区)有着直接或间接利益关系的个人、群体或实体。这些利益可能是经济上的、社会的、环境的、法律的或其他形式的利益。这些个体或团体依赖组织取得经济或其他方面的成功,同时组织也依赖他们来实现其经济目标。狭义的利益相关方特指与企业存在利益关系的各类主体。

概念详解

1. 常见的利益相关方

（1）投资者（investor）： 投资者包括股东和债权人，其中股东通常享有对公司重要事项（如董事会组成、合并及资产清算）进行表决的权利；而债权人则对公司的现金流拥有固定的优先请求权，这与股东的剩余请求权形成了鲜明对比。

（2）董事会（board of directors）： 董事会由股东选举产生，负责**雇佣首席执行官并监督公司及管理层的表现**，以保护股东利益；为了维护少数股东的利益，董事会通常包含独立董事，并且成员需要具备多样化的背景、专业知识和能力。

（3）管理层（management）： 管理层的任务是**确定和实施公司战略，并负责日常运营**；同时，管理层的薪酬结构设计目的在于防止人才流失，并确保管理者利益与股东及其他利益相关者利益的一致性。

（4）员工（employees）： 员工为公司提供生产商品和服务所需的劳动力和技能，并期望获得合理的薪酬、发展机会、工作保障以及安全健康的工作环境。此外，员工还可以通过股权参与计划（如利润分享、股份购买或股票期权）持有雇主的股份。

（5）顾客（customers）： 顾客期望公司的产品或服务能够满足他们的需求，价格合理且质量可靠。对于零售顾客而言，其忠诚度和满意度直接影响公司的收入和利润增长。

（6）供应商（suppliers）： 供应商为公司提供必要的原材料、中间商品以及外包服务，并作为短期债权人关注及时付款；长期来看，供应商与公司建立互利关系，双方共同致力于产品设计、培训和定制化等方面的合作。

（7）政府（governments）： 政府旨在促进其选民的利益并确保经济福祉，通过制定和执行相关法律法规来保证公司的合规性，并通过征税获取重要的财政收入来源。

2. 股东与利益相关方的区别

传统的公司治理理论认为，公司应服务于**股东（stockholder）**的利益，其他各方（如债权人、员工、顾客和社会）的利益仅在影响股东价值时才被考虑。

现代观点主张公司治理应当考虑到**所有利益相关方（stakeholders）的利益**，而不仅仅是股东。例如，环境、社会和治理（ESG）考虑应当成为董事会和管理层的目标之一。

> 💡 **老皮点拨**
>
> 利益相关方理论也面临一系列挑战，主要包括：
>
> **（1）多目标平衡的复杂性：** 同时追求多种目标可能导致难以平衡各方利益。
>
> **（2）非股东目标的定义与衡量：** 非股东目标的定义、衡量及平衡是另一大挑战。
>
> **（3）全球竞争力：** 若竞争对手不受类似约束，则可能在全球竞争中处于不利地位。
>
> **（4）ESG 标准的成本：** 遵守更高的 ESG 标准会直接增加成本。

Stand-Alone Derivative　独立衍生品

基础释义

> 独立衍生品是指**不嵌入其他金融工具中**，而是作为一个**独立存在的金融合约**进行交易的衍生产品。

概念详解

1. 独立衍生品的特点

（1）独立性： 独立衍生品**不依附于任何其他金融工具**，如债券、股票、贷款等，其价值和风险完全取决于合约本身所规定的条款以及标的资产的价格变动。

（2）标准化： 多数独立衍生品（如期货、期权等交易所交易的衍生品）具有标准化的合约规格，包括合约规模、交割日期、交割方式、**最小价格变动单位（tick size）** 等，便于在交易所集中交易，提高市场效率。

（3）流动性： 由于标准化和在交易所交易，独立衍生品通常具有较高的流动性，投资者可以较为容易地买入或卖出，调整风险敞口或实现投资策略。

（4）风险管理工具： 独立衍生品是金融市场中重要的风险管理工具，投资者和企业可以利用它们来对冲。

（5）投机与套利： 独立衍生品也为市场参与者提供了投机和套利的机会。投机者可以根据对市场走势的判断，通过买入或卖出衍生品合约来获取价差收益。套利者则寻找市场中暂时存在的不合理价格关系，通过同时进行买入和卖出操作来锁定无风险利润。

2. 独立衍生品的应用场景

（1）对冲策略： 企业、金融机构和个人投资者使用独立衍生品（如期货、期权、互换等）来对冲其在现货市场或其他投资组合中的风险（包括价格风险、利率风险、汇率风险、信用风险等）。例如，农业生产者通过卖出农产品期货来锁定未来销售价格，规避价格下跌风险，企业通过买入期货或期权合约来对冲原材料价格波动风险。

（2）资产配置与投资策略： 投资者利用独立衍生品实现多样化的投资策略，如方向性策略（看涨或看跌）、波动率策略、套利策略等。独立衍生品提供了杠杆效应和灵活的交易结构，有助于投资者构建复杂的投资组合以追求特定风险收益目标。

（3）市场参与与流动性提供： 做市商和交易商积极参与独立衍生品市场，为市场提供流动性，通过买卖价差赚取收益。他们的参与有助于维持市场秩序，确保价格发现和风险管理功能的有效运行。

（4）宏观对冲与政策干预： 中央银行、主权财富基金等大型机构可能使用独立衍生品进行宏观对冲，或在特定情况下进行市场干预，以实现宏观经济稳定或政策目标。

> 💡 **老皮点拨**
>
> 　　独立衍生品与嵌入式衍生品对应，**嵌入式衍生品（embedded derivative）** 是指嵌入在其他金融工具（如债券、贷款、存款、结构性产品等）中的衍生产品，其特性通常**与基础金融工具的现金流或支付结构相关联**，如可转换债券中的转股权、浮动利率债券中的利率调整条款、股权联结存款中的股票挂钩收益等。嵌入式衍生品的价值和风险往往与基础金融工具的表现以及标的资产价格紧密相关。

S

Static Trade-Off Theory of Capital Structure
资本结构静态权衡理论

基础释义

资本结构静态权衡理论是指综合考虑税盾效应（即债务融资带来的利息可以降低纳税基础进而省税的效应）和财务困境成本并进行权衡以获得使得企业价值最大化的资本结构的理论。资本结构静态权衡理论试图克服 Modigliani-Miller 定理（MM 定理）的理想化假设，尤其是关于无税、无破产成本和完美资本市场的假设，是更加贴合真实情况的一种资本结构理论。

概念详解

1. 资本结构静态权衡理论的表达式

$$V_L = V_U + tD - PV(\text{Costs of financial distress})$$

其中，

-V_L 代表有杠杆公司的价值

-V_U 代表无杠杆公司的价值，即全股本融资时的价值

-t 代表公司所得税税率

-D 代表企业的债务额

-PV(Costs of financial distress) 代表预期破产或财务困境成本的现值

2. 资本结构静态权衡理论的核心概念

2.1 税盾（Tax Shield）

由于债务利息通常可以税前扣除，企业通过举债可以获得税收优惠，即所谓"税盾"。这降低了企业的实际债务成本，增加了企业价值。

2.2 财务困境成本（Costs of Financial Distress）

企业负债过高，可能面临财务困境甚至破产风险，这会带来直接的法律和重组费用，以及间接的客户流失、供应商关系破坏和品牌价值受损等成本。

3. 资本结构静态权衡理论的图像

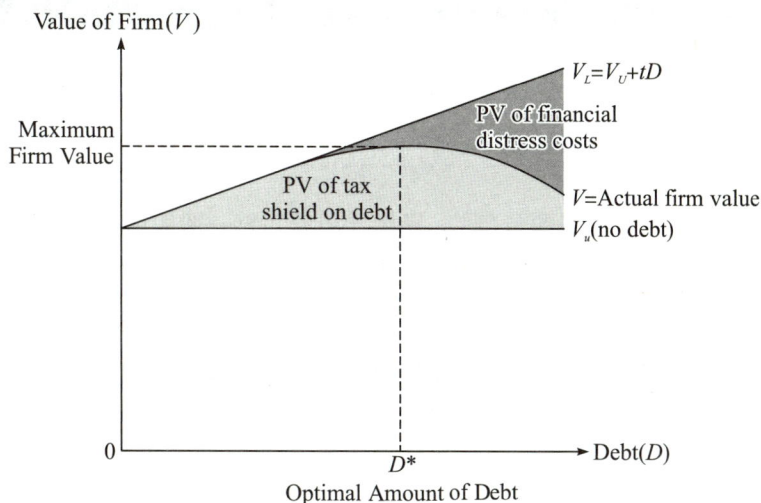

企业债务与企业价值之间的关系

4. 资本结构静态权衡理论的结论

根据静态权衡理论，企业经理在选择最优资本结构时，会在寻求**债务税盾利益最大化**的同时，**将财务困境成本控制在最低水平**。理论上存在一个最优的债务水平，在这一点上，税盾利益与增加的财务困境成本相等，从而实现企业价值的最大化。

5. 资本结构静态权衡理论的局限性

在实际操作中，找到最优债务水平非常困难，因为财务困境成本难以精确量化，且受到市场条件、企业特质和管理层预期等多种因素的影响。此外，理论还忽略了其他因素，如**代理成本（管理者和股东之间的利益冲突）**、**信息不对称问题、债务契约限制**等，这些都是现代资本结构理论（如动态权衡理论）进一步探讨的内容。

Stock Split　股票拆分

基础释义

　　　　股票拆分又称"股票分割"，是指上市公司将一股股票拆分为多股的行为。股票拆分会降低**每股股票的市场价格**，增加股票的流动性，吸引更多的投资者，尤其是中小投资者参与买卖。在拆分过程中，公司的总股本会相应增加，但每股股票的面值变小，每位股东的持股总量相应增加，但他们的总体持股价值以及在公司中的持股比例在拆分前后保持不变。

概念详解

1. 股票拆分的具体操作

　　在股票拆分中，公司会按照预定的比例将现有的股票分成更多股，常见的拆分比例有 2 ：1、3 ：1、5 ：1 等，这意味着每持有 1 股的股东会获得额外的 1 股、2 股或更多股股票，同时每股股票的市场价格会相应地下调。例如，如果一家公司宣布 2 ：1 的股票拆分，原价每股 100 美元的股票，在拆分后每股价格将调整为 50 美元，但每位股东的持股总数会翻倍。

2. 股票拆分的作用

　　（1）提高股票的流动性： 通过降低股票价格，可以使股票对小额投资者更具吸引力，增加交易量和流动性。

　　（2）增强股票的市场吸引力： 更低的股价可以让更多投资者有能力购买，从而可能扩大股东基础，并且更容易符合某些指数基金的纳入标准。

　　（3）提升股票的交易活跃度： 拆分后股票数量的增加可以促进股票的交易，提高市场关注度。

　　（4）传递正面信号： 虽然股票拆分本身并不改变公司基本面，但通常被视为公司对未来增长有信心的象征。

Stop-Loss Order　止损订单

基础释义

止损订单是指当市场达到或突破预设的止损价格时，止损订单自动转化为市价订单或限价订单，以执行平仓操作，帮助投资者及时离场的一种特殊交易指令。止损订单是停止订单的一种特定类型，它是一种风险管理工具，用于限制投资者在交易过程中的潜在损失。

概念详解

止损订单的类型

（1）按照生效后的交易方向分类。

① **止损卖出订单（stop sell order）**：当市场达到或跌破预设的止损价格时，该订单自动转化为市价或限价卖出订单，旨在限制投资者在持有资产价格下跌时的损失。

② **止损买入订单（stop buy order）**：当市场达到或涨穿预设的止损价格时，该订单自动转化为市价或限价买入订单，旨在限制投资者在做空后由于价格上涨导致的损失。

（2）按照生效后的成交条件分类。

① **市价止损订单（market stop-loss order）**：当止损价格触发后，订单立即转化为市价订单，以当前市场可获得的最佳价格执行。市价止损订单执行速度快，但可能面临**价格滑点风险（price slippage risk）**。

② **限价止损订单（limit stop-loss order）**：当止损价格触发后，订单转化为限价订单，仅在限价或更好的价格下执行。限价止损订单执行速度可能较慢，但可以控制最大成交价格，避免价格大幅波动时的不利成交。

S

> 💡 **老皮点拨**
>
> 我们可以通过两个具体的情景进一步体会止损单的作用。
>
> **情景一：多头平仓-止损。**
>
> 对于价格波动较大的标的，投资者可通过**设置停止价格低于多头头寸建仓价的停止并卖出订单来限制潜在损失**。一旦市场价格触及预设的停止价格，订单将自动转化为卖出订单，帮助投资者及时止损离场。
>
> 假设某投资者在 $100 建仓买入资产，决定最大可承受的跌幅是 $45，那么其可以在 $55 的价位设置一个停止并卖出的止损订单（stop-loss sell order），如果股票价格下跌至或跌破 $55，系统会以当时的市场价格或限定的价格卖出股票，限制损失进一步扩大。
>
> **情景二：空头平仓-止损。**
>
> 对于价格波动较大的标的，投资者可通过**设置停止价格高于空头头寸建仓价的停止并买入订单来限制潜在损失**。一旦市场价格触及预设的停止价格，订单将自动转化为买入订单，帮助投资者及时止损离场。
>
> 假设某投资者在 $70 的价位建立了某只股票的空头头寸，如果你的最大可承受亏损为 $15，则此时可以设置一个价位为 $85 的停止并买入订单（stop-loss buy order），一旦股票价格上涨至 $85 或以上，系统将会自动买入相应股票或期货合约来关闭空头头寸，从而防止亏损进一步扩大。

Stop Order   停止订单

基础释义

> 停止订单是指要求交易者在市场达到特定价格时，自动转化为市价订单或限价订单，以执行买卖操作的一种特殊交易指令。停止订单主要用于突破交易策略及风险管理，帮助投资者在市场达到预设的价格水平时，入场做多或做空，实现趋势盈利，或触发止损或止盈操作，限制潜在损失或锁定盈利。

概念详解

停止订单的类型

（1）按照生效后的交易方向分类。

①停止并卖出订单（stop sell order）：当市场**达到或跌破预设的停止价格时**，该订单自动转化为市价或限价卖出订单，旨在限制投资者在持有资产价格下跌时的损失。常用于多头头寸风险控制，设置止损点位。

②停止并买入订单（stop buy order）：当市场**达到或升破预设的停止价格时**，该订单自动转化为市价或限价买入订单，通常用于追踪市场上涨趋势（突破交易策略），或在空头头寸中设定回补价格进行止损。

（2）按照生效后对于成交价格的要求分类。

①停止市价订单（stop market order）：当停止价格触发后，订单立即转化为市价订单，**以当前市场可获得的最佳价格执行**。执行速度快，但可能面临**价格滑点风险（price slippage risk）**。

②停止限价订单（stop limit order）：当停止价格触发后，订单转化为限价订单，**仅在限价或更好的价格下执行**。执行速度可能较慢，但可以控制最大成交价格，避免价格大幅波动时的不利成交。

> 💡 **老皮点拨**
>
> 停止订单可用于趋势交易、止盈止损等多个场景，示例如下：
>
> **（1）多头建仓-多方向上突破交易策略：** 交易者可以使用**停止并买入订单**来捕捉**市场突破信号**。当价格突破**关键阻力位**时，停止并买入订单生效并建仓买入标的资产。
>
> 假设某投资者正在关注一只股票，价格一直在 $50 到 $55 之间横盘整理，其认为如果价格能有效向上突破 $55，则有可能开启一波上涨趋势，于是设置一个价位为 $55.50 的停止并买入订单，这意味着只要当股票价格上涨并触及或超过 $55.50 时，就会以市价或者指定限价买入股票。这样做的好处是，无须实时监控市场，只要价格符合你的突破条件，就会触发买入操作，进而及时入场跟随上涨趋势获得盈利。
>
> **（2）空头平仓-止盈：** 对于已有浮盈的空头头寸，投资者可以设置**停止并买入订单**来锁定部分或全部利润。一旦市场价格触及预设的停止价格，订单将自动转化为买入订单，将资产以有利价格买回，用于后续的还券。

S

假设某投资者在 $50 价位建立了某只股票的空头头寸，并期望一旦价格下跌至 $30 就获得满意的回报，此时可以设置一个价位为 $30 停止并买入订单（stop buy order），当股票价格触及或跌破 $30 时，系统将自动为你平仓，实现盈利。

Straight Voting Share Structure　直线投票股权结构

基础释义

直线投票股权结构是指每个股东依据其所持有的股份数量获得相应数量的投票权，遵循"一股一票"原则的一种投票权结构。这意味着，无论股东是公司内部人士还是外部公众投资者，每股股票都赋予其相等的投票权利，使所有股东在公司决策过程中具有平等的话语权。

概念详解

直线投票股权结构的特点

（1）平等原则： 每位股东的投票影响力与其持股比例直接相关，确保了股东之间的投票权力是平等且直接对应的，有利于维护股东民主、平等地参与公司治理。

（2）透明度与公平性： 该结构提高了公司治理的透明度，因为所有股东的投票权重公开透明，有助于减少管理层滥用权力的可能性，保护中小股东利益。

（3）决策效率： 在直线投票结构下，决策过程可能更为直接和高效，因为不需要复杂的投票权计算，特别是在涉及股东投票的常规事项上。

老皮点拨

与直线投票股权结构形成鲜明对比的是**双重股权结构（dual-class share structure）**，后者通过设立不同投票权的股票类别，通常给予公司创始人、管理层或特定股东高于普通股东的投票权。这意味着，即便持有公司较少比例的特殊股票，这些内部人士也能保持对公司的控制权。这种结构可能引起股东之间的利益冲突，特别是当内部人士的决策不完全符合普通公众股东的最佳利益时。

Stranded Asset　搁浅资产

基础释义

搁浅资产是指由于经济、技术、法律、环境或市场条件的变化，导致资产的价值大幅缩水，甚至变得无用或不再具有经济可行性的资产。这类资产通常无法在合理的价格下出售或继续使用，从而给其所有者造成经济损失。搁浅资产的概念常与能源转型、气候变化政策、技术革新和消费者偏好变化等宏观趋势紧密相关。

概念详解

搁浅资产的成因

（1）政策与法律变化： 以煤炭公司为例，若政府出台更严格的环保法规或碳排放限制，导致煤炭需求骤减，煤炭储备和相关设施可能迅速贬值，成为搁浅资产。

（2）技术进步： 技术革新，比如新能源技术的成本下降和效率提升，可使传统能源生产方式（如化石燃料发电厂）迅速过时，变成搁浅资产。

（3）市场需求变化： 消费者偏好的变化或新市场的出现也可能导致某些产品或服务的需求急剧下降，从而使依赖这些需求的资产失去价值，例如随着数字化转型，实体零售空间可能变为搁浅资产。

（4）资源枯竭或环境限制： 自然资源的过度开采导致资源枯竭，或因环境保护要求限制开采，使得相关资产无法继续产生经济价值。

S

Sum-of-the-Parts Valuation　分类加总估值法

基础释义

分类加总估值法是指**通过单独评估公司内部每一个业务部门或资产的价值，然后将这些价值加总**，来确定整个公司的总体价值的一种估值方法。分类加总估值法主要应用于多元化控股公司或者拥有多个业务部门、子公司和投资组合的公司，其基本理念是：公司的整体价值可能并不简单等同于其作为一个统一运营实体的价值，而是应当基于其构成部分的独立市场价值来确定。

概念详解

1. 分类加总估值法的具体步骤

（1）识别和划分业务单元：将公司分割成不同的业务单元或资产组合，每个单元可能是一个独立的子公司、业务部门或投资。

（2）选择合适的估值方法：对于每个业务单元或资产，选择最合适的估值技术。这可能包括贴现现金流分析（DCF）、市盈率倍数法（P/E）、市净率倍数法（P/B）、市销率倍数法（P/S）或者其他行业特定的估值方法。

（3）估值计算：对每个单元进行独立估值，计算其公允市场价值。这一步骤可能需要考虑市场数据、历史财务表现、未来增长预测、风险因素等。

（4）加总与调整：将所有业务单元或资产的估值加总，得到初步的公司总价值。在此基础上，可能还需要进行调整，考虑协同效应、管理费用分摊、公司结构成本等因素，以及可能存在的控股权或少数股权折价/溢价。

（5）得出结论：最后，比较加总后的估值与公司当前的市场资本化或企业价值，分析是否存在低估或高估的情况，从而为投资者提供买卖决策的依据。

2. 分类加总估值法的应用场景

（1）多元化公司：特别适合那些业务多元化，各业务间关联性较弱，或市场对其不同业务板块估值存在差异的公司。

（2）资产重组评估：在公司拟剥离或收购某些业务单元时，用来评估剥离或收购的合理性及价格。

（3）投资分析：对于投资控股公司，分析人员可以使用此方法来评估其投资组合中各项资产的实际价值。

Supply Chain　供应链

基础释义

供应链是指跨越不同企业和组织界限的，**从原材料供应商开始，贯穿生产、加工制造、组装、仓储、物流运输、分销等多个环节，直至最终产品交付给终端消费者**的全部活动、参与者及其信息流、物流和资金流的集成系统。与企业内部导向的**价值链**相比，供应链不仅包括企业内部的活动，还涉及企业外部的多个合作伙伴和供应商，共同协作完成产品从原材料到成品再到消费者的整个流动过程。

概念详解

供应链的关键特征

（1）范围广：供应链覆盖了从**上游原材料供应商**到**下游零售商或终端客户**的每一个环节，涉及供应商、制造商、分销商、零售商以及物流服务提供商等多个主体。

（2）跨企业合作：强调**不同企业间的协同合作**，通过信息共享、流程协调来优化整体效率和响应速度，减少库存、降低成本，提升客户满意度。

（3）信息流、物流与资金流：供应链管理不仅要确保物理产品的高效流动（物流），还要管理与产品流动相关的数据和信息（信息流），以及伴随产品流动的资金转移（资金流）。

（4）灵活性与响应性：现代供应链强调灵活性和快速响应市场变化的能力，通过先进的信息技术（如物联网、云计算、大数据分析）来提升供应链的透明度和可控性。

（5）可持续性：随着社会对环保和企业社会责任的关注增加，可持续供应链管理也成为重要议题，强调在供应链运营中考虑环境保护、社会责任和经济效益的平衡。

> 💡 **老皮点拨**
>
> 供应链经常容易与**价值链（supply chain）**的概念混淆，我们通过两个示例来区分这 2 个概念。

S

（1）价值链示例： 苹果公司的研发、设计、营销、售后服务等内部活动构成其价值链。

（2）供应链示例： 苹果公司的供应链包括全球各地的零部件供应商（如芯片制造商、显示屏供应商）、代工厂（如富士康）、物流服务提供商、分销商，以及最终的零售商店和在线销售渠道。所有这些环节共同协作，确保 iPhone 等产品从产品设计最终交付到消费者手中的全过程平稳运行。

Swap　互换

基础释义

互换是指两方或多方在约定的时间段内，按照预先设定的规则，**交换一系列现金流或资产**的衍生品合约。互换合约旨在帮助参与方管理风险、调整资产负债结构、降低成本或实现特定投资策略。这些现金流或资产的交换基于不同的基础变量，如利率、汇率、大宗商品价格、股票价格等。

概念详解

1. 互换的常见类型

（1）利率互换（interest rate swap）： 双方同意交换两种不同利率（如固定利率与浮动利率）产生的现金流。一方支付固定利率，另一方支付浮动利率，**本金通常不交换**。

（2）货币互换（currency swap）： 双方同意在一定期限内，按照约定的汇率，定期交换两种不同货币的本金和利息。本金在期初和期末交换两次，利息在约定的付息日定期交换。

（3）大宗商品互换（commodity swap）： 双方同意交换与某种大宗商品价格挂钩的现金流。一方支付固定价格的现金流，另一方支付浮动价格（基于大宗商品市场价格）的现金流，通常不涉及实物商品的交割。

（4）权益互换（equity swap）： 双方或多方在约定的期限内，交换与股票、股票指数或其他权益类资产价值挂钩的现金流，但是不涉及实际权益资产所有权的转移。

2. 互换的应用

（1）风险管理： 通过互换，参与者可以调整其面临的利率、汇率、大宗商品价格等风险敞口，达到风险对冲的目的。

（2）资产负债管理： 企业可通过互换调整资产负债表中的货币结构、利率敏感性等，优化财务成本或使自身符合监管要求。

（3）成本优化： 通过互换获取更优惠的融资成本或利用市场套利机会降低成本。

（4）投资策略： 投资者利用互换构造特定的投资组合，实现预期收益或风险暴露。

3. 互换的交易流程

一笔互换交易的完整步骤包括：

（1）达成协议： 参与方就互换的类型、期限、规模、定价参数、支付日期、违约条款等细节进行协商，达成一致后签订书面合约。

（2）初始确认与估值： 双方根据市场条件对互换合约进行初始确认和估值，确定各自的期初权益和后续的会计处理。

（3）现金流支付： 在合约期限内，双方按照约定的时间表和规则，进行现金流的交换。通常由一方的结算代理或中央对手方负责结算。

（4）盯市与保证金管理： 对于场外互换，双方或由第三方进行定期的**盯市**（**mark-to-market**），根据市场变化调整互换价值，并可能要求支付保证金以覆盖潜在风险。

（5）合约终止： 互换到期时，双方完成最后的现金流交换，合约结束。也可在到期前通过协议提前终止或通过市场交易对冲解除合约。

4. 互换市场的监管

互换交易主要在场外（OTC）衍生品市场进行，由交易双方直接协商达成。近年来，部分标准化互换开始在交易所上市交易，提供更高的透明度和流动性。互换市场受到各国金融监管机构的严格监管，包括交易报告、保证金要求、中央对手方清算、资本充足率等。

S

Swap Contract 互换合约

同"Swap"。

Synergy 协同效应

基础释义

协同效应是指在**企业合并、收购、合作或重组**等情况下，两个或多个组织结合后所能产生的额外价值或效益，这种效益超过各个独立组织价值的简单相加。换句话说，协同效应体现的是"整体大于部分之和"的原则，是企业追求整合优势的核心动因之一。

概念详解

协同效应的类型

（1）成本协同效应（cost synergies）：成本协同主要通过**规模经济（economies of scale）** 实现，指的是随着企业规模的扩大，单位成本降低。例如，合并后的企业可以消除重复的职能部门，整合为单一的管理层团队、集中化的支持部门，从而减少管理费用。在生产和分销环节，若双方产品和客户群体相似，整合供应链和物流网络可以提高产能利用率和配送效率，进一步降低成本。

（2）收入协同效应（revenue synergies）：收入协同则通常通过**范围经济（economies of scope）** 来达成，意味着企业通过多样化的产品或服务组合，能够更有效地进入新市场、增加销售机会或增强议价能力。例如，一家银行收购保险公司后，可以向现有银行客户推销保险产品，实现交叉销售，增加收入来源，同时因提供一站式服务而增强了客户黏性。此外，协同效应还能帮助企业开拓国际市场，利用已有的品牌、渠道和客户基础，快速扩大市场份额。

老皮点拨

除了直接的**财务协同效应**外，企业合并还可能带来战略协同和资源获取上的优势。通过并购成长型企业，企业可以快速提升自身的技术能力、品牌影响力或市场地位。跨国并购尤其能为企业打开新的市场通道，利用全球化的资源和人才库，特别是在市场开放和私有化进程中的机遇，企业能获取新的生产设施，拓展国际业务，提升全球竞争力。

Systematic Risk　系统性风险

基础释义

> 系统性风险又称**"不可分散风险"**（non-diversifiable risk），是指影响**整个市场或市场中大多数资产**的普遍性风险因素，这类风险不能通过资产组合的多元化投资策略来完全消除。系统性风险源于宏观经济、政治、社会或自然环境的变化，影响广泛，涉及所有行业和市场参与者。

概念详解

1. 系统性风险的特点

(1) 普遍性： 系统性风险影响市场上所有的资产，无论资产种类、地理位置或行业类别。

(2) 不可分散： 由于这类风险影响全局，即使投资者投资于不同的资产类别、地域或行业，也无法完全避免其影响。

(3) 来源多样： 系统性风险的来源包括但不限于经济增长放缓、通货膨胀、利率变动、货币政策调整、政治不稳定、战争、自然灾害等。

(4) 影响预期收益： 系统性风险直接影响到市场的总体预期收益水平，增加资产价格的波动性。

(5) 衡量指标： β 系数常用来衡量特定资产或投资组合相对于市场整体波动性的敏感度，即系统性风险的大小。$\beta>1$ 表示资产的波动性大于市场平均水平，$\beta=1$ 表示与市场一致，$\beta<1$ 则表示资产的波动性小于市场。

2. 常见的系统性风险

(1) 利率风险（interest rate risk）： 利率风险是指**市场利率变动**对投资组合价值的影响。利率上升可能导致债券价格下跌，而利率下降则可能推高债券价格。这种风险影响整个市场的固定收益证券，无法通过分散投资来消除。

(2) 通货膨胀风险（inflation risk）： 通货膨胀风险是指物价普遍上涨导致货币购买力下降的风险。高通胀会侵蚀固定收益投资的实际回报，影响所有持有固定收益资产的投资者。这种风险同样无法通过分散投资来避免。

(3) 经济周期风险（economic cycle risk）： 经济周期风险是指**经济扩张和**

S

收缩周期对市场的影响。经济衰退期间，企业盈利下降，股票市场表现疲软；而在经济复苏和繁荣期，市场表现通常较好。这种风险影响整个市场的资产类别，无法通过分散投资来完全消除。

（4）政治不确定性风险（political uncertainty risk）： 政治不确定性风险是指**政治事件或政策变化**对市场的影响。例如，选举结果、政策变动、国际关系紧张等都可能导致市场波动。这种风险具有高度的不可预测性，影响整个市场的投资情绪和信心。

（5）自然灾害风险（natural disaster risk）： 自然灾害风险是指大规模自然灾害（如地震、飓风、洪水等）对市场的影响。这些事件可能导致供应链中断、生产停滞、财产损失等，进而影响企业盈利和市场表现。这种风险具有突发性和广泛性，影响整个市场。

（6）市场流动性风险（market liquidity risk）： 市场流动性风险是指**市场中买卖双方匹配困难，导致资产难以快速变现**的风险。在市场动荡或极端情况下，流动性风险会显著增加，影响所有市场参与者。

（7）宏观经济政策风险（macroeconomic policy risk）： 宏观经济政策风险是指政府和中央银行的政策变化对市场的影响。例如，货币政策的紧缩或宽松、财政政策的调整等都可能引起市场波动。这种风险影响整个市场的预期和行为。——

3. 系统性风险的应对策略

（1）对冲： 通过衍生品（如期货、期权、掉期）进行对冲，以锁定价格或利率，减少不利市场变动的影响。

（2）动态资产配置： 根据市场环境的变化灵活调整资产配置，比如在预期市场下跌前增加现金或债券比例。

（3）长期投资： 长期持有策略可以帮助投资者穿越短期市场波动，利用市场的长期增长趋势。

（4）多元化： 虽然不能消除系统性风险，但多元化仍然可以减少特定资产或行业特有的非系统性风险，提高投资组合的整体稳定性。

Target Capital Structure　目标资本结构

基础释义

目标资本结构是指企业管理层基于公司战略、财务目标、市场状况及成本效益分析，所设定的**理想的资本结构比例**，旨在**最大化企业价值和股东财富**，同时保持财务健康和灵活性。这一结构反映了企业希望维持的债务与股权融资之间的最优平衡点，通常用以指导公司的融资决策和资本管理。

概念详解

1. 目标资本结构与实际资本结构产生差异的原因

（1）短期融资机会利用： 管理层可能会抓住特定融资渠道的有利时机，比如在债务成本低廉且市场需求旺盛时增加借贷，导致实际资本结构偏离目标。

（2）市场价值波动： 公司债务和股权证券的市场价值变动，可能使实际资本结构偏离既定目标。

（3）交易成本与最小交易规模： 频繁调整资本结构至精确数值在实践中不切实际，因为每次融资都会伴随交易成本，且市场可能有最低融资额度的要求。

2. 目标资本结构的表达方式及原因

尽管在计算**加权平均资本成本（WACC）**时通常使用市场价值（market value），目标资本结构却常依据**账面价值（book value）**来表述，主要原因包括：

（1）市场价值波动性： 市场价值的大幅波动通常不影响借贷的适宜水平。股价快速上涨的公司可能选择增发股票而非增加债务，以维持预定的债务对股权比率。

（2）管理层视角： 管理层更关心公司投入的资本量和类型，即如何为运营资本和资本项目融资，这与股东（基于市价投资寻求回报）的视角不同。

（3）第三方评价标准一致性： 银行、债务投资者及信用评级机构倾向于使用账面价值作为评估指标，因此企业设置目标资本结构时会考虑这一外部评价标准。

3. 目标资本结构的获取方式

3.1 情形 1：公司管理层披露了目标资本结构

当公司管理层直接披露了目标资本结构时，估值人员或分析师可以直接使用以计算 WACC 等估值参数。

T

3.2 情形 2：公司管理层未披露目标资本结构

当公司管理层未披露目标资本结构时，一般采用以下几种方法对目标资本结构进行估计：

（1）假设公司**当前的资本结构，以其市场价值权重表示的各组成部分**，即代表了公司的目标资本结构。这种方法认为公司当前的融资状况反映了其理想的资本结构状态。

（2）分析**资本结构的趋势**或**管理层关于资本结构政策的声明**，从中推断出公司的目标资本结构。分析师会考察公司过去如何调整其债务与股权的比例，以及管理层公开表达的关于未来融资计划的观点，以推测其理想的资金构成。

（3）利用**可比公司资本结构的平均值**作为目标。这意味着分析师会参考行业内相似企业的资本结构数据，计算它们的平均债务与股权比例，以此作为待评估公司目标资本结构的一个合理估计。

> **实务拓展**
>
> 尽管目标资本结构常用账面价值表述，管理层依然密切关注现有债务和股权的市场价格及市场利率变动，以便判断最佳融资时机、融资规模及融资方式，确保资本结构策略的灵活性和有效性。一般来说，企业会设定一个资本结构的适宜区间（如债务占比 30% ～ 50%），而非一个固定比例，以适应市场变化和抓住机遇。

Tax Base　计税基础

基础释义

> 计税基础是指在计算应纳税所得额或者应纳税额时，根据税法规定所依据的基数。计税基础的概念广泛应用于所得税、增值税、财产税等多个税种的计算中，但其具体含义和应用会根据不同的税种有所差异。

概念详解

1. 计税基础的类型

1.1 资产的计税基础（Tax Base of Asset）

资产的计税基础是指**在资产未来使用或处置过程中，按照税法规定允许在计算应纳税所得额时从应税经济利益中扣除的金额**。简而言之，它代表了企业在未来可因该资产产生的经济利益减少应税所得的额度。资产的计税基础通常是其根据税法要求计量的历史成本减去已提折旧、摊销及任何已确认的资产减值损失后的金额。

1.2 负债的计税基础（Tax Base of Liability）

负债的计税基础是指**负债的账面价值**减去**未来期间按照税法规定可以在计算应纳税所得额时予以扣除的金额**。换言之，它是企业在未来偿还负债时，按照税法可从应税所得中减少的那部分负债价值。在大多数情况下，如果负债的未来可抵扣金额与账面价值相同，则其计税基础等于账面价值；如果有部分负债未来不能税前扣除（如罚款和罚息），则计税基础会高于账面价值。

2. 计税基础的意义

计税基础对于确定应纳税所得额至关重要，因为它界定了税前扣除的上限，直接影响企业的所得税负担。在资产处置或负债清偿时，计税基础与实际处理价值之间的差额可能会产生应税收益或可抵扣损失，从而影响所得税费用。此外，计税基础与财务报表上的账面价值之间的差异还需要进行纳税调整，以确保财务报告与税法要求的一致性。

Tax-Deferred Account　税收递延账户

基础释义

税收递延账户是指允许账户持有人将一部分收入存入该账户而**暂时不需要缴纳所得税**，直到将来某个时间点（通常是取出资金时），账户内的资金及其增长才会被征税的一种特殊金融账户。这种账户的设计旨在鼓励个人为长期目标，特别是为退休储蓄，通过延迟缴税来增加资本积累的潜力。

T

概念详解

税收递延账户的特点

（1）延迟纳税： 账户内的投资收益（如利息、股息、资本增值）在账户内累积时无须即时纳税，这有助于资金复利增长，因为通常情况下复利的速度会更快。

（2）退休储蓄激励： 最典型的税收递延账户如美国的 401(k)、个人退休账户，以及其他国家的类似养老金计划，都是为了鼓励个人为退休生活做准备。

（3）适用税率变化： 递延至退休后纳税，个人可能处于较低的税率档次，尤其是在工作收入停止后，整体应税所得下降的情况下。

（4）强制储蓄： 某些情况下，如雇主匹配的 401(k) 计划，还能鼓励定期储蓄并享受额外的雇主供款。

> **实务拓展**
>
> 税收递延账户也存在限制，比如提取规则（早提可能会面临罚款和税收惩罚）、年度供款限额，以及必须在特定年龄开始提取等。

Tax-Exempt Account　免税账户

基础释义

> 免税账户是指账户内的**投资增长或收益**在符合特定条件的情形下**免于征收所得税**的一种特殊类型的投资或储蓄账户。设立免税账户的主要目的是鼓励储蓄、教育投资或为退休生活做准备。

概念详解

常见的免税账户类型

（1）个人退休账户： 这类账户鼓励个人为退休生活储蓄，允许税前存款，即存款时不需立即缴税，而在提取时按照当时税率纳税。

（2）教育储蓄账户（如美国的 529 计划、加拿大的 RESP）： 教育储蓄账户专为子女或本人未来的教育费用设立，账户内的投资增长免税，提取时若用于合格的教育支出也不需缴税。

（3）健康储蓄账户（HSA）： 健康储蓄账户为个人及其家庭的医疗费用储蓄，存入金额可抵税，增值免税，且提取时用于支付医疗费用也是免税的。

（4）政府债券： 某些国家发行的特定债券，如美国的市政债券，在某些情况下，其利息收入可以免于联邦所得税，有时甚至也免州和地方税。

> **实务拓展**
>
> 免税账户的优势在于能够帮助投资者减少税负，提高资金的累积效率。然而，这些账户通常会有关于**资金用途、存取限制以及年度贡献限额**的规定，投资者在使用时需遵守相关规定，以维持其免税状态。

Taxable Account　应税账户

基础释义

> 应税账户是指**资金增长（如利息、股息、资本利得）** 通常需要根据国家的税法规定缴纳所得税的一种投资或存款账户。在应税账户中，投资者购买和出售股票、债券、共同基金等投资产品所产生的盈利，都需要计入其应税所得中。

概念详解

应税收入的类型

（1）利息收入（interest income）： 如储蓄账户的利息、债券的票息等，通常按普通收入税率征税。

（2）股息收入（dividend income）： 股票分红可能按普通税率或优惠的合格股息税率征税，这取决于股息的类型及持有期。

（3）资本利得（capital gain）： 出售投资资产（如股票、房产）所获得的价格高于其买入价格的部分，视持有期限长短分别按长期或短期资本利得税率征税。

老皮点拨

与应税账户相对的是**免税账户（如个人退休账户、教育储蓄账户等）**，在这些账户内的投资增长在符合条件的情况下可以延迟纳税或免于纳税。

实务拓展

投资者在应税账户中的交易需要自行跟踪并上报给税务机关，以便在每年的报税季节计算并缴纳相应的税款。因此，管理应税账户时，投资者往往会考虑税收影响来优化其投资策略，比如利用**税收损失收割（tax loss harvesting）**、选择税收效率高的投资产品等方法来减轻税负。

Taxable Temporary Difference 应纳税暂时性差异

基础释义

应纳税暂时性差异是指在会计处理与税务处理之间，由于资产或负债的账面价值与计税基础之间的差异，**在未来期间内将导致应纳税所得额增加**的情况。具体来说，当资产的账面价值超过其税基，或者负债的税基超过其账面价值时，就会产生应纳税暂时性差异，从而形成递延所得税负债。

概念详解

1. 应纳税暂时性差异的类型

（1）资产的应纳税暂时性差异：当一项资产的账面价值大于其税基时，会产生应纳税暂时性差异。这意味着在未来期间内，该资产的回收或处置将增加应纳税所得额。

（2）负债的应纳税暂时性差异：当一项负债的税基大于其账面价值时，也会产生应纳税暂时性差异。这意味着在未来期间内，该负债的清偿将导致应纳税所得额的增加。

2. 应纳税暂时性差异的会计处理

根据《国际财务报告准则》（IFRS）和《美国公认会计原则》（GAAP），应纳税暂时性差异的存在通常需要确认**递延所得税负债（Deferred Tax Liability, DTL）**，除非企业有足够的证据表明未来没有足够的应税所得来抵消这部分差异。同时，企业需要在利润表中记录相关的递延所得税费用或收益。

递延所得税负债的金额通常是根据**预期税率**计算得出的，反映了未来期间内应纳税暂时性差异对所得税的影响。如果未来税率预计将发生变化，递延所得税负债的金额应相应调整。

老皮点拨

我们可以通过 2 个案例来加深对应纳税暂时性差异的理解：

（1）资产相关的案例： 如果一家公司在会计处理中采用加速折旧法（如双倍余额递减法），而在税务处理中采用直线折旧法，那么在初始几年内，固定资产的账面价值将低于其税基，从而形成应纳税暂时性差异。随着时间的推移，固定资产的账面价值逐渐接近其税基，应纳税暂时性差异将逐步逆转，递延所得税负债也将随之减少。

（2）负债相关的案例： 假设一家公司有一笔应付账款，其账面价值为 50 万元，但根据税法规定，这笔负债的税基为 30 万元。这意味着在未来期间内，当公司偿还这笔应付账款时，将会产生 20 万元的应纳税所得额，从而形成递延所得税负债。

Technical Analysis　技术分析

基础释义

技术分析是指通过研究**市场历史数据，特别是价格和成交量**，来预测金融资产未来价格走势的一种分析方法。与基本面分析关注公司或资产的基本经济状况不同，技术分析侧重于市场价格行为、图表模式和指标，以识别趋势、支撑位、阻力位以及其他可交易的信号。

概念详解

1. 技术分析的基本假设

1.1 市场行为包含一切信息

这一假设认为，资产的市场价格反映了所有已知的和可获得的信息，包括基本面因素、市场情绪、政治经济事件等。换句话说，市场价格是**所有市场参与者基于可用信息做出买卖决策的结果**，因此研究价格走势本身足以预测未来价格变动，无须单独分析每个影响价格的具体因素。

1.2 价格以趋势方式演变

技术分析认为，市场价格倾向于呈现出趋势性运动，即**一旦形成上升或下降的趋势，就很可能持续一段时间**。识别并跟随这些趋势是技术分析的核心任务之一。通过分析图表形态和趋势线，技术分析师试图在趋势早期阶段发现并利用这些趋势以获取利润。

1.3 历史会重演

这一假设指出，市场价格的变动虽然不会简单重复，但**价格走势中的一些模式和周期性特征往往会重现**。技术分析师通过研究过去的价格图表和成交量数据，识别出相似的图形模式和周期性行为，以此来预测未来市场的可能走向。这一假设基于市场参与者心理和行为在面对相似市场状况时的类似反应。

2. 技术分析的工具

（1）形态：技术分析师会识别特定的价格形态或图形，如头肩顶、双底、上升三角形等，这些模式被认为预示着未来价格的可能走向。

（2）技术指标：利用数学公式处理价格和／或成交量数据，生成指标线，如移动平均线、相对强弱指数（RSI）、MACD（移动平均收敛发散）、布林带等，帮助确认趋势、超买超卖状态、动能和潜在转折点。

（3）成交量：成交量分析是技术分析的一个重要组成部分，用来验证价格走势的强度。上升趋势中伴随增加的成交量通常视为趋势持续的信号，而无量上涨或下跌可能缺乏后续动力。

（4）支撑位和阻力位：支撑位是价格下跌时可能遇到的买盘力量，阻止进一步下跌的价位；阻力位则是价格上涨时可能遭遇卖压，阻碍继续上涨的价位。突破这些关键价位往往预示着趋势的变化。

（5）周期：技术分析还认为市场存在周期性波动，通过分析历史周期试图预测未来的市场周期性行为。

> ### 🔆 老皮点拨
>
> 　　技术分析适合短期交易者、图表分析师和那些相信历史价格行为能够影响未来走势的投资者。然而，技术分析也有其局限性，如市场行为并非总是重复，且图表解读有时具有主观性。因此，许多投资者会结合基本面分析和技术分析，以获得更全面的投资决策依据。

Temporal Method　时态法

基础释义

> 　　时态法是国际会计中用于**外币报表折算**的一种方法，主要用于跨国公司的财务报表合并时，将子公司以非母国货币（功能性货币）编制的财务报表转换为以母公司所在国货币（报告货币）表示的报表。时态法的特点在于依据不同资产、负债项目的性质以及它们的计量基础（如历史成本、现行成本等），选择相应的汇率进行折算，以尽可能保留原始报表所反映的经济实质和计量属性。

概念详解

1. 时态法下对会计项目的区分

1.1 货币性项目（Monetary Items）

　　现金、应收账款、应付账款、短期借款、长期借款等货币性项目，因其价值直接随汇率波动而变动，采用**现行汇率**进行折算。

1.2 非货币性项目（Non-Monetary Items）

1.2.1 历史成本计量的非货币性项目

　　固定资产、无形资产、长期股权投资等以历史成本计量的非货币性项目，按照它们取得时的历史汇率（即交易发生时的汇率）进行折算，以保持其原始成本属性不变。

1.2.2 现行成本计量的非货币性项目

以公允价值计量的投资性房地产等以现行成本计量的非货币性项目，使用现行汇率折算，以反映这些项目在当前市场条件下所体现的价值。

2. 时态法下对于折算差额处理

折算过程中产生的差额（主要是由于汇率变动引起的），不计入资产负债表，而是以**"重新计量损益"**（remeasurement gain/loss）的科目直接记入**当期利润表**，反映了汇率变动对母公司股东权益的影响。

3. 时态法的理论依据

折算过程不应改变报表所反映的经济事实，仅需改变计量单位而不改变原有的计量属性。因此，这种方法能够较好地保持子公司报表在折算前后的经济实质一致性，避免因汇率变动造成的计量属性扭曲。

4. 时态法的优点

时态法的灵活性体现在其**能够适应不同的记账体系（如历史成本体系或现行成本体系）**，并根据**资产和负债的具体性质**选择合适的汇率进行折算，从而提供更为准确的合并财务信息。

Tiered Pricing　分级定价

基础释义

分级定价是指企业根据预设的标准（如购买量、产品等级、用户属性等）将价格分为多个层级，**每个层级对应不同的收费标准**，以适应不同客户群体的特定需求和支付能力的一种定价策略。分级定价策略允许企业通过价格细分市场，以更精准地匹配各细分市场的需求和支付意愿，从而实现收益最大化。分级定价不仅考虑了成本因素，也考虑了消费者对产品或服务价值的认知差异，以及市场供需状况。

概念详解

1. 分级定价的类型

（1）基于数量的分级：随着购买数量的增加，企业给予更低的单价，鼓励大宗购买。例如，电力公司的居民用电阶梯价格，用电量越多，单位电价越高，鼓励节约能源。

（2）基于产品特性的分级：根据产品功能、品质或附加服务的不同，设定不同价格等级。汽车销售中，基础款车型与配备高级内饰、性能组件的车型之间存在价格差异。

（3）基于用户类型的分级：针对不同类型的用户群体（如学生、企业客户、VIP 会员）设定不同价格。软件订阅服务常常为学生提供优惠价格，而企业客户则可能因大规模使用而享受折扣。

2. 分级定价的商业案例

（1）云存储服务：如 Dropbox、Google Drive 等，通常提供免费基础版、个人付费版和企业高级版，每升级一个层级，用户可以获得更多的存储空间、更快的上传速度以及额外的功能服务。

（2）电信服务套餐：移动运营商经常推出不同级别的数据套餐，如基础套餐包含有限的通话时长和数据流量，而高级套餐则提供更多流量、无限通话和国际漫游服务，价格也随之上升。

（3）健身房会员：健身房提供不同级别的会员卡，如月卡、季卡、年卡，以及普通会员与 VIP 会员，后者可能包含私人教练服务、优先预约权等特权，价格也相应更高。

（4）阶梯电价：许多国家和地区的电力公司实行阶梯电价，居民家庭用电量在一定范围内享受较低单价，超过这个范围后，每单位电量的费用逐步增加，以此激励节能减碳。

（5）会展门票：大型会议或展览会通常设有早鸟票、普通票、VIP 票等不同票价。早鸟票价格优惠，鼓励提前购票；VIP 票则提供专属服务和特权，如快速入场、贵宾休息室等，价格较高。

T

Time Series　时间序列

基础释义

时间序列是指将数据按照时间的先后顺序进行排列和记录的一种有序集合。时间序列通常用于分析某个变量或现象随时间变化的趋势、季节性、周期性或其他特征。在金融分析领域，时间序列数据尤为重要，因为它能够帮助分析师理解过去的市场行为、识别模式，并据此预测未来的趋势，从而为投资决策提供依据。

概念详解

1. 时间序列的应用

1.1 解释过去（Explaining the Past）

通过分析时间序列数据，分析师可以探究影响某一变量（如公司季度销售额、股票日收益率等）变化的因素和规律。这涉及对数据进行**描述性统计分析、趋势分析、季节性分析及周期性分析**等，以理解这些变量在过去的时间内是如何变化的，以及变化背后可能的原因。例如，通过分析公司过去五年的季度销售数据，分析师可能发现销售量在特定季度因节假日促销而显著增加，这揭示了销售数据中包含的季节性模式。

1.2 预测未来（Forecasting the Future）

基于历史数据建立的时间序列模型，如**自回归模型（AR）、移动平均模型（MA）、自回归移动平均模型（ARMA）、自回归积分滑动平均模型（ARIMA）**等，可以用来预测未来的变量值。这种预测能力对于金融市场尤其重要，因为准确的预测可以帮助投资者提前布局，抓住投资机会或规避风险。例如，通过对过去每日股票回报率的时间序列分析，构建预测模型，分析师尝试预测未来几天或几周的股票价格走势，为投资决策提供量化支持。

2. 时间序列的估计

构建有效的时间序列预测模型需要对数据进行**预处理（如去除异常值、平滑处理、季节性调整等）**，选择合适的模型类型，并通过参数估计方法（如最大似然估计）来确定模型的具体参数。这一过程旨在确保模型能够很好地拟合历史数据，并具备一定的泛化能力以对未来进行准确预测。

3. 时间序列模型的诊断

时间序列的特性可能会随时间而改变，即存在所谓**"非平稳性 (non-stationarity)"**。这意味着**用于描述时间序列的数据生成过程可能会随时间演进**，比如长期趋势的改变、季节性效应的增强或减弱等。因此，时间序列分析不仅需要建立初始模型，还需要定期回顾和更新模型，确保其持续反映数据的真实动态，这一过程称为**"模型诊断"**或**"模型再评估"**。

Time Value of Money　货币的时间价值

基础释义

> 货币的时间价值是指**同等金额的货币，现在拥有比在未来某个时间点拥有更有价值**的一种现象。理解货币的时间价值对于做出合理的投资决策、项目评估、个人理财规划和企业财务管理等方面至关重要。

概念详解

货币的时间价值形成的原因

（1）**投资机会（investment opportunity）**：如果今天持有一定数量的货币，可以选择投资并赚取回报，随着时间的推移，本金和累积的利息将增加，因此当前的货币可以在未来变成更多货币，根源在于货币一旦投入实体经济成为资本，可以驱动**产品的生产和服务的提供**，从而创造**经济价值**。

（2）**通货膨胀（inflation）**：随着时间的流逝，货币的购买力可能因通货膨胀而下降，也就是说，同样的金额在未来购买的商品或服务可能会减少，因此今天的钱相对更值钱。

（3）**不确定性（uncertainty）**：未来的经济环境和投资回报存在不确定性，人们偏好现在确定的收入而不是未来不确定的收入。

T

> **老皮点拨**
>
> 　　货币时间价值一般和复利概念结合，体现在投资问题的相关数学模型中，具体如下。
>
> 　　复利终值计算：$FV = PV \times (1+i)^n$
>
> 　　复利现值计算：$PV = FV / (1+i)^n$
>
> 　　其中，
>
> 　　-FV（Future value）代表现值按照一定的利率和时间长度计算出的未来价值
>
> 　　-PV（Present value）代表未来现金流折算到当前时刻的价值
>
> 　　-i（Nominal interest rate）代表名义利率
>
> 　　-n（Number of periods）代表期数

Total Factor Productivity (TFP)　全要素生产率

基础释义

> 　　全要素生产率是指一个经济体或企业在一定时期内，在**所有生产要素投入（如劳动力、资本、土地）保持不变或同等增长**的情况下，总产量的增长超出要素投入增长的那一部分。换言之，全要素生产率体现了除**单纯增加生产要素**之外，技术进步、组织创新、管理效率提高、资源配置优化等因素对经济增长产生的贡献。

概念详解

1. TFP 的重要性

　　（1）推动经济增长： 全要素生产率增长被认为是推动长期经济增长的关键因素之一。它反映了除了通过增加劳动力数量和实物资本等传统资源外，技术创新和效率提升对经济增长的贡献。

　　（2）提升竞争力： 高全要素生产率意味着在相同资源消耗下能够创造更多价值，从而提高企业或国家在全球市场上的竞争力。

（3）辅助政策制定：分析全要素生产率变化有助于政府和决策者理解经济增长背后的驱动因素，并据此制定促进技术创新、教育培训以及有效配置资源等方面的政策。

2. TFP 的影响因素

（1）技术创新：技术进步是提高 TFP 最直接的方式，包括新产品开发、新工艺应用等。

（2）人力资本质量：员工教育水平和专业技能对提升工作效率至关重要。

（3）管理水平：有效的管理可以改善资源配置，降低成本，提高产品和服务质量。

（4）制度环境：包括法律框架、知识产权保护以及市场透明度等，良好的制度环境有利于激发创新和提升效率。

实务拓展

全要素生产率的重要性在于，它是驱动长期经济增长的关键因素之一，尤其是在资源有限的环境下，提升全要素生产率是实现可持续发展的核心途径。在实践中，政府和企业都会密切关注这一指标，通过推动科技创新、提高教育水平、优化制度环境等方式来提高全要素生产率。

Total Return　总体回报

基础释义

总体回报是指投资者在一定投资期限内，从一项金融资产（如股票、债券、基金、房地产等）中获得的**所有形式的回报总和**。总体回报不仅包括资产价格变动带来的收益（或损失），还包括**与该资产相关的所有非价格因素带来的收益**，如现金分红、利息支付、股票回购、资本利得税优惠等，以及这些收益再投资产生的复利效应。

T

概念详解

1. 总体回报的计算方法

总体回报通常通过以下公式计算：

总体回报＝（期末价值－期初投资＋非价格收益）/期初投资

其中，

- 期末价值是指投资期间结束时，投资者持有资产的市场价值，包括资产的市场价格和未兑现的非价格收益（如未领取的分红、未支付的利息等）

- 期初投资是指投资期间开始时，投资者对资产的初始投资额

- 非价格收益是指投资期间内，投资者已实现的非价格形式的回报，如现金分红、利息支付、股票回购价差、资本利得税优惠等

2. 总体回报的特点与应用

（1）全面反映投资收益： 总体回报考虑了所有影响投资者财富变动的因素，包括资产价格变动、非价格收益以及这些收益再投资的复利效应，为投资者提供了对其投资成果的完整评估。

（2）适用于长期投资评估： 对于长期投资者、退休储蓄者以及关注现金流收益的投资者，总体回报尤为重要，因为它能够准确反映他们在整个投资期内的全部经济利益，包括定期收到的现金收入和潜在的财富增长。

（3）在指数计算中的应用： 总体回报是构建**总体回报指数（total return index）** 的基础。这类指数旨在模拟投资者在持有成分证券并再投资所有非价格收益（如分红）的情况下获得的总回报，更准确地反映了投资者的实际投资体验。

> **老皮点拨**
>
> 价格回报仅关注资产价格的变动，不考虑非价格因素带来的收益。相比之下，总体回报更加全面，包括了价格变动收益和非价格收益两部分。在长期投资或考虑现金流收益的场景下，总体回报往往更能准确反映投资者的真实投资绩效。对于关注长期财富增长、依赖投资收益作为现金流来源的投资者，总体回报通常是更重要的考量指标。而对于**短期交易者、关注市场波动的投资者**，价格回报可能更符合其关注焦点。

Trade Barrier　贸易壁垒

基础释义

> 贸易壁垒是指一国政府设立的**限制或阻碍国际贸易流动**的各种措施，这些措施通常旨在保护本国产业，避免外国竞争者的产品或服务对本地市场构成威胁。

概念详解

1. 贸易壁垒的形式

1.1 关税及类关税壁垒

（1）关税（tariff）： 关税是对进口商品征收的税，是最直接的一种贸易壁垒形式。关税通过增加进口商品成本来减少其在本国市场上的竞争力，从而保护本地产业。

（2）配额（quota）： 配额系统限制了**特定时间内可以进口到一个国家的商品数量**。这种做法直接限制了外国商品的供应量，有助于维持高价格，从而保护本地生产商。

（3）出口补贴（export subsidy）： 出口补贴是政府对其国内产业提供的金融支持，使得这些产业即使在面临激烈国际竞争时也能生存下来。通过补贴，本地企业可以以较低成本生产商品，从而在全球市场上更具竞争力。

1.2 非关税壁垒

（1）技术标准： 要求进口商品满足特定技术或安全标准。

（2）卫生与植物卫生措施： 涉及食品安全和动植物健康方面的规定。

（3）反倾销和补偿性措施： 针对被认为以不公平低价出售或受到政府补贴影响而出口到其他国家市场的商品。

（4）进口许可证和行政程序： 可能会故意设计得复杂且耗时，以此作为隐性阻碍。

2. 贸易壁垒的影响

（1）对消费者的影响： 通常会导致消费者支付更高价格，并减少可选择的商品范围。

（2）效率损失： 保护效率低下的国内产业可能会导致资源分配不当。

（3）报复性措施： 一个国家设置贸易壁垒可能引发其他国家采取报复性措施，导致全球贸易紧张局势升级。

T

（4）经济增长影响：长期看来，过度依赖保护主义可能会削弱国内企业竞争力并影响经济增长。

> 💡 **老皮点拨**
>
> 适度使用贸易壁垒可以帮助新兴产业成长或保护重要行业免受突然的外部冲击。然而，在全球化日益加深的今天，过度使用或不当使用贸易壁垒可能会带来更多消极后果。

Traditional Investment 传统投资

基础释义

> 传统投资是指公开交易的债务工具、权益工具以及包含这些工具的集合投资工具。

概念详解

1. 传统投资的分类

传统投资主要包括公开交易的债务工具、公开交易的权益工具以及部分集合投资工具。

1.1 公开交易的债务工具

（1）政府债券（government bonds）：由政府或其代理机构发行，如美国的国库券、中期国债和长期国债，以及各国的主权债券。

（2）企业债券（corporate bonds）：由企业发行，用于筹集长期资金。企业债券通常根据发行人的信用等级分为投资级债券和高收益（又称"垃圾"）债券。投资者购买企业债券，同样可以获得定期利息收入和到期本金偿付，但企业违约风险相较于政府债券要高。

（3）金融债券（financial bonds）：由金融机构（如银行、保险公司、信用合作社等）发行，用于补充资本金或满足流动性管理需求。金融债券的信用风险介于政府债券和企业债券之间，其收益与风险特性取决于发行机构的信用状况。

1.2 公开交易的权益工具

公开交易的权益工具包括：

（1）普通股（common stock）： 最常见的一种股票形式，持有者享有上述所有权益。

（2）优先股（preferred stock）： 相对于普通股，优先股股东通常享有优先分红权和破产清算时的优先求偿权，但在公司治理中的投票权通常有限或不存在。

1.3 包含公开交易债券及股票的集合投资工具

包含公开交易债券及股票的集合投资工具主要包括：

（1）共同基金（mutual funds）： 由专业的基金管理公司发起设立，汇集众多投资者的资金，由基金经理按照基金的投资目标和策略，投资于一篮子债券、股票或其他证券。投资者通过购买基金单位或份额，间接持有这些证券组合。

（2）交易所交易基金（ETFs）： 类似于共同基金，ETF 也是跟踪特定指数或投资策略的基金产品，但其在交易所上市交易，买卖方式与股票类似，价格实时变动。ETF 通常具有更低的管理费用和更高的交易灵活性。

（3）封闭式基金（closed-end funds）： 与开放式基金不同，封闭式基金在设立时发行固定数量的份额，这些份额在一级市场发行完毕后，不再接受投资者申购赎回，只能在二级市场（如股票交易所）像股票一样买卖。

2. 传统投资的功能与作用

（1）资本筹集与资源配置： 为企业和政府提供筹集资金的渠道同时引导资本流向最需要或最有潜力的领域。

（2）财富增值与保值： 为投资者提供通过股权、债权等工具实现资产增值的机会，并保护资产免受通货膨胀的影响。

（3）风险分散与管理： 允许投资者通过多样化投资降低风险集合投资工具尤其有助于个人投资者构建分散化的投资组合。

（4）市场流动性： 确保金融资产能够快速且有效地买卖，提高市场的运作效率。

（5）经济指标功能： 作为宏观经济状况的晴雨表，反映市场参与者对未来经济增长、利率走向等方面的预期。

Tranch　层级

基础释义

层级是指在**债券、贷款或其他结构化融资产品**投资及研究过程中基于整个金融工具或债务组合划分出来的若干个**具有不同风险特征、收益分配顺序以及到期日的独立部分**。根据偿付优先级的不同，各层级的投资者在收到本金偿还和利息支付时的顺序也不同。

概念详解

1. 层级的风险特征

不同的层级通常对应着不同的信用风险。在结构化金融产品中，如**抵押贷款支持证券（MBS）**或**债务抵押债券（CDO）**，通常会将底层资产（如住房贷款或企业债务）按照信用质量划分为**优先层级（senior tranch）**、**中间层级（mezzanine tranch）**和**劣后层级（junior/subordinated tranch）**。高级层级享有优先偿付权，风险相对较低；劣后层级则在偿付顺序上居于最后，承担更高的信用风险。

2. 层级的期限特征

除了风险和收益分配的差异，不同层级的金融产品可能还具有不同的到期日。某些层级可能设定为固定期限，**到期一次性偿还本金**；另一些层级则可能为永续型，**没有明确的到期日**，但允许提前赎回或设有定期的利息重置机制。

3. 层级的经济意义

通过设立层级结构，可以实现**风险的隔离与分散**。某一特定层级的投资者仅对其所投资层级的资产表现负责，而不直接暴露于**整个资产池的整体风险**。这种结构有助于吸引不同风险偏好的投资者，并使复杂资产更容易被市场消化。

Treynor Ratio　特雷诺比率

基础释义

特雷诺比率是指用于评估投资组合绩效的一种风险调整后的收益指标，由杰克·特雷诺（Jack Treynor）提出。与夏普比率相似，特雷诺比率旨在衡量投资组合每单位风险所带来的超额收益，但其重点在于考虑了系统性风险（而非总风险），并通过 β 系数来衡量这一特定风险。

概念详解

1. 特雷诺比率的计算公式

$$\text{Treynor ratio} = \frac{[E(R_p)] - R_f}{\beta_p}$$

其中，

-$E(R_p)$ 是投资组合的预期收益率

-R_f 是无风险利率，与夏普比率中的定义相同

-β_p 是投资组合的 β 系数，反映了投资组合相对于市场组合的系统性风险

2. 特雷诺比率的应用

（1）系统性风险调整： 与夏普比率相比，特雷诺比率专门针对**系统性风险**进行调整，这意味着它排除了**可以通过多元化投资来消除的非系统性风险**。因此，特雷诺比率更适合于评估投资组合管理者在承担不可分散风险（即市场风险）时的绩效。

（2）主动管理评估： 由于特雷诺比率专注于系统性风险，它在评价主动管理型基金或投资策略时尤为有用，因为它能更直接地反映管理者的**市场择时能力和证券选择能力**。

（3）比较不同 β 值的投资： 对于具有不同 β 值的投资组合或资产，特雷诺比率提供了一种更公平的比较方式，因为它直接关联了超额收益与所承担的系统性风险水平。

T

3. 特雷诺比率的应用注意事项

（1）非系统性风险忽略： 特雷诺比率未考虑**非系统性风险（non-systematic risk）**，因此在投资组合已高度多元化的背景下可能更为适用。

（2）β系数的稳定性： 投资组合的β值可能会随时间变化，因此基于历史数据计算的特雷诺比率**可能不完全反映当前或未来的风险－收益关系**。

（3）市场选择： 计算β值时所选择的市场基准也会影响特雷诺比率的解读，选择与投资组合风格或策略相匹配的市场基准尤为重要。

Triangular Arbitrage　三角套利

基础释义

三角套利又称"三角套汇"或"间接套汇"，是指利用**三种或三种以上货币**在不同市场间的汇率差价进行套利的行为。当两国货币通过与第三国货币的汇率计算得出的交叉汇率与同一时点市场上这两国货币之间的汇率报价不同时，投资者可以采取此套利手段来锁定利润。

概念详解

1. 三角套利的原理

三角套利的基本思想是利用市场中的不完全效率——三种货币之间**实际存在的汇率与理论上应有的汇率**之间的差异。通过快速执行交易，投资者可以在没有显著风险的情况下获得小额利润。

2. 三角套利的过程

首次交易：投资者首先在一个货币对市场中买入一种货币，比如用货币 A 买入货币 B。

第二次交易：接着，投资者用刚刚买入的货币 B 去交换另一种货币 C。

第三次交易：最后，投资者卖出货币 C，换回最初的货币 A。

老皮点拨

举例说明三角套利的具体过程。

A 银行报出的外汇牌价如下。

USD/EUR=1.30 （1 欧元可以兑换 1.30 美元）

JPY/USD=80（1 美元可以兑换 80 日元）

则在 A 银行处进行 JPY/EUR 货币兑换的交叉汇率应该是 1.30×80=104（1 欧元可以兑换 104 日元）。

如果市场上另一家银行 B 的 JPY/EUR 汇率报价是 110，那么就存在套利机会，可通过以下步骤套利：

第一步：从 A 银行处用日元买入美元，支出 104 日元，获得 1.3 美元。

第二步：立即将 1.3 美元出售给 A 银行，兑换成欧元，获得 1 欧元。

第三步：将 1 欧元出售给 B 银行，兑换为日元，获得 110 日元。

执行这一系列操作后，我们可以发现我们从 A 银行处获得 1 单位欧元的获币成本是 104 日元，将这 1 欧元出售给 B 银行的售币收入是 110 日元，利润空间为每 1 单位欧元 6 日元，只要扣除交易成本（包括手续费、滑点等）后仍有利润空间，就成功实现了三角套利。

实务拓展

虽然在理论上三角套利看起来很简单，但在实务中要成功执行三角套利非常困难，至少需要考虑以下 4 个方面的影响：

（1）市场效率：外汇市场非常高效，存在大量的高频率交易者，且市场信息传递速度非常快，任何价格不一致通常都会在极短时间内被市场参与者发现并通过算法交易系统迅速执行相关交易从而使其消失，换言之，套利机会往往转瞬即逝。

（2）交易成本：交易费用可能会侵蚀或完全消除潜在的套利收益。

（3）市场风险：市场汇率的波动、交易成本以及交易执行的延迟等因素都可能影响最终的套利效果。

（4）法律法规：不同国家和地区的法律法规可能对三角套利有不同的规定和限制。在进行三角套利之前，投资者需要确保自己的交易行为符合相关法律法规的要求，避免可能的法律风险。

T

Two-Tier Board　双层董事会

基础释义

双层董事会是指将董事会的职能分为**管理董事会**和**监事会**这两种独立层次的一种董事会结构。双层董事会与单层董事会相对，在某些司法管辖区如阿根廷、德国和俄罗斯被法律要求采用，而在巴西和法国等国家，公司可以自行决定实行单层或双层董事会结构。

概念详解

1. 双层董事会的构成

1.1 管理董事会（Management Board）

管理董事会负责公司的日常经营管理活动，相当于执行层。成员通常包括首席执行官（CEO）、首席财务官（CFO）等高级管理人员，他们是公司的**全职雇员**，拥有执行公司战略、运营决策以及资源分配的权力，直接向监事会报告工作情况。

1.2 监事会（Supervisory Board）

监事会负责**监督管理董事会的工作**，确保公司运营符合股东和相关利益者的利益。监事会**不参与公司的日常运营**。监事会的成员可以包括股东代表、员工代表（在德国等国家较为常见）以及其他外部专家或独立监事，以确保监督的全面性和独立性。监事会的职责包括审核公司账目、年度报告，监管外部审计工作，分析管理董事会提供的信息，以及设定或影响管理层的薪酬体系，以此作为控制和约束管理行为的手段。

2. 双层董事会的优点

（1）职责清晰：通过明确区分管理和监督职能，提高决策效率和监督效果。

（2）监督力度更强：监事会作为一个独立的监督机构，能更有效地监督和制约管理层，减少内部人控制的风险。

（3）利益相关者参与：在某些国家，监事会包含员工和其他关键利益相关者的代表，有助于平衡各方利益，促进社会合作。

（4）风险管理与合规：通过强化监督，有助于及早识别和应对公司治理、财务、法律等方面的潜在风险。

3. 双层董事会的缺陷

（1）决策过程可能较慢： 由于决策需经过管理董事会和监事会的双重审议，可能影响决策速度。

（2）沟通成本增加： 两层结构可能导致信息传递路径更长，增加管理成本。

（3）责任界定复杂： 在实际操作中，管理董事会与监事会的职责边界可能不够明确，导致责任推诿。

Type I Error　一类错误

基础释义

> 　　一类错误又称"α错误"（alpha error）或"假阳性错误"，是指在假设检验过程中**错误地拒绝了实际上为真的原假设**的一种假设检验错误。换句话说，当检验结果显示有显著性差异或关系存在时，但实际上这种差异或关系并不存在，这时就犯了一类错误。

概念详解

1. 一类错误的重要概念

1.1 显著性水平（Alpha）

显著性水平是指**预先设定的允许发生一类错误的最大概率**，通常为 0.05 或 0.01。这意味着研究者愿意接受在所有原假设为真时，有 5% 或 1% 的概率错误地拒绝原假设。

1.2 P 值

P 值是衡量观测数据在原假设为真的情况下出现的极端程度的概率。如果 P 值小于显著性水平，按照惯例就会拒绝原假设。但是，这同样意味着存在按照这个标准犯一类错误的风险。

T

> **老皮点拨**
>
> 假设我们正在检验一种新药是否有效，原假设可能是"这种新药与安慰剂没有区别"。如果样本数据的随机波动或者其他非治疗效果的原因，导致我们错误地认为新药有效并拒绝了原假设，这时就发生了一类错误。

2. 减少一类错误的方法

（1）提高显著性水平：虽然不常见，但理论上可以通过提高 α 标准来降低犯一类错误的可能性，但这会增加犯二类错误（未能拒绝错误的原假设，即假阴性）的风险。

（2）增加样本容量：更大的**样本容量（sample size）**通常能提供更精确的估计，从而减少随机变异的影响，降低犯一类错误的概率。

（3）改善实验设计：确保实验设计严谨，减少偏差和混杂因素的影响，可以提升结论的准确性和可靠性。

（4）采用更为严格的检验标准：例如，某些领域可能会采用更为保守的显著性水平，如 0.01，以减少犯一类错误的可能性。

Type II Error 二类错误

基础释义

> 二类错误又称"β 错误"（β error）或"假阴性错误"，是指在假设检验中**未能拒绝实际上是错误的原假设**的情形。换句话说，当实际存在差异或效应时，检验结果却未能检测到这种差异或效应，错误地接受了原假设。

概念详解

1. 二类错误的关键概念

（1）检验功效（power of test）：检验功效是检验能够正确拒绝错误原假设的概率，也就是 1 减去犯二类错误的概率（power=$1-\beta$）。提高功效可以减少犯二类错误的风险。

（2）显著性水平（alpha）： 与一类错误类似，犯二类错误的概率也与显著性水平相关。

（3）效应大小（effect size）： 效应是指实际存在的差异或效应的大小，效应越大，检测到它的可能性越高，犯二类错误的概率越小。

> **老皮点拨**
>
> 　　假设现在我们要研究一种新疗法是否优于标准疗法，原假设可能是"新疗法与标准疗法效果相同"。如果样本容量太小、效应大小不大或测量误差等原因，导致研究未能检测到实际上存在的正面效果，进而接受了原假设，这时就犯了二类错误。

2. 减少二类错误的方法

（1）增加样本容量： 样本容量的增加可以提高统计功效，从而降低犯二类错误的可能性。

（2）提高显著性水平： 虽然不推荐仅为了减少二类错误而提高 alpha，但在某些情况下，适当调整显著性水平可以影响两类错误的平衡。

（3）优化实验设计： 改进实验设计，减少变异，确保测量的准确性，可以提升检验效能。

（4）选择更敏感的统计检验： 根据研究目的和数据特性选择最合适的统计方法，可以更有效地检测出真实的效应。

（5）预估效应大小并计算所需样本量： 在实验设计阶段，基于预期的效应大小计算所需的最小样本量，以确保实验具有足够的统计功效。

T

Underlying 标的

基础释义

标的是指衍生品合约中所涉及的基础变量或条件，包括具体的实物商品或金融工具，也包括金融变量、个体状况或经济事件。

概念详解

1. 标的的分类

标的的范围非常广泛，除了我们最为熟悉的具体的股票、债券等金融工具外，其余还包括：

（1）指数： 衍生品的标的可以是某个股票指数（如标普 500 指数、沪深 300 指数）、债券指数、大宗商品指数等。

（2）利率： 利率互换、利率期货、利率期权等衍生品的标的可以是某个基准利率（如 LIBOR、国债收益率等）。这类衍生品的价值与利率水平、利率期限结构的变化直接相关，反映了市场对未来利率环境的预期。

（3）信用事件： 信用违约互换（CDS）等信用衍生品的标的是特定债务发行人的信用状况，具体表现为是否发生信用事件（如违约、破产、信用评级下调等）。这类衍生品的价值取决于市场对标的主体信用风险的评估。

（4）天气、气候： 天气衍生品（如温度期货、降雪量期权）的标的为**特定地区的未来天气状况**。这类衍生品的价值与实际天气情况对比预期的偏离程度有关，主要用于对冲与天气密切相关的行业（如农业、能源、保险）的风险。

（5）宏观经济数据： 尽管较为罕见，但存在一些衍生品，如**不可交割远期（Non-Deliverable Forward, NDF）**的标的直接与**特定宏观经济数据（如 GDP 增长率、失业率、通胀率等）**挂钩。这类衍生品的价值随数据公布结果与预期的差异而变动。

2. 标的的分析要点

（1）标的变量间的相关性与多元化投资： 从"underlying"角度看，分析不同衍生品标的之间的相关性有助于构建多元化投资组合，有效分散风险。例如，股票指数衍生品与利率衍生品的相关性可能较低，投资者可以通过同时持有这两类衍生品来降低整体投资组合的波动性。

（2）标的动态与衍生品策略调整：关注标的动态变化（如指数成分股调整、利率预期转变、信用事件预警等）对衍生品价值的影响，有助于投资者及时调整持仓或交易策略。例如，若预期某个股票将被纳入重要指数，相关的股票期权或指数期货可能提前反应，投资者可据此制订相应的交易计划。

（3）创新标的与新产品开发：从"underlying"的角度思考，还可以启发金融创新，设计出**基于新型或非传统标的的衍生品**，以满足市场对特定风险转移或收益增强的需求。例如，随着对气候变化关注度的提升，与碳排放、碳信用相关的衍生品逐渐兴起。

（4）标的透明度与市场效率：标的的透明度、可获取信息的丰富程度以及市场对标的的理解程度，直接影响衍生品市场的定价效率和流动性。对于复杂或新兴的标的（如气候、特定信用事件），提高市场参与者对标的理解和相关信息的获取，有助于提升市场效率，减少信息不对称带来的风险。

Underlying Asset　标的资产

基础释义

> 标的资产是指**衍生品合约明确规定并基于或依赖**的一种或多种基础资产。标的资产可以是实物商品（如黄金、原油、农产品）、金融工具（如股票、债券、外汇、利率、指数）等。衍生品的价值和价格变动直接与标的资产的表现相关联。

概念详解

标的资产的特点

标的资产作为衍生品的相关概念，特点包括：

（1）价值来源：衍生品的价值**并非独立存在，而是衍生自其标的资产**。例如，股票期权的价值源于**其对应股票的价格变动可能性**；大宗商品期货的价值源于**对应大宗商品的未来预期价格**；指数期货的价值源于**对应股票指数的预期表现**。衍生品合约中的所有权利义务都是围绕标的资产的未来状态设定的。

（2）价格联动：衍生品价格通常与标的资产价格保持高度相关性。标的资产价

U

格的上涨（下跌）通常会导致看涨（看跌）衍生品价格上涨，看跌（看涨）衍生品价格下跌。这种联动关系的强度取决于衍生品的具体类型、合约条款以及市场条件。

（3）合约规格：衍生品合约通常会详细规定标的资产的特定属性，如股票期权会明确**股票代码、数量**，大宗商品期货会明确**大宗商品等级、交割地点和时间**等。这些规格确保了衍生品交易的标准化，方便市场参与者理解和比较不同合约的价值。

（4）影响因素：标的资产的价格受到多种因素影响，包括但不限于市场供求关系、宏观经济状况、行业动态、公司基本面、政策变动、市场情绪、突发事件等。这些因素同样会影响与其相关的衍生品价格。

（5）风险管理与对冲：投资者和企业利用衍生品进行风险管理时，往往是对冲其在标的资产上的风险敞口。例如，持有股票的投资者可能买入认沽期权来对冲股价下跌风险；出口商可能卖出货币期货来锁定未来外汇收入。

（6）市场分析与策略制定：在进行衍生品交易分析和策略制定时，对标的资产的深入研究至关重要。这包括对标的资产的基本面分析、技术面分析、市场情绪评估、相关性分析等，以便准确预测标的资产价格走势，进而指导衍生品交易决策。

Underwritten Offering　包销

基础释义

包销是指在证券发行过程中，承销商（通常是投资银行或金融机构）与发行主体（如公司、政府、金融机构等）签订协议，承诺在一定期限内**购买发行主体所发行的全部或部分证券**，并承担**未能售出证券的风险**的一种承销方式。

概念详解

1. 包销的类型

（1）全额包销（firm commitment underwriting）：全额包销是指承销商**承诺购买发行主体发行的全部证券**。在这种情况下，承销商承担了全部发行风险，无论市场状况如何，都必须按照约定价格购买所有证券。全额包销为发行主体提供了资金保障，确保了发行的成功进行。

（2）部分包销（partial commitment underwriting）：部分包销是承销商**仅承诺购买发行主体发行的一部分证券**，其余部分则由发行主体自行销售或通过**代销（best efforts offering）**方式由其他承销商销售。在这种情况下，承销商承担的风险相对较小，发行主体需面对未能售出证券的风险。

> 🔆 **老皮点拨**
>
> 包销是证券发行中最常见的承销方式之一，特别是在债券发行和首次公开募股（IPO）中广泛应用。承销商在包销过程中**承担了市场风险**，但同时也通过**收取承销费、分享发行成功后的收益来获得回报**。发行主体在选择包销方式时，应充分考虑市场环境、自身需求、承销商能力等因素，确保发行的成功进行。

2. 包销的流程

（1）承销协议签订：发行主体与承销商签订包销协议，明确包销的证券种类、数量、价格、期限、费用等内容。

（2）尽职调查与文件准备：承销商对发行主体进行详尽的尽职调查，确保所有公开披露的信息真实、准确、完整。同时，协助发行主体准备招股说明书、债券募集说明书等法律文件。

（3）市场推广与路演：承销商组织路演、一对一推介、电话会议等活动，向潜在投资者介绍发行主体及其证券，激发市场需求。

（4）簿记建档与定价：在发行期间，承销商通过簿记建档收集投资者的认购意向和价格，根据市场需求确定最终发行价格。

（5）发行与资金划拨：承销商按约定价格购买全部或部分证券，负责收集投资者资金，扣除承销费用后，将剩余款项划拨给发行主体。

（6）后续服务与合规监控：发行完成后，承销商可能继续为发行主体提供后续服务，如协助处理股票登记、分红派息等事宜。同时，监控证券在二级市场的表现，确保遵守持续信息披露、禁止内幕交易等法规要求。

3. 包销的优点

（1）发行保障：对发行主体而言，包销提供了发行成功的资金保障，降低了发行失败的风险。

（2）风险转移：承销商承担了未能售出证券的风险，使得发行主体能够专注于自身业务发展，无须过多关注市场波动。

U

（3）市场推广：承销商凭借其广泛的市场影响力和深厚的投资者关系，能够有效地将证券推销给国内外各类投资者。

4. 包销的风险

（1）承销风险：对承销商而言，包销意味着承担了未能售出证券的市场风险，若市场状况不佳，可能导致承销商蒙受损失。

（2）定价挑战：承销商需要准确判断市场接受度，设定合理的价格区间，过高可能导致发行困难，过低则可能损害发行主体利益。

Uniform Pricing Rule　单一定价规则

基础释义

> 单一定价规则是指所有在**某一特定时间段内**达成的交易均执行**相同的价格**的定价规则。在金融市场尤其是拍卖市场中，集合竞价市场常常采用这一规则。在集合竞价期间，所有的买卖订单汇集在一起，然后市场通过某种程序（如拍卖机制）来确定一个统一成交价，这个价格旨在最大化参与交易的总数量。

概念详解

单一定价规则的运作机制

（1）在**集合竞价市场（call market）**的交易时段内，所有参与者提交他们的买卖订单，每份订单包含各自愿意买卖的数量和期望价格。

（2）市场中心或交易所**通过一套算法或集中拍卖程序，寻找一个价格点，使得在这个价格下能够促成最多的订单得以执行**，也就是说，尽可能地满足买卖双方的需求，使总的成交量达到最大。

（3）一旦确定了这个价格，**所有在此价格范围内成交的订单都将按照该统一价格执行**，无论个别投资者提交的原始订单价格是多少。

老皮点拨

单一定价规则的好处在于它促进了市场的公平性和效率，因为所有市场参与者**在同一时间**知道并接受**同样的交易价格**，消除了因信息不对称导致的不公平交易。同时，通过最大化交易量，它有助于提高市场的流动性，并减少价格连续波动带来的不确定性。然而，这也可能导致部分市场参与者无法在最理想的个人价格水平完成交易。

University Endowment　大学捐赠基金

基础释义

大学捐赠基金是指由校友、个人、企业等捐赠形成的，旨在支持大学的各项运作和服务的一种基金。这些捐赠通常用于资助学术研究、奖学金、校园建设等重要活动。捐赠基金通过投资资本市场来实现资金的保值增值，确保大学能够在长期内持续地履行其教育和研究使命。

概念详解

1. 大学捐赠基金的特征

（1）永久性和累积性：捐赠基金被设计为**永久性的资金池**，旨在通过投资管理实现资本的保值增值，为大学提供长期稳定的财务支持。捐赠本金通常不会被花费，而是利用其投资收益来资助学校的运营、奖学金、研究项目、设施建设等。

（2）独立管理：大多数大学通过**专门的管理机构（如投资办公室或基金会）**来管理捐赠基金，这些机构负责资产配置、投资决策以及遵守捐赠者指定的用途。

（3）多元化的投资组合：捐赠基金通常投资于多样化的资产类别，包括股票、债券、房地产、私募股权、对冲基金、风险投资等，以分散风险并寻求长期资本增值。

（4）捐赠意图的尊重：捐赠者可能会指定他们的捐款用于特定目的，如支持特定学院、学科、奖学金或研究领域，大学需尊重这些意图并确保资金被恰当地使用。

（5）税收优惠：捐赠给大学的款项通常可以享受**税收减免**，这鼓励了捐赠行为。

U

（6）社会与经济效益： 捐赠基金不仅支撑了教育机构的运营和发展，还通过其投资促进了经济增长，同时体现了捐赠者对教育和社会进步的贡献。

（7）低流动性需求： 大学捐赠基金的年度净支出约占总资产的 2% ~ 4%，加上**较低的流动性需求**和**较长的投资期限**，使得它们能够承受较高的短期波动以追求长期回报。

📍 **实务拓展**

在实务中，大学捐赠基金受到一系列法律与监管约束。

（1）美国： 根据 2006 年《机构资金统一审慎管理法》（UPMIFA），大学捐赠基金必须遵循现代投资组合理论（MPT），并且在管理资产时须尽到谨慎义务。该法案允许捐赠基金根据市场价值波动调整支出决策，以维持基金的购买力。

（2）英国： 2000 年以前，英国信托只能花费投资收益而非资本增值部分。2000 年的《信托法》改变了这一状况，要求信托管理人基于 MPT 原则管理资产，并承担谨慎义务。

---

2. 大学捐赠基金的税务和会计约束

（1）免税地位： 捐赠基金享受免税待遇，捐赠者的捐赠可享受税收减免，基金本身的投资收益也不需缴纳税款。如果基金向非营利组织支付款项，则这些款项也是免税的。

（2）最低支出要求： 在美国，私人基金会必须每年至少分配其**资产价值的 5%**用于支持其使命，否则将面临高额税款。而在英国，慈善组织若未将收入用于慈善目的，则需对其征税。

3. 大学捐赠基金的利益相关者

大学捐赠基金的利益相关者包括在校生、校友、教职员工及更广泛的大学社区成员。这些群体都希望基金能够审慎管理，以平衡当前需求与未来世代的需求。

4. 大学捐赠基金的支出政策类型

（1）固定增长率规则（constant growth rule）： 每年固定金额支出，通常按通货膨胀率调整。

（2）市值规则（market value rule）： 根据资产市值的一定比例支付。

（3）混合规则（hybrid rule）： 结合固定增长率规则和市值规则，平衡两者的优缺点。

> **📍 实务拓展**
>
> 　　美国的一些顶尖大学，如哈佛、耶鲁等，拥有规模庞大的捐赠基金，这些基金不仅是学校财务安全网，也是推动学术创新和校园发展的重要力量。大学捐赠基金的成功管理，尤其是如耶鲁模式等知名投资策略，经常被视为机构投资的典范。

Unsecured Debt　无担保债务

基础释义

　　无担保债务是指债权人向债务人提供资金时，**没有要求债务人提供特定资产作为债务偿还保障**的债务形式。无担保债务的偿还完全依赖于债务人的信用和未来现金流，而非抵押物或担保品。无担保债务对债权人而言风险较高，但对债务人而言融资成本可能较低。在债务人财务困难或破产时，无担保债务的清偿顺序通常位于有担保债务之后。

概念详解

1. 无担保债务的特征与风险

　　（1）无抵押物：无担保债务**没有与之关联的特定资产作为担保**，债权人无权在债务人违约时直接占有和处置特定资产以回收欠款。

　　（2）信用风险：无担保债务的偿还主要依赖于债务人的信用状况和偿债意愿，因此，债权人面临较高的信用风险，即债务人可能因财务困难或破产而无法按时足额偿还债务。

　　（3）清偿顺序：在债务人破产或无力偿还全部债务时，无担保债务通常位于清偿顺序的较后位置，优先于无担保债务获得偿付的是**有担保债务（secured debt）**的债权人。

2. 无担保债务的类型

　　（1）个人无担保债务（individual unsecured debt）：信用卡债务、个人消

U

费贷款、学生贷款、医疗债务等均属于个人无担保债务，通常基于个人信用评分发放，不涉及特定资产的抵押。

（2）企业无担保债务（corporate unsecured debt）： 商业信用（trade credit）、无担保企业债券、供应商应付款等均属于企业无担保债务，企业基于其信用评级和市场声誉获得融资，债权人不享有特定资产的留置权或优先受偿权。

（3）政府无担保债务（government unsecured debt）： 主权债券中的部分类型由政府基于国家信用发行，无特定资产作为担保，属于政府无担保债务。

3. 无担保债务的融资成本

（1）融资利息成本较高： 由于无担保债务风险相对较大，债权人通常要求较高的利率作为风险补偿。与同等信用级别的有担保债务相比，无担保债务的利率通常更高。

（2）融资关联成本： 对债务人而言，无担保债务的融资关联成本可能较低，因为无须提供资产作为担保，减少了资产评估、登记、监管等成本，且不会因抵押资产价值波动影响企业的资产负债表结构。

4. 无担保债务的债权人保护手段

（1）法律追索： 虽然无担保债权人**无权直接处置担保资产**，但他们可以通过法律途径（如诉讼、破产程序）追讨债务，包括扣押债务人的其他非担保资产、冻结账户、申请破产清算等。

（2）信用评级与监控： 债权人通常会密切关注债务人的信用评级变化，以及定期获取财务报告，以评估债务人的偿债能力和意愿，及时采取风险控制措施。

Utility　效用

基础释义

> 　　效用是指个人从消费商品或服务或者从投资中获得的满足感或幸福感。效用是一个主观的评价标准，反映了个体偏好和满意度。在经济学理论中，效用函数是用来描述消费者对不同消费组合的偏好排序的数学表达式，它是分析消费者选择行为的基础工具。

概念详解

1. 效用函数的表达式

$$U = E(R) - \frac{1}{2}A\sigma^2$$

其中,

-U（Utility）代表效用

-$E(R)$ 代表投资的预期回报率

-A（Aversion coefficient）代表风险厌恶系数

-σ^2 代表投资回报率的方差

💡 **老皮点拨**

从效用函数的表达式，我们可以得出 4 个结论：

（1）效用是无界的，它可以非常高或非常低。

（2）更高的回报会增加效用。

（3）风险厌恶系数衡量的是**投资者为了承担额外风险所要求的边际报酬**。对于风险厌恶者而言，A 大于零，他们需要更高的补偿来接受额外的风险，风险的增加会导致其效用下降；风险中性者的 A 等于零，他们追求在不顾风险的情况下最大化回报，因此风险的变化不会影响其效用；而风险爱好者的 A 小于零，他们同时最大化风险和回报，额外的风险反而增加其效用。需要注意的是，无风险资产（方差为 0）对所有个体产生的效用相同。

（4）效用可以用来**对不同的投资进行排序**，但不能直接用来衡量满足感，也不能在不同个体之间进行比较。

---

2. 效用的应用

效用的实际应用包括无差异曲线和预算线。

U

2.1 无差异曲线（Indifference Curves）

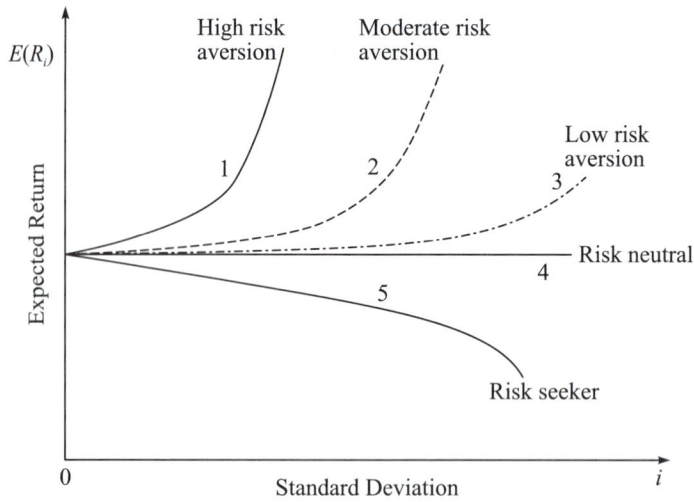

不同风险厌恶类型及程度的投资者的无差异曲线

在二维坐标系中，无差异曲线展示了给投资者带来相同效用水平的所有投资组合，离原点越远的无差异曲线代表越高的效用水平。

2.2 预算线（Budget Line）

在消费者行为分析领域，预算线显示了在既定收入或预算限制下，消费者能购买的商品组合。最优选择发生在预算线与无差异曲线的切点，这里实现了最大的效用并满足了预算约束。

实务拓展

效用概念的应用不仅限于消费者行为分析，还扩展到了保险、投资决策、博弈论等多个经济学和金融学领域，是理解人类经济行为和偏好不可或缺的工具。

Validity Instruction　时效指示

基础释义

时效指示是指投资者在提交交易指令时，为了指导和控制订单**何时生效**的一系列具体指示。

概念详解

时效指示订单的类型

（1）日内有效订单（day order）： 订单仅在提交当天有效，若当天未成交，收盘后自动失效。

（2）撤销前持续有效订单（good till cancelled order）： 订单在撤销前一直有效，除非成交或投资者主动撤销。

（3）指定日期有效（good till date order）： 订单在指定日期之前有效，过期后自动失效。

（4）即时成交或取消（immediate or cancel order）： 又称 fill or kill order，订单提交后，立即尽可能多地按当前市场价格成交，剩余部分立即取消。

Value-Added Reseller　增值经销商

基础释义

增值经销商是指通过购买制造商的产品，并在销售给最终用户之前，对产品进行改造、整合、定制或提供配套服务（产品安装、定制、技术支持、系统集成、咨询和培训等），以此增加产品的附加值，满足客户的特定需求，从而区别于单纯的产品分销或转售的一种特殊类型的经销商。

V

概念详解

1. 增值服务的内容

（1）产品安装与配置： 增值经销商根据客户的具体环境和需求，提供专业的产品安装、配置服务，确保产品能够顺利运行并发挥最大效能。

（2）定制化服务： 针对客户的特定业务流程或技术要求，增值经销商可对产品进行定制化修改或开发，提供独一无二的解决方案。

（3）系统集成： 对于需要多个软硬件产品协同工作的复杂项目，增值经销商负责系统集成工作，确保不同产品之间的兼容性和协同运作。

（4）技术支持与维护： 提供持续的技术支持、故障排除、定期维护以及升级服务，保障客户在使用产品过程中遇到问题时能够得到及时解决。

（5）培训与咨询： 为确保客户能够有效利用所购产品，增值经销商还会提供用户培训、最佳实践分享及行业咨询服务，提升客户的专业能力。

2. 增值服务的应用示例

（1）IT 硬件： 如服务器、网络设备的销售商，除了销售硬件外，还可能提供网络架构设计、安全解决方案部署、系统优化等服务。

（2）企业软件： 针对 ERP（企业资源计划）、CRM（客户关系管理）等复杂软件系统，VAR 不仅销售软件许可，还提供软件定制开发、数据迁移、用户培训等服务。

（3）建筑机械： 销售重型机械的同时，提供机器的操作培训、保养计划、现场施工解决方案等，确保机械高效安全地应用于各类建设项目中。

Value at Risk (VaR)　在险价值

基础释义

在险价值是指在**正常的市场条件**下，某一金融资产或证券组合在一定时间内在**特定的概率水平（显著水平）**下预期可能遭受的最小损失。在险价值是金融领域中用于衡量投资组合潜在损失的一种最常用的风险指标，在银行等特别关注下行风险的金融机构的风险管理中扮演着重要角色。

概念详解

1. VaR 的关键要素

（1）置信水平： VaR 的置信水平是指 VaR 计算中使用的概率阈值，例如 95% 或 99%。这意味着在 95% 的情况下，回报率（或回报金额）将超过 VaR 的数值；而在剩下的 5%（即显著水平）情况下，回报率（或回报金额）可能会低于这个数值。

（2）时间期限： 即计算 VaR 所基于的时间段，例如一天、一周、一个月等。持有期的选择取决于风险管理者关注的时间框架。

（3）潜在损失： 即在上述显著性水平和持有期内，资产或组合可能面临的最小损失。

> **老皮点拨**
>
> 如果一个投资组合的 1 天 95% 的 VaR 是 -100 万美元，这意味着有 95% 的把握认为在接下来的一天内，该投资组合的收益会超过 -100 万美元；但同时意味着有 5% 的可能性损失会超过 100 万美元。
>
> VaR 可以以**绝对值**（例如，220 万欧元）或**相对于组合总价值的比率**（例如，4 亿欧元组合的 0.55%）来表示。VaR 所表示的是在正常条件下预期的最小损失，而不是实际的最小损失。

2. VaR 的估计方法

（1）历史模拟法（historical simulation method）： 使用过去的数据来构建收益的分布，然后找出在给定置信水平下的分位数。

（2）参数法（parametric method）： 假设收益服从正态分布，利用历史数据计算收益的均值和方差，再根据置信水平和持有期来计算 VaR。

（3）蒙特卡洛模拟法（Mente Carlo simulation method）： 通过随机抽样生成可能的未来收益情景，进而得到损失的分布并计算 VaR。

> **实务拓展**
>
> VaR 作为风险度量工具在金融机构、监管机构和投资决策中广泛使用，但它也有局限性。最显著的缺点是 VaR 只关注**损失的分布的尾部**，而不提供**损失超过 VaR 值的潜在规模**的信息，因此常与**条件在险价值（Conditional**

Value at Risk, CVaR) 一起使用，以弥补这一不足。此外，VaR 的准确性高度依赖于模型假设和历史数据的有效性，在市场异常波动或极端事件发生时可能失效。

Value-Based Pricing 价值基础定价

基础释义

价值基础定价是指通过**评估和量化产品或服务为客户创造或增加的价值**来确定最终售价而非仅仅基于**成本或市场竞争情况**的一种定价策略。该策略的核心在于深入理解并量化消费者因使用该产品或服务而获得的益处，包括直接经济效益、时间节省、风险降低、生活质量提升等，并考虑消费者可能因此引发的潜在成本或机会成本。

概念详解

1. 价值基础定价的核心思想

实施价值基础定价时，企业需要深入了解其目标市场和消费者需求，通过市场调研、用户反馈、成本效益分析等方式，明确产品或服务的独特价值主张。这包括识别产品或服务如何解决消费者问题、提升效率、增加便利性或创造情感价值。

2. 价值基础定价的商业案例

（1）医疗设备与药品： 新药或医疗设备定价时会考虑其对患者健康状况改善的价值。例如，一种能够大幅降低特定疾病复发率的新型医疗设备，其价格会反映出由于疾病减少而节省的治疗费用、提高了生活质量等价值，价格因此可能远高于传统设备。

（2）SaaS（Software as a Service）产品： 许多 SaaS 产品通过提升工作效率、简化流程或提供数据洞察，为企业创造显著的价值。例如，一款 CRM 系统若能有效提升销售团队的业绩，其定价会基于预期的收入增长或成本节省，而非简单的产品开发和维护成本。

（3）专业咨询服务： 如管理咨询、法律服务等，其定价通常根据为客户带来的潜在价值，如策略优化、风险规避、利润提升等。服务费用直接与项目成果的经济影响挂钩，而非顾问的时间成本。

（4）定制化旅游体验： 高端旅游市场中，旅行社根据客户的个性化需求和体验价值定价。例如，一次独特的文化沉浸式旅行，其价格反映的是为旅客提供的独特记忆、学习体验和生活品质提升，而非行程本身的成本。

（5）教育与培训服务： 高质量的在线课程或职业培训项目，定价时会考虑到完成课程后学员可能获得的职业晋升、薪资增长等长远价值，而非课程制作和运营的直接成本。

老皮点拨

价值基础定价策略要求企业具备对市场深刻的理解、强大的数据分析能力以及与消费者沟通价值的能力，以确保价格策略与市场需求相吻合，最终实现企业与消费者的双赢。

Value Chain　价值链

基础释义

价值链是指描述企业如何将输入（如原材料、人力、技术）转化为输出（产品、服务）的一系列连续的、相互依存的活动和过程。价值链这一概念由迈克尔·波特（Michael Porter）于 1985 年首次提出，其包含了从原材料采购、生产加工直至最终产品或服务交付给客户的全过程，主要用于分析企业如何通过优化内部流程和活动来提高经营效率，创造并传递客户价值，最终实现企业利润最大化。

V

概念详解

1. 价值链的构成

1.1 主要活动（Primary Activities）

价值链的主要活动包括：

（1）内部后勤： 接收、存储和分配输入材料。

（2）生产作业： 将原材料转换为成品的过程。

（3）外部后勤： 成品的存储与分配至客户。

（4）市场营销与销售： 推广产品或服务，建立销售渠道。

（5）服务： 售后支持、维护和其他增强客户满意度的活动。

1.2 支持活动（Support Activities）

价值链的支持活动包括：

（1）采购： 获取投入品，包括原材料和服务。

（2）人力资源管理： 招聘、培训、激励员工。

（3）技术开发： 研发新产品、改进生产工艺。

（4）企业基础设施： 组织结构、文化、IT 系统、财务管理等。

2. 价值链的应用

（1）识别成本节约机会： 通过分析各环节的成本和价值贡献，找到优化成本和提高效率的方法。

（2）寻找竞争优势： 确定哪些活动能够差异化企业产品或服务，增强市场竞争力。

（3）战略规划： 基于价值链分析结果，调整企业战略，投资于高价值活动，减少低效环节。

（4）适应技术变革： 特别是在数字化时代，重新评估和设计价值链中的活动，利用新技术如 AI、大数据提高效率和创新能力。

> 💡 **老皮点拨**
>
> **价值链** 与 **供应链（supply chain）** 是两个有一定联系但是含义不同的概念，价值链专注于单一企业内部的价值创造过程，而供应链则更广泛，包括了从供应商到最终消费者的全过程，横跨多个企业间的活动与合作。

Value Proposition 价值主张

基础释义

价值主张是指企业明确表述的旨在解决**客户特定需求、痛点或欲望**，从而激发购买意愿并建立品牌忠诚度的其产品或服务为客户提供的**独特利益组合**。简单来说，价值主张阐述了为什么客户在考虑了价格因素之后依然应该选择该企业而非竞争对手的原因。具体而言，一个好的价值主张清晰地回答了**"谁"**（目标顾客）、**"什么"**（提供的产品或服务的关键特性与优势）、**"哪里"**（如何接触和使用产品或服务）以及**"多少"**（相对竞争者的定价）的问题。

概念详解

1. 价值主张的关键因素

(1) 产品与服务本身：涵盖产品性能、功能、设计风格等，强调能为客户带来何种具体益处。

(2) 服务与售后支持：根据客户需求提供不同程度的客户服务，如便捷的维修服务、配件供应等。

(3) 销售过程：包括购买便利性、退货政策的友好程度，确保顾客体验顺畅。

(4) 相对定价：相对于竞争对手，企业产品或服务的价格定位及其所体现的价值感。

2. 价值主张的约束条件

(1) 法规限制：行业法规可能限制某些价值主张的实施。

(2) 价格敏感市场：当客户极度关注价格，而非附加价值时，价值主张的影响力受限。

(3) 同质化商品：在高度同质化的市场中，企业难以通过价值主张显著区分自己。

特斯拉（Tesla）的价值主张非常具有代表性，其电动汽车超越了传统交通工具的概念，强调以下 4 点：

（1）技术创新： 电动驱动系统带来的零排放、高性能加速体验，以及自动驾驶技术等。

（2）持续升级： 通过软件更新不断引入新功能和性能优化，提升用户体验。

（3）专属充电网络： 构建的高速充电站网络，为车主提供便利，形成市场进入壁垒。

（4）品牌形象与忠诚度： 独特的车辆设计、创始人魅力及口碑营销，增强了品牌忠诚度。

Vertical Ownership Structure 纵向所有权结构

同 "Pyramid Ownership Structure"。

Warrant　认股权证

基础释义

认股权证是指赋予其持有者在未来某个特定时间内，按照**预先设定的价格（行使价）**购买或卖出特定数量的基础证券（通常是股票）权利的一种金融衍生工具。

概念详解

1. 认股权证的特征

（1）权利而非义务：认股权证持有者有权在规定期限内，按照约定的行使价购买或卖出标的证券，但可以选择不行使该权利，因而不必承担必须执行交易的责任。

（2）有效期与行使期：认股权证有一个明确的有效期，即从发行日至到期日的期间。在此期间内，认股权证持有者可以在指定的行使期内（可能是一次性的，也可能是连续的）行使权利。

（3）行使价：认股权证发行时设定的特定价格，即认股权证持有者在行使权利时买入或卖出标的证券的价格。

（4）标的证券：认股权证所关联的基础资产，通常为一家公司的普通股，但也可能包括其他证券，如指数、债券、大宗商品等。

（5）溢价：购买认股权证时支付的价格，即权证的市场价格。权证的总价值由内在价值（即立即行使权证所能获得的收益，若为负则无内在价值）和时间价值（反映未来股价变动可能性带来的潜在收益）组成。

2. 认股权证的类型

（1）看涨权证（call warrant）：持有者有权在未来某个时间以预定价格购买标的股票。当预期标的股票价格上涨时，看涨权证的价值会上升，因为它赋予了以较低价格买入股票的权利。

（2）看跌权证（put warrant）：持有者有权在未来某个时间以预定价格卖出标的股票。当预期标的股票价格下跌时，看跌权证的价值会上升，因为它赋予了以较高价格卖出股票的权利。

W

（3）股本认股权证（stock warrant）： 由上市公司直接发行，作为融资工具的一部分，通常与新股发行、配股或债券发行捆绑，以吸引投资者购买。

（4）备兑权证（covered warrant）： 由第三方（通常是投资银行或金融机构）发行，发行者需持有或购买与权证相对应的标的股票作为担保，以确保权证行权时能够交付股票。

3. 认股权证的应用

（1）投资策略： 投资者使用认股权证可以实现**杠杆投资**，以相对较少的资金获取标的股票价格变动的放大效应。看涨权证可用于看涨市场，看跌权证可用于看跌市场或对冲已有股票持仓风险。

（2）风险管理： 认股权证可以作为对冲工具，帮助投资者管理股票投资组合的风险。例如，持有股票的投资者购买看跌权证，可以在股票价格下跌时通过行权减少损失。

（3）融资与激励： 公司发行股本认股权证可以作为一种低成本的融资手段，同时也能作为员工激励计划的一部分，赋予员工以优惠价格购买公司股票的权利。

（4）市场参与： 认股权证为市场提供了更多的交易品种，增加了市场的深度和广度，为投资者提供了更多元化的投资选择和风险管理工具。

4. 认股权证的注意事项与风险

（1）时间价值损耗（time value decay）： 随着时间的推移，若标的股票价格未达到行使有利条件，认股权证的价值会因时间流逝而逐渐减少，直至到期失效。

（2）价格波动风险（price volatility risk）： 标的股票价格剧烈波动可能影响认股权证的价值，尤其是在临近到期日时，价格敏感度（Delta）会增大。

（3）流动性风险（liquidity risk）： 某些认股权证的交易可能不够活跃，导致买卖价差大、流动性不足，增加交易成本和价格不确定性。

（4）信用风险（credit risk）： 发行方信用状况恶化可能导致其无法履行认股权证的交付义务，特别是在备兑权证中，发行方的信用风险更为重要。

Weighted Average Cost of Capital (WACC) 加权平均资本成本

基础释义

加权平均资本成本是指企业结合债务和股权融资成本，根据各自的资本结构比重加权平均计算出的综合资本成本。WACC 用于反映企业融资的整体成本，在调整了项目特定风险后，被用作**净现值（NPV）**分析中的折现率 r，以及**内部收益率（IRR）**分析的阈值，以此作为评价新投资项目是否可行的基准。

概念详解

1. WACC 的计算公式

$$WACC = (Cost\ of\ debt \times Weight\ of\ debt) + (Cost\ of\ equity \times Weight\ of\ equity)$$

其中，

-WACC 代表加权平均资本成本

-Cost of debt 代表债务融资成本

-Weighting of debt 代表债务在企业资本结构中的权重

-Cost of equity 代表权益融资成本

-Weighting of equity 代表权益在企业资本结构中的权重

2. WACC 的组成部分

（1）债务成本（cost of debt）：债务成本通常基于现有无担保贷款和债券的利率来估计，但若需前瞻性的成本（即用于新项目的融资成本），则应参考同类公司最近的融资利率。在利息费用可抵税的司法管辖区，债务成本应**按（1- 所得税率）进行调整**，得到税后成本。

（2）股权成本（cost of equity）：股权成本表示股权投资者要求的回报率，由于没有直接的历史利率可供参考，一般通过观察**市场平均股权回报率**作为起点，再根据公司特有风险进行调整。股权成本高于债务成本，反映了股权的高风险性及股息分配不具备税收减免优势。

（3）资本权重（weight of capital）：资本结构权重一般采用市场价值权重，因为账面价值反映的是历史成本，而投资者的机会成本基于当前市场价格。管理层设定的目标权重有时也会用作替代，尤其是当企业正在进行资本结构调整时。

3. WACC 的应用

（1）**项目决策**：WACC 作为折现率用于 NPV 分析，帮助判断项目是否创造价值；作为 IRR 的评判标准，决定项目是否值得投资。

（2）**企业估值**：企业通过优化资本结构，力求降低 WACC，从而提高股东价值。

> **实务拓展**
>
> 如果企业还有其他类型的融资（如优先股、非控制性权益等），具有不同于普通债务和普通股股权的风险与回报特征，这些融资的税后成本也需要计入 WACC 的计算中。

Workforce　工作人口

基础释义

> 工作人口是指在一个国家、地区、行业或具体组织中，所有**具备劳动能力且实际参与工作或正在积极寻找工作**的人员之总和。这一概念涵盖了不同性别、年龄、职业、技能等级、雇佣状态（全职、兼职、临时工等）的劳动者。

概念详解

1. 工作人口的判断维度

（1）**劳动能力**：工作人口的核心特征是**有能力从事生产和服务活动**，通常以法定劳动年龄为基准。按照国际通用标准，劳动年龄一般设定为 15 岁至 64 岁（或 65 岁），但各国或地区可能根据自身国情有所不同。在中国，劳动年龄男性界定为 16 岁至 60 岁，女性界定为 16 岁至 50/55 岁。

（2）**工作参与**：工作人口不仅包括已就业人员，即在一定时期内（如过去一周或一个月）实际从事有酬工作或自营职业的人，还包括**虽然暂时未就业但正在积极寻找工作、随时准备投入劳动市场的失业人口**（即失业但仍在劳动力市场内）。

(3) 雇佣形式： 工作人口包括各种雇佣形态的劳动者，如全职员工、兼职员工、临时工、季节工、合同工、自由职业者、个体经营者等。

2. 工作人口的分类

(1) 性别： 可细分为男性劳动力和女性劳动力，用于分析性别比例、性别差异在就业机会、职业分布、薪酬待遇等方面的表现。

(2) 年龄： 通常划分为青年劳动力（如15~24岁）、壮年劳动力（如25~54岁）、老年劳动力（如55岁以上）等，以便研究年龄结构对劳动力供需、退休政策、技能更新等方面的影响。

(3) 职业与技能： 可分为蓝领工人（体力劳动者）、白领工人（脑力劳动者）、技术人员、管理人员等，或依据技能等级、教育背景进行划分，以评估**劳动力的技能**结构、专业人才储备及技能供需匹配情况。

(4) 行业： 按劳动者所在的不同经济部门或行业分类，如农业、制造业、服务业、建筑业、信息技术业等，有助于了解各行业劳动力规模、就业趋势及产业结构变化。

3. 工作人口的经济与政策意义

(1) 劳动力供给： 工作人口数量及其增长趋势是决定一个国家或地区**劳动力供给**的关键因素，直接影响劳动市场的供求关系和经济发展潜力。

(2) 就业状况： 通过工作人口与就业人口的比例（就业率）以及失业人口的数量与结构，可以评估就业市场的健康状况、失业问题的严重程度以及劳动力市场的灵活性。

(3) 经济产出与增长： 工作人口的素质、技能水平、工作效率以及劳动参与率直接影响到一国或地区的经济产出、生产力水平和经济增长速度。

(4) 政策制定： 政府在制定教育、培训、社会保障、移民、退休政策等时，会参考工作人口的现状与未来趋势，以确保政策与劳动力市场的实际需求相适应。

4. 工作人口的数据来源与统计方法

(1) 人口普查： 定期开展的全国人口普查是获取工作人口基础数据的重要途径，包括年龄、性别、教育、职业等信息。

(2) 劳动力调查： 如各国定期发布的劳动力市场调查（如美国劳工统计局的月度就业报告、中国的城镇调查失业率等），通过抽样调查收集就业、失业、劳动参与率等实时数据。

(3) 行政记录： 如社会保险登记、税收记录等，可以提供就业人口规模、行业分布、薪资水平等详细信息。

W

Working Capital　营运资本

基础释义

营运资本是指企业用于维持**日常运营活动**所需的**流动资产**与**流动负债**之间的差额。营运资本是衡量企业短期偿债能力和运营效率的重要指标，反映了企业**短期内可转换为现金的资产**是否足以覆盖其**短期内即将到期的债务**。

概念详解

营运资本的分类

1. 总营运资本（Total Working Capital）

总营运资本是**流动资产总额**减去**流动负债总额**的宽泛度量，包括了所有流动资产（如应收账款、存货、预付费用）和所有流动负债（如应付账款、短期借款、应付利息），提供了一个企业整体流动性的概览，但因为它包含了一些与现金转换周期或核心业务运营关联度较低的项目（如现金、可交易证券、短期借款），所以在评估运营效率时可能不够精确。

2. 净营运资本（Net Working Capital）

净营运资本是对总营运资本的一个调整，旨在**更准确地反映企业用于日常经营活动的资金需求**，排除了那些与现金循环或直接业务运营关系不大的项目（例如**现金及等价物、应付票据等**），重点关注那些**直接影响到企业日常现金流动的资产和负债**。

💡 老皮点拨

通过对比不同时间段或不同企业间的净营运资本（尤其是相对于销售额的比例），分析师可以更有效地评估企业的运营效率和短期财务健康状况。一个健康的净营运资本水平通常意味着企业有足够的流动资产来覆盖其短期债务，同时还能保证业务的顺利进行，而不至于因资金链断裂而陷入困境。

Yield　收益率

基础释义

收益率是指衡量**投资收益**与**投资本金**之间关系的比率。收益率通常以百分比形式表示，用来评估一项投资在一定时期内的盈利能力。收益率有不同的计算方式和类型，适用于不同类型的金融工具和投资情境。

概念详解

1. 收益率的类型

（1）名义收益率（nominal yield）： 名义收益率是指金融工具如债券或存款上**明确标注的无调整利率**，它是基于票面价值计算的年度利息支付额与票面价值的比例。例如，如果一张面值为 100 元的债券年付息 8 元，其名义收益率就是 8%（8/100 × 100%）。名义收益率不考虑任何市场波动、提前赎回、违约风险或通货膨胀等因素。

（2）实际收益率（real yield）： 实际收益率是在**考虑通货膨胀影响之后**的收益率，它反映了投资的实际购买力增长。计算实际收益率时，需要从名义收益率中扣除同期的通货膨胀率。公式可表示为：实际收益率 =（1+ 名义收益率）/（1+ 通货膨胀率）−1。例如，如果一项投资的名义收益率为 5%，而当年的通货膨胀率为 2%，则实际收益率约为 (1+5%)/(1+2%)−1≈2.94%。

（3）当前收益率（current yield）： 当前收益率是指将**债券的年度票息**除以**债券当前的市场价格**计算得出的预期年收益。当前收益率有助于投资者比较不同债券在市场上的**即时吸引力**。例如，如果债券年票息 $8，当前市价为 $95，则当前收益率为 $8/$95≈8.42%。

（4）到期收益率（Yield-to-Maturity, YTM）： 到期收益率是指债券投资者所投资的债券**按时足额偿还全部本金及利息**，且**利息可以按照 YTM 的水平进行再投资**的持有至到期预期获得的**年平均收益率**。YTM 考虑了债券的市场价格、票面利率、剩余期限以及未来现金流的现值，是全面反映债券投资回报的指标。

（5）持有期收益率（Holding Period Return, HPR）： 持有期收益率是投资者在**特定持有期内**的实际总回报率，包括**资本利得或损失**加上任何**期间收入（如利息或股息）**，直接反映了投资者从购买到出售某一资产在某一指定时间段内的预期或实际表现。

（6）年化收益率（annualized yield）： 年化收益率是指将**非一年期间（短于一年或长于一年）** 的投资回报转换为年度时间长度的收益率，年化收益率考虑了复利效应，使得不同期限的投资回报具有可比性。

（7）股息收益率（dividend yield）： 股息收益率是指**公司支付给股东的年度现金股息总额**与**对应股票当前市场价格**的比例。股息收益率体现了投资者通过股息获得的即时回报率。例如，如果一只股票当前价格为 100 元，每年分红 5 元，则股息收益率为 5%。股息收益率对于偏好稳定收入流的投资者尤为重要。

> **老皮点拨**
>
> 收益率是投资者评估**投资绩效**、比较不同**投资机会**、制定**投资策略**的重要依据。不同类型的投资工具可能适用不同的收益率计算方法，投资者在比较收益率时需要注意计算方法的一致性，并结合投资期限、风险水平、流动性等因素进行全面分析。

2. 收益率衍生的工具和指标

收益率这一概念演化处理的工具和指标主要包括收益率曲线、信用利差以及收益率波动率。

2.1 收益率曲线（Yield Curve）

收益率曲线描述了**不同期限的债券收益率**与其**到期时间**之间的关系，常用于分析市场对未来利率预期及经济状况的看法。

2.2 信用利差（Credit Spread）

信用利差是指同一期限下，**非投资级（高风险）债券**与**投资级（低风险）债券**之间的收益率差，反映市场对信用风险的定价。

2.3 收益率波动率（Yield Volatility）

收益率波动率衡量**收益率随时间变化的不确定性**，通常用标准差或其他统计量表示。

Yield Curve　收益率曲线

基础释义

> 收益率曲线是指金融市场上展示一组**具有相同信用质量但不同到期期限**的债券或其他固定收益证券收益率与其到期期限之间关系的图形。收益率曲线描绘了市场对未来利率走势、经济增长预期以及通胀水平的集体判断，是理解和预测市场动态、制定投资策略以及评估信用风险的重要工具。

概念详解

1. 收益率曲线的构成要素

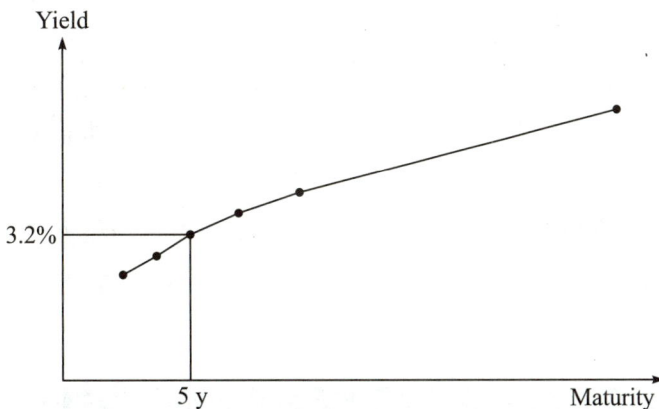

收益曲线示意图

（1）横坐标：代表到期期限（maturity），通常以年为单位，表示债券距离到期的时间长度。

（2）纵坐标：代表收益率（yield），通常以百分比形式表示，即投资者持有债券到期所能获得的年化回报率，常见的收益率指标包括**到期收益率（YTM）**等。

（3）数据点：收益率曲线上每一个点对应一个特定到期期限的债券收益率，连接这些点形成曲线。

2. 收益率曲线的形态

（1）正向收益率曲线（normal yield curve）：短期债券收益率低于长期债券收益率，曲线向上倾斜，反映市场预期未来利率上升或经济增长强劲。

（2）平坦收益率曲线（flat yield curve）：短期债券与长期债券收益率相差不大，曲线接近水平，暗示市场对未来利率走势不确定或预期经济平稳。

（3）倒挂收益率曲线（inverted yield curve）：短期债券收益率高于长期债券收益率，曲线向下倾斜，通常预示市场预期未来利率下降或经济衰退风险增大。

3. 收益率曲线的经济意义

（1）货币政策预期： 收益率曲线形状反映了市场对中央银行未来货币政策（如利率调整）的预期。正向曲线可能表明市场预期加息，倒挂曲线可能暗示降息预期。

（2）经济增长前景： 曲线斜率通常与经济增长预期正相关。陡峭的正向曲线可能表明市场预期强劲增长，而倒挂曲线可能预示经济放缓或衰退。

（3）通胀预期： 长期债券收益率往往包含市场对长期通胀的预期。收益率曲线形状变化可以反映通胀预期的升降。

4. 收益率曲线的应用

（1）资产定价与风险管理： 收益率曲线为各类固定收益证券（如债券、贷款、衍生产品等）的定价提供基准，帮助投资者评估不同期限投资的风险与回报。

（2）投资策略制定： 投资者根据收益率曲线形状调整投资组合的期限结构，如在正向曲线时倾向于持有长期债券以锁定高收益，或在倒挂曲线时关注短期债券以规避潜在的利率上升风险。

（3）经济分析与预测： 政策制定者、经济学家和市场分析师通过观察收益率曲线变化来分析经济周期阶段、预测未来利率走势以及评估金融稳定风险。

Yield Spread　收益率利差

基础释义

收益率利差又称"风险溢价"，是指两种不同债券或固定收益证券的收益率之间的差异。通常，收益率利差被用来比较一种被视为无风险或低风险的基准债券（如美国国债）与另一种风险较高的债券（如公司债、新兴市场债券或其他信用评级较低的债券）的收益率，反映了投资者为承担额外风险（如信用风险、流动性风险等）而要求的额外回报。

概念详解

1. 收益率利差的分类

利差可以分为固定利息债券的利差以及浮息债券的利差。

1.1 固定利息债券的利差度量指标

1.1.1 基准收益率利差（benchmark rate spread）

基准收益率利差是指债券到期收益率与选定的基准利率之间的差异，反映了持有特定债券的信用风险、流动性风险及可能的税收影响的风险溢价。

常见的基准利差包括：

（1）政府利差（G-spread）： 这是债券收益率与**相应或插值的政府债券收益率**之间的差异，表示相对于主权债券承担风险的回报。

（2）互换利差（I-spread）： 这是债券收益率与**相同期限的标准互换利率**之间的差异，通常用于定价和报价欧元计价的企业债券。

1.1.2 基准收益率曲线利差（benchmark yield curve spread）

基准收益率曲线利差（特别是 Z-spread）是用来衡量债券相对于无风险基准（如政府债券收益率曲线或利率互换即期收益率曲线）的额外收益率。

常见的基准收益率曲线利差包括：

（1）零波动率利差（Z-spread）： Z-spread 是必须加到每个**基准即期利率**上的常数利差，以使债券现金流的现值等于其价格。

Z-spread 的计算公式为：

$$PV = \sum_{i=1}^{N} \frac{PMT}{(1+z_i+Z)^2} + \frac{FV}{(1+z_N+Z)^N}$$

其中，

-PV 代表债券的现值

-PMT 代表每期的支付额

-FV 代表债券的面值

-z_i 代表第 i 个时期基准即期利率

-Z 代表 Z-spread

（2）期权调整利差（Option Adjusted Spread, OAS）： OAS 是指在有内嵌期权（如可回售债券中的回售期权）的情况下，用来衡量债券收益率与无风险基准利率之间调整后的利差。OAS 考虑了债券内嵌期权的价值，并基于期权定价模型以及对未来利率波动性的假设来进行计算。

OAS 的计算是在 Z-spread 的基础上减去内嵌期权的价值（内嵌期权按照每年基点来计量的价值）。

Y

在实践中，Z-spread 通常使用电子表格软件（如 Excel）中的目标求解（Goal Seek）功能或类似求解器来计算。

1.2 浮动利息债券的利差度量指标

浮动利率工具（如浮动利率票据 FRNs 和大多数贷款）的现金流随**市场参考利率（MRR）**的变化而变化，利息通常是市场参考利率加上一个固定的利差。MRR 通常是短期货币市场利率，在每期开始时确定，在期末支付利息，旨在自动调整借款人的基础利率至市场条件，并在市场利率波动时为投资者或放款人提供较低的价格风险。

浮动利息债券的利差度量指标主要包括：

（1）报价利差（quoted margin）：这是加上市场参考利率的指定利差，用以补偿投资者因发行人信用风险与参考利率所隐含风险的不同而产生的损失。信用风险极低的公司可能会获得负的报价利差。

（2）要求利差（required margin）：这是使得浮动利率工具在重置日期时按面值定价的收益率利差。如果发行人的信用风险没有改变，则所需利差保持不变。在每次重置日期，浮动利率工具将按面值定价。但在付息日之间，若 MRR 分别下降或上升，其**平价（flat price）**将分别高于或低于面值。当接近下一个重置日期时，平价会被**"拉回到面值"（pull to par）**。

老皮点拨

要求利差（RM）的变化通常来自发行人信用风险的变化，也可能受流动性和税收状况的影响。如果发行人的信用评级下调导致要求利差上升，而报价利差保持不变，则浮动利率工具将以低于面值的价格交易。反之，若发行人的信用风险降低导致所需利差下降，则浮动利率工具将以高于面值的价格交易。

2. 收益率利差的应用

（1）评估相对价值：分析师通过比较当前利差与历史平均值及极端值来判断债券是否被低估或高估。

（2）成本比较：发行人利用 I-spread 来比较固定利率债券与浮动利率替代品（如银行贷款或商业票据）的成本。

（3）信用风险衡量：投资者使用 I-spread 作为衡量债券信用风险的指标。

（4）计算其他利差：例如对于带有嵌入期权（如可回售债券）的债券，OAS 通过从 Z-spread 中减去期权价值来调整。

3. 收益率利差的作用和意义

（1）风险补偿：收益率利差体现了投资者为了承担额外信用风险、流动性风险或其他类型的金融风险而要求的额外回报。信用评级越低的债券，其相对于无风险债券的利差通常越大，以补偿投资者面临的更高违约风险。

（2）市场情绪和经济预期：收益率利差的变动可以反映市场对特定债券发行人或整个经济板块的信用状况、经济前景和市场情绪的变化。利差扩大通常表明市场对风险的规避情绪增强或经济预期恶化；反之，利差缩小则意味着市场信心恢复或经济前景向好。

（3）投资决策：投资者在评估债券投资时，会利用收益率利差来比较不同债券的相对价值，以及判断是否提供了足够的风险补偿。同时，利差也是构建投资组合和实施债券替换策略时的重要参考。

（4）信用评级调整的先行指标：有时候，收益率利差的变化可以先于正式的信用评级调整，为市场参与者提供预警信号。如果某债券的利差突然显著扩大，可能预示着市场预期其信用状况将恶化，甚至未来可能遭遇降级。

（5）经济周期指标：在经济周期的不同阶段，收益率利差的表现有所不同，宽利差往往出现在经济衰退或危机前，而窄利差则常见于经济增长强劲期，因此它也被视为经济周期的一个重要指标。

Yield-to-Maturity (YTM)　到期收益率

基础释义

到期收益率是指投资者若以**当前市场价格购**买固定收益工具（债券、票据等）并**持有至到期日**，所能获得的**年化内部收益率**。到期收益率考虑了债券的全部未来现金流（包括定期支付的利息和到期时收回的本金），反映了债券的理论价格与其市场价格之间的关系，是评估债券投资价值和进行投资决策的重要依据。

Y

概念详解

1. YTM 的计算原理

到期收益率是使债券未来现金流（包括所有利息支付和到期时的本金偿还）的现值等于债券当前市场价格的折现率。YTM 的计算过程通常涉及试错法或使用专门的金融计算器，找到能使以下等式成立的折现率（即 YTM）。

$$PV = \frac{PMT}{(1+r)^1} + \frac{PMT}{(1+r)^2} + ... + \frac{PMT + Par}{(1+r)^n}$$

其中，

- PV 代表债券的价格

- PMT 代表债券的期间现金流

- r 代表债券的单一折现率

- Par 代表债券的面值

- n 代表距离债券到期还有多少个付息期，每期利息通常为债券面值乘以票面利率

2. YTM 的三大假设

YTM 本质上是一种预期收益率，要使其最终实现，需要满足以下三个假设条件：

（1）持有至到期： 投资者将会持有债券直到到期日，而不会提前卖出。

（2）利息再投资： 债券的利息支付将被再投资，并且再投资的利率等于 YTM。

（3）无违约风险： 发行方能够按时足额偿还所有的本金和利息。

3. YTM 的特点

（1）反映综合收益： 到期收益率综合考虑了债券的全部未来现金流，包括定期利息收入和本金偿还，反映了投资者持有债券至到期时的实际总回报。

（2）体现时间价值： 到期收益率考虑了货币的时间价值，即未来的现金流需要按照一定的折现率折算成现值，体现了资金在持有期内的增值能力。

（3）再投资假设： 计算到期收益率时，假定投资者收到的每期利息都能以相同的到期收益率进行再投资，直到债券到期。

（4）市场一致性： 债券市场价格通常会围绕其内在价值（即以 YTM 折现的未来现金流现值）上下波动，因此 YTM 被视为债券公允价值的基准。

4. YTM 的应用场景

YTM 在金融投资和风险管理方面的应用包括：

（1）新发行债券定价： YTM 可以帮助确定新发行债券的价格，使得它们在市场

上具有竞争力。

(2) 现有债券价值评估： 对于已经存在的债券，YTM 可以用来评估这些债券相对于当前市场利率的吸引力。

(3) 投资工具比较： YTM 可以作为比较不同固定收益证券的一种方式，帮助投资者做出投资决策。

(4) 风险管理： 金融机构使用 YTM 来衡量其固定收益投资组合的风险暴露。

5. YTM 的局限性

(1) 再投资风险： 实际情况下，未来的再投资利率可能与 YTM 计算时所假设的不同，这会导致实际收益与预期收益有差异。

(2) 市场利率变动： 如果市场利率变化，那么债券价格也会随之波动，从而影响实际收益率。

(3) 信用风险： YTM 假设没有违约风险，但在现实中，债券发行者可能会违约，导致投资者无法获得预期的收益。

(4) 提前赎回或卖出： 如果投资者在到期前卖出债券，或者债券具有可赎回条款并且发行者选择提前赎回，那么实际获得的收益率将不同于 YTM。

老皮点拨

YTM 与其他主要的债券收益率度量指标之间存在以下辨析关系：

（1）YTM 与**当期收益率（current yield）**的区别在于，当期收益率仅基于当前市场价格和**年息票利息**计算，忽略了**未来现金流的折现**和**再投资收益**，只反映即时收益水平。

（2）YTM 与**名义收益率（nominal yield）**的区别在于，名义收益率是债券发行时设定的固定利率，不考虑市场价格变动和再投资收益，而 YTM 则根据市场价格动态调整。

Y

Zero-Coupon Bond   零息债券

同"Pure Discount Bond"。